TABLE DES CHAPITRES.

CHAPITRE QUATRIEME.

*Observations Physiques &c. ou Essai sur l'Histoire Naturelle de l'*Arabie Petrée. Pag. 76.

CHAPITRE CINQUIEME.

*Observations Physiques & mêlées sur l'*Egypte. 93.

Extraits de plusieurs Auteurs anciens, & autres Piéces qui servent de Preuves & d'Eclaircissemens à cet Ouvrage, à la Tête desquels on en trouve la Table.

Catalogue de Livres.

OBSERVATIONS GÉOGRAPHIQUES &c.
SUR LA
SYRIE, &c. L'EGYPTE, &c.

CHAPITRE PREMIER.

Observations Géographiques sur la SYRIE, *la* PHENI-
CIE & LA TERRE SAINTE.

R. *Maundrell* nous ayant donné une Description très-exacte & très-judicieuse de ces païs-ci, je ne prendrai connoissance que des choses qu'il a omises, ou que de celles sur lesquelles il s'est trompé.

Latikea est la première ville maritime que Mr. *Maundrell* décrit; ce fut aussi le premier endroit de *Syrie* où je touchai. Cette ville est située sur une hauteur, & a une belle vûë sur la Mer. Les Anciens la nommoient (a) *Laodicea ad mare,* & Λευκὰ Ἀκτὴ, à cause des rochers blancs qui sont d'un

Latikea, ou LAO-DICEA ad mare.

(a) STRABON Geogr. Lib. XVI. pag. 1091. Εἶτα Λαοδίκεια, ἐπὶ τῇ θαλάττῃ κάλλιςα ἐκτισμένη καὶ εὐλίμενος πόλις, χῶρον τέ ἔχουσα πολύοινον πρὸς τῇ ἄλλῃ εὐκαρπίᾳ. C'est-à-dire: Ensuite vient *Laodicée*, ville très-bien bâtie sur le bord de la Mer, avec un bon port, & dont les environs abondent en vin, sans parler de leur fertilité en autres fruits. CICERON Epist. Lib.

Tome II.   A

VOYAGES
DE
MONSR. SHAW, M. D.
DANS PLUSIEURS PROVINCES DE LA
BARBARIE ET DU LEVANT:
CONTENANT

DES OBSERVATIONS GEOGRAPHIQUES, PHY-
SIQUES, PHILOLOGIQUES ET MELE'ES

SUR LES ROYAUMES
D'ALGER ET DE TUNIS,
SUR

LA SYRIE, L'EGYPTE ET L'ARABIE PETRÉE.

AVEC DES CARTES ET DES FIGURES.

Traduits de l'Anglois.

TOME SECOND.

A LA HAYE,
Chez JEAN NEAULME,
M DCC XLIII.

TABLE
DES
CHAPITRES
DU
TOME SECOND.

OBSERVATIONS GEOGRAPHIQUES, PHYSIQUES ET
MELE'ES SUR LA SYRIE, L'EGYPTE,
ET L'ARABIE PETRE'E.

CHAPITRE PREMIER.

Observations Géographiques sur la Syrie, la Phénicie &
la Terre Sainte.   pag. 1.

CHAPITRE SECOND.

Observations Géographiques sur l'Egypte, sur l'Arabie Petrée
& sur les Campemens des Ifraëlites.   18.

CHAPITRE TROISIEME.

Observations Physiques &c. ou Essai sur l'Histoire Naturelle
de la Syrie, de la Phénicie & de la Terre Sainte.   49.

d'un côté de la ville. De la citadelle on découvre les montagnes de *Caramanie* & le mont *Caſſius* au Nord, & les montagnes de *Jebilee*, de *Merkab*, de *Bannias* & de *Tortoſa* au Sud. La place eſt forte par ſa ſituation, & les environs en ſont très-agréables.

Ses Ruines.
On y trouve encore aujourd'hui pluſieurs rangs de Colomnes de porphyre & de granite, & un grand reſte d'Aqueduc, qui eſt peut-être celui qui fut bâti par *Herode*, & dont l'Hiſtorien (*a*) *Joſephe* parle. C'eſt une ſtructure maſſive, mais ſans arches, laquelle s'étend au Sud-Eſt. On y voit auſſi un grand Arc de Triomphe, ſoutenu par des Colomnes de l'ordre *Corinthien*, duquel on a fait une Moſquée. L'Architrave eſt ornée de trophées, de boucliers, de haches d'armes, & d'autres ornemens militaires, avec un Entablement hardi & ſomptueux. On trouve parmi ces ruines divers fragmens d'Inſcriptions *Grecques* & *Latines*, leſquelles ſont ſi fort effacées que je n'en pus rien tirer.

Le Cothon.
A un ſtade au Oueſt de la ville ſont les ruines d'un beau *Cothon*, bâti en forme d'Amphithéâtre, & aſſez grand pour contenir toute la flote d'*Angleterre*. Son embouchure eſt au Oueſt, ayant quarante pieds de large : elle eſt défendue par un petit château. Le tout paroît avoir été un ouvrage d'un bon deſſein, & avoir coûté beaucoup d'argent; mais il eſt préſentement ſi rempli de ſable, qu'il ne ſçauroit recevoir plus de ſix petits bâtimens à la fois. Ces ſables y ſont chariés par les grandes vagues qu'on a ſur toute cette côte lorſque le vent d'Oueſt ſouffle avec violence, & c'eſt ce qui a rempli auſſi le *Cothon* de *Jebilee*, celui qui eſt au Nord de *Tortoſa*, ceux de *Rou-wadde*, de *Tripoli*, de *Tyr*, d'*Acre* & de *Jaffa*. Dans tous ces endroits on ne ſçauroit trop admirer l'induſtrie des

---

Lib. XII. Ep. 14. *Excluſus ab Antiochia Dolabella,——Laodiceam, quæ eſt in Syria, ad mare, ſe contulit*. C'eſt-à-dire : *Dolabella* ſe voyant chaſſé d'*Antioche*, ſe rendit à *Laodicée*, qui eſt dans la *Syrie*, & ſituée ſur le bord de la Mer. Et DIONYS. *Perieg*. v. 915.

Λαοδίκην θ' ἣ κεῖται ἐπ' ἠϊόνεσσι θαλάσσης.

C'eſt-à-dire : *Laodicée* qui eſt aſſiſe ſur le rivage de la Mer.

(*a*) JOSEPHE *de Bello Jud*. Lib. I. Cap. 16. Λαοδικεῦσι δὲ τοῖς παραλίοις, ὑδάτων εἰσαγωγὴν —— ἀνέθηκε. C'eſt-à-dire : Il fit conduire l'eau dans la ville des *Laodicéens*, ſituée ſur le bord de la Mer.

des Anciens, qui avoient pû y faire de fi bons ports; & on ne peut que blâmer la negligence des habitans modernes, qui par avarice, par pareſſe, ou manque d'amour pour le public, ont ſouffert que ces beaux *Cothons* devinſſent preſque entierement inutiles.

A deux ſtades au Nord de *Latikea*, près du rivage de la Mer, ſe voyent divers *Sarcophages*, dont pluſieurs ont conſervé leurs couvercles. Ils ſont en général de la même forme, quoique plus grands que ceux qu'on voit communément en *Italie*; ils ſont auſſi ornés de belles décorations en coquillage & en feuillage, ou de buſtes d'hommes & de femmes, de têtes de bœufs & de *Satyres*: il y en a d'autres qui ſont à panneaux, avec des couverts ſoutenus par de pilaſtres de l'ordre *Ionique* & du *Corinthien*. *Sarcophagi*, ou Coffres de pierre.

Le terrein où ſont ces *Sarcophages* eſt pierreux & creuſé en dedans. On y voit nombre de *Cryptæ* ou de Chambres ſépulcrales, dont les unes ont dix, les autres vingt ou trente pieds en quarré, mais elles ne ſont pas exhauſſées à proportion. La deſcente en a été menagée avec tant d'art, que l'ingenieux Architecte a placé ſur les murailles du front & des côtés de chaque montée, divers beaux deſſeins de ſculpture & de bas-relief, ſemblables à ceux qui ſont ſur les *Sarcophages* ou biéres de marbre. Une rangée de cellules étroites, mais aſſez larges pour recevoir un de ces *Sarcophages*, & aſſez longues pour deux ou trois, régne tout le long des côtés de la plupart de ces Chambres ſépulcrales, & ſemble être la ſeule choſe à laquelle on a pourvû pour la reception des cadavres. *Cryptæ*, ou Chambres ſépulcrales.

Les *Grecs* ont en grande venération une de ces *Cryptes*, ou Catacombes: ils lui donnent le nom de Sᵗᵉ. *Thecle*, en mémoire, diſent-ils, de quelques actes de pénitence & de mortification qu'y a fait cette Sainte. Au milieu du caveau eſt une ſource, à laquelle on attribue une vertu miraculeuſe: auſſi y amene-t-on les enfans qui ſont noués, & les perſonnes qui ont la jauniſſe & d'autres maux; & après avoir fait diverſes cérémonies, en les lavant dans de l'Eau bénite, & en les parfumant, ils s'en retournent, fortement perſuadés que La Crypte de Sᵗᵉ. *Thecle*.

les

4 OBSERVATIONS GEOGRAPHIQUES

les malades vont être promptement guéris. Enfin les vieillards y voyent le tems de leur mort, & les jeunes gens tout ce qui doit leur arriver pendant la vie.

Autres Cryptes de la même espece. Les Chambres sépulcrales près de *Jebilee*, de *Tortosa* & de la *Fontaine du Serpent*, comme aussi ce qu'on appelle les *Sépulcres Royaux* à *Jerusalem*, sont précisément comme les *Cryptes* de *Latikea*; & dans l'une des Chambres des *Sépulcres Royaux*, il reste un des anciens *Sarcophages*, qui est de marbre, semblable à celui de *Paros*, & de la façon d'un coffre, dont tout le dessus est embelli de fleurs, de fruits & de feuillages, que l'on y a sculptés avec beaucoup d'élegance. Au lieu des longues & étroites cellules qui sont communes dans les autres Catacombes, quelques-unes de celles-ci ont divers bancs, qui ne sont que de pierre, mais par étages, les uns plus hauts que les autres, sur lesquels les biéres étoient placées.

La plus grande partie du païs entre *Latikea* & *Jebilee* est pierreuse & montagneuse; on entre ensuite dans une magnifique plaine, laquelle étoit anciennement le limite des (a) *Aradiens* du côté du Nord. A l'embouchure de la riviere *Melleck*, & à six milles de *Jebilee*, la Mer forme une petite Baye, où l'on trouve les ruines d'une ville ancienne: c'est probablement la ville de *Paltus*.

PALTUS. A l'Est-Nord-Est de ces ruines on voit un grand conduit soûterrein, avec d'autres plus petits & detachés les uns des autres, lesquels s'étendent plusieurs stades dans un terrein marécageux: c'est ici probablement les saignées qu'on avoit faites autrefois pour dessécher le païs.

CARNE, ou Port des Navires d'Aradus. A sept lieuës au Sud-Ouest de la riviere *Melleck*, & un peu au Nord de *Tortosa*, se voyent les traces d'un *Cothon*, & une petite poterie tout près. Ici étoit vraisemblablement située l'ancienne *Carne*, & le *Cothon* pouvoit être le chantier que (b) *Strabon* nous dit avoir apartenu aux *Aradiens*. Entre la poterie & *Tortosa* sont les *Cryptes* dont j'ai déja parlé.

Tor-

(a) STRABON Lib. XVI. pag. 1093. Εἶτ' (scil. à *Gabala*) ἤδη ἡ τῶν Ἀραδίων παλαιά. (BOCHART *Phaleg* Lib. IV. Cap. 36. met παραλία.) C'est-à-dire : Ensuite vient la ville des *Aradiens*, qui est ancienne.

(b) STRABON ubi suprà: Κάρανος τὸ ἐπίνειον τῆ Ἀράδου, λιμένιον ἔχον. C'est-à-dire: *Caranus*, l'endroit maritime d'*Aradus*, qui a un petit port.

SUR LA SYRIE, L'EGYPTE &c. Chap. I.

Tortosa, ou *Deir-dose* comme les habitans l'appellent, est fort bien décrite par *Maundrell*; mais je pense qu'il s'est trompé lorsqu'il a dit que c'étoit ici l'ancienne *Orthosia*, laquelle il faut chercher plus au Sud, sur les confins de la *Syrie* & de la *Phénicie*. Car bien qu'il semble à la vérité que d'*Orthosia* on ait pû faire aisement *Tortosa*; cependant, lorsque l'on considere qu'autrefois il y eut ici un grand Couvent & deux Eglises Chrétiennes très-magnifiques, il est plus probable que c'est une corruption du nom de *Deir-dose* qu'elle porte à présent, & qui, à ce qu'on m'a dit, signifie le lieu d'une Eglise ou d'un Couvent. Suppofé que ce nom eût quelque rapport à la ville d'*Espagne* qui porte le même, l'origine tirée de טרטישא ou de sa situation sur un rocher, lui auroit très-bien convenu. Quoi qu'il en soit, *Tortosa* doit être plutôt l'*Antaradus* de *Pline* & des autres Géographes, puisqu'elle est à une demi lieuë, & vis-à-vis de l'ancienne *Aradus*.

Tortosa est l'ANTARADUS.

L'Isle *Aradus*, qui est (*a*) l'*Arpad* de l'Ecriture, se nomme aujourd'hui *Rou-wadde*. Cette Isle & (*b*) *El Hammah*, qui est le siége d'un *Bacha Turc*, à dix lieuës à l'Est, sont les deux établissemens les plus septentrionaux des fils de *Canaan*. La vûë de (*c*) *Rou-wadde* du côté du continent est extrêmement belle, & promet de loin de magnifiques maisons, & des fortifications imprenables; mais cela vient de la hauteur des rochers sur lesquels elle est bâtie : sa beauté & sa force ne consistent présentement qu'en un pauvre château & quelque peu de canon. Cependant nous ne devons pas juger

Rou-wadde est l'ancien ARPAD, ou ARADUS.

(*a*) De-là les *Arvadiens*, dont il est fait mention 1 *Chron*. I. 16.
(*b*) C'est l'*Hamath* de l'Ecriture. Voyez *Nomb*. XIII. 22. 2 *Rois* XVII. 24. & XXIII. 33. *Es*. X. 9. &c. C'étoit la Métropole du païs des *Hamathites*, les plus jeunes des fils de Canaan. SANSON *Ind. Geogr.* sur le mot *Amathis* dit : Amathis, *sive* Amath, Hemath, Emath, *quam alii interpretantur* Antiochiam *magnam, alii* Epiphaniam : *maluerim* Apamiam, *quæ etiam nunc* Hama: *propius enim ad teram promissam accedit, nec longè est ab* Arphad, *hodie* Refœsa. C'est-à-dire: *Amathis* ou *Amath*, Hemath & Emath, que les uns prennent pour la grande *Antioche*, & d'autres pour *Epiphanie*, est à mon avis plutôt *Apamie*, qu'on appelle aussi maintenant *Hama*; car celle-ci est plus près de la terre promise, & pas loin d'*Arphad*, à présent nommé *Refœsa*.
(*c*) *Rou-wadde* ou *Arpad* sont probablement dérivés de ריד *il a tié ferme*. &c.

juger de la force ancienne de cette place, par la condition miſerable où elle eſt à préſent. Anciennement la ville étoit entourée d'une épaiſſe & forte muraille, bâtie de pierres d'une groſſeur immenſe, leſquelles étoient ſi bien taillées & ſi bien poſées les unes ſur les autres, que leur poids & leur arrangement devoient ſuffire pour reſiſter à la violence des flots, & aux machines de guerre de l'ennemi. Pendant le tems de ſa proſperité, l'art & la nature ſemblent avoir concouru à en faire une place de la derniere importance, & aſſez conſiderable pour juſtifier la vanité que (*a*) *Sennacherib* tiroit de la conquête qu'il en avoit faite.

MARA-
THUS.

Les ruines qui ſont près de la *Fontaine du Serpent*, & dont *Maundrell* parle, doivent être, je penſe, l'ancienne *Marathus :* elles forment préciſement un triangle équilateral avec *Rou-wadde* & *Tortoſa*. (*b*) *Strabon* nous dit, qu'*Aradus* étoit ſituée entre le *Navale*, ou l'abri de ſes vaiſſeaux, & *Marathus*, & que le rivage vis-à-vis n'avoit point de retraite pour les navires. Cette derniere obſervation eſt très-juſte; & pourvû que le *Navale* ſoit le *Cothon* au Nord de *Tortoſa* dont je viens de parler, la ſituation de *Marathus* doit être fixée à ces ruines; & de cette maniere *Rou-wadde* ſera entre ces deux villes & à-peu-près à une égale diſtance de l'une & de l'autre.

Les Maguzzel, ou les Fuſeaux.

A cinq milles au Sud-Sud-Eſt de la *Fontaine du Serpent* ſont les (*c*) *Maguzzel*, ou *les Fuſeaux*; c'eſt ainſi qu'on nomme de petits bâtimens cylindriques & pointus, qui ſont érigés au deſſus des *Cryptes* décrites par *Maundrell*. La ſituation de toute la campagne des environs a quelque choſe de ſi extraordinaire & de ſi ſingulier, qu'elle ne manque jamais d'inſpirer à tous les paſſans un mêlange agréable de triſteſſe & de joye. Elle eſt entrecoupée de bois, de rochers, de grottes & de ſépulcres; & le mêlange des ſons & des échos qui

---

(*a*) Voyez 2 *Rois* XIX. 13.
(*b*) STRABON *Geogr.* Lib. XVI. Πρόκειται δ' ἡ Ἄραδος ῥαχιώδης τίνος καὶ ἀλιμένε παραλίας, μεταξὺ τε τε ἐπινείε αὐτῆς καὶ τῆς Μαράθε, διέχεσα τῆς γῆς ςαδίες εἴκοσιν. C'eſt-à-dire : *Aradus* a devant elle une côte raboteuſe & ſans port; elle en eſt à 20. ſtades, entre l'endroit où ſe tiennent ſes vaiſſeaux & *Marathus*.

(*c*) En *Arabe* مغازل *Maguzzel*.

qui viennent des oiseaux & des bêtes, joint aux cascades que forment les ruisseaux, & au bruit des vagues de la Mer; tout enfin y rappelle naturellement les belles descriptions que nous ont laissé les Poëtes anciens de la demeure & des retraites de leurs Divinités champêtres.

La Plaine, ou la *Jeune* comme les *Arabes* l'appellent, commence un peu au Sud des *Maguzzel* & finit à *Sumrah*: elle s'étend depuis le bord de la Mer à cinq, six ou sept lieuës dans les terres, & se termine par une longue chaîne de montagnes. C'est peut-être ici le (a) *Mons Bargylus* de *Pline*, & la plaine pourroit être les champs que le même Auteur place au Nord du mont *Liban*. Il y a dans la *Jeune* un grand nombre de châteaux & de tours d'observation; il y a aussi plusieurs monticules qui paroissent avoir été faits exprès, & l'on ne sçauroit gueres voir de lieu mieux fourni d'eau & de fourage, ni par consequent plus propre à camper une armée, ou à livrer bataille.

La Jeune, ou la Plaine.

Mons Bargylus.

La riviere la plus considerable de la *Jeune* est l'*Akker*, qui prend son nom d'une ville auprès de laquelle elle coule. Cette ville est située sur le mont *Bargylus*, à neuf lieuës au Sud-Est de *Tortosa*, & doit avoir été anciennement une place remarquable pour sa grandeur, sa beauté & sa force. Elle est fameuse aujourd'hui par ses abricots, ses pêches, ses brignons, & autres bons fruits qu'elle produit. *Akker* pourroit bien être la *Ker* ou *Kir*, c'est-à-dire la ville dont il est

La Riviere & Ville *Akker*, l'ancienne KER, ou KIR.

(a) PLINE Lib. V. Cap. 20. *In ora subjecta* Libano, Berytus — Trieris, Calamus, Tripolis, *quæ* Tyrii, *& Sidonii, & Aradii obtinent*. Orthosia, Eleutheros *flumen*. Oppida Simyra, Marathos, *contraque* Aradum Antaradus. ——— *Regio in qua supra dicti definunt montes* (Libanus *scil.*) *& interjacentibus campis*, Bargylus *mons incipit*. Hinc rursùs Syria, *desinente* Phœnice; *oppida* Carne, Balanea, Paltos, Gabale; *promontorium in quo* Laodicea *libera*. C'est-à-dire: Sur la côte qui est au pied du mont Liban on trouve *Beryte*, — *Trieris*, *Calamus*, *Tripoli*, & tout ce district est habité par les *Tyriens*, les *Sidoniens* & les *Aradiens*. Près d'*Orthosie* est le fleuve *Eleuthere*. De plus les villes *Simyra*, *Marathos*, & *Antaradus* vis-à-vis d'*Aradus*. ——— Là où les susdites montagnes, (sçavoir du *Liban*) finissent, on trouve quelques campagnes, au-delà desquelles commence le mont *Bargylus*. La *Phénicie* se terminant en cet endroit, & l'on rentre encore dans la *Syrie*, dont les villes sont *Carne*, *Balanea*, *Paltos* & *Gabale*: il y a aussi un promontoire, où est la ville libre de *Laodicée*.

est parlé *Amos* IX. 7., & dans quelques autres endroits de l'Ecriture, où il est dit: „N'ai-je pas fait remonter *Israël* du „païs d'*Egypte*,&les *Philistins* de *Caphtor*,&les *Syriens* de *Kir*?

Sumrab, ou SI- MYRA, est le païs des Ze- marites.

A une lieuë & demi de la riviere *Akker*, & à huit lieuës au Sud-Sud-Est de *Tortosa* sont d'autres ruines, lesquelles se nomment encore aujourd'hui du nom de *Sumrah*. C'est ici sans doute l'ancienne *Simyra*, ou *Taximyra* comme *Strabon* l'appelle, l'habitation des *Zemarites*; (*a*) *Pline* fait de *Simyra* une ville de la *Cele-Syrie*, & nous dit que le mont *Liban* y finissoit du côté du Nord: mais comme notre *Sumrah* est située dans la *Jeune*, à deux lieuës au moins de toute montagne, *Pline* se sera trompé, & aura voulu parler apparemment d'*Arca*, où le mont *Liban* finit effectivement.

ARKA, le siége des *Ar- kites*.

A cinq milles de *Sumrah* à l'Est, sont les ruines de l'ancienne *Arca*, la ville des *Arkites*, aussi descendans de *Canaan*. Cette ville est bâtie vis-à-vis de l'extrêmité septentrionale du mont *Liban*, dans une situation tout-à-fait délicieuse: elle a au Nord la vûë d'une plaine fort étendue, laquelle est diversifiée par une infinité de châteaux & de villages, d'étangs & de rivieres; au Ouest elle voit le soleil se coucher dans la Mer, & à l'Est elle le voit se lever de derriere une longue chaîne de montagnes éloignées. On trouve dans les ruines de cette ville des Colomnes *Thébaïques* & de riches Entablemens, qui démontrent son ancienne splendeur. La citadelle étoit placée sur le sommet d'une montagne voisine, & par sa situation doit avoir été imprenable. Cette montagne a la figure d'un cone, & paroît être artificielle. Dans la vallée, qui est assez profonde, coule un beau ruisseau, plus que suffisant pour abreuver la ville; cependant on y faisoit encore venir de l'eau du mont *Liban*, & l'on avoit pour cet effet construit un Aqueduc, dont la grande arche devoit avoir au moins cent pieds de diamètre.

A

(*a*) PLINE ubi suprà: *A tergo ejus* (Sidonis) *mons Libanus orsus, mille quingentis stadiis* Simyram *usque porrigitur, quâ* Cœle-Syria *cognominatur.* C'est-à-dire: Le mont *Liban*, qui commence derriere *Sidon*, s'étend jusqu'à *Simyre*, la longueur de 1500. stades, par tout le païs surnommé la *Cœle-Syrie*.

SUR LA SYRIE, L'EGYPTE &c. Chap. I.

A deux lieuës au Oueſt-Sud-Oueſt d'*Arca* on paſſe le *Nahar el Berd*, ou *la Riviere froide*. Cette riviere vient de la partie ſeptentrionale du mont *Liban*, & s'enfle en été par la fonte de la neige, laquelle rend ſes eaux froides, & doit lui avoir donné par cela même le nom qu'elle porte. Je crois qu'on peut fixer ici la riviere *Eleutherus*, qu'on ne ſçait gueres où mettre dans la Géographie ancienne. (*a*) *Ptolomée* la place à ſix milles au Nord de *Tripoli*, comme l'eſt effectivement le *Nahar el Berd*, & preſque dans la latitude où je la trouve. *Strabon* met *Orthoſia* immédiatement après elle du côté du Nord ; & nous trouvons auſſi ſur les bords de cette riviere les ruines d'une ville conſiderable, dont le diſtrict paye annuellement aux *Bachas* de *Tripoli* une taxe de cinquante *Ecus*, ſous le nom d'*Or-toſa*. Nous avons auſſi une Médaille d'*Antonin Pie*, frapée dans ce lieu, ſur le revers de laquelle on voit la Déeſſe *Aſtarte* marchant ſur une riviere. Cette ville étoit bâtie ſur un terrain élevé, le long du bord (*b*) ſeptentrional de la riviere & à un demi ſtade de la Mer, ayant partie du *Liban* à peu de diſtance à l'Eſt, ce qui la rendoit

Nahar el Berd eſt le fleuve ELEU-THERUS.

Or-toſa eſt OR-THOSIA.

(*a*) PTOLOMÉE Geogr. Lib. V. Cap. 15. Edit. Bert.

Λαοδίκεια	ξη	ς	λε	ιγ
Γάβαλα	ξη	γ	λδ	ℒιβ
Πάλτος	ξη	γ	λδ	ℒδ
Βαλαναῖαι	ξη	γ	λδ	ℒιβ

ΦΟΙΝΙΚΗΣ ΘΕΣΙΣ.

Ἐλευθέρε ποτ. ἐκβολαί	ξη		λδ	γιβ
Σιμύρα	ξζ	ℒγ	λδ	γ
Ὀρθωσία	ξζ	ς	λδ	γ
Τρίπολις	ξζ	ℒ	λδ	γ
Θεᾶ πρόσωπον ἄκρον	ξζ	γ	λδ	γ

C'eſt-à-dire :

Laodicée	68 : 10.	35 : 5
Gabala	68 : 20.	34 : 35
Paltus	68 : 20.	34 : 45
Balanées	68 : 20	34 : 35

Poſition de la PHENICIE.

Embouchures du fleuve *Elcuthere*.	68 :	34 : 25
Simira	67 : 50.	34 : 20
Orthoſia	67 : 10.	34 : 20
Tripolis	67 : 10.	34 : 20
Theuproſopon Promontoire.	67 : 20.	34 : 20

(*b*) Τότοις δ' (*ſcil.* Ταξύμιρα &c.) ἡ Ὀρθωσίας συνεχής ἐςι καὶ ὁ Ἐλεύθερος ὁ πλησίον ποταμός, ὅν περ ὅριον ποιεῦνταί τινες τῆς Σελευκίδος πρὸς τὴν Φοινίκην καὶ τὴν κοίλην Συρίαν. C'eſt-à-dire : A ceux-ci (ſçavoir *Taxumire* &c.) eſt contigue *Orthoſie*, & l'*Eleuthere*, fleuve voiſin, que quelques-uns font la borne de la *Seleucide* du côté de la *Phénicie* & de la *Cœle-Syrie*.

doit une place de conséquence, parce qu'elle commandoit le chemin entre la *Phénicie* & les parties maritimes de la *Syrie*. L'ancien (*a*) port d'*Orthosia* n'est aujourd'hui qu'une petite crique, qui ne sçauroit pas même recevoir les barques des pêcheurs de la côte.

La Riviere Eleutherus est la borne entre la Syrie & la Phénicie.

Les montagnes du *Liban*, qui d'*Arca* ici sont dans la direction Ouest-Sud-Ouest, commencent à être parallèles à la côte de la Mer, en étant à un demi mille ou à un mille de distance; quelquefois elles s'avancent en petits promontoires dans la Mer. Comme la face du païs commence ici à changer, il est assez naturel de penser, que la riviere *Eleutherus* étoit la borne entre la *Syrie* & la *Phénicie*. Il est vrai que (*b*) *Mela* compte *Simyra* & *Marathus* entre les villes de *Phénicie*; & qu'*Etienne* de *Byzance*, qui y place *Balanea*, la *Bannias* d'aujourd'hui, étend cette Province jusques dans le voisinage de *Jebilee*: *Pline* lui-même, quoiqu'il appelle *Simyra* une ville de la *Cœle-Syrie*, met cependant en *Phénicie Marathus* & *Aradus*, qui sont plusieurs lieuës au-delà. Mais *Ptolomée* est entierement de notre côté, & on doit y ajouter d'autant plus de foi, qu'un ancien Extrait de (*c*) *Strabon*, & *Strabon* lui-même, semblent le confirmer. Car quand ce dernier appelle *Marathus* πόλις ἀρχαία Φοινίκων, *une ancienne ville des Phéniciens*, il ne veut peut-être dire autre chose, si-non que cette ville apartenoit autrefois aux *Phéniciens*, avant qu'ils en eussent été chassés par les *Seleucides*; ce qui sert en même tems à expliquer *Mela*, *Etienne* & *Pline*.

L'ancienne Tripolis.

À deux lieuës du *Nahar el Berd* sont les ruines de *Tripolis*, laquelle avoit été fondée par les villes (*d*) d'*Aradus*,

de

(*a*) 1 Macc. XV. 37. Τρύφων δὲ ἐμβὰς εἰς πλοῖον, ἔφυγεν εἰς Ὀρθωσιάδα. C'est-à-dire: *Tryphon* étant monté dans un vaisseau, s'enfuit dans l'*Orthosie*.

(*b*) Voyez Lib. I. Cap. 4.

(*c*) Chrys. ex Strab. Geogr. Lib. XVI. pag. 208. *Ab urbe Orthosia Pelusium usque, regio maritima Phœnicia dicitur, angusta existens.* C'est-à-dire: Le païs situé le long de la Mer depuis la ville *Orthosie* jusqu'à *Pelusium*, s'appelle la *Phénicie*, & n'a que peu de largeur.

(*d*) Diodore *de Sicile* Lib. XVI. Cap. 41. Κατὰ τὴν Φοινίκην ἐςὶ πόλις ἀξιόλογος ὄνομα Τρίπολις, οἰκείαν ἔχουσα τῇ Φύσει τὴν προσηγορίαν. Τρεῖς γάρ εἰσιν ἐν αὐτῇ πόλεις, ςαδιαῖον ἀπ' ἀλλήλων ἔχουσαι διάςημα. ἐπικαλεῖται δὲ τούτων ἡ μὲν Ἀραδίων, ἡ δὲ Σιδωνίων, ἡ δὲ Τυρίων. C'est-à-dire:

SUR LA SYRIE, L'EGYPTE &c. Chap. I.

de *Sidon* & de *Tyr* conjointement, & leur servoit d'entrepôt pour leurs marchandises. Elle est située sur un Cap bas, que (a) *Scylax* appelle une Peninsule : elle avoit anciennement un grand & bon port, mais présentement on n'y est à l'abri que du vent de Nord-Ouest, & cela par le moyen de quelques Isles, qui rompent la violence des vagues. On n'y voit de traces que d'un seul mur, & par conséquent d'une seule ville ; ce que je remarque contre quelques Géographes anciens, qui ont dit que (b) *Tripoli* étoit composé de trois villes, à un stade l'une de l'autre.

La ville de *Tripoli* d'aujourd'hui est à une demi lieuë de l'ancienne, sur le penchant d'une colline qui regarde la Mer. Elle jouit d'un commerce considerable qui se fait de ses manufactures de soye & de cotton, & des marchandises qu'on y apporte en quantité d'*Alep* & de *Damas*. Le mur de la ville & le château n'ont ni l'air *Grec*, ni l'air *Romain* ; ils paroissent plutôt *Gothiques*. La plus grande curiosité de la ville est un Aqueduc avec ses Reservoirs, dont quelques-uns ont vingt ou trente pieds de haut : ils sont si bien placés dans la ville, que tous les habitans s'abreuvent aisément. Au-dessus du *Pont du Prince* se voit un écusson avec la *Croix de Lorraine* ; ce qui confirme la tradition qui dit, que ce pont a été bâti par *Godefroi de Bouillon*. A Bellmont, deux lieües au Sud de *Tripoli*, est un fameux Couvent de *Kaloyers*, ou Moines *Grecs*, lequel fut fondé du tems des Croisades. Près de-là, vers le Sud, se voit un gros tas de ruines sur une pente, qui pourroient bien être celles de la ville de *Trieris*, & entre ces rui-

Tripoli moderne.

Trieris.

à-dire : Vers la *Phénicie* est une ville considérable, dont le nom est *Tripolis*, appellée ainsi pour en marquer la nature ; car il y a trois villes qui la composent, étant à la distance d'un stade l'une de l'autre : l'une est appellée la ville des *Aradiens*, l'autre des *Sidoniens*, & la troisième des *Tyriens*. Voyez aussi SCYLAX *Peripl.* Edit. *Hudſ.* pag. 41. STRABON Lib. XVI. pag. 519. & PLINE Lib. V. Cap. 20.

(a) Voyez SCYLAX *Peripl.* ut suprà.
(b) Voyez DIODORE dans la Note (d) de la page précédente, & POMP. MELA Lib. I. Cap. 12. où il dit : *Tria fuerunt, singulis inter se stadiis distantia: locus ex numero Tripolis dicitur.* C'est-à-dire : Elles étoient trois en nombre, à un stade l'une de l'autre ; & c'est de-là que cet endroit a été nommé *Tripoli*.

B 2

CALAMOS.   ruines & *Tripoli* eſt le petit village de *Kâlemon*, le *Cala-
           mos* de *Pline*.

Le Port   Je ne connois pas la partie de la *Phénicie* qui eſt entre *Cap
de *Tyr*. Greego*, (le Θεȣ̃ πρόσωπον de *Ptolomée*) & la ville de *Tyr*:
mais je parcourus avec ſoin toutes les criques & bayes des
environs de cette ville, pour découvrir l'endroit où les vaiſſeaux des *Tyriens* ſe mettoient autrefois à l'abri; cependant,
quoique *Tyr* fût la principale Puiſſance maritime de ces contrées, je ne vis aucune trace de *Cothon*, ou de port, qui parût avoir été d'une grande capacité. Il eſt vrai que les vaiſſeaux qui fréquentent cette côte ſont aſſez à l'abri des vents
du Nord ſous le rivage méridional, mais ils ſont obligés de
prendre le large lorſque le vent tourne au Oueſt ou au Sud:
de ſorte qu'il eſt naturel de croire, qu'une ville auſſi commer-
çante que l'ancienne *Tyr*, devoit avoir quelque autre eſpece
de port. On trouve dans la partie de la ville qui eſt au Nord-
Nord-Eſt, les traces d'un baſſin ſûr & commode, qui
eſt renfermé dans les murailles de la ville, mais il eſt fort
petit, n'ayant que quarante verges de diametre; à moins que
les bâtimens qui l'entourent préſentement n'occupent une
partie de ſon ancien lit. Ce petit port eſt aujourd'hui ſi rempli de ſables, que les barques de pêcheurs ont de la peine à
y entrer.

Tyr eſt   Toutes les Nations du *Levant* appellent *Tyr* par ſon ancien
appellé   nom (*a*) *Sur*, & c'eſt de-là que les *Latins* ont emprunté leur
Sur dans (*b*) *Sarra*. On donne deux différentes étymologies du
tout le   nom de *Sur*, qui paroiſſent également bonnes: l'une le fait
Levant. venir du mot צור, qui en *Phénicien* ſignifie *ſitué ſur un rocher*;
l'autre le tire de (*c*) *Sar*, le nom du poiſſon que nous appellons

---

(*a*) En *Hebreu* צור *Tſor*.
(*b*) BOCHART *Chan*. Lib. II. Cap.
10. *Sarræ nomen deduci notum eſt ex
Hebræo Tyri nomine* צור *Tſor; in
quo literam* Tſade, *quæ medii eſt ſoni inter* T & S, *Græci in* T *mutârunt, &
Romani in* S. *Ita factum ut ex eodem* צור *Tſor, & Τύρος naſceretur, &
Sarra.* C'eſt-à-dire: On ſçait que le

mot *Sarra* vient de *Tſor*, nom que
les *Hébreux* donnent à *Tyr*. La lettre *Tſade*, qui a un ſon moyen entre
T & S, a été changée par les *Grecs*
en T, & par les *Romains* en S.; &
voilà comment du même mot *Tſor*,
ſont venus ceux de *Tyrus* & de *Sarra*.
(*c*) Voici la Remarque d'un an-
cien *Scholiaſte* ſur le Liv. IV. des *Géor-
giques*

lons *Purpura*, & qui se trouve communement sur cette côte. Le poisson de Pourpre, ou du moins la manière d'en tirer la teinture, s'est perdue depuis plusieurs siécles: cependant parmi la quantité des autres divers coquillages, la *Purpura* de *Rondelet* est fort commune sur le rivage de la Mer. Plusieurs de ceux que j'ai vû, avoient au dedans de belles rayes de pourpre; ce qui peut-être indique, qu'autrefois ces coquilles renfermerent un poisson de cet ordre.

Il n'y a rien de remarquable entre *Tyr* & le mont *Carmel* que Mr. *Maundrell* n'ait décrit. Je vis au pied du *Carmel*, du côté du Sud-Est, les sources de la riviere *Kishon*. Trois ou quatre de ces sources, qui ne sont qu'à un stade l'une de l'autre, se nomment *le Ras el Kishon*, c'est-à-dire *la Tête du Kishon*, & donnent autant d'eau que l'*Isis* en donne à *Oxford*. Dans la saison des pluyes, toute l'eau qui tombe sur le côté oriental du mont *Carmel* & sur le terrein élevé qui est au Sud, entre dans le *Kishon*, & le grossit si fort & le rend si rapide, qu'il (a) sort de son lit & entraîne tout ce qu'il rencontre dans son chemin. Mais ces inondations ne durent pas long-tems, & le cours du *Kishon*, qui n'est que de sept milles, est toûjours en grande pente, jusqu'à une demi lieuë de la Mer. Je dois remarquer outre cela, que le *Kishon* se perd dans un banc de sable formé par le vent de Nord, excepté lorsqu'il se déborde, car alors il passe par dessus le banc de sable & entre tout droit dans la Mer.

<small>Sources du *Kishon*.</small>

Au-delà des sources du *Kishon*, du côté du Sud-Est, & le long de ses bords du côté du Nord-Est, sont plusieurs collines qui separent la vallée dans laquelle il coule des plaines d'*Acre* & d'*Esdraelon*. La riviere *Belus*, qui se nomme aujourd'hui *Kar-danab*, prend sa source à quatre milles à l'Est du

<small>La Riviere Belus, ou *Kardanab*.</small>

Ras

---

giques de *Virgile*: *Quæ nunc* Tyrus *dicitur, olim* Sarra *vocabatur, à pisce quodam qui illic abundat, quem linguâ suâ* Sar *appellant*. C'est-à-dire: La ville de *Tyr* s'appelloit anciennement *Sarra*, du nom d'une espece de Poisson qui y est fort abondant, & que les gens du païs appellent *Sar* en leur langue.

(a) Ce fut apparemment dans une de ces inondations que le torrent de *Kişon* enleva l'armée de *Sisera*. Voyez *Juges* V. 21.

Ras el Kifbon, de l'autre côté de ces collines, où font plufieurs étangs, dont le plus grand pourroit bien être le (*a*) *Cendevia* de *Pline*. La riviere *Belus* étant ouverte aux plaines d'*Acre* & d'*Efdraelon*, il eft naturel de fuppofer, que les ruiffeaux qui tombent du mont *Tabor* doivent y entrer, mais ils ne fçauroient entrer dans le *Kifbon* par les raifons ci-deffus; & les Géographes fe font fort trompés jufqu'ici par rapport au cours de cette riviere.

<small>Tribu d'Iffachar.</small>

Laiffant le mont *Carmel* au Nord-Oueft de la plaine d'*Efdraelon*, qui étoit anciennement la portion de la Tribu d'*Iffachar*, & qui eft encore aujourd'hui la partie la plus fertile de la terre de *Canaan*, la plaine s'étend à l'Eft, & la vûë eft bornée de ce côté-là par les montagnes d'*Hermon* & de *Tabor*, qui font à quinze milles, & par les collines, fur l'une defquelles la ville de *Nazareth* eft bâtie. Avançant plus avant

<small>Moitié de la Tribu de Manaffé.</small>

dans la moitié de la Tribu de *Manaffé*, on trouve un païs de grain, mais qui n'eft pas tout-à-fait plat, ce qui en rend la vûë plus variée: on y trouve auffi par-ci par-là de petits bois & des ruines de villages anciens. Le païs commence à être raboteux du côté de *Samarie*; & de-là par la voye de *Sichem* jufqu'à *Jerufalem*, on ne trouve que des montagnes, des défilés étroits & des vallées. Dans la Tribu d'*Ephraim* les mon-

<small>Tribu d'Ephraim.</small>

tagnes font fort hautes & couvertes de bois de haute futaye, les vallées en font longues, fpacieufes & auffi fertiles que les meilleurs quartiers de la Tribu d'*Iffachar*. Les montagnes de

<small>Tribu de Benjamin.</small>

la Tribu de *Benjamin*, qui font encore plus loin au Sud, font plus nuës, plus près l'une de l'autre, & leurs vallées font par confequent plus étroites. La Tribu de *Juda* eft à-peu-près de

<small>Tribu de Juda.</small>

même, feulement les montagnes de *Quarantania*, celles d'*Engaddi*, & autres qui bordent la plaine de *Jericho* & la *Mer Morte*, font auffi hautes & auffi étendues que celles de la Tribu d'*Ephraim*. Il y auffi quelques vallées qui apartien-

---

(*a*) PLINE Lib. V. Cap. 19. *Rivus* Pagida, *five* Belus, *vitri fertiles arenas parvo litori mifcens. Ipfe è palude* Cendevia *à radicibus* Carmeli *profluit.* C'eft-à-dire: La riviere *Pagida*, ou *Belus*, qui charie dans fon lit étroit des fables fort propres pour la verrerie, fort du lac *Cendevia*, au pied du mont *Carmel*.

tiennent à cette Tribu, telles que celles de *Rephaim*, d'*Escol* & d'autres, & qui ne méritent pas moins d'attention que le morceau de terrein que *Jacob* donna à son fils *Joseph*, (*Gen.* XLVIII. 22.) Le district occidental de la Tribu d'*Ephraim*, dans le voisinage de *Ramah* & de *Lydda*, est aussi fertile & aussi uni que la moitié de la Tribu de *Manassé* dont j'ai parlé. La Tribu de *Dan* est aussi unie en général, mais n'est pas fort fertile, le terrein en beaucoup d'endroits n'ayant pas assez de profondeur: elle se termine par une chaîne de montagnes du côté de la Mer. De dessus les montagnes de *Quarantania*, on voit distinctement le païs des *Amorites*, de *Gilead* & de *Basan*, l'héritage (*a*) des Tribus de *Ruben*, de *Gad* & de l'autre moitié de la Tribu de *Manassé*. Ces quartiers, sur-tout les environs du *Jourdain*, sont en plusieurs endroits bas, & couverts de tamarins & de saules: mais à deux ou trois lieuës de la riviere le païs paroît être entrecoupé de collines & de vallées, qui semblent être plus grandes & plus fertiles que celles de la Tribu de *Benjamin*. Au-delà de ces plaines, vis-à-vis de *Jericho*, où l'on doit chercher les montagnes (*b*) d'*Abarim*, qui sont la borne septentrionale de la Terre de *Moab*, la vûë est interrompue par une chaîne de montagnes fort hautes, toutes couvertes de rochers nuds & de précipices, qui forment en plusieurs endroits un aspect horrible, & d'où il tombe des torrens fort rapides, qui se repandent de tous côtés. Cette chaîne continue tout le long de la côte orientale de la *Mer Morte*, aussi loin que les yeux peuvent porter; ce qui offre une vûë fort triste, sur-tout si l'on y ajoute une grande étendue d'eau croupissante, où l'on n'apperçoit ni bateaux qui voguent, ni oiseaux qui volent dessus.

Tribu de Dan.

Tribus de Ruben, de Gad & moitié de Manassé.

Mer Morte

Les montagnes qui sont autour de *Jerusalem* font que la ville paroît en amphithéâtre, dont l'arene incline vers l'Est. On ne sçauroit voir *Jerusalem* de loin; la montagne

JERUSALEM.

(*a*) Voyez *Deuteronome* III. 12. & *suiv.*
(*b*) *Nebo* & *Pisgah* sont des pointes de ces montagnes, de dessus lesquelles *Moïse découvrit le païs de Ca-* naan, avant que d'être recueilli avec ses peres. Voyez *Nombres* XXVII. 12. 13. & XXXII. 47. *Deuteronome* III. 27. XXXII. 49. & XXXIV. 1.

gne des *Oliviers*, qui eſt le lieu le plus éloigné d'où on la découvre, eſt cependant ſi près, qu'on pouvoit preſque dire au pied de la lettre, lorſque Notre-Seigneur y étoit, *qu'il pleuroit ſur la ville*. On ne trouve que peu de reſtes de *Jeruſalem*, ſoit de ce qu'elle étoit du tems de J. C. où de ce qu'elle fut enſuite du tems d'*Adrien*, qui la rebâtit; de ſorte qu'à proprement parler, il n'a été *laiſſé pierre ſur pierre qui n'ait été démolie*. La ſituation même de la ville a changé, car le mont *Sion*, qui étoit le lieu le plus élevé de l'ancienne *Jeruſalem*, eſt maintenant hors de la ville, & ſes foſſés ſont comblés; le *Calvaire*, où Notre-Seigneur ſouffrit *hors de la porte*, eſt préſentement preſque au centre de la *Jeruſalem* moderne.

<small>Mont Sion.

Mont Calvaire.

La Tradition nous a conſervé les lieux les plus remarquables.</small>

Malgré ces revolutions, il eſt cependant très-probable que la tradition nous a conſervé la véritable ſituation des lieux qui ont été en quelque façon conſacrés par quelque action remarquable de J. C. & de ſes Apôtres. On ne ſçauroit douter, par exemple, que les premiers diſciples ne connûſſent parfaitement bien le *Calvaire*, & le Sépulcre où Notre-Seigneur fut enſeveli, & qu'ils n'eûſſent même une eſpece de vénération pour ces lieux-là. Ces lieux, dis-je, & la *Grotte* de *Bethlehem*, où J. C. nâquit, étoient ſi bien connus du tems de l'Empereur (*a*) *Adrien*, qu'en haine du nom *Chré-*
-tien

(*a*) S. JEROME *Ep. XIII. ad Paulin. Ab Hadriani temporibus uſque ad imperium* Conſtantini, *per annos circiter centum octoginta, in loco reſurrectionis ſimulacrum* Jovis, *in crucis rupe ſtatua ex marmore* Veneris *à gentibus poſita, colebatur, exiſtimantibus perſecutionis auctoribus, quod tollerent nobis fidem reſurrectionis & crucis, ſi loca ſancta per idola polluiſſent.* Bethlehem *nunc noſtrum & auguſtiſſimum orbis locum, de quo Pſalmiſta canit,* Veritas de Terra orta eſt, lucus inumbrabat Thamuz, *id eſt* Adonidis; *& in ſpecu, ubi quondam Chriſtus parvulus vagiit,* Veneris Amaſius plangebatur. C'eſt-à-dire: Depuis le tems de *Hadrien*, juſqu'à l'empire de *Conſtantin*, par l'eſpace d'environ 180. ans, les Payens ont adoré un ſimulacre de *Jupiter* dans l'endroit de la Réſurrection, & une Statue de marbre de *Venus*, ſur le rocher où étoit la Croix; parce que les Auteurs de la perſécution ont cru nous enlever la foi même de la Réſurrection & de la Croix, en ſouillant les lieux ſaints par leurs Idoles. *Bethlehem*, le plus auguſte lieu que nous connoiſſions dans l'univers, dont le Pſalmiſte a dit: *La vérité eſt ſortie de la Terre*, étoit ombragé par un Bois dédié à *Adonis*; & dans la grotte où l'on entendit jadis les cris de l'Enfant *Jeſus*, on faiſoit les complaintes ſur la mort de l'Amant de *Venus*. Voyez auſſi EUSEBE *de Vita Conſtant.* Lib. III. Cap. 25.

tien on érigea une ſtatue à *Jupiter* ſur le lieu de la Réſurrection, une à *Venus* ſur le mont *Calvaire*, & une troiſième à *Adonis* dans *Bethlehem*. Ces ſtatues demeurerent dans ces lieux, juſqu'à ce que *Conſtantin le Grand* & ſa mere *Helene* firent bâtir en leur place de magnifiques Temples qui ſubſiſtent juſqu'à ce jour. Une ſucceſſion non interrompue de *Chrétiens* qui ont reſidé à *Jeruſalem*, & d'autres qui (*a*) y venoient par devotion de toutes parts, nous ont auſſi conſervé les noms & la véritable ſituation du lavoir de *Betheſda* & de celui de *Siloé*, du jardin de *Gethſemane*, du *Champ du Sang*, du torrent *Cedron* &c.

La portion de la Tribu de *Juda* étoit preſque auſſi grande que celles de toutes les autres Tribus priſes enſemble, & comme il y en avoit trop pour eux, (*b*) l'*Héritage des Enfans de Simeon fut pris du lot des Enfans de Juda*. Sa borne du (*c*) côté du Sud étoit du bas de la *Mer Salée*, tout le long du païs d'*Edom*, juſqu'à la riviere d'*Egypte* & la Mer *Mediterranée*. Or comme la riviere d'*Egypte* ne peut être autre que la branche *Peluſiaque* du *Nil*, on peut par-là déterminer la borne ſeptentrionale du païs d'*Edom*, & la ſituation du déſert de *Zin* & de *Kades Barné*, qui faiſoient partie de ce païs-là : païs dont la poſition n'a pas été bien déterminée juſqu'à préſent par les Géographes. Car l'étendue & la ſituation de la (*d*) *Mer Salée* n'étant gueres mieux connues que la branche orientale du *Nil*, une ligne imaginaire tirée entre ces lieux, ſuivant ce qu'ils ſont marqués dans l'Ecriture, nous donnera la borne requi-

Tribu de *Juda*.

(*a*). S. JERÔME *Epiſt. XVII. ad Marcell. Longum eſt nunc ab aſcenſu Domini uſque ad præſentem diem per ſingulas ætates currere, qui Epiſcoporum, qui Martyrum, qui eloquentium in doctrina Eccleſiaſtica virorum venerint Hieroſolymam, putantes ſe minùs religionis, minùs habere ſcientiæ, niſi in illis* Chriſtum *adoraſſent locis, de quibus primum Evangelium de patibulo coruſcaverat.* C'eſt-à-dire : Il ſeroit long de parcourir tous les âges depuis l'Aſcenſion du Seigneur juſqu'à préſent, pour raconter combien d'Evêques, combien de Martirs, & combien d'Hommes éloquens & verſés dans la doctrine de l'Egliſe, ſont allés à *Jeruſalem*, parce qu'ils croyoient avoir moins de Religion & de ſcience, s'ils n'euſſent adoré *Jeſus Chriſt* dans les endroits mêmes où l'Evangile avoit commencé à briller ſur la Croix.
(*b*) Voyez *Joſué* XIX. 9.
(*c*) Voyez *Nombres* XXXIV. 3. 4. 5. & *Joſué* XV. 1. 2. 3. 4.
(*d*) Communement appellée la *Mer Morte*, ou le *Lac Aſphaltite*.

18 OBSERVATIONS GEOGRAPHIQUES

Kades situé sur sa borne orientale.

requife. *Kades Barné* donc, qu'on peut préfumer être fitué fur ou près de cette borne, dans la voye directe d'*Edom* à la *Terre promife*, devra être à cent milles de diftance au Sud-Oueft de *Jerufalem*, à-peu-près à moitié chemin entre *Rhinocolura* & le *Golfe Elanitique* de la *Mer Rouge*.

Sa borne occidentale s'étendoit le long de la côte.

La côte occidentale de cette Tribu doit être le long du golfe qui eft au Sud-Eft de la *Mediterranée*, (*a*) depuis *Ekron* jufqu'à la riviere d'*Egypte*. Cette côte eft baffe, fablonneufe, peu fertile & dangereufe pour les vaiffeaux qui en approchent. Plufieurs des villes anciennes de ce païs, particulierement celles des *Philiftins*, ont affez bien confervé leurs anciens noms. *Ekron* s'appelle aujourd'hui *Akron*, *Afcalon Scalon*, *Gath Jet*, & *Gaza*, qui eft fept lieuës au Sud-Oueft d'*Akron* & à onze de *Jaffa*, dans la même direction ; *Gaza*, dis-je, s'appelle *Gazy*. *Rhinocolura* étoit probablement fituée près du fond du golfe, à feize lieuës au Sud-Oueft de *Gazy* & à dix-huit à l'Eft du *Nil*. Le lac *Sirbonis* eft entre cette ville & le *Nil*, à fix lieuës feulement de ce fleuve : ce lac étoit autrefois fort étendu & avoit communication avec la Mer. Tout ce que je dis ici de *Kades Barné*, de *Rhinocolura* & de ce lac, ne font que des conjectures que j'ai faites, en comparant ce que j'ai vû de la *Judée*, du *Nil* & de l'*Arabie*, avec les defcriptions que nous ont laiffé de ces lieux les différens Auteurs qui en ont écrit.

CHAPITRE II.

*Obfervations Géographiques fur l'*EGYPTE*, fur l'*ARABIE PETRE'E *& fur les* CAMPEMENS *des* ISRAELITES.

La Côte d'Egypte & les fept Embouchu-

DE toutes les côtes de l'*Egypte* que je pus obferver, il n'y en a pas une feule que l'on puiffe découvrir de loin. Lorfque les gens de Mer en approchent, ils règlent leur eftime de l'éloignement fur la profondeur de l'eau, tel nombre

de

(*a*) Voyez *Nombres* XXXIV. 6. *Jofué* XV. 12. & XIII. 2. 3.

de braſſes répondant à tel nombre de lieuës, au moins pour l'ordinaire. En particulier toute la partie de ces côtes qui eſt entre *Tineh*, l'ancien *Peluſium*, & la branche de *Damiette*, eſt extrêmement baſſe, & remplie de lacs & de marécages; ce qui répond encore aujourd'hui à (*a*) l'étymologie de ſon nom. Ces lacs ſont remplis d'une grande diverſité de poiſſons excellens, que l'on porte aux villages voiſins, ou que l'on ſale pour les vendre aux *Grecs*, qui viennent les achetter.

Dami-ata ou *Damiette* eſt une des plus conſiderables villes de l'*Egypte* pour le commerce. Elle eſt ſituée ſur les bords orientaux du *Nil*, à cinq milles de la Mer, & à ſoixante milles au Nord-Nord-Oueſt de *Tineh*. On s'eſt trompé généralement quand on a pris la branche du *Nil* ſur laquelle cette ville eſt ſituée pour la branche *Peluſiaque*; & cette erreur eſt venue de ce qu'on a cru que *Dami-ata* étoit l'ancien *Peluſium*, au lieu qu'il eſt viſible que ſon nom moderne n'eſt qu'une corruption de *Thamiathis*, l'ancien nom qu'elle portoit. Ainſi cette branche du *Nil* ſur laquelle eſt ſituée la ville de *Dami-ata*, doit être la branche *Pathmetique*, ou *Phatnique* comme *Strabon* l'appelle. Entre cette branche & la *Peluſiaque* étoient la branche *Mendeſiane* & la *Tanitique*; mais je ne pus rien découvrir ſur ces deux branches-ci.

A ſeize lieuës au Nord-Nord-Oueſt de l'embouchure *Pathmetique* eſt le *Cap Brullos*, où l'on ſuppoſe que la branche *Sebennitique* ſe déchargeoit. Enſuite vient la branche *Bolbutique*, à dix-ſept lieuës de diſtance du côté du Sud-Oueſt. On la nomme préſentement la branche de *Roſette*, (ou de *Raſſid* comme prononcent les gens du païs,) du nom d'une grande ville bien peuplée qui eſt à une lieuë de ſon embouchure.

Il y a une autre branche à *Me-dea*, l'ancien *Heraclium*, quatre lieuës plus loin, mais cette branche eſt beaucoup plus petite que la précedente; deux lieuës au-delà, en allant toûjours au Oueſt, on trouve une petite baye, & des ruines connues ſous le nom de *Bikeer*. Ces ruines ſont à cinq lieuës d'*Alexandrie*, & la branche de *Me-dea* en eſt à ſept lieuës; ainſi,

(*a*) Voyez la Note (*c*) de la page 46. du Tome I.

ainfi, fur l'autorité de (*a*) *Strabon*, ces ruines doivent être l'ancienne ville *Canopus*, & la branche de *Me-dea* l'ancienne branche *Canopique*. Mais cette branche-ci, de même que la *Sebennitique* & la *Pelufiaque*, ne font pas confiderables préfentement, excepté dans le tems de l'inondation ; le *Nil* fe déchargeant principalement dans les autres tems par les branches de *Rofette* & de *Dami-ata*.

Scanda-rea, ou Alexandrie.

Alexandrie, qu'on nomme aujourd'hui *Scandarea*, a deux ports ; le *Port neuf*, où entrent tous les vaiffeaux qui viennent d'*Europe*, & le *vieux Port*, où ne font admis que les vaiffeaux qui viennent de *Turquie*. Le premier eft celui que *Strabon* appelle le (*b*) *Grand Port*, étant à l'Eft du *Phare* : le

Portus Magnus,

(*a*) STRABON Lib. XVII. pag. 1140. Ἐςὶ ἡ ἀπὸ Πηλυσίυ παραλία πρὸς τὴν ἑσπέραν πλέυσι, μέχρι μὲν τῦ Κανωβικῦ ςόματος, χιλίων πβ, καὶ τριακοσίων ςαδίων, ὃ δὴ καὶ βάσιν τῦ Δέλτα ἔφαμεν. Ἐντεῦθεν δ᾽ ἐπὶ Φάρον τὴν νῆσον ἄλλοι ςάδιοι πεντήκοντα πρὸς τοῖς ἑκατόν. C'eft-à-dire : En allant par mer, vers l'Oueft du *Pelufium* jufqu'à l'embouchure de *Canopus*, que nous avons dit faire la bafe du *Delta*, il y a environ 1300 ftades, & de-là jufqu'à l'Ifle de *Pharos* il y en a 150. autres. AMMIAN Lib. XXII. Cap. 41. Canopus indè (*ab* Alexandria *fcil.*) duodecimo disjungitur *lapide*. C'eft-à-dire : *Canopus* en eft (fçavoir d'*Alexandrie*) à 12. lieuës. STRABON ut fup. pag. 1152. Κάνωβος δ᾽ ἐςὶ πόλις ἐν εἴκοσι καὶ ἑκατὸν ςαδίοις ἀπὸ Ἀλεξανδρείας πεζῇ ἰῦσιν. & pag. 1153. Μετὰ δὲ τὸν Κάνωβον ἐςὶ τὸ Ἡράκλειον, τὸ Ἡρακλέυς ἔχον ἱερόν. Εἶτα τὸ Κανωβικὸν ςόμα, καὶ ἡ ἀρχὴ τῦ Δέλτα —— Μετὰ δὲ ςόμα τὸ Κανωβικὸν ἔςι τὸ Βολβιτικόν. Εἶτα τὸ Σεβεννιτικὸν καὶ τὸ Φατνικόν· τρίτον ὑπάρχον τῷ μεγέθει παρὰ τὰ πρῶτα δύο, οἷς ἄρςαι τὸ Δέλτα· —— Τῷ δὲ Φατνικῷ συνάπτει τὸ Μενδήσιον. Εἶτα τὸ Τανιτικόν, καὶ τελευταῖον τὸ Πηλυσιακόν. Ἔςι δὲ καὶ ἄλλα τύτων μεταξὺ, ὡς ἂν ψευδοςόματα ἀσημότερα. C'eft-à-dire : La ville de *Canopus*, en allant par terre, eft à 120. ftades d'*Alexandrie*. —— Après *Canopus* eft *Heraclium*, où il y a un Temple d'*Hercule*. Enfuite vient l'embouchure *Canopique*, & le commencement du *Delta*. —— Après l'embouchure *Canopique* vient la *Bolbitique* ; enfuite la *Sebennitique* & la *Phatnique* : la troifième excede en grandeur les deux autres, qui font le *Delta* —— A la *Phatnique* eft contigue la *Mendefienne* ; enfuite vient la *Tanitique*, & la derniere eft la *Pelufiaque*. Il y a bien entre celles-là quelques autres, mais elles font comme de fauffes embouchures, & moins dignes d'attention.

(*b*) STRABON Lib. XVII. pag. 1144. Ἔςι δὲ ἐν τῷ μεγάλῳ λιμένι κατὰ μὲν τὸν εἴσπλυν ἐν δεξιᾷ ἡ νῆσος καὶ ὁ πύργος ὁ Φάρος. C'eft-à-dire : Dans le *Grand Port*, vers la fortie, à la droite, font l'Ifle & la tour de *Pharos*. Idem, ibid. pag. 1145. Ἑξῆς δ᾽ Εὐνόςυ λιμὴν μετὰ τὸ ἑπταςάδιον. καὶ ὑπὲρ τύτυ ὀρυκτὸς, ὃν καὶ Κιβωτὸν καλῦσιν, ἔχων καὶ αὐτὸς νεώρια. Ἐνδοτέρω δὲ τύτυ διῶρυξ πλωτὴ μέχρι τῆς λίμνης τεταμένη τῆς Μαρεώτιδος. C'eft-à-dire : Enfuite vient le port *Eunoftus*, après l'*Heptaftadion* ; & au-deffus de celui-là eft un port que l'on a creufé, & que l'on appelle *Cibotus*, qui a auffi des endroits propres pour les vaiffeaux. En dedans

le dernier doit être celui qu'il appelle *Eunoſtus*; c'eſt-là qu'é- Portus
toit auſſi le *Cibotus*, qu'on dit avoir eu communication avec Eunosti
le lac *Mareotis*, lequel eſt derriere au Sud. L'*Alexandrie* mo- & Cibo-
derne eſt ſituée entre ces deux ports, vraiſemblablement ſur tus.
le terrein que (*a*) *Strabon* nomme *Heptaſtadion*: l'ancienne Hepta-
ville étoit plus avant au Nord & au Nord-Eſt. sta-
dion.

La plus grande partie des murs de l'ancienne *Alexandrie* Ruines
avec leurs tourettes ſubſiſtent encore; ce qui eſt ſurprenant, d'*Alex-*
vû les grands ravages que les *Sarazins* ont fait dans d'autres andrie.
endroits. Les anciennes cîternes de la ville ſe ſont auſſi fort
bien conſervées: elles ſe rempliſſent d'eau dans le tems de
l'inondation du *Nil*, & ſont très-profondes, leurs murailles
étant ſoutenues par pluſieurs rangs d'arches, ſur leſquelles la
ville eſt bâtie. On peut auſſi juger de la grandeur & de la
magnificence de l'ancienne *Alexandrie* par deux rangs de colomnes de *Granite*, dont pluſieurs ſubſiſtent encore, leſquelles, à ce qu'on ſuppoſe, formoient la ruë dont parle (*b*) *Strabon*, qui alloit du quartier *Necropolitain* juſqu'à la porte de
Canopus. On trouve de même à *Latikea* & à *Hydra*, dont
nous avons déja parlé, des rangs de colomnes ſemblables.

La Colomne de *Pompée* ſe voit à une petite diſtance au La Co-
Sud lomne de
Pompée.

dans de celui-là eſt un foſſé navigable, qui s'étend juſqu'au port *Ma-
réotide*.

(*a*) Strabon Lib. XVII. pag. 1141.
Οὗτοι δὲ (*Portus ſcil*. Eunoſti & Magnus) συνεχεῖς ἐν βάθει ἐκείνῳ τῷ ἑπταςαδίῳ καλουμένῳ, χώματι διειργόμενοι ἀπ' αὐτῆ, παράκεινται. C'eſt-à-dire: Ceux-là, (ſçavoir les ports *Eunoſtus* & le *grand*)
ſont de niveau en profondeur à ce
qu'on appelle l'*Heptaſtadion*, en étant
ſeparés par une chauſſée.

(*b*) Idem, ibid. pag. 1145. Εἶθ' (ſcil. à portu Eunoſti & Ciboti) ἡ Νεκρόπολις καὶ τὸ προάςειον ἐν ᾧ κῆποι τε πολλοὶ, καὶ ταφαὶ, καὶ καταγωγαὶ, πρὸς τὰς ταριχείας τῶν νεκρῶν ἐπιτήδειαι· —— Ἀπὸ δὲ τῆς Νεκροπόλεως ἡ ἐπὶ τὸ μῆκος πλατεῖα, διατείνει παρὰ τὸ γυμνάσιον μέχρι τῆς πύλης τῆς Κανωβικῆς. C'eſt-à-dire:

Après (ſçavoir le Port *Eunoſtus* & le *Cibotus*) vient *Necropolis* & le faux-bourg, dans lequel il y a pluſieurs jardins, & des tombeaux & des Cryptes propres à y conſerver les morts —— En ſortant de *Necropolis*, la campagne s'étend vers le lieu d'exercice juſqu'à la porte de *Canopus*. [Les *Cryptes*, ou les *Catacombes*, comme on les appelle communement, qui, ſelon toute apparence, ont donné le nom à cette partie de la ville, ſubſiſtent pour la plupart, & différent peu de celles de *Latikea* que nous avons déja décrites. Il eſt probable qu'elles furent deſtinées aux mêmes uſages, & non pour recevoir des momies ou des corps embaumés, comme celles de *Sokara*, près de *Memphis*.]

Sud des murs d'*Alexandrie* : elle est de l'ordre *Corinthien*, mais le feuillage du Chapiteau est mal exécuté. On a enlevé plusieurs grands morceaux de pierre & de marbre du fondement de cette Colomne, dans l'espérance de trouver un trésor au-dessous, de sorte que toute la fabrique ne semble présentement tenir que sur un bloc de marbre blanc, qui est à peine de deux verges en quarré, & qui sonne comme une cloche lorsqu'on le touche avec une clef. Quelques-uns des morceaux de marbre qu'on a arrachés du fondement de cette Colomne sont chargés d'hiéroglyphes : ce qui me fait soupçonner, que ce monument n'est ni l'ouvrage des *Egyptiens*, ni celui des *Grecs*, ni des *Romains*, mais qu'il n'a été fait qu'après *Strabon*, & que cet Auteur n'auroit probablement pas oublié d'en parler, s'il avoit subsisté de son tems.

Le Delta commence à la branche Canopique.

On comptoit que le *Delta* commençoit à la branche *Canopique* du *Nil*, qu'on supposoit entrer dans celle de *Me-dea*. D'ici jusqu'à *Rosette* les *Caravanes* sont guidées, l'espace de quatre lieuës, par un rang de poteaux semblables à ceux du (*a*) *Shibkah el Low-deah*, ou *Lac des Marques*. Le canal qui fournissoit *Alexandrie* d'eau est sur la droite, & comme on n'en fait plus le même usage, il se décharge dans le canal de *Me-dea*. On ne voit que peu ou point de traces de l'inondation du *Nil* depuis *Alexandrie* jusqu'à *Rosette*, tout ce district paroissant plutôt avoir été originairement une continuation de la côte sablonneuse de *Libye*, ou bien une Isle : aussi lorsqu'on fait voile du côté de l'Est, on trouve plusieurs monticules de terre sablonneuse ; un entr'autres à l'Orient de l'embouchure de la branche (*b*) *Bolbutique* du *Nil*, un autre au Cap *Brullos*, & un troisième au Ouest de *Dami-ata*. On peut supposer que ces monticules étoient originairement des Isles, qui par leur situation arrêtoient les eaux du *Nil*, & retenoient le limon, qui aura enfin formé le *Delta*. Il est probable qu'auparavant cet-

(*a*) Il en est parlé sur la fin du Chap. 5. de la seconde Partie du Tome I.

(*b*) C'est peut-être le même dont parle STRABON sous le nom de ΑΓΝΟΥ ΚΕΡΑΣ, lorsqu'il dit Lib. XVII. pag. 1153. Μετὰ δὲ τὸ Βολβίτι-κον ςόμα ἐπιπλέον ἔγκειται ταπεινὴ καὶ ἀμμώδης ἄκρα· καλεῖται δὲ Αγνοῦ κέρας. C'est-à-dire : Après l'embouchure *Bolbitique* s'avance un promontoire bas & sablonneux que l'on appelle la *Corne d'Agnus*.

SUR LA SYRIE, L'EGYPTE &c. *Chap. II.* 23

cette partie de la *Basse-Egypte* n'étoit qu'un grand golfe de la Mer, de sorte qu'alors l'Isle de *Pharos* étoit, suivant l'observation (*a*) d'*Homere*, à un grand jour de navigation du continent de l'*Egypte*.

Si l'on excepte le tems de l'inondation, où tout le païs est couvert d'eau, il y a beaucoup de plaisir à voyager sur le *Nil*, parce qu'on rencontre sur ses bords, à chaque détour que fait la riviere, un si grand nombre de villages & de terres cultivées, que de *Rosette* au *Caire*, & du *Caire* le long de l'autre branche jusqu'à *Damiette*, il régne généralement par-tout un grand air d'abondance & de richesse. La riviere serpente si fort, qu'en la suivant on compte deux-cens milles du *Caire* à *Rosette*, au lieu qu'en droiture il n'y en a pas la moitié.

Bords du Nil pleins de villages.

Le *Caire*, ou (*b*) *Al Kahirah*, communement appellé *Al Mes-*

Caire ou le Grand Caire, est

(*a*) HOMERE *Odyss.* Δ. v. 354-357.

Νῆσος ἔπειτά τις ἐςὶ πολυκλύςῳ ἐνὶ πόντῳ,
Αἰγύπτε προπάροιθε (Φάρον δὲ ἑ κικλήσκεσι,)
Τόσσον ἄνευθ' ὅσσον τε πανημερίη γλαφυρὴ νηῦς
Ἤνυσεν, ᾗ λιγὺς ἔρος ἐπιπνείῃσιν ὄπισθεν.

C'est-à-dire: Ensuite vient dans la célèbre Mer une Isle qui est au devant de l'*Egypte*, & que l'on appelle *Pharos*: elle en est séparée autant qu'un bon vaisseau peut faire de chemin dans tout un jour, lorsqu'il est poussé par un vent favorable.

(*b*) GOLIUS dérive ce nom الكاهرة *Al Kahirah*, c'est-à-dire *victorieuse*, de قهر *il a vaincu*, ou *il a subjugué*. On a donné la même signification au mot de *Kair-wan*, non obstant ce que j'en ai dit presque au commencement du dernier Chapitre de mes *Observations sur le Royaume de Tunis*. P. D'AVITY, dans sa *Description générale de l'Afrique* pag. 49. dit:

Occuba bâtit au même lieu où il avoit défait le Comte *Gregoire*, une ville qu'il nomma *Cayre*. c'est-à-dire *Victoire*; puis on l'appella *Cayravan*, c'est-à-dire *deux Victoires*, à cause d'une autre que les *Arabes* y obtinrent depuis. [Mais les habitans de l'*Egypte* & de tout le *Levant* donnent communement au *Caire* le surnom de *Messer*, qu'ils dérivent probablement de *Mizraïm*, fils de *Cham*, le premier qui s'établit dans ce païs.] Voici ce qu'en dit le *Géographe de Nubie* pag. 97. *Urbs* Fostat *est ipsamet* Metsr, *sic dicta à* Misram *filio* Cam, *filii* Noë, *cui pax: ipse enim eam ædificaverat primitùs.* —— *Dicitur autem appellata fuisse* Fostat, *quòd volente* Amro, *filio* Aas, *post saptam* Metsr, *proficisci Alexandriam, præceperit ut præcederet eum* Alfostat (*id est tentorium*) *& figeretur aut transportaretur ante se: quare accidit ut columba descenderet, ovum in ejus vertice pareret. Quo ad* Amrum *delato, jussit ut relinqueretur tentorium eodem in situ, donec columba ovum suum perficeret.* C'est-à-dire:

La

l'ancienne BABYLONE.

Meßer, est situé à deux petits milles à l'Est du *Nil*, & à quinze au Sud du *Delta*, comme l'on dit que (*a*) *Memphis* l'étoit. La ville est bâtie en forme de croissant, sur le côté septentrional de la montagne sur laquelle étoit situé l'ancien château des *Babyloniens*. Le *Khalis* traverse la ville d'un bout à l'autre; c'est (*b*) l'*Amnis Trajanus* des Anciens, qui fournit tous les ans la place d'eau, & a cinq milles de long: & cependant le *Grand Caire*, comme les *Européens* l'appellent, est fort inférieur pour (*c*) l'étendue à diverses villes de la Chrétienté. Il est vrai pourtant que cette ville est extrêmement peuplée, plusieurs familles demeurant dans une même maison, & même diverses personnes dans une seule chambre, & pendant le jour les ruës sont si remplies de monde qu'on a bien de la peine à y passer.

Le Château & le puits du

Le (*d*) Château qui pourroit bien avoir donné son nom à la (*e*) ville, est bâti, comme je l'ai déja dit, sur la montagne.
Le

La ville de *Fostat* est précisément la même qu'on appelle *Metsr*, nom qu'elle a pris de *Misram*, fils de *Cham*, fils de *Noé*, à qui soit paix! car c'est lui qui en a été le premier fondateur. — On raconte que le nom de *Fostat* lui est venu de ce qu'*Amru*, fils d'*Aas*, voulant aller à *Alexandrie*, après la prise de *Metsr*, & ayant ordonné qu'on transportât & dressât un *Alfostat* (ou *tente*) devant lui, il arriva qu'un pigeon vint s'y percher & y deposa un œuf: ce qui ayant été rapporté à *Amru*, il commanda de laisser la tente dans la même situation sans y toucher, jusqu'à ce que le pigeon eût couvé son œuf.

(*a*) STRABON Lib. XVII. Μέμ-Φις δ' ἐςὶ ἀπὸ τȣ̃ Δέλτα τρίτχοινον εἰς ἀυτήν. C'est-à-dire: *Memphis* est à 180. stades du *Delta*.

(*b*) Voyez ci-après la Note (*c*) de la page 27.

(*c*) Si les villages du *Vieux Caire* & de *Boulac*, dont l'un est à deux milles au Nord-Est, & l'autre à deux milles au Ouest du *grand Caire* d'au-jourd'hui, ont fait autrefois partie de la ville, comme les ruines qui sont entre deux semblent le faire croire; en ce cas, dis-je, le *grand Caire* auroit été anciennement une aussi grande ville que *Londres* l'est à présent.

(*d*) STRABON Lib. XVII pag. 1160. Ἀναπλεύσαντι δ' ἐςὶ Βαβυλὼν Φρȣ́ριον ἐρυμνὸν, ἀποςάντων ἐνταῦθα Βαβυλωνίων τινῶν, εἶτα διαπραξαμένων ἐνταῦθα κατοικίαν παρὰ τῶν Βασιλέων. C'est-à-dire: En allant par Mer, on trouve *Babylone*, forteresse sûre. De-là quelques *Babyloniens* s'étant retirés, ils obtinrent des Rois la permission de s'établir ici.

(*e*) JOSEPHE Antiq. Jud. Lib. II. Cap. 5. Τὴν δὲ πορείαν ἐποιȣ̃ντο κατὰ Λητȣ̃ς πόλιν ἔρημον ȣ̃σαν ἐν τοῖς τότε. Βαβυλὼν γὰρ ὕςερον κτίζεται ἐκεῖ, Καμβύσȣ καταςρεφομένȣ τὴν Αἴγυπτον. C'est-à-dire: Ils prirent leur route par la ville de *Leto*, qui étoit autrefois déserte, mais où dans la suite *Babylone* fut bâtie, lorsque *Cambyse* eût ravagé l'*Egypte*.

SUR LA SYRIE, L'EGYPTE &c. Chap. II.

Grand Caire.

Le chemin pour y monter est taillé dans le roc, & c'est peut-être de-là que cette chaîne d'éminences a pris le nom qu'elle porte de *Jibbel Moc-catte*, ou *Mocattem*, c'est-à-dire la *Montagne qui est taillée ou coupée*. On montre aux étrangers entr'autres choses dans le château une grande & magnifique chambre, soutenue par nombre de colomnes de marbre de la *Thébaïde* ; & ensuite le (*a*) *Beer el Hallazoune*, ou le *Puits fait en limaçon*, lequel, aussi-bien que l'escalier qui tourne autour du puits, est taillé dans le roc. Les habitans du païs disent, que ce château & ce puits ont pour fondateur le Patriarche *Joseph* : ils prétendent même montrer le lieu où il fut detenu prisonnier. Mais il y a toute apparence que le puits fut creusé par les *Babyloniens* ; & la grande chambre du château est si remplie de dorure & d'autres petits ornemens, qu'il est visible que ce doit être l'ouvrage des (*b*) *Mahometans*.

Geeza, l'ancienne Memphis.

Vis-à-vis le *Caire*, sur le bord du *Nil* qui regarde la *Libye*, on trouve le village de *Geeza*, où l'ancienne *Memphis* étoit située, dont les restes sont maintenant entierement ensevelis & couverts de terre. Douze milles plus loin dans la même direction on voit les (*c*) *Pyramides* : elles sont bâties sur

Situation des

(*a*) En *Arabe* بیر الحلزون *Beer el Hallazoune*. Ce Puits a deux étages, & sa profondeur est de 44. brasses en tout. Le premier étage a 16. pieds de largeur d'un côté, & 24. de l'autre : L'eau en est saumache, & ce sont des bœufs qui la tirent par le moyen d'une Roüe à la *Persanne*.

(*b*) ABDOLLAH, *Phil. Hist. Ægypt. Compend.* pag. 85. *Fuit autem in Algiza magnus Pyramidum numerus; & parvæ erant, & dirutæ sunt in tempore Salladeeni Josephi, Jobi filii, auspiciis Caracusii cujusdam, ex principibus. Hic verò Eunuchus Græcus fuit, elato animo, qui præfuit Ægyptiis. Hic etiam fuit qui murum lapideum extruxit, qui & Al Fostat, & Al Caharan, quodque ei interjacet, arcemque etiam quæ juxta Al Mokattem cingit. Hic etiam fuit qui arcem instruxit, duosque in ea puteos fodit, qui hodie reperiuntur.* C'est-à-dire : Il y a eu à *Algiza* un grand nombre de Pyramides ; mais elles étoient petites, & ont été détruites du tems de *Saladin Joseph*, fils de *Job*, par les ordres d'un certain *Caracusius*, l'un des Chefs, qui étoit un Eunuque *Grec*, d'un esprit fort altier, & qui a gouverné l'*Egypte*. C'est le même qui bâtit un mur de pierre, & qui renferma dans cette enceinte *Al Fostat*, *Al Caharan*, avec le terrein qui est entre deux, & le Château situé près d'*Al Mokattem*. Le même fortifia aussi le Château, & y fit creuser deux Puits, que l'on y voit encore jusqu'à ce jour.

(*c*) STRABON Lib. XVII. Ἀφορῶνται δ' ἐνθάδε τηλαυγῶς αἱ Πύραμιδες ἐν τῇ περαίᾳ ἐν Μέμφει, καὶ εἰσὶ πλησίον.

Pyramides. sur une chaîne de montagnes qui apartiennent à la *Libye*, & qui servent de borne à l'Inondation du *Nil* du côté de l'Occident. Ce fleuve est arrêté de même à l'Orient par la montagne sur laquelle le château du *Caire* est bâti; & ainsi, en remontant l'espace de deux-cens lieuës jusqu'aux cataractes, ses eaux sont retenues de chaque côté par une chaîne de montagnes, qui en quelques endroits se trouvent à quatre, en d'autres à cinq ou six lieuës de ses bords, & garantissent les païs d'au-delà de l'inondation.

La Terre de Goshen. Voilà quelle est la situation & l'étendue de l'*Egypte*. La partie de ce païs qui est appellée dans l'Ecriture la Terre de *Goshen*, ou *Ramesès*, est dans le district d'*Héliopolis*, sur les bords du *Nil*, du côté de l'*Arabie*, & dans le voisinage de *Matta-reah*. Lorsque *Joseph* invita son pere & ses freres à venir en *Egypte*, il leur dit (a) *qu'ils habiteroient dans la contrée de Goshen, & qu'ils seroient près de lui:* ainsi ce païs doit avoir été proche du lieu de la résidence des Rois d'*Égypte*. Il y a aussi plus d'apparence que ce lieu étoit *Memphis*, que non pas *Zoan*, comme quelques-uns le prétendent; & cela parce qu'il est dit, (b) *qu'un très-fort vent occidental enleva les sauterelles, & les enfonça dedans la Mer Rouge:* ce qui quadre parfaitement avec la situation de *Memphis*, & ne sçauroit convenir à celle de *Zoan*, qui est dans le district *Tanitique*; de sorte qu'un vent occidental en auroit emporté les sauterelles, non dans la *Mer Rouge*, mais dans la *Mediterranée*, ou dans le Païs des *Philistins*. Lorsque le *Psalmiste* parle de la Terre de (c) *Zoan*, il faut probablement l'entendre de toute l'*Egypte* en général, par une figure très-usitée en Poësie, où l'on prend la partie pour le tout; de sorte que *David* a fort bien pû nommer un endroit aussi connu qu'étoit *Zoan* de son tems, pour désigner tout le païs dont elle faisoit partie.

De plus, si *Jacob*, venant de *Beerseba*, avoit pris sa route vers la partie de l'*Egypte* où *Zoan* est situé, on ne sçauroit ren-

---

C'est-à-dire: On voit d'ici très-distinctement les Pyramides qui sont dans les plaines de *Memphis*, & qui sont voisines.

(a) Voyez *Genese* XLV. 10.
(b) Voyez *Exode* X. 19.
(c) Voyez *Pseaume* LXXVIII. 12. & 43.

rendre raiſon de ce que diſent les *Septante* & (*a*) l'Hiſtorien *Juif*, que ſon fils *Joſeph* le rencontra à *Héroopolis*. Car comme cette ville étoit du diſtrict *Héliopolitain*, pas loin des bords de la *Mer Rouge*, préciſément dans l'endroit où ſont aujourd'hui le château & la garniſon d'*Adjeroute*, on ne ſçauroit dire qu'elle étoit ſur le chemin de *Beerſeba* à *Zoan*, au lieu qu'elle ſe trouve préciſément ſur la route de *Beerſeba* à *Memphis*. Les *Septante* nous diſent auſſi, (*b*) que *Héroopolis* étoit une ville du païs de *Rameſes*, lequel ne ſçauroit être que le diſtrict (*c*) d'*Héliopolis*, comprenant cette partie de l'*Arabie* qui eſt bornée du côté d'*Héliopolis* par le *Nil*, & de l'autre côté, près d'*Héroopolis*, par la *Mer Rouge*.

La Terre de *Goſhen* étoit donc cette partie du *Rameſes*, ou du diſtrict *Héliopolitain*, qui eſt ſur le bord du *Nil* proche d'*Héliopolis*. L'Ecriture l'appelle (*d*) *le meilleur endroit du païs*; & elle nous apprend de même, que *Joſeph aſſigna habitation à ſon pere, & à ſes freres, leur donnant poſſeſſion au Païs d'Egypte, au meilleur endroit du païs, aſſavoir en la contrée de Rameſes*; c'eſt-à-dire que la terre de *Goſhen* étoit la meilleure & la plus fertile partie de tout ce diſtrict. Cette terre ne pouvoit être

tout

(*a*) JOSEPHE, *Antiq. Jud.* Lib. II. Cap. 7. Μαθὼν δὲ Ἰώσηπος παραγενόμενον τὸν πατέρα, ὑπαντησόμενος ἔξεισι καὶ καθ' Ἡρώων πόλιν αὐτῷ συνέβαλεν. C'eſt-à-dire: *Joſeph* ayant appris que ſon Pere étoit arrivé, il ſortit pour aller au devant de lui, & le rencontra près d'*Héroopolis*.

(*b*) Voyez *Geneſe* XLVI. 28. Τὸν δὲ Ἰούδαν ἀπέςειλεν ἔμπροσθεν αὐτῦ πρὸς Ἰωσὴφ, συναντῆσαι αὐτῷ καθ' Ἡρώων πόλιν, εἰς γῆν Ραμεσσῆ. C'eſt-à-dire: Il envoya devant lui *Juda*, pour rencontrer *Joſeph* près d'*Héroopolis*, dans le païs de *Rameſes*.

(*c*) PTOLOMÉE, *Geogr.* Lib. IV. Cap. 5.

ΗΛΙΟΠΟΛΙΤΗΣ ΝΟΜΟΣ, καὶ μετρόπολις ἡλίε ξβ ℒ. λ ϛ

Καὶ ἐν μεθορίῳ Ἀραβίας καὶ Ἀφροδιτοπόλεως
Βαβυλὼν   ξβ δ.   λ.
Ἡρώων πόλις   ξγ   λ.
Ἡλιόπολις   ξβ ℒ.   κθ Κγ
Δι' ἧς καὶ Βαβυλῶνος πόλεως, Τραϊανὸς ποταμὸς ῥεῖ.

C'eſt-à-dire:

Le diſtrict d'*Héliopolis* & la métropole du Soleil   62 : 30. 30 : 10.
Et dans le confin de l'*Arabie* & d'*Aphroditopolis*.
Babylone   - - - 62 : 15. 30 : —
Héroopolis - - - 63 : —   30 : —
Héliopolis - - - 62 : 30. 29 : 50.
Entre laquelle & *Babylone* coule le fleuve *Trajan*.

(*d*) Voyez *Geneſe* XLVII. 6. 11.

28 OBSERVATIONS GEOGRAPHIQUES

tout au plus qu'à deux ou trois lieuës du *Nil*; parce que le reste de l'*Arabie Egyptienne*, qui est plus à l'Est, & qui ne profite pas du débordement du *Nil*, est un païs sec & aride.

<small>Le premier établissement des Hébreux fut à Héliopolis.</small>

(*a*) *Josephe* confirme ce que j'avance, lorsqu'il dit que le premier établissement des *Hébreux* fut à *Héliopolis*, qui est appellée (*b*) *On* dans l'Ecriture. Les ruines de cette ville sont connues aujourd'hui sous le nom de (*c*) *Matta-reah*, nom pris d'une (*d*) source d'eau excellente qui est à trois milles à l'Est du *Nil*, & à cinq au Nord-Est du *Caire*. Il y a apparence qu'à mesure que les *Israëlites* se multiplierent, ils s'étendirent du côté de *Bishbesh* (l'ancienne *Bubastis*) & du *Caire*, le long des bords du *Nil* du côté de l'*Arabie*. Nous lisons (*e*) que les *Israëlites* bâtirent *Pithon*, qui est vraisemblablement le *Patumus*, (*f*) qu'*Herodote* place dans le voisinage de *Bubastis*; ainsi l'on peut raisonnablement supposer, qu'ils ont habité dans ce quartier-là. De plus, comme ils partirent de *Latopolis* (qui fut ensuite nommée (*g*) *Babylone*,) on a droit d'en conclure, que c'étoit aussi-là une de leurs villes. De sorte que la terre de *Goshen* doit avoir été

<small>Ils partirent du Caire en.</small>

cette

(*a*) JOSEPHE, *Antiq. Jud.* Lib. II. Cap. 4. Φαραώ — συνεχώρησεν αὐτῷ (Ἰακώβ) ζῆν μετὰ τῶν τέκνων ἐν ΗΛΙΟΤΠΟΛΕΙ. C'est-à-dire: *Pharaon lui permit (à Jacob) de vivre avec ses enfans dans Héliopolis.*

(*b*) Voyez *Genese* XLI. 45. & 50. où il est fait mention du Gouverneur d'*On*, les *Septante* rendent le nom de cette ville par Ἡλιούπολις.

(*c*) En *Arabe* مطريه *Matta-reah.*

(*d*) Le *Géographe Nubien* appelle cette ville *Ain Semes*, ou *Shims*, ce qui signifie la *Fontaine du Soleil*, & il la place au Nord de *Fostat*: Voici comme il s'exprime pag. 98. *Ad plagam Fostat septentrionalem urbs Ain Semes dicta.* C'est-à-dire : Au Nord de *Fostat* est la ville appellée *Ain Semes*. Et CELLARIUS, *Geogr. Ant.* Lib. IV. pag. 35. *Quod etiam* Constantinus l'Empereur *ad* Tudelensem *pag.* 224. *confirmat, quia peregrinator ille locum, quem* Israelitæ *habitandum acceperint, vocet* אל שמש עין *fontem Solis.* C'est-à-dire : Ceci est confirmé par *Constantin l'Empereur* sur les Voyages de *Benjamin de Tudele*, par la raison que ce Voyageur nomme l'endroit qui fut donné à habiter aux *Israëlites*, la *Fontaine du Soleil*. Enfin, ce que le Prophete *Jeremie* XLIII. 13. appelle בית שמש *Bethsemes*, qui signifie la *Maison du Soleil*, est traduit par les *Septante Héliopolis*.

(*e*) Voyez *Exode* I. 11.

(*f*) HERODOTE, *Eut.* §. 158. Ἧκται δὲ κατύπερθε ὀλίγον Βυβάσιος πόλιος παρὰ Πάτουμον τὴν Ἀραβίην πόλιν. C'est-à-dire: *Elle est placée un peu au dessus de la ville de Bubastis, près de Patume, qui est en Arabie.*

(*g*) Voyez la Note (*e*) de la page 24. de ce Tome.

SUR LA SYRIE, L'EGYPTE &c. Chap. II.

cette partie du district *Héliopolitain*, ou du païs de *Rameses*, qui est dans le voisinage du *Caire*, de *Matta-reah*, & de *Bishbesh*; & la première de ces villes peut de même avoir été *Rameses*, capitale du district de ce nom, où les *Israëlites* s'étoient donné rendez-vous avant que de sortir d'*Egypte*.

sortant d'Egypte.

(a) *Dieu ne conduisit point les Israëlites par le chemin du païs des Philistins*, (c'est-à-dire par *Bishbesh*, *Tineh*, & ainsi le long de la côte vers *Gaza* & *Ascalon*) *combien qu'il fût le plus court; car Dieu disoit, Il faut pourvoir que d'avanture le peuple ne se repente quand il verra la guerre, & qu'il ne retourne en Egypte. Mais Dieu fit tournoyer le peuple par le chemin du désert, vers la Mer Rouge.* Ainsi il y avoit deux chemins par où les *Israëlites* pouvoient aller du *Caire* (que je suppose avoir été *Rameses*) à *Pihahhiroth* sur la *Mer Rouge*: l'un par les vallées de *Jendily*, de *Rumeleah* & de *Bedeah*, qui sont bordées des deux côtés par les montagnes de la basse *Thébaïde*; l'autre, qui est un peu plus au Nord, a ces mêmes montagnes pendant plusieurs lieuës sur la droite, & le Désert de l'*Arabie d'Egypte* sur la gauche, jusqu'à ce qu'on entre dans la vallée de *Bedeah* dont je viens de parler, où les montagnes qui sont le plus au Nord laissent une grande ouverture.

Deux chemins différens pour aller à la Mer Rouge.

Ce dernier chemin fut, je crois, (b) celui que les *Israëlites* prirent pour se rendre sur les bords de la *Mer Rouge*: il est un peu plus long que celui qui va droit à *Suez*, petite ville ruinée & située à l'extrêmité de la *Mer Rouge*, à trente heures de chemin, ou à quatre-vingt-dix milles *Romains* du *Caire*. (c) *Josephe*, & d'autres qui l'ont copié, semblent se tromper lorsqu'ils disent, que les enfans d'*Israël* firent ce chemin en trois jours de tems: ils ont apparemment pris les stations

Les Israëlites prirent le plus long.

(a) Voyez *Exode* XIII. 17.
(b) CLEMENT D'ALEXANDRIE dit *Strom.* Lib. I. pag. 417. Edit. *Potter.* Que *Moïse*, en sortant d'*Egypte*, fit semblant de prendre le plus court chemin pour la *Palestine*; mais qu'après avoir fait une petite marche, il tourna tout d'un coup à droite, & conduisit son peuple directement à la Mer Rouge.

(c) JOSEPHE, *Antiq. Jud.* Lib. II. Cap. 5. in fine. Συντόμως δὲ ποιούμενοι τὴν ἄφοδον εἰς Βεελτεφῶντα χωρίον τριταῖοι παραγίνονται τῆς ἐρυθρᾶς θαλάσσης. C'est-à-dire: Pour abreger leur chemin, en trois jours de marche, de la *Mer Rouge* ils arriverent au lieu nommé *Baalsephon*.

stations dont parle l'Ecriture, pour des journées de chemin. Il faudroit à ce compte, que ces journées eussent été de trente milles chacune; ce qui auroit été beaucoup trop pour une Nation entiere, où il y avoit des vieillards, des femmes & des enfans, qui emportoient outre cela beaucoup de bagage, & qui emmenoient avec eux beaucoup de bétail. Pour se convaincre que l'Ecriture Sainte ne fait mention que des principales stations, & qu'elle omet plusieurs des moins remarquables, on n'a qu'à jetter les yeux sur l'endroit où il est dit, (*a*) que de *Marah* les enfans d'*Israël* vinrent à *Elim*: il y a plus loin de l'un de ces deux endroits à l'autre que du *Caire* à la *Mer Rouge*.

Succoth, premiere station.

Succoth, qui fut la (*b*) première station des *Israëlites* après qu'ils furent partis de *Ramésés*, ne désigne peut-être aucun lieu fixe ou particulier, ce mot signifiant proprement un *Amas de Tentes*: ce pourroit cependant avoir été quelque *Douwar* considerable d'*Ismaëlites* ou d'*Arabes*, tels qu'on en trouve encore aujourd'hui à quinze ou vingt milles du *Caire*, sur le chemin qui conduit à la *Mer Rouge*. Le rendez-vous de la Caravane avec laquelle nous nous rendimes à *Suez* étoit à l'un de ces *Douwars*, & nous en vimes en même tems une autre à six milles de distance, du côté des montagnes de *Moc-catte*, sur la même route que je suppose que prirent les *Israëlites* vers la *Mer Rouge*.

Etham, seconde station.

La position Géographique d'*Etham*, qui fut la seconde station, n'est pas beaucoup mieux définie: cependant si nous pouvons supposer que cet endroit apartient au (*c*) désert du même nom, qui s'étend autour du (*d*) Golfe d'*Héroöpolis*, & qui fut ensuite la *Saracene* de l'ancienne Géographie; il s'ensuivra, que selon toute apparence les confins en aboutissoient au district montagneux de la basse *Thébaïde*. On peut donc présumer de plus, que les *Israëlites* prirent, non le bas chemin, mais le haut, qui, pendant près de la moitié de la route, est entierement hors des montagnes; de sorte que les *Israëlites*, partant des confins du Désert, eurent (*e*) ordre de se détour-

(*a*) Voyez *Exode* XXXIII. 9.
(*b*) Voyez *Nombres* XXXIII. 5.
(*c*) Voyez *Exode* XIII. 20. & *Nombres* XXXIII. 6.
(*d*) Voyez *Nombres* XXXIII. 8.
(*e*) Voyez *Exode* XIV. 2.

détourner (sçavoir de la route de leur (*a*) marche précedente, à ce que l'on doit croire) & de camper devant *Pihahhiroth*, qui par conséquent, à ce que l'on peut conjecturer, dut être la droite du Désert d'*Etham*: au lieu que, s'ils eussent continué leur marche tout droit à travers les montagnes d'*Egypte*, en tenant toûjours la même route, il seroit difficile de rendre raison de ces positions Géographiques. La seconde station doit donc être fixée environ à cinquante milles du *Caire*, à l'ouverture dont j'ai parlé; la rangée septentrionale de montagnes mentionnée ci-dessus se continuant ensuite, sans aucune interruption, jusques au bord de la *Mer Rouge*, un peu au Midi de *Suez*.

Que les *Israëlites* eussent marché jusqu'ici dans un païs ouvert, ayant suivi peut-être la même route par laquelle leurs Ancêtres étoient venus en *Egypte*, c'est ce qui paroit par ce que nous lisons dans l'Ecriture, qui porte, que (*b*) *l'Eternel parla à Moïse disant, Parle aux enfans d'Israël qu'ils se détournent, & qu'ils se campent devant Pihahhiroth, entre Migdol & la Mer, vis-à-vis de Bahal-tsephon; vous vous camperez à l'endroit d'icelui près de la Mer; lors Pharao dira des enfans d'Israël, Ils sont empétrés au païs, le désert* (entre les montagnes de *Moc-catte* & de *Suez*) *les a enfermés*. Les *Egyptiens* avoient effectivement lieu de croire, que les *Israëlites*, dans la situation où ils se trouvoient, ne pouvoient pas leur échaper. Ils avoient alors les montagnes de *Moc-catte* au Sud, qui leur barroient le passage de ce côté-là; les montagnes de *Suez* les enfermoient au Nord, & ne leur permettoient pas d'entrer dans le païs des *Philistins*, la *Mer Rouge* étoit devant eux à l'Est, & *Pharaon* avec son Armée fermôit l'entrée de la vallée derriere eux au Ouest. Cette vallée se termine à la Mer par une petite Baye, qui se forme des extrêmités

---

(*a*) CLEMENT D'ALEXANDRIE, *Strom.* pag. 417. Ed. *Pott.* Μωσῆς, τὸν λαὸν ἐξαγαγὼν, ὑποπτεύσας ἐπιδιώξειν τὲς Αἰγυπτίες, τὴν ὀλίγην καὶ σύντομον ἀπολιπὼν ὁδὸν, ἐπὶ τὴν ἔρημον ἐτρέχετο. C'est-à-dire: *Moïse* qui, en faisant sortir le peuple, soupçonna que les *Egyptiens* le poursuivroient, quitta le chemin le plus court, & se tourna vers le Désert.

(*b*) Voyez *Exode* XIV. 1-3.

trêmités orientales des montagnes ci-deſſus décrites, & s'appelle (*a*) *Tiah Beni Iſraël*, ou la *Route des Iſraëlites*, en vertu d'une Tradition qui ſe conſerve juſqu'à ce jour parmi les *Arabes*, & qui porte que ce Peuple la traverſa. On la nomme auſſi (*b*) *Baideah*, peut-être à cauſe du miracle nouveau & inouï qui ſe fit près de-là, lorſque la Mer, après s'être partagée, ſe rejoignit & engloutit *Pharaon*, ſes chariots & ſes gens de cheval.

Pihahhiroth, troiſième Station.

Ainſi le troiſième camp notable des *Iſraëlites* fut dans cette Baye. Il devoit être *devant* (*c*) *Pihahhiroth, entre Migdol & la Mer, vis-à-vis de* (*d*) *Baal-tzephon*. *Exode* XIV. 2. & dans les *Nombres* XXXIII. 7. il eſt dit, que ce devoit être *devant Migdol*; le mot (*e*) *devant*, employé dans les deux endroits, peut ne ſignifier autre choſe, ſi-non que ce devoit être à la vûe, ou à une petite diſtance de l'un & de

Baaltzephon.

l'autre. Or ſoit que *Baal-tzephon* fût ainſi nommé de ſa ſituation, qui étoit vers le (*f*) Nord, ou de quelque Tour de guet, ou d'un Temple d'Idole qui y étoit, toutes les apparences veulent qu'on le prenne pour l'extrêmité orientale des montagnes de *Suez*, qui eſt l'endroit le plus conſiderable de

ces

(*a*) En *Arabe* تيه *Tiah*.

(*b*) En *Arabe* بيعة *Baideah*. GOLIUS dit que ce mot, dérivé de بدع qui ſignifie *un Homme qui fait une choſe nouvelle & admirable*, veut dire *un évenement nouveau & inouï*.

(*c*) פִּיהַחִירוֹת *Pihahhiroth*.

(*d*) בַּעַל־צְפוֹן *Baal-tzephon*.

(*e*) En *Hébreu* לִפְנֵי *Liphne*.

(*f*) Le terme צָפוֹן eſt traduit par *le Nord, Exod.* XXVI. 20. *Joſ.* VIII. 11. & en d'autres endroits de l'Ecriture. En conſequence on peut traduire *Baal-tzephon*, par *le Dieu* ou *l'Idole du Nord*, pour le diſtinguer peut-être de quelques autres que l'on adoroit dans la baſſe *Thébaïde*, & dont les Temples étoient plus au Sud ou à l'Eſt. Si *Tzephon* ſe dérive de צפה

épier ou obſerver, *Baal-tzephon* ſignifiera vraiſemblablement, *le Dieu de la Tour du guet*, ou *le Dieu gardien*, tel qu'étoit le *Hermes* ou le *Dieu Terminus* des Romains, l'Ἐφόρος Θεὸς des Grecs &c. Il eſt parlé du Culte divin rendu ſur les montagnes ou hauteurs 1 *Rois* XIV. 23. *Jerem.* II. 20. &c. HERODOTE Cl. §. 131. dit que les *Perſes* adoroient ἐπὶ τὰ ὑψηλότατα τῶν ὀρέων ἀναβαίνοντες, c'eſt-à-dire en montant ſur les plus hautes montagnes. MENOCHIUS dit ſur cet endroit: Hebraicè eſt Dominus ſpeculæ, *quod oſtendit loca illa edita fuiſſe & prærupta*; c'eſt-à-dire: Le terme *Hébreu* ſignifie *le Seigneur de la Tour du guet*, d'où il paroit que ces endroits-là étoient élevés & de difficile accès. Voyez auſſi SELDEN *de Diis Syr.* Cap. 3. ſynt. 1.

SUR LA SYRIE, L'EGYPTE &c. Chap. II.

ces déserts, d'où l'on découvre une grande partie de la basse *Thébaïde*, de même que du désert qui s'étend vers le païs des *Philistins*. On peut supposer que *Migdol* étoit au Sud de ce camp, comme *Baal-tzephon* en étoit au Nord. Car la marche des *Israëlites* en venant des bords du Désert étant dirigée vers la Mer, c'est-à-dire au Sud-Est, leur camp *entre Migdol & la Mer*, ou *devant Migdol*, ainsi que cela est exprimé dans un autre endroit, ne sçauroit avoir que cette situation. *Migdol*.

Pihahhiroth, ou plutôt *Hiroth*, peut être pris dans un sens plus vague, soit pour une vallée, ou plutôt pour toute cette étendue de terrein depuis les bords du Désert jusques à la *Mer Rouge*: car il semble qu'il n'y a que précisément l'endroit de ce terrein où les *Israëlites* eurent ordre de camper qui soit appellé *Pihahhiroth*, c'est-à-dire *la Bouche ou l'Entrée de Hiroth*. Lorsque *Pharaon* les atteignit, ce fut, eu égard au lieu d'où il venoit (a) *au-delà* ou *près de l'Entrée de Hiroth*, ou à cette partie de *Hiroth* qui étoit le plus à l'Est. De même au Livre des *Nombres* (XXXIII. 3.) lorsqu'il est parlé du camp des *Israëlites* devant *Migdol*, il est ajouté, qu'*ils partirent* (b) *de devant Hiroth*, & non de devant *Pihahhiroth*, comme le porte notre Version. Les *Septante*, *Eusebe* & S. *Jerôme* l'ont pris dans le même sens, les premiers interprétant le mot *Pihahhiroth* par (c) *la Bouche* ou *l'Entrée d'Eiroth*, ou *d'Iroth*, comme l'écrit le dernier. *Ben Ezra* dans ses Observations critiques sur le terme de פי, dit qu'il se rapporte à ce qui est placé devant nous, que le *Targum* l'appelle (d) *Phoum*, ou (e) *Phoumi*, comme *Hiroth* est (f) *Hirata*, & qu'ainsi ces mots doivent être pris chacun separément. *Pihahhiroth*, ou l'Entrée de *Hiroth*.

En prenant donc *Hiroth* pour le terme appellatif, il peut signifier deux choses. Nous avons déja observé que cette vallée est bornée de chaque côté par une chaîne de montagnes *Hiroth* signifie un Defilé étroit.

(a) Voyez *Exode* XIV. 9. על פי החירת.
(b) Voyez *Nombres* XXXIII. 8. מפני החירת.
(c) Τὸ ςόμα Εἰρώθ.
(d) פום *Phoum*.
(e) פמי *Phoumi*.
(f) חירתא *Hirata*.

Tome II.   E

gnes fort rudes. Ainſi en dérivant le mot de *Hiroth* de (*a*) *Hor* ou de *Hour*, qui ſelon les Exemplaires *Samaritains* & *Syriaques* ſignifie *un Trou*, ou *un Col*, il ſe pourroit bien que, par un uſage aſſez ordinaire en ces ſortes d'occaſions, on ait ainſi appellé un defilé, un paſſage étroit, tel que celui-ci. Cela ſuppoſé, *Pihahhiroth* voudroit dire l'entrée ou la partie la plus avancée de ce defilé. Mais comme ce ne fut proprement que dans cet endroit que les *Iſraëlites* furent entierement delivrés, & (*b*) hors de toute crainte des *Egyptiens*, il eſt plus naturel de croire, que *Hiroth* déſigne le lieu où la liberté leur fut rendue, les termes de (*c*) *Horar* & *Hiroth* marquant la liberté dans la langue des *Chaldéens*. *Raſhi* confirme cette conjecture dans ſon Commentaire. *Pihahhiroth*, dit-il, *eſt ainſi appellé, parce que les Enfans d'Iſraël furent faits* (*d*) *libres dans cet endroit-là*. On voit auſſi dans le *Targum*, que le terme de (*e*) *Ben Horin* eſt d'ordinaire employé pour expliquer celui de (*f*) *Haphſee*, qui dans pluſieurs endroits de l'Ecriture ſignifie la liberté & l'indépendance. On peut ajouter encore en faveur de cette explication, de même qu'en faveur de la Tradition qui parle du paſſage des *Iſraëlites* par cette vallée, que l'extrêmité orientale de cette montagne, que nous avons ſuppoſé être *Baal-tzephon*, s'appelle encore aujourd'hui *Jibbel* (*g*) *At-tackah*, ou *la Montagne de la delivrance*.

Il y a encore d'autres circonſtances qui nous déterminent à croire, que les *Iſraëlites* en partant prirent leur route par cette vallée pour (*h*) traverſer la *Mer Rouge*. Ils ne pouvoient aller plus loin par le Nord, parce qu'alors ils auroient dû être de l'autre côté des montagnes de *Suez*, où le déſert s'étend
fort

Ou un Lieu de délivrance.

Les Iſraëlites ne purent aller ni vers le Nord ni

(*a*) הר *Hor*, ou היך *Hour*.
(*b*) Voyez *Exode* XIV. 13.
(*c*) הרר *Horar*, & וירות *Hiroth*.
(*d*) En Hébreu בני הרים *Beni Horim*.
(*e*) בן-הרין *Ben Horin*.
(*f*) Voyez *Exode* XXI. 2. 5. חפשי *Haphſee*.
(*g*) En *Arabe* عناتة *At-tackah*.

(*b*) Voyez la *Chronologie de Mr. des* Vignoles, Tom. I. Liv. III. pag. 615. où il traite amplement du paſſage de la *Mer Rouge* par les *Iſraëlites*. Voyez auſſi Nonnus touchant *Bacchus*, c'eſt-à-dire *Oſiris*, c'eſt encore à dire *Moïſe*, qui paſſa à ſec la *Mer Rouge* & le fleuve.

SUR LA SYRIE, L'EGYPTE &c. Chap. II.

fort loin dans un terrein ouvert & uni, de forte qu'ils n'au- *vers le Sud de Hiroth.*
roient pû qu'y être enfermés & entourés par les *Egyptiens*.
Il ne leur étoit pas poſſible non plus de paſſer plus vers le
Sud, parce qu'outre les difficultés inſurmontables qu'il y auroit eu pour les *Iſraëlites* de grimper ſur ces précipices, &
aux *Egyptiens* de les y ſuivre, le déſert d'*Arabie* qui eſt ſitué
vis-à-vis de cette partie de l'*Egypte* n'auroit pû être *Shur*,
où il eſt dit (*a*) que les premiers prirent terre, mais *Marah*,
qui eſt plus au Sud. J'eſtime que *Corondel* faiſoit la partie
méridionale du déſert de *Marah*; & de-là vers le port de *Tor*,
le rivage, auparavant bas & ſablonneux, commence à s'élever
& à devenir pierreux, celui de l'*Egypte* étant encore plus im-
praticable; de ſorte que, ni de l'un ni de l'autre côté, il n'y avoit
point d'endroit convenable où cette multitude auroit pû deſ-
cendre à la Mer, ni où elle en auroit pû remonter après l'a-
voir traverſée. A quoi l'on peut ajouter, qu'entre (*b*) *Co-*
rondel & *Tor* le trajet eſt de dix ou douze lieuës; diſtance
aſſurement trop grande pour que les *Iſraëlites* la pûſſent paſſer
dans une ſeule nuit, vû le bétail & les bagages qui devoient
néceſſairement fort embaraſſer leur marche. De plus, à *Tor*
la côte d'*Arabie* commence à tournoyer autour de ce que l'on
peut croire avoir été le promontoire de *Paran* ſelon *Ptolo-*
mée, vers le Golfe d'*Eloth*, pendant que celle d'*Egypte* ſe retire ſi fort au Sud-Oueſt qu'elle peut à peine être apperçue.
De tout ceci il s'enſuit, que les *Iſraëlites* ne purent prendre
terre en *Arabie*, ni à *Corondel*, ni à *Tor*, comme divers E-
crivains le conjecturent.

A dix milles vis-à-vis de *Jibbel At-tackah* commence le *Déſert de Sdur, ou Shur.*
déſert de *Sdur* ou (*c*) *Shur*, où les *Iſraëlites* arriverent après
avoir paſſé la *Mer Rouge*. Cette Mer eſt la même que l'Ecriture nomme ailleurs (*d*) *la Mer des Roſeaux*. Les Géographes

---

(*a*) Voyez *Exode* XV. 22.
(*b*) Ebn Said, dans l'un des Manuſcrits de *Selden*, dit qu'à *Coron-*
del la Mer a 70. milles de large, quoi-
qu'à la vérité il n'y ait gueres plus
de ſtades que ce nombre. *Amplitudo*

maris, dit-il, Alkolzum *ad locum dictum*
Berkat el Corondel, *eſt circiter ſe-*
ptuaginta milliariorum. Voyez le Vol.
III. Geogr. Vet. min.
(*c*) Voyez *Exode* XV. 22.
(*d*) En *Hébreu* סוף ים *Jam Suph*.

phes *Grecs* & *Latins* l'appellent le Golfe d'*Heroopolis*, & les *Arabes* lui donnent le nom de (*a*) *Bras occidental* de la *Mer de Kolzum:* elle est dans la direction du Nord au Sud, de sorte qu'un (*b*) *vent d'Orient qui étoit vehément, étoit très-propre à fendre ses eaux.* Ce que l'Ecriture nous dit, sçavoir (*c*) *que les Enfans d'Israël entrerent au travers de la Mer à sec, & que les eaux leur étoient comme une muraille à droite & à gauche;* l'expression du *Psalmiste* qui dit: (*d*) *Il a fendu la Mer, & les a fait passer au travers, & a fait arrêter les eaux comme un monceau;* & l'éloignement tout au plus de vingt milles qu'il y a de l'extrémité du Golfe au lieu où les *Israëlites* passerent; tout cela, dis-je, fait voir clairement que ce fut ici un vrai miracle, & non, suivant les vains raisonnemens de quelques-uns, l'effet d'une marée ou d'un écoulement extraordinaire

des

(*a*) Mr. JEAN GAGNIER dans ses *Remarques sur la Géographie d'Abulfeda* dit: Sues *vulgò non habet* Abulfeda, *sed ejus loco* Alkolzum: *videntur tamen duo loca distincta: nam noster* Kalkashandi *mox post* Sues *ponit* Alkolzum *ad meridiem ejusdem* Sues *in litore Ægyptiaco: at verò* Mekrisi *expressè ait* Alkolzum *esse dirutum, & loco ejus hodie* Sues *esse.* C'est-à-dire: *Abulfeda* ne met pas ordinairement *Suez*, mais *Alkolzum* à la place. Il semble néanmoins que ce sont deux endroits différens: car *Kalkasandi* met *Alkolzum* immédiatement après *Suez*, & le place au Midi de ce dernier, sur la côte d'*Egypte*; mais *Mekrisi* dit expressément, qu'*Alkolzum* est détruit, & qu'à présent *Suez* est bâti à la place. ABULFEDA *Descript. maris* Alkolzum: *Ad oram extimam brachii orientalis maris* Alkolzum *sita est* Ailah, *& ad oram extimam brachii occidentalis fuit urbs* Alkolzum; *utriusque latitudines fermè eædem sunt.* C'est-à-dire: A l'extrémité de la côte du bras oriental de la Mer *Alkolzum* se trouve *Ailah*, & à l'extrémité de la côte du bras occidental étoit autrefois la ville d'*Alkolzum*, situées toutes les deux à-peu-près sous la même latitude. *Idem, ibid.* ** *Haud procul ab* Alkolzum *est locus in mari ubi demersus fuit* Faraone. C'est-à-dire: Pas loin d'*Alkolzum* est l'endroit où *Pharaon* a été submergé dans la Mer. *Alkolzum*, ou *Kolzum* sans l'article *Al*, semble avoir quelque affinité avec *Clysma*, autre nom sous lequel ce Golfe a été connu autrefois. Voici ce qu'en dit PHILOSTORGE Lib. III. Cap. 6. Ἡ μὲν Ἐρυθρὰ ἐπὶ πλεῖςον μηκυνομένη εἰς δύο τινὰς ἀπομερίζεται κόλπȣς, καὶ τὸ μὲν αὐτῆς ἀπ' Αἰγύπτȣ χωρεῖ Κλύσμα, καθ' ὃ τελευτᾷ τὸ ἐπώνυμον Φέρον, δι' ȣ̃ πάλαι καὶ τὸ Ἰσραηλιτικὸν Φεύγοντες τὰς Αἰγυπτίȣς ἀβρόχῳ τῷ ῥείθρῳ διεπεραιώθησαν ποδί. C'est-à-dire: La *Mer Rouge*, après s'être fort allongée, se partage comme en deux golfes, dont l'un, qui est du côté de l'*Egypte*, s'appelle *Clysma*, lequel les *Israëlites*, fuyant devant les *Egyptiens*, traverserent autrefois sans se mouiller.

(*b*) Voyez *Exode* XIV. 21.
(*c*) *Ibid.* vs. 22.
(*d*) Voyez *Ps.* LXXVIII. 13.

des eaux, comme il semble que l'Historien (*a*) *Josephe* l'insinue fort inconsidérément.

En allant du désert de *Sdur*, ou *Shur*, vers le mont *Sinaï*, on entre dans le désert de *Marah*, lequel porte encore aujourd'hui le même nom. Ce fut-là que les *Israëlites* trouverent les *Eaux ameres*, ou les (*b*) *Eaux de Marah*. Et comme, indépendamment de cela, ils avoient alors *cheminé trois jours dans le Désert*, il est probable que ce lieu pourroit bien être *Corondel*, où l'on trouve un petit ruisseau dont l'eau est saumache, à moins qu'elle ne soit adoucie par les rosées & par les pluyes. Près de cet endroit la Mer forme une grande baye nommée (*c*) *Berk el Corondel*, qui est remarquable par un fort courant qui vient du Nord. Les *Arabes* ont une Tradition qui dit, qu'anciennement une nombreuse Armée fut noyée sur cette côte; fondée apparemment sur ce que ce fut là (*d*) *qu'Israël vit les Egyptiens morts sur le bord de la Mer*. C'est tout ce qu'il y a de remarquable en cet endroit.

Désert de *Marah*, ou *Corondel*.

Les *Israëlites* camperent ensuite à (*e*) *Elim*, sur le bord septentrional du désert de *Sin*, à deux lieuës de *Tor*, & à près de trente de *Corondel*. Je ne vis ici que neuf des *douze Puits* dont parle *Moïse*, les autres trois ayant sans doute été comblés par quelqu'un de ces tourbillons de sable assez communs dans les déserts d'*Arabie*. En revanche, les septante Palmiers dont parle l'Historien sacré se sont tellement multipliés, qu'il y en a aujourd'hui plus de deux mille. C'est sous ces

Elim, & les *Septante Palmiers*.

(*a*) JOSEPHE, *Antiq.* Lib. II. Cap. 7. Θαυμάζει δὲ μηδεὶς τῶ λόγω τὸ παράδοξον, εἰ ἀρχαίοις ἀνθρώποις καὶ πονηρίας ἀπείροις εὑρέθη σωτηρίας ὁδὸς καὶ διὰ θαλάσσης, εἴτη κατὰ βούλησιν Θεῶ, εἴτη κατ' αὐτόματον, ὁπότε καὶ περὶ τὸν Ἀλέξανδρον τὸν βασιλέα τῆς Μακεδονίας χθὲς καὶ πρώην γεγονόσιν ὑπεχώρησεν τὸ Παμφύλιον πέλαγος, καὶ ὁδὸν ἄλλην οὐκ ἔχουσιν, παρέσχεν τὴν δ' αὐτῶ καταλῦσαι τὴν Περσῶν ἡγεμονίαν τῶ Θεῶ θελήσαντος. C'est-à-dire: Personne ne s'étonnera de ce qu'il y eut d'incroyable en ce qu'autrefois nos ancêtres, gens exempts de vices, trouverent le chemin de leur salut à travers de la Mer, soit par la volonté expresse de Dieu, ou suivant le cours naturel des choses; puisqu'à l'égard de ceux qui accompagnoient *Alexandre* Roi de *Macedoine*, & qui vivoient presque de notre tems, la Mer de *Pamphylie* leur ceda le passage, lorsqu'ils n'avoient point d'autre chemin à prendre, Dieu ayant résolu de détruire la Monarchie des *Perses*.

(*b*) Voyez *Exode* XV. 23.
(*c*) Voyez ci-dessus p. 35. Note (*b*).
(*d*) Voyez *Exode* XIV. 30.
(*e*) Voyez *Exode* XV. 27. & *Nombres* XXXIII. 9.

ces Palmiers qu'on montre l'*Hammam Moufa*, ou le *Bain de Moïfe*, pour lequel les habitans de *Tor* ont une grande vénération, puifqu'ils prétendent que c'étoit précifement en cet endroit qu'étoit campé *Moïfe* & fa famille.

Défert de *Sin*. D'*Elim* on decouvre diftinctement le mont *Sinaï*, n'y ayant que le défert de *Sin* entre deux. Nous traverfames cette plaine en neuf heures de tems, & tout le long du chemin nous rencontrames grand nombre de toute forte de lezards & de viperes, dont il y a ici abondance. Je n'eus pas le bonheur de voir la fameufe Infcription qu'on dit être gravée dans le roc, juftement à l'endroit où l'on tourne en entrant dans la vallée qui méne au mont *Sinaï*. Quelques Auteurs prétendent que cette Infcription fut faite, & qu'elle exifte encore, pour conferver à la pofterité la mémoire du miracle de la Manne; le défert de *Sin* étant effectivement le premier endroit où Dieu accorda ce fecours à fon peuple.

Défert de *Sinaï*. Nous fumes près de douze heures à paffer les mauvais chemins, & les detours qu'ils font entre le défert de *Sin* & celui de *Sinaï*. Ce dernier eft une belle plaine, qui a plus d'une lieuë de large, fur à peine trois de long: elle eft ouverte du côté du Nord-Eft, par où l'on y entre; mais elle eft fermée au Sud par quelques-unes des plus baffes parties du mont *Sinaï*, pendant que les plus hautes avancent tellement dans la plaine, qu'elles la divifent comme en deux parties, dont chacune eft affez fpacieufe pour contenir tout le camp des *Ifraëlites*. La partie qui eft à l'Eft de la montagne s'appelle proprement le défert de *Sinaï*, où (a) l'*Ange de l'Éternel apparut à Moïfe en flamme de feu du milieu d'un buiffon*. On Couvent de Ste. Catherine. a bâti dans cet endroit un couvent dédié à Ste. *Catherine*; qui a près de trois-cens pieds en quarré & plus de quarante pieds d'élevation: ce bâtiment eft partie de pierre, partie de boüe & de mortier mélés enfemble. Les Moines de l'ancien Ordre de St. *Bafile* ont une petite chapelle au deffus du lieu L'Eglife de la Transfiguration. le plus immédiat de l'apparition divine, & ils l'ont en fi grande vénération, que lorfqu'ils y entrent ou en approchent, *ils déchauffent*,

---

(a) Voyez *Exode* III. 2.

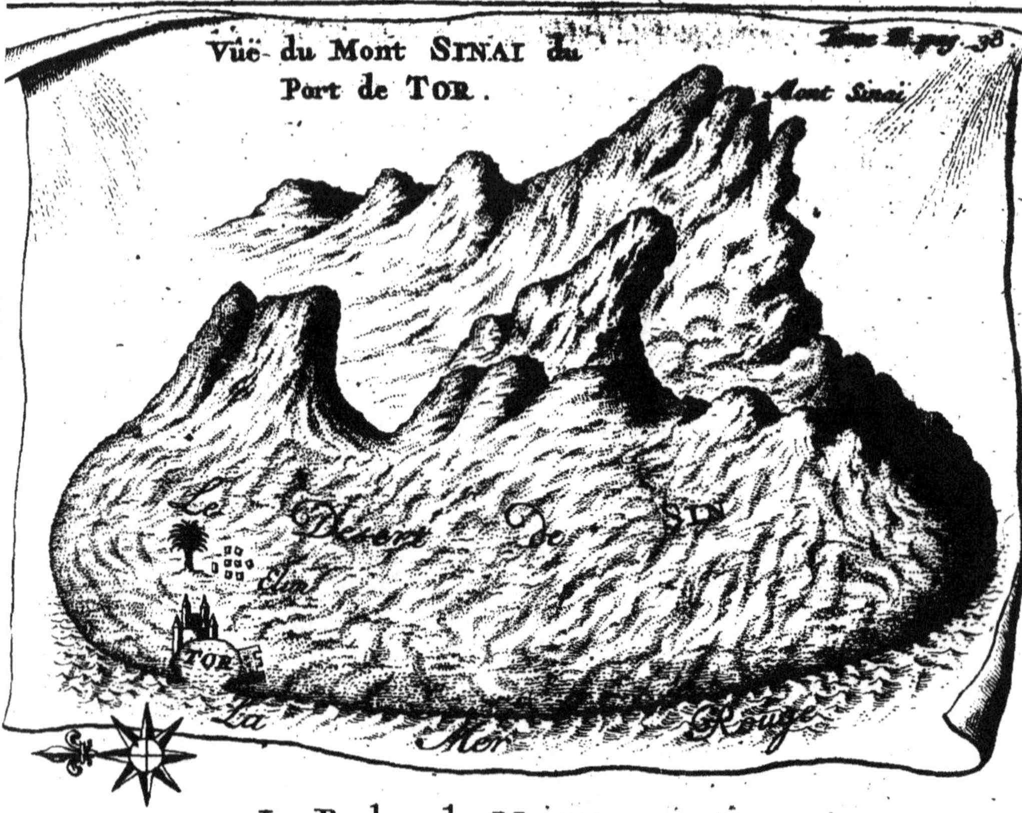

Tome II. pag. 38
Vüe du Mont SINAI du
Port de TOR.
Mont Sinai
Le Desert de Sin
Elim
TOR
La Mer Rouge

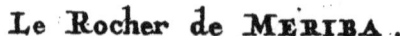

Le Rocher de MERIBA.

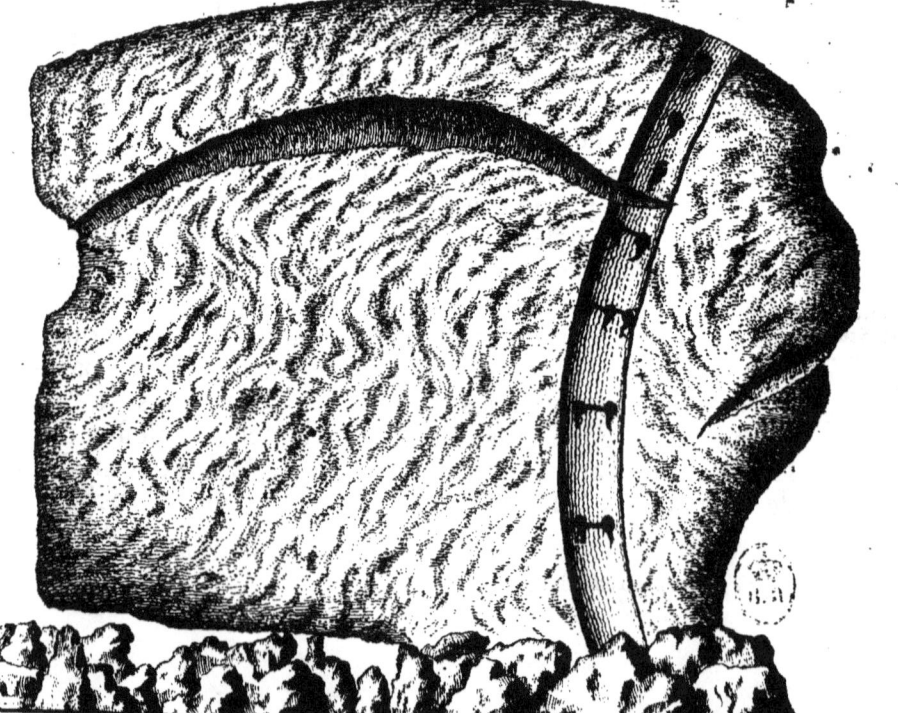

déchauffent, à l'exemple de *Moïfe*, *les fouliers de leurs pieds*. Cette chapelle, & plufieurs autres dédiées à divers Saints particuliers, font renfermées dans une Eglife qu'ils nomment *de la Transfiguration*, laquelle eft un grand & beau bâtiment, couvert de plomb, & foutenu par deux rangs de colomnes de marbre; le pavé de l'Eglife eft incrufté de différentes figures en *Mofaïque*, & le plancher & les murailles du presbytère font travaillés de même. On voit fur les murs de ce presbytère la figure de l'Empereur *Juftinien*, & l'hiftoire *de la Transfiguration*. Sur un mur de partage, qui fepare le presbytère du corps de l'Eglife, on trouve une petite châffe de marbre, où l'on conferve le crane & l'une des mains de Ste. *Catherine*.

Les Pelerins n'entrent pas dans ce couvent par la porte, laquelle ne s'ouvre jamais que lorfque l'Archevêque, qui refide ordinairement au *Caire*, y eft inftallé; mais on les fait monter par un vindas à trente pieds de la terre, où des freres Lays les font entrer par une fenêtre, à laquelle ils font la garde exprès pour cet effet. Ceux-ci, avec les *Papas*, ou Prêtres, qu'on appelle communement (*a*) *Kaloiers*, faifant en tout environ cent cinquante perfonnes, fubfiftent principalement de ce qu'on leur envoye tous les mois de provifions du *Caire*. Ces Religieux menent une vie fort auftere, & s'abftiennent non feulement de toute viande, mais encore de beure, de lait & d'œufs, & même ils ne permettent à perfonne d'en apporter feulement avec foi dans le couvent. Leurs jours de recréation, qui en effet ne font pas fréquens, font lorfqu'on leur envoye d'un couvent qu'ils ont à *Tor*, ou de *Meenah el Dfahab*, une bonne provifion de homars, d'écreviffes de Mer, de crabes & d'autres coquillages; tout autre poiffon leur étant défendu. Le pain eft leur principale nourriture: on leur donne auffi de tems en tems à chacun une petite portion exactement mefurée d'olives, d'huile, de vinaigre, de falade & d'autres herbes & légumes, ou quelquefois des dates, des figues, des amandes,

Les Pelerins n'entrent pas dans le Couvent par la porte.

Aufterité des Religieux de cet Ordre.

Leur nourriture.

(*a*) Καλογέρος, c'eft-à-dire, *un bon vieillard*. Voyez *les Voyages de* TOURNEFORT Vol. I. pag. 121.

amandes, des pois fecs, & autres chofes femblables, qui entroient dans ce que les premiers Chrétiens appelloient (*a*) *Xérophagie*, ou *maigre chére*.

<small>Mont Sinaï.</small>

Le mont *Sinaï*, que les *Arabes* appellent *Jibbel Moufa*, qui fignifie la *Montagne de Moïfe*, ou bien quelquefois tout court & par excellence *El Tor*, ou *la Montagne*, s'éleve au deffus de ce couvent. Ste. *Helene* fit autrefois la dépenfe d'y faire tailler dans le roc un efcalier qui menoit jufqu'au fommet; mais cet efcalier eft préfentement fi gâté, plufieurs marches y manquant entierement, que la montée en eft fort difficile & fatiguante, & fert fouvent de rude pénitence aux Devots. C'eft pourquoi les Peres du couvent y ont bâti de diftance en diftance de petites chapelles, qui fervent de repofoirs, & font dediées à différens de leurs Saints, à qui l'on fait à cette occafion des prieres & des oblations, pour obtenir leur affiftance.

<small>Ce qu'il y a de remarquable.</small>

Le fommet de la montagne eft affez étroit & de figure conique, les *Chrétiens*, de même que les *Mahometans*, y exercent chacuns publiquement leur Religion dans une chapelle. On prétend y montrer précifément le lieu où *Moïfe* (*b*) *jeûna pendant quarante jours*, celui où (*c*) *il reçut la Loi*, celui où (*d*) *il fe cacha jufqu'à ce que la gloire de l'Eternel eût paffé*, celui où (*e*) *Aaron & Hur foutenoient fes mains pendant la bataille contre Amalec*, & plufieurs autres endroits remarquables dont il eft parlé dans l'Ecriture.

<small>La Vallée de Rephidim.</small>

<small>Le Rocher de Meribah.</small>

Après être defcendus avec beaucoup de peine par le côté occidental de la montagne, nous entrames dans l'autre plaine qu'elle forme, comme il eft dit ci-deffus; elle s'appelle (*f*) *Rephidim*. On y voit encore le rocher de (*g*) *Meribah*, une des plus belles Antiquités qu'il y ait dans le monde, & qui

---

(*a*) En Grec Ξηροφαγία. Voyez Tertullien *de Jejunio*.
(*b*) Voyez *Exode* XXIV. 18.
(*c*) *Ibid.* XXXI. 18.
(*d*) *Ibid.* XXXIII. 22.
(*e*) *Ibid.* XVII. 9. 12.
(*f*) *Ibid.* XVII. 1.
(*g*) Voyez *Ibid.* vf. 6. comme auffi le Voyage de Coppin en *Turquie* pag. 338. Le Voyage de Monconis Part. I. pag. 228. Breidenbacii *Peregrinat. ad montem Sinai circà annum Dom.* 1486. Bellon. Cap. LXIV. Christ. Fureri *Itiner. Ægypt.* pag. 83. Baumgartianas *Peregrinat.* Lib. I. pag. 62. Pietro della Valle Vol. I. pag. 428. & Maracci *Prodr.* Part. IV. pag. 80.

SUR LA SYRIE, L'EGYPTE &c. Chap. II.

qui s'eſt parfaitement bien conſervée juſqu'à ce jour, ſans que les injures de l'air ni le tems l'ayent endommagée en quoi que ce ſoit. C'eſt un bloc de marbre *Granite* au milieu de la vallée, d'environ ſix verges en quarré, & tenant à ſi peu de choſe, qu'il ſemble pouvoir être facilement ébranlé, & paroît s'être détaché du mont *Sinaï*, qui forme pluſieurs précipices qui pendent au deſſus de cette plaine. (*a*) *Les eaux qui découlerent de ce rocher, & les torrens qui en ſortirent*, ont creuſé dans le marbre, vers l'une des extrêmités, une eſpece de canal qui a deux pouces de profondeur & vingt de largeur, & qui paroît revêtu par-tout d'une croûte, ſemblable à celle qui s'attache au dedans d'un cochemar dont on s'eſt ſervi quelque tems. On y voit encore une eſpece de mouſſe que les roſées entretiennent, & l'on trouve par-tout dans le canal un grand nombre de trous, dont quelques-uns ont un ou deux pouces de diamètre & quatre ou cinq pouces de profondeur, qui ſervent de preuve vivante & demonſtrative, que c'étoient-là tout autant de ſources. Au reſte nous devons obſerver, que l'art ni le hazard n'ont pû en aucune façon contribuer à cet ouvrage, ni le produire. Chaque circonſtance au contraire nous fait connoître que c'eſt un miracle; &, tout comme le rocher fendu du *Calvaire* à *Jeruſalem*, la vûë de celui-ci ne manque jamais de produire un étonnement religieux dans tous ceux qui le conſiderent.

Les Moines montrent encore pluſieurs autres endroits remarquables autour du mont *Sinaï*, comme le lieu où (*b*) *Aaron fondit le Veau d'or*; mais on n'y voit plus que la figure de la tête, encore eſt-elle fort mal faite: ils montrent auſſi le lieu où (*c*) les *Iſraëlites* danſerent après la conſecration du Veau d'or, celui où (*d*) *Coré* & ſa famille furent engloutis, & enfin celui où (*e*) *Elie* ſe cacha de la pourſuite de *Jezabel*. Mais tout ce qu'ils racontent de ces endroits & de pluſieurs autres, eſt chargé de tant de fables monaſtiques, qu'on me diſpenſera aiſement d'en faire le récit.

Endroits remarquables aux environs de la montagne.

(*a*) Voyez *Pſ.* LXXVIII. 20.
(*b*) Voyez *Exode* XXXII. 4.
(*c*) *Ibid.* vſ. 19.
(*d*) Voyez *Nombres* XVI. 32.
(*e*) Voyez 2 *Rois* VIII. 9.

42 OBSERVATIONS GEOGRAPHIQUES

Désert de Paran.

Du mont *Sinaï* les *Israëlites* marcherent aux Nord vers la terre de *Canaan*. Les premiers Camps remarquables qu'ils établirent, furent dans le désert de *Paran*, où il semble qu'ils n'entrerent qu'après être partis de (*a*) *Hazeroth*, à trois stations de *Sinaï*. La même Tradition qui a conservé jusqu'à nos jours les noms de *Sçur*, de *Marah* & de *Sin*, aux endroits qui les portoient anciennement, a conservé pareillement celui de *Paran* à un lieu où nous arrivames environ à moitié chemin entre le mont *Sinaï* & *Corondel*, en prenant la route à travers la Terre ferme par des defilés, qui sont peut-être les (*b*) *Montagnes noires* de *Ptolomée*. Environ à dix lieuës au Nord de *Tor* on trouve quelques ruines, & entre autres celles d'un couvent des *Grecs*, appellé le couvent de *Paran*, que les Moines abandonnerent il n'y a pas longtems, à cause des insultes continuelles que leur faisoient les *Arabes*. A en juger par ce que (*c*) *Ptolomée* dit de la situation de la ville de *Phara*, il semble avoir parlé de *Tor*, petit village sur la côte de la Mer, avec un château tout auprès, plutôt que de cet endroit.

Kadès Barnea.

Ce fut de ce désert de *Paran* que *Moïse* (*d*) envoya un *homme de chaque Tribu pour épier le païs de Canaan*; lesquels (*e*) *au bout de quarante jours revinrent vers Moïse dans le même désert de Paran, en* (*f*) *Kadés*. Ce lieu, qui est aussi appellé (*g*) *Tzin Kadés*, est (*h*) *à onze journées de Horeb*;

(*a*) Voyez *Nombres* XII. 16.
(*b*) P T O L O M É E, Geogr. Lib. V. Cap. 17.
Τὸ κατὰ Φαρὰν ἀκρωτήριον ἐπέχει μοίρας   ξε : —. κη : ς.
Ἐπέχει δὲ καὶ ἡ μὲν Φάρα κώμη μοίρας   ξε : —. κη : γο.
Διατείνει δὲ ἐν τῇ χώρᾳ (*Arabiæ Petrææ*) τὰ καλούμενα Μελανὰ ὄρη ἀπὸ τῆ κατὰ Φαρὰν μυχῆ, ὡς ἐπὶ τὴν Ἰουδαίαν, καὶ ἀπὸ μὲν δύσεως τῶν ὀρέων τούτων περὰ τὴν Αἴγυπτον, ἥ τε ΣΑΡΑΚΗΝΗ παρήκει. C'est-à-dire:
Le Promontoire près de *Phara* est au degré   65 : —. 28 : 10.
Le village de *Phara* est au degré   65 : —. 28 : 40.

Les *Montagnes* qu'on appelle *noires* s'étendent dans le païs de l'*Arabie Petrée*, depuis l'enfoncement près de *Phara* vers la *Judée*; & depuis le Couchant de ces montagnes, en tirant vers l'*Egypte*, est la S A R A C E N E.

(*c*) Voyez la Note précedente.
(*d*) Voyez *Nombres* XXIII. 3.
(*e*) *Ibid*. vs. 27.
(*f*) Voyez *Nombres* XXXIII. 8. *Deuteronome* I. 19. & VII. 23. *Josué* XIV. 7.
(*g*) Voyez *Nombres* XX. 1. XXVII. 14. & XXX. 36.
(*h*) Voyez *Deuteronome* I. 3.

SUR LA SYRIE, L'EGYPTE &c. Chap. II.

reb; & étant consideré comme apartenant au défert de *Tzin* & à celui de *Paran*, il eſt probable qu'il étoit situé entre l'un & l'autre.

Petra, la capitale de l'*Arabie*, étant à (*a*) cent trente-cinq milles à l'Eſt de *Gaza*, & à (*b*) quatre journées au Sud de *Jericho*, peut être fixée ſur les confins du païs des *Madianites* & des *Moabites*, à cinquante milles à l'Eſt de *Kadés*. Suivant (*c*) *Joſephe*, cette ville s'appelloit anciennement *Arce*: (*d*) *Bochart* ſuppoſe que c'eſt une corruption de *Rekem*, ſon vrai

Petra.

(*a*) PLINE Lib. VI. Cap. 28. Nabathæorum *oppidum* Petra *abeſt à* Gaza, *oppido litoris noſtri* DC. M, *à ſinu* Perſico CXXXV. M. C'eſt-à-dire : *Petra*, ville des *Nabathéens*, eſt à 600. milles de *Gaza*, ville maritime de nos côtes, & à 135. milles du Golfe de *Perſe*. Sur quoi CELLARIUS dit, *Geogr. Antiq.* Lib. III. pag. 418. *Inverte nomina*, à Gaza CXXXV. &c. *Sic numeri meliùs conſtabunt, & cæteris, tam Geographis quàm Hiſtoricis, conciliari poterunt.* C'eſt-à-dire : Transpoſez les noms, & mettez, *à* 135. *milles de Gaza* &c. De cette manière le calcul ſera plus juſte, & pourra être concilié avec ce qu'en diſent d'autres Géographes & Hiſtoriens.

(*b*) STRABON Lib. XVI. pag. 1125. & 1126. Μητρόπολις δὲ τῶν Ναβαταίων ἔςιν ἡ Πέτρα καλȣμένη, — ταύτῃ δὲ καὶ ἐγγυτάτω ἐςὶ τριῶν ἢ τεττάρων ὁδὸς ἡμερῶν εἰς Ιεριχȣντα. C'eſt-à-dire : La capitale des *Nabatéens* eſt la ville appellée *Petra*. De-là, par le chemin le plus court, il y a trois ou quatre jours de marche pour aller à *Jericho*.

(*c*) JOSEPHE, *Antiq.* Lib. IV. Cap. 4. Χοριόν, ὁ μητρόπολιν αὐτῶν Ἀραβες νενομίκασι, πρότερον μὲν Ἀρκην λεγομένην, Πέτραν δὲ νῦν ὀνομαζομένην. C'eſt-à-dire : Petit lieu dont les *Arabes* ont fait la capitale de leur païs, auparavant nommé *Arca*, & appellé maintenant *Petra*.

(*d*) BOCHART, *Chan.* Lib. I. Cap. 44. Rekam *vel* Rakim *eſt* Petra *Urbs, aliis* Rocom, Recem, Receme, *& præfixo articulo* Areceme, *& per apocopen* Arce, Petrææ *ſcilicet metropolis* הגר Hagar, *id eſt* Petra, *à ſitu dicta, quia in ea domus exciſæ ſunt in petra. Et* Rekem *à conditore rege* Madian, *de quo* Num. XXXI. 8. *Hinc* Joſephus Lib. IV. Cap. 7. *ita habet de* Recemo *Rege* Madian : Ρεκέμος, ȣ πόλις ἐπώνυμος τὸ πᾶν ἀξίωμα τῶν Ἀράβων ἔχȣσα γῆς. *Et rurſus :* Ἀρεκέμη καλεῖται Πέτρα παρ᾽ Ἕλληνι λεγομένη. *Et* Euſebius *de locis :* Ρεκὲμ αὕτη ἐςὶ Πέτρα, πόλις τῆς Ἀραβίας, ἧς ἐβασίλευσε Ροκȣμ. C'eſt-à-dire : *Rekam*, ou *Rakim* eſt la ville de *Petra*, que d'autres appellent *Rocom, Recem, Receme*, & en y ajoutant l'article, *Areceme*, & par contraction *Arce* : c'eſt la métropole de l'*Arabie Petrée*, qui, à cauſe de ſa ſituation, a été nommée *Hagar*, qui ſignifie en *Latin* Petra, ou un *Rocher*, parce que les maiſons y ſont taillées dans le roc. Le nom de *Rekem* lui vient d'un Roi des *Madianites* qui en fut le fondateur, & duquel il eſt fait mention *Nomb.* XXXI. 8. Voici ce que *Joſephe* Liv. IV. Chap. 7. dit de *Rekem*, Roi des *Madianites* : *Rekem*, dont la ville qui porte ce nom poſſede tout ce qu'il y a de plus digne d'eſtime dans le païs des *Arabes*. Et dans un autre endroit : On appelle *Arecemé* la ville que les *Grecs* nomment *Petra*. *Euſebe* dans ſon Livre *des Lieux* dit auſſi : *Recem* eſt *Petra*, ville d'*Arabie*, dont *Rocom* avoit été Roi.

vrai & ancien nom. Les (*a*) *Amalecites*, dont il eft fouvent parlé dans l'Ecriture, étoient établis dans le voifinage de cette ville, & les *Nabathéens*, peuple non moins fameux dans l'Hiftoire profane, leur fuccederent.

<small>Tournoyemens des Ifraëlites autour du Mont Sehir.</small>

Mais pour revenir aux *Ifraëlites*; de *Kadés* ils eurent ordre de (*b*) *retourner en arriere, & de s'en aller au Défert par le chemin de la Mer Rouge*. C'eft-à-dire que, pour les punir de leur murmure, de leur incrédulité & de leur defobéiffance, Dieu ne voulut pas leur permettre d'approcher de plus près de la Terre de *Canaan*. L'Ecriture dit (*c*) *qu'ils tournoyerent près de la montagne de Sehir par un long tems*, & (*d*) *qu'ils pafferent arriere de leurs freres les Enfans d'Efaü, demeurans en Sehir, depuis le chemin de la campagne, depuis Elath & depuis Ezion-geber*. Il eft donc probable que les Enfans d'*Ifraël* furent errans pendant (*e*) trente-huit ans uniquement dans cette langue de terre qui eft fituée entre les golfes d'*Eloth* & d'*Heroopolis*. Le mont *Sehir* dont il eft ici parlé, lequel étoit peut-être la première habitation & le patrimoine des Enfans d'*Efaü* avant qu'ils euffent étendu leurs conquêtes jufqu'à *Petra*; le mont *Sehir*, dis-je, ne pouvoit pas être au Nord de *Kadés*, parce qu'autrement les *Ifraëlites* ne feroient pas retournés du côté de la *Mer Rouge*, mais fe feroient avancés vers la Terre de *Canaan*; ce qui leur étoit expreffement défendu. La fituation que je donne ici au mont *Sehir* eft confirmée par ce que nous lifons au XIV. de la *Genefe*, que *Kedorlahomer & les Rois qui étoient avec lui, battirent les Horiens en leur montagne de Sehir jufqu'à la campagne de Paran*, & qu'ils s'en retournerent de-là à *Kadés*. Ainfi le mont *Sehir* & la campagne de *Paran* doivent être au Sud, ou au Sud-Oueft de *Kadés*. Il faut préfentement tâcher

<small>Situation du Mont Sehir.</small>

(*a*) JOSEPHE, *Antiq. Jud.* Lib. III. Cap. 2. Οἱ τὴν Γοβολίτην καὶ τὴν Πέτραν κατοικοῦντες οἳ καλοῦνται μὲν Ἀμαληκῖται. C'eft-à-dire: Ceux qui habitent la *Gobolite* & *Petra*, & que l'on nomme *Amalecites*. PLINE Lib. VI. Cap. 28. Nabatæi oppidum incolunt Petram nomine &c. C'eft-à-dire: Les *Nabatéens* habitent la ville nommée *Petra*. Voyez auffi la Note (*b*) de la page précedente.
(*b*) Voyez *Nombres* XIV. 25. & *Deuteronome* I. 40.
(*c*) Voyez *Deuteronome* II. 1.
(*d*) Ibid. vf. 8.
(*e*) Ibid. vf. 14.

SUR LA SYRIE, L'EGYPTE &c. *Chap. II.* 45

cher de fixer exactement la pofition d'*Eloth*, parce que cela nous fervira beaucoup à déterminer celle du païs où les *Ifraëlites* errerent pendant tant d'années.

Prefque tous les Géographes conviennent que (*a*) *Eloth*, qui eft le même qu'*Elana*, *Ailah*, ou *Ælana*, comme on le trouve différemment écrit, étoit fitué (*b*) à l'extrêmité feptentrionale du golfe qui porte ce nom. Il eft vrai que (*c*) *Ptolomée* le place à quarante minutes au Sûd d'*Heroopolis*, & près de trois degrés plus à l'Eft, au lieu (*d*) qu'*Abulfeda*, dont l'autorité doit, ce me femble, être d'un grand poids dans cette occafion, dit que les extrêmités des deux golfes font à-peu-près fous le même parallèle, mais il ne marque point la diftance qu'il y a entre deux. Les *Mahometans* qui vont d'*Egypte* en pelerinage à la *Mecque* paffent près de ces deux extrêmités, & je leur ai fouvent ouï dire, que leur marche eft toûjours vers l'Eft, depuis le *Caire* jufqu'à ce qu'ils arrivent à *Callah Accaba*, c'eft-à-dire *la Garnifon*, qui eft au deffous des montagnes d'*Accaba*, fur la pointe la plus avancée de la *Mer Rouge*. De-là ils commencent à s'avancer directement vers *la Mecque*, laquelle ils avoient jufques-là laiffée à droite, ayant fait en tout, depuis *Adjeroute*, qui eft à dix milles au Nord-Nord-Oueft de *Suez*, jufqu'à cette Garnifon, foixante-&-dix heures de chemin : & comme tout ce païs eft fort montagneux, & que par conféquent les chemins y font de grands détours, il faut compter qu'ils ne font pas plus d'une demi lieuë par heure. Or, fuppofé qu'*Eloth* eft précifement *Callah Accaba*, ou le lieu de la Garnifon Turque, ainfi que c'étoit auffi un *Præfidium* ou garnifon du

Eloth.

Sa fituation.

tems

(*a*) En *Hébreu* עילת *Eloth.*
(*b*) STRABON Lib. XVI. pag. 1102. Εντεῦθεν δ' (à Gaza *fcil.*) ὑπέρβασις λέγεται χιλίων διακοσίων ἑξήκοντα σταδίων εἰς Αειλαν πόλιν ἐπὶ τῷ μυχῷ τῆ Ἀραβίȣ πόλπȣ κειμένην. C'eft-à-dire : De-là (fçavoir de Gaza) on dit que le trajet eft de 1260 ftades jufqu'à *Aila*, ville fituée dans le fond du Golfe *Arabique*.

(*c*) PTOLOMÉE Lib. IV. Ἑλάνα κατὰ τὸν μυχὸν κειμένη τῆ ὁμωνύμȣ κόλπȣ, ἐπέχει μοίρας ξε : Ly. κ'ὶ : δ. C'eft-à-dire : *Elana*, fituée dans le fond du Golfe du même nom, eft au degré 65 : 50. 29 : 15. Voyez auffi pag. 27. de ce Tome, Note (*c*).
(*d*) Voyez ci-deffus pag. 36. Note (*a*).

F 3

tems des (*a*) *Romains*, ce lieu, suivant notre calcul, sera environ à quarante-six lieuës d'*Adjeroute*, dans une direction d'Est au Sud. Cette position d'*Eloth* se confirme de plus par la distance que l'ancienne Géographie lui donne de *Gaza*: car s'il est vrai, comme (*b*) *Pline* le dit, qu'il en étoit à cent cinquante milles *Romains*, ou à cent cinquante-sept suivant (*c*) d'autres Auteurs, on ne sçauroit le placer plus au Sud que je le fais; & si on le met plus au Nord, on va contre ce que dit (*d*) *Strabon*, sçavoir qu'*Heroopolis* & *Pelusium* sont plus près l'un de l'autre que *Gaza* & *Eloth*.

Ezion-geber.

Ce seroit être trop temeraire que de prétendre déterminer précisément le lieu de tous les Camps des *Israëlites* dont il est parlé dans (*e*) l'Ecriture, & qui la plupart étoient renfermés dans ce petit canton de l'*Arabie Petrée* que je viens de décrire. Ainsi je dirai seulement, que leur Camp le plus méridional, après qu'ils eurent quitté le mont *Sinaï*, paroît avoir été à *Ezion-geber*. Comme c'étoit ici le lieu d'où

(*a*)

(*a*) ST. JERÔME, in *Locis Hebraïcis*: *Sedet ibi (apud* Ailat) *Legio Romana cognomento Decima: & olim quidem* Ailat *à veteribus dicebatur; nunc verò appellatur* Aila. C'est-à-dire: Là (près d'*Ailat*) se tenoit une Légion *Romaine*, surnommée la Dixième. Les Anciens ont aussi appelé de tout tems cet endroit *Ailat*; mais aujourd'hui on le nomme *Aila*. *Idem, in Cap.* XLVII. Ezech. *In litore maris inter* Ahila (*pro* Ailat *ut suprà*) *posita est, ubi nunc moratur Legio & præsidium* Romanorum. C'est-à-dire: *Abila* (au lieu d'*Ailat*, comme il est nommé ci-dessus) est situé sur le bord de la Mer, & il y a maintenant une Légion *Romaine* en garnison.

(*b*) PLINE Lib. V. Cap. 11. Heroopoliticus *vocatur, alterque* Ælaniticus *sinus* Rubri *maris in* Ægyptum *vergentis, CL. millia passuum intervallo inter duo oppida* Ælana *& in nostro mari* Gazam. C'est-à-dire: On l'appelle le Golfe d'*Heroopolis*, & l'autre le Golfe d'*Elana*, qui est un bras de la Mer *Rouge* qui s'étend vers l'*Egypte*. Il y a 150000. pas de la ville d'*Elana* à celle de *Gaza*, située sur la Mer Mediterranée.

(*c*) Voyez la page précedente, Note (*b*). Voyez aussi MARCIAN. HERACL. *in Peripl.*

(*d*) STRABON Lib. XVI. pag. 1102. Διττὸς δ' ἐςὶν (*scil. Sinus* Arabicus) ὁ μὲν εἰς ἔχων τὸ πρὸς τῇ Ἀραβίᾳ, καὶ τῇ Γάζῃ μέρος, ὃν Ἐλανίτην προσαγορεύουσιν, ἀπὸ τῆς ἐν αὐτῷ πόλεως. ὁ δ' εἰς τὸ πρὸς Ἀιγύπτῳ κατὰ τὴν Ἡρώων πόλιν, εἰς ὃν ἐκ Πηλουσίου ἡ ὑπέρθεσις ἐπιτομωτέρα. C'est-à-dire: Le Golfe *Arabique* est double; l'un contenant la partie qui est près de l'*Arabie* & de *Gaza*, & que l'on appelle *Elanite*, du nom de la ville qui y est; l'autre contient le côté de l'*Egypte* vers *Heroopolis*, dans lequel le trajet est plus court en venant de *Pelusium* &c.

(*e*) Voyez *Nombres* XXXIII.

(a) *Salomon envoya* dans la suite *des flotes à Ophir pour chercher de l'or*, nous croyons que ce doit être le même port qu'on appelle aujourd'hui en *Arabe* (b) *Meenah el Dsahab*, le Port d'Or. Les Moines du mont *Sinaï* m'ont dit, qu'il étoit à deux journées de chemin de chez eux, sur le Golfe d'*Eloth*, qu'il y avoit un havre spacieux, & qu'ils en tiroient quelquefois quantité d'homars & d'autres coquillages.

D'*Ezion-geber* les *Israëlites* (c) retournerent à *Kadés*, dans le dessein d'entrer de ce côté-là dans la Terre de *Canaan*. Mais sur ce que le Roi d'*Edom* leur (d) *refusa de passer par son païs*, ils se détournerent à la droite, & vinrent en la (e) montagne de *Hor*, qui, à ce que je conjecture, étoit à l'Est-Sud-Est de *Kadés*, sur le chemin de cet endroit à la (f) Mer Rouge. Sur ce qui nous est dit que le *courage du peuple s'affadit à cause du chemin*, il est probable que le mont *Hor* n'est autre que cette chaîne de montagnes que les *Arabes* nomment aujourd'hui *Accaba*: les chemins y sont si mauvais & le passage si difficile, que les pelerins *Mahometans* y souffrent de grandes fatigues, & y perdent ordinairement quelques-uns de leurs chameaux.

Montagne de *Hor*, ou *Accaba*.

La route qu'ils tinrent depuis le mont *Hor* en passant par *Zalmona*, *Punon* &c. semble avoir été entre le Nord & le Nord-Est; car il ne paroit pas qu'ils se détournerent davantage du droit chemin qui les conduisit (g) à travers le païs des *Moabites* dans la *Terre promise*.

Route des *Israëlites* depuis *Hor*.

Les (h) *Rabins* ont arrangé de la manière suivante les lieux dont je viens de parler.

Carte *Rabbinique* de la *Terre Sainte*.

(a) Voyez 1 *Rois* IX. 26. & 2 *Chron.* VIII. 17.
(b) Nous lisons 1 *Rois* IX. 26. qu'*Hetsjon-gueber* étoit près d'*Eloth*, sur le rivage de la *Mer Rouge*, au païs d'*Edom*: situation qui répond précisément à celle que je donne à *Meenah el Dsahab*.
(c) Voyez *Nombres* XXXIII. 36.
(d) *Ibid.* XX. 18. &c.
(e) *Ibid.* vf. 21.
(f) *Ibid.* XXI. 4.
(h) Voyez Rabbi ELIE MIZRACHI, *Comment in Pentateuchum*. Ven. 1545. pag. 57.

לבא

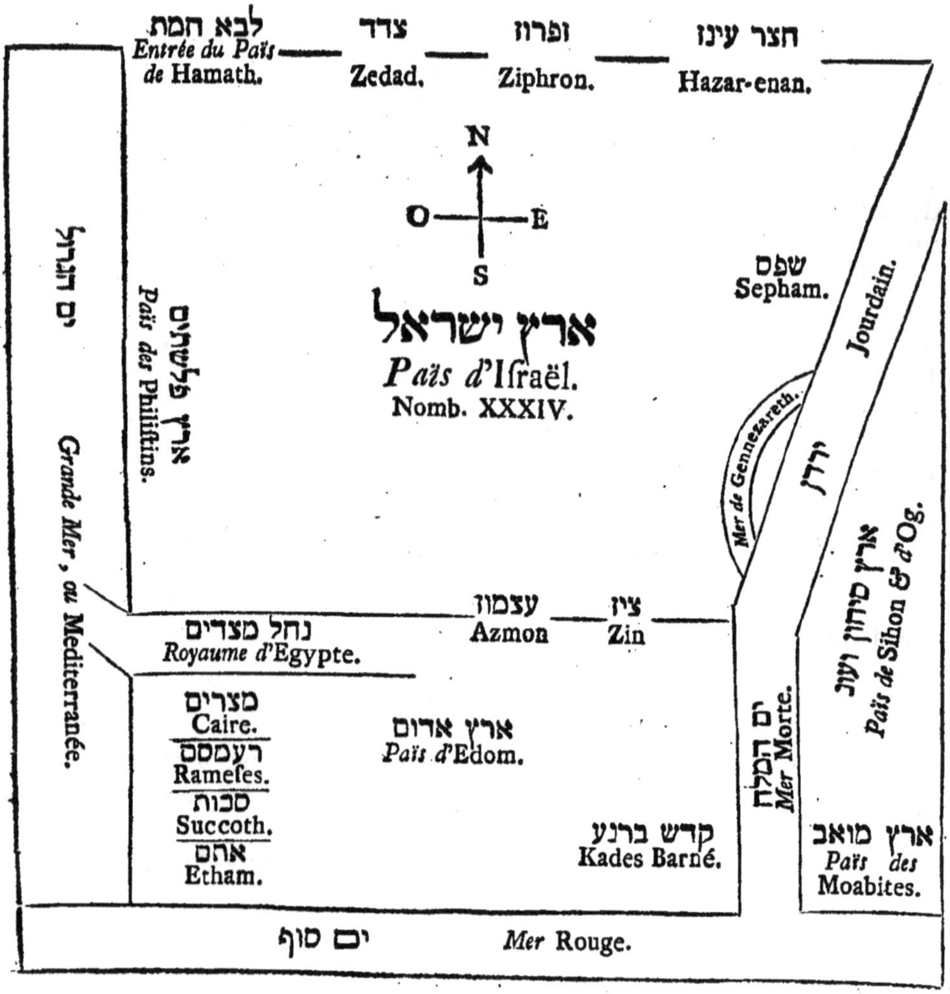

OBSERVATIONS GEOGRAPHIQUES

| לבא חמת
Entrée du Païs de Hamath. | צדד
Zedad. | זפרון
Ziphron. | חצר עינן
Hazar-enan. |

ארץ ישראל
Païs d'Israël.
Nomb. XXXIV.

שפם Sepham.

ים הגדול — *Grande Mer, ou Méditerranée.*

פלשתים — *Païs des Philiſtins.*

Mer de Gennezareth.

ירדן — Jourdain.

| עצמון Azmon | ציץ Zin |

נחל מצרים — *Royaume d'Egypte.*

מצרים Caire.
רעמסס Rameſes.
סכות Succoth.
אהם Etham.

ארץ אדום — *Païs d'Edom.*

ים המלח — Mer Morte.

ארץ סיחון וארץ עוג — *Païs de Sihon & d'Og.*

קדש ברנע Kades Barné.

ארץ מואב — *Païs des Moabites.*

ים סוף — Mer Rouge.

CHAPITRE III.

Observations Physiques &c. ou Essai sur l'Histoire Naturelle de la SYRIE, *de la* PHENICIE *& de la* TERRE SAINTE.

LE climat de ces païs diffère très-peu de celui que nous avons décrit dans (*a*) l'Histoire naturelle de *Barbarie*; car, outre plusieurs autres circonstances qui sont à tous égards les mêmes, & que nous ne repéterons pas ici, les vents (*b*) d'Ouest y amenent ordinairement la pluye, au lieu que ceux d'Est y sont communement secs, quoique souvent fort orageux, & que l'air paroisse extrêmement chargé. Les gens de Mer nomment tous les gros vents d'Est en général *Levantins*; terme qui ne se rapporte à aucun point particulier, mais sous lequel ils comprennent tous les vents forts qui soufflent entre le Nord-Est & le Sud-Est.

(*c*) L'*Euroclydon*, dont il est parlé dans (*d*) l'Histoire de St.

Leur climat semblable à celui de Barbarie.

Les gros vents d'Est appellés Levantins.

L'Euroclydon étoit

(*a*) Voyez Tome I. pag. 281. *& suiv.*
(*b*) Il y a des occasions où l'Écriture prend connoissance de cette branche de l'Histoire naturelle; comme Luc XII. 54. *Lorsque vous voyez une nuée qui se leve du Couchant, vous dites aussi-tôt, Voici un orage qui vient; & il en est ainsi.* Et 1 Rois XVIII. 42. &c. *Elie monta au sommet du Carmel, & dit à son serviteur, Monte maintenant & regarde du côté de la Mer* (c'est-à-dire vers l'Occident) — *& il dit, Voilà une petite nuée comme la paume de la main d'un homme, laquelle monte de la Mer. Il lui dit, Monte & di à Achab, Attelle ton chariot, & descens, que la pluye ne t'enserre. Et il avint que çà & là les cieux s'obscurcirent de nuées & de vent, dont il y eut grande pluye.*
(*c*) Selon les Notes d'*Erasme*, de *Vatable* & d'autres, le mot (Εὐροκλύδων) Euroclydon vient de ce que *ce vent excite de grandes vagues* : comme si ces Commentateurs croyoient que ce mot, qu'ils écrivent (Εὐρυκλύδων) *Euryclydon*, ainsi que le fait *Phavorin* au mot (Τυφῶν) *Typhon*, est composé de celui d' (Εὐρὺς) *Eurus*, qui veut dire *large, ample* &c. & de celui de (Κλύδων) *Clydon*, qui signifie *un flot, une vague*. Mais s'il faut recourir à l'étymologie, je croirois plutôt que, comme le mot *Clydon* est employé par les LXX. *Jon.* I. 4. 12. pour rendre le mot Hébreu סער qui, à ce que je conjecture, signifie toûjours *une tempête* proprement dite ; aussi celui d' (Εὐροκλύδων) *Euroclydon*, seroit le même qu' (Εὖρος κλύδων) *Euruclydon*, c'est-à-dire *une Tempête d'Orient*, & par consequent exprimeroit précisément les vents que l'on appelle encore aujourd'hui *Levantins*.
(*d*) Voyez *Actes* XXVII. 14.

Tome II. G

probablement un de ces Vents.

St. *Paul*, n'étoit autre chose, à ce que je crois, que l'un de ces forts *Levantins*. Car c'étoit, à ce que dit St. *Luc* (a) un *vent* violent, ou *de tempête*, qui chassoit tout devant lui; & l'on peut juger par quelques circonstances, que pendant tout le tems de sa force il ne s'écarta que très-peu du vrai point de l'Est. Car après que le vaisseau ne put plus (b) se soutenir, ou, comme parlent les gens de Mer, *porter contre lui*, & que l'on se vit obligé de le laisser aller à la derive;

Ce Vent s'écarta peu de l'Est.

comme il n'y a point de courans remarquables dans cet endroit de la Mer, & que le gouvernail étoit de peu de secours, nous ne concevons pas qu'il ait pû suivre d'autre cours que celui où le vent le poussoit. Aussi voyons-nous dans la description de la tempête, que ce vaisseau fut d'abord (c) sous l'Isle *Claude*, un peu au Sud; qu'ensuite (d) il étoit agité le long des côtes du Golfe *Adriatique*, & qu'enfin (e) il se rompit en piéces à *Malte*, un peu au Nord du

(a) En Grec Ανεμος τυφωνικὸς. Quoique (Τυφὼν) *Typhon* ou (Τυφὼς) *Typhos* puisse quelquefois désigner un ouragan, cependant il semble en général être pris pour quelque vent violent ou de tempête que ce soit, ainsi que GROTIUS l'a remarqué sur cet endroit. SUIDAS dit: Τὰς γὰρ καταιγιώδεις ἀνέμες Τυφῶς καλᾶσι. C'est-à-dire: On donne le nom de *Typhes* aux vents tempétueux. ARISTOTE *de Mundo* Cap. 4. semble établir la différence qu'il y a entre ce vent & le (Πρηςήρ) *Prester*, qu'il dit être aussi *un vent d'une grande violence*, en ce que le *Typhe* n'est jamais accompagné d'aucun météore ignée, au lieu que l'autre est au moins à demi-brûlant. Voici ses propres termes dont nous venons de rendre le sens: Ἐὰν δὲ (πνεῦμα) ἡμίπυρον ᾖ, σφόδρον δὲ ἅλλως καὶ ἀθρόον, Πρηςὴρ (καλεῖται) ἐὰν δὲ ἄπυρον ἢ παντελῶς, Τυφῶν. OLYMPIODORE nous apprend sur cet endroit, que le vent (Τυφῶν) *Typhon* est ainsi appellé διὰ τὸ τύπτειν διὰ τῦ τάχες τῦ πνεύματος, ou parce qu'il heurte, tant

sa violence est rapide; ou, comme on lit dans CORNELIUS A LAPIDE, διὰ τὸ τύπτειν σφοδρῶς, parce qu'il heurte avec force. Voici ce que dit PHAVORIN dans son *Lexicon*: Τυφὼν γὰρ ἐςὶν ἡ τῦ ἀνέμε σφοδρὰ πνοὴ· ὃς καὶ Εὐρυκλύδων καλεῖται. C'est-à-dire: Le *Typhon* est un souffle véhement du vent; & c'est ce qui s'appelle aussi *Euryclydon*. VIRGILE, *Georg.* II. v. 107. a décrit avec élegance un de ces vents *Levantins* en ces mots:

―― *Ubi navigiis violentior incidit* Eurus, *Nosse, quot* Ionii *veniant ad littora fluctus.*

C'est-à-dire: Sçavoir quand les vents violens d'Est surprennent les vaisseaux, & combien de flots de la Mer d'*Ionie* se brisent contre la côte.

(b) *Actes* XXVII. 15. Le terme Grec est ἀντοφθαλμεῖν.
(c) *Ibid.* vs. 16.
(d) *Ibid.* vs. 27.
(e) *Ibid.* vs. 41.

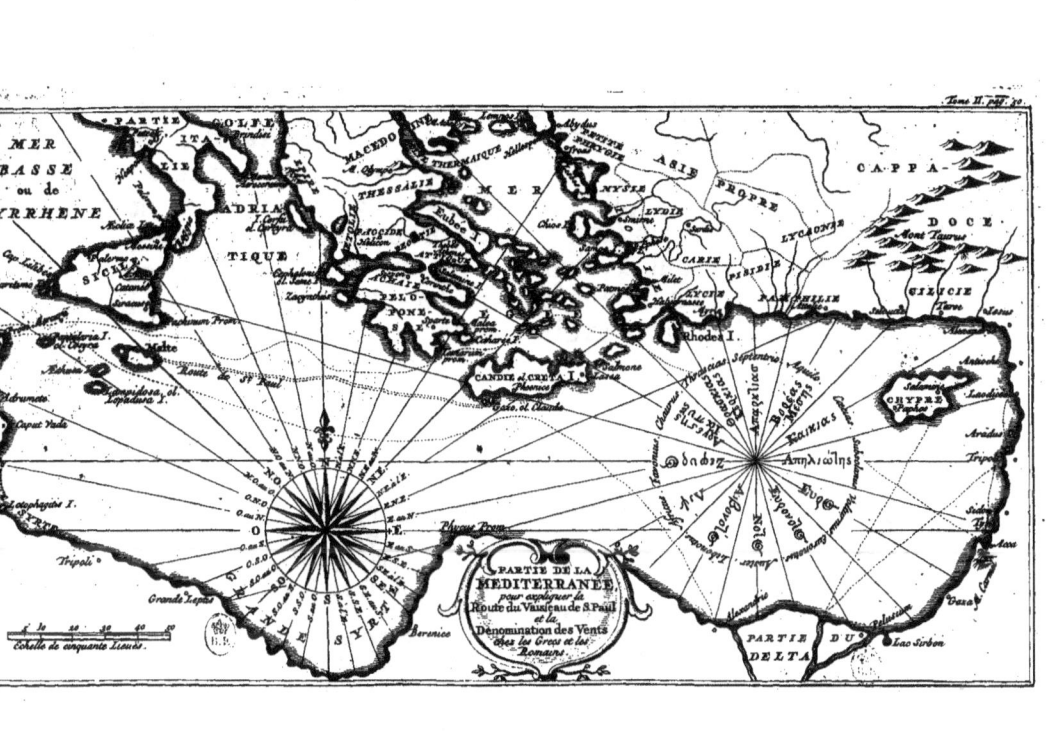

SUR LA SYRIE, L'EGYPTE &c. Chap. III.

du parallèle de cette partie des côtes de *Candie*, d'où il est vraisemblable qu'il fut chassé. Donc le cours de cet *Euroclydon* particulier doit avoir été au commencement Est au Nord, & dans la suite d'environ huit degrés au Sud de l'Est.

Cependant (*a*) *Grotius*, (*b*) *Cluvier*, & d'autres, s'autorisant du MS. d'*Alexandrie*, & de la *Vulgate*, sont d'avis que la véritable leçon doit être *Euroaquilon*, mot certainement aussi nouveau que celui d'*Euroclydon*, & qui peut-être n'a pas plus de droit à l'usage. Quoi qu'il en soit, à prendre cet *Euroaquilon* pour un vent désigné par les mots qui le composent, il doit avoir été entre l'*Eurus*, qui est le vrai Est, & l'*Aquilon*, & par conséquent l'Historien l'aura mis au lieu du (*c*) *Cæcias* des *Grecs*, qui, au témoignage de *Senèque*, n'avoit point de nom parmi les *Latins*. Cela prouve bien, je l'avoue, que les *Romains*, qui avoient donné des noms aux autres vents, comme celui de *Subsolanus* à (*d*) l'*Apeliotes*, & celui d'*Africus* au *Lips*, n'en avoient point donné au *Cæcias*. Il paroît en effet, par l'usage familier qu'en firent les Auteurs *Latins*, qu'ils avoient adopté ce mot dans leur langue. Longtems avant *Senèque*, (*e*) *Vitruve* décrit la position du *Cæcias*,

On suppose qu'il faut lire Euroaquilon, au lieu d'Euroclydon, & que le premier étoit le Cæcias.

(*a*) Voyez les *Remarques* sur *Actes* XXVII. 14.

(*b*) CLUVIER, *Sicil. Antiq.* Lib. II. pag. 442. *Ego amplectendam heic omninò censeo vocem quam divus* Hieronymus, *& ante hunc Auctor vulgatæ sacrorum Bibliorum versionis, in suis exemplaribus legerunt* Εὐροακύλων, *Euroaquilo, quod vocabulum ex duabus vocibus, alterâ Græcâ* Εὖρος, *alterâ Latinâ* Aquilo, *compositum, eum denotat ventum, qui inter* Aquilonem *&* Eurum *medius spirat, qui rectà ab meridionali* Cretæ *latere navim infrà* Gaudum *versùs* Syrtin *abripere poterat.* C'est-à-dire : Je crois qu'il faut adopter ici le mot *Euroaquilon*, comme St. *Jérôme*, & avant lui l'Auteur de la Version Vulgate de la Bible ont lu dans leurs Exemplaires. Ce terme est composé de deux mots, sçavoir d'*Eurus*, qui est Grec, & d'*Aquilo*, qui est Latin, & désigne le vent de Nord-Est, qui pouvoit pousser le vaisseau de dessous *Gaudus*, qui est au Midi de la *Crete*, directement vers la *Syrie*.

(*c*) SENEQUE, *Nat. Quæst.* Lib. V. Cap. 16. *Ab oriente solstitiali excitatum,* Græci Καικίαν *appellant: apud nos sine nomine est.* C'est-à-dire : Le vent qui souffle du point où le soleil se leve du tems du solstice, est appellé *Cæcias* par les *Grecs*; mais nous n'avons point de terme qui le désigne.

(*d*) En Grec Ἀπηλιώτης, & Λίψ.

(*e*) VITRUVE, *Archit.* Lib. I. Cap. 6. *Euri verò medias partes tenent, in extremis,* Cæcias *&* Vulturnus. C'est-à-dire : Les vents d'Est sont au milieu, & vers les deux extrèmités le *Cæcias* & le *Vulturnus*.

Le Cæcias étoit connu des Romains.

cias, sans se donner la peine de l'écrire en caractères *Grecs* comme l'autre, & sans faire même aucune excuse de l'usage qu'il fait d'un terme étranger. (*a*) *Pline*, presque contemporain de *Senèque*, en use de même en parlant de ce vent, qu'il nomme aussi *Hellespontias*, vraisemblablement parce qu'il venoit de ce côté-là. Mais puisque le *Cæcias* doit avoir été connu de bonne-heure parmi les Mariniers *Romains*, quand bien même tous ceux du vaisseau où étoit St. *Paul* auroient été de cette nation, il n'y avoit aucune nécessité dans ce tems-là, & en pareille rencontre, d'introduire un mot tout nouveau.

L'Equipage du vaisseau de St. Paul étoit Grec.

Aucun Auteur n'a parlé d'un Vent Euroaquilon.

D'ailleurs, comme l'Historien nous apprend (*b*) que le vaisseau étoit d'*Alexandrie*, & alloit en *Italie*, nous pouvons croire que l'équipage étoit *Grec*, & par conséquent trop instruit des termes vulgaires de la Marine en leur langue, pour recourir à un mot demi *Grec* & demi *Latin*, qui ne pouvoit que leur paroître barbare. Une autre objection très-forte qui se présente, c'est que si le mot d'*Euroaquilon* eût été admis dans l'usage dès le tems de St. *Luc*, il y auroit lieu de s'étonner, de n'en pas trouver la moindre trace, ni dans (*c*) *Pline*, ni dans *Aulu-Gelle*, ni dans *Apulée*, ni dans *Isidore*, ni dans les autres Auteurs qui ont écrit à dessein des Dissertations sur les noms & sur la diversité des vents. Il n'y a pas le même lieu d'être surpris de ce que St. *Luc*, qui étoit actuellement dans le vaisseau qui essuya la tempête, soit le seul Ecrivain qui ait parlé de l'*Euroclydon* ; parce qu'il se peut très-bien qu'il eût entendu dire ce mot aux Mariniers, qui étoient les seuls qui s'en servissent pour

(*a*) Voyez PLINE, *Hist. Nat.* Lib. II. Cap. 47. *Cæcias media inter Aquilonem & exortum æquinoctialem, ab ortu solstitiali.* — *Cæcian aliqui vocant Hellespontian.* C'est-à-dire: Le *Cæcias* souffle entre l'Aquilon & l'Orient équinoxial, sçavoir de l'endroit où le soleil se leve du tems du solstice. — Le *Cæcias* est appellé par quelques-uns *Hellespontias*. ARISTOTE, *de Meteor.* Lib. II. Cap. 6. Καικίας, ὃν Ἑλλησποντίαν ἔνιοι καλῦσι. C'est-à-dire: Le *Cæcias* est celui que quelques-uns appellent le vent de l'*Hellespont*.

(*b*) Voyez *Actes* XXVII. 6.

(*c*) Voyez PLINE, *Hist. Nat.* Lib. II. Cap. 47. AULU-GELLE, *Noct. Att.* Lib. II. Cap. 22. APULÉE, *de Mundo.* Et ISIDORE, *Orig.* Lib. XIII. Cap. 11.

pour désigner une espece particuliere de ces vents *Levantins* dont je parlois tout à l'heure. Il semble même, par le soin qu'a pris l'Historien de marquer que ce vent s'*appelloit Euroclydon*, qu'il a voulu nous dire que le mot n'étoit pas du langage vulgaire, ou que le vent n'étoit pas un de ceux que tout le monde connoissoit sous les dénominations communes, mais un vent singulier, tant par rapport à sa qualité qu'à ses circonstances.

On peut même alleguer en faveur de la leçon ordinaire, que, si au commencement de la tempête le prétendu *Euroaquilon* eût été Est-Nord-Est ou Nord-Est à l'Est, comme il auroit dû l'être en vertu de son nom, il auroit fallu que le vaisseau, qui alors devoit être au dessous du port de *Phénice*, qu'ils tâchoient de gagner, n'eut pû passer sous l'Isle de *Claude*, qui en étoit éloignée de plusieurs milles, & presque directement au Ouest. Ajoutez à ceci, que le peril qu'ils craignoient (*a*) d'aller tomber sur les sables mouvans de la *Syrte*, auroit été inévitable; danger néanmoins qu'il parut par l'évenement qu'ils appréhendoient sans raison, & qu'ils ne craignirent que parce qu'ils furent plusieurs jours à ne pouvoir (*b*) *observer ni le soleil, ni les étoiles*, & que par consequent ils ne purent sçavoir la route qu'ils tenoient.

L'Euroaquilon auroit dû chasser dans le Golfe de Sidra.

Mais pour revenir à l'Histoire Naturelle, je dirai que je n'ai jamais vû que le *Cæcias*, que l'on suppose être le Nord-Est à l'Est, ait rien de plus particulier que les autres vents *Levantins*. Il est vrai (*c*) qu'*Aristote*, suivi en cela en partie par (*d*) *Pline*, lui attribue une proprieté contraire à tous les autres vents, qui est, selon l'interpretation (*e*) d'*Aulu-Gelle*, d'*attirer à lui les nuages* : expression aussi difficile

Le Cæcias a les mêmes qualités que les autres vents Levantins.

à

(*a*) *Actes* XXVII. 17.
(*b*) *Ibid.* vs. 20.
(*c*) ARISTOTE, de *Meteor.* Lib. II. Cap. 6. Ὁ δὲ Καικίας οὐκ αἴθριος, ὅτι ἀνακάμπτει εἰς αὑτόν ὅθεν καὶ λέγεται ἡ παροιμία, ἕλκων ἐφ' αὑτὸν ὥσπερ Καικίας νέφος. C'est-à-dire : Le *Cæcias* n'est pas un vent qui fasse le beau tems, parce qu'il se retourne sur lui-même. De-là vient qu'on dit en proverbe,

Attirant sur soi-même, comme le Cæcias *attire le tems nebuleux.*

(*d*) PLINE, *Hist. Nat.* Lib. II. Cap. 48. *Narrant & in ponto, Cæcian in se trabere nubes.* C'est-à-dire : On dit que sur Mer le *Cæcias* attire à lui les nuages.
(*e*) AULU-GELLE, *ubi suprà.* Voyez aussi le passage d'*Aristote*, ci-dessus Note (*c*).

à comprendre que la chose elle-même, à moins qu'on ne l'entende, ou de la pesanteur qui l'accompagne, ou d'un entassement de nuages contre lesquelles il porte pendant plusieurs jours sans les dissiper; mais ces choses sont communes à tous ces vents du Levant, & (*a*) *Aristote* avoue lui-même, qu'il y a des tems où ces vents, de même que ceux qui leur sont opposés, chassent devant eux beaucoup de nuages, qui, en se succedant, se poussent avec beaucoup de force & de vîtesse.

<small>Ces vents decouvrent divers Rochers.</small>

Observons encore que ces vents *Levantins*, lorsqu'ils durent longtems, chassent si fort les eaux des côtes de la *Syrie* & de la *Phénicie*, que diverses rangées de rochers qui, durant les vents d'Ouest, sont couverts, demeurent alors à sec, & laissent exposés aux oiseaux de Mer les poissons à coquillage qui s'y attachent. Lorsque j'étois dans le port de *Latikea*, je remarquai que, pendant que ces vents souffloient avec violence, il y avoit deux pieds d'eau moins qu'il n'y en eut ensuite, lorsque le tems devint plus doux, & que les vents soufflerent du Ouest avec moins de force. Il est fort probable que le (*b*) décroissement sensible dans la Mer de *Pamphylie* put proceder de la même cause, à cette différence près, qu'elle produit son effet d'une manière extraordinaire.

<small>Les Vaisseaux paroissent plus grands quand</small>

Il faut aussi observer par rapport à ces gros vents d'Est, que les vaisseaux, & tous les autres objets que l'on voit à quelque distance pendant qu'ils soufflent, paroissent beaucoup plus grands qu'en tout autre tems. Je ne dois pas non plus omettre ici une cérémonie superstitieuse des *Mahometans*, que je leur

---

(*a*) ARISTOTE, *ubi suprà*: Νέφεσι δὲ πυκνοῖσι τὸν ὐρανὸν, Καικίας μὲν σφόδρα, Λὶψ δ' ἀρχιοτέρως· Καικίας μὲν διὰ τε τὸ ἀνακάμπτειν πρὸς αὐτὸν, καὶ διὰ τὸ κοινὸς εἶναι Βορέᾳ καὶ Εὔρῳ. Ὥστε διὰ μὲν τὸ ψυχρὸς εἶναι πηγνὺς τὸν ἀτμίζοντα ἀέρα, εἰς νέφη συνίστησι· διὰ δὲ τὸ τῷ τόπῳ ἀπηλιωτικῶς εἶναι, ἔχει πολλὴν ὕλην καὶ ἀτμίδα ἣν προωθεῖ. C'est-à-dire: Les vents qui remplissent le ciel de nuages, sont le *Cæcias*, qui le fait extrêmement, & le *Lips* très-rarement. Le *Cæcias* le fait faire, parce qu'il se retourne sur lui-même, & parce qu'il tient en commun du *Borée* & de l'*Eurus*; de sorte qu'étant froid, & condensant les vapeurs de l'air, il les reduit en nuages; & parce que, par rapport au lieu, venant du côté du soleil, il a beaucoup de matière & de vapeurs qu'il chasse devant lui.

(*b*) Voyez pag. 37. de ce Tome, Note (*a*).

leur ai vû pratiquer plus d'une fois dans les tempêtes exci- *les vents*
tées par ces vents ou par d'autres. Ils attachent au mât, ou *d'Est*
soufflent.
au bâton du pavillon de leurs navires (*a*) quelques paſſages
de l'*Alcoran* : ils égorgent enſuite une brebis, & la jettent *Super-*
dans la Mer; & cela pour calmer les flots, & faire ceſſer la *ſtition*
des Ma-
tempête. Nous voyons dans (*b*) *Ariſtophane* & dans (*c*) *hometans.*
Virgile, que les anciens *Grecs*, plus de mille ans auparavant,
avoient une coûtume ſemblable.

Les montagnes du *Liban* ſont couvertes de neige pendant *Mont*
tout l'hyver, & cette neige refroidit extrêmement l'air lorſque *Liban*
couvert
le vent eſt à l'Eſt, de ſorte qu'on ſent quelquefois ſur la côte *de neige*
qui eſt entre *Tripoli* & *Sidon* un froid auſſi vif & auſſi perçant *en hy-*
ver.
qu'on en puiſſe ſentir dans nos climats du Nord; d'ailleurs
on jouit au Nord & au Sud de ces montagnes d'un air fort
temperé, tant ſur la côte que dans la Terre ferme, & les ſai-
ſons y ſont fort réglées.

Il eſt remarquable que, lorſque le tems eſt chargé & le *Trom-*
vent orageux, ſoufflant en même tems de plus d'un côté, les *bes fort*
fré-
Trombes ſont plus communes près des Caps de *Latikea*, de *quentes.*
Greego & de *Carmel*, qu'ils ne le ſont dans aucune autre partie

(*a*) J'eus une fois la curioſité de
prendre une de ces légendes, & je
trouvai qu'en ſubſtance elle étoit con-
forme à ce que nous liſons *Pſeaume*
CVII. 23. 24. *Ceux qui deſcendent ſur
la mer dedans navires, faiſant trafic parmi les grandes eaux, ce ſont ceux qui
voyent les œuvres de l'Eternel, & ſes merveilles aux lieux profonds.*
(*b*) ARISTOPHANE, *in Ran.*
Act. III. Sc. 2.

Αρν' Αρνα μέλαιναν παῖδες ἐξενέγκατε·
Τυφὼς γὰρ ἐκβαίνειν παρασκευάζεται.

C'eſt-à-dire: Amenez ici, mes enfans,
un agneau, un agneau noir; car le
Typhe ſe prépare à ſortir avec violence.
(*c*) VIRGILE, *Æn.* Lib. III.
vs. 118-120.

—— *Meritos aris mactavit honores:*
Taurum Neptuno; *taurum tibi, pulcher*
Apollo:
Nigram Hyemi Pecudem, Zephyris
felicibus albam.

C'eſt-à-dire: Il rendit aux Dieux les
honneurs qui leur étoient dûs, ſacri-
fiant un taureau à *Neptune*, un autre
à toi, bel *Apollon*, une brebis noire à
l'*Hyver*, & une blanche aux doux *Zé-*
phirs. Idem, Æn. Lib. V. v. 772. 773.

Tres Eryci *vitulos, & tempeſtatibus*
agnam
Cædere deinde jubet.

C'eſt-à-dire : Enſuite il ordonna de
ſacrifier trois veaux à *Eryx*, & un
agneau à la Tempête.

tie de la *Mediterranée*. Celles que j'ai eu occasion de voir, m'ont parû autant de cylindres d'eau qui tomboient des nuées, quoique par la refléxion des colomnes qui descendent, ou par les gouttes qui se detachent de l'eau qu'elles contiennent & qui tombent, il semble quelquefois, sur-tout quand on en est à quelque distance, que l'eau s'éleve de la Mer en haut. Pour rendre raison de ce phénomène, on peut supposer, que les nuées étant assemblées dans un même endroit par des vents opposés, ils les obligent, en les pressant avec violence, de se condenser & de descendre en tourbillons. (*a*) *Lemery* suppose que ce phénomène est produit par des tremblemens de terre & des éructations qui se font au fond de la Mer; ce qui ne me paroît pas vraisemblable. Les vents appellés (*b*) *Siphons*, dont il est parlé dans *Aristote*, n'expliquent pas mieux la chose.

Feu folet remarquable.

En voyageant de nuit dans les vallées du mont *Ephraïm*, nous vimes un Feu folet qui nous suivit pendant plus d'une heure, & qui prit successivement toute sorte de figures extraordinaires: quelquefois il étoit rond comme une boule, & d'autres fois il avoit la forme de la flamme d'une chandelle; un moment après il s'étendoit prodigieusement & enveloppoit toute notre troupe, sans faire du mal à personne, puis il se retrecissoit & disparoissoit subitement: en moins d'une minute il se rallumoit comme auparavant, & courant avec une vitesse extraordinaire d'un endroit à l'autre, il se repandoit sur les montagnes voisines, & occupoit plus de deux ou trois acres de terrein, laissant néanmoins par-ci par-là quelques intervalles. Je dois faire remarquer, que ce soir-là l'air avoit été extraordinairement chargé, & que la rosée qui tomboit sur les brides de nos montures étoit fort gluante & onctueuse. Dans un tems semblable à celui que je viens de dire, on voit aussi

des

(*a*) LEMERY, *Cours de Chymie*: Quand il sort des ouragans de ces endroits de la terre qui sont au fond de la Mer, les eaux s'y élevent en colomnes d'une prodigieuse grandeur; & c'est ce qu'on nomme siphons ou trombes.

(*b*) ARISTOTE, *in Meteorol.* Τυφῶνας καὶ Σίφωνας καλῆσι διὰ τὸ ὕδωρ πολλάκις ἀνασπᾶσαι. C'est-à-dire: On les appelle *Typhons* & *Siphons*, parce que souvent ils attirent l'eau.

SUR LA SYRIE, L'EGYPTE &c. Chap. III. 57

des feux folets en Mer, qui voltigent fur les mâts & les antennes des navires; les Matelots les appellent (*a*) *Corpufanfe*.

Les premières pluyes tombent d'ordinaire dans ces païs-ci au commencement de Novembre, & les dernieres au milieu ou à la fin d'Avril. On remarque dans les environs de *Jerufalem*, que s'il y a une quantité raifonnable de neige vers le commencement de Février, & que les ruiffeaux s'enflent un peu après, c'eft une marque que l'année fera abondante: les habitans du païs font dans ces occafions des rejouïffances femblables à celles que font les *Egyptiens* lors du débordement du *Nil*. Il ne tombe (*b*) gueres de pluye dans ce païs-ci en été; on y jouit au contraire de la même ferénité de l'air qu'en *Barbarie*.

<small>Pluyes.</small>

Au commencement d'Avril l'orge étoit montée en épi dans toute la *Terre Sainte*, & commençoit à devenir jaune vers le milieu du même mois dans la partie méridionale du païs. Plus loin vers *Jericho* ce ne fut que fur la fin de Mars, & dans les plaines d'*Acre* encore quinze jours plus tard. Mais il n'y avoit alors que fort peu de froment en épi dans tous les endroits que je viens de nommer, & dans les champs près de *Bethlehem* & de *Jerufalem* le bled n'avoit encore qu'un pied de haut. Les *Boccóres*, c'eft-à-dire les premières figues, étoient alors encore dures, & pas plus groffes que nos prunes ordinaires; on a cependant une méthode de les rendre mangeables dans ce tems-là en les trempant dans de l'huile. Ainfi je comptai que cette année que je voyageois dans la *Terre Sainte*, qui étoit 1722, on n'auroit pû offrir les Prémices dans le tems marqué par la Loi de *Moïfe*, fans (*c*) intercaler

<small>Orge en épi au commencement d'Avril.</small>

<small>Les *Boccóres* petites & dures en Avril.</small>

(*a*) C'eft ici une corruption de *Cuérpo Santo*, qui eft le nom que les *Efpagnols* donnent à ce météore.

(*b*) L'Ecriture fait mention 1 *Sam.* XII. 17. de cette qualité de la faifon de l'été, comme d'une chofe connue: *N'eft-ce pas*, difoit Samuël, *aujourd'hui la moiffon des bleds? Je crierai vers l'Eternel, & il fera tonnerres & pluyes*; chofes qui par confequent devoient être regardées comme un phénomène bien extraordinaire dans la faifon où l'on étoit alors.

(*c*) MAIMONIDES apud JOS. SCALIGER, *de Emendatione Temp.* Lib. II. pag. 104. שלשה סימנין מעברין את השנה על &c. id eft: *Propter tres cafus intercalabant in anno; propter epocham anni folaris, propter fruges maturas, & propter fructus arborum. Si Judices animadvertiffent nondum maturas effe fruges, fed adhuc ferotinas effe, neque*

Tome II.   H   *que*

ler le (*a*) *Ve-adar*, & renvoyant par conſequent la Pâque d'un mois pour le moins.

La Syrie & la Phénicie ſont fertiles.

Le terroir de toute la *Syrie* & de la *Phénicie* eſt gras & léger; une paire de bœufs y ſuffit pour laboûrer. Il produit toute ſorte d'excellent grain, & pour les autres fruits, on y trouve tous ceux dont j'ai fait mention en parlant des Jardins fruitiers & potagers de *Barbarie*; mais ce qui y abonde principalement eſt la ſoye & le cotton. Les habitans envoyent les œufs des vers à ſoye, auſſitôt qu'ils les ont, à *Cannobine*, ou dans quelque autre endroit du mont *Liban*, où on les tient au frais, pour empêcher qu'ils n'écloſent avant que le printems ſoit venu & que les meûriers ayent des feuilles. On prend la même précaution à *Limeſole* & ailleurs dans l'Iſle de *Chypre*, où les habitans les conſervent ſur la montagne qu'ils appellent *Jibbel Krim*, ou la *Grande Montagne*. Au reſte, la manière de traiter & de multiplier les vers à ſoye eſt ſi bien connuë en *Europe* à l'heure qu'il eſt, qu'il ſeroit ſuperflu de rien ajouter ſur ce ſujet.

Tabac cultivé à Latikea.

Quoique les bleds qui viennent aux environs de *Latikea* ſoient les meilleurs & les plus avancés de cette partie de la *Sy-*

que fructus arborum, quibus mos eſt tempore paſchali florere; illis duobus argumentis nitebantur, & intercalabant in anno. At quanquam epocha anni antevertebat ſextam decimam menſis Niſan, *tamen intercalabant, ut frumentum maturum eſſet, ex quo offerretur manipulus in* XVI. Niſan, *& ut fructus florerent more omnium.* ** *Judices computo inito ſciebant ſi Tekupha* Niſan *eſſet in ſexta decima* Niſan, *aut poſt; & intercalabant in eo anno, mutato* Niſan *in* Adar *geminum, nimirum ut* Peſach *incideret in tempus frugum maturarum &c.* C'eſt-à-dire: Il y avoit trois cas pour leſquels ils intercaloient dans l'année, ſçavoir pour l'époque de l'année ſolaire, pour la maturité des bleds & pour les fruits des arbres. Quand les Juges s'appercevoient que les bleds n'étoient pas encore mûrs, mais tardifs, & que les fruits des arbres qui ont coûtume d'être en fleurs à Pâques, étoient encore en arriere, ils s'appuyoient de ces deux raiſons pour intercaler dans l'année. Et quoique l'époque de l'année devançât le 16. du mois *Niſan*, ils n'en intercaloient pas moins, pour qu'il y eût du bled mûr, dont on pût offrir une poignée le 16. de *Niſan*, & pour que les fruits fûſſent en fleurs comme à l'ordinaire. — Les Juges pouvoient ſçavoir par le calcul, ſi le *Tekupha Niſan* tomboit juſtement ſur le 16. de *Niſan*, ou plus tard, & ils intercaloient dans cette année-là, en mettant à la place du *Niſan* encore un mois d'*Adar*, de façon que Pâques tomboit juſtement dans le tems de la maturité des bleds, &c.

(*a*). En *Hébreu* ואדר *Ve-adar*.

SUR LA SYRIE, L'EGYPTE &c. Chap. III.

Syrie, les habitans n'en sement plus tant, ni ne cultivent plus tant de vignes, qu'ils (*a*) faisoient autrefois; mais depuis quelques années ils ont planté beaucoup de Tabac, à quoi ils trouvent mieux leur compte, car c'est uniquement par le trafic très-considerable qu'ils en font, que cette ville & tous ses environs se sont fort enrichis depuis peu de tems. Ils envoyent tous les ans à *Damiette* & à *Scandarea* plus de vingt mille bales de cette marchandise, ce qui fait beaucoup de tort à *Salonique*.

Si la *Terre Sainte* étoit aussi peuplée & aussi bien cultivée aujourd'hui qu'elle l'étoit autrefois, elle seroit encore plus fertile que la plus belle contrée de la *Syrie* & de la *Phénicie*. Le terroir en est meilleur par lui-même, & à tout prendre, son rapport est preferable. Le cotton qu'on cueille dans les plaines de *Ramah*, d'*Esdraëlon* & de *Zubulon* est plus estimé que celui de *Sidon* & de *Tripoli*; & il ne sçauroit y avoir de meilleur grain, ni de meilleurs herbages, de quelque espece que ce soit, que ceux qu'on a communement à *Jerusalem*. La sterilité dont (*b*) quelques Auteurs se plaignent, soit par igno-

Terre Sainte plus fertile que la Syrie & la Phénicie.

(*a*) Voyez pag. 1. de ce Tome, Note (*a*).

(*b*) MICHEL SERVET, sous le nom de VILLANOVANUS, donna en 1535. à *Lyons* une Edition de *Ptolomée*, & dans la description qu'il ajouta à la Carte de la *Terre Sainte*, il s'exprima en ces mots: *Scias tamen, Lector optime, injuriâ aut jactantiâ purâ tantam huic Terræ bonitatem fuisse adscriptam, eò quòd ipsa experientia mercatorum & peregrè proficiscentium hanc incultam, sterilem, omni dulcedine carentem depromit. Quare promissam Terram pollicitam, & non vernaculâ linguâ laudantem pronuncias* &c. C'est-à-dire: Il faut pourtant que le Lecteur sçache, que c'est à tort, ou par pure vanité, qu'on a attribué à ce païs une si grande fertilité, vû que l'experience des Marchands & des Voyageurs fait connoître qu'il est inculte, sterile & sans aucun agré-

ment. C'est aussi pourquoi *la Terre Sainte* s'appelle en *Hébreu* la Terre *promise*, & non la Terre *qui promet* &c. Voyez *Nouveaux Mémoires de Litterature* Vol. I. pag. 26. &c. Mais entre plusieurs autres Ecrivains qui ont fortement assuré le contraire, je rapporterai seulement ce que P. DELLA VALLE remarque sur ce Païs, parce qu'il répond exactement à ce que j'en dis. Il écrit Lettre 13. *Il paese per donde caminavamo era bellissimo. Tutte colline, valli e monticelli fruttiferi. Le convalle di* Mambre, *e a punto come tutti gli altri paesi d'intorno, che quantunque montuosi e sassosi, sono però fertilissimi*. C'est-à-dire: Le païs que nous traversames étoit très-beau. Toutes les collines, vallées & côteaux abondoient en fruits. Les environs de *Mamre*, comme tous les autres districts voisins, quoique remplis de montagnes & de rochers, ne lais-

60 OBSERVATIONS GEOGRAPHIQUES

ignorance ou par malice, ne vient pas de la mauvaise constitution & de la nature même du terroir, mais du peu d'habitans qu'il y a dans le païs, & de leur paresse à faire valoir les terres qu'ils possedent. Outre cela, les petits Princes qui partagent ce beau païs font toûjours en une espece de guerre les uns contre les autres, & se pillent réciproquement; de sorte que, quand même le païs seroit mieux peuplé qu'il ne l'est, il n'y auroit pas beaucoup d'encouragement à cultiver les terres, parce que personne n'est assuré du fruit de son travail. D'ailleurs le païs est fort bon par lui-même, & pourroit fournir à ses voisins du bled & de l'huile, tout comme il faisoit du tems de (*a*) *Salomon*.

Le païs montagneux abonde en Oliviers, & en Vignes.

Le païs, & sur tout celui des environs de *Jerusalem*, étant rempli de rocs & de montagnes, on s'est mis en tête qu'il devoit être ingrat & sterile. Quand cela seroit aussi vrai qu'il l'est peu, il est certain que l'on ne sçauroit dire que tout un Royaume est ingrat ou sterile, parce qu'il l'est en quelques endroits seulement. Ajoutons à ceci, que (*b*) la bénédiction promise à *Juda*, ne fut pas du même ordre que celle qui regardoit *Asser* ou *Issachar*. Ces derniers devoient avoir un *Païs plaisant* & un *Pain gras*; mais il fut dit de l'autre, qu'il *auroit les yeux vermeils de Vin, & les dents blanches de Lait*. Or comme *Moïse* fait consister la gloire de toutes les terres dans l'abondance du Lait & du Miel, qui furent en effet les mets les plus délicieux & les alimens les plus ordinaires des premiers tems, comme ils le sont encore parmi les *Arabes Bedouins*; tout cela se trouve encore actuellement dans les lieux assignés à la portion de *Juda*, ou du moins pourroit s'y trouver, si les habitans travailloient à se le procurer. L'abondance du Vin est la seule qui y manque aujourd'hui.

Ce-

laissent pas pour cela d'être fort fertiles. *Idem*, Lett. 3. *Le montagne e valli, ben che siano alpestri, sono nondimeno tutte fruttifere per la diligenza degli agricoltori.* C'est-à-dire: Quoique les montagnes & les vallées soient pleines de rochers, elles n'en sont pas moins toutes fertiles, graces à l'industrie des habitans qui les cultivent.

(*a*) 1 *Rois* V. 11. *Salomon donnoit à Hiram vingt mille cores de froment pour la nourriture de sa maison, & vingt mille cores d'huile espreinte; autant en donnoit Salomon à Hiram par chacun an.*

(*b*) Voyez *Genese* XLIX. 12. 15. 20.

SUR LA SYRIE, L'EGYPTE &c. Chap. III.

Cependant le peu que l'on en fait à *Jérusalem* & à *Hébron* est si excellent, qu'il paroit par-là que ces rochers, que l'on dit si steriles, en pourroient donner beaucoup davantage, si l'abstinence des *Turcs* & des *Arabes* permettoit que l'on plantât & que l'on cultivât plus de vignes.

Le Miel sauvage, que l'Ecriture dit avoir fait partie de la nourriture de St. *Jean Baptiste*, nous indique la grande quantité qu'il y en avoit dans les déserts de la *Judée*, & par conséquent la facilité qu'il y auroit à le multiplier considerablement, si l'on avoit soin de préparer des ruches pour les abeilles, & de les mieux cultiver. Si, d'un côté, les montagnes de ce païs sont couvertes en certains endroits de thim, de rômarin, de sauge, & d'autres plantes aromatiques (*a*) que cherchent singulierement ces industrieux animaux; de l'autre il y a aussi des endroits qui sont remplis d'arbustes, & de cette (*b*) herbe courte & délicate, que les bestiaux preferent à tout ce qui croit dans les païs gras & dans les prairies. La manière d'y faire paitre les troupeaux n'est pas si singuliere dans ce païs, qu'elle ne soit connue ailleurs: elle est encore en usage sur tout le mont *Liban*, sur les montagnes de *Castravan*, & dans la *Barbarie*, où l'on reserve pour cet

Abondance du Miel sauvage.

Le Pâturage des Montagnes est meilleur que celui des Plaines.

(*a*). VIRGILE, Georg. Lib. IV. v. 30-32.

Hæc circùm (alvearia) casiæ virides,
& olentia latè
Serpylla, & graviter spirantis copia
thymbræ
Floreat: irriguumque bibant violaria
fontem.

C'est-à-dire: Qu'il y ait autour des ruches de la Lavande, que l'air y soit parfumé de Serpollet, & de l'odeur forte d'une grande quantité de fleurs de Sarriette, & que les endroits remplis de Violettes soient arrosés par une source.

(*b*) *Idem, ibid.* Lib. III. v. 393. 394.

Ad cui lactis amor, cytisum lotosque frequentes.

Ipse manu, salsasque ferat præsepibus herbas.

C'est-à-dire: Quiconque veut avoir beaucoup de lait, doit avoir soin de cueillir souvent lui-même des branches du *Cytisus* & du *Lotus*, & les donner à manger aux bestiaux, avec des herbes qui contiennent beaucoup de sel.

Idem, ibid. v. 384. 385.

Si tibi lanicium curæ, ———
——— fuge pabula læta.

C'est-à-dire : Si l'on veut que la laine soit bonne, il faut éviter les pâturages gras.

H 3

cet usage les terreins les plus élevés, pendant que l'on laboure les plaines & les vallées. Outre que l'on met ainsi à profit toute la terre, on en tire encore cet avantage, que le lait des bestiaux nourris de la sorte est beaucoup plus gras & plus délicieux, comme la chair en est beaucoup plus douce & plus nourrissante.

<small>Les Montagnes étoient plantées d'Oliviers & de Vignes.</small>

Mettant néanmoins à part les profits que l'on pouvoit tirer du pâturage, soit le beurre, le lait, la laine, ou le grand nombre de bêtes qui devoient se vendre tous les jours à *Jerusalem*, pour la nourriture des habitans & pour les sacrifices; outre cela, dis-je, ces cantons montagneux pouvoient être très-utiles par d'autres endroits, sur-tout par la grande quantité d'Oliviers qu'on y avoit autrefois, & dont un seul arpent, bien cultivé, rapporte plus que le double de cette étendue mise en labour. Il est aussi à présumer que l'on ne negligeoit pas les Vignes dans un (*a*) terroir & dans une exposition qui leur étoient si favorables. Mais comme ces dernieres ne durent pas en effet aussi long-tems que les Oliviers; qu'elles (*b*) demandent aussi plus d'attention & plus de travail; que d'ailleurs les *Mahometans* se font scrupule de cultiver un fruit qui peut être mis à des

---

(*a*) VIRGILE, Georg. Lib. II. v. 37. 38.

———— *Juvat Ismara Baccho Conserere, atque oleâ magnum vestire Taburnum.*

C'est-à-dire: Il est profitable de planter des vignes sur le mont *Ismara*, & de couvrir d'oliviers la grande montagne de *Taburnus*.

(*b*) Idem, ibid. v. 416-422.

*Jam vinctæ vites, jam falcem arbusta reponunt,
Jam canit extremos effœtus vinitor antes;
Sollicitanda tamen tellus, pulvisque movendus,
Et jam maturis metuendus* Jupiter *uvis.
Contrà non ulla est oleis cultura: neque illæ Procurvam expectant falcem, rastrosque tenaces,
Cum semel hæserunt arvis.*

C'est-à-dire: A peine les vignes sont-elles attachées aux espaliers, à peine a-t-on achevé de tailler les arbrisseaux qui les soutiennent, & à peine le Vigneron épuisé commence-t-il à se rejouir de se voir à la fin de son travail, qu'il faut tout de nouveau remuer la terre, & faire de la poussiere; & après tout on a encore à craindre l'intempérie de l'air pour les raisins. Les oliviers au contraire ne demandent aucun soin, & quand une fois ils ont pris racine, il n'est pas besoin de les tailler, ni de cultiver la terre.

SUR LA SYRIE, L'EGYPTE &c. Chap. III.

des usages que leur Religion interdit ; tout cela ensemble peut bien avoir fait qu'il reste peu de vestiges des anciennes vignes du païs, si ce n'est à *Jerusalem* & à (*a*) *Hébron*. Les oliviers, au contraire, étant d'une utilité générale, & d'ailleurs d'une vie longue & d'un bois ferme, il y en a plusieurs milliers qui subsistent ensemble, & qui ayant passé ainsi jusqu'à nos jours, nous montrent la possibilité qu'il y en ait eu autrefois, & qu'il pourroit encore y en avoir une plus grande quantité de plantages.

Or si à ce produit des montagnes nous joignons plusieurs centaines d'arpens de terre labourable, qui se trouvent par-ci par-là dans les vallons & dans les entre-deux de ces montagnes de *Juda* & de *Benjamin*, il se trouvera que la portion de ces Tribus-là même, auxquelles on prétend qu'il n'échut qu'un païs presque tout sterile, fut une bonne terre & un précieux héritage. *Plusieurs Vallées sont labourables.*

Tant s'en fallut que les endroits montagneux de la *Terre Sainte* fussent inhabitables, infertiles, ou le rebut du païs de *Canaan*, que dans le partage qui s'en fit, (*b*) la montagne de *Hébron* fut cedée à *Caleb*, comme une faveur singuliere. Nous lisons de plus, que (*c*) sous le régne d'*Asa*, *Juda* & *Benjamin* fournirent cinq-cens quatre-vingt mille combattans ; ce qui prouve d'une manière incontestable, que le païs pouvoit les nourrir, & par conséquent en pouvoit nourrir encore deux fois autant, puisque l'on n'en peut pas moins compter à proportion, pour les vieillards, pour les femmes & pour les enfans. Aujourd'hui même, & quoiqu'il *Les Montagnes sont plus habitées que les Plaines.*

(*a*) Outre la grande quantité de raisins qu'on apporte tous les jours aux marchés de *Jerusalem* & des villages voisins, on envoye d'*Hébron* seul tous les ans en *Egypte* 300. chameaux chargés, ou environ 2000. quintaux d'une espece de *Sirop* qu'on en fait, que les *Arabes* appellent ﺩﺑﺲ *Dibse* (en Hébreu דבש) c'est le même mot que l'Ecriture employe, & que les Interprètes ont traduit par *Miel*. Au reste les *Arabes* donnent à *Hébron* l'épithète de خليل *Hbaléel*, qui signifie *l'élu* ou *la favorite*: & la مغار *Maggar el Mamra*, ou *Caverne de Mamre* ou *de Macpela*, dont il est fait mention *Genese* XXIII. 17. est éclairée par des lampes, & en très-grande venération chez les Mahometans.

(*b*) Voyez *Josué* XIV. 12.
(*c*) Voyez 2 *Chroniques* XIV. 8.

qu'il y ait déja tant de siécles que l'agriculture a été si negligée, les plaines & les vallées de ce païs, quoiqu'aussi fertiles que jamais, sont presque entierement désertes, pendant qu'il n'y a point de petite montagne qui ne regorge d'habitans. S'il n'y avoit donc dans cette partie de la *Terre Sainte* que des rochers tout purs, & que des précipices, comment se feroit-il qu'elle soit plus remplie que les plaines d'*Esdraëlon*, de *Ramah*, de *Zabulon* ou *d'Acre*, desquelles on peut dire, comme l'a fait Mr. *Maundrell*, que c'est un *Païs très-agréable, & d'une fertilité qui passe l'imagination?* On ne peut pas répondre que cela vient de ce que les habitans y sont plus en sureté que dans les plaines; car leurs villages & leurs campemens n'ayant ni murailles, ni fortifications, & n'y ayant presque pas un endroit qui ne soit aisement accessible, ils ne sont pas moins exposés dans un lieu que dans l'autre aux courses & aux insultes du premier ennemi. La raison de cette preférence est donc uniquement, que trouvant sur les montagnes assez de commodités pour eux-mêmes, ils y en trouvent aussi de plus grandes pour leurs bestiaux. Y ayant assez de pain pour les hommes, le bétail s'y nourrit d'un meilleur pâturage, & les uns & les autres ont l'agrément d'un grand nombre de sources, dont l'eau est excellente, & qui ne se rencontrent gueres en été, ni dans ces plaines, ni même dans celles des autres païs du même climat.

Plantes de Syrie. Ce fut en Décembre & en Janvier que je voyageai dans la *Syrie* & la *Phénicie*, ainsi je n'eus pas l'occasion de faire beaucoup d'Observations Botaniques. Toute la campagne cependant étoit alors verte & riante. Je vis sur-tout dans les bois, qui sont remplis de cette espece de chênes qui portent les noix de galle, grande quantité de toute sorte d'Anemones, de Renoncules, de Colchiques & de Mandragores. Aux environs de *Tripoli* on trouve dans quelques endroits beaucoup de Reglisse, & près de l'ouverture de la fameuse Grotte qui est dans le voisinage de *Bellmont*, on voit une fort belle espece de Lys bleu, le même que le *Lilium Persicum florens* de *Morison*. Un Voyageur qui traverse la *Terre Sainte* doit

être

SUR LA SYRIE, L'EGYPTE &c. Chap. III.

être en garde contre tant de dangers, & trouve de si grandes difficultés à surmonter, qu'il lui est souvent impossible de prêter l'attention nécessaire pour observer tout ce qui s'offre de curieux, & encore plus de faire un Recüeil des Plantes & autres choses dignes de remarque qu'il rencontre, parce qu'ordinairement on fait autant de diligence que l'on peut sur la route. Je n'ai pû cependant m'empêcher de voir, que les plaines qui sont entre *Jaffa* & *Ramah*, & plusieurs autres endroits sur le chemin de *Jerusalem*, sont particulierement remarquables par plusieurs beaux lits de *Meleagris*, de Tulipes & d'autres fleurs de cette espece.

Les montagnes de *Quarentania* produisent grande quantité de Calamente jaune, & plusieurs sortes de Thim, de Sauge & de Rômarin. Les bords du ruisseau d'*Elisha*, qui coule de dessus ces montagnes & arrose les jardins de *Jericho*, de même que les plantages de (*a*) Pruniers & de Palmiers de cette ville, sont ornés de plusieurs sortes de *Lysimachia*, de Cresson d'eau, de Betoine & d'autres Plantes aquatiques, qui ressemblent toutes à celles de la même espece que l'on trouve en *Angleterre*. Et en effet tous les vegétaux de ce païs, ainsi que le terroir qui les produit, ne différent pas tant des nôtres qu'on pourroit le soupçonner par l'éloignement & la différence des climats: car je ne me souviens pas d'avoir vû ou entendu nommer ici aucune plante qui ne se trouvât aussi en d'autres païs. L'arbre du Beaume ne subsiste plus, non plus que le (*b*) *Musa*, que (*c*) certains Auteurs ont crû être le (*d*) *Dudaïm* ou les Mandragores de l'Ecriture, quoique j'aye

Plantes de la Terre Sainte.

(*a*) C'est du fruit de ces arbres qu'on fait l'Huile de *Zaccone*. Voyez le *Journal* de MAUNDRELL pag. 86. Seconde Edition. CASP. BAUH. *Pin.* pag. 444. donne la description suivante de cet arbre: *Prunus* Hiericonthica, *folio angusto spinoso. Zaccon dicitur, quia in planitie* Hierichontis, *non longè ab ædibus* Zacchæi, *crescit.* C'est-à-dire: Le Prunier de *Jericho* a des feuilles étroites garnies d'épines. On l'appelle *Zaccon*, parce qu'il croît dans la plaine de *Jericho*, pas loin de la maison de *Zacchée*.

(*b*) En *Arabe* موز *Mouz*. On l'appelle communement *Bananne*, ou Arbre de Plantain.

(*c*) Voyez LUDOLPHI *Hist. Æthiop.* Lib. I. Cap. 9. & Comment. pag. 139. &c.

(*d*) En *Hébreu* דוראים *Dudaïm*.

Tome II. I

66 OBSERVATIONS GEOGRAPHIQUES

de la peine à croire que le *Mufa* venoit naturellement & fans aucune culture dans la campagne, comme l'on doit fuppofer que (*a*) faifoit le *Dudaïm*. Ce que les habitans chrétiens de *Jerufalem* nomment aujourd'hui de ce nom, font les coffes du *Jelathon*, plante qui ne croît que parmi les bleds, & qui, par tout ce qu'on m'en a dit, n'ayant pû la voir moi-même, parce que la faifon n'étoit pas affez avancée lorfque j'étois dans la *Terre Sainte*, reffemble à nos pois chiches; c'eft peut-être la *Hierazune*, ou le *Lotus tetragonolobus* des Botaniftes. Quoi qu'il en foit, il eft certain que la fleur de toutes, ou de la plus grande partie des plantes qui apartiennent à la claffe des légumes, ont une odeur agréable; qualité que (*b*) l'Ecriture attribue à celle dont nous avons parlé.

Saifon des Figues.

La figue *Boccóre*, comme je l'ai déja remarqué, n'étoit pas meure fur la fin de Mars, qui étoit le tems auquel N. S. maudit le figuier fterile: elle ne l'eft communement que vers le milieu ou fur la fin de Juin. Il arrive néanmoins fouvent en *Barbarie*, & il ne faut pas douter qu'il n'en foit de même dans ce climat, où il fait encore plus chaud, que felon que la première faifon a été bonne ou mauvaife, quelques arbres des plus avancés & des plus vigoureux, donnent des figues meures un mois, fix femaines, & davantage avant les autres. A peine la *Boccóre* approche-t-elle de fa parfaite maturité, que la figue *Kermez*, la même qui fe vend chez nos Epiciers, commence à fe former, mais elle meurit rarement avant le mois d'Août, tems vers lequel les figuiers donnent quelquefois une troifième recolte, ou une figue d'hyver, s'il eft permis de l'appeller ainfi. Cette derniere eft ordinairement plus longue & plus noire que la *Kermez*; elle demeure & meurit fur l'arbre, après même que les feuilles en font tombées, & pourvû que l'hyver ne foit pas trop rude, on la cueille au printems comme un morceau délicieux. On fçait que le fruit du figuier paroît toûjours avant les feuilles; de forte que (*c*) Notre Seigneur, *voyant de loin un figuier qui avoit*
des

(*a*) Voyez *Genefe* XXX. 14.　　(*c*) Voyez *Marc* XI. 13.
(*b*) Voyez *Cantique* VII. 13.

SUR LA SYRIE, L'EGYPTE &c. Chap. III.

des feuilles, il n'eſt pas ſurprenant, vû le cours naturel des choſes, qu'il *s'y en alla pour voir s'il trouveroit quelque choſe*, c'eſt-à-dire des figues mûres de la première ou de la dernière recolte.

Pluſieurs cantons de la *Terre Sainte*, auſſi-bien que quelques diſtricts voiſins de (*a*) l'*Idumée*, abondoient anciennement en Palmiers, au rapport des Ecrivains de ce tems-là. Auſſi la *Judée*, par où l'on entendoit tout le païs poſſedé par les *Juifs*, eſt-elle repréſentée dans pluſieurs (*b*) Médailles de *Veſpaſien* ſous l'image d'une Femme deſolée, aſſiſe ſous un Palmier. On voit auſſi ſur une (*c*) Médaille *Grecque* de ſon fils, frappée dans une pareille occaſion, un bouclier ſuſpendu à un Palmier, & une Victoire qui écrit deſſus. Le même arbre eſt encore l'emblême de (*d*) *Neapolis*, l'ancienne *Sichem* & aujourd'hui *Naplouſe*, dans une Médaille de *Domitien*; ainſi que de la ville (*e*) *Sepphoris*, aujourd'hui *Saffour*, capitale de la *Galilée*, dans une Médaille de *Trajan*. De tout ceci on peut conclure, que le Palmier étoit autrefois fort cultivé dans la *Terre Sainte*. On en trouve en effet encore aujourd'hui

Le Palmier étoit le Symbole de la Terre Sainte.

Jericho ſeule abonde

(*a*) Virgile, Georg. Lib. III. v. 12.

Primus Idumæas referam tibi, Mantua, Palmas.

C'eſt-à-dire : Je ſerai le premier, ô *Mantoue*, qui vous apportera des branches de Palmier cueillies dans l'*Idumée*.
Lucain Lib. III.

―― *Arbuſtis Palmarum dives* Idume.

C'eſt-à-dire : L'*Idumée* riche en jeunes Palmiers.
Martial Lib. XIII. Ep. 50.

Frangat Idumæas triſtis Victoria Palmas.

C'eſt-à-dire : Que la triſte Victoire briſe les branches de Palmier d'*Idumée*.

(*b*) Voyez Franç. Mezzabarba, *Œconis Imperat. Roman. Numiſm. &c.* pag. 110, 111, 112, 113. Amſt. 1717.

(*c*) Vaillant, *Numiſm. Imper. Rom. Græc.* pag. 21. ΙΟΤΔΑΙΑΣ ΕΑΛΩΚΤΙΑΣ. *Victoria ſcribens in clypeo Palmæ appenſo.* C'eſt-à-dire : Une Victoire qui écrit ſur un Bouclier ſuſpendu à un Palmier, avec cette Legende : Après la Prise de la Judée.

(*d*) Idem, ibid. pag. 24. ΦΛΑΟΤΙ. ΝΕΑΠΟΛΙ. ΣΑΜΑΡ. L. AI. *Palma arbor.* C'eſt-à-dire : Un Palmier, avec cette Inſcription : Des Flaviens Neapolitains, &c.

(*e*) Idem, ibid. pag. 30. ΣΕΠΦΩΡΗΝΩΝ. *Palma arbor.* C'eſt-à-dire : Un Palmier, avec ce mot : Des Sepphoreniens.

en Pal-
miers.

d'hui un grand nombre dans les environs de (*a*) *Jericho*, où l'on a la commodité de l'eau pour les arroser, chose absolument nécessaire pour conserver ces arbres; de plus, le climat y est chaud & le terroir sablonneux, & en un mot tel qu'il le faut à cet arbre. A *Sichem*, & en d'autres endroits vers le Nord, je n'en ai vû rarement que deux ou trois dans un même lieu, qui, comme leur fruit n'arrive que fort peu ou jamais à sa parfaite maturité, servent plutôt d'ornement qu'à aucun autre usage. Il y en a encore moins sur cette partie de la côte dont j'ai pû prendre connoissance, & le petit nombre que j'en ai vû croissent sur quelques ruines, ou se trouvent près de la retraite de quelqu'un de leurs *Shekhs*, qui est le nom qu'on donne dans ce païs-ci à ceux qui sont en reputation de sainteté. A considerer donc l'état présent & la qualité de ces arbres, il est fort probable qu'ils n'ont jamais pû y être féconds ni en grand nombre, puisque l'experience fait voir, que le climat & l'air de la Mer leur sont contraires.

La Phénicie n'a pas eu

Ainsi je ne vois pas sur quoi peut être fondée l'opinion de (*b*) quelques Auteurs, qui prétendent que le nom de *Phénicie*
signi-

(*a*) PLINE Lib. V. Cap. 14. Hierichus *Palmetis consita, fontibus irrigua.* C'est-à-dire: *Jericho* est remplie de plantages de Palmiers, & arrosée par des sources. TACITE Lib. V. Cap. 6. dit en parlant de ce païs: *Exuberant fruges nostrum in morem; præterque eas Balsamum & Palmæ.* C'est-à-dire: Les fruits de la terre y abondent, comme chez nous; & l'on y a aussi l'arbre qui porte le Beaume, & des Palmiers. STRABON Lib. XVI. pag. 1106. parlant de *Jericho*, assure qu'il est πλεονάζον τῷ Φοίνικι, c'est-à-dire, abondant en Palmiers. Et dans les endroits suivans *Deuteronome* XXXIV. 3. *Juges* I. 16. & III. 13. Le *Targum* a traduit la *Ville des Palmes* par le nom de *Jericho*.

(*b*) RELAND, *Palæst.* pag. 50. *Quod ad nomen attinet* Phœnices, *id à palmis esse ductum mihi videtur veri si-* mile; alii à Phœnice *quodam id ducunt.* C'est-à-dire: Quant au nom de *Phénicie*, il me paroît vraisemblable qu'il est venu des Palmiers, d'autres cependant le font deriver d'un certain *Phénix*. VAILLANT, *de Urbibus*, pag. 257. *Palma arbor urbis* (Aradi) *est symbolum, quo pleræque* Phœniciæ *urbes utebantur, quòd* ΦΟΙΝΙΞ *arbor Provinciæ* Phœniciæ *nomen dederit.* C'est-à-dire: La ville *Aradus* avoit le Palmier pour symbole, qui l'étoit aussi de la plupart des autres villes de la *Phénicie*, parce que cette Province avoit pris son nom du Palmier. L'Auteur de l'*Histoire du Monde*, pag. 205. assure, que c'étoit-là aussi le sentiment de *Calisthenes*. Mais la conjecture la plus probable qu'on peut faire sur l'origine de ce nom, est celle que le Chevalier ISAAC NEWTON rapporte *Chron.* pag. 108. 109. où il dit:
Les

SUR LA SYRIE, L'EGYPTE &c. Chap. III.

signifie un païs rempli de Palmiers: car il est très-naturel de croire, que si un arbre si nécessaire & si utile y avoit jamais été cultivé avec avantage, on n'auroit point negligé d'en multiplier l'espece au possible, de la même manière qu'on l'a fait en *Egypte* & dans la *Barbarie*.

son nom de l'abondance des Palmiers.

Après avoir parlé jusqu'ici des vegétaux, passons maintenant en revûë les rochers, les fossiles, les sources, les rivieres & les animaux les plus dignes d'attention que l'on trouve dans ces païs. Une chose assez remarquable sur la côte de *Syrie* & de *Phénicie*, c'est qu'il paroit que les rochers qui sont le long de cette côte ont été anciennement taillés dans beaucoup d'endroits en forme d'auge, de deux ou trois aunes de longueur, & larges à proportion, pour y recevoir l'eau de la Mer & en faire du sel par l'évaporation: mais nonobstant la dureté de la pierre, ces auges sont à l'heure qu'il est presque entierement usés & applanis par le battement continuel des vagues; j'en vis encore quelques-uns à *Latikea*, à *Antaradu*, à *Tripoli* & ailleurs.

Rochers de la côte taillés en Salines.

La pierre vive qui sert de baze aux rochers du voisinage de *Latikea*, est surmontée d'une espece de craye molle; & c'est peut-être de-là que la ville a pris son nom de (a) *Promontoire blanc*. La *Nakoura*, nommée anciennement *Scala Tyriorum*, ou l'*Echelle des Tyriens*, est à-peu-près de la même nature, & l'on y trouve encore en y creusant quantité de toutes sortes de coraux, de coquilles & autres marques du Déluge. Sur les montagnes de *Castravan*, au dessus de *Barroute*, il y a un autre lit de pierre blanchâtre, qui est comme une espece d'ardoise, dont chaque feuille contient un grand nombre & une grande diversité de Poissons. Ils sont la plupart

Rochers blancs & mols.

Poissons fossiles.

Les noms d'*Edom*, d'*Erytbra* & de *Phénicie*, signifient la même chose, & marquent tous du rouge: il est fort vraisemblable que les *Erythréens* qui fuyoient devant *David*, allerent s'établir en grand nombre dans la *Phénicie*, c'est-à-dire tout le long des côtes de la *Syrie*, depuis l'*Egypte* jusqu'à *Sidon*, & que se conformant à la langue du païs, ils s'appellerent eux-mêmes en *Syriaque Phéniciens*, au lieu d'*Erythréens*, donnant ainsi le nom de *Phénicie* à toute cette côte. BOCHART, *Chan. Lib. I. Cap. I.* conjecture fort ingenieusement, que le nom de *Pöeniciens* est une corruption de l'*Hébreu* בני ענק *Beni Anak*, ou *Enfans de Hanak*.

(a) En *Grec* Λεύκα ἄκτη.

part fort plats & fort comprimés, comme la fougere fossile, & sont cependant si bien conservés, qu'on y remarque parfaitement jusques aux moindres traits des nageoires, des écailles & de toutes les parties qui distinguent chaque espece de Poissons. D'entre ceux que l'on m'en apporta j'ai conservé une espece de Squille ou d'Oignon marin d'une grande beauté, qui, quoique le plus délicat des Poissons à coquille, n'a cependant pas souffert la moindre injure par le tems, ni autrement.

<small>Autres Rochers semblables dans la Terre Sainte.</small>

<small>Fruits petrifiés.</small>

La plus grande partie des montagnes du *Carmel*, & de celles qui sont dans le voisinage de *Jerusalem* & de *Bethlehem*, ont de semblables couches de craye blanche. Sur le mont *Carmel* nous trouvames grande quantité de pierres, qui, à ce qu'on prétend, ont la figure d'Olives, de Melons, de Pêches & d'autres fruits, que l'on vend d'ordinaire aux Pelerins, non seulement comme de simples curiosités, mais aussi comme des remedes contre divers maux. Les Olives, qui sont les (*a*) *Lapides Judaici* qu'on trouve dans les boutiques des Droguistes, ont toûjours été regardées comme un spécifique pour la pierre & la gravelle : mais on ne sçauroit dire grand' chose de la vertu des Melons & des Pêches, qui ne sont que des cailloux ronds & creux, de différente grandeur, dont la cavité est remplie de petites pierres de la nature du verre de *Moscovie* ou du Stalactite, qui peuvent passer pour autant de graines ou de pepins. Les habitans du païs sont aussi ordinairement présent aux Pelerins qui leur donnent des aumônes, de certains petits cailloux ronds, qu'on nomme *les Pois de la Vierge*, & de quelques morceaux de craye de la Grotte de

---

(*a*) Une de ces pierres sert ordinairement pour deux doses : on la dissout dans autant de jus de citron qu'il en faut pour la couvrir, & ensuite on l'avale. PROSPER ALPINUS, *Hist. Ægypt. Nat.* Lib. III. Cap. 6. enseigne une autre maniere de s'en servir; voici comment : Ægyptii *lapide* Judaico, *ex cote cum aqua stillatitia ex Onondis radicum cortisibus detrito, utuntur ad calculos in renibus & in vesica comminuendos, atque ad urinam movendam.* C'est-à-dire : Les *Egyptiens* broyent le *Lapis Judaicus* ou le Tecolithe sur une pierre à aiguiser, avec l'eau qu'ils font destiller de l'écorce des racines de Bugrane, & s'en servent pour dissoudre la pierre & la gravelle & pour uriner avec facilité.

SUR LA SYRIE, L'EGYPTE &c. *Chap. III.* 71

de *Bethlehem*, qu'on appelle le *Lait de la Vierge*; ils leur donnent auſſi de l'eau du *Jourdain* & de celle de *Siloé*, de l'huile de *Zaccone*, des roſes de *Jericho*, des chapelets de noyaux d'olives de *Gethſemane*, & autres choſes de cette nature.

Lorſque le tems eſt calme, on voit pluſieurs ſources d'une excellente eau ſur le bord de la Mer au deſſous de *Bellmont*. On croit qu'elles viennent d'une grande Grotte qui en eſt à une lieuë à l'Eſt, & qui eſt fort remarquable par une ſource très-abondante qui y ſort de la terre à gros bouillons, & qui ſe perd immédiatement après ſous la Grotte même. Cette Grotte a près d'un demi mille de long, ſur cinquante, quelquefois cent verges de large, & la voute en eſt ſi régulière, qu'on diroit que c'eſt l'ouvrage de l'art & non de la nature. Le *Ras el Ayn*, près de *Tyr*, les ſources de *Kiſhon*, & la fontaine ſcellée de *Salomon*, ſourdent auſſi de la terre à gros bouillons. Le *Nahar el Farah*, ou la *Riviere de la Souris*, qui prend ſa ſource environ à une lieuë au Nord-Eſt de *Jeruſalem*, eſt de la même nature. Son nom peut venir de ce que dès le commencement de ſon cours elle ſe perd, & puis reſſort, & puis ſe perd encore, & reparoît tour-à-tour pluſieurs fois juſqu'à ce qu'elle parvienne à la vallée de *Jericho*. Mais toutes ces ſources & les ruiſſeaux, joints au *Kardanah*, au *Kiſhon*, au ruiſſeau de *Sichem* & aux autres moindres encore qu'on trouve dans la *Terre Sainte*, ne ſçauroient former une riviere qui approche à quelque égard que ce ſoit du *Jourdain*, lequel, après le *Nil*, eſt de beaucoup la plus grande riviere que j'aye vûë dans le *Levant* ou dans la *Barbarie*. Le *Jourdain*, ſuivant le plus juſte calcul que j'en ai pû faire, n'a pas plus de trente verges de largeur, mais il eſt en revanche très-profond, puiſque ſur les bords même j'y trouvai trois verges de profondeur. En comptant donc ſeulement trois verges pour la profondeur moyenne de la riviere pendant toute l'année, & calculant ſa viteſſe, qui eſt de deux milles par heure, il ſe trouvera que le *Jourdain* décharge tous les jours dans la *Mer Morte* environ ſix millions quatre-vingt-dix mille tonnes d'eau. La grande quantité d'eau qui, comme l'on

Sources & Grotte près de Bellmont.

Riviere de la Souris.

Jourdain.

Mer Morte.

l'on voit, entre journellement dans cette Mer, sans qu'on y puisse appercevoir aucun accroissement, a fait croire à (*a*) quelques-uns, qu'une bonne partie de cette eau étoit absorbée par les sables brûlans : d'autres ont pensé qu'il y avoit des cavités soûterreines par lesquelles elle s'échapoit, & d'autres enfin, qu'il y avoit une communication entre cette Mer & le Lac *Serbonique*; sans considerer que la *Mer Morte* perd tous les jours près d'un tiers d'eau de plus par l'évaporation que le *Jourdain* n'y en apporte. Car si, suivant le sentiment général, cette Mer a soixante-&-douze milles de long sur dix-huit de large, en comptant six mille neuf-cens-quatorze tonnes de vapeurs pour chaque mille quarré, suivant les Observations du Dr. *Halley*, il se trouvera tous les jours au-delà de huit millions neuf-cens soixante mille tonnes. De plus, la chaleur du soleil étant plus grande ici que sur la *Mediterranée*, où Mr. *Halley* a fait ses calculs, on doit croire qu'il s'éleve encore plus de vapeurs de la *Mer Morte* que ce Sçavant n'en a compté: ainsi l'on peut supposer, que le *Jourdain* s'enflant quelquefois extraordinairement, & y ayant aussi sans doute plusieurs (*b*) autres rivieres qui tombent dans cette Mer, en particulier celles qui viennent des montagnes

Combien elle perd tous les jours par l'évaporation.

de

(*a*) RELAND, *Palæst.* pag. 257. 258. *Origo lacûs* Asphaltitis *ex aquis* Jordanis *derivari potest, quæ delabentes continuò, alicubi colligi debuére, quod olim, ante natum hunc lacum, videtur infrà terræ superficiem factum fuisse, ita ut in amplissimas voragines aut ipsum Oceanum descenderint. Post incertum, quâ ratione, arctiores videntur facti fuisse illi meatus, sic ut aquæ* Jordanis, *quum non ita copiosæ defluere possent, partem terræ inundaverint, atque ita lacum hunc effecerint, cujus aquæ & ipsæ per meatus aliquos se exonerant, quum aquis* Jordanis *non augentur*. C'est-à-dire : La Mer Morte peut avoir été formée des eaux du *Jourdain*, qui coulant toûjours, ont dû se décharger quelque part ; & il semble qu'anciennement, avant que ce Lac existât, les eaux de ce fleuve se perdoient sous la terre, & se rendoient dans de vastes gouffres, ou peut-être par des canaux soûterreins dans l'Ocean même. On ne sçait pas comment ces canaux se sont retrecis dans la suite, de sorte que les eaux du *Jourdain*, n'y pouvant plus passer toutes comme auparavant, ont inondé une partie du païs, & ont ainsi formé ce Lac, dont les eaux se déchargent à leur tour par certains canaux, puisqu'elles n'augmentent point par celles que le *Jourdain* y porte sans cesse. Voyez aussi les *Voyages de* SANDY pag. 111.

(*b*) *Idem, ubi suprà*, pag. 292. Galenus, *quamvis nomen Arnonis non adscribit, videtur tamen eum innuere,*

quum

SUR LA SYRIE, L'EGYPTE &c. Chap. III.

de *Moab*, cela suffit pour suppléer au surplus des vapeurs que le soleil en éleve, au-delà de la quantité ordinaire d'eau que le *Jourdain* y porte.

On m'a assuré que le Bitume, pour lequel ce Lac a toujours été fameux, s'éleve quelquefois du fond en grandes bouteilles, qui, dès qu'elles parviennent à la surface de l'eau & touchent l'air extérieur, crèvent en faisant un grand bruit accompagné de beaucoup de fumée, comme la poudre fulminante des Chymistes, & se dispersent en mille éclats. Mais cela ne se voit que sur les bords; car vers le milieu, l'éruption se manifeste par des colomnes de fumée qui s'élevent de tems en tems sur le Lac. C'est peut-être à ces sortes d'éruptions qu'on doit attribuer un grand nombre de trous ou de creux qu'on trouve tout autour du Lac, & qui ne ressemblent pas mal, comme dit fort bien Mr. *Maundrell*, à certains endroits qu'on voit en *Angleterre*, & qui ont servi autrefois de fourneaux à faire de la chaux. Le bitume, en montant ainsi, est vraisemblablement accompagné de souffre; aussi trouve-t-on l'un & l'autre pêle-mêle repandu sur les bords.

Bitume qui s'éleve de son fond.

---

quum duos ποταμοὺς μεγίςες, καὶ πλείςες ἔχοντες ἰχθύας in lacum Asphaltitem *influere scribit.* C'est-à-dire: Quoique Galien ne nomme pas expressément l'*Arnon*, il paroit néanmoins l'avoir en vûë, lorsqu'il dit qu'il se jette deux grands fleuves fort poissonneux dans le Lac *Asphaltite. Idem, ibid. pag.* 281. Jacobus Cerbus *octo hos fluvios illabi monet in lacum* Asphaltitem. 1. Jordanem. 2. Arnonem. 3. *Flumen cum* Arnone *de magnitudine certans, à monte regali procedens, attingens* Oronaim. 4. *Fluvium propè puteos bituminis & vallem salinarum.* 5. *Fluvium de* Cadesbarne *venientem.* 6. *Fluvium ab* Artara *egressum, qui* Thecuam *irrigat.* 7. Cedronem. 8. Charith *torrentem, ex monte* Quarentano *ortum, & prope* Engaddim *in lacum* Asphaltitem *se exonerantem.* C'est-à-dire: Jaques Cerbus assure qu'il y a huit courans qui se déchargent dans le Lac *Asphaltite*: 1. Le *Jourdain*; 2. L'*Arnon*; 3. Un fleuve qui peut le disputer en grandeur à l'*Arnon*, & qui descendant de la montagne Royale passe à *Oronaïm*; 4. Une riviere qui est près des puits de bitume & de la vallée des salines; 5. Une riviere qui vient de *Kades-Barné*; 6. Une riviere qui sort de l'*Artara* & arrose *Thecua*; 7. Le *Cedron*; 8. Un torrent nommé *Charith*, qui prend sa source dans les montagnes de *Quarentania*, & se jette dans le Lac *Asphaltite* près d'*Engaddim. Idem, ibid. pag.* 280. Sanutus *hos fluvios recenset in lacum* Asphaltitem *illabi.* Arnonem, *alium qui in principio* mare mortuum *intrat:* alium qui novem leucis inde mare mortuum *ingreditur.* C'est-à-dire: Sanutus remarque que les fleuves suivans tombent dans le Lac *Asphaltite*; sçavoir l'*Arnon*, un autre qui tombe dans la *Mer morte* après avoir parcouru peu de païs, & un autre encore qui entre dans la dite Mer à 9. lieuës de-là.

bords. Ce souffre ne diffère en rien du souffre ordinaire; mais le bitume est friable, plus pesant que l'eau, & il rend une mauvaise odeur lorsqu'on le frotte ou qu'on le met sur le feu; il n'est point violet, comme (*a*) l'*Asphaltus* de *Dioscoride*, mais noir & luisant comme du jayet.

Ses qualités.

On trouve abondance de toute sorte de gibier dans ce païs-ci, comme Perdrix, Francolins, Becasses, Becassines, Canards, Liévres, Lapins, *Jackalls*, Antilopes, &c. Les *Turcs* & les *Arabes* chassent communement avec des Eperviers ou des Levriers; & l'on voit rarement les gens d'un certain rang parmi eux sortir pour la promenade, ou aller autrement à la campagne, sans être accompagnés d'une douzaine de chiens & d'autant d'oiseaux. Leurs Levriers sont d'ordinaire plus velus & plus grands que ceux d'*Angleterre*; & leurs Eperviers sont communement de la taille & de la qualité de nos Autours. Ils sont assez forts pour saisir une Outarde ou pour arrêter une Gazelle au milieu de sa course: pour cet effet ils se jettent sur la tête de cet animal, & l'étourdissent en battant continuellement de leurs aîles, jusqu'à ce qu'ils ayent donné aux chiens le tems d'arriver.

Gibier de ces environs.

Les seuls animaux curieux que j'ai eu l'occasion de voir dans ces quartiers, sont le *Skinkôre* & le *Daman Israël*. On peut voir (*b*) ailleurs la figure de ces animaux; mais je ne sçache pas que personne jusqu'ici en ait donné la description. On trouve grand nombre de *Skinkôres* dans une fontaine qui est près de *Bellmont*: c'est une espece de lezard, tout couvert

Le Skinkôre.

(*a*) DIOSCORIDE Lib. I. Cap. 100. Ἄσφαλτος διαφέρει ἡ Ἰουδαϊκὴ τῆς λοιπῆς· ἔςι δὲ καλὴ ἡ πορφυροειδῶς ςίλββεα, εὔτονος τῇ ὀσμῇ καὶ βαρεῖα. Ἡ δὲ μέλαινα καὶ ῥυπώδης φαύλη. C'est-à-dire: L'*Asphalte* ou le Bitume de la *Judée* diffère de tout autre. Il est beau, ayant un éclat de pourpre, d'une odeur supportable & pesant. Le noir & de couleur ternie est mauvais.

(*b*) Voyez ALBERT SEBA, *Thesaur. Rerum Natural.* Vol. I. pag. 22. Pl. XIV. fig. 1. & pag. 67. Pl. XLI. fig. 2. La première représente le *Skinkôre*, que l'Auteur nomme *Lacertus Africanus dorso pectinato, amphibius mas; & fœmina pectinatâ caret pinnâ in dorso.* C'est-à-dire: Grand Lezard mâle amphibie d'*Afrique*, avec un aileron sur le dos en guise de peigne. La femelle n'a rien de semblable sur le dos. La derniere figure est celle du *Cuniculus Americanus*, ou *Lapin d'Amerique*, qui ne ressemble pas mal à notre *Daman Israël*.

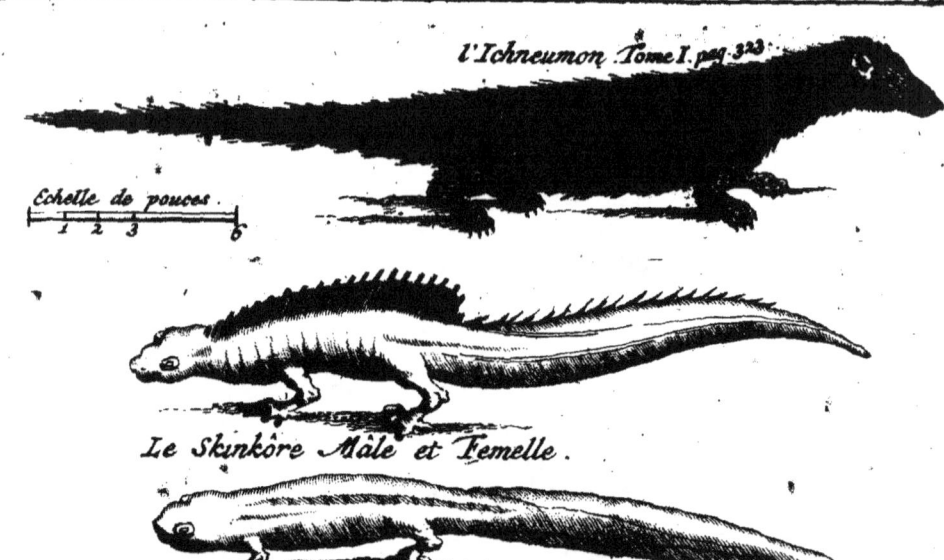

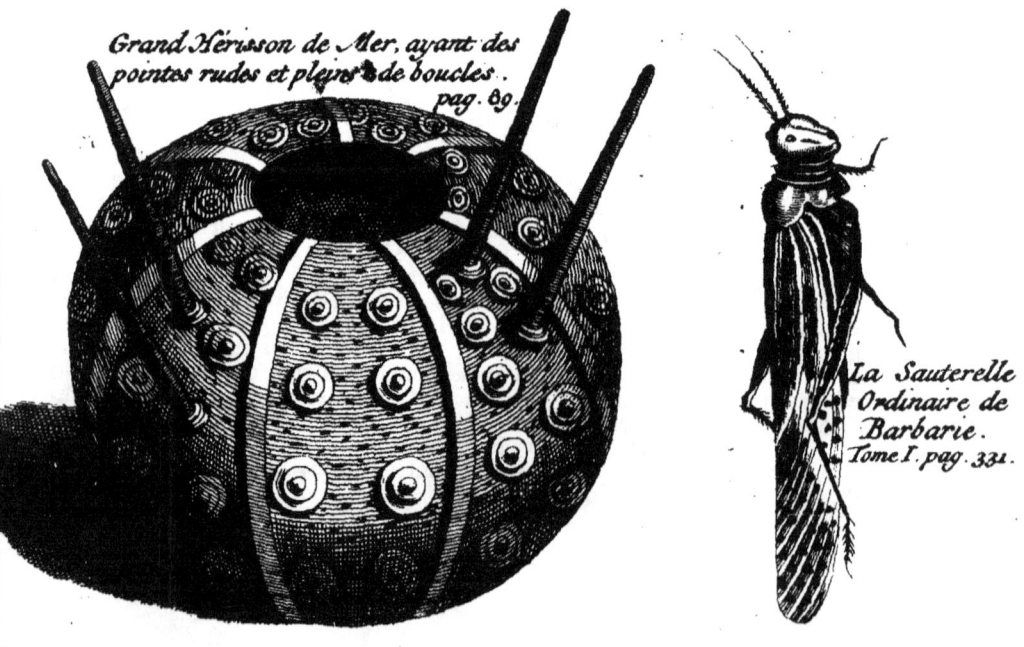

76 OBSERVATIONS GEOGRAPHIQUES

rels du païs, ou des anciens *Syriens*, cultivent la plus grande partie des environs de *Latikea* & de *Jebilee*; & les *Druſes* exercent encore une espece de souveraineté dans toute l'étendue des montagnes de *Caſtravan*.

<small>Religion des *Su-rees* & des *Druſes*.</small>

Autant que j'ai pû le sçavoir, les *Druſes* & les *Suories* ou *Surees* ont à-peu-près la même Religion: c'eſt un mélange de Chriſtianiſme & de Mahometiſme; car ils reçoivent également l'Evangile & l'Alcoran comme des Livres ſacrés & divinement inſpirés. Sans vouloir examiner ici, s'il eſt vrai, comme on le dit, qu'ils circonciſent leurs enfans, qu'ils adorent le ſoleil levant & couchant, qu'ils ſe marient ſans aucun égard à la proximité du ſang, & qu'ils font paſſer leurs enfans par le feu, ainſi que faiſoient anciennement pluſieurs peuples de l'Orient à l'honneur de *Moloch*; il eſt du moins certain qu'ils boivent du vin & mangent de la chair de pourceau: ce qui doit faire préſumer qu'ils ne ſont pas de fort bons *Mahometans*; quoique d'un autre côté les noms de *Hanna*, *Touſeph*, *Meriam* & autres semblables, qui ſont les mêmes que ceux de *Jean*, de *Joſeph* & de *Marie*, ne ſoient pas une preuve bien forte de leur Chriſtianiſme.

CHAPITRE IV.

*Obſervations Phyſiques &c. ou Eſſai ſur l'Hiſtoire Naturelle de l'*ARABIE PETRE'E.

<small>Terre d'*Edom*.</small>

LAiſſant l'*Egypte* à la droite, & pouſſant nos Obſervations directement en avant dans le païs d'*Edom*, nous trouverons des vûës & des coups d'œil entierement différens de ce que nous avons rencontré dans le païs de *Canaan*. On n'y voit point de pâturages couverts de troupeaux, point de champs chargés de bled; il n'y a ni vignes, ni oliviers; ce n'eſt par-tout qu'un déſert aride & ſolitaire, qui n'eſt diverſifié que par des plaines couvertes de ſable, & par des mon-

SUR LA SYRIE, L'EGYPTE &c. Chap. IV.

montagnes remplies de rochers & de précipices. Il ne pleut jamais dans ce païs, si ce n'est quelquefois vers les équinoxes, & le peu de végétaux que la terre y produit, se rabougrissent par la sécheresse perpetuelle, parce que le rafraichissement que la rosée y apporte pendant la nuit, ne sçauroit balancer la brûlante ardeur du soleil durant le jour. Faisant attention à cette chaleur excessive, & au grand froid qui y succede pendant la nuit, on doit reconnoître que les *Israëlites*, lorsqu'ils vivoient dans ce désert, avoient grand besoin du secours extraordinaire que Dieu leur accorda, je veux dire de cette nuée (a) *qui leur servoit de couverture pendant le jour, & de lumiere* (probablement aussi de feu) *pendant la nuit*.

Lorsque je parcourus ce désert, ce qui étoit en Septembre & en Octobre, j'eus un tems parfaitement clair & serein depuis *le Caire* jusqu'à *Corondel*; mais depuis cet endroit jusques au mont *Sinaï* je vis le sommet des montagnes de tems en tems couvert de nuées, quelquefois pendant toute la journée. Cette constitution de l'air se termina par une violente tempête, qui dura presque toute une nuit, & qui fut accompagnée d'éclairs, de tonnerres & de pluye. Les Moines me dirent, que ces sortes de tempêtes ne revenoient gueres qu'une fois en deux ou trois ans.

<small>L'air y est ordinairement serein.</small>

<small>Violente Tempête au mont Sinaï.</small>

Excepté ces cas extraordinaires, le tems y est assez réglé & presque toûjours le même d'un bout de l'année à l'autre. L'air est ordinairement serein; il y a assez de vent pendant le jour, mais il cesse pendant la nuit. Les vents de Sud sont les plus agréables, mais les autres sont plus fréquens, & en soufflant sur la vaste étendue de ce désert, ils enlevent & entraînent avec eux grande quantité de sables, qui changent de tems en tems la surface de la terre ferme, & qui comblent de plus en plus la *Mer Rouge*. C'est à ces vents que l'on doit attribuer les lames & les montagnes de sable que l'on trouve par-tout dans ces déserts. De-là vient aussi que non seulement le port de *Suez* est présentement tout-à-fait rempli

<small>Vents.</small>

<small>Montagnes de sable.</small>

(a) Voyez *Pseaume* CV. 39.

78 OBSERVATIONS GEOGRAPHIQUES

pli de fable, mais auffi que le bras de Mer qui s'étendoit anciennement deux ou trois milles plus loin au Nord jufqu'à *Heroopolis*, probablement l'*Adjeroute* moderne, eft aujourd'hui à fec quand la Mer eft à peine à la moitié de fon reflux, quoiqu'il y ait quelquefois, dans le tems que la marée eft haute, près d'une braffe d'eau.

<small>Les plaines du Défert paroiffent de grands lacs.</small>

Dans les endroits de ces déferts où les fables font unis, l'horizon ne paroit pas moins à decouvert que fur Mer, & par confequent y eft très-propre pour faire des Obfervations Aftronomiques. Il femble auffi, à confiderer ces vaftes plaines à quelque diftance, que ce font de (*a*) grands lacs. De même on n'eft pas peu furpris de voir, combien les objets qu'on y decouvre paroiffent plus grands aux yeux qu'ils ne font en effet, tellement qu'un petit arbufte femble être un grand arbre, & qu'on prendroit une troupe d'*Ach-bobbas* pour une Caravane de chameaux. En avançant dans le défert, ce qu'on en decouvre environ à un quart de mille, continue toûjours de paroître un amas d'eau, tandis que l'efpace qui fe trouve entre deux femble être de la braife; ce qui vient du mouvement tremblant & ondoyant des vapeurs qui s'exhalent, & que l'ardeur du foleil fait monter & fucceder rapidement les uns aux autres.

<small>Les cadavres y pourriffent rarement.</small>

On peut auffi raifonnablement attribuer à ces grandes chaleurs, que les cadavres des chameaux & d'autres animaux qui meurent dans ces déferts, font promptement defféchés, & perdent toute humidité qui pourroit les difpofer à la putréfaction; de forte que fe trouvant par-là en état (*b*) de fe con-

---

(*a*) DIODORE DE SICILE a déja obfervé la même chofe en parlant de l'*Afrique*. Voici comme il s'explique Lib. III. pag. 128. Η δὲ (χώρα) ὑπὲρ τὸ νότιον μέρος ὑπερτείνουσα, καθ᾽ ἣν τὸ νότιον φύεσθαι συμβέβηκεν, ἄπορος ἐστὶ καὶ σπανίζουσα ναματιαίων ὑδάτων, τὴν πρόσοψιν ἔχει πελάγει παρεμφερῆ, οὐδεμίαν δὲ παρεχομένη ποικιλίαν, ἐρήμῳ γῇ περιέχεται, τῆς ὑπερκειμένης ἐρήμου δυσεξίτητον ἐχούσης τὸ πέρας. C'eft-à-dire: Le païs qui s'étend au deffus de la partie feptentrionale, d'où vient le vent du Nord, eft inculte, & à peu de fources d'eau: à la vûë il reffemble à la Mer, n'offrant aucune diverfité, & étant environné d'un défert, au-delà duquel on ne trouve que difficilement une iffuë.

(*b*) On m'a affuré très-pofitivement qu'à *Saibah*, qui eft, fi je ne me trompe, un lieu à moitié chemin entre *Ras Sem* & l'*Egypte*, il y avoit un grand nombre d'hommes, d'ânes, & de

SUR LA SYRIE, L'EGYPTE &c. Chap. IV.

conferver tout auffi bien que s'ils avoient été embaumés, ils fubfiftent longues années fans dépérir ou tomber en pouffiere. La fraîcheur de la nuit, qui fuccede à la chaleur du jour, doit naturellement produire ces rofées abondantes, & ces brouillards épais & mal-fains que nous effuyames tour-à-tour en traverfant ces déferts. Les rofées fur-tout nous perçoient fouvent jufqu'à la peau, lorfque nous étions obligés de coucher à la belle étoile; mais dès que le foleil étoit levé, & que l'air commençoit à s'échauffer, les brouillards difparoiffoient, & l'humidité dont la rofée avoit imbibé les fables étoit bientôt entierement évaporée.

Les fources & les puits font extrêmement rares dans ce défert; ainfi il n'eft pas furprenant qu'il y ait eu des (*a*) difputes à cette occafion. Je ne me fouviens pas d'avoir rencontré, ou d'avoir entendu parler de plus de cinq fources ou puits entre le *Caire* & le mont *Sinaï*; encore l'eau en étoit-elle, ou faumache, ou fouffrée, & toûjours très-défagréable à boire: cependant ces eaux ne font pas mal-faines; elles ont au contraire une qualité anodine & diurétique, & donnent de l'appetit. C'eft peut-être pour cela qu'il eft fort rare de voir les Voyageurs tomber malades dans ces déferts. *L'eau y eft fort rare.*

Les fources nommées *Ain el Moufa* font tiédes & fulphureufes; les bouillons qui en fortent, s'élevent trois ou quatre pouces au deffus de la furface, comme s'il y avoit un grand feu par deffous. La fource qui eft à deux lieuës au Oueft de *Suez* eft faumache; on la reçoit dans de grandes auges pour en abreuver le bétail, mais les habitans du lieu boivent de l'eau de l'*Ain el Moufa*, qui en eft à deux lieuës, de l'autre côté de la *Mer Rouge*. Les eaux de l'*Hammam Pharaoune*, près de *Corondel*, font extrêmement chaudes & exhalent beau- *Qualité des eaux d'Ain el Moufa. De la fontaine près de Suez. De l'Hammam Pharaoune.*

---

de chameaux, confervés de cette manière depuis un tems immémorial. On croit qu'ils apartenoient à quelque Caravane, & qu'en paffant dans ces déferts ils furent étouffés par quelqu'un de ces vents brûlans qui fe font fouvent fentir dans ces quartiers. Il femble que la même chofe arriva à l'armée de *Cambyfe*, lorfqu'il marchoit contre les *Ammoniens*. Voyez HERODOTE, in *Thalia*.

(*a*) Voyez *Genefe* XXI. 25. & XXVI. 20.

beaucoup de vapeurs aigres & vitrioliques: nos guides nous aſſurerent avec un grand ſerieux, qu'elles durciſſent un œuf dans une minute, & qu'elles le ramolliſſent ſi on l'y remet une autre minute; mais je n'eus pas l'occaſion d'en faire l'experience. L'eau de l'*Hammam Mouſa*, qui eſt au milieu des puits d'*Elim*, eſt ſulphureuſe & médiocrement chaude; mais celle des puits eſt ſaumache & de dure digeſtion; auſſi les habitans de *Tor*, qui n'en ont point d'autre à boire, ſont-ils ſujets aux écrouelles, aux obſtructions des inteſtins, & à une pâleur qui annonce une mauvaiſe ſanté. Les eaux de *Corondel*, & celles qu'on trouve près de *Paran*, ſont tiédes & ſemblent légerement impregnées de ſel & de ſouffre: mais l'une & l'autre de ces ſources étant ſituées au milieu des montagnes, il eſt à croire qu'il peut arriver ſouvent quelque alteration dans leur goût & dans leurs qualités naturelles, particulierement le matin, par la roſée abondante qui s'y eſt mêlée durant la nuit.

Les ſources ſaumaches d'*Elim* & de *Suez*, & la fontaine ſulphureuſe d'*Ain el Mouſa*, ſe trouvent dans un terrein plat & uni, à une fort grande diſtance de toute montagne. La derniere ſur-tout rafraîchit & arroſe la partie ſupérieure d'une grande plaine: ainſi c'eſt une choſe des plus ſingulieres, de voir qu'elle forme naturellement pluſieurs jets d'eau; & peut-être ne ſçauroit-on en rendre raiſon, à moins qu'on ne la faſſe venir du grand abîme. Mais la fontaine du Couvent de Ste. *Catherine*, celle des quarante Martyrs, celle de la plaine de *Rephidim*, & une autre qui eſt dans la vallée d'*Hébron*, preſqu'à moitié chemin du déſert de *Sin*, ſont des eaux excellentes, que l'on trouve d'un goût d'autant plus agréable, qu'on en a bû pendant quinze jours de fort mauvaiſes.

S'il eſt permis de juger par les qualités de ces eaux de la conſtitution de l'intérieur de la terre, il faut que le Sel & le Souffre ſoient les principaux minéraux de l'*Arabie*. Nous pouvons conclure ſur le même pied, par l'odeur aigre & degoûtante, & par la vertu corroſive que l'on attribue aux eaux d'*Hammam Pharaoune*, qu'il y a dans cette chaîne conſiderable de montagnes un grand fonds de ſels vitrioliques,
mê-

SUR LA SYRIE, L'EGYPTE &c. Chap. IV.

mêlés avec un peu de souffre & d'arsenic. Le nombre des végétaux qu'on y trouve est trop petit pour pouvoir former à cet égard aucune objection. L'odeur de souffre & d'arsenic qui accompagne les brouillards dont j'ai parlé, pourra peut-être favoriser mes conjectures par rapport aux minéraux que la terre renferme, & desquels ces exhalaisons se sont détachées. De même aussi, comme le soleil & la lune, étant vûs à travers ces vapeurs, paroissent rouges, ainsi qu'on les voit à travers la fumée des tourbes & des charbons de terre, il semble que de-là nous pouvons tirer la consequence, qu'il faut qu'il y ait quelque part dans ce voisinage une grande quantité de bitume. Ce que j'en dis n'est pas pourtant que je veuille affirmer rien de positif sur ce chapitre; car je n'ai jamais trouvé aucune part dans tout ce district du sel, du souffre, du vitriol, de l'arsenic & du bitume, ni en substance, ni mêlé avec d'autres matières, quoique certaines circonstances puissent faire soupçonner qu'il doit y en avoir.

Parmi les Fossiles que l'on trouve toûjours en nature, il y en a plusieurs qui ne sont point communs en d'autres endroits. De ce nombre sont les pierres Selenites de toute sorte de figures & de couleurs, dont on trouve quelquefois dans ces quartiers des terrains de trente ou quarante verges d'étendue tout couverts: une belle espece de Craye, connue chez les Naturalistes sous le nom de *Pseudo-Fluor*, qui donne aux rochers un éclat éblouissant, & qui couvre souvent, comme les Selenites, des morceaux de terrain considerables: & l'espece de marbre que les uns appellent *Thébaïque*, parce qu'on le tire des (*a*) montagnes du païs de ce nom, & d'autres Granite, parce qu'il semble composé d'une grande quantité de petits grains. Ce marbre est beaucoup plus commun que les deux autres Fossiles dont je viens de parler. On di-

Grande quantité de Selenites.

Pseudo-Fluor.

Granite.

(*a*) On y voit encore aujourd'hui plusieurs carrieres d'où les *Egyptiens* ont tiré leurs Obelisques & autres gros blocs de ce marbre. Il y avoit un canal qui du *Nil* aboutissoit à chacune de ces carrieres; de sorte que mettant l'Obelisque sur un radeau, il leur étoit facile de le transporter, sur-tout pendant le tems de l'inondation, au lieu où ils avoient dessein de l'ériger.

Tome II.   L

diroit que ce n'eſt autre choſe qu'un amas de petits corps de diverſe figure & grandeur que la nature a étroitement joints enſemble; & comme il ne reſſemble pas mal à une compoſition de ciment & de gravier, il y a eu des gens qui ſe ſont imaginés, que la Colomne de *Pompée*, les Obeliſques de *Rome* & d'*Alexandrie*, & pluſieurs autres maſſes de ce marbre d'une grandeur extraordinaire, ſont une compoſition artificielle, & qu'on les a jettés en moule. Le Granite que j'ai vû près du mont *Sinaï*, & ſur la route de cette montagne à *Corondel*, en traverſant la terre ferme, eſt généralement d'un gris clair avec de petites taches noires; j'en ai trouvé en quelques endroits qui étoit beaucoup plus brun, & en d'autres, qui paroiſſoit rougeâtre. Il y en a dont les grains ſont ſi petits, & ſi bien ſerrés, qu'il ne le cede en rien pour la contexture au Serpentin ou au Porphyre.

Marbre du Mont Sinaï.

Cette partie du mont *Sinaï* qui eſt au Oueſt de la plaine de *Rephidim*, & qu'on nomme communément la montagne de Ste. *Catherine*, eſt compoſée d'un marbre fort dur & rougeâtre, comme le Porphyre; il en diffère cependant par des taches & des lignes, arrangées de façon qu'elles ſemblent repréſenter des arbres & des buiſſons. Les Naturaliſtes nomment ce marbre (*a*) *Embuſcatum*, ou marbre à Buiſſons, & c'eſt pour cela que (*b*) *Buxtorff* fait venir le mot *Sinaï*, du Buiſſon qui ſe voit ſur ce marbre. Il ſemble que juſqu'à préſent on

(*a*) CHARLETON, *Exercit. de Foſſil*. pag. 19. Embuscatum *ex monte* Sinai Hieroſolymitano *depromptum; quod albicans eſt, ad flavedinem tendens; & quocunque modo ſecetur aut dividatur, in eo arbuſta & frutices, colore nigricante, ſubtiliter à natura depicti apparent. Si ſuprà ignem ponatur, brevi evaneſcit pictura*. Ego Anglicè 𝔅oſtage ſive 𝔅uſhy-𝔐arble of 𝔥ieruſalem *nominarem*. C'eſt-à-dire: Le marbre que l'on nomme *Embuſcatum*, ſe tire du mont Sinaï (à quoi l'on ajoute mal) *de Jeruſalem*. Il eſt blanchâtre (celui dont je parle eſt rougeâtre) tirant un peu ſur le jaune; & en quel ſens ou de quelle manière qu'on le coupe, on y voit de petits arbres & des buiſſons que la nature y a délicatement peints en noir. Quand on tient un morceau de ce marbre ſur le feu, la peinture diſparoit bientôt. Je le nommerois volontiers M*arbre à Buiſſons de Jeruſalem*.

(*b*) BUXTORFF, ſur le mot סנה dit: סיני Sinai *montis nomen à* סנה Rubus, *quòd lapides inventi in eo figuratum in ſe habuerint rubum, ut ſcribunt Commentatores in librum* More Nebhuchim *Part. I. Cap. 66. adeò ut etiam in fragmentis lapidum iſtorum figuræ rubi apparuerint, quod ſe* Ephodeus, *alter iſta-*

on n'a pas encore décidé de quelle espece étoit le Buisson ardent, dont on croit que le marbre de *Sinaï* porte l'empreinte. S'il est possible d'en juger par ces figures, on peut le ranger avec raison dans la classe des Tamarins, les plus beaux arbres & les plus communs de ces déserts. J'ai vû quelques branches de ce Tamarin fossile, comme l'on me permettra de l'appeller, qui avoient près d'un demi pouce de diamètre; mais leur substance, qui sembloit être d'un minéral noir, comme la poudre de la mine de plomb, n'étoit rien moins que solide, mais friable comme le Bol *Armenien* ou quelqu'autre terre de cette espece.

Les diverses couches que j'ai pû distinguer dans l'intérieur de cette montagne, aussi bien que de la plupart de celles que j'ai vûës en *Arabie*, sont généralement autant de différentes sortes de marbre, cimentées, pour ainsi dire, les unes sur les autres, & n'étant separées que par des especes de petites sutures, remplies d'une substance dont le tissu, aussi-bien que la couleur, varient beaucoup. On remarque un grand nombre de bréches ou de larges fentes dans ces couches, dont quelques-unes forment une separation de vingt ou trente aunes: les ruptures de chaque côté se rapportent exactement ensemble, & laissent une profonde cavité entre deux.

Ses diverses couches sont étroitement jointes.

Entre le *Caire* & *Suez* on rencontre une grande quantité de (*a*) pierres à fusil & de cailloux, qui sont tous plus beaux que le marbre *Florentin*, & qui approchent souvent des

Beaux Cailloux qu'on trouve dans ce Désert.

---

istorum Commentatorum, vidisse scribit. C'est-à-dire: *Sinaï* est le nom d'une montagne, qui vient de l'*Hébreu Sinah*, un *Buisson*, parce que les pierres qu'on y trouve ont en dedans la figure d'un Buisson, ainsi que nous l'apprennent les Commentateurs du Livre *More Nebuchim* Part. I. Chap. 66. Et quand même ces pierres sont brisées, on remarque encore dans chaque morceau la figure d'un Buisson, comme *Ephodée*, l'un des susdits Commentateurs, assure l'avoir vû lui-même. [חרב *Horeb* est un autre nom sous lequel cette montagne est connue dans l'Ecriture, qui en exprime fort au juste la sterilité & la désolation, puisqu'il vient du mot חרב, *il a été desseché, ruiné, désolé, reduit en un désert solitaire &c.*]

(*a*) PROSPER ALPINUS, *Hist. Nat. Ægypt.* Cap. 6. pag. 147. appelle ces pierres *Silices silviferæ, in quibus lapidibus silvæ, herbarum, fruticum &c. pictæ imagines cernuntur.* C'est-à-dire: Des Cailloux dans lesquels sont représentées des plantes, des buissons & mème des forèts entieres.

84 OBSERVATIONS GEOGRAPHIQUES

Coquillages fossiles rares dans ces Montagnes.

des pierres de *Moca* pour la beauté & la varieté des figures. On ne trouve que peu de Coquilles fossiles & d'autres semblables marques du Déluge, à moins qu'on ne veuille mettre de ce nombre le Tamarin fossile des montagnes voisines de *Sinaï*; peut-être que la matière première dont leurs marbres se sont formés, avoit une vertu corrosive, & peu propre à les conserver. Mais à *Corondel*, où le roc approche davantage de la nature de nos pierres de taille, je trouvai plusieurs Coquilles de Moules & quelques Petoncles, comme aussi un Hérisson de Mer fort singulier, de l'espece de ceux qu'on appelle *Spatagi*, mais plus rond & plus uni. Les ruines du petit village d'*Ain el Mousa*, & plusieurs canaux qui servoient à y conduire de l'eau, fourmillent de Coquillages fossiles.

Les murs de Suez &c. faits de Coquillages fossiles.

Les vieux murs de *Suez*, & ce qui nous reste encore de son ancien port, ont été construits des mêmes matériaux, qui semblent tous avoir été tirés d'un même endroit. Entre *Suez* & le *Caire*, ainsi que sur toutes les montagnes, hauteurs & collines de la (*a*) *Libye* qui ne sont pas couvertes de sable, on trouve grande quantité d'Hérissons de Mer, comme aussi des Coquilles bivalves, & de celles qui se terminent en pointe, dont la plupart sont exactement conformes aux especes qu'on prend encore aujourd'hui dans la *Mer Rouge*.

Il y a fort peu de Plantes dans l'Arabie.

Il ne sçauroit y avoir beaucoup de Plantes dans ces déserts, à cause de leur aridité: on voit cependant dans les fentes de quelques rochers pelés, & dans les plaines sablonneuses, plusieurs

---

(*a*) Les sables mouvans qui sont dans le voisinage de *Ras Sem*, dans le Royaume de *Barca*, couvrent beaucoup de Palmiers, d'Hérissons de Mer & d'autres pétrifications que l'on y trouve communément sans cela. *Ras Sem* signifie *la Tête du poison*, & est ce que l'on appelle le *Village pétrifié*, où l'on prétend qu'on trouve des hommes, des femmes & des enfans en diverses postures & attitudes, qui avec leur bétail, leurs alimens & leurs meubles ont été convertis en pierre. Mais à la reserve de ces sortes de monumens du Déluge dont il est ici question, & qui ne sont pas particuliers à cet endroit, tout ce qu'on en dit sont de vains contes & fable toute pure, ainsi que je l'ai appris, non seulement par Mr. *le Maire*, qui, dans le tems qu'il étoit Consul à *Tripoli*, y envoya plusieurs personnes pour en prendre connoissance, mais aussi par des gens graves & de beaucoup d'esprit qui ont été eux-mêmes sur les lieux.

fieurs Acacias, Azeroliers, Tamarins, Oleandres ou Laurier-roses, Laureoles, *Apocynums*, & un petit nombre d'autres plantes, qui ne subsistent qu'à la faveur des rosées; car pour de la terre proprement dite, il n'y en a point absolument dans toute cette partie de l'*Arabie*. Les Moines du mont *Sinaï* ont cependant formé peu-à-peu un jardin d'environ quatre arpens auprès de leur Couvent, en couvrant le rocher de fumier, & y jettant toutes les ordures de leur maison. Ils y cultivent actuellement d'excellens choux, & toute sorte de racines, de salades & d'autres herbes potageres, en un mot, tout ce que le terroir & le climat le plus fertile peut produire. Ils y ont aussi beaucoup de fort bonnes olives, des prunes, des amandes, des pommes & des poires. Leurs poires surtout sont si estimées au *Caire*, qu'ils en envoyent tous les ans en présent au *Bacha* & à d'autres personnes de distinction. Il y croît du raisin qui ne le cede à aucun que je connoisse pour la beauté & pour le goût. Les fruits de ce petit jardin prouvent invinciblement, de combien un travail infatigable peut l'emporter sur la nature, & que les lieux les plus stériles & les plus ingrats, qui par la paresse & la fainéantise des habitans demeurent tels, pourroient être cultivés avec avantage.

Jardin fertile du Mont Sinaï.

Cependant ce qu'il y a de defectueux dans les diverses classes de la Botanique terrestre des Plantes, est amplement compensé par les Plantes marines, n'y ayant peut-être point d'endroit qui en fournisse une plus grande varieté que le port de *Tor*. En y allant lentement à la rame, pendant que la surface de l'eau étoit calme, il s'y présentoit aux yeux une si grande diversité de Madrepores, de *Fucus* ou Algues, & d'autres Vegetaux marins, que je ne pus m'empêcher de les prendre, comme (*a*) *Pline* l'avoit fait autrefois, pour une forêt sous l'eau. Les Madrepores branchues contribuoient en

Les Coraux &c. de la Mer Rouge.

Les Madrepores

(*a*) PLINE Lib. XIII. Cap. 25. *Nascuntur & in mari* (Rubro) *frutices arboresque, minores in nostro. Rubrum enim, & totus Orientis Oceanus refertus est sylvis.* ** *In mari verò Rubro sylvas vivere, laurum maximè, & olivam ferentem baccas; & cùm pluat, fungos, qui sole tacti mutantur in pumicem. Fruticum ipsorum magnitudo, ternorum est cubitorum, caniculis referta, ut vix prospicere è navi tutum sit, remos plerumque ipsos invadentibus.* C'est-à-di-

branchues.

en particulier beaucoup à juſtifier la comparaiſon; car j'en ai vû pluſieurs qui étoient de huit ou dix pieds de haut, & dont quelques-unes croiſſoient en pyramides comme le cyprès, & dont les autres ouvroient & étendoient leurs branches comme le chêne; ſans parler de quantité d'autres encore, qui, à la façon des plantes rampantes, s'étendoient ſur le fond de la Mer.

Les *Fungus*, &c.

A ces eſpeces, qui ſont branchues, on peut ajouter les Champignons, les *Brain-Stones* ou *Pierres de Cerveau*, les Madrepores étoilées ou *Aſtroïtes*, de même que d'autres corps corallins, qui ſe forment ſouvent en groupes ou en maſſes d'une grandeur extraordinaire, & qui ſervent à *Tor* non ſeulement de chaux, mais encore de principaux matériaux dans les bâtimens. Le Champignon proprement dit, eſt toûjours attaché au roc par une eſpece de petite racine, & contre la forme des Champignons de terre, les canelures en ſont au deſſus. On remarque que cette eſpece, de même que la *Pierre de Cerveau*, garde conſtamment une certaine for-

à-dire : La *Mer Rouge* produit auſſi des buiſſons & des arbres plus grands que ceux qu'on trouve dans la *Mediterranée* : car la *Mer Rouge* & tout l'Ocean oriental ſont remplis de forêts. — Mais dans la *Mer Rouge* il croit des forêts, ſur-tout des lauriers & des oliviers chargés d'olives; lorſqu'il pleut, il y vient auſſi des champignons, qui ſe pétrifient dès qu'ils ſont touchés par les rayons du ſoleil. Les arbriſſeaux qu'on y trouve ont trois coudées de haut, & ſervent de retraite aux chiens marins, dont il y en a tant, qu'il n'eſt pas ſûr d'avancer la tête hors du bord du vaiſſeau; ils ſe jettent même fort ſouvent ſur les rames. St. CHRYSOSTOME, Edit. *Hudſon*. pag. 215. rapporte un paſſage de STRABON, *Geogr.* Lib. XVI. où cet Auteur dit: *Quod per totam* Rubri *maris oram maritimam arbores in profundo naſcantur, lauro & oleæ perſimiles, quæ in refluxibus ex toto deteguntur, in affluxibus nonnunquam ex toto obruuntur, quod eò fit mirandum magis, quia tota ſuperjacens regio arbuſtis caret. Quod mare* Rubrum *profunditatem non habet; nam duas orgyas non excedit; undè herbida eſt ſuperficies, dum plantæ ſeſe exſerant.* C'eſt-à-dire : Que tout le long des côtes de la *Mer Rouge* il croit au fond de l'eau des arbres qui reſſemblent beaucoup au laurier & à l'olivier ; que lorſque la marée eſt baſſe ils demeurent à decouvert, & qu'en remontant elle les couvre quelquefois tout-à-fait; ce qui eſt d'autant plus digne d'admiration, que tout le païs voiſin ne produit pas un ſeul arbriſſeau: Que la *Mer Rouge* n'eſt pas profonde, n'ayant pas au-delà de deux braſſes d'eau ; & que cela fait que ſa ſurface paroît pleine d'herbes, les plantes croiſſant juſqu'à cette hauteur.

forme spécifique dans leurs configurations, & que les autres corps corallins ont aussi chacun ses astérisques diversement figurés & empreints, par le moyen desquels on les peut distinguer. Mais ceci ne regarde que l'extérieur de ces derniers; car n'ayant pas la moindre apparence de racine, on ne peut les considerer que comme de certaines masses informes de substance coralline, qui, à mesure qu'elles croissent graduellement, prennent la figure des rochers, des coquilles, ou de telles autres matrices qui se trouvent à portée de leur vegétation, & qui leur servent de moules.

Toutes ces espéces sont couvertes par le dessus d'une substance mince & glutineuse, que j'en appellerai la pellicule. Près des astérisques elle est plus épaisse & plus spongieuse que dans aucun autre endroit. S'il est donc permis de hazarder quelques conjectures sur la manière de leur vegétation, je dirai, qu'il me paroit probable que les principes en commencent par ces astérisques, sur-tout si les petites fibres qui en sortent, sont, ainsi qu'elles paroissent l'être, autant de petites racines. Lorsque l'on examine avec attention ces petites racines pendant que la Madrepore est sous l'eau, on peut remarquer qu'elles se remuent & flottent comme les filets de la Menthe que l'on garde dans des bouteilles, ou comme les bouches de l'Etoile de Mer, & du petit Polype: mais au même instant qu'on les expose à l'air, elles deviennent invisibles, par la proprieté qu'elles ont de se contracter & de se retirer dans les rayons de leurs astérisques. *La Vegétation des Madrepores.*

La chose est un peu différente dans le vrai Corail, & dans les *Lithophytes*, si j'ose aussi en parler dans ce lieu. Car ces deux derniers ne sont point marqués d'asteriques, ainsi que les Madrepores; mais leurs petites racines sortent de certaines petites bosses ou tumeurs, qui sont repandues en grande quantité sur toutes leurs pellicules, & qui servent, comme les astérisques dans les autres classes, de valvules ou d'étuis, pour garantir & renfermer les petites racines. Ajoutons à ceci, que ces tumeurs sont en général remplies d'un suc lactée & visqueux, tel peut-être au moment que la secretion s'en fait *La Vegétation du Corail, &c.*

fait des petites racines, mais qui en peu de tems se coagule, ressemblant ensuite, tant pour la couleur que pour la consistance, à la cire des mouches à miel, & qui enfin, à ce que je crois, se convertit dans la substance même du Corail ou du *Lithophyte*.

Différence de la Vegetation entre les Plantes de Terre, & les corps Corallins.

La nature n'ayant point accordé à ces Plantes marines une grosse racine, comme à celles de terre, elle a suppléé avec beaucoup de sagesse à cet arrangement par le nombre de ces petits filets, qui sont distribués dans toutes les parties de la Plante, avec une proportion si juste, qu'ils sont placés plus près-à-près sur les branches où se fait la principale vegétation, que dans la tige, où cette vegétation agit moins; ce qui fait que cette tige se trouve souvent nuë, & croît rarement dans la même proportion que les branches. Les Plantes de terre n'auroient pû subsister sans le secours de racines grosses & étenduës, qui leur étoient nécessaires, non seulement pour se soutenir contre la violence des vents, qui sans cela les auroient renversées; mais encore pour aller chercher loin leur nourriture. Au lieu que les vegétaux de la Mer, placés à l'abri de ces accidens, sont aussi à portée de leurs alimens, & croissent pour ainsi dire au milieu de l'abondance; de sorte que l'arrangement fait pour les autres étoit inutile à ceux-ci, soit pour les nourrir ou pour les soutenir.

La Mer Rouge nommée la Mer des Joncs.

Les *Fucus* dont je viens de parler semblent avoir donné le nom de *Suph* ou *Souph* à cette Mer, qui est autrement nommée la *Mer d'Edom*, & improprement la *Mer Rouge*, en prenant (a) *Edom* pour un appellatif. Le mot *Suph* est traduit par

(a) SUIDAS sur le mot ΕΡΥΘΡΑ dit: Ἐρυθρὰ θάλασσα ἐκλήθη, ἐκ ἀπὸ τῆς χροίας τȣ ῥοθίȣ, καθάπερ τινες οἴονται, ἀλλ' ἔκ τινος ἀνδρὸς ΕΡΘΡΑ, τὴν προσηγορίαν ἐνδυναςείσαντος τοῖς δὲ τοῖς τόποις. C'est-à-dire: La Mer *Erythréenne* a été ainsi appellée, non de la couleur de ses eaux, comme bien des gens le croyent, mais d'un certain homme nommé ERYTHRA (ou *Edom*, car ce mot *Hébreu* signifie en *Grec Erythros* ou *rouge*) qui communiqua le surnom à ces lieux. Voyez NIC. FULLER, *Miscellanea Sacra* Lib. IV. Cap. 20. & PRIDEAUX *Conn*. Vol. I. pag. 15. Edit. 10. AGATHARSIDES, dans PHOTIUS pag. 1324. Edit. P. *Steph*. Μέγα γὰρ τὸ παραλλάττον, Ἐρύθρα θάλατταν εἰπεῖν ἢ θάλατταν ἐρυθράν. τὸ μὲν γὰρ κυριεύσαντα σημαίνει τὴν θάλατταν ἄνδρα· τὸ δὲ τὴν πυρρότητα δηλοῖ τῆς ῥηθείσης Φύσεως ἐν τȣτοις· Ἐςι δέ Φησι, τὸ μὲν ἀπὸ τȣ χρώματος τὴν κλῆσιν κατασκευάζον, ψεῦδος (ȣ γάρ ἐςιν ἐρυθρά) τὸ δὲ

SUR LA SYRIE, L'EGYPTE &c. Chap. IV.

par (a) *Jonc* dans notre Version: je n'ai cependant point vû de joncs dans la *Mer Rouge*, pas même sur ses bords. Il est vrai qu'il y a, à quelque distance de cette Mer, plusieurs petits halliers formés par des especes de roseaux; mais il n'est pas naturel de croire qu'elle ait pris son nom d'une chose qu'elle ne produit pas proprement. Il semble donc qu'il faudroit plutôt traduire *la Mer des Herbes*, ou des *Plantes*, à cause de toute sorte d'algues & de *Fucus* qui y croissent, & dont on voit grande quantité vers les bords, sur-tout lorsque la marée est basse (b).

dans l'Ecriture.

Le plaisir que l'on trouve à étudier les Plantes marines est considerablement augmenté par celui d'observer chemin faisant la grande diversité d'Hérissons, d'Etoiles & de Coquilles qui s'offrent aux yeux. Les premiers, qu'on nomme aussi Oursins, sont ici pour la plupart beaux & singuliers. On en trouve qui sont tout unis & sans pointes, de l'espece *pentaphylloïde*; il y en a aussi qui sont ovales ou globulaires, tout parsemés de petites bosses, d'où sortent autant de piquans. Quelquefois ces piquans sont plus gros qu'une plume de cigne,

Autres Productions de la Mer.

Oursins, ou Hérissons de Mer.

δὲ ἀπὸ τοῦ δυναστεύσαντος ἀληθές· ὡς Πέρσαις λόγος ἐπιφώνασατο. C'est-à-dire: Il y a une grande différence entre dire la *Mer Érythréenne* & la *Mer Rouge*; car l'un désigne un homme qui a été Seigneur de cette Mer, & l'autre marque la couleur rougeâtre que l'on dit être naturelle à ces lieux. Il dit donc, que le nom tiré de la couleur est un mensonge, car la Mer n'est point rouge. Celui qui se tire de l'homme qui en fut le maître, est le vrai, ainsi que les *Persans* l'assurent.
 (a) Voyez *Exode* II. 8. & *Esaïe* XIX. 6. BUXTORFF dit aussi qu'il signifie *Juncus* ou *Juncetum*.
 (b) Je ne dois pourtant pas omettre l'étymologie fort ingenieuse que LIBENIUS nous fournit, en conjecturant que peut-être cette Mer est ainsi appellée par opposition à la *Grande Mer* ou *Mediterranée* (en Hébreu ים הגדול) & que son nom indique tout autre chose que ce que nos Interpretes ont prétendu y trouver. Voici ses propres termes, tirés de *Navigat. Salomonis Ophirit. illust. Witt.* 1660. pag. 286. *Dicitur mare* Suph *Hebraicè, ex Radice* סוף *deficere, finire, undè est nomen* סוף *finis seu extremitas. Eccl.* III. 11. *Hinc mare* Suph *est vi verbi mare finitum, limitatum, terminis & littoribus circumseptum.* C'est-à-dire: On l'appelle en *Hébreu* la Mer *Suph*, de la Racine *Suph*, qui signifie *manquer, se terminer*, d'où vient le substantif *Suph, le bout* ou *l'extrémité*, que l'on trouve *Ecclesiast.* III. 11. Ainsi la Mer *Suph* veut dire proprement, une Mer terminée, limitée, qui est entourée de bornes, ou renfermée dans des bords.

Tome II. M

Etoiles de Mer.

gne, unis & pointus dans les uns, mais émoussés & raboteux dans les autres, comme les *Lapides Judaici*. L'Etoile la plus curieuse que j'aye vûë, formoit avec ses cinq rayons, ou doigts, si l'on peut les appeller ainsi, une circonférence de neuf pouces en diamètre. Le dessus en étoit convexe, & tout garni de bosses, comme quelques-uns des Oursins, mais le dessous en étoit plat & plus uni, ayant néanmoins une fente ou un sillon, qui pouvoit s'élargir & se retrecir, & qui régnoit dans toute la longueur de chaque doigt : car cette partie du poisson est toûjours decouverte, & laisse voir un nombre infini de petits filets, dont la forme ne ressemble pas mal à ce que nous appellons les cornes du limaçon. Ce sont-là comme autant de bouches qui cherchent continuellement la nourriture : & comme l'on a vû que les corps corallins sont tout racine, on peut dire aussi que l'Etoile est tout bouche; chacun de ces petits filets dont je viens de parler servant à cet usage. En y appliquant la main, on s'appercevoit aussi-tôt de la faculté qu'ils ont tous d'attirer comme une ventouse. Il est vrai pourtant qu'aussi-tôt que le poisson étoit à l'air, les filets lâchoient prise, ou le rayon, auparavant ouvert, se refermoit sur le champ.

Les Coquillages.

On ne finiroit point si l'on entreprenoit l'énumeration de la grande quantité de Coquillages qui embellissent les bords de la *Mer Rouge*, ou qui en remplissent les bas fonds. La *Concha Veneris*, ou *Coquille de Venus*, s'y voit avec toute sorte de taches, & de diverses grandeurs; & les Coquillages, tant de l'espece des Toupies ou des Trompettes, que des Bivalves de toutes les sortes, ne sont pas seulement communs, & d'une grande beauté pour les couleurs, mais encore quelquefois d'une capacité si excessive, que l'on en a trouvé des premiers qui avoient un pied & demi de long, & des derniers, qui en avoient autant en diamètre. J'ai déja remarqué que le port de *Tor* avoit beaucoup fourni aux bâtimens du village voisin. Mais ce n'est-là ni la seule commodité, ni le seul avantage que les habitans en retirent. Ils trouvent même presque toute leur nourriture & leur entretien par l'abondance de l'excellent poisson qu'il leur donne. Ce n'est pas tout encore. Ils tirent

SUR LA SYRIE, L'EGYPTE &c. Chap. IV.

rent de ce même magazin tout ce qui leur est nécessaire pour les meubles & pour les ustensiles dans leurs maisons ; le Nautile leur servant de coupe, la Trompette de cruche, & la *Concha imbricata* de plat pour servir leurs alimens sur la table.

Nos guides nous donnerent si peu de tems pour demeurer à *Tor* & à *Suez*, que je n'eus pas le loisir de faire un plus grand nombre d'observations, tant sur la Botanique, que sur la Zoologie de la *Mer Rouge*. Comme nous étions aussi souvent dans l'obligation de voyager la nuit, pour profiter de la fraîcheur, il n'y a point de doute que divers Fossiles, Plantes & Animaux n'ayent échapé à mon attention, sans parler de plusieurs autres curiosités. Je ne dois pourtant pas omettre, que de tems en tems nous étions incommodés de divers petits essains de Sauterelles & de Frélons, tous d'une grandeur extraordinaire, quoique de la même couleur que les nôtres.

Il y a peu d'especes d'Animaux dans cette partie de l'Arabie.

Nous trouvâmes aussi beaucoup de Viperes, sur-tout dans le désert de *Sin*, qui sont fort dangereuses & nous faisoient beaucoup de peine, parce que nos chameaux, aussi-bien que les *Arabes* qui les conduisoient, étoient à tout moment en danger d'en être mordus: mais les Lezards de toutes façons & couleurs que nous y vimes nous amuserent beaucoup.

Auprès du *Caire* nous rencontrames plusieurs troupes (*a*) d'*Ach-bobbas*, qui, comme nos corbeaux, vivent de charogne. C'est le (*b*) *Percnopterus* ou l'*Oripelargus* des Naturalistes, le (*c*) *Rachamah* des Arabes, & peut-être l'Eper-

L'Ach-bobba, ou le Percnopterus.

(*a*) *Ach-bobba*, en langue *Turque*, signifie un *Pere blanc*; nom qu'on leur donne autant par respect que pour la couleur de leur plumage. Cet oiseau, qui au reste ne differe pas beaucoup de la cicogne, ayant des taches noires en divers endroits, est de la grandeur d'un gros chapon, & sa figure est précisément la même que nous a donné GESNER, *de Avib.* Lib. III. pag. 176.

(*b*) Voyez GESNER, *ubi suprà.* ARISTOTE, *Hist. Anim.* Lib. IX. Cap. 32. PLINE Lib. X. Cap. 3. dit:

Quarti generis (Aquilarum) est Percnopterus: eâdem Oripelargus vulturinâ specie, alis minimis, reliquâ magnitudine antecellens, sed imbellis & degener, ut quam verberet corvus. C'est-à-dire: Dans la quatrième classe des Aigles on range le *Percnopterus*: l'*Oripelargus*, qui lui ressemble, & qui a l'air d'un vautour, a de fort petites ailes, quoique du reste il soit plus grand, mais il degenere beaucoup en ce qu'il n'a point de courage, & se laisse battre par le corbeau.

(*c*) En *Arabe* رخمة *Rachamah*. Ce doit

pervier d'*Egypte* dont (*a*) *Strabon* dit, que, contre le naturel de ces fortes d'oifeaux, il n'eft pas fort fauvage: car l'*Achbobba* eft un oifeau qui ne fait point de mal, & que les *Mahometans* regardent comme facré; c'eft pourquoi le Bacha donne tous les jours deux bœufs pour les nourrir, ce qui paroît être un refte de l'ancienne (*b*) fuperftition des *Egyptiens*. Je vis à *Corondel* une couple de Pigeons & autant d'Antilopes. Je n'ai point rencontré d'autres animaux que ceux-là, & quelques efpeces d'infectes.

Les Animaux n'y trouvent pas beaucoup pour leur fubfiftance.

Du refte je ne connois pas de païs au monde où il y ait moins de créatures vivantes que dans celui-ci. Auffi la nature n'y offre-t-elle que fort peu de chofe pour leur nourriture; & fi les cailles qui furent envoyées aux *Ifraëlites* par miracle y avoient dû fubfifter, il en auroit falu un autre pour les nourrir, pour ne pas dire que, fans un troifième miracle, elles y feroient toutes mortes de foif. Nous ne fçaurions donc affez admirer la grande bonté & la fageffe du Créateur, qui a accordé le chameau aux habitans de ces païs & d'autres femblables déferts: car fi cet animal n'étoit pas capable de vivre plufieurs jours fans boire, ou s'il lui faloit de la nourriture à proportion de fa taille, les voyages dans ces parties du monde feroient très-difficiles, & demanderoient de grands frais, ou bien deviendroient abfolument impoffibles.

doit être icile רחם du *Levitique* XI. 18. & le רחמה du *Deuteronome* XIV. 17. que notre Verfion a rendus par *Pellican*.

(*a*) STRABON Lib. XVII. pag. 566. Τῶν ὀρνέων * ἱέραξ ὁ Αἰγύπτιος, ἥμερος γὰρ παρὰ τὰς ἄλλοθι. C'eft-à-dire: Entre les oifeaux — l'Epervier d'*Egypte* eft plus doux que ceux d'ailleurs.

(*b*) DIODORE DE SICILE, Biblioth. Lib. I. pag. 53. Ταῦτα γὰρ (ſacra animalia) ἐν ἱεροῖς μὲν περιβόλοις τρέφεται, θεραπεύουσι δ' αὐτὰ πολλοὶ τῶν ἀξιολόγων ἀνδρῶν, τροφὰς διδόντες τὰς πολυτελεςάτας. C'eft-à-dire: On les nourrit dans des enceintes facrées, & les perfonnes qui en prennent foin font pour la plupart des gens de diftinction, qui leur donnent les alimens les plus riches.

CHA-

SUR LA SYRIE, L'EGYPTE &c. Chap. V.

CHAPITRE V.

Observations Physiques & Mêlées sur l'EGYPTE.

L'*Egypte* est non seulement fameuse par l'invention de toute sorte d'Arts & de Sciences, mais aussi l'Histoire ne fait mention d'aucun païs aussi remarquable par le grand nombre de ses curiosités naturelles & artificielles. Ce fut la reputation que l'*Egypte* avoit généralement acquise, d'être la pepiniere & le magazin de toutes les différentes branches du Sçavoir, qui engagea *Orphée*, *Pythagore* & (*a*) autres grands hommes de l'antiquité à quitter leur patrie pour y aller voyager. Ces Philosophes userent de tant (*b*) d'adresse pour s'introduire, ils s'accommoderent avec tant d'empressement aux (*c*) coûtumes & usages du païs, & ils furent si heureux à trouver des (*d*) personnes

L'Egypte étoit le siége des Arts & des Sciences.

(*a*) Tels furent *Musée*, *Melampos*, *Dédale*, *Homere*, *Lycurgue*, *Solon*, *Platon*, *Democrite* &c. Voyez DIODORE DE SICILE, *ubi suprà*.

(*b*) C'est peut-être pour quelque semblable raison, que *Platon* & d'autres se donnerent pour Marchands en huile; parce que l'huile est une denrée dont les *Egyptiens* font beaucoup de cas. PLUTARQUE, *in Solon*. pag. 79. Ὁ δ' ἐν Σόλων — ὥρμησε νέος ὢν ἔτι πρὸς ἐμπορίαν· καίτοι Φασὶν ἔνιοι, πολυπειρίας ἕνεκα μᾶλλον καὶ ἱςορίας, ἢ χρηματισμῶ πλανηθῆναι τὸν Σόλωνα. C'est-à-dire: *Solon* étant jeune se jetta dans le commerce, quoique selon quelques-uns il alla voyager, plutôt pour acquerir de l'experience & pour l'amour de l'Histoire que pour le gain. Idem, ibid. Καὶ Θαλῆν δέ Φασιν ἐμπορίᾳ χρήσασθαι, καὶ Ἱπποκράτην τὸν μαθηματικόν· καὶ Πλάτωνα τῆς ἀποδημίας ἐφόδειον, Ἐλαίς τινὸς ἐν Αἰγύπτῳ διάθεσιν γενέσθαι. C'est-à-dire: On dit aussi que *Thales* se mêla de commerce, de même qu'*Hippocrate* le Mathematicien: on le dit aussi de *Platon*, auquel un certain *Eléen* suggera la pensée de voyager en *Egypte*.

(*c*) CLEMENT D'ALEXANDRIE, *Strom*. Lib. I. pag. 354. Edit. Pott. Πυθαγόρας τοῖς Αἰγυπτίων προφήταις συμβεβληκέναι εἴρηται δι' ὃς καὶ περιετέμνετο, ἵνα δὴ καὶ εἰς τὰ ἄδυτα κατελθὼν, τὴν μυςικὴν παρ' Αἰγυπτίων ἐκμάθοι Φιλοσοφίαν. C'est-à-dire: On trouve que *Pythagore* s'entretint avec les prophetes d'*Egypte*, par lesquels il fut même circoncis, afin que, pouvant entrer dans leurs lieux sacrés, il y apprit des *Egyptiens* la Philosophie mystérieuse.

(*d*) *Idem*, *ibid*. pag. 356. Ἱςορεῖται δὲ Πυθαγόρας μὲν Σώγχιδι τῷ Αἰγυπτίῳ ἀρ-

sonnes qui voulurent bien les instruire, que non obstant la (a) jalousie & la grande reserve des *Egyptiens* envers les étrangers, ils revinrent presque tous dans leur patrie chargés du Sçavoir de l'*Egypte*, & en rapporterent de nouvelles cérémonies religieuses & des decouvertes utiles.

Les Grecs y ont puisé leur Théologie &c.

(b) *Herodote* nous apprend, que les *Grecs* emprunterent des *Egyptiens* tous les noms de leurs Dieux, & (c) *Diodore*, qu'ils y avoient puisé non seulement leur Théologie, mais aussi tous les Arts & les Sciences. Ce dernier nous apprend entre autres choses, que les cérémonies de *Bacchus* & de *Cerès*, (qui sont les mêmes qu'*Osiris* & *Isis*) avoient été introduites de bonne-heure dans la *Grece* par *Orphée*, & que ce fut de la même source que *Pythagore* tira le dogme de la Métempsycose. *Eudoxus* & (d) *Thales* y apprirent aussi les Mathé-

ἀρχιπροφήτῃ μαθητεῦσαι· Πλάτων δὲ Σεχνύφιδι τῷ Ἡλιοπολίτῃ. Εὔδοξος δὲ ὁ Κνίδιος, Κονέφιδι, τῷ καὶ αὐτῷ Αἰγυπτίῳ. C'est-à-dire: On dit de *Pythagore*, qu'il eut pour maître l'*Egyptien Zonchis*, l'Archiprophete; que celui de *Platon* fut *Sechnuphis* de *Hierapolis*, & que celui d'*Eudoxe* de fut *Cnide Conuphis*, autre *Egyptien*.

(a) Idem, Lib. V. pag. 670. Αἰγύπτιοι ὃ τοῖς ἐπιτυχοῦσι τὰ παρὰ σφίσιν ἀνετίθεντο μυστήρια, ἠδὲ μὴν βεβήλοις τὴν τῶν θεῶν εἴδησιν ἐξέφερον, ἀλλ' ἢ μόνοις γε τοῖς μέλλουσιν ἐπὶ βασιλείαν προϊέναι, καὶ τῶν ἱερέων τοῖς κριθεῖσιν εἶναι δοκιμωτάτοις ἀπό τε τῆς τροφῆς, καὶ τῆς παιδείας; καὶ τοῦ γένους. C'est-à-dire: Les *Egyptiens* ne communiquoient pas leurs mystères aux premiers venus, ni ne montroient aux profanes les effigies de leurs Dieux, n'accordant cette faveur qu'à ceux-là seulement qui devoient monter au trône, & à ceux des Prêtres que l'on jugeoit être les plus distingués, tant à cause de leur manière de se nourrir, & de leur éducation, que de leur naissance. JUSTIN MARTYR, Quæst. 25. ad Orthod. Τίμια δὲ ἦν τότε παρ' Αἰγυπτίων

μαθήματα τὰ ἱερογλυφικὰ καλούμενα, τὰ ἐν τοῖς ἀδύτοις ὃ τοῖς τυχοῦσι, ἀλλὰ ἐν τοῖς ἐγκρίτοις παραδιδόμενα. C'est-à-dire: Autrefois chez les *Egyptiens* les Sciences respectables étoient celles qu'ils appelloient Hiéroglyphiques, que l'on communiquoit dans des lieux secrets, non aux premiers venus, mais à des personnes distinguées.

(b) HERODOTE, Euterp. §. 50. Σχεδὸν δὲ καὶ πάντα τὰ ὀνόματα τῶν θεῶν, ἐξ Αἰγύπτου ἀπίχθαι. C'est-à-dire: Presque tous les noms des Dieux sont venus d'*Egypte*.

(c) DIODORE DE SICILE, Biblioth. Lib. I. §. 96.

(d) DIOGENE LAËRCE, Lib. I. in vita Thal. Θάλην παρά τε Αἰγυπτίων γεωμετρεῖν μαθόντα φησί. C'est-à-dire: On dit que *Thales* apprit des *Egyptiens* la Géometrie. CLEMENT D'ALEXANDRIE, Strom. Lib. I. pag. 221. Θάλης δὲ, Φοῖνιξ ὢν τὸ γένος, καὶ τοῖς Αἰγυπτίων προφήταις συμβεβληκέναι εἴρηται. C'est-à-dire: On dit que *Thales* étoit *Phénicien* d'origine, & qu'il avoit fréquenté les Prophetes des *Egyptiens*.

Mathématiques, & *Dédale* l'Architecture, la Sculpture & les autres beaux Arts. Suivant le (*a*) même Auteur, les *Grecs* étoient redevables à l'*Egypte*, non seulement de la (*b*) Physique & de la Médecine, mais encore d'un grand nombre d'excellentes maximes & de loix, en un mot, de toute la forme du Gouvernement que *Platon*, *Solon* & *Lycurgue* introduisirent chez eux. Ils en emprunterent même leur Science abstraite sur l'essence de la Divinité, & tout ce qui a du rapport à la force & à la combinaison des Nombres, à leur (*c*) *Monas* & *Trias*, & à d'autres recherches de cette nature qu'on trouve dans les ouvrages de *Platon* & de *Pythagore*.

Il ne paroit pas cependant que les *Grecs* ayent jamais connu la Science symbolique des *Egyptiens*, telle qu'on la trouve en sculpture sur leurs Obelisques, ou en peinture sur les murs de leurs (*d*) Cryptes, sur leurs Caisses de momies, & sur les Boëttes pour les animaux sacrés : on trouve seulement quelque chose d'approchant dans les (*e*) Antiquités de la *Toscane* : d'où l'on pourroit peut-être conjecturer, que les an-

Ils n'ont pas porté dans la Grece les Hiéroglyphes des Egyptiens.

(*a*) Voyez Diodore de Sicile, *ubi suprà*.
(*b*) Homere, *Odyss.* Δ. v. 227.

Τοῖα Διὸς θυγάτηρ ἔχε Φάρμακα μητιόεντα,
Ἐσθλὰ, τὰ οἱ Πολύδαμνα πόρεν Θῶνος παράκοιτις,
Αἰγυπτίη. &c.

C'est-à-dire : Tels étoient les utiles & excellens remedes qu'avoit la fille de *Jupiter*, & que lui avoit donnés l'*Egyptienne Polydamne*, femme de *Thôn*.

(*c*) Zoroastre, cité par Kircher, *Oedip. Ægypt.* Synt. I. pag. 100. Πάντι γὰρ ἐν κόσμῳ λάμπει τρίας, ἧς μονὰς ἀρχή. εἰς τρία γὰρ νῦς εἶπε πατρὸς τέμνεσθαι ἅπαντα &c. C'est-à-dire : Car dans tout l'Univers brille la Trinité, dont l'Unité est le principe : car l'entendement a dit, que toutes les choses du Pere se divisent en trois. &c.

(*d*) On voit plusieurs de ces Cryptes, ornées de figures symboliques, près des Pyramides ; l'*Antrum Mithræ* de *Chrysippe* paroit avoir été quelque chose de semblable. Voici comme il le décrit : Τὰ τείχεα τῦ σπηλαίε παντατοικίλοις εἴκοσι κοσμήμενα καὶ τὰ τῶν θεῶν, ὃς μεσίτας καλῦσι, ἀγάλματα περιςάμενα. C'est-à-dire : Tous les murs de l'Antre sont ornés de diverses images, & l'on y voit tout autour les figures des Dieux qu'ils nomment médiateurs.

(*e*) Voyez Dempster, *Hetruriæ Regalis* Tabb. 19. 26. 35. 39. 47. 63. 66. 77. 78. 88. G. J. Vossius, *de Idolol.* Lib. I. Cap. 5. *Symbolicum appello, cùm quid colitur, non quia creditur Deus, sed quia Deum significat. — Quomodo Sol cultus in igne Vestali, Hercules in statua* &c. C'est-à-dire : J'appelle *symbolique* une chose que l'on honore, non parce qu'on croit qu'elle est Dieu, mais parce qu'elle en est un signe ; de la même fa-

anciens *Etruriens* étoient originaires de l'*Egypte*, ou du moins que *Pythagore*, ou quelqu'un de son Ecole, ont introduit chez eux cette Science. Cependant, quoiqu'aucun des *Grecs* qui ont voyagé en *Egypte* n'aye porté dans sa patrie les figures & les symboles mêmes, *Diodore* en particulier, conjointement avec *Porphyre*, *Clement d'Alexandrie*, & d'autres Auteurs, nous ont donné la description & l'explication des Hiéroglyphes les plus remarquables. Mais comme nous n'avons plus à l'heure qu'il est de clef propre & fidelle pour toute cette Science, il faut naturellement que le sens & la signification de chaque figure en particulier demeure un secret impénétrable, ou que du moins l'intelligence en soit extrêmement douteuse, incertaine & obscure.

En quoi consiste cette Science.

A en juger par ce que l'on croit actuellement comprendre de cette Science symbolique, on peut supposer que les *Egyptiens* l'employoient principalement dans tout ce qui avoit rapport à l'existence & aux attributs de leurs (*a*) Divinités, aux sacrifices & à l'adoration qu'on leur rendoit, à toutes les différentes classes des Etres, à la doctrine des Elemens, & à celle des bons & des mauvais Genies, que l'on supposoit être les maîtres & les directeurs de ces Elemens. Toutes ces choses étoient représentées par certains (*b*) Animaux, Plantes, Instrumens &c. qu'on supposoit, ou que, par une lon-

façon que l'on honoroit le Soleil dans le feu des *Vestales*, *Hercule* dans une statue &c.

(*a*) KIRCHER, *Oed. Ægypt.* Tom. III. pag. 567. Hieroglyphica Ægyptiorum *Sapientia*, *testantibus omnibus veterum scriptorum monumentis*, *nihil aliud erat*, *quàm scientia de Deo*, *divinæque virtutibus*, *scientia ordinis universi*, *scientia intelligentiarum mundi præsidium*, *quam* Pythagoras *&* Plato, *notante* Plutarcho, *ex Mercurii columnis*, *id est obeliscis didicerunt*. C'est-à-dire : Suivant les Ecrits de tous les Auteurs anciens, la Science des *Hiéroglyphes* chez les *Egyptiens* n'étoit autre chose que la connoissance de Dieu

& de ses attributs, la connoissance de l'ordre universel, & celle des Intelligences qui président au monde ; doctrine que *Pythagore* & *Platon*, au rapport de *Plutarque*, ont apprise par les colomnes de *Mercure*, qui sont les Obelisques. MACROBE, Saturn. Lib. I. Cap. 20. Ægyptii *per nomina Deorum universam rerum naturam*, *juxtà Theologiam naturalem*, *intelligebant*. C'est-à-dire : Par les noms des Dieux les *Egyptiens* entendoient, suivant la Théologie naturelle, tout l'Univers.

(*b*). Suivant une ancienne remarque, le grand principe de la Science ou Philosophie symbolique étoit, τὰ αἰσθητὰ τῶν νοητῶν μιμήματα; JAM-
BLI-

SUR LA SYRIE, L'EGYPTE &c. Chap. V.

longue suite d'observations, on avoit réellement trouvés y avoir quelque rapport physique pour en être les types & les em-

BLIQUE *de Myst.* Sect. VII. Cap. I. explique la chose plus amplement dans le passage suivant: Αἰγύπτιοι γὰρ τὴν φύσιν τῦ παντὸς, καὶ τὴν δημιυργίαν τῶν θεῶν μιμύμενοι, καὶ αὐτοὶ τῶν μυστικῶν, καὶ ἀποκεκρυμμένων, καὶ ἀφανῶν νοήσεων εἰκόνας τινὰς διὰ συμβόλων ἐκφαίνυσιν, ὥσπερ καὶ ἡ Φύσις τοῖς ἐμφανέσιν εἴδεσι τῆς ἀφανεῖς λόγες διὰ συμβόλων, τρόπον τινὰ, ἀπετυπώσατο· ἡ δὲ τῶν θεῶν δημιυργία, τὴν ἀλήθειαν τῶν εἰδῶν, διὰ τῶν φανερῶν εἰκόνων ὑπεγράψατο· Εἰδότες ἐν χαίροντα πάντα τὰ κρείττονα ὁμοιώσει τῶν ὑποδεεστέρων, καὶ βυλόμενοι αὐτὰ ἀγαθῶν ὅτω πληρῦν διὰ τῆς κατὰ τὸ δυνατὸν μιμήσεως, εἰκότως καὶ αὐτοὶ τὸν πρόσφορον αὐτοῖς τρόπον τῆς κεκρυμμένης ἐν τοῖς συμβόλοις μυσταγωγίας προφέρυσιν. C'est-à-dire: Car les *Egyptiens* imitant la nature du Tout, & la manière dont les Dieux forment les choses, manifestent eux-mêmes par des symboles, certaines images des Intelligences mystiques, cachées & invisibles, ainsi que la Nature elle-même figure en quelque façon, par des symboles tirés des images visibles, les choses invisibles, & que les Dieux, dans la formation des choses, font voir la vérité des idées par les images qui se manifestent. Sçachant donc que toutes les choses qui excellent, gagnent à être comparées à celles qui sont au dessous, & souhaitant de les combler ainsi de biens par toute l'imitation possible, ils ont avec raison mis en œuvre cette manière de cacher leurs mystères par les symboles. G. J. VOSSIUS, *de Idolol.* Lib. I. *Hæc miranda naturæ vis elevare eorum animos debuerat ad mundi Architectum ** naturamque ob mirandas vires & admirabilem ordinem colere cœperunt veluti principem Deum: partes verò naturæ venerati sunt, veluti Deos minores, quos & ipsos, pro præstantia & mensura, in varios gradus partiebantur.* C'est-à-dire: Cette force admirable de la nature auroit dû élever leur esprit à celui qui a fait le monde —— & ils ont commencé à honorer la Nature, à cause de son pouvoir & de son ordre merveilleux, comme la principale Divinité, rendant aussi leurs respects à chaque partie de la Nature, comme à autant de Dieux inférieurs, qu'ils partageoient en plusieurs classes, à proportion de leur excellence & de leur grandeur. JAMBLIQUE, *ubi suprà* Sect. V. Cap. 8. Τὰ δ' αὐτὰ ἄτοπα συμβαίνει, καὶ εἴ τινας τῶν ἡμῖν ἀριθμὸς ὡς ἐπὶ τῦ κροκοδείλυ λαμβάνυσι τὴν ἑξηκοντάδα ὡς οἰκείαν ἡλίῳ· ἢ λόγυς φυσικὸς, ὡς τὰς τῶν ζώων δυνάμεις καὶ ἐνεργείας, οἷαν κυνὸς, κυνοκεφάλυ, μυγαλῆς, κοινὰς ὅσας πρὸς σελήνην. C'est-à-dire: Les mêmes absurdités s'ensuivront, si l'on prend quelques-uns de nos nombres, par exemple pour le Crocodile la soixantaine, qui est affectée au Soleil; ou des raisons physiques, telles que sont les vertus & les propriétés des Animaux, comme du Chien, du Cynocephale, de la Belette, qui sont communes par rapport à la Lune. PORPHYRE, dans EUSEBE, *Præp. Evang.* pag. 58. Ἔτι δὲ ἐκ περιττῆς σοφίας, καὶ τῆς περὶ τὸ θεῖον συντροφίας κατέλαβόν τισι τῶν θεῶν, προσφιλῆ τῶν ζώων τινὰ μᾶλλον ἀνθρώπων, ὡς ἡλίῳ ἱερὰ καὶ σύμπασαν μὲν τὴν φύσιν ἐξ αἵματος ἔχοντα καὶ πνεύματος. C'est-à-dire: De plus, par surabondance de sagesse, & par leur commerce avec la Divinité, ils comprirent qu'il y avoit certains Animaux plus aimés de quelques Dieux que les Hommes, entant que les premiers sont consacrés au Soleil, & que toute leur nature est composée de sang

emblêmes. Ainſi chaque partie de cette Ecriture ſacrée concernoit probablement quelques points de doctrine qui avoient rapport à la Théologie ou à la Phyſique des *Egyptiens*: car il ne paroît pas qu'on eût pû exprimer des faits hiſtoriques par des ſignes de cette eſpece.

Les ſymboles d'Oſiris étoient,

Je vais tâcher de donner quelques échantillons de cette Science myſtique. Je commence par les Animaux ſacrés qui repréſentoient les deux principales Divinités (a) *Oſiris* & *Iſis*, qui ſont les mêmes que *Bacchus* & *Cerés*, le Soleil & la Lune, ou les parties mâles & femelles de la nature.

Le & d'eſprit, ou de ſouffle. PLUTARQUE, *de Iſid. & Oſirid.* pag. 380. Ἀσπίδα δὲ, καὶ γαλῆν, καὶ κάνθαρον, εἰκόνας τινὰς ἑαυτοῖς ἀμαυρὰς, ὥσπερ ἐν ζαγόσῳ ἡλίε τῆς τῶν θεῶν δυνάμεως κατιδόντες. C'eſt-à-dire: Regardant l'Aſpic, & la Belette, & l'Eſcarbot comme de certaines images obſcures; de même que dans les écoulemens du Soleil, ils voyent celle de la vertu des Dieux. CICERON, *de Nat. Deorum*: *Ipſi, qui irridentur, Ægyptii, nullam belluam, niſi ob aliquam utilitatem, quam ex ea caperent, conſecraverunt.* C'eſt-à-dire: Les *Egyptiens* mêmes, dont on ſe moque, n'ont conſacré aucune bête, s'ils ne voyoient qu'elle pouvoit leur être de quelque utilité.

(a) PLUTARQUE, *de Iſid. & Oſir.* pag. 372. Πανταχοῦ δὲ καὶ ἀνθρωπόμορφον Ὀσίριδος ἄγαλμα δεικνύϐσιν, ἐξορθιάζον τῷ αἰδοίῳ, διὰ τὸ γόνιμον καὶ τὸ τρόφιμον. ** Ἡ γὰρ Ἴσις ἐστι μὲν τὸ τῆς Φύσεως θῆλυ· καὶ δεκτικὸν ἁπάσης γε-νέσεως, καθὸ τιθήνη καὶ πανδεχὴς ὑπὸ τοῦ Πλάτωνος, ὑπὸ δὲ τῶν ἄλλων μυριώνυμος κέκληται, διὰ τὸ πάσας ὑπὸ τοῦ λόγε τρεπομένη μορφὰς δέχεσθαι καὶ ἰδέας. C'eſt-à-dire: Ils montrent par-tout la ſtatue d'*Oſiris* ſous une forme humaine, & levant la partie honteuſe, pour être l'indice de la génération & de la nourriture — car *Iſis* eſt la partie femelle de la nature, & celle qui eſt le recipient de toute génération, appellée à cauſe de cela par *Platon* la Mere-nourrice, & la Gardienne univerſelle, & par les autres, celle qui a dix mille noms, parce que la raiſon lui faiſant prendre toutes les formes, elle en prend auſſi les idées. *Idem, ibid.* pag. 363. Παρ' Αἰγυπτίοις Νεῖλον εἶναι τὸν Ὀσίριν, Ἴσιδι συνόντα τῇ γῇ. Τυφῶνα δὲ τὴν θάλασσαν, εἰς ἣν ὁ Νεῖλος ἐμπίπτων ἀφανίζεται, καὶ διασπᾶται. C'eſt-à-dire: Chez les *Egyptiens* le *Nil* eſt *Oſiris*, qui habite avec *Iſis*, qui eſt la Terre, & *Typhon* eſt la Mer, dans laquelle le *Nil*, qui s'y jette, diſparoît & ſe perd. *Idem, ibid.* pag. 366. Ὡς δὲ Νεῖλον Ὀσίριδος ἀπορροὴν, οὕτως Ἴσιδος σῶμα γῆν ἔχουσι καὶ νομίζουσιν, οὐ πᾶσαν ἀλλ' ἧς ὁ Νεῖλος, ἐπιβαίνει σπερμαίνων καὶ μιγνύμενος· ἐκ δὲ τῆς συνουσίας ταύτης γεννῶσι τὸν Ὧρον· ἔστι δὲ Ὧρος ἡ πάντα σώζουσα καὶ τρέφουσα τοῦ περιέχοντος ὥρα, καὶ κρᾶσις ἀέρος. C'eſt-à-dire: Comme ils tiennent & croyent que le *Nil* eſt l'écoulement d'*Oſiris*, ils trouvent auſſi que la Terre eſt le corps d'*Iſis*; non pas toute la Terre à la vérité, mais celle ſur laquelle le *Nil* paſſe en la fertiliſant & s'y mêlant. De cette cohabitation ils font naître *Orus*; & cet *Orus* eſt la Saiſon & la température de l'air, qui conſerve & qui nourrit toutes choſes dans ce qui l'environne. EUSEBE, *Præp. Evang.* pag. 52. *Lutet.* 1544. Γένεσις δὲ, ἡ εἰς ἥλιον

SUR LA SYRIE, L'EGYPTE &c. Chap. V.

Le (a) Serpent, qui est quelquefois représenté avec le (b) col enflé, étant un animal qui vit longtems, dont le divers mou-

Le Serpent.

ἡλίου καὶ Φῶς ἐκ σκότους πορεία. Ζεὺς, τυτέςιν ἡ θερμὴ καὶ πυρώδης δύναμις. Ἥρα, τυτέςι ἡ ὑγρὰ καὶ πνευματικὴ Φύσις. C'est-à-dire: La naissance est le passage des ténèbres dans le soleil & dans la lumière. *Jupiter* est la vertu chaude & ignée: *Junon* est la nature humide & spiritueuse. MACROBE, *Saturn.* Lib. I. Cap. 20. *Isis est vel terra, vel natura rerum subjacens Soli.* C'est-à-dire: *Isis* est, ou la Terre, ou la Nature universelle des choses éclairée par le Soleil.

(a) EUSEBE, *ubi suprà* pag. 26. Πνευματικώτατον γὰρ (ὄφις) τὸ ζῶον πάντων τῶν ἑρπετῶν, καὶ πυρῶδες ὑπ' αὐτῇ παρεδόθη, παρ' ᾧ καὶ τάχος ἀνυπέρβλητον διὰ τῇ πνεύματος περιήσι, χωρὶς ποδῶν τε καὶ χειρῶν, ἢ ἄλλης τινὸς τῶν ἔξωθεν. C'est-à-dire: Il a donné le Serpent pour le plus spiritueux & le plus igné de tous les reptiles, & il lui attribue une vitesse incroyable, à cause de sa spiritualité, quoique cet Animal n'ait ni pieds, ni mains, ni aucune autre chose au dehors. PLUTARQUE, *ubi sup.* pag. 381. Ἀσπίδα δὲ, ὡς ἀγήρω, καὶ χρωμένην κινήσεσιν ἀνοργάνοις μετ' εὐπετείας καὶ ὑγρότητος ἄστρῳ ἢ προσείκασαν. C'est-à-dire: Ils ont fait ressembler à un astre l'Aspic, parce qu'il ne vieillit point, & que, sans organes, il se meut avec facilité. MACROBE, *ubi suprà*: *Ut virescunt Dracones per annos singulos pelle senectutis exutâ, proptereâ & ad ipsum solem species Draconis refertur, quia Sol semper, velut à quadam imæ depressionis senectâ, in altitudinem suam ut in robur revertitur juventutis.* C'est-à-dire: Comme les Dragons rajeunissent tous les ans en se défaisant de leur vieille peau, on se sert de la figure du Dragon pour désigner le Soleil même, parce que celui-ci se réleve pour ainsi dire toujours d'une espèce de vieillesse & de dépression à sa hauteur ordinaire, & reprend la force & la vigueur de la jeunesse. *Idem, ibid.* Cap. 17. *Solis meatus, licet ab ecliptica lineâ nunquam recedat, sursum tamen ac deorsum ventorum vices certâ deflexione variando, iter suum velut flexum Draconis involvit.* C'est-à-dire: Quoique le Soleil dans sa route ne s'éloigne jamais de l'Ecliptique, il forme cependant un tour circonflexe, semblable à la manière de ramper du Dragon, en variant les vents par une certaine inclinaison, qui est tantôt plus haute & tantôt plus basse. C'est ce qui a fait dire à EURIPIDE:

Πυριγενὴς δὲ δράκων ὅλοις ἡγεῖται ταῖς τετραμόρφοις
Ὥραις ζευγνὺς ἁρμονία πολύκαρπον ὄχημα.

C'est-à-dire: Le Dragon né du feu conduit toute la fertile voiture, joint harmonieusement avec les heures à quatre formes.

(b) LUCAIN Lib. IX.

Aspida somniferam tumidâ cervice levavit.

C'est-à-dire: Il leva l'Aspic soporifique au col enflé. APULÉE, *Metam.* Lib. XI. pag. 258. *Cymbii ansulæ insurgebat Aspis, caput extollens arduum, cervicibus latè tumescentibus.* C'est-à-dire: Il monta un Aspic sur l'anse du gobelet, élevant une grosse tête, & ayant le col fort enflé. *Idem, ibid.* pag. 262. *Aspis, squameæ cervicis striato tumore sublimis.* C'est-à-dire: Un Aspic remarquable par son col, qui étoit couvert d'écailles & enflé par rayes. Cette description convient assez aux Aspics femelles, suivant ce qui a été observé par SOLIN, *Polyhist.*

mouvemens circulaires se font avec beaucoup de vîtesse & d'agilité, & qui rajeunit en quelque façon chaque année en se depouillant de sa peau, étoit une des figures symboliques du Soleil. (*a*) L'Escarbot représentoit aussi cette Divinité; parce qu'entre autres on supposoit, que tous les Insectes de cette

L'Escarbot.

lybist. Lib. XL. *de Aspide*, où il dit : *Subtiliora sunt capita fœminis, alvi tumidiores, pestis nocentior ; masculus æqualiter teres est, sublimior etiam mitiorque.* C'est-à-dire : Les femelles ont la tête plus petite, le ventre plus gros, & leur venin est plus dangereux ; les mâles ont aussi le corps cylindrique, mais plus élevé, & ne sont pas si méchans.

(*a*) PLUTARQUE, *de Isid. & Osir.* pag. 355. Τοῖς δὲ μαχίμοις κάνθαρος ἦν γλυφὴ σφαγίδος· οὐ γὰρ ἔστι κάνθαρος θῆλυς, ἀλλὰ πάντες ἄρσενες· τίκτουσι δὲ τὸν γόνον ὡς σφαιροποιοῦσιν, οὐ τροφῆς μᾶλλον ὕλην ἢ γενέσεως χώραν παρασκευάζοντες. C'est-à-dire : La gravûre du sceau étoit pour les Gens de guerre un Escarbot, parce qu'il n'y en a point de femelle, & qu'ils sont tous mâles. Ils engendrent leur race comme ils se tournent dans la coquille, ne s'en faisant pas moins la matiere de leur nourriture que celle de leur generation. *Idem, ibid.* pag. 381. Τὸ δὲ κανθάρων γένος οὐκ ἔχειν θήλειαν, ἄρρενας δὲ πάντας ἀφιέναι τὸν γόνον εἰς τὴν σφαιροποιημένην ὕλην, ἣν κυλινδοῦσιν ἀντιβάδην ὠθοῦντες, ὥσπερ δοκεῖ τὸν οὐρανὸν ὁ ἥλιος ἐς τοὐναντίον περιστρέφειν, αὐτὸς ἀπὸ δυσμῶν ἐπὶ τὰς ἀνατολὰς φερόμενος. C'est-à-dire : Le genre des Escarbots n'a point de femelles, étant tous mâles ; ils jettent leur petit sur la matiere faite en figure sphérique, qu'ils tournent en la poussant à contre-sens, comme l'on croit que le Soleil pousse le ciel en se tournant dans un sens opposé, étant porté du Couchant au Levant. PORPHYRE dans EUSEBE, *Præp. Evang.* pag. 58. Αἰγύπτιοι δὲ ἐσέφθησαν (*Scarabæum*) ὡς εἰκόνα ἡλίου ἔμψυχον· κάνθαρος γὰρ πᾶς ἄρρην, καὶ ἀφιεὶς τὸν θορὸν ἐν τέλματι, καὶ ποιήσας σφαιροειδῆ, τοῖς ὀπισθίοις ἀνταναφέρει ποσίν, ὡς ἥλιος οὐρανόν, καὶ περίοδον ἡμερῶν ἐκδέχεται σεληνιακήν. C'est-à-dire : Les *Egyptiens* regardent l'Escarbot comme l'image vivante du Soleil ; parce que ces Animaux sont tous mâles, & que jettant leurs excremens dans un lieu, ils les mettent en rond avec les pieds de derriere, comme le Soleil pousse le ciel, & qu'il prend le periode des jours, qui est celui de la Lune. CLEMENT D'ALEXANDRIE, *Strom.* Lib. V. pag. 657. Τὸν δὲ ἥλιον (ἀπείκαζον τῷ τοῦ κανθάρου σώματι) ἐπειδὴ κυκλοτερὲς ἐκ τῆς βοείας ὄνθου σχῆμα πλασάμενος, ἀντιπρόσωπος κυλίνδει. Φασὶ δὲ καὶ ἑξάμηνον μὲν ὑπὸ γῆς· θάτερον δὲ τῇ ἔτους τμῆμα, τὸ ζῶον τοῦτο ὑπὲρ γῆς διαιτᾶσθαι. σπερμαίνειν τε εἰς τὴν σφαῖραν καὶ γεννᾶν· καὶ θῆλυν κάνθαρον μὴ γίνεσθαι. C'est-à-dire : Ils ont fait ressembler le Soleil au corps de l'Escarbot, parce qu'ayant formé de la fiente de vache une figure ronde, il la pousse dans un sens opposé. Ils disent que cet animal est six mois sous terre, & le reste de l'année sur la terre ; qu'il jette sa semence en figure sphérique, qu'il engendre de même, & qu'il n'en nait point de femelles. HORAPOLLON, *Hierogl.* Lib. I. Cap. 10. Ἔχει δὲ πᾶς κάνθαρος καὶ δακτύλους τριάκοντα, διὰ τὴν τριακονταήμερον τοῦ μηνός, ἐν αἷς ὁ ἥλιος ἀνατέλλων τὸν ἑαυτοῦ ποιεῖται δρόμον. C'est-à-dire : Chaque Escarbot a trente jointures, à cause des trente jours du mois, pendant lesquels le soleil levant acheve sa course.

te espece sont mâles; qu'à l'exemple du Soleil, qui demeure six mois dans les signes de l'hyver, ils demeurent six mois sous la terre, & que, suivant le mouvement du Soleil, après avoir enfermé leurs embryons dans des boules de fiente, ils les rouloient de façon que la face regardoit d'un autre côté. (*a*) L'Epervier, que les *Egyptiens* nommoient *Thaustus* & *Baieth*,

L'Epervier.

(*a*) ELIEN, *Hist. Anim.* Lib. X. Cap. 14. Αἰγύπτιοι τὸν ἱέρακα Ἀπόλλωνι τιμᾶν ἐοίκασι, καὶ τὸν μὲν θεὸν Ὧρον καλοῦσι τῇ φωνῇ τῇ σφετέρᾳ. τὰς δὲ ὄρνιθας λέγουσι θαυμαςὰς: (ΘΑΥΣΤΟΥΣ, Gellius) καὶ προσήκειν τῷ θεῷ τῷ προειρημένῳ φασίν· ὁρῶσι γὰρ ἱέρακες ὀρνίθων μόνοι ἀεὶ ἐν ταῖς ἀκτῖσι τοῦ ἡλίου ῥᾳδίως καὶ ἀβασανίστως βλέποντες· καὶ δυσπημένοι ἥκιστα, πορείαν τε τὴν ἀνωτάτω ἴασι καὶ αὐτὸς ἡ θεία φλὸξ λυπεῖ οὐδὲν καὶ ἀνάπαλιν μέν τοι πέτεσθαι τὸν ἱέρακα οἱ ἰδόντες φασὶν ὡς ἐξ ὑπτίας νέοντα ἔνθα τοι καὶ πρὸς τὸν οὐρανὸν ὁρᾷ, καὶ πρὸς τὸν πάντα ἐφορῶντα, ἄλλα ἐλευθέρως καὶ ἀτρέπτως ὁ αὐτός. C'est-à-dire: Les *Egyptiens* consacrent l'Epervier à *Apollon*. Dans leur langue ils appellent ce Dieu *Orus*. Quant à ces Oiseaux, ils les nomment *Thaumastes*, ou admirables (selon *Auhu-Gelle* ils les appelloient *Thaustes*) & ils disent qu'ils apartiennent au Dieu, parce que les Eperviers sont de tous les Oiseaux les seuls qui soutiennent facilement & sans contrainte les rayons du Soleil, qu'ils ne souffrent aucune douleur en s'élevant en haut, en tournant la tête, & qu'ils regardent alors vers le ciel, & vers celui qui voit tout, le faisant librement & constamment. *Idem, ibid.* Cap. 24. Εἰκάζουσι δὲ τὸν μὲν κροκόδειλον ἐκείνοι ὕδατι, ἔνθεν τοι καὶ σέβουσιν· οἱ δὲ τὸν ἱέρακα πυρί, ταύτῃ τοι καὶ προσκυνοῦσι. C'est-à-dire: Ils font du Crocodile un symbole de l'Eau, & c'est pour cela qu'ils le venèrent: ils font aussi de l'Epervier l'emblême du Feu, & pour cette raison ils l'adorent. HORAPOLLON. *Hierogl.* Lib. I. Cap. 7. Ἀντὶ ψυχῆς ὁ ἱέραξ τάσσεται ἐκ τῆς τοῦ ὀνόματος ἑρμηνείας· καλεῖται γὰρ παρ' Αἰγυπτίοις ὁ ἱέραξ, ΒΑΙΗΘ. Οὕτω γὰρ τὸ ὄνομα διαιρεθὲν ψυχὴν σημαίνει καὶ καρδίαν· ἔςι γὰρ τὸ μὲν ΒΑΙ, ψυχὴ· τὸ δὲ ΗΘ, καρδία· ἡ δὲ καρδία κατ' Αἰγυπτίους, ψυχῆς περίβολος. C'est-à-dire: En vertu de la signification de son nom, l'Epervier est mis pour l'ame. Car les *Egyptiens* appellent cet oiseau *Baieth*, & ce mot composé signifie l'ame & le cœur; car *Bai* signifie l'ame, & *Eth*, c'est le cœur: & selon les *Egyptiens*, le cœur est l'enveloppe de l'ame. CLEMENT D'ALEXANDRIE, *Strom.* Lib. V. pag. 671. Ὁ δὲ ἱέραξ (σύμβολον) ἡλίῳ· πυρώδης γὰρ καὶ ἀναιρετικός· C'est-à-dire: L'Epervier est le symbole du Soleil, parce qu'il est plein de feu & vorace. PLUTARQUE, *de Isid. & Osirid.* pag. 371. Γράφουσι καὶ ἱέρακι τὸν θεὸν τοῦτον πολλάκις· εὐτονίᾳ γὰρ ὄψεως ὑπερβάλλει, καὶ πτήσεως ὀξύτητι καὶ διοικεῖν αὐτὸν ἐλάχιςα τῇ τροφῇ πέφυκε. C'est-à-dire: Ils peignent souvent ce Dieu (*Osiris*) par un Epervier, parce que cet oiseau a la vûe très-perçante, qu'il vole avec une grande vitesse, & qu'il perd peu de tems à prendre sa nourriture. PORPHYRE, cité par EUSEBE, *Præpar. Evang.* pag. 70. Φωτὸς δὲ καὶ πνεύματος ἱέραξ αὐτοῖς σύμβολον, διά τε τὴν ὀξυκινησίαν, καὶ τὸ πρὸς ὕψος ἀνατρέχειν, ἔνθα τὸ φῶς. C'est-à-dire: Chez eux l'Epervier est le symbole de la lumiere & de l'esprit, à cause de la promptitude de son mouvement, & de son vol en-haut, où est la lumiere.

Baieth, étoit un autre symbole du Soleil, parce que c'est un oiseau qui a beaucoup de vivacité, l'œil fort perçant, regardant fixement le Soleil, & s'élevant, à ce qu'ils croyent, jusques dans la region de la lumiere. Le (*a*) Loup en est encore un autre emblême, à cause de sa voracité & de sa vûë fine; comme aussi le (*b*) Lion & (*c*) l'Oye, qui sont l'un & l'autre très-vigilans, & dont le premier, suivant

Le Loup.
Le Lion & l'Oye.

(*a*) MACROBE, Saturn. Lib. I. Cap. 17. ΛΥΚΟΝ *autem Solem vocari, etiam Lycopolitana Thebaidos civitas testimonio est: quæ pari religione Apollinem, itemque Lupum, hoc est,* λύκον *colit, in utroque Solem venerans, quòd hoc animal rapit & consumit omnia in modum Solis, ac plurimùm oculorum acie cernens tenebras noctis evincit.* C'est-à-dire: La ville de *Lycopolis* dans la *Thébaïde* fait voir, qu'ils donnoient aussi au Soleil le nom de *Lycos* ou de Loup; parce qu'on y rend les mêmes honneurs à *Apollon* & au Loup, honorant le Soleil sous l'un & l'autre de ces emblêmes, parce que cet animal saisit & devore tout, comme le Soleil, & sur-tout parce qu'ayant la vûë très bonne, il voit même pendant les ténèbres de la nuit.

(*b*) HORAPOLLON, Hierogl. Lib. I. Cap. 17. Κεφαλὴν ἔχει μεγάλην ὁ λέων, καὶ τὰς μὲν κόρας πυρώδεις, τὸ γὰρ πρόσωπον, ςρογγύλον. καὶ περὶ αὐτὸ ἀντινοειδεῖς τρίχας, κατὰ μίμησιν ἡλίε, ὅθεν καὶ ὑπὸ τὸν θρόνον τῦ Ὥρε, λέοντας ὑποτιθέασι, δεικνῦντες τὸ πρὸς τὸν θεὸν τῦ ζώε σύμβολον. Ἥλιος δὲ ὁ Ὥρος ἀπὸ τῦ τῶν ὡρῶν κρατεῖν. C'est-à-dire: Le Lion a la tête grosse, les yeux pleins de feu & la face ronde, autour de laquelle est une criniere qui le fait ressembler au Soleil. De-là vient qu'ils placent des Lions sous le trône d'*Orus*, marquant par-là le rapport qu'il y a entre le Dieu & cet animal: car le Soleil est cet *Orus*, à cause que c'est lui qui régle les heures. *Idem, ibid.* Cap. 19. Ὁ λέων ἐν τῷ ἐγρηγορέναι μέμυκε τὸς ὀφθαλμὸς, κοιμώμενος δὲ, ἀνεωγότας τότες ἔχει. C'est-à-dire: Lorsque le Lion veille il ferme les yeux, & lorsqu'il dort il les tient ouverts.

(*c*) PLINE Lib. X. Cap. 22. *Est & Anseri vigil cura,* Capitolio *testata defensio, per id tempus canum silentio proditis rebus, quamobrem cibaria Anserum Censores in primis locant.* C'est-à-dire: L'Oye est aussi un oiseau fort vigilant, témoin la défense du *Capitole*, qui sans cela auroit été perdu, parce que les chiens n'abboyoient point alors; c'est pourquoi les Censeurs ont principalement soin de la nourriture des Oyes. KIRCHER, Oedip. Ægypt. Synt. III. pag. 242. *Anserem* Ægyptii Chenosirin; *non à junco, quem* αχοῖνον *Græci vocant, eò quòd thyrsis junceis hederâ circumplicatâ solennitatem* Dionysii *seu* Osiridos *peragere solebant; sed à voce* Ægyptiacâ ΠΙΧΗΠΟC *sive* χῆν, *quæ Anserem significat, nuncupant.* Osirin *itaque dicebant* Chenosirin, *quasi dicères* Ourin Anserinum, *eò quòd summâ, uti Anser, rebus fidei suæ commissis curâ invigilare soleat.* C'est-à-dire: Les *Egyptiens* donnent à l'Oye le nom de *Chenosiris,* qui vient, non pas du jonc, que les *Grecs* appellent *Schoinos,* ni de la coûtume qu'ils avoient de célébrer la fête de *Bacchus* ou d'*Osiris* en portant des thyrses de jonc entourés de lierre; mais du mot *Egyptien Pichenos,* ou du mot *Chê,* qui signifie une Oye. Ainsi *Osiris* fut appellé *Chenosiris,* comme qui diroit *Osiris* de l'Oye, parce que, de même que l'Oye, il veille soigneusement aux choses commises à sa garde.

vant ce qu'on a observé, dort les yeux ouverts. On peut ajouter à tous ces emblêmes le (*a*) Crocodile, qui, selon eux, ainsi que l'Etre suprême, n'a pas besoin de langue, & qui vit autant d'années qu'il y a de jours dans l'an. D'ailleurs, comme *Osiris* n'étoit autre chose que le (*b*) *Nil*, on pouvoit très-bien le représenter à cet égard par un Crocodile, qui autrement est aussi le symbole de (*c*) l'Impudence, d'un mauvais (*d*) Genie, & de (*e*) *Typhon*, que l'on supposoit agir toûjours

Le Crocodile.

(*a*) ACHILLES TATIUS, Lib. IV. *de Crocodil.* Φάσι δὲ ὅτι τὸν ἀριθμὸν τυγχάνουσιν, ὅσας ὁ θεὸς εἰς ὅλον ἔτος ἀναλάμπει τὰς ἡμέρας. C'est-à-dire: On dit qu'ils remplissent le même nombre que les jours que le Soleil éclairé pendant l'année entiere. DIODORE DE SICILE Lib. I. pag. 21. 22. Μακρόβιον μέν ἐςιν ὡς κατ' ἄνθρωπον, γλῶτταν δὲ οὐκ ἔχει. ** Τῶν μὲν γὰρ ἐγχωρίων τοῖς πλείςοις νόμιμόν ἐςιν ὡς θεὸν σέβεσθαι τὸν κροκόδειλον. C'est-à-dire: Il vit longtems à proportion de l'homme, & n'a point de langue. — Car c'est l'usage de la plupart des gens de ces lieux, de vénérer le Crocodile comme un Dieu. PLUTARQUE, *de Isid. & Osir.* pag. 381. Μίμημα θεοῦ λέγεται γεγονέναι μόνος μὲν ἄγλωσσος ὢν ὁ κροκόδειλος. Φωνῆς γὰρ ὁ θεῖος λόγος ἀπροσδεής ἐςι, καὶ δι᾽ ἀψόφου βαίνων κελεύθου καὶ δίκῃ τὰ θνητὰ ἄγει κατὰ δίκην &c. C'est-à-dire: On prétend que le Crocodile est la seule image de Dieu, parce qu'il n'a point de langue; car la parole divine n'a point besoin de voix, & gouverne les choses mortelles en justice & sans bruit.
(*b*) ELIEN, *Hist. Anim.* Lib. X. Cap. 24. Εἰκάζουσι δὲ τὸν μὲν κροκόδειλον ἐκεῖνοι ὕδατι, ἔνθεν τοι καὶ σέβουσιν. C'est-à-dire: Ils représentent l'Eau par le Crocodile, & de-là vient qu'ils le venèrent.
(*c*) CLEMENT D'ALEXANDRIE, *Strom.* Lib. V. pag. 670. Ὁ κροκόδειλος (σύμβολον) ἀναιδείας. C'est-à-dire: Le Crocodile est le symbole de l'Impudence.
(*d*) DIODORE DE SICILE Lib. III. Ὁ κροκόδειλος σημαντικός ἐςι πάσης κακίας. C'est-à-dire: Le Crocodile désigne toute sorte de méchanceté.
(*e*) PLUTARQUE, *de Isid. & Osir.* pag. 366. Ἡ δὲ Τυφῶνος ἐπιβολὴ καὶ τυραννὶς, αὐχμοῦ δύναμις ἦν ἐπικρατήσαντος, καὶ διαφθορήσαντος τήν τε γεννῶσαν ὑγρότητα τὸν Νεῖλον καὶ αὔξουσαν. C'est-à-dire: Le soulevement & la domination de *Typhon* étoit l'effet de la sécheresse, qui, portée à un haut degré, dissipe l'humidité qui engendre & qui augmente le *Nil. Idem, ibid.* pag. 369. Οὐ γὰρ αὐχμὸν, οὐδὲ ἄνεμον, οὐδὲ θάλατταν, οὐδὲ σκότος, ἀλλὰ πᾶν ὅσον ἡ φύσις βλαβερὸν καὶ φθαρτικὸν ἔχει μόριον, τοῦ Τυφῶνός ἐςι. C'est-à-dire: On attribue à *Typhon*, non seulement la sécheresse, & le vent, & la mer, & les tenèbres, mais encore tout ce que la Nature a de nuisible, & tous les principes de corruption. *Idem, ibid.* pag. 371. Ἡμέρᾳ δὲ μιᾷ θηρεύσαντες ὅσους ἂν δύνωνται κροκοδείλους, καὶ κτείναντες ἀπαντικρὺ τοῦ ἱεροῦ προβάλλουσι, καὶ λέγουσιν ὡς ὁ Τυφὼν τὸν Ὧρον ἐπέδρα κροκόδειλος γενόμενος, πάντα καὶ ζῶα, καὶ φυτὰ, καὶ πάθη τὰ φαῦλα καὶ βλαβερὰ, Τυφῶνος ἔργα, καὶ μέρη, καὶ κινήματα ποιούμενοι. C'est-à-dire: Ayant pris à la chasse tout ce qu'ils peuvent en prendre dans un seul jour, & les ayant tués, ils les jettent vis-à-vis du Temple, & disent, que *Typhon* devenu

Le Taureau. jours d'une manière opposée aux bénignes influences d'*Isis* & d'*Osiris*. Mais le Taureau, (a) l'*Apis* (b) ou *Myevis*, & la (c) *Divinité fertile de la Terre, qui produit toute chose,* comme l'appelle *Apulée*, étoit le principal symbole d'*Osiris*. On le regardoit comme sacré, à cause du grand bien qu'il fait, & des services qu'il rend aux hommes; & parce qu'après la mort d'*Osiris*, on croyoit que l'ame de ce dernier avoit passé dans le corps du Taureau.

Les symboles d'*Isis*. Le Taureau étoit encore un des symboles d'*Isis*, laquelle étoit aussi représentée par (d) l'*Ibis* & par le (a) Chat,

---

nu Crocodile, avoit tendu des piéges à *Orus*, assignant à *Typhon* pour actions, & pour parties, & pour mouvemens, tant les animaux & les vegétaux, que les passions qui ont du mauvais & du nuisible.

(a) DIODORE Lib. I. pag. 54. Τῆς δὲ τῦ βοὸς τύτυ τιμῆς αἰτίαν ἔνιοι Φέρασι, λέγοντες ὅτι τελευτήσαντος Ὀσίριδος, εἰς τῦτον ἡ ψυχὴ αὐτῦ μετέςη. C'est-à-dire: Quelques-uns attribuent l'honneur qu'on rend à ce Bœuf, à ce qu'ils disent qu'*Osiris* étant mort, son ame y fut transportée. *Idem*, ibid. pag. 55. Διὰ τὴν τῆς γεωργίας χρείαν. C'est-à-dire: Pour l'usage qu'en retire l'Agriculture.

(b) *Idem*, Lib. I. pag. 13. Τὰς δὲ ταύρες τὰς ἱερὰς, τόν τε ὀνομαζόμενον ΑΠΙΝ καὶ τὸν ΜΥΕΤΙΝ Ὀσίριδι καθιερωθῆναι, καὶ τύτυς σέβεσθαι καθάπερ θεὰς κοινῇ καταδειχθῆναι τᾶσιν Αἰγυπτίοις. Ταῦτα γὰρ τὰ ζῶα τοῖς εὑρῦσι τὸν τῦ σίτε καρπὸν συνεργῆσαι μάλιςα πρός τε τὸν σπόρον καὶ τὰς κοινὰς ἁπάντων, ἐκ τῆς γεωργίας ὠφελείας. C'est-à-dire: Il établit que les Taureaux sacrés nommés APIS & MYEVIS furent consacrés à *Osiris*, & sont adorés en commun comme des Dieux par tous les *Egyptiens*, parce que ces animaux sont les plus utiles à ceux qui avoient trouvé le fruit du bled, principalement pour le semer, & pour les utilités que tout le monde retire de l'Agriculture.

(c) APULÉE, *Metam*. Lib. XI. pag. 262. *Bos, omniparentis Deæ fœcundum simulacrum.* C'est-à-dire: Le Bœuf est la fertile image de la Déesse qui produit toute chose.

(d) CLEMENT D'ALEXANDRIE, *Strom*. Lib. V. pag. 671. Ἡ δὲ Ἶβις (σύμβολον) σελήνης τὰ μὲν σκιερὰ, τῷ μέλανι, τὰ δὲ Φωτεινὰ, τῷ λευκῷ τῶν πτίλων ἐμφαζόντων. C'est-à-dire: L'*Ibis* est le symbole de la Lune, figurant l'obscur par le noir, & le lumineux par le blanc. PLUTARQUE, *de Isid. & Osir*. pag. 381. Ἡ δὲ Ἶβις ἀποκτείνυσα μὲν τὰ θανατηφόρα τῶν ἑρπετῶν, ἐδίδαξε πρώτη κενώματος ἰατρικῇ χρείαν κατιδόντας, ὅτω κλυζομένην καὶ καθαιρομένην ὑφ' ἑαυτῆς. ** Τῇ δὲ τῶν ποδῶν διαβάσει πρὸς ἀλλήλας, καὶ τὸ ῥύγχος ἰσόπλευρον ποιεῖ τρίγωνον· ἔτι δὲ ἡ τῶν μελάνων πτερῶν περὶ τὰ λευκὰ ποικιλία καὶ μίξις ἐμφαίνει σελήνην ἀμφίκυρτον. C'est-à-dire: En tuant les reptiles venimeux, l'*Ibis* fut la première qui enseigna l'utilité des évacuations médecinales, les hommes ayant vû de quelle manière cet oiseau lavoit & nettoyoit ces reptiles. — D'ailleurs, par la disposition de ses pieds entre eux & le bec, il forme un triangle équilateral. Ajoutez à cela, que le mélange & la diversité de son plumage

dans

(a) Chat; parce que le premier de ces animaux donne autant d'œufs, & le dernier autant de petits qu'il y a de jours dans une des periodes de la Lune. On pensoit aussi que le mélange de noir & de blanc qu'il y a dans le plumage de l'un, & les taches qui sont sur la peau de l'autre, marquoient la diversité de lumiere & d'ombre que l'on voit dans la pleine Lune; & la contraction & dilatation alternative de la prunelle du Chat sembloit représenter les différentes phases de ce luminaire. Le (b) Chien

étoient l'*Ibis* & le Chat.

Le Chien & le Cyno-

dans les ailes, où le noir environne le blanc, représente la demi-Lune. PIGNORIUS, *Mens. Is. exp.* pag. 76. *Ibis sacra Isidi avis, tum quia ad Lunæ rationem, quam pennarum etiam varietate exprimit, ova fingit; tum quia tot diebus ova excludit, quot Luna crescit & decrescit; ejusdem intestinum Luna deficiente comprimitur. Ad hæc, extrà fines Ægypti non progreditur, exportata vitam citiùs, quàm patrii soli desiderium abjicit. Consecrationis causa fuit utilitas. Serpentibus enim alatis ex* Arabia *in Ægyptum advenientibus obviam procedens, eas conficit, earumque ova disperdit.* C'est-à-dire: L'*Ibis* est un oiseau consacré à *Isis*, tant parce qu'il pond ses œufs suivant les phases de la Lune, qu'il représente aussi par la varieté de son plumage, que parce que ses œufs éclosent en autant de jours qu'il faut à la Lune pour croître & pour decroître, & qu'il n'en fait plus dès que la Lune disparoît. D'ailleurs cet oiseau ne sort pas de l'*Egypte*, & transporté ailleurs, il perd plutôt la vie que le désir de retourner dans son païs natal. Il a été consacré pour son utilité: car il va à la rencontre des Serpens aîlés qui viennent d'*Arabie* en *Egypte*, & les tue, detruisant en même tems leurs œufs.

(a) PLUTARQUE, *de Isid. & Osir.* pag. 376. Τῷ δὲ αἰλέρῳ τὴν σελήνην, διὰ τὸ ποικίλον, καὶ νυκτερὸν, καὶ γόνιμον τȣ̃ θυρίȣ. Λέγεται γὰρ ἕν τίκτειν, εἶτα δύο, καὶ τρία, καὶ τέσσαρα, καὶ πέντε, καὶ καθ' ἓν ȣ̃τως ἄχρι τῶν ἑπτὰ προστίθησιν, ὥςε ὀκτὼ καὶ εἴκοσι τὰ πάντα τίκτειν, ὅσα καὶ τῆς σελήνης φῶτά ἐςιν, αἱ δὲ ἐν τοῖς ὄμμασιν ἀυτȣ̃ κόραι πληρȣ̃σθαι μὲν καὶ πλατύνεσθαι δοκȣ̃σιν ἐν πανσελήνῳ λεπτύνεσθαι δὲ καὶ μαραυγεῖν ἐν ταῖς μειώσεσι τȣ̃ ἄςρȣ. C'est-à-dire: Ils représentent la Lune par le Chat, à cause que cet animal est changeant, qu'il veille la nuit & est fertile. Car on dit qu'il engendre d'abord un petit, ensuite deux, trois, quatre, cinq, & ainsi de suite, jusqu'à ce que le nombre d'une portée aille à sept, ce qui fait en tout 28, qui est le nombre des phases de la Lune. D'ailleurs, les prunelles de ses yeux paroissent s'élargir & s'étendre dans la pleine Lune, & au contraire s'appetisser & se retrecir durant les decroissemens de cet Astre.

(b) *Idem, ibid.* pag. 368. Νέφθυς γάρ ἐςι τὸ ὑπὸ γῆν καὶ ἀφανές, Ἶσις δὲ τὸ ὑπὲρ τὴν γῆν καὶ φανερόν· ὁ δὲ τȣ́τω ὑποψαύων καὶ καλȣ́μενος ὁρίζων κύκλος, ἐπίκοινος ὢν ἀμφοῖν, Ἀνυβις κέκληται, καὶ κυνὶ τὸ εἶδος ἐκεικάζεται· καὶ γὰρ ὁ κύων χρῆται τῇ ὄψει νυκτός τε καὶ ἡμέρας ὁμοίως. καὶ ταύτην ἔχειν δοκεῖ παρ' Αἰγυπτίοις τὴν δύναμιν ὁ Ἀνυβις, οἵαν ἡ Ἑκάτη παρ' Ἕλλησι, χθόνιος ὢν ὁμȣ̃ καὶ ὀλύμπιος. C'est-à-dire: *Nephthys* est le corps de la Lune qui est sous la terre & invisible; *Isis*, celui qui est sur la terre & visible. L'Horizon qui touche l'une & l'autre, & qui leur est commun, fut appellé *Anubis*, & est représenté par le Chien, parce que cet animal se sert

cephale ou le Babouin.

& le (*a*) Cynocephale en étoient d'autres emblêmes : le Chien, parce que c'eſt un animal vigilant, qui fait la garde pendant la nuit, & qu'il avoit été d'un grand ſecours à *Iſis* pour découvrir le corps d'*Oſiris*; le Cynocephale, parce que les femelles de cette eſpece ont leurs mois régulierement, & que les mâles ſont triſtes & s'abſtiennent de toute nourriture, lorſque la Lune eſt en conjonction avec le Soleil.

Les Egyptiens ne rendoient aucun culte à ces Animaux.

Ce ſont-là les plus conſiderables des Animaux que les *Egyptiens* regardoient comme ſacrés, & qu'ils mettoient à la place de leurs Divinités ; *non pas qu'ils les adoraſſent directement*, comme dit (*b*) *Plutarque, mais ils adoroient ſeulement la Divinité, qui étoit repréſentée en eux comme dans un miroir*,

ou,

fert de ſes yeux également la nuit & le jour : de ſorte que parmi les *Egyptiens* on attribue à *Anubis* la même vertu que les *Grecs* attribuent à leur *Hecate*, qu'ils font tout à la fois terreſtre & céleſte. *Idem, ibid.* pag. 356. Ανεβις λεγόμενος τὰς θεὰς Φρερεῖν, ὥσπερ οἱ κύνες τὰς ἀνθρώπες. C'eſt-à-dire : Celui qui eſt appellé *Anubis* garde les Dieux, comme les Chiens gardent les hommes.

(*a*) HORAPOLLON, *Hierogl.* Lib. I. Cap. 14. Εν τοῖς ἱεροῖς τρέφονται κυνοκέφαλοι, ὅπως ἐξ αὐτῶν γινώσκηται τῇ ἡλία καὶ σελήνης μέρος τῆς συνόδε. Οταν γὰρ ἐν τῷ μέρει τῆς ὥρας ἢ σελήνη συνδεύεσα ἡλίῳ, ἀφώτιςος γένηται, τότε ὁ μὲν ἄρσην κυνοκέφαλος ἃ βλέτει, ἀδὲ ἐσθίει, ἄρχεται δὲ εἰς τὴν γῆν νενευκώς, καθάπερ πενθῶν τὴν τῆς σελήνης ἁρπαγὴν. Η δὲ θήλεια μετὰ τᾶ μὴ ὁρᾶν, καὶ ταῦτα τῷ ἄῤῥενι πάσχειν, ἔτι καὶ ἐκ τῆς Ἰδίας Φύσεως αἱμάσσεται. C'eſt-à-dire : On nourrit dans les Temples des Cynocephales, afin de connoître par leur moyen le tems de la conjonction du Soleil & de la Lune. Car tandis que la Lune, approchant du Soleil, perd ſa lumiére, le Cynocephale mâle ne voit ni ne mange, & s'afflige, fixant les yeux à terre, comme s'il pleuroit l'enlevement de la Lune. La femelle non ſeulement n'y voit pas, & a les mêmes accidens que le mâle, mais encore, en vertu de ſon ſexe, elle perd du ſang. *Idem, ibid.* Cap. 15. Σελήνης δὲ ἀνατολὴν γράφειν βελόμενοι, κυνοκέφαλον ζωγραφᾶσι ἑςῶτα, καὶ τὰς χεῖρας εἰς ἐρανὸν ἐπαίροντα· βασίλειον τε ἐπὶ τῆς κεφαλῆς ἔχοντα, προσευχόμενον τῇ θεῷ, ἐπειδὴ ἀμφότερος φωτὸς μητειλήφασι. C'eſt-à-dire : Lorſqu'ils veulent repréſenter le lever de la Lune, ils peignent un Cynocephale ſe tenant debout & levant les mains au ciel, ayant un diadème ſur la tête, & priant la Déeſſe ; parce que ces animaux participent en même tems à la lumiere. *Idem, ibid.* Cap. 16. Ἰσημερίας δύο πάλιν σημαίνοντες, κυνοκέφαλον καθήμενον ζωγραφᾶσι ζῶον· ** ὅτι ἐν ταῖς ἰσημερίαις, μόνος τῶν ἄλλων ζώων δωδεκάκις τῆς ἡμέρας κράζει καθ' ἑκάςην ὥραν. C'eſt-à-dire : De plus, pour déſigner les deux Equinoxes, ils peignent le Cynocephale aſſis, — parce qu'il eſt le ſeul des animaux qui, dans le tems de l'Equinoxe, jette douze cris par jour, un à chaque heure.

(*b*) PLUTARQUE, *de Iſid. & Oſir.* pag. 382. Ἀγαπητέον ἐν ἃ ταῦτα τιμῶντας, ἀλλὰ διὰ τέτων τὸ θεῖον, ὡς ἐναργεςέρων ἐσόπτρων καὶ Φύσει γεγονότων, ὡς ὄργανον ἢ τέχνην ἀεὶ τᾶ πάντα κοσ-

SUR LA SYRIE, L'EGYPTE &c. Chap. V.

ou, à ce qu'il s'exprime dans un autre endroit, *comme nous voyons la ressemblance du Soleil dans des gouttes d'eau.* (a) *Lucien* donne une raison plus extraordinaire encore, pourquoi ils avoient introduit ces Animaux dans leur Théologie; sçavoir que *dans les guerres qu'il y eut entre les Dieux & les Géans, les premiers se refugierent en Egypte, & s'y métamorphoserent en Bêtes & en Oiseaux; qu'ils ont toûjours depuis conservé cette figure, & que c'est-là la raison pourquoi on les honore encore sous ces images.*

Outre les Animaux dont je viens de parler, il y en a d'autres auxquels les *Egyptiens* ont donné place dans leur Ecriture sacrée. Tels sont, parmi les Oiseaux, (b) la Chouëtte, qui représentoit communement un mauvais Genie, la (c) Corneil-

La Chouëtte.

La Corneille ou le Chou-

κοσμᾶντος θεᾶ νομίζειν καλῶς. C'est-à-dire: On doit donc estimer, non ceux qui honorent ces animaux, mais ceux qui dans ces animaux honorent la Divinité, que l'on y voit comme dans un miroir fort clair, & qui l'est naturellement, & que l'on regarde avec raison comme les instrumens ou comme les productions de Dieu, qui arrange tout éternellement. *Idem, ibid.* pag. 380. Ἀσπίδα δὲ, καὶ γαλῆν, καὶ κάνθαρον, εἰκόνας τινὰς ἑαυτοῖς ἀμαυρὰς, ὥσπερ ἐν σαγόσιν ἡλίῳ, τῆς τῶν θεῶν δυνάμεως κατιδόντες. C'est-à-dire: Ils regardent l'Aspic, la Belette & l'Escarbot, comme de certaines images obscures du pouvoir des Dieux, de même que l'on voit le Soleil dans des gouttes de pluye.

(a) LUCIEN, *de Sacrif.* pag. 5. Τῶν γιγάντων τὴν ἐπανάςασιν οἱ θεοὶ Φοβηθέντες, ἧκον ἐς τὴν Αἴγυπτον, ὡς δὴ ἐνταῦθα λησόμενοι τοὺς πολεμίους· εἶθ' ὁ μὲν αὐτῶν ὑπέδυ τράγον, ὁ δὲ κριὸν ὑπὸ τοῦ δέους, ὁ δὲ θηρίον. ἢ ὄρνεον. διὸ δὴ εἰσέτι καὶ νῦν φυλάττεσθαι τὰς τότε μορφὰς τοῖς θεοῖς. C'est-à-dire: Les Dieux effrayés du soulevement des Géans, vinrent en *Egypte*, comme devant y être cachés à leurs ennemis. De frayeur l'un prit la forme d'un Bouc, un autre celle d'un Belier, celui-ci d'un quadrupede, celui-là d'un oiseau; & l'on dit que c'est pour cette raison que les Dieux gardent encore les mêmes figures.

(b) HECATÉE, cité par MALCHUS: Τύφων δὲ μετασχηματιζόμενος εἰς γλαῦκα τερατολογούμενος ἔτυχε. C'est-à-dire: Les Conteurs de prodiges disent, que *Typhon* fut métamorphosé en Chouëtte. ABENEPHIUS, & KIRCHER, *Obel. Pamph.* pag. 317. *Credebant quod noctua nuncia sit numinis* Hemphta, *quæ est prima apud eos divinitas, & annunciatrix omnium, quæ eventura essent hominibus.* C'est-à-dire: Ils regardoient la Chouëtte comme la messagere de la Divinité nommée *Hempha*, qui tient chez eux le premier rang, & qui annonce ou prédit tout ce qui doit arriver aux hommes.

(c) ELIEN, *Hist. Anim.* Lib. III. Cap. 9. Ἀκούω δὲ τοὺς πάλαι, καὶ ἐν τοῖς γάμοις μετὰ τὸν Ὑμέναιον τὴν κορώνην καλεῖν, σύνθημα ὁμοσίας τοῦτο τοῖς συνιοῦσιν ἐπὶ παιδοποιίᾳ διδόντες. C'est-à-dire: J'ai appris que les Anciens, dans leurs nôces, après avoir invoqué l'*Hymenée*, appelloient aussi la Cor-

neil-

cas, & la Caille ou le Râle.

neille, qui marquoit la Concorde, & la (a) Caille, qui étoit l'emblême de l'Impieté. La raison qu'ils en donnoient, c'est que *Typhon* avoit été transformé en une Chouëtte, que la Corneille est très-fidèle à son compagnon, & que la Caille offensoit la Divinité par son chant.

La Huppe.

La (b) Huppe, qui a soin de ses pere & mere devenus vieux, étoit l'emblême de la Gratitude & de la Reconnoissance ; ou peut-être, à cause de la varieté de son plumage, représentoit-elle la Diversité des choses qu'on découvre dans l'Univers.

La Poule de bois, ou la Francoline d'*Afrique*.

Cette même Diversité étoit aussi figurée par l'oiseau que les Auteurs *Latins* appellent (c) *Meleagris*, & qui est une espece de Poule de bois ou de Francoline qu'on trouve en *Afrique*, connue sous le nom de Poule Pintade, quoiqu' (d) *Abenephius* dise qu'elle repré-

neille, donnant cet oiseau pour modèle de la cohabitation à ceux qui s'unissent pour avoir des enfans. *Idem*, & HORAPOLLON, *Hierogl. Lib. I. Cap.* 8. & 9. disent aussi : Τὰ ἀρσενικὰ τὰς θηλείας γαμήσαντα, ὄ μίσγεται ἑτέρα κορώνη. C'est-à-dire : Lorsque les mâles se sont unis avec les femelles, ils ne s'accouplent point avec d'autres Corneilles.

(a) Voyez HECATÉE cité par KIRCHER, *Obel. Pamph.* pag. 322. & HORAPOLLON, *Hierogl.* Lib. I. Cap. 49.

(b) HORAPOLLON, *ubi suprà*, Cap. 55. Εὐχαριςίαν γράφοντες, κυκύφαν ζωγραφέςι διότι τῦτο μόνον τῶν ἀλόγων ζώων, ἐπειδὰν ὑπὸ τῶν γονέων ἐκτραφῇ, γηράσασιν αὐτοῖς, τὴν αὐτὴν ἀνταποδίδωσι χάριν· ⁕Ὅθεν καὶ τῶν θείων σκήπτρων κυκύφα προτίμησίς ἐςι. C'est-à-dire : Pour désigner la Reconnoissance, ils peignent une Huppe, parce qu'elle est le seul de tous les animaux dépourvûs de raison, qui, après avoir été nourri par ses pere & mere, leur rend la pareille quand ils sont devenus vieux. — C'est pourquoi la Huppe fait aussi l'ornement des sceptres que l'on donne aux Dieux. KERANIDES, cité par KIRCHER, *Obel. Pamph.* pag. 329. *Upupa est septicolor, regimen habens in capite, altitudine digitorum duorum, quod aperitur & contrabitur, estque quatuor colorum, convenientium ad quatuor anni tempora.* C'est-à-dire : Le plumage de la Huppe est de sept couleurs différentes, & elle a une houpe sur la tête de deux doigts de hauteur, que cet oiseau peut ouvrir & resserrer : cette houpe a quatre couleurs, qui répondent aux quatre saisons de l'année.

(c) KIRCHER, *Oedip. Ægypt. Synt.* I. pag. 91. *Meleagris avis propter pennas diversicolores varietatem universæ naturæ denotat.* C'est-à-dire : Le plumage bigarré de l'oiseau appellé *Meleagris*, signifie la varieté qui régne dans toute la nature.

(d) ABENEPHIUS : *Gallina Pharaun, illud est signum firmamenti, sive stellarum fixarum.* C'est-à-dire : La Poule surnommée *Pharaoun*, est le symbole du firmament, ou des étoiles fixes. KIRCHER, *Oedip. Ægypt. & Theatr. Hierogl.* pag. 64. *Uti enim firmamentum variis stellis ornatum est, sic Gallina Pharaonis maculis, veluti stellulis quibusdam, variegata est.* C'est-à-dire : Car comme le firmament est orné

SUR LA SYRIE, L'EGYPTE &c. Chap. V.

préfentoit le Firmament étoilé. Par la Chevre, leur (*a*) *Mendés* ou *Pan*, on entendoit la même faculté prolifique, qui étoit auffi figurée par le (*b*) *Phallus*. (*c*) L'Hippopotame étoit un type de l'Impudence, à caufe de la cruauté & des inceftes qu'on attribue à cet animal; ou bien de *Typhon*, c'eft-à-dire du Oueft, qui devore & abforbe le foleil. Un Embryon, ou les Productions imparfaites de la nature étoient exprimées

La Chevre.
L'Hippopotame.
La Grenouille.

né de beaucoup d'étoiles, de même la Poule dite de *Pharaon*, eft parfemée de taches, comme fi c'étoient de petites étoiles.

(*a*) HERODOTE, *Euterp*. §. 46. Καλεῖται δὲ ὅ τε τράγος καὶ ὁ Πὰν Αἰγυπτιςὶ, Μένδης· γράφεσί τε δὴ καὶ γλύφεσι οἱ ζωγράφοι, τῶ Πανὸς τὥγαλμα, καθάπερ Ἕλληνες, αἰγοπρόσωπον καὶ τραγοσκελέα· ὅτι τοιῶτον νομίζοντας εἶναί μεν, ἀλλ' ὅμοιον τοῖς ἄλλοισι θεοῖσι. C'eft-à-dire: Dans la langue *Egyptienne*, un Bouc & *Pan* s'appellent *Mendés*; & les Peintres & les Sculpteurs y font la figure de *Pan*, ainfi que font auffi les *Grecs*, avec une face de chevre & des jambes de bouc: non qu'ils croyent que cela foit ainfi, mais ils en penfent à cet égard comme de leurs autres Dieux.

(*b*) DIODORE DE SICILE, Lib. I. pag. 55. Τὸν δὲ τράγον ἀποθέωσαν, ** διὰ τὸ γενητικὸν μόριον. ** Τὸ δὲ μόριον τῶ σώματος τὸ τῆς γενέσεως αἴτιον τιμᾶσθαι προσηκόντως, ὡς ἂν ὑπάρχον ἀρχέγονον τῆς τῶν ζώων φύσεως. C'eft-à-dire: Ils ont mis le Bouc au rang des Dieux — à caufe de fa partie qui fert à la génération, — & ils ont cru que cette partie devoit être honorée, parce qu'elle fert de principe à la nature des animaux. *Idem*, *ibid*. pag. 13. Ἐν τοῖς ἱεροῖς εἴδωλον αὐτῶ (αἰδοῖα Ὀσίριδος) κατασκευάσατο (Ἶσις), τιμᾶν κατιδεῖξαι, καὶ κατὰ τὰς τελετὰς καὶ τὰς θυσίας τῷ θεῷ τῶτῳ γινομένας ἐντιμότατον ποιῆσαι, καὶ πλείςω σεβασμῶ τυγχάνειν. C'eft-à-dire: *Ifis* fit une repréfentation de la partie naturelle d'*Ofiris*, & ordonna de l'honorer & de la venérer extrêmement, & de lui rendre beaucoup de culte dans les fêtes & dans les facrifices célébrés à l'honneur de ce Dieu. KIRCHER, *Oedip. Ægypt*. Synt. I. pag. 152. *Phallo res omnes feminalibus rationibus referæ indigitabantur*. C'eft-à-dire: Par le *Phallus* on indiquoit généralement tout ce qui renferme quelque fémence.

(*c*) PLUTARQUE, de *Ifid*. & *Ofir*. pag. 363. Ἱπποποταμίῳ δὲ ἀναιδείαν (Φράζεσιν.) λέγεται γὰρ ἀποκτείνας τὸν πατέρα, τῇ μητρὶ βίᾳ μίγνυσθαι. C'eft-à-dire: Ils expriment l'impudence par l'Hippopotame: car on dit qu'après avoir tué fon pere, il s'accouple par force avec fa mere. HECATÉE, *Lib. de Sacr. Philof*. Φασὶ τὲ Τύφωνα ἀντίθεον καὶ ἀντίτεχνον Ἱπποποταμόρφον, μετὰ τῶ Ὀσίριδος συνεχῶς πολεμίζειν· Φύσιν μὲν κάκεργον διὰ Τύφωνος, καὶ εὔδικον δι' Ὀσίριδος σημαίνοντες. C'eft-à-dire: Ils difent que *Typhon*, ennemi des Dieux & oppofé à leurs deffeins, eft toûjours, fous la forme de l'Hippopotame, en guerre contre *Ofiris*; repréfentant ainfi la nature malfaifante par *Typhon*, & la jufte par *Ofiris*. PORPHYRE, cité par EUSÈBE, *Præp. Evang*. pag. 70. Ὁ δὲ Ἱπποπόταμος, τὸν δυτικὸν δηλοῖ πόλον παρὰ τὸ καταπίνειν εἰς ἑαυτὸν τῶς περιπολεῦντας. C'eft-à-dire: L'Hippopotame fignifie le Pole occidental, parce que cet animal engloutit ceux qui l'approchent.

mées par une (a) Grenouille, animal qui paroît sous différentes formes avant qu'il arrive à sa perfection, & qu'on supposoit être engendré du limon du *Nil*. (b) *Un Poisson*, dit *Plutarque, étoit un emblême de la Haine, à cause de la Mer,* c'est-à-dire de *Typhon*, qui absorbe le *Nil*. Le (c) Papillon, selon *Kircher*, exprimoit le Pouvoir divers & l'Influence de la Divinité, à cause des transformations par lesquelles il passe. Le même Auteur dit, que le Papillon tient de la figure du dragon; & il remarque fort bien, que la tige du roseau à barbe est communement placée devant le Papillon, pour désigner l'Abondance & la Richesse qui découle de l'Etre suprême.

<small>Un Poisson.
Le Papillon.</small>

Les *Egyptiens* employoient non seulement ces Animaux, & plusieurs autres semblables, tout entiers dans leur Ecriture symbolique, mais ils y faisoient aussi entrer des parties ou des membres separés de quelques-uns. C'est ainsi que les (d) Cornes du Taureau, qui sont ordinairement dorées, représen-

<small>Les parties des Animaux étoient aussi symboliques.</small>

(a) HORAPOLLON, *Hierogl.* Lib. I. Cap. 26. Ἡ τῶ βατράχȣ γένεσις ἐκ τῆς τῶ ποταμῶ ἰλύος ἀποτελεῖται. C'est-à-dire: La generation de la Grenouille se fait de la vase du fleuve. PIGNOR. *Mens. Is.* expl. pag. 48. *Embryonis nota fuit, ut quæ esset Telluris, ac si dicas* Isidis, *filia, quam* Nilus *altricibus aquis fæcundat*. C'est-à-dire: Elle étoit l'emblême d'un Embryon, parce qu'elle est la fille de la Terre, ou si l'on veut d'*Isis*, que le *Nil* rend féconde par ses eaux nourrissantes.

(b) PLUTARQUE, *de Isid. & Osir.* pag. 363. Τὸ μισεῖν ἰχθύϊ γράφȣσιν, διὰ τὴν θάλατταν· Οὗτοι δέ εἰσιν οἱ λέγοντες * Νεῖλον εἶναι τὸν Ὀσιριν, Ἰσιδὶ συνόντα τῇ γῇ. Τυφῶνα τὴν θάλασσαν, εἰς ἥν ὁ Νεῖλος ἐμπίπτων ἀφανίζεται καὶ διασπᾶται. C'est-à-dire: Ils attribuent la haine au Poisson, à cause de la Mer. Et les mêmes disent aussi — que le *Nil* est *Osiris*, qui s'accouple avec *Isis*, qui est la Terre, & que *Typhon* est la Mer, dans laquelle le *Nil*, qui s'y jette, va se perdre & se dissipe.

(c) KIRCHER, *Oedip. Ægypt.* Synt. II. pag. 183. *Papilione draconto-morpho pantamorpham seu omniformem naturam seu potentiam denotabant, in quam proximè & immediatè supremum numen influit. Adjunctum habet papyraceum seu junceum thyrsum, quo rerum necessariarum ubertas notatur, quam in mundorum entia, pantamorpha natura confert*. C'est-à-dire: Par un Papillon, dont la figure tenoit du Dragon, ils représentoient la nature où le pouvoir qui produit tous les Etres différens, & qui procede directement & immédiatement de la Divinité suprême. On y ajoute une tige de Jonc ou de Roseau à barbe, pour indiquer l'abondance des choses nécessaires, que la Nature variée produit sous toutes sortes de formes à l'usage des Etres qui se trouvent dans les mondes. Voyez aussi *Obel. Pamph.* du même Auteur, pag. 500.

(d) Vers d'ORPHÉE, cités par EUSEBE, *Præp. Evang.* pag. 61. Ταύρεα δ' ἀμφοτέρωθι δύο χρυσεία κέρατα.

C'est-

SUR LA SYRIE, L'EGYPTE &c. Chap. V.

fentoient les (*a*) Cornes de la Lune, ou les (*b*) Rayons du Soleil, fuivant qu'elles étoient placées fur la tête d'*Iſis* ou fur celle d'*Oſiris*. (*c*) L'Oeil figuroit la Providence, & joint à un Sceptre, il ſignifioit le Pouvoir d'*Oſiris*. La (*d*) Main droite avec les doigts étendus étoit un type de l'Abondance, & la Main gauche marquoit le contraire. Les (*e*) Aîles étoient

Les Cornes.
L'Oeil.
Les Mains.
Les Aîles.

C'eſt-à-dire: Des deux côtés ſont des Cornes de taureau dorées.

(*a*) CLEMENT D'ALEXANDRIE, *Strom*. Lib. V. pag. 657. Ἥλιον γ' ἂν γράψαι βελόμενοι, κύκλον ποιῶσι. Σελήνην δὲ, σχῆμα μηνοειδὲς, κατὰ τὸ κυριολογούμενον εἶδος. C'eſt-à-dire: Lors donc qu'ils veulent peindre le Soleil, ils font un Cercle, & pour la Lune une figure de Croiſſant à deux Cornes, qui en eſt l'image propre.

(*b*) MACROBE, *Saturn*. Lib. I. Cap. 22. Inui Panis *cornua, barbæque prolixa demiſſio naturam lucis oſtendunt, quâ ſol & ambitum cœli ſuperioris illuminat, & inferiora colluſtrat.* C'eſt-à-dire: Par les Cornes qui s'élevent ſur la tête de *Pan*, & par la grande barbe qui deſcend de ſon viſage, ils indiquent la nature de la lumiere, que le Soleil envoye non ſeulement enhaut ſur la voute des cieux, mais qu'elle repand auſſi vers le bas pour éclairer la terre. [Pour marquer la projection des rayons, on plaçoit auſſi quelquefois des Cornes dorées ſur la tête de *Bacchus*; d'où les *Grecs* l'ont ſurnommé *Chryſoceros*, ou *Porteur de Cornes d'or*]. HORACE dit *Carm*. Lib. II. Od. 19. s'addreſſant à *Bacchus*.

Te vidit inſons Cerberus aureo
Cornu decorum.

C'eſt-à-dire: *Cerbere t'a vû orné de Cornes d'or, & ne t'a fait aucun mal*. Et SIDONIUS APOLLINARIS:

— *Caput aurea rumpunt*
Cornua, *& indigenum jaculantur fulminis ignem*.

C'eſt-à-dire: Sa tête eſt ornée de Cornes d'or, qui jettent un éclat ſemblable à l'éclair. Voyez auſſi ALBAND. *Explic. Tab. Heliacæ*, pag. 23.

(*c*) DIODORE DE SICILE Lib. III. Ὁ δὲ ὀφθαλμὸς δίκης τηρητὴς καὶ παντὸς τοῦ σώματος Φύλαξ. C'eſt-à-dire: L'Oeil repréſente la Juſtice attentive, parce qu'il eſt le gardien de tout le corps. PLUTARQUE, *de Iſid. & Oſirid*. pag. 371. Τὸν δὲ Ὄσιριν αὖ πάλιν ὀφθαλμῷ καὶ σκήπτρῳ γράφουσι, ὧν τὸ μὲν τὴν πρόνοιαν ἐμφαίνει, τὸ δὲ τὴν δύναμιν. C'eſt-à-dire: Ils peignent *Oſiris* par l'Oeil & le Sceptre, dont l'un marque ſa Prévoyance, & l'autre ſon Pouvoir.

(*d*) DIODORE DE SICILE, *ubi ſup*. Ἡ μὲν δεξιὰ τὰς δακτύλας ἐκτεταμένους ἔχουσα, σημαίνει βίε πορισμόν. Ἡ δὲ εὐώνυμος τήρησιν καὶ φυλακὴν χρημάτων. C'eſt-à-dire: La Main droite avec les doigts étendus ſignifie le cours de la vie, & la gauche déſigne la conſervation & la garde des richeſſes. ABENEPHIUS, cité par KIRCHER, *Obel. Pamph*. pag. 442. *Per manum extenſam ſignificabant beneficentiam Geniorum*. C'eſt-à-dire: Par une main étendue ils marquoient les Genies bienfaiſans.

(*e*) CLEMENT D'ALEXANDRIE, *Strom*. Lib. V. pag. 658. *de Cherubim*: Πτέρυγες δὲ λειτουργίαι τε καὶ ἐνέργειαι αἱ μετάρσιοι δεξιῶν τε ἅμα καὶ λαιῶν δυνάμεων. C'eſt-à-dire: Les Aîles

toient l'emblême de la Promptitude avec laquelle les Divinités, les Genies & autres Personnages sacrés à qui on les donnoit, s'employoient pour le bien & le service de l'Univers.

<small>La Tête & le Corps de différens Animaux joints ensemble.</small>

On voit aussi quelquefois dans les monumens *Egyptiens* les Têtes de différens Animaux, ou seules, ou fichées sur un bâton, ou placées sur le corps de quelque autre Créature. Par le premier de ces symboles on vouloit probablement désigner le (*a*) Caractère principal de l'Animal même, & par le dernier, les Caractères de l'un & de l'autre réunis ensemble. Ainsi la

les sont les Cultes & les Vertus éminentes, tant des Puissances favorables que des funestes.

(*a*) DIODORE DE SICILE Lib. I. pag. 39. Ἐν ἔθει γὰρ εἶναι τοῖς κατ' Αἴγυπτον δυνάςαις περιτίθεσθαι περὶ τὴν κεφαλὴν λεόντων, καὶ ταύρων, καὶ δρακόντων προτομὰς, σημεῖα τῆς ἀρχῆς· καὶ ποτὲ μὲν δένδρα, ποτὲ δὲ πῦρ, ἔςι δ' ὅτε καὶ θυμιαμάτων εὐωδῶν ἔχειν ἐπὶ τῆς κεφαλῆς ἐκ ὀλίγα. C'est-à-dire : Car on dit que c'étoit l'usage des Grands en *Egypte*, de se mettre autour de la tête des peaux de Lions, de Taureaux & de Dragons, pour signifier l'autorité; & qu'ils avoient sur la tête quelquefois des Arbres, quelquefois du Feu, & quelquefois même une quantité non médiocre d'Encens de bonne senteur. KIRCHER, *Oedip. Ægypt.* pag. 214. *Hinc tot multiformes Deorum imagines, quæ quidem nihil aliud, quàm multiplicem Dei virtutem diversis animalium proprietatibus adumbratam notant.* C'est-à-dire : De-là tant de figures bizarres de leurs Dieux, qui en effet ne signifient autre chose que les différentes vertus de Dieu, représentées par les qualités diverses des animaux. *Idem, Obel. Pamph.* pag. 497. *Cur Genii transformati jam in faciem hominis, modò in accipitrinam, Ibiacam, felinam, bovinam, caninam formam exhibeantur? Respondeo, hoc eos significare voluisse, diversa officia, quibus omnia, quæ in mundo sunt, administrant, & partim insensibiles, partim sensibiles Genii sunt*; *per illos qui humanâ facie pinguntur, insensibiles Genios exhibent, solo intellectu, & invisibili quâdam assistentiâ omnia moderantes: per reliqua verò sub formis animalium comparantes, sensibiles Deos indicant, qui sub formis animalium totum orbem circumeuntes, teste Trismegisto, humanum genus erudiunt. Sic Mercurium sub forma canis, sub forma bovis Osirin, sub forma felis Isidem: Hinc transformatos illos, ut plurimùm, indumento tectos videmus, reliquos verò insensibiles nudo & subtili corpore, utpote simplices, & ab omni materiæ contagione disjunctos.* C'est-à-dire : Si l'on me demande d'où vient que les Genies sont représentés, tantôt sous une figure humaine, tantôt sous celle d'un Epervier, d'une Ibis, d'un Chat, d'un Bœuf ou d'un Chien? Je répons, que par-là ils ont voulu indiquer les divers emplois qu'ils ont pour administrer tout ce qu'il y a dans le monde, les Genies étant en partie sensibles & en partie insensibles. Ceux qu'ils peignent avec une forme humaine sont les Genies insensibles, ou ces Intelligences qui dirigent tout d'une manière invisible & qui échape à nos sens : mais tous les autres auxquels ils donnent la ressemblance de quelque Bête, représentent les Divinités sensibles, qui, au témoignage de *Trismegiste*, parcourent le monde entier

SUR LA SYRIE, L'EGYPTE &c. *Chap. V.*

la tête de l'Epervier, de l'*Ibis*, du Lion, du Chien &c. se trouve souvent placée sur un corps humain; la tête d'une Femme ou d'un Epervier sur le corps d'un Lion; la tête (*a*) d'*Orus*, qu'on représente toûjours jeune, sur le corps d'un Escarbot, & la tête d'un Epervier sur le corps d'un Serpent. Or, suivant (*b*) *Porphyre*, nous devons comprendre par ce mélange & par cette combinaison de différens Animaux, *l'Etendue du soin de Dieu & de sa providence sur toutes ses créatures: & comme nous sommes tous élevés & nourris sous ce pouvoir & sous cette protection divine, aussi devons-nous témoigner beaucoup d'affection & d'égards pour ceux qui sont de la même nature que nous.*

Raison de cette bizarrerie.

Parmi les représentations symboliques composées, le corps

Corps humain

tier sous la figure d'Animaux, & instruisent le genre humain. C'est ainsi que nous voyons *Mercure* sous la forme d'un Chien, *Osiris* sous celle d'un Bœuf, *Isis* sous celle d'un Chat. De-là vient aussi que l'on voit ordinairement, que ceux qui se trouvent ainsi métamorphosés sont couverts de quelques nippes; au lieu que les Divinités insensibles sont représentées nues & avec un corps délicat, parce que c'est des Etres simples & éloignés de tous les accidens de la matière.

(*a*) KIRCHER, Prodr. Copt. pag. 239. *Per Scarabæum, quòd ad mundi figuram ejus accedat fœtûs procreatio, Ægyptii mundum, ejusque conversiones, ac motus siderum cœlorumque indigitare solebant. Facie humanâ, Orum, seu Solem, mundi mentem, intellectu & prudentiâ singula mundi gubernantem, designabant.* C'est-à-dire: Les *Egyptiens* représentoient ordinairement le Monde & ses revolutions, ainsi que le mouvement des Astres, par un Escarbot, parce qu'en faisant son petit, celui-ci approche pour la figure de celle du monde: & lorsqu'ils

peignoient cet Insecte avec une tête d'homme, ils désignoient par-là *Orus*, ou le Soleil, qui est l'ame du monde, & qui gouverne tout l'Univers avec intelligence & avec prudence.

(*b*) PORPHYRE, cité par EUSEBE, *Præp. Evang.* pag. 57. Διὸ εἰς τὴν θεοποιΐαν παρέλαβον πᾶν ζῶον, καὶ ὁμοίως του ἀνέμιξαν θηρία καὶ ἀνθρώπους, καὶ πάλιν ὀρνέων σώματα, καὶ ἀνθρώπων. δι' ὧν δηλῶσιν, ὅτι κατὰ γνώμην θεῶν καὶ ταῦτα ἀλλήλοις κοινωνεῖ, καὶ σύντροφα ἡμῖν, καὶ τιθασά ἐςὶ τῶν θηρίων τὰ ἄγρια, οὐκ ἄνευ τινὸς θείας βουλήσεως. C'est-à-dire: C'est pour cette raison que, pour faire leurs Dieux, ils adoptèrent toutes les espèces d'Animaux, que tantôt ils mêlèrent les Bêtes féroces avec les Hommes, & que tantôt ils joignirent les corps des Oiseaux avec ceux des Hommes: pour marquer, que c'est par l'ordre des Dieux que ces Etres ont communion les uns avec les autres, qu'ils se nourrissent aussi avec nous, & que les Bêtes les plus sauvages peuvent être apprivoisées; ce qui n'a pû être sans quelque volonté divine.

Tome II. P

à tête d'Epervier.

A tête d'Ibis.

Le Momph-

corps humain (*a*) avec la tête d'un Epervier, étoit l'emblême de l'Etre premier, éternel & incorruptible. (*b*) *Porphyre* parle d'une figure de cette espece qui étoit blanche, & qui représentoit la Lune, laquelle reçoit du Soleil sa lumiere pâle. Lorsque la tête d'*Ibis* étoit jointe à un corps humain, c'étoit ce que les *Egyptiens* appelloient *Mercuribis*, ou *Hermanubis*, qui, suivant (*c*) *Kircher*, présidoit sur l'élement de l'eau. Le même caractère & la même qualité pouvoient être sous-entendus, lorsqu'on y ajoutoit une tête de (*d*) Lion, animal qui figuroit le débordement du *Nil*. Il n'y a assu-

---

(*a*) ZOROASTRE, cité par EUSEBE, *Præp. Ev. Lib. I. pag. 27.* Ὁ θεός ἐςι κεφαλὴν ἔχων ἱέρακος. οὗτος ἐςὶν ὁ πρῶτος, ἄφθαρτος, ἀγέννητος, ἀμερὴς &c. C'est-à-dire : Le Dieu a la tête d'un Epervier. Celui-ci est le premier, incorruptible, incréé, indivisible &c.

(*b*) PORPHYRE *ibid.* pag. 70. Τὸ δὲ δεύτερον φῶς τῆς σελήνης ἐν Ἀπόλλωνος πόλει καθιέρωται. ἔςι δὲ τότε σύμβολον ἱερακοπρόσωπος ἄνθρωπος, ζιβένη χειρέμενος Τυφῶνα, ἱπποποτάμῳ εἰκασμένον, λευκὸν δὲ τῇ χρόᾳ τὸ ἄγαλμα. τῆς μὲν λευκότητος, τὸ φωτίζεσθαι τὴν σελήνην παραςησάσης. τῇ δὲ ἱερακείῳ προσώπῳ, τὸ ἀφ' ἡλίῳ φωτίζεσθαι, καὶ πνεῦμα λαμβάνειν. C'est-à-dire : La seconde phase de la Lune est consacrée dans la ville d'*Apollon*. Le symbole en est un Homme à face d'Epervier, qui, un dard à la main, terrasse *Typhon*, sous la forme d'un Hippopotame. La statue est de couleur blanche. Cette blancheur marque l'illumination de la Lune ; & le visage d'Epervier désigne qu'elle est éclairée par le Soleil, & qu'elle en reçoit l'esprit.

(*c*) KIRCHER, *Obel. Pamph.* pag. 348. *Ibidis caput humanæ figuræ appositum, semper Mercuribin seu Hermanubin, humidæ substantiæ numen, indicat.* C'est-à-dire : La tête d'*Ibis* placée sur un corps de figure humaine, indique toûjours *Mercuribis*, ou *Hermanubis*, qui est la Divinité de la substance humide.

(*d*) *Idem*, *Oedip. Ægypt.* Class. VII. pag. 155. *Erat autem Mompbtha nihil aliud, quàm numen quod humidæ naturæ præsidet, genius incrementi Nili &c. Pingebatur variis modis; nunc sub forma hominis* λεοντομόρφȣ, *nunc sub simplici cubantis leonis figura.* C'est-à-dire : Ce qu'ils appelloient *Momphtha*, n'étoit autre chose que la Divinité qui préside à tout ce qu'il y a d'humide, ou le Genie de l'accroissement du *Nil* &c. On le peignoit de diverses façons : tantôt c'étoit un homme à tête de Lion, & tantôt un Lion couché. *Idem. ibid.* Synt. VII. pag. 321. *Situ est Ypsilomorpho, id est in formam litteræ Y, ad influxûs à supremo Numine immissi receptionem, & in inferiorem mundum diffusionem indicandam.* C'est-à-dire : Sa posture représente la figure de la lettre Y, pour indiquer par-là qu'il reçoit l'influence de l'Etre suprême, & qu'il la répand dans le monde inférieur. *Idem, Obel. Pamph.* pag. 284. *Momphtha, id est aquarum Numen, quod componitur ex* ⲙⲱⲟⲩ *aqua &* ⲫϯ *Deus, eundem esse puto cum*

SUR LA SYRIE, L'EGYPTE &c. Chap. V.

assurement point de figure plus commune que celle-ci: on la voit ordinairement assise & penchée, comme si on lui avoit coupé les jambes, & on l'appelloit *Momphtha*, qui, suivant la conjecture de *Kircher*, est le même qu'*Emeph* & *Hemphta*. *tba des Egyptiens.*

Le (*a*) *Crioprosopon*, ou la figure humaine avec une tête de Chevre, exprimoit entr'autres choses la Conjonction du Soleil & de la Lune dans le signe du Belier: mais lorsqu'on y mettoit la tête d'un Chien, alors c'étoit (*b*) *Anubis* ou *Hermes*, qui représentoit (*c*) l'Horizon, & étoit chargé de la garde des deux Hemisphères. *Figure humaine à tête de Chevre. A tête de Chien.*

La tête d'une Femme jointe au corps d'un Lion s'appelloit le *Sphinx*, & étoit en général l'emblême de la (*d*) Force jointe à la Prudence. Ces figures placées près du *Nil*, marquoient que l'Inondation devoit arriver dans le tems que le Soleil passeroit par les signes du (*e*) Lion & de la Vierge. Mais lorsqu'elles ne servoient que d'ornement aux portiques *Le Sphinx.*

---

cum eo, quem Nephte Plutarchus *vocat*. C'est-à-dire: *Momphthà* est le nom de la Divinité de l'eau, étant composé de *Môi*, qui signifie l'*Eau*, & de *Phtha*, qui veut dire *Dieu*; & je crois que c'est le même que *Plutarque* appelle *Nephte*.

(*a*) EUSEBE, *Præp. Evang.* Lib. III. pag. 70. Δηλοῖ δὲ ἀπὸ μὲν τῦ κριῦ πρόσωπον ἔχειν καὶ αἰγὸς κέρατα, τὴν ἐν κριῷ σύνοδον ἡλίυ καὶ σελήνης. C'est-à-dire: Le visage de Belier & les cornes de Chevre qu'on lui donne, marquent la conjonction qui se fait du Soleil & de la Lune dans le Belier.

(*b*) LUCIEN, *de Sacrif.* Ἢν δὲ ἐς τὴν Αἴγυπτον ἔλθης, τότε δὴ τότε ὄψει κριοπρόσωπον μὲν τὸν Δία, κυνοπρόσωπον δὲ τὸν βέλτιστον Ἑρμῆν, καὶ τὸν Πᾶνα ὅλον τράγον. &c. C'est-à-dire: Si vous venez en *Egypte*, vous y verrez *Jupiter* avec un visage de Belier, le bon *Mercure* avec celui d'un Chien, & *Pan* Bouc tout entier &c.

(*c*) Voyez page 105. de ce Tome, Note (*b*). DIODORE DE SICILE, Lib. I. pag. 55. Τὸν θεὸν τὸν παρ' αὐτοῖς καλέμενον Ἄνυβιν, παρεισάγυσι κυνὸς ἔχοντα κεφαλὴν, ἐμφαίνοντες ὅτι σωματοφύλαξ ἦν τῶν περὶ τὸν Ὄσιριν καὶ τὴν Ἴσιν. C'est-à-dire: Ils représentent leur Dieu appellé *Anubis*, ayant la tête d'un Chien, marquant par-là qu'il est le garde du corps d'*Osiris* & d'*Isis*. CLEMENT D'ALEXANDRIE, *Strom.* Lib. V. pag. 413. Εἰσὶ γ' ἂν οἱ μὲν κύνες, σύμβολα τῶν δυοῖν ἡμισφαιρίων, οἷον περιπολοῦντων καὶ φυλασσόντων. C'est-à-dire: Les Chiens sont les symboles des deux Hémisphères, comme s'ils nous soignoient & nous gardoient.

(*d*) CLEMENT D'ALEXANDRIE, *ubi sub*. Ἀλκῆς τε αὖ μετὰ συνέσεως σύμβολον αὐτοῖς ἡ Σφίγξ· τὸ μὲν σῶμα πᾶν λέοντος, τὸ πρόσωπον δὲ ἀνθρώπυ ἔχυσα. C'est-à-dire: Le Sphinx est chez eux le symbole de la force & de l'intelligence, ayant pour cela tout le corps du Lion & le visage de l'Homme.

(*e*) HORAPOLLON, *Hierogl.* Lib. I. Cap. 21. Νείλυ δὲ ἀνάβασιν συμαίνοντες λέοντα γράφυσι, ἐπειδὴ ὁ ἥλιος εἰς

tiques ou aux (*a*) entrées de leurs Temples, elles indiquoient que la Théologie enseignée dans ces lieux étoit renfermée dans des types & des mystères. Le (*b*) Serpent avec la tête d'un Epervier, étoit l'*Agathodæmon* ou le Genie bienfaisant des *Phéniciens*, & le *Cneph* des *Egyptiens*, que *Kircher* appelle aussi *Thermutis*. On supposoit que cette figure portoit plus de marques de (*c*) divinité qu'aucune autre que ce fût de leur Ecriture symbolique. On voit quelquefois un (*d*) Oeuf, symbole du Monde, (*e*) sortir de sa bouche, &

Le Serpent à tête d'Epervier.

εἰς λέοντα γενόμενος, πλείονα τὴν ἀνάβασιν τῦ Νείλυ ποιεῖται. C'est-à-dire: Pour marquer la crûe du *Nil*, ils peignent un Lion, parce que le Soleil parvenu dans le signe du Lion, augmente la crûe de ce fleuve. KIRCHER, *Obel. Pamph.* pag. 286. *Inundationem* Nili — *adumbrabant, vel per Leonem incumbentem, vel per eundem humaná, seu Virginis facie conspicuum, eò quòd hæc inundatio contingeret, sole ex Leone in* Isidis *sive Virginis signum intrante.* C'est-à-dire: Ils marquent l'inondation du *Nil* par un Lion couché, ou par un semblable animal orné d'une tête d'Homme ou de Femme, parce que cette inondation arrive dans le tems que le Soleil quitte le signe du Lion pour entrer dans celui d'*Isis*, ou de la Vierge.

(*a*) PLUTARQUE, *de Isid. & Osir.* pag. 354. Πρὸ τῶν ἱερῶν τὰς Σφίγγας ἐπιεικῶς ἱςάντες; ὡς αἰνιγματώδη σοφίαν τῆς θεολογίας αὐτῶν ἐχούσης. C'est-à-dire: Ils placent avec raison des Sphinx devant leurs Temples, leur Théologie ayant en cela une sagesse énigmatique. CLEMENT D'ALEXANDRIE, *Strom.* Lib. LVII. pag. 664. Αἰγύπτιοι πρὸ τῶν ἱερῶν τὰς Σφίγγας ἱδρύονται, ὡς αἰνιγματώδους τῦ περὶ θεῦ λόγου καὶ ἀσαφῶς ὄντος. C'est-à-dire: Les *Egyptiens* mettent des Sphinx à l'entrée de leurs Temples, pour marquer que ce qui regarde les Dieux est énigmatique & obscur.

(*b*) EUSEBE, *Præp. Evang.* Lib. I. pag. 26. Φοίνικες δὲ ὄφιν ἀγαθὸν Δαίμονα καλῦσιν· ὁμοίως καὶ Αἰγύπτιοι Κνὴφ ἐπονομάζυσι προστιθέασι δὲ αὐτῷ ἱέρακος κεφαλήν, καὶ διὰ τὸ πρακτικὸν τῦ ἱέρακος. C'est-à-dire: Les *Phéniciens* appellent le Serpent le bon Démon: semblablement les *Egyptiens* l'appellent *Cneph*, & lui donnent une tête d'Epervier, à cause de l'activité de cet oiseau.

(*c*) *Idem, ibid.* pag. 27. Τὸ πρῶτον ὂν θειότατον. C'est-à-dire: Le premier étant très-divin.

(*d*) PLUTARQUE, *Symp.* Lib. II. pag. 636. Ὅθεν ἐκ ἀπὸ τρόπε τοῖς περὶ τὸν Διόνυσον ὀργιασμοῖς, ὡς μίμημα τῦ τὰ πάντα γεννῶντος καὶ περιέχοντος ἐν ἑαυτῷ, τὸ ὠὸν συγκαθωσίωται. C'est-à-dire: C'est pour cela, & non pour en tirer la mode des Orgies de *Bacchus*, qu'ils ont consacré l'Oeuf, comme l'image de l'Etre qui engendre toutes choses, & qui les contient en lui-même. PORPHYRE: Ἑρμανεύυσι δὲ τὸ ὠὸν τὸν κόσμον. C'est-à-dire: Par l'Oeuf ils entendent le Monde. VARRON, cité par PROBUS *in Ecl.* VI. VIRGILII: *Cœlum est testa; item vitellum terra; inter illa duo humor, quasi ilicinus (seu in limum, vel in sinum) clusus aer, in quo calor.* C'est-à-dire: Le Ciel est l'écaille, & la Terre en est le jaune; le fluide qui est entre deux, ou le blanc de l'oeuf, est comme l'Air qui y est renfermé, & le siége de la chaleur.

(*e*) PORPHYRE, dans EUSEBE,

SUR LA SYRIE, L'EGYPTE &c. Chap. V.

& de cet Oeuf, disent les *Egyptiens*, est sortie la Divinité *Phtha*, au lieu que les *Grecs* en font sortir leur *Vulcain*: mais *Suidas* nous apprend que ces deux Divinités ne sont qu'un même Dieu. Ainsi l'on peut croire, que l'union de têtes & de corps de différentes créatures, représentoit, suivant les qualités de chaque piéce, autant de différens Genies. (*a*) *Kircher* conjecture, que, sur-tout les têtes des Animaux sacrés, étoient ainsi choisies & ajoutées pour effrayer les mauvais Démons. Les peaux de Chien & de Loup, que (*b*) *Diodore* nous dit qu'*Anubis* & *Macedon* se mirent sur la tête dans les guerres d'*Osiris*, sans doute pour donner de la terreur à leurs ennemis, pourroient confirmer l'opinion de *Kircher*. Il est vrai cependant que *Diodore* donne une autre explication à ce fait, puisqu'il assure, que c'est à cause que ces peaux avoient servi comme de casque à *Anubis* &

Les têtes ont été ajoutées pour effrayer les mauvais Démons.

BE, *Præp. Evang.* Lib. III. pag. 69. Τὸν δὲ θεὸν τῦτον (Κνὴφ) ἐκ τῦ ςόματος προΐεσθαι φάσιν ὠὸν, ἐξ ὖ γεννᾶσθαι θεὸν, ὃν αὐτοὶ προσαγορεύυσι Φθᾶ· οἱ δὲ Ἕλληνες Ἡφαίςον ἑρμηνεύειν δὲ τὸ ὠὸν τὸν κόσμον. C'est-à-dire: Ils disent que ce Dieu *Cneph*, jette hors de sa bouche un Oeuf, duquel est engendré le Dieu qu'ils appellent *Phtha*, & que les *Grecs* nomment *Hæphestus* ou *Vulcain*. Par l'Oeuf ils entendent le monde. SUIDAS: Φθᾶς ὁ Ἡφαίςος παρὰ Μεμφίταις, καὶ παροιμία, ὁ Φθᾶς σοὶ λελάληκεν. C'est-à-dire: *Phthas* est *Vulcain* parmi les habitans de *Memphis*, qui disent en proverbe, *Le Phthas t'a parlé*. G. J. VOSSIUS, *de Idol. Suspicor vocem* Κνὴφ *esse μετὰ συγκοπὴν à* כנף *Canaph vel Ceneph, quæ notat alam, subindè etiam* τὸ πτερωτόν, *alatum. Sic vocitârunt hoc numen à symbolô, quòd ex serpente & volucre componeretur.* C'est-à-dire: Je soupçonne que le nom de *Cneph* vient par syncope, ou par contraction, du mot *Canaph* ou *Ceneph*, qui signifie une aile, & quelquefois une chose ailée ou qui a des ailes. Ce Dieu donc a été ainsi appellé à cause du symbole qui le représente, & qui est moitié serpent & moitié oiseau.

(*a*) KIRCHER, *Oedip. Ægypt.* Synt. XVIII. pag. 516. *Omnes statuæ, sacrorum tantummodò animalium vultibus, ad incutiendum* ἀντιτέχνοις *iis terrorem, transformatæ conficiebantur.* C'est-à-dire: On donnoit à toutes les Statues une forme étrangere, en y mettant seulement des têtes de quelque Animal sacré, pour donner de la terreur à ces adversaires.

(*b*) DIODORE DE SICILE Lib. I. pag. 11. Τὸν μὲν γὰρ Ἄνυβιν (*Osiridis in bello socium*) περιθέσθαι κυνῆν, τὸν δὲ Μακεδόνα λύκυ προτομὴν. ἀφ' ἧς αἰτίας καὶ τὰ ζῶα ταῦτα τιμηθῆναι παρὰ τοῖς Αἰγυπτίοις. C'est-à-dire: Ils disent qu'*Anubis* (compagnon d'*Osiris* dans la guerre qu'il eut à soutenir) prit une peau de Chien, & que *Macedon* en prit une de Loup, & que c'est pour cette raison que ces animaux sont honorés parmi les *Egyptiens*.

118 OBSERVATIONS GEOGRAPHIQUES

& à *Macedon*, que le Chien & le Loup étoient eftimés & honorés par les *Egyptiens*.

<small>Plantes fymboliques.</small>

<small>L'Herbe.</small>

Après avoir parlé des différentes efpeces d'Animaux, venons aux principales Plantes dont ils fe fervoient dans leur Ecriture facrée. *Diodore* nous dit, (*a*) que les perfonnes devotes parmi les *Egyptiens* portoient en main de l'Herbe pour marquer leur Reconnoiffance: mais comme c'eft-là le nom générique de toutes les plantes qui portent un tuyau, on ne fçait pas bien à quelle efpece particuliere le fixer. De même les Plantes de la Table d'*Ifis*, nommées par *Pignorius* & par *Kircher*, *Perfea*, *Acacie*, *Melilot*, *Abfynthe*, *Pourpier*, &c. femblent être bien plutôt des efpeces très-différentes de celles dont on leur a attribué le nom, & dont probablement il n'a jamais été queftion dans la Botanique facrée ou dans la Théologie des *Egyptiens*. Il femble particulierement que le Pour-

<small>Le Pourpier.</small>

pier, ou (*b*) *Motmoutin*, à confiderer fa figure, eft la Canne de fucre qui croît encore aujourd'hui dans ce païs, & dont par confequent il pouvoit bien y en avoir auffi anciennement. Mais parmi les Plantes que l'on diftingue plus fûrement, font

<small>Le Pavot, & la Pomme de Grenade.</small>

le (*c*) Pavot & la Pomme de *Grenade*, qui étant l'un & l'autre divifés en un grand nombre de logettes remplies de graine, denotoient une ville bien peuplée. Le (*d*) Rofeau,

<small>Le Rofeau.</small>

l'unique inftrument dont les *Egyptiens* fe fervoient anciennement pour écrire, comme ils font encore aujourd'hui, fignifioit l'Invention des Arts & des Sciences, & fuivant

(*a*) Kir-

(*a*) DIODORE Lib. I. pag. 28. Διὸ καὶ τῆς εὐχρηςίας τῆς περὶ τὴν βοτάνην ταύτην (Ἄγρωςιν) μνημονεύοντας τοὺς ἀνθρώπους, μέχρι τοῦ νῦν ὅταν πρὸς θεοὺς βαδίζωσι, τῇ χειρὶ ταύτης λαμβάνοντας προσεύχεσθαι. C'eft-à-dire: En mémoire de l'utilité qu'ils retirent de cette plante (l'Herbe), les hommes, jufqu'à l'heure qu'il eft, lorfqu'ils vont fe préfenter devant les Dieux, en prennent à la main pour faire leurs adorations.

(*b*) En *Egyptien* ⲘⲞⲦⲘⲞⲨⲦⲒⲚ fignifie *delivrant de la mort*: c'eft ainfi que les *Egyptiens* appelloient le Pourpier;

mais *Hierophantes* le nomme αἷμα Ἄρεος, ou *le fang de Mars*. Voyez là-deffus KIRCHER, Oedip. Ægypt. pag. 78.

(*c*) EUSEBE, Præp. Evang. pag. 68. Ἐκ δὲ τοῦ μήκωνος τὸ γόνιμον, καὶ τὸ πλῆθος τῶν εἰσοικιζομένων εἰς αὐτὴν ψυχῶν, ὥσπερ εἰς πόλιν· ὅτι πόλεως ὁ μήκων σύμβολον. C'eft-à-dire: Ils empruntent du Pavot le fymbole de la generation, & la multitude des ames qui y font raffemblées comme dans une ville; car le Pavot eft le fymbole d'une ville.

(*d*) HORAPOLLON, Hierogl. Lib.

SUR LA SYRIE, L'EGYPTE, &c. *Chap. V.*

(*a*) *Kircher*, il désignoit aussi la Culture de la Vigne. On voit souvent le Roseau entre les mains de leurs Divinités, avec (*b*) la pointe recourbée; ce qui, au rapport de (*c*) *Kircher*, est, conjointement avec le Jonc & le *Papyrus*, l'emblême des différens Besoins de la vie. Le (*d*) Palmier, qui produit une nouvelle branche tous les mois, & par con-se-

Le Jonc & le Papyrus. Le Palmier.

Lib. I. Cap. 38. Αἰγύπτια δὲ γράμματα. δηλέγτες, ἢ ἱερογραμματέα, ἢ πέρας· μέλαν, καὶ κόκκινον, καὶ σχοινίον ζωγραφοῦσιν. Αἰγύπτια μὲν γράμματα, διὰ τὸ τούτοις πάντα παρ᾽ Αἰγυπτίοις τὰ γραφόμενα ἐκτελεῖσθαι. σχοίνῳ γὰρ γράφουσι, καὶ οὐκ ἄλλῳ τινί. C'est-à-dire: Lorsque les *Egyptiens* veulent indiquer l'Ecriture, ou les Caractères sacrés, ou la fin, ils peignent du noir, de l'écarlate, & un tissu de jonc; cela désigne les Lettres *Egyptiennes*, parce que c'est-là tout ce qui entre dans l'Ecriture des *Egyptiens*, & qu'ils écrivent avec du jonc, & point avec autre chose.

(*a*) KIRCHER, *Oedip. Ægypt. Synt.* III. pag. 232. *Thyrsus ferulaceus Osiridi seu Dionysio Ægyptio attribuitur, eò quòd docuerit primò vitem plantare, ac eam thyrso ferulaceo, veluti statumini sustentandæ viti aptissimo, applicare.* C'est-à-dire: On attribue à *Osiris*, ou au *Bacchus* des *Egyptiens*, un thyrse, parce qu'il a enseigné le premier à planter la vigne, & à l'attacher à un baton, comme à un appui très-propre à la soutenir.

(*b*) *Idem, ibid.* pag. 234. *Sceptro recurvo non obscurè potentiam, rerumque ab Osiride & Iside inventarum, vini & musicæ seu harmoniæ, præstantiam significare voluerunt.* C'est-à-dire: Par le Sceptre recourbé ou crochu, ils ont assez clairement voulu signifier le pouvoir & l'excellence des choses inventées par *Osiris* & par *Isis*, sçavoir du Vin & de la Musique ou de l'Harmonie.

(*c*) *Idem, ibidem: Junco Nilotico, scirpo levi & enodi papyro, Ægyptii*

nihil aliud significare voluisse videntur, nisi literarum ac scriptionis nobilem inventionem, à Mercurio Ægyptio, seu mavis Osiride & Iside, primò repertam, ut testatur Diodorus: secundò rerum omnium necessariarum suppeditationem; siquidem ex papyro & scirpo omnium propè rerum usui humano necessariarum copia suppeditabatur; unde eum semper Dæmoni polymorpho, per Papilionem dracontomorphum indicato, tanquam rerum necessariarum præsidi, oppositum spectamus. C'est-à-dire: Il semble que les *Egyptiens* n'ont voulu désigner par le Roseau du *Nil*, & par la tige unie du Jonc appellé *Papyrus*, qui n'a point de nœud, que la noble invention des lettres & de l'écriture, dont, au témoignage de *Diodore*, le *Mercure Egyptien*, ou si l'on veut *Osiris* & *Isis*, ont été les premiers Auteurs; outre qu'on en tire abondamment tous les besoins de la vie humaine: de-là vient qu'on le voit toûjours placé vis-à-vis un Démon ou Genie qui a toute sorte de formes, représenté sous la figure d'un Papillon qui tient de celle du Dragon, comme présidant aux choses nécessaires.

(*d*) HORAPOLLON, *Hierogl.* Lib. I. Cap. 3. Ἐνιαυτὸν γράφοντες, Φοίνικα ζωγραφοῦσι, διὰ τὸ δένδρον τοῦτο μόνον τῶν ἄλλων κατὰ (τὴν) ἀνατολὴν τῆς σελήνης, μίαν βαῒν γεννᾶν, ὡς ἐν ταῖς δώδεκα βαΐσιν ἐνιαυτὸν ἀπαρτίζεσθαι. C'est-à-dire: Pour représenter l'année, ils peignent un Palmier, parce que c'est le seul arbre qui, au lever de chaque Lune, pousse une seule branche; de sorte qu'il en acquiert douze dans l'année.

sequent douze dans l'année, exprimoit très-bien cette revolution. Les branches du Palmier qui, aussi-bien que celles des autres vegétaux, étoient le symbole des (a) premières Productions de la nature ou, de la première Nourriture des hommes, étoient probablement les (b) *Thalloi*, ou Branches sacrées que portoient les devots dans les mains lorsqu'ils alloient rendre leurs hommages à la Divinité. Il est certain que d'autres Peuples se sont aussi servis particulierement de ces Branches dans leurs cérémonies (c) civiles & (d) religieuses. Le (e) *Persea*, qu'on a pris sans raison pour le Pêcher, étoit

Le Persea.

(a) PORPHYRE, *de Abstin*. Οἱ παλαιοὶ ἄνθρωποι ὅτε λιβανωτὸν, ὅτε ἄλλο θῦμα προσέφερον, ἀλλὰ χλόης οἷον τίνα τῆς γονίμου φύσεως χνοῦν ταῖς χερσὶν ἀράμενοι κατέκαιον. C'est-à-dire: Les Anciens n'offroient ni encens, ni la fumée d'aucune autre chose odoriferante; mais tenant de l'Herbe à la main, ils la brûloient, comme la vapeur de la nature genérative.

(b) CLEMENT D'ALEXANDRIE, *Strom*. Lib. V. pag. 672. 673. Διὰ δὲ συμβόλων, ὡς ὅτε τροχὸς ὁ στρεφόμενος ἐν τοῖς τῶν θεῶν τεμένεσιν, εἰλκυσμένος παρὰ Αἰγυπτίοις, καὶ τὸ τῶν θαλλῶν τῶν διδομένων τοῖς προσκυνοῦσι· * οἱ θαλλοὶ ἤτοι τῆς πρώτης τροφῆς σύμβολον ὑπάρχουσιν, ἢ ὅπως ἐπιστῶνται, οἱ πολλοὶ τὰς μὲν καρπὸς δι' ὅλου θάλλειν καὶ αὔξεσθαι διαμένοντας ἐπιπλεῖζον· σφᾶς δὲ αὐτὲς ὀλίγον εἰληχέναι τὸν τῆς ζωῆς χρόνον. C'est-à-dire: Cela se fait par des symboles, tel qu'est la Rouë que l'on tourne dans les Temples des Dieux, & qui est tirée chez les *Egyptiens*, & tels que sont les Branches fleuries que l'on donne à ceux qui adorent: car ces Branches, ou sont le symbole des premiers alimens, ou apprennent à la multitude, que les arbres fleurissent, croissent & subsistent très-longtems, au lieu que la vie des Hommes est très-courte.

(c) HELIODORE, *Hist. Æthiop*. Lib. X. Τὰς κεφαλὰς τῷ Νειλώῳ λωτῷ κατασέψαντες, καὶ Φοινίκων πτόρθοις ταῖς χερσὶ κατασείοντες, * τὴν νίκην καὶ μόνῳ τῷ σχήματι δημοσιεύοντες. C'est-à-dire: Nous ornant la tête du *Lotus* du *Nil*, & remuant à la main des Branches de Palmiers, — par cette seule figure ils marquoient la victoire.

(d) JOSEPHE, *Antiq. Jud*. Lib. III. Cap. 10. Ὁλοκαυτοῦν τε, καὶ θύειν τῷ Θεῷ, τότε χαριστήρια φέροντας ἐν ταῖς χερσὶν εἰρεσιώνην μυρσίνης καὶ ἰτέας σὺν κράδῃ Φοίνικος πεποιημένην τῇ μήλῳ τῇ τῆς περσέας προσόντος. C'est-à-dire: Offrir à Dieu des holocaustes, & des sacrifices d'actions de graces, en portant à la main un bouquet de Myrte, de Saule & de Palme, à quoi l'on en ajoute un de *Persea*.

(e) PLUTARQUE, *de Isid. & Osir*. pag. 378. Τῶν δ' ἐν Αἰγύπτῳ φυτῶν μάλιστα τῇ θεῷ καθιερῶσθαι λέγουσι τὴν περσέαν, ὅτι καρδίᾳ μὲν ὁ καρπὸς τῆς περσέας, γλώττῃ δὲ τὸ φύλλον ἔοικεν. C'est-à-dire: On dit que des plantes qui croissent en *Egypte* la plus consacrée à la Déesse est le *Persea*, parce que le fruit en ressemble au cœur, & la feuille à la langue. Idem, ibid. Διὰ τῷ μὲν εἰς τὸ χρηστήριον ἐνταῦθα κατιόντι παρεγγυῶμαι, ὅσια φρονεῖν, εὔσχημα λέγειν. C'est-à-dire: C'est pourquoi je dénonce à celui qui descend dans cet Oracle, qu'il pense saintement, & qu'il parle avec décence. DIODORE Lib. I. pag. 21. Αἱ μὲν ὀνομαζόμεναι περσέαι, καρπὸν διάφο-

SUR LA SYRIE, L'EGYPTE &c. Chap. V.

étoit consacré à *Isis*, comme le (*a*) Lierre l'étoit à *Osiris*. Les feuilles du *Persea* servoient à représenter la langue, & son fruit le cœur, pour indiquer le rapport qu'il doit y avoir entre nos sentimens & nos expressions, & qu'on doit honorer la Divinité par l'un & par l'autre. La figure qui (*b*) ressemble à un trident, qu'on voit souvent parmi les Hiéroglyphes, est, suivant *Kircher*, une triple branche de l'arbre *Persea*, & sert à représenter les trois saisons, le printems, l'été & l'hyver, dans lesquelles les *Egyptiens* divisoient l'année. Mais le (*c*) *Lotus* est de toutes les plantes la plus significative & celle qui revient le plus souvent: il semble se régler sur le mouvement du soleil, se tenir sous l'eau pendant son absence, & avoir fleurs, feuilles, fruits & racine de figure ronde, comme est celle de cet astre. Ainsi le *Lotus* représentoit non seulement *Osiris* d'une manière particuliere, mais on supposoit encore que son trône (*d*) étoit établi sur cette plante. Une

Le *Lotus*.

Φορον ἔχουσι τῇ γλυκύτητι, μετενεχθέντος ἐξ Αἰθιοπίας ὑπὸ Περσῶν τοῦ Φυτοῦ καθ' ὃν καιρὸν Καμβύσης ἐκράτησεν ἐκείνων τῶν τόπων. C'est-à-dire: Ce qu'on appelle *Persea* est un fruit excellent en douceur, & l'espece en fut apportée d'*Ethiopie* par les *Perses*, dans le tems que *Cambyse* conquit ce païs-là.

(*a*) DIODORE, ub. sup. pag. 10. Φασὶ τὸν κιττὸν Φυτὸν Ὀσίριδος. C'est-à-dire: On dit que le Lierre est la plante d'*Osiris*.

(*b*) KIRCHER, Oed. Ægypt. Synt. III. pag. 228. *Per triplicem ramum Perseæ tres anni partes significabant, quorum primus Osiridi, id est Soli, secundus Isidi, id est Lunæ, tertius Mercurio, sive Oro, sacer fuit. Per duodecim folia duodecim menses significabantur.* C'est-à-dire: Par une triple branche de *Persea* ils représentoient les trois saisons de l'année, la première étant consacrée à *Osiris*, ou au Soleil, la seconde à *Isis*, ou à la Lune, & la troisième à *Mercure*, ou *Orus*. Par les 12 feuilles ils marquoient les 12 mois.

(*c*) HERODOTE, Euterp. §. 92. Φύεται ἐν τῷ ὕδατι κρίνεα πολλά, τὰ Αἰγύπτιοι καλέουσι λωτόν. C'est-à-dire: Il croit dans l'eau quantité de lys, que les *Egyptiens* appellent *Lotus*. Idem, ibid. Ἔστι δὲ καὶ ἡ ῥίζα τοῦ λωτοῦ τούτου ἐδώδιμη καὶ ἐγγλύσσει, ἐπιεικέως ἐὸν στρογγύλον, μέγεθος κατὰ μῆλον. C'est-à-dire: La racine de ce *Lotus* est d'un bon goût, ronde, & de la grosseur d'une pomme. JAMBLIQUE, de Myst. Sect. VII. Cap. 2. Κυκλοτερῆ γὰρ πάντα ὁρᾶται τὰ τοῦ λωτοῦ, καὶ τὰ ἐν τοῖς φύλλοις εἴδη, καὶ τὰ ἐν τοῖς καρποῖς φαινόμενα ἧπερ δὴ μόνη κινήσει τῇ κατὰ κύκλον τοῦ νοῦ ἐνέργειά ἐστι συγγενής. C'est-à-dire: Toutes les parties du *Lotus* sont de figure ronde, les feuilles aussi-bien que les fruits, de sorte qu'il tient de la nature de l'Intelligence qui, par le mouvement seul, conduit tout en cercle.

(*d*) JAMBLIQUE, ubi suprà: Ἐν τῷ λωτῷ καθέζεσθαι. C'est-à-dire: Etre assis sur le *Lotus*.

Les Fleurs.

Une (*a*) Fleur, n'importe peut-être de quelle espece, étoit le type de la puissance de la Divinité, qui conduit une plante, & de même toutes les autres créatures, d'une simple graine, ou d'un très-petit commencement, à l'état de fleur, ou à sa maturité & perfection. (*b*) L'Anemone en particulier étoit un emblème de maladie. (*c*) L'Oignon tenoit aussi sa place parmi les plantes sacrées, représentant peut-être par ses différentes peaux, dont les unes enveloppent les autres, à peu-près comme les Orbites de *Ptolomée*, l'arrangement admirable des Planetes de notre systême. Les Prêtres (*d*) n'en mangeoient point, parce qu'entre autres raisons il altère, & que, tout au contraire des autres vegétaux, il croît & grossit dans le déclin de la Lune.

L'Anemone.
L'Oignon.

Ustensiles & Instrumens.

On trouve encore sur les Obelisques, & sur d'autres morceaux chargés de caractères sacrés, divers Instrumens, Ustensiles & même des figures de Mathématique. On y voit surtout le *Calathus* ou le Panier, qui est ordinairement placé sur la tête de *Serapis*, la même divinité (*e*) qu'*Osiris*, & il marquoit les différens présens (*f*) qu'on reçoit de la Divinité &

Le *Calathus*, ou Panier.

(*a*) MACROBE, *Saturn.* Lib. I. Cap. 17. *Floris species, florem rerum protestatur, quas hic Deus inseminat, progenerat, fovet, nutris, maturatque.* C'est-à-dire: La figure d'une fleur marque l'état florissant de toutes choses, que ce Dieu engendre, produit, soigne, nourrit & fait meurir.

(*b*) HORAPOLLON, *Hierogl.* Lib. II. Cap. 8. Ἄνθη δὲ ἀνεμώνης, νόσον ἀνθρώπῳ σημαίνει. C'est-à-dire: Les fleurs de l'Anemone signifient la maladie de l'Homme.

(*c*) JUVENAL, Sat. 15. v. 9-11.

Porrum & cepe nefas violare & frangere
  morsu.
O sanctas gentes quibus hæc nascuntur in
  hortis
Numina!

C'est-à-dire: Il n'est pas permis de manger un Oignon ou un Porreau. Ô Qu'un peuple doit être saint qui voit croître dans ses jardins ces belles Divinités!

(*d*) PLUTARQUE, *de Isid. & Osir.* pag. 353. Οἱ δὲ ἱερεῖς ἀφοσιοῦνται καὶ δυσχεραίνουσι καὶ τὸ κρόμμυον παραφυλάττοντες, ὅτι τῆς σελήνης φθινούσης μόνον εὐτροφεῖν τοῦτο καὶ τεθηλέναι πέφυκεν. C'est-à-dire: Les Prêtres détestent & abhorrent l'Oignon, & s'en gardent, parce qu'il ne vient bien & n'a coûtume de fleurir que dans le décours de la Lune.

(*e*) Idem, ibid. pag. 376. (Σάραπις καὶ Ὄσιρις) ἑνὸς θεοῦ καὶ μιᾶς δυνάμεως. C'est-à-dire: *Serapis & Osiris* sont tous deux le même Dieu, & ont la même puissance.

(*f*) MACROBE, *Saturn.* Lib. I. Cap. 20. *Serapidis vertex insignitus calatho, & altitudinem sideris monstrat,*

SUR LA SYRIE, L'EGYPTE &c. Chap. V. 123

& qu'on lui rend. La *Situla*, ou le Seau, qu'*Isis* porte quelquefois à la main, dénotoit probablement la Fécondité du *Nil*: cet uftenfile ne differe gueres du (*a*) *Spondeion* ou de la (*b*) Coupe des libations, qui étoit un des attributs du *Stolifte*, appellé en *Latin Ornator*. Le (*c*) *Crater* ou la Taffe à boire, étoit un autre emblême de la même efpece: on le plaçoit auffi quelquefois fur la tête des divinités, pour marquer l'abondance & les richeffes qu'elles repandent. Le (*d*) *Canopus* eft encore un vafe qui repréfente vraifemblablement (*e*) l'élément ou la divinité de l'Eau. On en voit trois

La Situla, ou le Seau.

Le Crater, ou la Taffe.

Le Canopus.

& potentiam capacitatis oftentat; quia in eum omnia terrena redeunt, dum immiffo calore rapiuntur. C'eft-à-dire: Le Panier dont la tête de *Serapis* eft ornée, marque non feulement la haute élevation de l'Aftre (le Soleil), mais auffi fon grand pouvoir, puifqu'il fait revenir à lui toutes les chofes terreftres, en les attirant par la chaleur dont il les pénètre. EUSEBE, *Præp. Evang.* pag. 68. Ὁ δὲ κάλαθος, ὃν ἐπὶ τοῖς μετεώροις φέρει, τῆς τῶν καρπῶν κατεργασίας, οὓς ἀνατρέφει κατὰ τὴν τοῦ φωτὸς παραύξησιν. C'eft-à-dire: La Corbeille qu'il porte fur la tête, eft l'image de la formation des fruits, qu'il nourrit à mefure que fa lumiere augmente. MACROBE, *ubi fuprà: Calathus aureus furgens in altum monftrat ætheris fummam; unde folis creditur effe fubftantia.* C'eft-à-dire: Le Panier d'or qui s'éleve en haut, marque tout le Ciel, d'où l'on croit que le Soleil tire fa fubftance. PIGNOR. *Tab. If. expl.* pag. 49. *Ifidis capiti infidet calathus cum manubrio, Ofiridis communis, ut amborum vis frugifera & capacitas omnia in fublime trahentium declaretur.* C'eft-à-dire: *Ifis* porte fur fa tête un Panier avec une anfe, & *Ofiris* une Corbeille ordinaire, pour indiquer par-là la vertu qu'ils ont l'un & l'autre de rendre fertile, ainfi que le pouvoir d'attirer tout enhaut.

(*a*) En Grec Σπονδεῖον.
(*b*) CLEMENT D'ALEXANDRIE, *Strom.* Lib. VI. pag. 456. Στολιςὴς ἔχων τόν τε τῆς δικαιοσύνης πῆχυν, καὶ τὸ σπονδεῖον. Le *Stolifte*, ou Prêtre à robe traînante, qui tient la coudée de la juftice & la Coupe des Libations.
(*c*) HERMES chez PIMANDER, cité par KIRCHER, *Menf. Ifiac.* pag. 97. *Crater fupremi Numinis, ex quo bonorum omnium profluit ubertas.* C'eft-à-dire: La Taffe de l'Etre fuprême, qui repand l'abondance de toute forte de biens.
(*d*) EUSEBE, *Eccl. Hift.* Lib. II. cité par RUFIN: *Ipfius (Canopi) fimulacrum pedibus perexiguis, attracto collo, & quafi fugillato, ventre tumido in modum hydriæ, cum dorfo æqualiter tereti formatur.* C'eft-à-dire: Le fimulacre de *Canopus* fe fait avec des pieds très-petits, le col court & prefque entierement retiré, le ventre gros & bouffi comme une cruche, & le dos pareillement gros & vouté.
(*e*) PORPHYRE, cité par EUSEBE, *Præp. Evang.* pag. 57. Ὕδωρ δὲ καὶ πῦρ σέβονται τὰ μάλιςα τῶν ςοιχείων, ὡς ταῦτα αἰτιώτατα τῆς σωτηρίας ἡμῶν καὶ ταῦτα δεικνύντες ἐν τοῖς ἱεροῖς. C'eft-à-dire: Ils venèrent l'eau & le feu, les plus excellens des Elemens, les regardant comme les caufes les plus

trois ensemble dans la Table *Isiaque*, sous un (*a*) *Sphyngopes*, qui dénotent les (*b*) trois causes qu'on assignoit pour le débordement du *Nil*.

Le Sistre.

Les *Egyptiens* se servoient aussi pour leur Ecriture hiéroglyphique de toute sorte d'Instrumens. Entre ceux de Musique ceux qu'on trouve le plus souvent sont le Sistre & l'Archet. Le (*c*) Sistre étoit employé dans les cérémonies religieuses pour effrayer les mauvais Genies: sa figure exprimoit les periodes le l'Inondation du *Nil*, & marquoit en même tems, que toutes les parties de l'Univers se soutiennent par le mouvement. (*d*) L'Archet représentoit, ou les Poles sur lesquels le Globe terrestre tourne, ou bien l'Air, qui don-

plus réelles de notre salut, & les montrant dans leurs Temples.

(*a*) Ce n'est autre chose qu'*Orus* couché, que CALLIXENE de *Rhodes*, cité par ATHENÉE Lib. V. appelle *Sphyngopes*.

(*b*) HORAPOLLON, *Hierogl.* Lib. I. Cap. 21. Νείλȣ δὲ ἀνάβασιν σημαίνοντες, γράφȣσι τρεῖς ὑδρίας μεγάλας * ἐπειδὴ ἡ τῆς ἀναβάσεως ἐργασία κατ' αὐτὲς τριμερὴς ὑπάρχει. ἓν μὲν ὑπὲρ τῆς Αἰγυπτίας γῆς τάξαντες, ἐπειδὴ ἐςὶ καθ' αὑτὴν ὕδατος γεννητική· ἕτερον δὲ ὑπὲρ τȣ ὠκεανȣ, καὶ γὰρ ἀπὸ τȣτȣ ὕδωρ παραγίνεται εἰς Αἴγυπτον ἐν τῷ τῆς ἀναβάσεως καιρῷ. τρίτον δὲ ὑπὲρ τῶν ὄμβρων, οἳ γίνονται κατὰ τὰ νότια τῆς Αἰθιοπίας μέρη, κατὰ τὸν τῆς ἀναβάσεως τȣ Νείλȣ καιρόν. C'est-à-dire: Lorsqu'ils veulent marquer la crûë du *Nil*, ils peignent trois grandes Cruches, parce que cette crûë se fait en trois manières: la première vient de la Terre elle-même, qui en *Egypte* engendre l'eau: la seconde vient de la Mer, dont l'eau parvient jusqu'en *Egypte* dans le tems de la crûë: & la troisième vient des Pluyes qui tombent dans les païs septentrionaux de l'*Ethiopie*, dans le tems propre où le *Nil* croit.

(*c*) PLUTARQUE, *de Isid. & Osir.* pag. 376. Ἐμφαίνει καὶ σεῖςρον, ὅτι σείεσθαι δεῖ τὰ ὄντα καὶ μηδέποτε παύεσθαι φορᾶς, ἀλλὰ οἷον ἐξεγείρεσθαι καὶ κλονεῖσθαι, καταδαρθάνοντα καὶ μεταιρόμενα. Τὸν γὰρ Τυφῶνα φασὶ τοῖς σείςροις ἀποτρέπειν καὶ ἀποκρȣεσθαι, δηλȣντες ὅτι τῆς φθορᾶς συδεȣσης καὶ ἱςάσης, αὖθις ἀναλύει τὴν φύσιν καὶ ἀνίςησι διὰ τῆς κινήσεως ἡ γένεσις. C'est-à-dire: Le Sistre montre que toutes choses doivent être agitées, & ne se reposer jamais, mais en quelque manière être reveillées & tiraillées lorsqu'elles s'endorment & qu'elles s'engourdissent. Car on dit que les Sistres chassent & repoussent *Typhon*, marquant par-là, que lorsque la corruption s'arrête, la génération réleve & ressuscite la nature par le mouvement. SERVIUS, sur *Virgile Æn.* VIII. *Sistrum indicabat* Nili *accessum & recessum*. C'est-à-dire: Le Sistre marquoit la crûë & la diminution du *Nil*.

(*d*) CLEMENT D'ALEXANDRIE, *Strom.* Lib. V. pag. 415. Πλῆκτρον οἱ μὲν τὸν πόλον· οἱ δὲ τὸν ἀέρα τὸν πάντα πλήσσοντα καὶ κινȣντα εἰς φύσιν τε καὶ αὔξησιν, ἢ τὸν πάντων πληρωτικόν. C'est-à-dire: Les uns disent que l'Archet est le Pole; d'autres, que c'est l'air qui fait impression sur toutes les choses, & qui les met en mouvement, tant pour les produire, que pour les fai-

SUR LA SYRIE, L'EGYPTE &c. Chap. V.

donne la vie & le mouvement à tout l'Univers. On voit aussi quelquefois des Instrumens de châtiment ou de supplice, tels que le Crochet & le Fouët, entre les mains de leurs Genies Exterminateurs, pour exprimer sans doute le pouvoir qu'on leur attribuoit de chasser les mauvais Démons. Mais le Fouët dans la main (a) d'*Osiris* dénote peut-être son caractère ou sa qualité de guide du char du Soleil. Le *Schoinos*, ou Roseau à écrire, & la Coudée sacrée, (dont le (b) premier étoit la marque du *Hiérogrammateus*, ou du Scribe sacré, & la (c) seconde celle du Stoliste) peuvent aussi être mis au nombre des Instrumens de Justice; à quoi l'on peut ajouter le Sceptre, dont j'ai parlé ci-dessus, comme d'un symbole de Gouvernement, de fermeté & de conduite. Mais la (d) Rouë est le contre-pied du Sceptre, & signifie l'instabilité des choses humaines. Une longue Baguette, semblable à la *Hasta pura* des *Romains*, marquoit probablement la même chose que le Sceptre; on en donne ordinairement une (e) au Soleil, quoiqu'on la trouve aussi entre les mains de leurs autres

Le Fouet.

Le Roseau à écrire & la Coudée sacrée.

Le Sceptre.

La Rouë.

Longue Baguette.

faire croître, ou bien la plenitude de la totalité.

(a) MACROBE, *Saturn.* Lib. I. Cap. 23. *Simulacrum (Solis) instat dextrâ elevatâ cum flagro, in aurigæ modum, lævâ tenet fulmen & spicas, quæ cuncta Jovis Solisque consociatam potentiam monstrant.* C'est-à-dire: On y voit le simulacre du Soleil, tenant le bras droit élevé, avec un Fouët à la main comme un Chartier, & dans la gauche une foudre & des épis; ce qui pris ensemble, marque la puissance de *Jupiter* & du Soleil joints ensemble.

(b) CLEMENT D'ALEXANDRIE, *Strom.* Lib. VI. pag. 757. Ἑξῆς δὲ ὁ ἱερογραμματεὺς προσέρχεται, ἔχων πτερὰ ἐπὶ τῆς κεφαλῆς, βιβλίον τε ἐν χερσὶ καὶ κανόνα, ἐν ᾧ τότε γραφικὸν μέλαν καὶ σχοῖνος ᾗ γράφουσι. C'est-à-dire: Ensuite vient le Scribe sacré, ayant des ailes sur sa tête, tenant en main un livre & une régle, dans laquelle est l'encre à écrire, & le roseau dont ils écrivent.

(c) Voyez page 123. de ce Tome Note (b).

(d) PLUTARQUE in *Numa*: Εἰ μὴ νὴ διὰ τοῖς Αἰγυπτίοις τροχοῖς αἰνίττεται τι καὶ διδάσκει παραπλήσιον ἡ μεταβολὴν τοῦ σχήματος, ὡς οὐδενὸς ἑστῶτος τῶν ἀνθρωπίνων. C'est-à-dire: A moins que par les Rouës *Egyptiennes* on n'ait voulu figurer & désigner quelque chose d'approchant, ou le changement des apparences, de telle sorte qu'aucune des choses humaines ne soit permanentes.

(e) PIGH. in Μυθολογίᾳ, *de Horis*, pag. 170. *Hasta symbolum Osiridis, tæniis multicoloribus obvoluta; bæ Lunam denotabant, hasta Solem.* C'est-à-dire: La Pique entortillée de bandelettes de diverses couleurs est le symbole d'*Osiris*; ces dernieres marquoient la Lune, & la Pique le Soleil. MACROBE, *Saturn.* Lib. I. Cap.

Surmontée de quelque tête.	tres divinités. Cette Baguette eſt ſouvent ſurmontée de la tête d'une Huppe, d'une tête de Chevre, de celle d'*Orus*, d'*Iſis*, ou du *Lotus*, ce qui indiquoit ſans doute quelque difference. Par exemple, la tête d'*Iſis* ou d'*Orus* ſur le ſommet de la Baguette déſignoit vraiſemblablement quelque Pouvoir ou Autorité particuliere, qu'on ſuppoſe qu'avoit reçu de quelqu'une de ces divinités, la perſonne à qui on la faiſoit porter.
Figures de Mathématique. Le Cercle & le Croiſſant. Le Globe, ou le Diſque.	Parmi les figures de Mathématique on trouve le (*a*) Cercle & le Croiſſant, qui repréſentent le Soleil & la Lune ſelon leur propre figure, comme s'exprime *Clement d'Alexandrie*, c'eſt-à-dire, à proprement parler & ſans énigme. Symboliquement le Cercle marque auſſi l'année, tout comme le Serpent qui ſe mord la queuë. On voit ſouvent ſur la tête des divinités *Egyptiennes* un Globe ou un Diſque, parce qu'elles ont toutes quelque rapport au Soleil; on le voit auſſi ſur la (*b*) tête & entre les cornes d'*Iſis*, dont les attributs & les cérémonies étoient ſouvent les (*c*) mêmes que celles d'O-

Cap. 17. *Arcu & ſagittis* Apollinis ſimulacra decorantur, ut per ſagittas intelligatur vis emiſſa radiorum. C'eſt-à-dire: Les Statues d'*Apollon* ſont ornées d'un arc & de fléches, pour indiquer par ces dernieres la force des rayons qu'il darde.

(*a*) CLEMENT D'ALEXANDRIE, Strom. Lib. V. pag. 657. Ἥλιον γ᾽ ἂν γράψαι βουλόμενοι, κύκλον ποιοῦσι· σελήνην δὲ, σχῆμα μηνοειδὲς, κατὰ τὸ κυριολογούμενον εἶδος. C'eſt-à-dire: Lorſqu'ils veulent repréſenter le Soleil, ils peignent un Cercle, & pour la Lune ils font un Croiſſant, ſelon ſa propre figure.

(*b*) APULÉE, Metam. Lib. XI. pag. 27. *Corona multiformis, variis floribus ſublimem diſtinxerat verticem* (Iſidis) *cujus media quidem ſuper frontem plana rotunditas in modum ſpeculi, vel immò argumentum Lunæ, candidum lumen emicabat.* C'eſt-à-dire: Le deſſus de la tête d'*Iſis* étoit diſtingué par une Couronne qui avoit toute ſorte de formes, dont celle du milieu au deſſus du front étoit un planiſphère en guiſe de miroir rond, & comme la marque de la Lune qui jettoit une lumiere pâle. *Idem, ibidem: Crines intorti per divina colla paſſim diſperſi.* C'eſt-à-dire: Les cheveux entortillés & épars par-ci par-là ſur le col de la Déeſſe.

(*c*) *Idem, ibid.* pag. 27. *Quanquam enim connexa, immò verò. unica ratio numinis religionisque eſſet, (videlicet* Iſidis & Oſiridis*) tamen teletæ diſcrimen intereſſe maximum.* C'eſt-à-dire: Car quoiqu'*Iſis* & *Oſiris* fûſſent des divinités qui avoient un grand rapport entre elles, ainſi que leur culte, & fûſſent pour ainſi dire les mêmes, il y avoit néanmoins une fort grande différence entre les ſacrifices d'initiation de l'un & de l'autre.

SUR LA SYRIE, L'EGYPTE &c. Chap. V.

d'*Osiris*. On ajoutoit quelquefois des (*a*) Ailes au Globe, avec un Serpent qui en paroît sortir, toutes choses symboliques de ce que les Anciens appelloient l'Ame du Monde, c'est-à-dire le pouvoir, l'esprit & la faculté qui donne la vie, la vigueur & la perfection à tout l'Univers. Un (*b*) Serpent environnant un Cercle, exprimoit la même chose: lors-

Ailes ajoutées au Globe.

Serpent autour ou dans un Cercle.

(*a*) ABENEPHIUS, *Lib. de Relig. Ægypt.* cité par KIRCHER, *Obel. Pamph.* pag. 403. *Cum vellent indicare tres divinas virtutes seu proprietates, scribebant circulum alatum, ex quo serpens egrediebatur: per figuram circuli significantes naturam Dei incomprehensibilem, inseparabilem, æternam, omnis principii & finis expertem; per figuram serpentis, virtutem Dei creatricem omnium; per figuram alarum duarum, virtutem Dei motu, omnium, quæ in mundo sunt, vivificatricem.* C'est-à-dire: Lorsqu'ils vouloient marquer les trois attributs ou proprietés de la Divinité, ils peignoient un Cercle avec des Ailes, d'où sortoit un Serpent: indiquant par la figure du Cercle la nature incompréhensible, indivisible & éternelle de Dieu, qui n'a ni commencement ni fin; par la figure du Serpent, la vertu par laquelle Dieu a créé toutes choses; & par les deux Ailes, cette vertu de Dieu par laquelle il meut & vivifie tout ce qu'il y a dans le monde. *Fragm.* SANCHUN. *de Religione Phœnicum, ibidem: Jupiter sphæra est alata, ex ea producitur serpens: circulus divinam naturam ostendit sine principio & fine: serpens ostendit verbum ejus, quod mundum animat & fœcundat: ejus alæ spiritum Dei, qui mundum motu vivificat.* C'est-à-dire: *Jupiter* est représenté par une Sphère d'où sort un Serpent: le Cercle marque la nature divine, qui n'a point de commencement ni de fin: le Serpent signifie sa parole, qui anime le monde & y repand la fécondité: &

les Ailes indiquent l'esprit de Dieu, qui donne la vie au monde en le faisant mouvoir. KIRCHER, *Oed. Ægypt.* Clas. VII. Cap. I. pag. 96. *Per Globum, infinitum, æternum, immensum, per Alas, motum quo omnia penetrat; per Serpentem, vitam omnium; per Sceptrum rectilineum, omnia in illo, curvum, rectum, magnum, parvum, &c. unum esse; per tres nodos, unitatem, æqualitatem & connexionem, item principium, medium & finem omnium innuebant.* C'est-à-dire: Par le Globe ils désignoient l'infinité, l'éternité & l'immensité; par les Ailes, le mouvement qui fait que tout se meut; par le Serpent, la vie de toutes créatures; par le Sceptre droit, que tout est en lui égal, le courbe aussi-bien que ce qui est droit, le grand & le petit &c.; & enfin par les trois nœuds, l'unité, l'égalité & la connexion, ou bien le commencement, le milieu & la fin de toutes choses. ABENEPHIUS *ubi sup.* cité par KIRCHER *ibid.* pag. 117. *Globus alatus, serpentibus circumdatus dum pingebatur, symbolum erat animæ, seu spiritûs mundi.* C'est-à-dire: Lorsqu'on peignoit un Globe ailé entouré de Serpens, c'étoit le symbole de l'Ame ou de l'Esprit du Monde.

(*b*) ABENEPHIUS, cité par KIRCHER, *Obel. Pamph.* pag. 420. *Per figuram sphæræ, virtutem igneam in sole elucescentem, & per figuram Aspidis sphæram circumdantem, vitam, & motum, & fœcunditatem mundi designabant.* C'est-à-dire: Par la figure d'une Sphère ils désignoient la vertu

128 OBSERVATIONS GEOGRAPHIQUES

lorsqu'il y avoit un (*a*) Serpent en dedans du Cercle, soit étendu en droite ligne, ou formant une Croix en étendant les Aîles, on suppose qu'alors c'étoit le symbole d'un bon Genie, qu'ils désignoient aussi par cette marque Θ, ou le *Theta* des *Grecs*. Le (*b*) *Hiéralpha* ou l'A sacré, exprimé par cette figure ⩑ qu'on voit souvent dans les mains de leurs Divinités & de leurs Genies, pourroit bien signifier la même chose. La (*c*) Croix à anse ou à anneau qu'ils marquoient de cette manière ☥, est de la même nature: elle consistoit

L'A sa-
cré.

Croix à
anse ou
à an-
neau.

tu ignée qui éclate dans le Soleil, & par celle d'un Aspic qui entoure la Sphère, la vie, le mouvement & la fécondité du Monde.

(*a*) PHILON DE BIBLOS, cité par EUSEBE, *Præp. Evang.* Ἔτι μὲν οἱ Αἰγύπτιοι ἀπὸ τῆς αὐτῆς ἐννοίας τὸν κόσμον γράφοντες περιφερῆ κύκλον ἀεροειδῆ καὶ πυρωτὸν χαράσσουσι, καὶ μέσον τεταμένον ὄφιν ἱερακόμορφον· καὶ ἔστι τὸ πᾶν σχῆμα, ὡς τὸ παρ᾽ ἡμῖν Θῆτα· τὸν μὲν κύκλον, κόσμον μηνύοντες· τὸν δὲ μέσον ὄφιν συνεκτικὸν τούτου ΑΓΑΘΟΝ ΔΑΙΜΟΝΑ σημαίνοντες. C'est-à-dire: Aujourd'hui encore les *Egyptiens* représentant le monde sur l'idée qu'ils s'en font, ils gravent un Cercle qui signifie l'air & le feu, & au milieu ils y mettent un Serpent étendu à tête d'Epervier. La figure entiere ressemble à notre Θ *Theta*. Par le Cercle ils désignent le monde, & par le Serpent qui est au milieu ils entendent le bon Genie qui lie toutes les choses, ou qui les contient toutes.

(*b*) KIRCHER, *Prodr. Copt.* pag. 231. *Hoc μονόγραμμον* ⩑ *, ex* Δ *&* Λ *compositum, in nullo non obelisco frequentissimum,* Ægyptiacarum *vocum* Ⲁⲅⲁⲑⲟⲥ Ⲇⲉⲙⲟⲛ *quibus bonum Genium* Deltæ, Nili, *seu* Ægypti *signant, index ; cùm præter dictarum vocum capitales literas, ejus quoque* Ægypti *portionis figuram quam* Δ *passim vocant,*

clarè dictum μονόγραμμον exprimat. C'est-à-dire: Ce monogramme ⩑, composé du Δ *Delta* & de l'A *Alpha* des *Grecs*, se voit très-fréquemment sur tous les Obelisques, & signifie les deux mots *Egyptiens Agathos Demon*, par où ils entendent le bon Genie du *Delta*, du *Nil*, ou de l'*Egypte* ; vû que le dit caractère renferme non seulement les lettres initiales de ces deux mots, mais représente aussi fort évidemment la figure de cette partie de l'*Egypte* qu'ils appellent quelquefois le *Delta*.

(*c*) ABENEPHIUS, cité par KIRCHER, *Obel. Pamph.* pag. 440. *Figuram Crucis, in cujus capite Circulus in modum ansæ, accepit* Mesra à Chamo, *&* Cham à Noe, *&* Noe ab Hanûch, *(ipse* Idris) Hanuch à Seth, Seth ab Adamo, Adam ab Angelo suo Raziel. Cham verò ope ejus fecit mirabilia magna, & ab eo accepit Hermes, & posuit eam inter literas avium ; est autem hic character signum processûs motûsque spiritûs mundi : (scilicet divinæ mentis seu rerum omnium productionis, motûs, & diffusionis, ut* KIRCHERUS *ait ibid.* pag. 369.) *& fuit magicum sigillum & secretum in telesmatis eorum, & annulus contra dæmones & malignas potestates.* C'est-à-dire: La figure de la Croix ayant un anneau en guise d'anse au chef, a été donnée à *Mezra* par *Cham*, à *Cham* par *Noé*, à *Noé*
par

SUR LA SYRIE, L'EGYPTE &c. Chap. V.

fiſtoit, comme l'on voit, en une Croix, ſurmontée d'un Cercle, ou quelquefois ſeulement en la lettre T, jointe à un Anneau. Et comme la (*a*) Croix marque les quatre Elemens du monde, le Cercle eſt l'emblême de l'Influence que le Soleil a ſur ces Elemens, ou, comme (*b*) *Kircher* l'explique, par le Cercle il faut entendre le Créateur & le Conſervateur du

par *Henoch*, qui eſt le même qu'*Idris*, à *Henoch* par *Seth*, à *Seth* par *Adam*, & à *Adam* par ſon Ange *Raziel*. *Cham* a fait de grandes merveilles par la vertu de cette Croix, & l'a donnée à *Hermes*, qui la plaça entre les caractères des Oiſeaux. Cette figure ſignifie la proceſſion & le mouvement de l'Eſprit du monde (qui, comme dit Kircher à la page 369 du même Ouvrage, n'eſt autre choſe que la Divinité elle-même, ou la production, la circulation & la diſtribution de toutes choſes) & leur a ſervi de ſceau magique & de ſecret dans leurs opérations, & d'anneau contre les Démons & les Puiſſances malignes.

(*a*) *Cabala Saracenica*, alléguée par Kircher, *Obel. Pamph.* pag. 372. *Philoſophi & Medici* Ægyptii, *partium* Indiæ *&* Græciæ, *indicaturi quatuor elementa, quadratum ſub figura crucis pingebant.* C'eſt-à-dire: Les Philoſophes & les Médecins d'*Egypte*, de la ſecte des Indiens & des Grecs, peignoient un Quarré ſous la figure d'une Croix, pour repréſenter les quatre Elemens. Justin Martyr, *Apolog.* Οὕτως ἔδωκεν ἀναγνοὺς Πλάτων, καὶ μὴ ἀκριβῶς ἐπιστάμενος, μηδὲ νοήσας τύπον εἶναι ςαυροῦ, ἀλλὰ χίαςμα νοήσας, τὴν μετὰ τὸν πρῶτον θεὸν δύναμιν κεχιάσθαι ἐν τῷ παντί. C'eſt-à-dire: *Platon*, qui avoit lu cela, & qui ne l'entendoit pas bien, ne conſidérant pas aſſez que c'étoit un type de la Croix, & ne faiſant attention qu'à la figure, conçut ſous cette image, que la Vertu qui eſt auprès de la première Divinité, eſt répandue par-tout de la

même manière. Kircher, *ubi ſup.* pag. 370. *Per Circulum denotabant divinæ mentis diffuſionem in mundum ſidereum, & per Crucem, diffuſionem in elementa.* C'eſt-à-dire: Ils indiquoient par le Cercle, que la Divinité ſe répand dans le monde céleſte ou étoilé, & par la Croix, qu'elle ſe répand dans les élemens.

(*b*) Kircher, *Prodr. Copt.* pag. 169. *Sicut nomen Dei* יהוה *juxtà Rab. Hakadoſch, Deum generantem ſignificat, ſic & hoc* (Ⲫ☥) *non apud Coptitas tantùm, ſed apud Ægyptios antiquos quoque, Emepht, ſeu cum aſpiratione Hemepht, ſeu* ϨⲈⲘⲪ☥, *quod nos ex Copto interpretamur (in Phtha), quaſi diceres, Deum omnia peragentem in Phtha filio, quem produxit; vel, ut cum Jamblicho loquar, Emepht nimirùm producentem ex ovo Phtha, hoc eſt intelligentiam ad exemplar ſuum,* ⲤⲞⲪⲒⲀ *generantem ſapientiam, omnia cum veritate artificioſè diſponentem, nempe Taautum; quem proindè appoſitè per hos caracteres ſeu μονογράμματα* (⚚), ⚲ *repræſentabant; per Circulum primum mundi genitorem, æternumque conſervatorem, divinitatemque ejus ubiquè diffuſam, per* ☥ *verò ſapientiam mundum gubernantem intelligentes.* C'eſt-à-dire: Comme le nom de *Jehovah* ſignifie, ſuivant le Rabin *Hakadoſch*, la vertu de Dieu qui engendre; la même choſe eſt auſſi exprimée, non ſeulement par le *Phtha* des *Cophtes*, mais auſſi par le nom d'*Emepht*, ou avec une aſpiration *Hemepht* ou *Henphth* des anciens *Egyptiens*, que nous

Tome II. R pou-

du monde, & la sagesse qui derive de lui est représentée par +, T ou †, qui, à ce qu'il prétend, sont les monogrammes de *Mercure*, *Thoth*, *Taaut* ou *Phtha*. Il est en effet surprenant que cette figure se rencontre si souvent dans les écrits symboliques des *Egyptiens*, tantôt seule, tantôt dans les mains ou au dessus de la tête de leurs divinités. J'ai souvent remarqué que cette figure étoit empreinte sur les Escarbots & autres Animaux ou symboles sacrés, qu'on destinoit à en faire des amulètes. Ainsi la Croix à anse ou à anneau étoit vraisemblablement *le nom de la Divinité* (comme le dit (*a*) *Jamblique*) *qui remplit tout le monde*. On peut aussi supposer, que c'étoit *l'effigie respectable de la Divinité suprême, qui*, dit *Apulée*, (*b*) *n'étoit point faite à la ressemblance d'aucune créature*, ou bien le phylactère d'*Isis*, qui, comme le *Thummim* du grand Sacrificateur des *Juifs*, signifioit, suivant (*c*) *Plutarque*,

la

pouvons expliquer par le mot *Cophte Phtha*, comme qui diroit Dieu qui fait toutes choses par son fils *Phtha*, qu'il a produit, ou, pour parler avec *Jamblique*, *Emeph* qui produit d'un œuf le *Phtha*, ou une Intelligence semblable à lui-même, *Ichton* qui engendre la Sagesse, qui dispose véritablement avec art toutes choses, sçavoir *Taautus*; c'est pourquoi ils le représentoient proprement par ces caractères ou monogrammes ⊕, ♀, indiquant par le Cercle le premier Créateur & l'éternel Conservateur du monde, & sa Divinité repandue par-tout, & par la Croix, la sagesse qui gouverne le monde.

(*a*) JAMBLIQUE, Sect. VIII. Cap. 5. Τφηγήσατο δὲ καὶ ταύτην τὴν ὁδὸν Ἑρμῆς· ἡρμήνευσε δὲ Βίτυς προφήτης Ἀμμωνι βασιλεῖ, ἐν ἀδύτοις εὑρῶν ἀναγεγραμμένην ἐν ἱερογλυφικοῖς γράμμασιν, κατὰ Σάϊν τὴν ἐν Αἰγύπτῳ, τό τε τῇ Θεῇ ὄνομα παρέδωκε ΤΟ ΔΙΗΚΟΝ ΔΙ ΟΛΟΥ ΤΟΥ ΚΟΣΜΟΥ. C'est-à-dire: *Mercure* montra aussi cette méthode, que le Prophete *Bitys* expliqua au Roi *Ammon*, l'ayant trouvée dans les lieux inaccessibles du Temple, écrite en lettres hiéroglyphiques, à *Saïs*, ville d'*Egypte*, & lui apprit que le nom de Dieu est, CELUI QUI S'ÉTEND PAR TOUT LE MONDE.

(*b*) APULÉE, Metam. Lib. XI. pag. 262. *Gerebat alius felici suo gremio summi numinis venerandam effigiem, non pecoris, non avis, non feræ, ac ne hominis quidem ipsius consimilem; sed solerti repertu, etiam ipsâ novitate reverendam, altioris utcunque & magno silentio tegendæ religionis argumentum ineffabile.* C'est-à-dire: Un autre portoit dans son heureux giron la vénérable effigie de la Divinité suprême, qui ne ressembloit à aucune bête, à aucun oiseau, à aucun animal sauvage, pas même à un homme, mais respectable par l'invention, & même par la nouveauté, étant l'abregé ineffable d'une religion plus sublime, & qui doit être couverte d'un profond silence.

(*c*) PLUTARQUE, *de Isid. & Osir.* pag. 377. & 378. Διὰ καὶ λέγεσθαι, τὴν Ἴσιν, αἰσθομένην ὅτι κύει, περιά-
ψα-

la Voix de la Vérité. Mais suivant l'interprétation que (*a*) *Sozomene* & autres Auteurs Chrétiens ont attribué à cette figure, du moins quant à la Croix, elle doit représenter *la Vie à venir*, aussi-bien que (*b*) *l'Image ineffable de l'Eternité* dont *Suidas* fait mention, & que le docte *Herward*, dans une très-sçavante Dissertation, a taché de prouver avoir été (*c*) *l'Aiguille aimantée*, ou le Compas des anciens Mariniers. Mais pour

ψασθαι Φυλακτήριον &c. ἐξερμηνεύεται ΦΟΝΗ ΑΛΗΘΗΣ. C'est-à-dire: *Isis est aussi appellée Jupiter*, & lorsqu'elle s'apperçut qu'elle étoit enceinte, elle mit autour de son corps un amulète &c., qui interpreté veut dire LA VOIX VÉRITABLE.

(*a*) SOZOMENE, *Eccles. Hist.* Lib. VII. Cap. 15. Φασὶ δὲ, τῦ ναῦ (Serapidis) χαρακτήρων ςαυρῦ σημείῳ ἐμφερεῖς ἐγκεχαραγμένες τοῖς λίθοις ἀναφανῆναι, παρ' ἐπιςημόνων δὲ τὰ τοιάδε ἑρμηνευθεῖσαν σημαίνει ταύτην τὴν γραφὴν ΖΩΗΝ ΕΠΕΡΧΟΜΕΝΗΝ. C'est-à-dire: On dit que les pierres du Temple de *Serapis* paroissoient gravées de caractères semblables au signe de la Croix, & que ces caractères expliqués par des Personnes sçavantes, cette écriture revenoit aux mots d'UNE VIE A VENIR. On peut voir aussi RUFFIN, *Eccles. Hist.* Lib. II. Cap. 29. SUIDAS, *in Theodos.* SOCRATE, *Hist. tripart.* Lib. IX.

(*b*) SUIDAS, *in voce* Ἡραΐσκος: Διέγνω (ὁ μὲν Ἡραΐσκος) τὸ ἄῤῥητον ἄγαλμα ΤΟΥ ΑΙΩΝΟΣ ὑπὸ τῦ θεῦ κατεχόμενον, ὃν Ἀλεξανδρεῖς ἐτίμησαν Ὀσιριν ὄντα, Ἄδωνιν ὁμῦ κατὰ μυςικήν, ὡς ἀληθῶς Φάναι θεοκρασίαν. C'est-à-dire: *Heraïsque* connut la statuë secrete de L'ETERNITÉ, animée par le Dieu que les habitans d'*Alexandrie* honoroient sous le nom d'*Osiris*, & qui, à dire vrai, est aussi *Adonis*, en vertu du mélange mystique des Divinités. SUIDAS dit encore la même chose au mot Διαγνώμων. Surquoi HERWARD, *Theolog. Ethnic.* pag. 11. dit: *Quo ex utroque loco ritè colligas, ipsissimum hoc esse signum,* T *scilicet ansatum,* AEVI, *sæculi ineffabile, quod* Serapis Alexandriæ *manu teneat: quod* Alexandrini *pro* Serapide *&* Adonide *junctim colant. Idque præsertim cum* ἄῤῥητον, *seu ineffabile signum vocetur, perindè uti* προστάτωρ, princeps pater, *seu* βυθὸν profundum Hæresiarchæ Valentini, *&* Tetragrammaton Jehova: *sitque signum* τῦ αἰῶνος, Sæculi, atque ævi; *quorum* 4. *&* 8. primæva; *& deinde* 30. *&* 2. *idem* Valentinus *describit.* C'est-à-dire: On peut conclure avec raison de ces deux endroits, que c'est ici le même signe ineffable de l'ETERNITÉ ou du Siécle, sçavoir la lettre T avec une anse, que *Serapis* à *Alexandrie* tient à la main, & que les *Alexandrins* honorent conjointement pour *Serapis* & pour *Adonis*; & cela principalement, puisqu'on l'appelle le signe secret & ineffable, aussi-bien que le *Pere premier*, ou le *profond Abîme* de l'Hérésiarque *Valentinus*, & le nom de *Jehova*; & que c'est le signe du Siécle & de l'Age, dont le même *Valentinus* décrit le quatrième & le huitième, & ensuite le trentième & le second.

(*c*) HERWARD, *ibid.* pag. 60. *Apud me constitui, illud signum* T *veteribus fuisse præstitisseque, quicquid nostris modò gubernatoribus est præstatque* Acus nautica. C'est-à-dire: Je suis persuadé que ce signe T a servi chez les Anciens au même usage, auquel l'Ai-

Les Hémisphères figurés par des demi-Disques.

pour revenir aux Figures de Mathématique, les Hémisphères du monde étoient probablement repréfentés par des demi-Difques, qui, fuivant que la partie ronde étoit placée enhaut ou en bas, dénotoient l'Hémifphère fupérieur ou inférieur.

Pyramides & Obelifques marquoient le Feu.

Une (a) Pyramide ou un Obelifque, c'eft-à-dire un Triangle équilateral, ou un Triangle aigu, à deux côtés égaux, marquoit la nature & l'élement du Feu, mais un (b) Triangle rectangle fignifioit la nature & la conftitution de l'Univers: le côté perpendiculaire défignoit *Ofiris*, ou le mâle; la bafe, *Ifis* ou la femelle; & l'hypothenufe, *Orus*, c'eft-à-dire l'Air ou le Monde vifible, qui procede des deux premiers.

Le Monde repréfenté par un Quarré.

Le (c) *Mundus hylæus*, comme *Kircher* nomme le Monde matériel ou élementaire, étoit repréfenté par un Quarré, chaque coin en exprimant un quartier, tout comme la (d) Table du Tabernacle *Judaïque*.

La Pofture & l'Habil-

Il y avoit non feulement du myftère dans ces figures mêmes: mais il y en avoit auffi dans leur pofture, dans leur habillement & dans la matière dont certaines piéces de leur ajuf-

---

l'Aiguille aimantée fert encore aujourd'hui à nos Pilotes.

(a) PORPHYRE, cité par EUSEBE, *Præp. Evang.* pag. 60. Πυραμίδας δὲ καὶ ὀβελίσκες, τῇ πυρὸς οὐσίᾳ (ἀπένειμαν.) C'eft-à-dire: Ils attribuent au Feu les Pyramides & les Obelifques.

(b) PLUTARQUE, *de Ifid. & Ofir.* pag. 373. 374. Αἰγυπτίοις δὲ ἄν τις εἰκάσειε τῶν τριγώνων τὸ κάλλιστον, μάλιστα τέτῳ τὴν τῦ παντὸς Φύσιν ὁμοιῦντας. * εἰκαςέον ἐν τὴν μὲν πρὸς ὀρθὰς, ἄρρενι, τὴν δὲ βάσιν, λείᾳ, τὴν δὲ ὑποτείνυσαν, ἀμφοῖν ἐγγόνῳ. καὶ τὸν μὲν Ὀσίριν ὡς ἀρχὴν, τὴν δὲ Ἰσιν ὡς ὑποδοχὴν, τὸν δὲ Ὦρον ὡς ἀποτέλεσμα. C'eft-à-dire: On pourroit comparer les *Egyptiens* au plus beau des Triangles, d'autant plus qu'eux-mêmes ils y font reffembler la nature du Tout. On pourroit dire que la ligne de la droite eft le mâle, que la bafe eft la femelle, & que l'hypothenufe eft l'embryon; qu'ainfi *Ofiris* eft le principe, *Ifis* eft le recipient, & *Orus* eft la perfection.

(c) PLATON, *in Alcinoo* Cap. II. & 12. cité par KIRCHER, *Oedip. Ægypt.* Claff. VII. pag. 103. *Mundus corporeus, ex elementis compofitus, in quo proceffus rerum fit per lineas rectas, per quadrangulum fuit indigitatus à prifcis.* C'eft-à-dire: Le monde matériel, compofé des élemens, dans lequel la proceffion des chofes fe fait par lignes droites, a été repréfenté par les Anciens fous la figure d'un Quarré.

(d) CLEMENT D'ALEXANDRIE, *Strom.* Lib. VI. pag. 474. Γῆς δ' οἶμαι εἰκόνα ἡ τράπεζα δηλοῖ· Τέσσαρσιν ἐπερειδομένη ποσὶ, θέρει, μετοπώρῳ, ἔαρι, χειμῶνι. C'eft-à-dire: A mon avis, la Table explique l'image: car étant appuyée fur quatre pieds, elle défigne l'Eté, l'Automne, le Printems & l'Hyver.

ajuſtement étoient compoſées. Car quand on repréſente *Iſis*, *Oſiris* & autres aſſis, cette poſture eſt un type de la Divinité (*a*) ſubſiſtant par elle-même, c'eſt-à-dire que ſon pouvoir eſt ferme & immuable : lorſque le Trône eſt échiqueté de blanc & de noir, c'eſt un emblême de (*b*) la varieté des choſes d'ici bas : lorſque les Dieux ou les Genies ſont debout, comme s'ils étoient prêts à agir, (*c*) avec les jambes ſerrées, cela veut dire qu'ils traverſent l'air ſans effort, & ſans que rien les arrête. Lorſque le (*d*) monde eſt repréſenté par une figure humaine, avec les jambes jointes, cette poſture marque ſa ſtabilité. L'habillement qu'ils donnoient à leurs Dieux

lement des Divinitéz étoient ſymboliques.
Aſſiſes.
Debout.
Le Soleil portoit un

(*a*) JAMBLIQUE, Sect. VII. Cap. 2. Μένων ἐν ἑαυτῷ, ὥσπερ τε καθέζεσθαι βούλεται σημαίνειν. C'eſt-à-dire : Permanent en lui-même, ainſi que ſon ſéant veut le faire entendre. APOLLODORE : Οἱ παλαιοὶ ἔγραψαν τὸν Δία καθίζοντα, πρὸς σημαίνειν ἀκίνητον τῆς θεοῦ δύναμιν. C'eſt-à-dire : Les Anciens peignoient *Jupiter* aſſis, pour marquer l'immutabilité de ce Dieu. PORPHYRE, cité par EUSEBE, *Præp. Evang.* pag. 61. Κάθηται δὲ, τὸ ἐρραῖον τῆς δυνάμεως αἰνιττόμενος. C'eſt-à-dire : Il eſt aſſis, pour marquer d'une manière énigmatique la fermeté de ſon pouvoir.

(*b*) ORPHÉE, *de Mercurio*, cité par KIRCHER, Synt. I. pag. 95. *Qui mundi habenas tenet, variegatâ ſede ſplendidus.* C'eſt-à-dire : Celui qui tient les rênes du monde, eſt aſſis ſur un trône bigarré. *Id. ibidem : Hinc arbitror, Græci Mercurio virgam ex albo & nigro variatam attribuunt.* C'eſt-à-dire : C'eſt la raiſon, à ce que je crois, que les *Grecs* ont donné à *Mercure* une baguette bigarrée de blanc & de noir.

(*c*) HELIODORE, *Hiſt. Æthiop.* Lib. III. pag. 148. Καὶ τῷ βαδίσματι πλέον, ἢ κατὰ διάςησιν τοῖν ποδοῖν ἐδὲ μετάθεσιν ἀνυομένῳ, ἀλλὰ κατά τινα ῥύμην ἀέριον καὶ ὁρμὴν ἀπαραπόδιςον, τεμνόντων μᾶλλον τὸ περιέχον ἢ διαπορευομένων. διὸ δὴ καὶ τὰ ἀγάλματα τῶν θεῶν Αἰγύπτιοι τῷ πόδε ζευγνύντες καὶ ὥσπερ ἑνύντες ἱςᾶσιν. C'eſt-à-dire : Encore plus par ſa marche, qui ſe fait, non en ſéparant les pieds, & les mettant l'un devant l'autre, mais comme traverſant l'air par un élancement irréſiſtible, les pieds fendant l'air, plutôt qu'ils ne le parcourent. C'eſt pourquoi les *Egyptiens*, dans les images de leurs Dieux, leur joignent les pieds, & en quelque manière n'en font qu'un.

(*d*) EUSEBE, *Præp. Evang.* pag. 69. Ἀνθρωποειδές ἐςιν ἄγαλμα τοῦ κόσμου, τοὺς μὲν πόδας συμβεβληκότας ἔχον, ἄνωθεν δὲ μέχρι ποδῶν ποικίλον ἱμάτιον περιβεβλημένον, ἐπὶ δὲ τῆς κεφαλῆς σφαῖραν ἔχει χρυσῆν, διὰ τὸ μὴ μεταβαίνειν, καὶ διὰ τὴν τῶν ἄςρων ποικίλην Φύσιν, καὶ ὅτι σφαιροειδὴς ὁ κόσμος. C'eſt-à-dire : Le Monde eſt repréſenté ſous une figure humaine, ayant les pieds joints, le haut du corps juſqu'aux pieds couvert d'un vêtement bigarré, & ſur ſa tête une ſphère dorée, pour marquer qu'il ne paſſe point, que la nature des Aſtres eſt diverſifiée, & qu'il eſt de figure ſphérique.

Dieux n'étoit pas moins symbolique. Le Soleil, dit (*a*) *Plutarque*, étant un corps de lumiere pure, son habit doit être tout d'une couleur, par-tout également brillant & lumineux : mais (*b*) *Macrobe* couvre les statuës ailées du Soleil, partie d'une couleur claire, & partie de bleu ; cette derniere couleur figurant le séjour de ce luminaire dans l'hémisphère inférieur. Le vêtement d'*Isis*, qui représentoit la Terre, étoit parsemé de toute sorte de fruits & de productions, avec du clair & de l'ombre mêlés par-tout. On la couvroit aussi de la peau d'un léopard, ou d'un autre habit de (*c*) différentes couleurs. Les (*d*) Bandes qui font partie de son ajustement, ou qu'elle tient quelquefois à la main, signifient les Phases de la Lu-

habit clair & brillant.

L'habillement d'Isis étoit diversifié.

Bandes d'Isis.

(*a*) PLUTARQUE, *de Isid. & Osir.* pag. 382. Στολαὶ δὲ αἱ μὲν Ἰσιδος, ποικίλαι ταῖς βαφαῖς. (περὶ γὰρ ὕλην ἡ δύναμις αὐτῆς, πάντα γινομένην, Φῶς, σκότος· ἡμέραν, νύκτα· πῦρ, ὕδωρ· ζωὴν, θάνατον· ἀρχὴν, τελευτήν·) ἡ δὲ Ὀσίριδος οὐκ ἔχει σκιὰν, οὐδὲ ποικιλμὸν, ἀλλὰ ἕν ἁπλοῦν τὸ Φωτειδὲς. C'est-à-dire : Les Robes d'*Isis* sont de diverses couleurs, parce que sa vertu agit sur la matière, qui est toutes choses, lumiere, ténèbres ; jour, nuit ; feu, eau ; vie, mort ; commencement, fin. La Robe d'*Osiris* n'a ni ombre ni diversité, mais est simplement par-tout de la couleur de la lumiere.

(*b*) MACROBE, *Saturn.* Lib. I. Cap. 19. *Solis simulacris (quæ Ægyptii pinnata fingunt) color non unus est : alterum enim cæruleâ specie, alterum clarâ fingunt : ex his clarum superum, & cæruleum inferum vocant. Inferi autem nomen Soli datur, cùm in inferiori hemisphærio, id est hyemalibus signis, cursum suum peragit : superi, cùm partem zodiaci ambit æstivam.* C'est-à-dire : Les simulacres du Soleil, auxquels les *Egyptiens* donnent des aîles, ne sont pas tous d'une même couleur : il y en a de bleus, & d'autres qui sont d'une couleur claire. Ils appellent le dernier le Soleil supérieur, & le bleu le Soleil inférieur. Le Soleil porte le nom d'inférieur lorsqu'il parcourt l'Hémisphère inférieur, ou les signes d'hyver ; mais il prend celui de supérieur, lorsqu'il se trouve dans la partie du zodiaque qui fait notre été.

(*c*) Voyez Note (*a*) de cette page.

(*d*) HELIODORE : *Multicoloribus tæniis, sive fasciis, statuam* Isidis *vestiebant, ad significandum varias Lunæ* Φάσεις. C'est-à-dire : Ils habilloient la Statue d'*Isis* de Bandes de toutes les couleurs, pour marquer les diverses Phases de la Lune. PIGH. *in* Μυθολογία *de Horis*, pag. 171. *Candidæ vittæ candorem Lunæ denotabant.* C'est-à-dire : Les Bandelettes blanches indiquoient la pâleur de la Lune. PIER. *Hierogl.* Lib. XXXIX. Cap. 3. *Hinc teniæ illæ variæ multiplicesque* Isidi *dedicatæ, non septem tantùm eas Lunæ facies, quas* Heliodorus *nuncupat* σύνοδον, μένων, &c. *sed etiam vim ejus quæ circà materiam versatur, indicant, quæ scilicet gignit omnia, & omnia concipit, lucem quippe & tenebras, diem, noctem, vitam, mortem, principium,*

SUR LA SYRIE, L'EGYPTE &c. Chap. V.

Lune; & les tresses de ses (a) Cheveux, lorsqu'elles sont d'un bleu foncé, marquent le beau tems de notre Atmosphère. Les Rayons, les Flammes, (b) les Cornes, les (c) Voiles &c. que les *Egyptiens* mettoient sur les têtes de ces figures; les (d) Serpens qui se dressent sur leurs têtes, ou qui

Ornemens de la tête de leurs Divinités.

pium, finem. C'est-à-dire: De-là vient que ce grand nombre de Bandelettes de diverses couleurs, attribuées à *Isis*, marquent non seulement les sept Phases de la Lune, qu'*Heliodore* appelle *Synodos, Menas,* &c. mais aussi la vertu par laquelle elle opere sur la matiere, ou qu'elle produit & engendre tout, la lumiere & les tenebres, le jour & la nuit, la vie & la mort, le commencement & la fin.

(a) EUSEBE, *Præp. Evang.* pag. 66. Ἡ δὲ περικειμένη κόμη τοῖς κάτω μέρεσιν αὐτῆ, ὑπόδειγμα τῆς προσγείε περὶ τὸν ἀέρα παχύτητος. C'est-à-dire: La chevelure qui descend de la tête jusques en bas, marque l'épaisseur de l'air qui est proche de la terre. PHILON, *de Vita Mos.* Lib. III. pag. 671. Οὗτος ὁ χιτὼν σύμπας ἐςὶν ὑακίνθινος, ἀέρος ἐκμαγεῖον· Φύσει γὰρ ὁ ἀὴρ μέλας. C'est-à-dire: Toute cette Robe est de couleur d'hyacinthe, qui représente l'air; car l'air est naturellement noir. *Idem, de congressu quærendæ Erudit. Gr.* pag. 441. parlant de la tapisserie du Tabernacle, cité par CLEMENT D'ALEXANDRIE pag. 665. Ἀέρος δὲ, ὑάκινθος· μέλας γὰρ ὗτος Φύσει. C'est-à-dire: Le hyacinthe signifie l'air, qui de sa nature est noir.

(b) SIDONIUS APOLLINARIS:

——— *Caput aurea rumpunt*
Cornua, & indigenam jaculantur fulminis ignem.

C'est-à-dire: La tête est ornée de Cornes d'or, qui jettent un feu semblable aux éclairs.

Bacch. Carm. cité par DIODORE Lib. I.

Ἀςροφαῆ Διόνυσον ἐν ἀκτίνεσσι πυρωπόν.

C'est-à-dire: selon Mr. *Terrasson*:

De l'ardent *Sirius* l'étoile étincelante.

Un ancien Poete, cité par ALEANDRE, *Explic. Tab. Heliacæ*, pag. 22.

Sic Apollo, deindè Liber sic videtur
ignifer.
Ambo sunt flammis creati, prosatique ex
ignibus.
Ambo de comis calorem, & ambo radios
conferunt.
Noctis hic rumpit tenebras, hic tenebras
pectoris.

C'est-à-dire: Ainsi se présente *Apollon*, & ainsi se voit *Bacchus* brillant de lumiere. Ils sont tous deux faits de flammes & engendrés par le feu. Leur chevelure repand la chaleur, & ils dardent des rayons l'un & l'autre. Le premier dissipe les ténèbres de la nuit, & le dernier éclaire l'esprit.

(c) KIRCHER, Synt. XVII. pag. 490. *Vertex velatus divinitatis latentis symbolum est.* C'est-à-dire: La tête voilée est le symbole de la Divinité cachée.

(d) HORAPOLLON, *Hierogl.* Lib. I. Cap. I. Ὁ καὶ (ὄφις) προσφυσῶσαν ἑτέρᾳ παντὶ ζώῳ δίχα καὶ τῇ δακεῖν, ἀναιρεῖ. ὅθεν ἐπειδὴ δοκεῖ ζωῆς καὶ θανάτῳ μυριεύειν, διὰ τῦτο αὐτὸν ἐπὶ τῆς κεφαλῆς τῶν θεῶν ἐπιτιθέασιν. C'est-à-dire: Le Serpent qui s'attache à tout

qui (*a*) sortent d'entre leurs cheveux; ainsi que les Globes, les (*b*) Mitres, les (*c*) Plumes, les (*d*) feuilles de Palmier, toutes

tout Animal vivant, même sans le mordre, le tue: de-là vient que, comme il semble dominer sur la vie & sur la mort, on le place sur la tête des Dieux.

(*a*) VALERIUS FLACCUS, *Argon.* v. 4.

Io —— *aspide cincta comas.*

C'est-à-dire: *Io*, ayant la tête ceinte d'un aspic.

(*b*) KIRCHER, Synt. I. pag. 157. *Tutulos, (mitras, cydares) in capite gerebant, floribus, pennis, serpentibus, stellis, animalibus, flammis, circulis, vasis aliisque similibus, quibus Geniorum proprietates & ideales rationes exprimuntur, compactos: quos in sacrificiis pariter imitabantur sacerdotes, illisque notabatur, sacerdotem continuò supernas Deorum ideas, quæ per tutulos notantur, speculari debere: hoc enim facto, se in eam Intelligentiam, quam continuò mente volvebant, transformari, eidemque uniri, & quodammodò identificari sibi persuadebant; unitos verò, & jam consortio Deorum adscriptos, omnem se felicitatis metam* θεομόρφες *attigisse rebantur.* C'est-à-dire: Ils avoient sur la tête certaine coëffure, semblable à une mitre ou tiare, faite de fleurs, de plumes, de serpens, d'étoiles, d'animaux, de flammes, de cercles, de vases & d'autres choses de cette espece, qui représentoient les propriétés, la nature & les attributs des Genies. Les Prêtres imitoient aussi cette coëffure dans les Sacrifices, pour faire connoître par-là, que les Prêtres devoient toûjours contempler la sublime nature des Dieux, figurée par ces tiares: car ils croyoient qu'en s'attachant à cette étude, ils se transformoient peu-à-peu eux-mêmes en cette Intelligence qui faisoit l'objet de leurs constantes speculations, qu'ils s'y unissoient, & se changeoient en quelque manière en leur propre essence; & que de parvenir à cette union avec les Dieux, & d'être admis dans leur compagnie dès cette vie, c'étoit la plus parfaite félicité à laquelle on pût atteindre, vû que pour ainsi dire on leur devenoit semblable.

(*c* EUSEBE, *Præp. Evang.* Lib. III. pag. 69. Ἐπὶ δὲ τῆς κεφαλῆς (τῦ Κνὴφ) πτερὸν βασίλειον περικείμενον, ὅτι λόγος δυσεύρετος, καὶ κεκρυμμένος, καὶ ὅ Φανὸς, καὶ ὅτι ζωοποιὸς, καὶ ὅτι βασιλεὺς, καὶ ὅτι νοερῶς κινεῖται. C'est-à-dire: Une Aîle royale environne la tête de *Cneph*, parce que le *Logos* ou le Verbe se decouvre difficilement, qu'il est caché, & qu'il n'est point visible, & parce qu'il est vivifiant, & parce qu'il est Roi, & parce qu'il se meut intelligiblement. DENIS L'AREOPAGITE: *Penna, quod cœleste est, declarat * propterea quod sursum feratur.* C'est-à-dire: Une Plume indique les choses célestes, parce qu'elle s'éleve en l'air. EUSEBE, *ubi sup.* Lib. I. Cap. 7. Κρόνῳ τε πάλιν ἐπὶ τῆς κεφαλῆς πτέρα δύο· ἓν ἐπὶ τῦ ἡγεμονικοτάτῳ νοῦ, καὶ ἓν ἐπὶ τῆς αἰσθήσεως. C'est-à-dire: Il mit aussi sur la tête de *Cronus* deux Aîles; l'une, pour marquer le principe de l'Intelligence, & l'autre pour celui du sentiment. Voyez aussi page 125. de ce Tome, Note (*b*).

(*d*) APULÉE, *Metam.* Lib. XI. pag. 269. *Caput decora corona cinxerat palmæ candidæ, foliis in modum radiorum prosistentibus.* C'est-à-dire: Il avoit la tête ornée d'une belle couronne, les feuilles de Palmier blanc dont elle étoit faite s'avançant en guise de rayons. [Cela se faisoit pour représenter le Soleil & lui servir de statue].

SUR LA SYRIE, L'EGYPTE &c. Chap. V.

toutes ces choses, dis-je, ont leur signification, & sont autant de (*a*) types de la Nature, du Pouvoir & des Attributs de la Divinité ou du Genie sur lequel elles sont placées. La (*b*) Barbe qu'on donne quelquefois à *Osiris*, a aussi sa signification particuliere, & représente le Solstice d'été, quand le Soleil, parvenu à sa plus grande hauteur, est pour ainsi dire arrivé à l'âge de puberté: mais la (*c*) Barbe épaisse de *Silene* signifie la même chose que les tresses des cheveux d'*Isis*. Le Marbre des plus (*d*) noirs dont quelques-unes de ces statuës étoient faites, marquoit par sa couleur l'Invisibilité de l'Essence des Dieux; de même que quelques autres dont la tête & les pieds étoient noirs, & le corps d'une couleur plus claire, signifioient probablement, que les desseins & les actions de la Divinité nous sont cachés, quoique sa providence & le soin qu'elle prend de l'Univers paroissent évidemment.

<small>Barbe d'*Osiris*.</small>

<small>Statues de Marbre noir.</small>

Voilà un petit Essai, tiré principalement des Ecrits des Anciens, sur la Science symbolique & hiéroglyphique des *Egyptiens*, quoiqu'il n'y ait pas à douter que ce que j'en dis n'en est que la moindre partie, & qu'il nous reste encore bien des choses à deviner sur ce chapitre. Il est vrai que *Kircher*, Auteur d'une profonde érudition, & d'un esprit extrêmement fertile, s'est appliqué avec un travail infatigable à déchiffrer dans son *Oedipe* & dans son Ouvrage sur l'*Obelisque Pamphylien*, tous les caractères sacrés & toutes les figures qui lui ont tombé sous les mains: mais comme l'on ne sçauroit s'assurer qu'il ne se soit trompé quelquefois, en prenant les figures mêmes pour toute autre chose que ceux qui

<small>*Kircher* a essayé d'expliquer ces caractères.</small>

(*a*) Voyez page précédente Note (*b*).

(*b*) MACROBE, *Saturn*. Lib. I. Cap. 18. *Statuitur Solis seu Bacchi ætas plenissima, effigie barbæ, solstitio æstivo, quo tempore summum sui consequitur augmentum.* C'est-à-dire: On représente l'âge le plus parfait du Soleil ou de *Bacchus*, par une statue avec une barbe, & l'on compte qu'il arrive à cet âge dans le tems du Solstice d'été, parce qu'alors il parvient à sa plus haute élévation.

(*c*) EUSEBE, *Præp. Evang.* pag. 67. Τοτὲ δὲ τὴν περὶ τὸν ἀέρα παχύτητα διὰ τῆς λασίας κόμης τᾶ γενείᾶ (ἐπιδεικνυμένην.) C'est-à-dire: Pour montrer aussi l'épaisseur de l'air par la large chevelure de son menton.

(*d*) PORPHYRE, cité par EUSEBE, *Præp. Evang.* pag. 60. Πολλοὶ δὲ ἀυ καὶ μέλανι λίθῳ, τὸ ἀφανὲς ἀυτῆ τῆς ὀσίας ἐδήλωσαν. C'est-à-dire: Il y en a aussi plusieurs qui par une Pierre noire marquent l'invisibilité de son essence.

Tome II.   S

qui les ont faites ont voulu repréfenter, je veux dire qu'il n'ait pris la figure d'un animal, d'une plante, d'un inftrument, d'un uftenfile &c. pour celle d'un autre qui lui reffemble; tous les raifonnemens qu'il fait là-deffus, & tout ce qu'il croit en pouvoir inférer, ne fçauroient gueres être confiderés que comme de fimples conjectures: de forte que la (*a*) fentence remarquable qu'on attribue à *Ifis*, pourroit bien encore être vraye à l'heure qu'il eft, *qu'aucun mortel n'a encore levé fon voile*.

<small>L'Ecriture facrée fe trouve principalement employée fur les Obelifques.</small>

A l'exception de la (*b*) Table *Ifiaque*, & d'un petit nombre d'autres Monumens *Egyptiens*, les Obelifques qui font encore aujourd'hui en *Egypte*, & ceux qu'on en a tranfporté à *Rome*, font les (*c*) principales Archives hiéroglyphiques & les feuls repertoires de leur Ecriture facrée que nous ayons. Ces efpeces de colomnes, non obftant la longueur extraordinaire de quelques-unes, ont été taillées tout d'une piéce, fans le moindre defaut ou irrégularité; & tous les Obelifques que j'ai vûs font d'un marbre Granite qui (*d*) tire fur le rouge, & très-

---

(*a*) Plutarque, de *Ifid. & Ofir.* pag. 354. Edit. de *Paris.* Τὸ δ' ἐν Σάει τῆς Ἀθηνᾶς (ἣν καὶ Ἶσιν νομίζουσιν) ἕδος ἐπίγραφὴν εἶχε τοιαύτην, ΕΓΩ ΕΙΜΙ ΠΑΝ ΤΟ ΓΕΓΟΝΟΣ, ΚΑΙ ΟΝ, ΚΑΙ ΕΣΟΜΕΝΟΝ. ΚΑΙ ΤΟΝ ΕΜΟΝ ΠΕΠΛΟΝ ΟΥΔΕΙΣ ΠΩ ΘΝΗΤΟΣ ΑΠΕΚΑΛΥΨΕΝ. C'eft-à-dire: Sur le fiége de *Minerve*, que l'on croit auffi être *Ifis*, dans la ville de *Saïs*, fe lit l'Infcription fuivante: Je suis Pan, (ou *le Tout*) qui ai été, qui suis, et qui serai; et jamais aucun Mortel n'a decouvert mon Voile.

(*b*) Cette Table fe nomme auffi quelquefois *Tabula Bembina*, parce qu'elle a apartenu autrefois au Cardinal *Bembo*: les Ducs de *Savoye* en font aujourd'hui en poffeffion. *Pignorius, Herwart* & d'autres en ont donné la defcription. Kircher, *Oedip. Ægypt. in Menfa Ifiaca.*

(*c*) Jamblique, de *Myfter. Ægypt.* Sect. I. Cap. 2. nous apprend, que *Platon* & *Pythagore* y puiferent toute leur Philofophie. Voici fes propres termes: Φιλόσοφον δ' ἔτι προβάλλεις ἐρώτημα, διακρινῶμέν σοι καὶ τοῦτο κατὰ τὰς Ἑρμοῦ παλαιὰς ςήλας, ἃς Πλάτων ἤδη πρόσθεν καὶ Πυθαγόρας διαγνόντες, Φιλοσοφίαν συνεςήσαντο. C'eft-à-dire: Si vous propofez quelque queftion de Philofophie, nous vous la réfoudrons par les anciennes Colomnes d'*Hermes*, par la connoiffance defquelles *Platon & Pythagore* firent jadis le fyftème de leur Philofophie. Pline Lib. XXXVI. Cap. 9. en fait auffi mention, difant: *Infcripti (Obelifci) rerum naturæ interpretationem Ægyptiorum opera philofophiæ continent.* C'eft-à-dire: Les Obelifques, fur lefquels on a gravé l'explication de toutes chofes, contiennent les Oeuvres philofophiques des *Egyptiens.*

(*d*) En Grec Πυροποίκιλον.

très-proprement poli : mais les Caractères hiéroglyphiques qui s'y trouvent, & qui ont quelquefois deux pouces de profondeur, font rudes & raboteux; du moins il ne paroît pas qu'ils ayent jamais été polis. Et comme on n'y peut appercevoir, non plus que fur les Obelisques mêmes, aucune marque de ciseau, il est probable que les caractères ont été formés au poinçon, & que tout le corps de l'Obelisque a été poli par le frottement.

Les Colomnes dont je parle font composées de deux parties, le fust & la fléche pyramidale. Quant aux Piédestaux des deux Obelisques qu'on voit encore debout, l'un à *Alexandrie* & l'autre à *Matta-reah*, ils sont tellement ensevelis fous les ruines & les décombres, qu'il ne m'a pas été possible de les voir. On m'a dit cependant, que le Piédestal du premier ayant été découvert, il y a quelques années, par Monsieur *le Maire*, on trouva qu'il avoit huit pieds de *France* de hauteur, & qu'au reste il étoit dans le goût *Grec* & *Romain*. Mais peut-être cela demande-t-il d'être examiné plus mûrement, quoique le plan ou le dessein que j'en ai vû, & d'où j'ai emprunté les caractères qu'on trouvera ci-après, fût susceptible de pareils ornemens & de pareilles proportions. Pour continuer donc la description de ce qu'on en peut voir, il a été observé que le fust des Obelisques est d'ordinaire en proportion (*a*) décuple de fa largeur, & à en prendre toute la figure en gros, c'est comme le tronc d'une Pyramide, dont les côtés inclinent l'un vers l'autre avec un angle d'environ un degré. Ce tronc se termine en pointe, qui communement est formée par l'inclinaison des surfaces planes équilaterale.

Figure & façon des Obelisques.

Le Piédestal.

Le Fust.

La Fléche pyramidale.

(*a*) KIRCHER, *Obel. Pamphyl.* pag. 52. *Obelisci altitudinem in decupla proportione constituerunt ad latus quadratæ basis inferioris; sic si Obelisci cujusdam latus sit decem palmarum, altitudo erit centum. Pyramidion verò terminans Obeliscum, altitudine suâ æquabat latitudinem inferiorem, sive latus basis infimæ Obelisci.* C'est-à-dire : On tenoit pour régle, que la juste proportion de la hauteur de l'Obelisque étoit le décuple d'un des côtés de sa base quarrée; de sorte que si ce côté étoit de 10 palmes, la hauteur de l'Obelisque étoit de 100. Mais la hauteur de la petite Pyramide qui termine l'Obelisque, égaloit la largeur qu'il avoit au pied, ou l'un des côtés de la base de l'Obelisque.

S 2

rales, tout comme dans les Pyramides ordinaires, d'où cette pointe a auſſi pris le nom de *Pyramidion*, ou de petite Pyramide. On a remarqué que (*a*) la hauteur de cette partie eſt égale à la plus grande largeur de l'Obeliſque: mais je ſoupçonne que ces proportions n'ont pas toûjours été exactement obſervées; car, ſi elles l'étoient, il feroit aiſé de déterminer préciſement par ce moyen, de quelle hauteur & largeur étoient les Obeliſques dont on trouve ſouvent des morceaux enſevelis ſous terre. A en juger par l'Obeliſque d'*Alexandrie*, la baſe ou le pied eſt ce qu'il y a de plus curieux dans ces monumens. La baſe de celui-ci, à ce que m'a dit Monſieur *le Maire*, n'eſt pas quarrée, comme ceux de *Rome*, mais hémiſphérique, & entre de cette manière ⌒ dans une cavité du Piédeſtal qui y répond exactement. On y voit pareillement les bizarres caractères que voici, qui ſont peut-être de la même eſpece que ceux dont parle (*b*) *Apulée*. Il eſt certain que ces Colomnes ainſi arrondies par le bas, reſſemblent mieux à des dards ou à des javelots que ſi elles étoient quarrées, & par conſequent qu'elles ſont plus propres à figurer les Rayons du Soleil, qu'on prétend qu'elles repréſentoient, ce qui faiſoit qu'elles étoient auſſi dédiées au (*c*) Soleil même. On peut de même

con-

Le Pied des Obeliſques étoit rond.

Les Obeliſques & Pyramides étoient dédiés au Soleil.

(*a*) Voyez la Note de la page précedente.

(*b*) Apulée, Metam. Lib. XI. pag 268. *De opertis adyti profert quosdam libros, literis ignorabilibus prænotatos; partim figuris cujusmodi Animalium, concepti ſermonis compendioſa verba ſuggerentes; partim nodoſis, & in modum rotæ tortuoſis, capreolatimque condenſis apicibus, à curioſa profanorum lectione munita.* C'eſt-à-dire: Il tira de l'endroit le plus ſecret du ſanctuaire quelques Livres écrits en caractères obſcurs & inconnus, reſſemblant en partie à la figure de toute ſorte d'animaux, qui renfermoient en abregé tout le contenu du diſcours, ou qui en deroboient la lecture à la curioſité des profanes par des traits inégaux, tortueux, faits en guiſe de roües & entortillés les uns avec les autres.

(*c*) Hermutius, cité par Tertullien, *de Spect.* Cap. 3. *Obeliſci enormitas Soli proſtituta.* C'eſt-à-dire: Les Obeliſques d'une grandeur énorme ſont érigés à l'honneur du Soleil. Pline Lib. XXXVI. Cap. 8. *Trabes ex eo fecére Reges quodam certamine, Obeliſcos vocantes, Solis numini ſacratos. Radiorum ejus argumentum in effigie eſt; & ita ſignificatur nomine Ægyptio.* C'eſt-à-dire: Les Rois en firent comme à l'envi de groſſes poutres (ou des colomnes) qu'ils appelle-

SUR LA SYRIE, L'EGYPTE &c. Chap. V.   141

conjecturer, que si les (a) Pyramides, qui sont des especes d'Obelisques, avec cette différence seulement, que leurs Angles sont plus obtus, étoient des emblêmes du Feu, elles devoient, à les considerer dans un sens religieux, être pareillement consacrées au Soleil.

Les Obelisques d'*Alexandrie* & d'*Heliopolis* dont je viens de parler, ont été décrits par plusieurs Auteurs. Les Caractères hiéroglyphiques qu'on voit sur le dernier, & qui font

Obelisques d'Alexandrie & de

lerent Obelisques, & les consacrerent à la divinité du Soleil. La figure de ces colomnes sert à en représenter les rayons, qui de plus sont indiqués par leur nom en langue *Egyptienne*. [Selon KIRCHER, *Obel. Pamph.* pag. 44. ce nom étoit peut-être ⲠⲒⲦⲈⲂⲠⲎⲢⲎ *Pitebpere*, qui signifie *Doigt du Soleil*.] ISIDORE Lib. XVIII. Cap. 31. Mesphres * *duos Obeliscos Soli consecravit*. C'est-à-dire: *Mesphres* consacra deux Obelisques au Soleil. KIRCHER, *ubi sup.* pag. 161. *Finis denique principalis, quem Ægyptii in Obeliscorum erectione habebant, erat, ut Osiridem & Isidem, hoc est Solem & Lunam, in his figuris, veluti mysticâ quâdam radiorum repræsentatione colerent, quasi hoc honore tacitè beneficiorum, per hujusmodi secundorum Deorum radios acceptorum magnitudinem insinuantes*. C'est-à-dire: Le but principal des *Egyptiens* en érigeant des Obelisques, étoit, d'honorer *Osiris* & *Isis*, c'est-à-dire le Soleil & la Lune, sous cette figure, qui étoit une espece de représentation mystique de leur ressemblance ; voulant insinuer tacitement par cet honneur qu'ils leur rendoient, la grandeur des bienfaits qu'ils avoient reçû par l'influence des rayons de ces Divinités bienfaisantes. [Cependant on honoroit aussi d'autres Divinités, comme *Jupiter, Venus, Apollon* &c. sous la figure d'Obelisques & de Pyramides.] PAUSANIAS in *Corinth*. pag. 102. Ἔστι δὲ Ζεὺς Μειλίχιος, καὶ Ἄρτεμις ὀνομαζομένη Πατρῴα, σὺν τέχνῃ πεποιημένα οὐδεμιᾷ. Πυραμίδι δὲ ὁ Μειλίχιος, ἡ δὲ κίονι ἐστὶν εἰκασμένη. C'est-à-dire: *Jupiter* dit *Milichius*, & *Diane* surnommée *Patrôa*, ou la *Fille du Pere*, sont faits sans aucun art ; *Jupiter* étant représenté par une Pyramide, & *Diane* par une Colomne. MAXIME DE TYR, Διαλέξει λη´. Παφίοις ἡ μὲν Ἀφροδίτη τὰς τιμὰς ἔχει, τὸ δὲ ἄγαλμα οὐκ ἂν εἰκάσεις ἄλλῳ τῳ ἢ πυραμίδι λευκῇ. C'est-à-dire: Les habitans de *Paphos* venèrent bien *Venus*, cependant sa statue est telle qu'on ne la prendroit que pour une Pyramide blanche. CLEMENT D'ALEXANDRIE nous apprend, *Strom*. Lib. I. pag. 418. que la coûtume d'honorer des Colomnes est très-ancienne: Πρὶν γὰρ ἂν ἀκριβωθῆναι τῶν ἀγαλμάτων σχέσεις, κίονας ἱστάντες οἱ παλαιοὶ, ἔσεβον τούτους, ὡς ἀφιδρύματα τοῦ θεοῦ. C'est-à-dire: Avant que d'avoir pû bien former leurs statues, les Anciens élevoient des Colomnes, & les venéroient comme les siéges de la Divinité. SUIDAS, in *voce*: Ἀγυιεὺς δέ ἐστι κίων εἰς ὀξὺ λήγων· Ὃν ἱστᾶσι πρὸ τῶν θυρῶν, ἰδίᾳς δέ φασιν αὐτοὺς εἶναι Ἀπόλλωνος, οἱ δὲ Διονύσε, οἱ δὲ ἀμφοῖν. C'est-à-dire: *Agyieus*, ou le Terme, est une Colomne finissant en pointe. On en place devant les portes, & quelques-uns disent qu'elles sont consacrées à *Apollon*, d'autres à *Bacchus*, & d'autres encore à tous les deux.

(a) Voyez page 132. de ce Tome, Note (a).

S 3

Mattareab ou Heliopolis.

sont les mêmes sur tous les côtés, sont encore parfaitement beaux & visibles, & tout l'Obelisque est si entier & si bien conservé, qu'on diroit qu'il ne vient que d'être fait. Mais l'Obelisque d'*Alexandrie*, qui est dans un lieu humide & plus près de la Mer, a extrêmement souffert, sur-tout du côté du Nord. Il paroit que les faces de ces Obelisques, aussi-bien que celles des Pyramides, étoient disposées de façon qu'elles répondoient précisément aux quatre coins de la boussole. On peut encore observer par rapport à l'Obelisque d'*Alexandrie*, que sa hauteur, que je trouvai être de cinquante pieds de *France*, y compris trois pieds qui en sont cachés sous terre, répond exactement à celle des deux Obelisques que (*a*) le Roi *Mesphées* érigea anciennement dans ce lieu. Plusieurs des caractères de l'Obelisque d'*Heliopolis* sont remplis d'une substance blanchâtre, qui ressemble à de l'émail; ce qui d'abord nous fit croire que cela étoit fait à dessein, & qu'originairement tous les autres avoient été de même: mais ayant examiné la chose de plus près, nous decouvrimes que cette blancheur vient des frelons, qui en ont fait leurs nids dans ces cavités.

Caractères hiéroglyphiques de l'Obelisque d'Heliopolis.

La planche ci-jointe est une représentation exacte de l'Obelisque d'*Heliopolis*. A. B. C. D. est le fust de l'Obelisque; E. la pointe ou le *Pyramidion*; F. G. H. I. les quatre Coins du Monde; K. K. K. trois Amulètes ou Talismans. Quant aux Caractères ou Figures hiéroglyphiques, *a.* est *Osiris*, ou le Soleil; *b.* la Croix à anse ou à anneau; *c.* la triple branche de la *Persea*; *d.* l'Hémisphère supérieur; *e.* la Caille; *f.* Tige du roseau appellé *Papyrus*; *g.* la Diversité de la Nature, ou *Pantomorpha Natura*; *h.* le Disque & l'Escarbot; *k.* une Chambre soûterreine, ou Citerne; *l.* l'*Ibis*, ou la Cicogne; *m.* l'Hémisphère inférieur; *n.* l'Oye; *o.* le *Sceptrum Ægimorphum*, ou Baguette surmontée d'une tête

---

(*a*) PLINE Lib. XXXVI. Cap. 9. Et alii duo sunt (*Obelisci*) Alexandriæ, *in portu*, ad Cæsaris *templum, quos erexit* Mesphees *Rex, quadragenûm binûm cubitorum.* C'est-à-dire: Il y a encore deux autres Obelisques au port d'*Alexandrie*, près du Temple de Cæsar, que le Roi *Mesphées* érigea, & qui ont chacun quarante-deux coudées de hauteur.

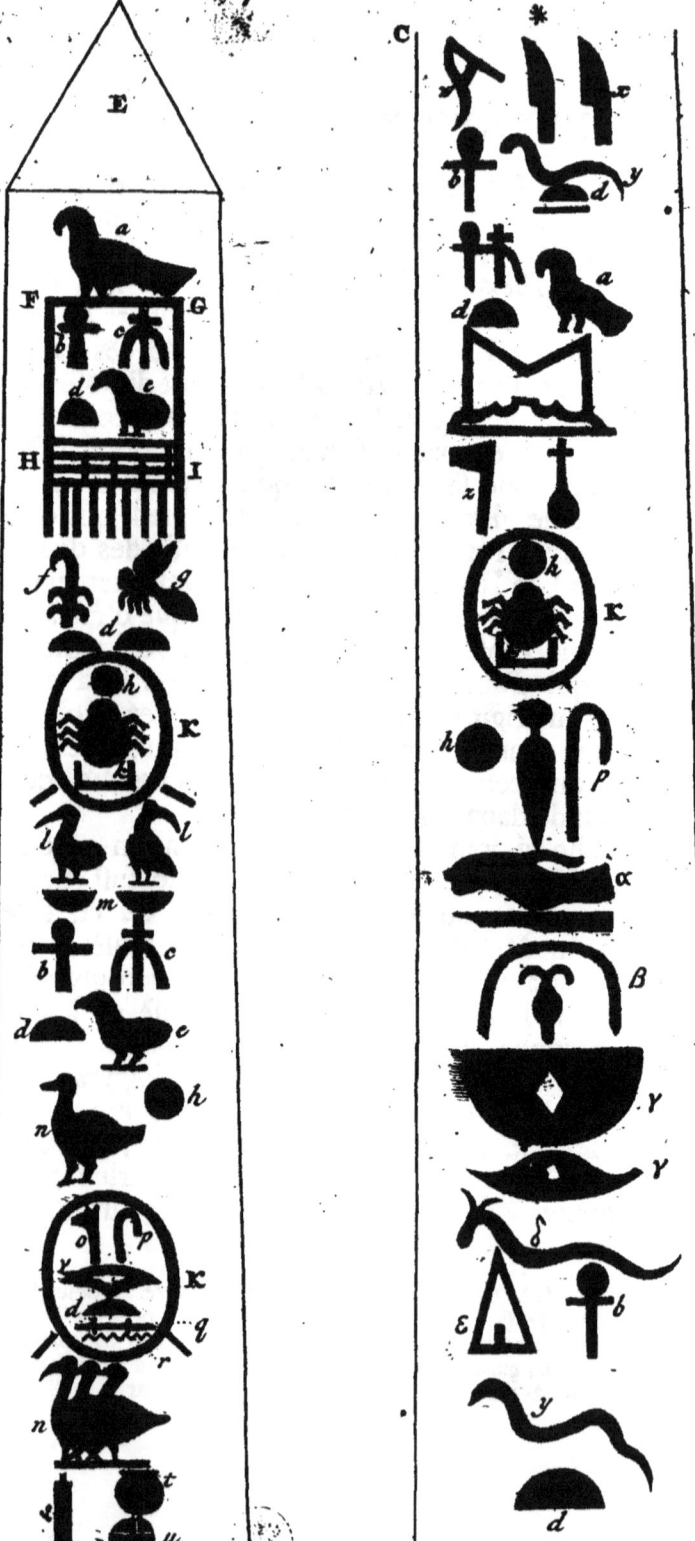

L'Obelisque de Mattareah.

Tome II. pag. 14.

SUR LA SYRIE, L'EGYPTE &c. Chap. V. 143

tête de Chevre; *p.* le *Sceptrum Arundinaceum* ou Σχοῖνος, c'est-à-dire le Jonc avec lequel ils écrivoient; *q.* Sceptre avec deux chevilles, pour marquer l'union de deux Puissances; *r.* un *Hydroschema*, ou Courant d'eau; *s.* un Gouvernail; *t.* le Seau; *u.* l'Influence des quatre Elemens; *w.* un bon Genie; *x.* une Plume; *y.* le Serpent; *z.* une Hache, ou le Crochet d'*Osiris*; α. un Bras avec un Surgeon de l'aventin; β. une Porte; γ. un Oeil; δ. le Ceraste; ε. la Pyramide. Quant à une plus ample explication de ces Caractères, qui pour la plupart ont été déchiffrés & appellés de leur nom par *Kircher*, le Lecteur nous permettra de le renvoyer à ce sçavant Auteur.

(*a*) *Diodore* nous apprend, que *Sesostris* érigea deux Obelisques à *Heliopolis*, qui avoient cent vingt coudées de hauteur & huit de largeur. Nous apprenons aussi de (*b*) *Pline*, que *Sochis* & *Rameses* en érigerent chacun quatre; ceux de *Sochis* étant de quarante-huit coudées de hauteur, & ceux de *Rameses* n'en ayant que quarante. La largeur de la base de celui dont je parle est de six pieds, & sa hauteur, autant que je la pus mesurer par la proportion des ombres, n'excede pas soixante-quatre pieds, quoique quelques Voyageurs ayent dit qu'il en avoit plus de soixante-dix. Si l'on pouvoit sçavoir lequel c'est des Obelisques mentionnés qui subsistent encore aujourd'hui, & connoître sa hauteur au plus juste, on pourroit par ce moyen calculer la quantité de limon, qui depuis le tems de son érection a été portée sur le ter-

Cet Obelisque a probablement été érigé par Sochis.

(*a*) DIODORE Lib. I. pag. 38. Τῷ δ' ἐν Ἡλιοπόλει θεῷ τὰς χάριτας ἀπονέμων τῆς εὐεργεσίας, κατὰ τὸν χρησμὸν καὶ τὴν μαντείαν, ὀβελίσκους ἀνέθηκε δύο μονολίθους, τὸ μὲν πλάτος αὐτῷ, τὸ δὲ μῆκος πηχῶν ἑκατόν. C'est-à-dire: Rendant graces pour ses heureux succès au Dieu qui est dans *Heliopolis*, selon l'ordre de l'Oracle, & selon la prophetie, il érigea deux Obelisques, chacun d'une seule pierre, larges de 8. coudées, & longs de 100.

(*b*) PLINE Lib. XXXVI. Cap. 8. *In suprà dicta urbe* (*Solis*) *Sochis instituit quatuor numero* (*Obeliscos*) *quadragenûm octonûm cubitorum longitudine: Ramises autem, is, quo regnante Ilium captum est, quadraginta cubitorum.* C'est-à-dire: *Sochis* érigea dans la susdite ville d'*Heliopolis* quatre Obelisques, qui avoient 48. coudées de hauteur; mais *Ramises*, celui sous le régne duquel *Troye* fut détruite, en érigea qui avoient 40. coudées.

terrein voisin. Ceux qui furent érigés par *Sesostris* sont trop hauts, & ceux de *Rameses* le sont trop peu, pour croire que celui dont il s'agit puisse être de leur nombre. Car, quant aux premiers, quand même celui dont je parle auroit soixante-dix pieds de hauteur, il faudroit, pour en être, que la plus grande partie en fut cachée sous la terre; ce qui excederoit de beaucoup la profondeur des ruines & des décombres, quelque grande qu'on veuille la supposer, qui peuvent s'être accumulées autour de ce monument depuis le tems de sa fondation. Pour ce qui est des Obelisques de *Rameses*, comme ils n'avoient que quarante coudées, ou soixante pieds de hauteur, il s'en faut encore de quelque chose qu'ils n'ayent été aussi hauts que celui en question. Il est donc fort probable que ce dernier doit être l'un des Obelisques érigés par *Sochis*, dont la hauteur, en y ajoutant le Piédestal, s'accorde assez en gros avec les accidens & les alterations qui peuvent être arrivés au terroir de l'*Egypte* depuis son érection. Nous en parlerons plus amplement dans un autre endroit.

Les Pyramides ont été décrites de diverses façons.

De tous les points de l'Histoire, celui qui regarde les Pyramides de *Memphis*, est le plus souvent rebattu, & le plus diversement traité. Les récits & les descriptions qu'en ont fait les Anciens sont en grand nombre, & tous fort différens les uns des autres; tandis que les Modernes, malgré toutes leurs observations si souvent réiterées, ont plutôt augmenté les difficultés à cet égard, qu'ils n'ont éclairci la matière.

Les Anciens ni les Modernes.

Les dimensions de la grande Pyramide ont donné occasion à une dispute. (*a*) *Herodote* dit, que sa base avoit huit-cens pieds de long; (*b*) *Diodore* dit sept-cens, & (*c*) *Strabon* six-

---

(*a*) HERODOTE, Euterp. §. 124. Τῆς Πυραμίδος πανταχῇ μέτωπον ἕκαστον ὀκτὼ πλέθρα, ἐούσης τετραγώνε, καὶ ὕψος ἴσον. C'est-à-dire: Chaque face de la Pyramide, qui est quarrée, a huit arpens, & la hauteur est de même.

(*b*) DIODORE DE SICILE, Bibl. Lib. I. pag. 40. Ἡ μὲν γὰρ μεγίςη Πυραμὶς τετράπλευρος ἔσα τῷ σχήματι, τὴν ἐπὶ τῆς βάσεως πλευρὰν ἑκάςην ἔχει πλέθρων ἑπτά, τὸ δ' ὕψος ἔχει πλείω τῶν ἓξ πλέθρων. C'est-à-dire: La plus grande Pyramide est de figure quarrée, & de chaque côté sa base est de 7 arpens, & leur hauteur en a plus de six.

(*c*) STRABON, Geogr. Lib. XVII. pag. 555. Δύο τότων Πυραμίδων εἰσὶ ςαδιαῖαι τὸ ὕψος, τετράγωνοι τῷ σχήματι, τῆς πλευρᾶς ἑκάςης μικρῷ μεῖζον τὸ ὕψος ἔχουσαι. C'est-à-dire: Deux de ces Py-

six-cens. Parmi les modernes (*a*) *Sandys* l'a trouvée de trois-cens pas, (*b*) *Bellonius* de trois-cens vingt-&-quatre, (*c*) Mr. *Greaves* de six-cens nonante-trois pieds d'*Angleterre*, & (*d*) *le Brun* de sept-cens & quatre pieds de *France*, qui en font environ sept-cens soixante-dix d'*Angleterre*. Il est, je crois, difficile d'accorder ces différentes mesures, & cependant il ne seroit pas juste d'accuser nommement aucun de ces Auteurs de s'être trompé. Mais ce qu'on peut alleguer en général pour excuser & justifier les erreurs & les discrépances qui peuvent se trouver dans ces mesures, c'est que le terrein d'aucun des côtés de cette Pyramide n'est exactement de niveau; car il va en pente depuis l'angle oriental, tout le long de ce flanc, jusqu'à l'angle méridional, & en revanche on remonte depuis celui-ci jusques à l'angle occidental; de plus, les côtés du Ouest & du Nord se trouvent couverts de tout le sable que les vents étésiens y ont apporté de tems en tems. Ainsi il est difficile d'en déterminer au juste la base horizontale; d'autant plus qu'on ne peut dire avec certitude, jusques à quelle hauteur ces sables mouvans s'y sont accumulés au dessus des fondemens; ce qu'il seroit cependant principalement nécessaire de sçavoir, parce que sans ce-

ne sont point d'accord sur les dimensions de la grande Pyramide.

Le terrein des flancs de cette Pyramide n'est pas de niveau.

Pyramides ont un stade en hauteur, étant de figure tétragone, & un peu plus hautes que larges par les côtés.

(*a*) SANDYS, *Voyages* pag. 99. Edit. VI. La plus grande des trois Pyramides, dont la base est quarrée, couvre, à ce que l'on croit, 8. arpens de terre, chaque côté ayant 300. pas de longueur.

(*b*) BELLONIUS, *Observat.* Lib. II, pag. 269. *Nos maximæ Pyramidis basim dimensi sumus, quæ quatuor angulorum paribus intervallis cùm sit, trecentos viginti quatuor passus habet in singula latera, paululum extensis cruribus gradiendo, singulos passus numerantes.* C'est-à-dire: Nous avons mesuré la base de la plus grande Pyramide, dont les côtés sont égaux, ayant chacun 324. pas de long, ainsi que nous l'a-

vons trouvé en allant tout du long & comptant les pas, que nous faisions un peu plus grands qu'à l'ordinaire.

(*c*) Voyez la *Pyramidographia* du Professeur GREAVES.

(*d*) LE BRUN, *Voyages* Chap. 36. „ Je comptai trois-cens bons pas „ d'un coin à l'autre de la grande „ Pyramide. Plus, je donnai à deux „ Arabes une corde que j'avois pour „ cet effet prise avec moi, & je leur „ fis mesurer la distance de ces coins „ de l'un à l'autre, qu'ils trouverent „ qui montoit à cent vingt brasses, qui „ font sept-cens & quatre pieds. La „ hauteur par devant cent douze „ brasses, ou six-cens seize pieds; une „ brasse comptée à cinq pieds & demi.

Tome II. T

cela tous les calculs des mesures qu'on en peut faire sont extrêmement incertains, & doivent varier suivant les circonstances particulieres de la situation dans le tems qu'on en prend les dimensions.

Aucûne des Pyramides n'a été entierement achevée.
Il ne paroît pas que cette Pyramide, non plus que les autres trois grandes, ayent jamais été entierement finies. Les pierres qui sont à l'entrée de la plus grande, sont disposées en forme d'arche, & à une plus grande hauteur qu'il ne paroit nécessaire pour un si petit passage: il y a aussi un grand espace vuide de chaque côté, où les marches, qui dans les autres Pyramides font tout le tour, se trouvent discontinuées. Tous ces defauts dans l'Architecture de cet édifice semblent devoir faire soupçonner, que suivant le dessein original on avoit intention d'y ajouter un grand & superbe Portique.

Les Marches en devoient être remplies de Pierres taillées en prisme.
Les marches, ou les (*a*) *petits Autels*, comme les appelle *Herodote*, ne devoient pas non plus demeurer dans l'état où nous les voyons, & où ils ont toûjours été; mais tous les coins en devoient être remplis de pierres taillées en prisme, de manière que les faces de la Pyramide devoient être tout unies, comme celles de la Pyramide de *Cestius* à *Rome*. Il ne paroît pas qu'on ait jamais commencé ce travail à la plus grande ni à la plus petite de ces trois Pyramides; il manque même à la première une grande partie de sa pointe ou du sommet, par où l'on devoit probablement commencer l'ouvrage. Mais la moyenne, communément nommée la Pyramide de *Chephrene*, peut nous donner une idée de ce qu'on avoit dessein de faire aux autres; car presque le quart de tout le bâtiment est fort proprement rempli de la manière que j'ai dit, & il se termine au sommet en pointe de diamant. Les pierres dont ces Pyramides sont bâties ont été probablement taillées aussi grosses que l'épaisseur de la couche dans la carriere a pû les donner, ayant cinq jusqu'à

(*a*) HERODOTE, *Euterp.* §. 125. Ετοιήθη δὲ αὕτη ἡ Πυραμὶς ἀναβαθμῶν τρόπον, τὰς μετεξέτεροι κρώσσας, οἱ δὲ βωμίδας ὀνομάζουσι. C'est-à-dire: Cette Pyramide fut faite en forme de degrés, que les Modernes ont nommé, les uns des échelles, & les autres de petits Autels.

qu'à (*a*) trente pieds de longueur fur trois ou quatre pieds d'épaiffeur. Non obftant le poids & la groffeur de la plupart de ces pierres, elles ont été toutes cimentées, mais le ciment eft devenu friable par la longueur du tems, quoiqu'il dût être bien dur autrefois, puifqu'il paroît de la même efpece dont on fe fert encore aujourd'hui (*b*) en *Barbarie*.

Les (*c*) Anciens nous racontent, que les pierres des Pyramides furent tirées des montagnes d'*Arabie*. Mais quelles qu'ayent été l'extravagance & les entreprifes furprenantes des Rois d'*Egypte*, il n'eft pas vraifemblable, qu'ayant de bons matériaux plus à portée, ils ayent voulu faire la dépenfe très-inutile d'en faire venir de fi loin avec un travail incroyable. D'ailleurs les pierres dont tout le dehors, du moins des Pyramides en queftion, eft revêtu, reffemblent à tous égards à l'efpece de Verre de *Mofcovie*, aux Coquillages foffiles, & aux fubftances corallines (*d*) qu'on trouve communement dans les montagnes de *Libye*. De même auffi le Puits de *Jofeph*,

Les Pierres des Pyramides n'ont point été apportées des Montagnes de l'Arabie.

Mais tirées de celles

(*a*) *Idem, ibid.* §. 124. Οὐδεὶς τῶν λίθων τριήκοντα ποδῶν ἐλάσσον. C'eſt-à-dire: Aucune des pierres n'a moins de 30. pieds de long.
(*b*) J'en ai parlé à la page 369. du Tome I. où l'on trouve auffi la manière dont on le fait.
(*c*) HERODOTE, *ubi fuprà*: Τοῖσι μὲν δὴ ἀποδεδέχθαι, ἐκ τῶν λιθοτομιέων τῶν ἐν τῷ Ἀραβίῳ ὄρεϊ, ἐκ τουτέων ἕλκειν λίθους μέχρι τοῦ Νείλου. C'eſt-à-dire: On leur ordonna de charier jufqu'au *Nil*, les pierres qu'il falloit tirer des carrieres du Mont *Arabien*. DIODORE DE SICILE Lib. I. pag. 40. Λέγεται δὲ τὸν μὲν λίθον ἐκ τῆς Ἀραβίας ἀπὸ πολλοῦ διαςήματος κομιςθῆναι, τὴν δὲ καταςκευὴν διὰ χωμάτων γενέςθαι, μήπω τῶν μηχανῶν εὑρημένων κατ' ἐκείνους τοὺς χρόνους. C'eſt-à-dire: On dit que la pierre en fut apportée d'*Arabie*, qui eft à un grand éloignement, & que, comme l'on n'avoit point encore l'art d'échaffauder, on fit des terraffes pour les élever. PLINE Lib. XXXVI. Cap. 12. *Pyramis ampliſſima ex Arabicis lapidicinis conſtat.* C'eſt-à-dire: La plus grande Pyramide eſt bâtie de pierres tirées des carrieres d'*Arabie*.
(*d*) Specialement de ce que STRABON appelle *Lentilles petrifiées*, & qu'il dit être des reftes de la nourriture des Ouvriers. Voici comme il s'en explique *Geogr.* Lib. XVII. pag. 556. Ἐκ γὰρ τῆς λατύπης σωροί τινες πρὸ τῶν Πυραμίδων κεῖνται, ἐν τούτοις δ' εὑρίσκεται ψήγματα καὶ τύπῳ καὶ μεγέθει φακοειδῆ· ἐνίοις δὲ, καὶ ὡς ἂν πτίςμα οἷον ἡμιλεπίςων ὑποτρέχει. Φαςὶ δ' ἀπολιθωθῆναι λείψανα τῆς τῶν ἐργαζομένων τροφῆς· οὐκ ἀπέοικε δὲ &c. C'eſt-à-dire: On trouve devant les Pyramides certains monceaux de pierres taillées par le cifeau de l'Ouvrier, & parmi ces pierres on voit des rognures qui ont la figure & la groffeur de lentilles; quelques-unes même reffemblent à des grains d'orge

feph, les Carrieres de *Moccat* près du *Caire*, les Catacombes de *Sakara*, le Sphinx, & les Chambres taillées dans le roc à l'Est & au Ouest de ces Pyramides, portent tous des marques caractéristiques, qui font connoître que c'est la même espece de pierre dont les Pyramides sont bâties; & pour autant qu'il m'a été possible d'en juger, je n'y ai pû remarquer aucune différence. Les pierres de celles-ci ont donc été probablement tirées de ce voisinage, & peut-être sont-ce les mêmes que l'on a été obligé d'enlever pour donner au Sphinx & aux Chambres en question la vûe & l'élévation qu'il leur falloit.

Observons encore, que les Pyramides, particulierement la plus grande, ne sont pas entierement de pierre de taille, mais que la partie qui en est au dessous du niveau de l'entrée, n'est probablement qu'un pan du rocher sur lequel toute la masse est fondée: car en avançant par le passage étroit, on découvre le roc en deux endroits; de plus, la chambre basse, ainsi que le puits, dont l'ouverture se trouve de niveau avec cette chambre, y paroissent aussi taillés, & la pierre qu'on a tirée de tous ces endroits, peut avoir suppléé considerablement aux matériaux que sans cela on auroit été obligé de faire venir d'ailleurs.

Il est fort surprenant qu'il ne reste plus aujourd'hui de Tradition assurée, ni aucuns Mémoires, pour nous apprendre le vrai nom des Fondateurs de ces Pyramides, & le tems auquel elles ont été érigées, quoiqu'il n'y ait pas à douter qu'on regarda ces édifices avec étonnement & distinction dès leur fondation. (a) *Pline* nous donne une liste d'un bon nombre d'Auteurs qui avoient écrit sur ce sujet, & qui étoient tous

à moitié pelés. Or on prétend que ce sont des restes de ce que les Ouvriers mangeoient, qui se sont pétrifiés: ce qui ne me paroit pas vraisemblable &c.

(a) Il en parle en ces termes: *Qui de iis* (Pyramidibus) *scripserunt, sunt* Herodotus, Euhemerus, Duris Samius, Aristagoras, Dionysius, Artemidorus, Alexander Polyhistor, Butorides, Antisthenes, Demetrius, Demotiles, Apion: *inter omnes eos non constat à quibus factæ sunt, justissimo casu obliteratis tantæ vanitatis autoribus.* C'est-à-dire: Ceux qui ont écrit sur les Pyramides sont, Herodote, Euhemerus, Duris de Samos, Aristagoras, Denis, Artemidore, Alexandre Polyhistor, Butorides, Antisthenes, Demetrius, Demotiles, Apion; mais aucun d'eux

SUR LA SYRIE, L'EGYPTE &c. Chap. V.

tous d'opinion différente. (a) *Cheops*, *Chephrenes* & *Mycerinus* (b) en ont néanmoins paſſé généralement pour les Fondateurs. L'*Egypte* ayant été depuis un tems immémorial le ſiége des Sciences, du département desquelles il étoit entre autres, de coucher régulierement par écrit un (c) récit chronologique de tout ce que les Rois de ce païs-là ont fait de remarquable, il eſt étonnant qu'il puiſſe y avoir tant d'incertitude au ſujet des Auteurs de ſi grandes entrepriſes. Mais au lieu de ces hiſtoires autentiques, nous avons quelques autres narrés & traditions ſur ce ſujet. On prétend, par exemple, que (d) *Suphis* bâtit la première des trois grandes Pyramides, & *Nitocris* la troiſième: (e) *Herodote* raconte, que la ſeconde fut érigée de l'argent que la fille de *Cheops*

---

d'eux peut nous dire par qui elles ont été bâties, parce que, par le plus juſte hazard du monde, il eſt arrivé que les auteurs d'une vanité ſi outrée ont été enſevelis dans un parfait oubli. DIODORE DE SICILE Lib. I. pag. 41. en parle ſur le même pied en ces termes: Περὶ δὲ τῶν Πυραμίδων ἰδὲν ὅλως ἰδὲ παρὰ τοῖς ἐγχωρίοις, ἰδὲ παρὰ τοῖς συγγραφεῦσι συμφωνεῖται· οἱ μὲν γὰρ τὰς προειρημένας βασιλεῖς (Χέμβην, Κεφρὴν, Μυκερῖνεν,) φασὶν αὐτάς, οἱ δὲ ἑτέρες τινάς. C'eſt-à-dire: Ni les naturels du païs, ni les Ecrivains, ne s'accordent au ſujet des Pyramides: les uns les attribuent aux Rois dont je viens de parler, ſçavoir *Chembes*, *Cephres* & *Mycerinus*, & les autres en nomment d'autres.

(a) DIODORE Lib. I. pag. 39. l'appelle *Chemmis*.
(b) Voyez HERODOTE, Euterp. §. 124. 127. & 134.
(c) Idem, ibid. §. 145. Ταῦτα Αἰγύπτιοι ἀτρεκέως φατὶ ἐπίςασθαι, αἰεί τε λογιζόμενοι, καὶ ἀεὶ ἀπογραφόμενοι τὰ ἔτεα. C'eſt-à-dire: Les *Egyptiens* prétendent le bien ſçavoir, parce qu'ils ont toûjours tenu compte des années, & les ont miſes par écrit.

DIODORE DE SICILE, Bibl. Lib. I. pag. 29. Περὶ ὧν ἁπάντων (βασιλέων) οἱ μὲν ἱερεῖς εἶχον ἀναγραφὰς ἐν ταῖς ἱεραῖς βίβλοις ἐκ παλαιῶν χρόνων ἀεὶ τοῖς διαδόχοις παραδεδομένας, ὁ πηλίκος ἕκαςος τῶν βασιλευσάντων ἐγένετο τῷ μεγέθει, καὶ ὁποῖός τις τῇ φύσει, καὶ τὰ κατὰ τὸς ἰδίας χρόνες ἑκάςῳ πραχθέντα. C'eſt-à-dire: Pour ce qui regarde tous ces Rois, les Prêtres en gardoient des relations dans les Livres ſacrés, que dès les premiers tems ils donnoient toûjours par tradition à leurs ſucceſſeurs, marquant la taille de chacun des Rois, leur caractère, & ce que chacun avoit fait en ſon tems.

(d) MANETHON, cité par le SYNCELLE, Chronogr. pag. 56. Σῆφις τὴν μεγίςην ἤγειρε Πυραμίδα, ἣν φησὶν Ἡρόδοτος ὑπὸ Χέοπος γεγονέναι. C'eſt-à-dire: *Suphis* érigea la plus grande Pyramide, qu'*Herodote* dit avoir été faite par *Cheops*. Idem, ibid. pag. 58. Νίτωκρις γενναιοτάτη, καὶ εὐμορφοτάτη τῶν κατ' αὐτὴν γενομένη τὴν τρίτην ἤγειρε Πυραμίδα. C'eſt-à-dire: *Nitocris*, la plus magnifique & la plus belle Princeſſe de ſon tems, éleva la troiſième Pyramide.

(e) Voyez ci-deſſus Note (b).

T 3

Cheops gagna par ses galanteries, & que les deux plus grandes étoient l'ouvrage du Berger *Philition*; donnant la Courtisanne *Rhodope* pour Fondatrice de la plus petite. Il faut avouer cependant qu'*Herodote*, qui nous a transmis tous ces beaux contes, ne mérite pas trop d'être cru à cet égard : de sorte que de tout ceci on peut inférer avec assez de raison, que si l'histoire de la fondation des Pyramides, ces merveilles du monde, est si douteuse & si obscure, on peut justement soupçonner, que l'Histoire des *Egyptiens* sur tout autre sujet n'est gueres plus exacte, & qu'il n'y a pas grand fond à y faire.

<small>On n'est pas d'accord sur l'usage auquel servoient les Pyramides.</small>

Les Anciens ne s'accordent pas non plus sur la destination de ces grands bâtimens. (*a*) *Pline* dit, qu'on les avoit érigés par ostentation, & pour occuper le peuple oisif; d'autres, & c'est l'opinion la plus commune, prétendent qu'ils étoient destinés à servir de (*b*) sépulcres aux Rois d'*Egypte*. Mais si *Cheops*, *Suphis*, ou quel qu'ait été le Fondateur de la gran-

---

(*a*) PLINE Lib. XXXVI. Cap. 12. *Pyramides regum pecuniæ otiosa ac stulta ostentatio; quippe cùm faciendi eas causa à plerisque tradatur, ne pecuniam successoribus aut æmulis insidiantibus præberent; aut ne plebs esset otiosa.* C'est-à-dire : Les Pyramides sont une vaine & folle ostentation des richesses des Rois, vû que la plupart des Ecrivains nous apprennent, qu'ils ne les bâtirent que pour ne point laisser de l'argent à leurs successeurs ou à ceux qui pourroient vouloir s'emparer du gouvernement, ou bien pour donner de l'occupation à leurs sujets.

(*b*) LUCAIN Lib. IX. v. 155.

—— *Pyramidum tumulis evulsus Amasis.*

C'est-à-dire : *Amasis* arraché des sépulcres que renferment les Pyramides. *Idem*, Lib. VIII. v. 698.

Cùm Ptolemæorum manes seriemque pudendam
Pyramides claudant indignaque Mausolea.

C'est-à-dire : Puisque les cendres des *Ptolomées* & la suite honteuse des Rois d'*Egypte* sont renfermées dans les Pyramides qui leur servent d'indignes mausolées. STRABON, Geogr. Lib. XVII. 1161. Τετράκοντα δ' ἀπὸ τῆς πόλεως (Memphis) σταδίοις προελθόντι, ὀρεινή τις ὀφρύς ἐστιν, ἐφ' ᾗ πολλαὶ μὲν Πυραμίδες εἰσὶ, τάφοι τῶν βασιλέων. Τρεῖς δ' ἀξιόλογοι, τὰς δὲ δύο τούτων καὶ ἐν τοῖς ἑπτὰ θεάμασι καταριθμοῦνται. C'est-à-dire : A 400 stades de la ville de *Memphis*, on trouve certain côteau montagneux où il y a plusieurs Pyramides, qui servirent de sépulcres aux Rois. Il y en a trois principales, deux desquelles sont mises au nombre des sept Merveilles. DIODORE DE SICILE, Bibl. Lib. I. pag. 40. Τῶν δὲ βασιλέων τῶν κατασκευασάντων αὐτὰς ἑαυτοῖς τάφους, συνέβη μηδέτερον αὐτῶν ταῖς Πυραμίσιν ἐνταφῆναι. C'est-à-dire : Quoique les Rois les eussent fait bâtir pour leur servir de sépulcres, il arriva qu'aucun d'eux ne fut enterré dans les Pyramides.

SUR LA SYRIE, L'EGYPTE &c. Chap. V.

grande Pyramide, ne l'avoit destinée que pour être son sépulcre, à quoi bon d'en rendre l'entrée si étroite, & de lui faire faire tant de tours? A quel usage servoit le (*a*) Puits qui est au bout de cette entrée? Que prétendoit-il faire de la Chambre basse, & de la grande Niche ou du Trou qu'on y voit encore dans la muraille orientale? Que signifioient les Cavités étroites dans les murailles de la Chambre haute, dans les deux Antichambres, & dans la grande Galerie (*b*) qui y conduit, & qui a des bancs de chaque côté? Comme toute la Théologie des *Egyptiens* étoit renfermée dans des emblêmes & dans des figures énigmatiques, il semble qu'on peut raisonnablement conjecturer, que tous ces detours, tous ces différens apartemens, en un mot toute cette Architecture mystérieuse avoient quelqu'autre fin plus noble; & il paroît que la même Divinité qui étoit (*c*) représentée par la figure extérieure des Pyramides, étoit honorée dans leurs apartemens intérieurs: car pour ce qui est des Catacombes, on sçait que c'étoit des chambres fort simples, voutées & taillées dans le roc. D'ailleurs, le respect & la venération qu'on dit que (*d*) Suphis, l'un des prétendus Fondateurs de ces bâtimens, portoit aux Dieux, servira peut-être à donner un grand air de vérité à ce que j'avance: & quand même cette derniere circonstance ne seroit pas exactement vraye; il est du moins certain, qu'on ne pouvoit inventer de bâtimens plus ingénieusement disposés que ceux-ci pour servir de Sanctuaires,

La grande Pyramide devoit probablement être un Temple.

(*a*) Pline Lib. XXXVI. Cap. 12. *In Pyramide maxima est intùs puteus 86 cubitorum: flumen illic admissum arbitrantur.* C'est-à-dire: Dans la plus grande Pyramide est un puits qui a 86 coudées de profondeur: on croit que ce puits avoit communication avec le *Nil*.

(*b*) Voyez la description de toutes ces Piéces dans la *Pyramidographia* de Mr. Greaves.

(*c*) Voyez les pages 132. & 140. de ce Tome.

(*d*) Manethon, cité par le Syncelle pag. 56. Οὗτος δὲ καὶ ὁ Περόπτης (Περιόπτης, *Contemplator*, Marsham, *Chron. Canon.* pag. 51.) εἰς θεοὺς ἐγένετο, καὶ τὴν ἱερὰν συνέγραψε βίβλον, ἣν ὡς μέγα χρῆμα ἐν Αἰγύπτῳ γενόμενος ἐκτησάμην. C'est-à-dire: Celui-ci & *Peroptes* (le Chevalier Marsham dans son *Canon Chronique* pag. 51. veut qu'on lise *Periopies*, qui signifie *le Contemplateur*) qui parvint au nombre des Dieux, & composa le saint Livre, que je possédai comme une chose fort rare lorsque j'étois en *Egypte*.

res, dont on faisoit un si grand usage pour la célébration des Mystères *Egyptiens*.

La seconde & la troisième Pyramides n'étoient point destinées à servir de Tombeaux.

J'ai déja dit que *Chephrenes* passe pour le Fondateur de la seconde Pyramide, & *Mycerinus* pour avoir bâti la troisième: mais ni l'une ni l'autre ne sçauroient avoir été destinées par ces Princes à leur servir de tombeau, parce qu'elles sont absolument closes, & qu'il n'y a point d'ouverture pour y entrer, comme à la grande Pyramide; de sorte qu'après leur decès il auroit fallu de toute nécessité en abbattre une partie, & la rebâtir ensuite, après que leurs corps y auroient été mis. Si nous avions quelques documens ou traditions autentiques, par où il parût que ces Pyramides ont été bâties par quelques Princes pieux sur les Tombeaux de leurs prédecesseurs, il n'y auroit plus moyen de former des doutes contre une opinion si généralement reçue: mais comme on ne trouve rien de semblable dans les anciennes Histoires, & qu'il ne paroît pas que les Fondateurs mêmes y firent les dispositions nécessaires pour y être ensevelis après leur mort (à quoi l'on croit cependant que ces bâtimens étoient principalement destinés) mais que, pour autant que nous pouvons le sçavoir, & que nous l'apprennent les anciens Ecrivains, ils les firent solides & sans aucune ouverture pour y entrer; il me semble qu'en voilà assez pour soutenir, que du moins les deux moindres des trois grandes Pyramides ne peuvent avoir été bâties pour servir de tombeaux.

Le Coffre qui est dans la grande Pyramide servoit à quelque usage religieux.

Le Coffre quarré de marbre Granite, qui se trouve dans la Chambre haute de la grande Pyramide, paroît de même plutôt avoir été destiné à quelque usage religieux qu'à servir de cercueil à *Cheops*. Car entre autres usages qu'on en aura pû faire, mais dont l'Histoire, après tant de Siécles, ne nous fournit aucun détail circonstancié, s'agissant sur-tout d'une Religion si énigmatique, on peut supposer qu'il servoit au (*a*) culte mystique d'*Osiris*, ou que c'étoit peut-être un de ces Cof-

---

(*a*) PLUTARQUE, *de Isid. & Osir*. pag. 365. Αἰγύπτιοί τε γὰρ Ὀσίριδος πολλαχοῦ θήκας δεικνύουσι. C'est-à-dire: Les *Egyptiens* montrent en plusieurs endroits le cercueil d'*Osiris*. Idem, ibid. pag. 366. Ἡ γὰρ λεγομένη κάθειρξις εἰς

SUR LA SYRIE, L'EGYPTE &c. Chap. V.

Coffres (a) sacrés dans lesquels les *Egyptiens* gardoient les (b) images de leurs Divinités, ou les vêtemens & les uftensiles qui servoient dans leurs Myftères; ou bien encore ce pouvoit être une (c) *Faviffa*, ou reservoir pour garder l'Eau bénite dont ils faisoient usage dans leurs cérémonies. La (d) longueur de ce Coffre, qui est un peu plus de six pieds, semble à la vérité favoriser l'opinion de ceux qui le prennent pour un cercueil; mais sa hauteur & sa largeur, qui sont chacune environ de trois pieds, excedent de beaucoup les proportions que les *Egyptiens* avoient coûtume d'observer en pareils cas. Les cercueils de pierre que j'ai vûs en *Egypte*, & par lesquels, je crois, il est permis de juger des autres, sont tous d'une forme entierement différente de ce prétendu cercueil de *Cheops*: ils sont tout couverts de Caracteres hiéroglyphiques, & faits précisément comme les caisses de Momies, ne pouvant contenir qu'un seul corps humain; au

Les Cercueils de pierre des Egyptiens étoient d'une façon différente.

εἰς τὴν σορὸν Ὀσίριδος, ὐδὲν ἔοικεν ἀλλ' ἢ κρύψιν ὕδατος καὶ ἀφανισμὸν αἰνίττεσθαι. C'eft-à-dire: Ce que l'on dit de la détention d'*Ofiris* dans le Cercueil, ne semble désigner autre chose, que le tems où les Eaux furent cachées ou disparurent.

(a) APULÉE, *Metam.* Lib. XI. pag. 262. *Ferebatur ab alio Cifta secretorum capax, penitùs cælatus operta magnificæ religionis.* C'eft-à-dire: Un autre portoit un Coffre rempli de choses myftérieuses, & où les secrets de la magnifique Religion étoient cachés.

(b) Particulierement celles qu'ils portoient publiquement en procession dans leurs *Comafies*, & dont parle CLEMENT D'ALEXANDRIE, *Strom.* Lib. V. pag. 413. en ces termes: Ἤδη δὲ κ' ἄν ταῖς καλυμέναις παρ' αὐτοῖς ΚΩΜΑΣΙΑΙΣ, τῶν θεῶν χρυσᾶ ἀγάλματα. δύο μὲν κύνας, ἕνα δὲ ἱέρακα, καὶ ἴβιν μίαν περιφέρουσι. C'eft-à-dire: D'ailleurs, dans ce qu'ils appellent les *Comafies*, ou les fêtes de réjouissance, ils portent en procession les ftatues d'or des Dieux, qui font deux Chiens, un Epervier & une *Ibis*.

(c) FESTUS: *Faviffæ; locum sic appellabant, in quo erat aqua inclusa circà templa. Sunt autem, qui putant Faviffas effe in Capitolio cellis cifternisque fimiles, ubi reponi erant folita ea, quæ in templo vetuftate erant facta inutilia.* C'eft-à-dire: Ils appelloient *Faviffa* un lieu près des Temples où l'eau se gardoit. Mais il y a des gens qui croyent que les *Faviffes* du Capitole font des espèces de celliers ou de voutes, où l'on avoit coûtume de serrer les choses qui dépériffoient dans les Temples, ou qui, pour être trop vieilles, n'y pouvoient plus servir. ABENEPHIUS, *de Relig. Ægypt.* cité par KIRCHER, *Obel. Pamph.* pag. 473. *Fuit autem in templo Pifcina, fub figura convenienti myfteriis eorum.* C'eft-à-dire: Il y avoit dans le Temple un Reservoir d'une figure convenable à leurs Myftères.

(d) Voyez la *Pyramidographia* de Mr. GREAVES.

Tome II. V

au lieu que le Coffre dont je parle est un quarré oblong, qui n'a point à l'un des bouts, comme les coffres de Momies, une espece de piédestal, sur lequel on auroit pû le dresser. On n'y voit point non plus de Caractères sacrés, qui semblent avoir été essentiels en ces sortes d'occasions, & d'un devoir indispensable envers le défunt, parce que je ne sçache pas que, parmi le grand nombre de cercueils qu'on a trouvés en *E-gypte*, il y en ait un seul où ils ne se trouvent point.

On ne couchoit jamais les Momies, mais on les dressoit sur les pieds.

La manière dont ce Coffre est placé differe aussi absolument de la situation que les *Egyptiens* avoient coûtume de donner probablement à tous leurs morts. Pour ce qui est des Momies, on les trouve toutes (*a*) debout, à moins que le tems ou quelque accident ne leur ait fait changer de posture; au lieu que le Coffre en question est à plat sur le plancher, & par consequent ne se trouve point dans la situation que ce sage peuple, à ce qu'il paroît, jugea si particuliere aux hommes, qu'on se fit scrupule de ne la leur pas donner, même après leur mort. Ainsi ce Coffre n'étant pas destiné pour servir de cercueil, & (*b*) *Herodote* disant expressément, que le Tombeau de *Cheops* étoit dans les voutes inférieures,

Le Coffre de la Pyramide ne

il

_____

(*a*) HERODOTE, *Euterp.* §. 86. Ποιεῦνται ξύλινον τύπον ἀνθρωποειδέα. ποιησάμενοι δὲ, ἐσεργνῦσι τὸν νεκρόν. καὶ κατακληίσαντες ὅτω θησαυρίζεσι ἐν οἰκήματι θηκαίῳ, ἱσάντες ὀρθὸν πρὸς τοῖχον. C'est-à-dire: Ils font une forme humaine de bois, & après l'avoir faite, ils y mettent le Mort, & ensuite l'enferment à la clef, comme un trésor contenu dans son habitation mortuaire, qu'ils placent debout contre la muraille. DIODORE Lib. I. pag. 58. Πρὸς τὸν ἀσφαλέςατον τῶν τοίχων ὀρθὴν ἱςᾶσι τὴν λάρνακα. C'est-à-dire: Ils mettent le Coffre droit contre la muraille la plus sûre. SILIUS ITALICUS, Lib. XIII. v. 475-477.

——————— *Ægyptia tellus*

Claudit odorato post funus stantia (busto) saxo
Corpora.

C'est-à-dire: Les *Egyptiens* renferment les corps morts dans un cercueil parfumé & les mettent debout.

(*b*) HERODOTE, *Euterp.* §. 127. Οὔτε γὰρ ὕπεςι οἰκήματα ὑπὸ γῆν, ὅτε ἐκ τῦ Νείλε διῶρυξ ἥκει ἐς αὐτὴν, ὥσπερ ἐς τὴν ἑτέρην, ῥέυσα· διοικοδομημένε δὲ αὐλῶνος ἔσω νῆσον περιρρέειν, ἐν τῇ αὐτὸν λέγυσι κεῖσθαι Χέοπα. C'est-à-dire: Quant aux Pyramides de *Chephrenes*, il n'y a point de chambres au-dessous de la terre, & il n'y a point non plus de conduit qui y amene l'eau du *Nil*, comme dans l'autre; car dans celle où l'on dit que gît *Cheops*, il y a une Isle qui régne autour de la chambre bâtie.

SUR LA SYRIE, L'EGYPTE &c. Chap. V.

il y a lieu de préfumer, que la Pyramide même n'étoit point du tout deftinée à être fon fépulcre. Mais quand on fuppoferoit que *Cheops* & d'autres euffent été enterrés dans quelque apartement des Pyramides; on fçait que l'on enterroit auffi dans (*a*) d'autres Temples, & cette fépulture n'a rien d'incompatible avec le principal ufage, auquel les Pyramides, à ce qu'il paroit, étoient originairement deftinées. En effet, je fuis fort porté à croire, que de ceux qui confidereront attentivement la forme extérieure de ces bâtimens, la ftructure & l'ordonnance des différens apartemens qui fe trouvent dans la plus grande des Pyramides, enfin le grand efpace & les commodités qu'on y a pratiqué de chaque côté, probablement pour la retraite des Prêtres; il y en aura plufieurs qui concluront avec moi, que la deftination de la grande Pyramide chez les *Egyptiens*, étoit d'y honorer & adorer la Divinité, dont tous les autres bâtimens de la même efpece étoient des figures, s'ils n'en étoient pas auffi des Temples.

devoit pas fervir de Cercueil à Cheops.

(*b*) *Strabon* paroît être de tous les Auteurs anciens le feul qui ait eu connoiffance du paffage étroit qui conduit dans l'intérieur de la grande Pyramide. La rampe pour y monter n'eft que fort petite préfentement; mais en fuppofant que de fon tems (*c*) cette entrée étoit environ à la moitié de la hau-

Les Anciens ne connoiffoient pas l'intérieur de la grande

(*a*) HERODOTE, *Eut.* §. 169. Εθαψαν (Aprien) ἐν τῇσι πατρωῄσι ταφῇσι. ἁι δέ εἰσι ἐν τῷ ἱρῷ τῆς Ἀθηναίης. C'eft-à-dire: Ils enterrerent *Aprien* dans le fépulcre de fes Peres, qui eft dans le Temple de *Minerve*. *Idem*, *Thal.* §. 10. Ἐτάφη (Amafis) ἐν τῇσι ταφῇσι τῇσι ἐν τῷ ἱρῷ. C'eft-à-dire: *Amafis* fut enterré dans les tombeaux qui font dans le Temple. CLEMENT D'ALEXANDRIE, *Exhort. ad Gentes* pag. 39. Οὓς δὴ, ἐδὲ γὰρ ἐδὲ τέτες σιωπήσομαι, πρὸς δὲ καὶ αὐτὸς ἐξελέγξω, νεὼς μὲν εὐφήμως ὀνομαζομένες, τάφες δὲ γενομένες, τετέςι τὲς τάφες νεὼς ἐπικεκλημένες. * ἐν τῷ νεῷ τῆς Ἀθηνᾶς ἐν Λαρίσσῃ, τάφος ἐςὶν Ἀκρισίε. * Τί δαὶ Εριχθόνιος; ἐχὶ ἐν τῷ νεῷ τῆς Πολιάδος κεκήδευται; C'eft-à-dire: Quant à ces bâtimens,

je ne fçaurois m'en taire, & je dois leur en faire honte. On les appelle bien des Temples, pour adoucir les termes; ce ne furent pourtant que Tombeaux auxquels on a donné ce beau nom. — Dans celui de la *Minerve* à *Lariffe* eft le tombeau d'*Acrifius*: — & où eft celui d'*Erichton*? N'eft-ce pas dans le Temple de la *Minerve Citadine*.

(*b*) STRABON Lib. XVII. pag. 1161. Εχει δ' ἐν ὕψει μέσως τῶν τῶν πλευρῶν λίθον ἐξαιρέσιμον. ἀρθέντος δὲ σύριγξ ἐςὶ σκολιὰ μέχρι τῆς θήκης. C'eft-à-dire: Vers le milieu de la hauteur des côtés, il y a une pierre remarquable, laquelle étant levée, on trouve un Efcalier tortueux qui conduit jufqu'au cercueil.

(*c*) Voyez la Note précedente.

Pyrami-de.

hauteur de la Pyramide, on en peut juger combien le fable s'eſt amaſſé dans ce lieu-là. Quoi qu'il en ſoit, s'il y a eu dès ce tems-là un paſſage ouvert pour entrer dans cette Pyramide, & ſi la deſcente de ce paſſage n'a pas été droit en avant, & toûjours ſur la même pente, juſques dans les Chambres ſoûterreines, ainſi qu'on paroit pouvoir le ſoupçonner par la quantité de bréches & d'autres irrégularités de l'Architecture dans l'endroit où l'on commence à monter; il eſt fort ſurprenant qu'aucun des Hiſtoriens anciens (a) ne nous ait donné une deſcription détaillée des différens Apartemens dont les modernes ont tant parlé, non plus que du Coffre placé dans la Chambre la plus élevée. On trouve dans un (b) Hiſtorien *Arabe*, que cette Pyramide ne fut ouverte que paſſé neuf-cens ans, par *Almamon*, Calife de *Babylone*, & ,, qu'on y ,, trouva vers le ſommet une chambre, dans laquelle étoit ,, une pierre creuſe, qui renfermoit une ſtatue de figure humaine, laquelle ſervoit d'étui au corps d'un homme, avec ,, un poitrail d'or, garni de diamans; ſur ce poitrail il avoit une épée d'un prix ineſtimable, & ſur la tête du corps ,, humain une eſcarboucle de la groſſeur d'un œuf, qui ,, brilloit comme la lumiere du jour, & ſur laquelle étoient ,, des caractères écrits à la plume, que perſonne ne put dé- ,, chiffrer ". Tout ce beau récit eſt ſans doute de même alloi que ce que dit le même Auteur dans un autre endroit, ſçavoir ,, que celui qui bâtit les Pyramides, étoit *Saurid Ibn Salhouk*, ,, Roi d'*Egypte*, lequel vivoit trois-cens ans avant le Déluge ". Mais laiſſons-là tous ces contes magnifiques, & remarquons que le Coffre, lorſqu'on le touche, rend les mêmes tons de Muſique (c'eſt, ſi je ne me trompe, les Notes *E-la-mi*) que la Chambre même; d'où il ſemble qu'on pourroit inférer, que le Coffre doit avoir les mêmes dimenſions en petit que la Chambre en grand: mais en meſurant exactement l'un & l'autre, (c) Mr. le Profeſſeur *Greaves* a trouvé que leurs proportions ne

font

(a) Il eſt vrai que *Pline* parle du Puits, mais il ne fait mention de rien de plus. Voyez page 151. de ce Tome, Note (a).

(b) Mr. GREAVES, dans ſa *Pyramidographia*, le nomme IBN ABD ALHOKM.

(c) Idem, ibidem: La ſurface extérieu-

SUR LA SYRIE, L'EGYPTE &c. Chap. V.

font pas les mêmes. Il est encore à observer, que ce Coffre est si bien attaché au plancher, que plusieurs personnes à la fois ne sçauroient le remuer. Au reste sa situation, qui peut-être n'est pas sans mystère, répond exactement à l'entrée de la Pyramide, c'est-à-dire que l'un des bouts est précisement au Nord; position qu'avoient aussi les (*a*) portes des autres édifices des *Egyptiens*.

Outre ce que j'ai déja dit du Sphinx, je dois remarquer, qu'en Juillet 1721. le sable s'étoit entassé à une si grande hauteur tout alentour, qu'on n'en découvroit que l'élevation de l'épine du dos; au bout de laquelle, précisement sur le croupion, se voit un trou quarré qui a environ quatre pieds de long sur deux de large: mais ce trou étoit tellement bouché de sable, que nous ne pumes pas l'ouvrir assez, pour juger si par hazard il n'étoit pas destiné, comme le Puits de la grande Pyramide, à servir d'escalier. Il y a une autre ouverture ronde sur la tête, qui, à ce qu'on m'a dit, n'est que de cinq ou six pieds de profondeur, & assez large pour contenir une grande personne. La pierre qui forme cette partie de la tête paroit un morceau détaché, le reste de la figure étant taillé dans le roc. Je laisse aux Voyageurs qui y viendront après moi, à découvrir si ces ouvertures servoient seulement à

Il y a des trous sur la tête & sur le corps du Sphinx.

Ces trous avoient proba-

---

rieure de cette Tombe a 7 pieds 3 pouces & demi en longueur, sa hauteur est de 3 pieds, 3 pouces, & trois quarts de pouce, & sa largeur est exactement la même. La cavité en dedans a 6 pieds $\frac{488}{1000}$ en longueur du côté qui regarde le Ouest, & 2 pieds $\frac{218}{1000}$ en largeur du côté du Nord, & sa profondeur est de 2 pieds $\frac{860}{1000}$, le tout mesure d'*Angleterre*. La longueur de la Chambre au Sud est de 34 pieds $\frac{380}{1000}$, sa largeur de 17 pieds $\frac{190}{1000}$ & sa hauteur de 19 pieds & demi.

(*a*) HERODOTE, Euterp. §. 101. Μεῖζον δὲ ἀποδέξασθαι μνημόσυνα, τῷ Ἡφαίςου τὰ πρὸς ΒΟΡΕΑΝ ἄνεμον τετραμ- μένα προπύλαια. C'est-à-dire: On dit qu'entre autres choses mémorables, *Moerius* fit les vestibules de *Vulcain*, tournés vers le vent du NORD. *Idem, ibid. de Labyrintho* §. 148. Τῷ γὰρ δυώ- δεκα μέν εἰσι αὐλαὶ κατάςεγοι, ἀντίπυλοι ἀλλήλῃσι· ἓξ μὲν πρὸς ΒΟΡΕΩ, ἓξ δὲ πρὸς νότον τετραμμέναι συνεχέες. C'est-à-dire: Il y a dans ce Labyrinthe douze chambres couvertes d'un toit, & dont les portes sont les unes devant les autres, six de suite tournées vers le BORÉE, ou le Nord, & six autres de même vers le *Notus*, ou le Midi. La Table du Tabernacle d'assignation étoit aussi vers le Septentrion. Voyez *Exode* XL. 22.

158 OBSERVATIONS GEOGRAPHIQUES

blement communication avec les Pyramides.

à renouveller continuellement l'air dans la cavité du corps du Sphinx, ou s'ils n'avoient pas aussi communication avec la grande Pyramide, soit par le Puits, soit par le trou de la muraille de la Chambre qui est au même niveau. On decouvrira peut-être un jour, qu'il y a aussi des Chambres dans les deux autres grandes Pyramides, & même que l'éminence sur laquelle elles sont érigées est pleine de cryptes ou de voutes, de galeries étroites & de labyrinthes, qui peuvent tous aboutir aux Chambres des Prêtres, les auteurs & les Architectes de ces lieux soûterreins, qui les avoient pratiqués, non seulement pour initier leurs éleves, mais aussi pour y célébrer leurs Mystères & cérémonies avec plus de solemnité, & les faire par-là mieux respecter.

Les Catacombes de Sakara.

Ce qu'on a publié jusqu'à présent sur les Momies paroit peu exact; aussi les Catacombes de *Sakara*, que les Voyageurs visitent ordinairement, ont-elles été si fort troublées & dérangées par divers accidens, que rien n'y est demeuré dans sa place.

Urnes pour conserver les Ibis.

On voit cependant encore dans quelques-unes des voutes, un grand nombre d'Urnes de terre cuite & de figure conique (voyez la Planche lettre ?) qui contiennent chacune une *Ibis*. Le bec, les jambes, & même les plumes de cet oiseau sacré sont admirablement bien conservés : car il paroit que l'on embaumoit & emmaillottoit ces oiseaux précisément comme les corps humains, excepté qu'on n'y écrivoit point des Caractères hiéroglyphiques. J'ai vû de même le crane & plusieurs os d'un *Apis* ou Bœuf, à ce que je pus juger, qui avoient été tirés de ces Catacombes, mais il ne paroissoit pas qu'ils eûssent été embaumés. Il y avoit aussi de petites figures de bois, d'animaux Quadrupedes, peintes de blanc, dont les jambes étoient liées ensemble, comme si l'on alloit les sacrifier. J'y vis encore un petit Vaisseau, semblable à une chaloupe, avec les mâts & les voiles tout entiers, & les Matelots faisant force de rames.

Boëttes au pied des Momies.

On trouve dans ces Catacombes de petites Boëttes quarrées, semblables à la figure 25, qui sont ordinairement peintes de figures symboliques ou de Caractères hiéroglyphiques; on voit communement sur le couvercle de ces Boëttes

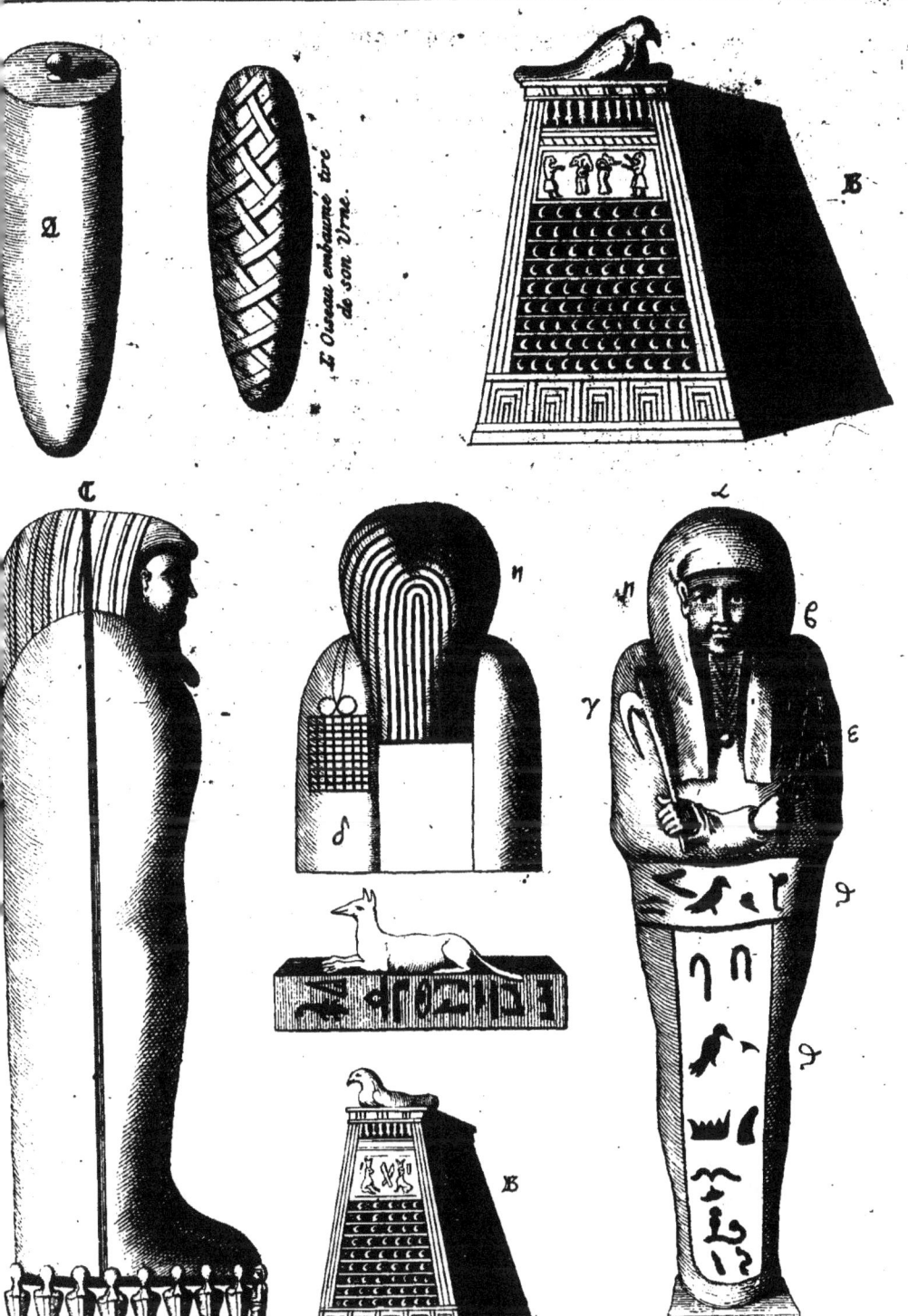

tes la figure d'un Epervier, j'en ai cependant vû une avec un (*a*) Chien, & une autre avec une Chouëtte, peints l'un & l'autre de leurs couleurs naturelles. Je ne pouvois pas m'imaginer que ces Boëttes pûſſent avoir été deſtinées à autre choſe qu'à ſervir de cercueils aux animaux ſacrés des anciens *Egyptiens*; mais Monſieur *le Maire*, qui s'étoit trouvé à l'ouverture d'une nouvelle voute, m'apprit, qu'il y en avoit toûjours une placée aux pieds de chaque Momie, comme on voit à la figure ℭ, & qu'elles renfermoient en petit les inſtrumens & les uſtenſiles qui avoient apartenu à la profeſſion qu'exerçoit pendant ſa vie la perſonne embaumée. Il m'en montra une qui contenoit pluſieurs figures en poſtures laſcives, & qu'il ſuppoſoit pour cette raiſon avoir été faites pour une Courtiſane. Il y avoit entre autres un *Bacchus* de cuivre, un *Phallus* creux d'albâtre, pluſieurs petits pots de terre pour mettre du fard, & un morceau de roſeau, dans lequel étoit un pinceau & de la mine de plomb pilée, dont (*b*) les femmes de ce païs-ci ſe ſervent beaucoup. Ces Boëttes, les Caiſſes des Momies, en un mot toutes les figures & tous les inſtrumens de bois qu'on trouve dans les Catacombes, ſont de bois de ſycomore, qui s'eſt parfaitement bien conſervé depuis plus de trois mille ans, quoiqu'il paroiſſe fort poreux. Un peu derriere ces Boëttes on voit nombre de petites Images α, α, α, &c. de terre cuite, faites à-peu-près de la façon des caiſſes des Momies: il y en a de bleuës, de blanches, de bigarrées, ou en habit de Religieuſe. Ces figures ſont rangées tout autour du piédeſtal de chaque caiſſe de Momie, comme ſi c'étoient autant de Genies gardiens, ou de ſuivans. Les différens attributs de ces figures, comme le Fouet (β), la Houlette (γ), le Filet (δ), l'*Alpha* ſacré (ε) &c. la contenance d'une femme avec le voile (η); tout cela, dis-je, pourroit faire croire que c'eſt

l'*Iſis*

Remplies de divers Inſtrumens.

Ces Boëttes, les Caiſſes des Momies &c. ſont de bois de Sycomore.

Petites Images tout autour des Caiſſes des Momies.

(*a*) Elle eſt deſſinée dans le *Recueil d'Antiquités d'Egypte* de Mr. ALEX. GORDON, Planche XXIV. Fig. 4. (*b*) Voyez Tome I. pag. 381. & ſuiv.

l'*Isis Averrunca*, ou l'*Isis* qui chasse les mauvais Genies. La Bande d'écriture hiéroglyphique (θ) qui descend de l'estomac en bas, diffère très-peu de ce qu'on voit communement sur la partie de la Momie qui y répond; mais la petite Idole ☙, qui paroît être de la même espece, quoiqu'elle ne porte pas les symboles ordinaires, a une semblable bande sur le dos, quoiqu'avec des caractères différens.

<small>Composition qu'on trouve</small>

La composition (*a*) qu'on trouve dans la tête des Momies, ressemble parfaitement à de la poix, seulement elle est un peu plus molle: l'odeur en est aussi la même, mais un peu

---

(*a*) GATACKER, *Annot. in M. Anton.* pag. 175. *Apud Ægyptios cadaver fit* τάριχος, *id est* Salsura, *sive* مومى *Mummia, uti appellant recentiores Medicorum filii, ab* Arabico (Persico *potiùs*) موم *Mum, id est* Cerâ; *quia ceromate etiam in eo negotio utebantur.* C'est-à-dire: Chez les *Egyptiens* les corps morts sont faits *Tarichoi*, ou *salés*, ou bien *Momies*, comme les Médecins modernes l'appellent, du mot *Arabe* (ou plutôt *Persan*) *Mum*, qui signifie *de la cire*, parce qu'ils se servent aussi pour cela d'un onguent fait d'huile ou de cire. GOLIUS, *Dict.* مومىا *Mummia vulgo*; Pissaspalton (ἡ ὄζεσα πίσσης μεμιγμένης ἀσφάλτῳ) Dioscoridi, *Lib. I. Cap.* 101. C'est-à-dire: Ce qu'on appelle communement *Momie*, est nommé par *Dioscoride* Liv. I. Chap. 101. *Pissaspalton*, parce que l'odeur en est comme de la poix mêlée avec de l'asphalte ou du bitume. PLINE, *Hist. Nat.* Lib. XVI. Cap. 11. dit que cette composition n'est autre chose que le goudron qu'on tire du pin. Voici ses termes: *Pix liquida in Europa è teda coquitur, navalibus muniendis, multosque alios ad usus. Lignum ejus concisum, furnis, undique igni extrà circumdato, fervet: primus sudor, aquæ modo, fluit canali: hoc in Syria Cedrium vocatur, cui tanta vis est, ut in Ægypto corpora hominum defunctorum eo perfusa serventur.* C'est-à-dire: On tire en Europe, par le moyen du feu, la poix liquide du pin, & l'on s'en sert pour goudronner les vaisseaux, & pour plusieurs autres usages. On s'y prend de cette manière. Le bois étant coupé & fendu, on le met dans des fours, tout autour desquels en dehors on allume un grand feu pour le griller. La première liqueur qui en distille, coule dans un canal comme de l'eau, & c'est ce qu'en *Syrie* on appelle *Cedrium*, ou Resine de Cedre, qui a une si grande vertu, que les *Egyptiens* en embaumant leurs morts pour les conserver. Mais le *Cedrium* dont *Pline* parle, est plutôt le goudron ou la resine du Cedre même, conformement à ce qu'en dit DIOSCORIDE Lib. I. Cap. 106. Κέδρος δένδρον ἐςὶ μέγα, ἐξ οὗ ἡ λεγομένη ΚΕΔΡΙΑ συνάγεται. * Δύναμιν δὲ ἔχει σηπτικὴν μὲν τῶν ἐμψύχων, φυλακτικὴν δὲ τῶν νεκρῶν σωμάτων· ὅθεν καὶ νεκρᾶ ζωὴν τινες αὐτὴν ἐκάλεσαν. C'est-à-dire: Le Cedre est un grand arbre, duquel on recueille ce qui s'appelle la CEDRINE, qui a la vertu de corrompre les corps vivans, & de conserver les morts: de-là vient que quelques-uns l'ont nommée la *Vie des cadavres*.

Tome II. pag. 16.

SUR LA SYRIE, L'EGYPTE &c. Chap. V.

peu plus forte. En examinant deux de ces Momies, & défaisant leurs bandages, je trouvai que le (*a*) *Septum medium* du nez, ou l'os qui sepáre les deux narines, avoit été enlevé à l'une aussi-bien qu'à l'autre, & que les (*b*) cranes en étoient un peu plus épais qu'ils ne le sont ordinairement. Il n'y avoit que peu ou point de parties musculaires qui fussent conservées, excepté sur les cuisses ; encore tomboient-elles en poussiere dès qu'on y eût touché : la même chose arriva aux bandages qui enveloppoient immédiatement le corps ; quoique la toile extérieure, à plus de cinquante aunes d'*Angleterre* de longueur, parût aussi forte, après qu'on l'eût defaite, que si elle ne faisoit que de sortir de dessus le metier, mais quelques jours après elle se dechiroit aisément. Je ne trouvai ni argent dans la bouche, ni Idoles dans la poitrine de ces Momies ; cependant on prétend en *Egypte*, que la plupart des petites statues qu'on offre à vendre aux étrangers en sont tirées. La seule circonstance qui peut favoriser cette opinion est peut-être, qu'aujourd'hui on les trouve principalement chez les habitans de *Sakara*. Ce fut aussi d'eux que j'achetai le vase marqué ⟨⟩, qui étoit probablement un Encensoir *Egyptien*. Il est d'une belle pierre qui approche de l'ardoise : le manche en est fort bien travaillé, & ressemble à la jambe d'un chameau, pliée de la même manière que les *Arabes* plient & garottent encore aujourd'hui les jambes de ces animaux pour les empêcher de s'enfuir. ƒ ƒ sont deux Pendans d'oreilles de la même matière, que j'achetai dans le même endroit : c'est peut-être une espece de ces Pendans de pier-

dans les Momies, & leurs Bandages.

On prétend qu'elles avoient des Idoles dans la poitrine.

Encensoir Egyptien.

Pendans d'oreilles.

(*a*) Apparemment que le *Septum medium* avoit été enlevé pour pouvoir retirer plus aisément par-là la cervelle, & introduire en sa place la matière resineuse qu'on y trouve. HERODOTE, *Euterp.* §. 86. Πρῶτα μὲν σκολιῷ σιδήρῳ διὰ τῶν μυξωτήρων ἐξάγουσι τὸν ἐγκέφαλον, τὰ μὲν αὐτοῦ οὕτω ἐξάγοντες, τὰ δὲ Φάρμακα ἐγχέοντες. C'est-à-dire : D'abord avec un fer tortu ils tirent le cerveau par les narines, &

après l'avoir tiré, ils y font couler les aromates.
(*b*) Le même Auteur remarque *Thal.* §. 12., que les *Egyptiens* avoient généralement le crane plus épais que d'autres. Αἱ δὲ τῶν Αἰγυπτίων (κεφαλαὶ) οὕτω δή τι ἰσχυραὶ μόγις ἂν λίθῳ παίσας διαρρήξεις. C'est-à-dire : Les têtes des *Egyptiens* sont si dures, qu'on auroit de la peine à les écraser à coups de pierre.

Tome II.   X

Canopus. pierre, qu'on attachoit (*a*) aux oreilles des Crocodiles sacrés. Le *Canòpus* ☥, & (*b*) deux autres qui sont à présent dans le Cabinet du Docteur *Mead* à *Londres*, viennent aussi de *Sakara*. Le mien est d'un albâtre presque transparent; il a dix-sept pouces de long, & six en diamètre, avec une bande de Caractères sacrés peints sur la poitrine, & une tête d'*Isis* voilée pour couvercle. Il y a lieu de croire que les vases (*c*) qu'on portoit en procession, soit pour marquer combien l'eau est utile, soit pour signifier que le principe humide est le commencement de toutes choses, étoient faits de cette façon, ou plutôt ayant le ventre un peu plus gros, comme les *Canopus* l'ont ordinairement. Aussi dans la fameuse dispute entre les *Chaldéens* & les *Egyptiens* sur la force & le pouvoir de leurs Divinités respectives, le *Feu* & l'*Eau*, la derniere étoit représentée par un *Canopus*. (*d*) *Suidas* raconte fort agréablement cette histoire.

Les

(*a*) HERODOTE, *Euterp.* §. 69. Ἀρτήματά τε λίθινα χυτὰ (fusilia) καὶ χρύσεα ἐς τὰ ὦτα (τῶ κροκοδείλω) ἐνθέντες. C'est-à-dire : Ils attachoient aux oreilles du Crocodile des ornemens fondus de pierres & d'or.

(*b*) Voyez dans l'Ouvrage de Mr. GORDON que j'ai déja cité, Tab. XVIII. L'un est de terre cuite, & l'autre d'albâtre.

(*c*) APULÉE, *Metam.* Lib. XI. pag. 262. *Quintus aureum vannum aureis congestum ramulis, & alius ferebat amphoram.* C'est-à-dire : Un cinquième portoit un van d'or, tissu de petites branches d'or, & un autre portoit un seau.

(*d*) SUIDAS *in voce* ΚΑΝΩΠΟΣ: Ποτὲ, ὡς λόγος, Χαλδαῖοι τὸν ἴδιον θεὸν, ὅπερ ἐςὶ τὸ πῦρ, ἀποσεμνύνοντες, πανταχῶ περιέφερον· ὥςε τοῖς πᾶσι τῶν ἐπαρχιῶν συμβεβληκέναι. καὶ τὸν νικῶντα, ἐκείνων παρὰ πάντων νομίζεσθαι θεόν. τῶν μὲν ἓν ἄλλων ἐπαρχιῶν οἱ θεοὶ, ἀπὸ χαλκῶ, ἢ ἀργύρω, ἢ λίθω, ἢ ἄλλης τοιαύτης ὕλης ἐτύγχανον ἱδρυμένοι. ἡ δὲ τοιαύτη ὕλη, εὐχερῶς ἀπὸ τῶ πυρὸς διεφθείρετο· ὥςε πανταχῶ τὸ πῦρ ἀναγκαίως νικᾶν. τῶτο ἀκέσας ὁ τῶ Κανώπω ἱερεὺς πανῶργόν τι τοιῶτον ἐνεθυμήθη. ὑδρίαι ἐν τοῖς μέρεσι τῆς Αἰγύπτω εἰώθασι γίνεσθαι ὀςρἀκιναι, τρήσεις ἔχουσαι λεπτὰς συνεχεῖς, ὥςε διὰ τῶν τρήσεων ἐκείνων τὸ τεθολωμένον ὕδωρ διυλιζόμενον, ἀποδίδοσθαι καθαρώτατον. Ἐκ τῶτων τῶν ὑδριῶν μίαν λαβὼν ὁ τῶ Κανώπω ἱερεὺς, καὶ τὰς τρήσεις ἐκείνας ἀποφράξας κηρῷ, καὶ διαφόροις ζωγραφήσας χρώμασι πληρώσας ὕδατος, ἔςησεν ὡς θεόν. καὶ ἀποτεμὼν παλαιῶ ἀγάλματος τὴν κεφαλὴν, ὅπερ ἐλέγετο, Μενελάω τινὸς κυβερνήτω γεγενῆσθαι, ἐπιμελῶς ἐπιθεὶς, ἥρμοσεν αὐτὴν τῷ ἀγάλματι. παρεγένοντο μετὰ ταῦτα οἱ Χαλδαῖοι· ἀνήφθη τὸ πῦρ. καὶ ὁ κηρὸς, δι' ὧν αἱ τρήσεις ἐτύγχανον πεφραγμέναι, διελύοντο· τῆς δὲ ὑδρίας ἱδρώσης, καὶ τὸ ὕδωρ διὰ τῶν τρήσεων ἐκβαλλέσης, ἐσβέννυτο τὸ πῦρ. ὅτω τε τῇ πανωργίᾳ τῶ ἱερέως Κάνωπος τῶν Χαλδαίων νικητὴς ἀνεδείχθη· καὶ ἀπὸ τότε λοιπὸν ὡς θεὸς ἐτιμᾶτο. C'est-à-dire: Autrefois, à ce qu'on dit, les *Chaldéens*, pour faire honneur au Feu, qui étoit leur Dieu particulier,

SUR LA SYRIE, L'EGYPTE &c. Chap. V.

Les petites Images suivantes étoient apparemment des Divinités domestiques, ou des (a) Amulètes. La première A, est un Prêtre *Egyptien*, avec la tête rasée & un rouleau ouvert ier, le portoient en tous les lieux voisins, pour le mettre en comparaison avec les Divinités des autres Etats, à condition que celui qui seroit le vainqueur, auroit l'avantage que tous le reconnoîtroient pour Dieu. Or comme les Dieux des autres Etats étoient faits ou d'airain, ou de pierre, ou de quelque autre matière semblable qui est facilement détruite par le Feu, il arrivoit nécessairement que le Feu demeuroit par-tout victorieux. Le Prêtre de *Canopus* en ayant ouï parler, s'avisa de la finesse suivante. En ces quartiers-là de l'*Egypte* on a coûtume de faire de grandes Cruches de terre, tout percées de nombre de petits trous, à travers lesquels l'eau se filtre & sort très-pure. Le Prêtre de *Canopus* prit donc une de ces Cruches, en boucha bien les trous avec de la cire, la peignit de diverses couleurs, & l'ayant remplie d'Eau, la présenta comme son Dieu, ayant mis au dessus une Statue, à laquelle il mit adroitement une tête qu'il avoit coupée à une autre ancienne Statue, qui étoit, à ce qu'on disoit, celle d'un certain *Menelas*, Capitaine de vaisseau. Les *Chaldéens* arrivèrent; le Feu fut allumé; la cire qui bouchoit les trous se fondit, & la Cruche distillant son eau, qui sortoit par les trous, le Feu fut éteint. Par cette fuite le Prêtre de *Canopus* fut declaré vainqueur, & depuis ce tems-là fut honoré comme un Dieu.

(a) KIRCHER, *Gymn. Hierogl.* Class. XI. pag. 447. 448. *Inter amuleta Ægyptia nil erat communius Harpocrate, Horo, Apide, Osiride & Iside, Canopo; quorum primus cornucopiâ instructus, sub forma pueri nudi, digito silentia suadente, conspiciebatur; alter itidem sub forma pueri, sed fascibus, aut reticulato amictu involutus; tertius, sub forma bovini capitis; quartus, sub variis formis, nunc* ἱερακόμορφος, *nunc* κυνόμορφος, *modò leoniformis; quinta, sub mulieris habitu, scuticâ & reti instructa, aliisque instrumentis. Per Harpocratis amuletum, arcanorum, per varias divinationum species, se conscios futuros sperabant, religiosè gestatum: gestatum autem fuisse, ansulæ satis demonstrant. Per Hori amuletum, naturæ mundanæ notitiam se habituros putabant; per Apidis amuletum, fœcunditatem; per Osiridis, influxûs superni abundantiam; per Isidis, quæ ad Terram & Nilum pertinent, bonorum omnium temporalium ubertatem se consecuturos sperabant. Per Accipitrem, se consecuturos sperabant claritatem luminis, tum oculorum, tum intellectûs; per Bovem, domesticæ substantiæ amplitudinem; per Canem, scientiarum & artium notitiam; per Cynocephalum & Ælurum, lunaris numinis attractum. Erat ex insectis quoque Scarabæus, certis & appropriatis lapidibus incisus, potentissimum amuletum, & passim usurpatum, ad solaris numinis attractum, contrà omnes, tum corporis, tum animi morbos institutum.* C'est-à-dire: Parmi les Amulètes des *Egyptiens*, les plus ordinaires étoient ceux d'*Harpocrate*, d'*Orus*, d'*Apis*, d'*Osiris*, d'*Isis* & de *Canopus*. Le premier tenoit une corne d'abondance, & étoit représenté sous la forme d'un jeune Garçon tout nud, qui paroissoit recommander le silence en mettant un doigt sur la bouche: le second étoit pareillement figuré par un Enfant emmaillotté ou revêtu d'un habit à reseau; le troisième, par une tête de bœuf; le quatrième paroissoit sous diverses formes, tantôt avec une tête d'Epervier, tantôt avec cel-

Collection de petites Images apparte-

vert de Caractères hiéroglyphiques sur les genoux. B, est *Osiris*, avec sa Coëffure *a*, son Fouet *b*, & sa Houlette *c*. C, est la même Divinité avec une tête d'Epervier, dont la poitrine paroît avoir été émaillée autrefois, aussi-bien que la Branche de Palmier ou la Plume qu'elle tient. D, est l'*Isis* cornue, portant sur ses genoux son fils *Orus* E; qui est le même que la figure F, le *Sigalion*, ou Dieu du Silence, lequel est convenablement représenté avec un doigt sur la bouche, & connu sous le nom d'*Harpocrate*. G, est encore une autre figure d'*Harpocrate*, assis de la manière que les Orientaux s'asseyent encore aujourd'hui. Je crois que la figure H est (*a*) *Orus*, ou la Terre, grosse par la quantité de choses qu'elle

nant à l'Auteur.

celle d'un Chien & quelquefois sous la figure d'un Lion; la cinquième, comme une Femme, ayant un fouet, un reseau & plusieurs autres instrumens. En portant religieusement l'Amulète d'*Harpocrate*, ils espéroient d'apprendre tous les secrets par diverses sortes de divinations: & par les anneaux qui y sont, il paroit qu'on le portoit. Ils croyoient que par l'Amulète d'*Orus* ils acquerroient la connoissance de la nature du monde; par l'Amulète d'*Apis*, la fécondité; par celui d'*Osiris*, une abondante influence d'en-haut; & par celui d'*Isis*, ils se flattoient d'obtenir tout ce qui dépend de la Terre & du *Nil*, en un mot, abondance de tous les biens temporels. Ils espéroient que l'*Epervier* leur vaudroit clarté & lumière, tant des yeux que de l'esprit; le *Bœuf*, les richesses; le *Chien*, la connoissance des Arts & des Sciences; le *Cynocephale* & le *Chat*, l'attraction de la divinité de la Lune. Parmi les Insectes, l'*Escarbot* gravé sur certaines pierres appropriées à cet usage, étoit estimé un Amulète d'une grande vertu, & dont on se servoit en quelques endroits, pour attirer la divinité du Soleil, & pour se garantir de toutes les maladies & infirmités du corps & de l'esprit.

(*a*) KIRCHER, *Gymn. Hierogl.* Class. XI. pag. 449. Horus *semper sub puerili forma referebatur; & mysticè,* Plutarcho *teste, nihil aliud est, quàm sensibilis mundi Machina, quam Sol, seu* Osiris, *per* Scarabæum (κ) *indicatus, continuò solarium Numinum, per binos* Accipitres (λ), *& terrestrium Geniorum, per* Penates (μ) *lateribus assistentes indicatorum, ministerio, summâ sapientiâ gubernat & moderatur. Pueri formâ pingitur, quia Mundus generabilium rerum innovatione continuò veluti rejuvenescit: tumido corpore* (ν) *pingitur, quia genitalium rerum fœturâ & πανσπερμίᾳ perpetuò turget: sub utroque pede* Crocodilum (ξ) *calcat; id est* Bebonium, *seu* Typhoniam *malignitatem, mundo adeò perniciosam, ne invalescat, cohibet; scuticâ-que* (ο) *id est, virtutis suæ efficaciâ, in officio continet. In postica parte, per figuram* Δ, Isis, *seu Luna exprimitur, quod cornua & velum, quibus semper exhibetur, ostendunt; ubere turget, quia mater omnium inventionum est, &* Hori à Typhone *extincti* vindicatrix *& resuscitatrix; dum mundum, siccitate & adustivâ quâdam vi oppressum, humido suo influxu, per radios aptè indicato, ad temperiem & vitam revocat.* C'est-à-dire: Orus étoit toûjours représenté en jeune garçon, &, au témoignage de *Plutarque*, n'est autre chose, suivant son sens

De ces Images la derniere est d'albâtre; Q est d'un marbre brun, tacheté de jaune; A, B, C, D, E, F, G, I, K, L, M, N, P, R, sont de cuivre, & les autres de terre cuite. Excepté A, G, I, O, P, R, elles sont toutes percées, ou bien elles ont de petits anneaux, par lesquels les Devots passoient probablement une ficelle pour les porter au col. Les pivots qu'on voit au bas des figures A, B, C, D, peuvent faire croire, que ces mêmes Images ont été placées autrefois dans quelque endroit de la maison, où on les adoroit, ou bien qu'elles ont servi à mettre au bout des Baguettes & Sceptres symboliques des *Egyptiens*, & qu'on les portoit ainsi publiquement en procession.

<small>Matière dont ces Images sont faites.</small>

Mais laissons-là les Hiéroglyphes, pour dire un mot de l'Histoire naturelle. Le *Nil* est sans doute ce qu'il y a en *Egypte* de plus digne de notre attention. Comme cette riviere se déborde tous les ans, on conçoit aisément qu'il ne sçauroit y avoir grand nombre de Plantes ni d'Animaux dans le païs. *Prosper Alpinus*, *Bellonius* & d'autres Auteurs célèbres se sont fort étendus sur ces deux sujets; mais il est à croire, qu'excepté les Plantes & les Animaux aquatiques, il y a peu de branches de l'Histoire naturelle qui ayent subsisté de tout tems en *Egypte*; & l'on a droit de supposer que l'arbre nommé *Musa*, le Palmier, la *Cassia fistula*, le Sycomore & même le Porreau & l'Oignon, aussi-bien que le Chameau, le Busle, la *Gazell* & le *Camelopardalis*, ou la Giraffe, y sont venus d'autres païs. Car il est très-probable, comme l'on va voir bientôt, que le sol de l'*Egypte* ne pouvant pas prétendre à la même ancienneté que celui des autres païs, mais (*a*) s'étant formé successivement, tous ces Animaux & Vegétaux y doivent avoir été transportés peu-à-peu.

<small>Il n'y a pas beaucoup d'Animaux & de Plantes en *Egypte*.</small>

<small>Les plus remarquables y sont venus d'autres païs.</small>

Plusieurs Plantes & Animaux en échange, qu'on peut regarder comme naturels & originaires d'*Egypte*, ou qui du moins y

---

il fait que tout se produit; aussi les Egyptiens le regardoient comme un Amulète d'une très-grande vertu.

(*a*) Seneque, *Quæst. Nat.* Lib. IV. Cap. 2. *Debet Ægyptus Nilo non tantùm fertilitatem terrarum, sed & ipsas.* C'est-à-dire: L'Egypte est redevable au *Nil*, non seulement de sa fertilité, mais même de son terroir.

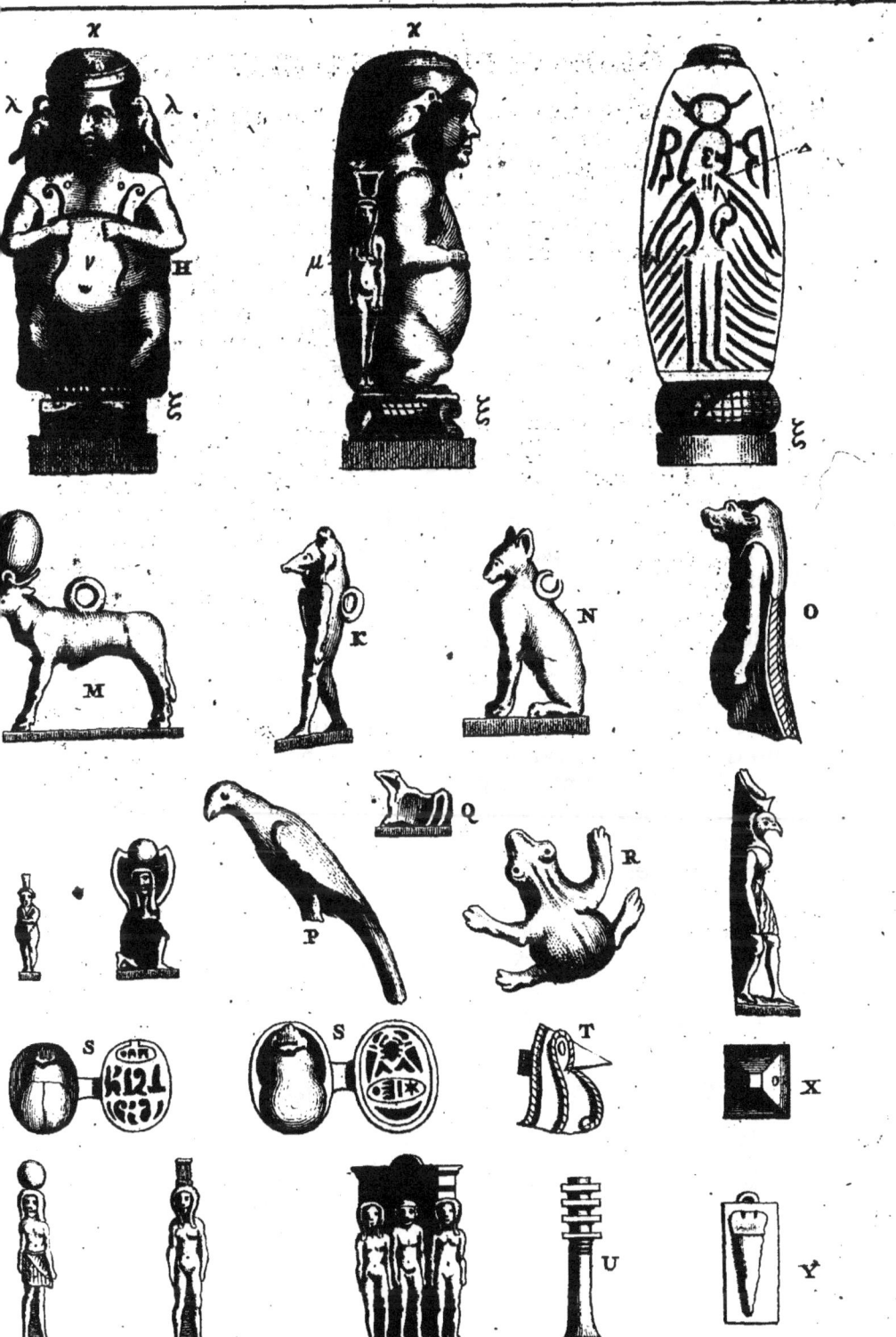

Tome II. pag. 106

y ont été depuis un tems immémorial, y sont à présent fort rares, ou ne s'y trouvent plus du tout. On ne voit plus gueres, par exemple, en *Egypte* de *Papyrus*, à cause que les pauvres gens en arrachent continuellement les racines pour leur servir de chauffage. On n'y voit plus du tout la plante (*a*) *Persea*, qu'on trouve si souvent dans l'ancienne Ecriture symbolique des *Egyptiens*; du moins les descriptions que nous en avons ne sont applicables à aucune des Plantes qui croissent aujourd'hui en *Egypte*. Il est certain, que ce ne sçauroit être le Pescher, ainsi que l'on en a communement traduit le nom; parce que les feuilles de la *Persea* subsistoient toûjours, & ne tomboient point tous les ans comme celles du Pescher. *La Plante Papyrus y est aujourd'hui fort rare.*

Quant aux Animaux, les peuples qui habitent maintenant l'*Egypte* ne connoissent pas seulement l'Hippopotame. Ils connoissent presque aussi peu le véritable Crocodile, qu'ils appellent (*b*) *Timsah*, & qu'il est si rare de trouver au dessous des cataractes du *Nil*, que les *Egyptiens* ne sont pas moins curieux d'en voir que les *Européens*. De même aussi l'*Ibis*, qui étoit anciennement connue de tout le monde, est aujourd'hui excessivement rare; mais on y voit en revanche beaucoup de Cicognes: car outre un grand nombre de ces oiseaux qui sans doute ont échapé à ma connoissance, vers le milieu d'Avril 1722, notre vaisseau étant alors à l'ancre sous le Mont *Carmel*, j'en vis trois vols, dont chacun fut plus de trois heures à passer, & s'étendoit plus d'un demi mille en largeur. Ces Cicognes venoient de l'*Egypte*, parce que les canaux du *Nil*, & les marais qu'il forme tous les ans par son débordement, étant desséchés, elles se retiroient au Nord-Est. *L'Hippopotame, le Crocodile & l'Ibis y sont fort rares.* *Il y a quantité de Cicognes en Egypte.*

On remarque que les (*c*) Cicognes, avant que de passer d'un païs dans un autre, s'assemblent quinze jours auparavant de *Ces Oiseaux s'assemblent*

(*a*) Voyez Clusius, *Hist. Plant.* Lib. I. pag. 2.

(*b*) En *Arabe* تمساح *Timsah*. Ce nom ne diffère pas beaucoup pour le son de celui de *Champsa*, comme l'appelle Herodote, *Euterp.* §. 69. Καλέονται δὲ ἐ κροκόδειλοι, ἀλλὰ χάμψαι. C'est-à-dire: On ne les appelle pas Crocodiles, mais *Champses*.

(*c*) Ce recit s'accorde avec ce que nous lisons *Jeremie* VIII. 7. *La Cicogne a connu dans les cieux ses saisons.*

par troupes pour passer d'un Païs à l'autre.

de tous les cantons voisins, dans une plaine, y formant une fois par jour une espece de *Divan*, comme on parle dans ce païs, pour fixer, à ce qu'on dit, le tems précis de leur depart, & le lieu où elles se retireront. Celles qui fréquentent les marais de *Barbarie*, paroissent environ trois semaines avant le tems que je vis les vols dont je viens de parler: on suppose néanmoins qu'elles viennent aussi d'*Egypte*, où elles retournent un peu après l'équinoxe d'automne, tems auquel le *Nil* s'est retiré dans son lit, & qu'ainsi le païs est en état de fournir abondamment à leur nourriture. Les *Mahometans* ont la Cicogne, qu'ils appellent (*a*) *Bel-arje*, en grande estime & vénération. Elle est presque aussi sacrée chez eux, que l'*Ibis* l'étoit chez les *Egyptiens*, & on regarderoit comme un Profane, tout homme qui en tueroit, ou qui leur feroit seulement de la peine. La grande consideration qu'on témoigne pour ces oiseaux, vient peut-être originairement, moins de ce qu'ils sont fort utiles pour (*b*) nettoyer un païs humide & fangeux, comme l'*Egypte*, d'une quantité d'insectes & de reptiles venimeux qui y sont ordinairement, que de ce qu'on s'est imaginé qu'il y avoit du mystère dans la manière dont la Cicogne remuë son col & son bec chaque fois qu'elle po-

Les *Mahometans* les ont en vénération.

(*a*) لقلق *Leklek*, ou لَقْلَق *Legleg*, est le nom que les Auteurs *Arabes* donnent ordinairement à la Cicogne, mais celui de *Bel-arje* prévaut dans toute la *Barbarie*. BOCHART, *Hieroz*. Lib. II. Cap. 29. prétend que c'est le même oiseau que l'Ecriture appelle *Hasida*; *Nam*, dit-il, חסידה *piam & benignam sonat*; c'est-à-dire: car *Hasida* signifie pieux & bénin. SOLIN, *Polyhist.* Cap. 53. *Eximia ciconiis inest pietas. Etenim quantum temporis impenderint fœtibus educandis, tantum & ipsæ à pullis suis invicem aluntur.* C'est-à-dire: Les Cicognes sont d'une grande pieté; car les jeunes nourissent les vieilles tout autant de tems, que celles-ci en ont mis à les élever. On peut aussi voir ELIEN., *Hist. Anim.* Lib. III. Cap. 23. & HORAPOLLON, Lib. II. Cap. 55.

(*b*) PLUTARQUE, *de Isid. & Osir.* pag. 380. Θεσσαλοὶ δὲ πελαργοὺς (ἐτίμησαν) ὅτι πολλοὺς ὄφεις τῆς γῆς ἀναδιδούσης, ἐπιφανέντες, ἐξώλεσαν ἅπαντας. C'est-à-dire: Les *Thessaliens* honoroient les Cicognes, parce que paroissant dans un tems où leur terre étoit infectée d'une grande quantité de Serpens, elles les détruisirent tous. PLINE, Lib. X. Cap. 23. *Honos iis serpentium exitio tantus, ut in* Thessalia *capitale fuerit occidisse.* C'est-à-dire: On les honoroit si fort, parce qu'elles détruisent les Serpens, que c'étoit un crime capital en *Thessalie* de les tuer.

SUR LA SYRIE, L'EGYPTE &c. Chap. V.

pôſe pied à terre, ou qu'elle retourne à ſon nid. Car d'abord elle baiſſe la tête, comme ſi elle faiſoit un acte d'adoration, puis elle donne de la partie inférieure du bec contre la ſupérieure, faiſant un (a) bruit comme celui d'une paire de caſtagnettes, & enſuite elle baiſſe le col juſqu'à terre, en guiſe de ſuppliante; répétant toûjours les mêmes geſticulations trois ou quatre fois.

Mouvemens qu'elles font du col & du bec.

Ayant déja parlé de l'*Ach bobba* ou de l'*Oripelargus* des Anciens, du Chameau, du Buffle ou *Bekker el Waſh*, de la *Gazell* ou de l'Antilope, de l'Ichneumon, du Caméleon, du *Dab*, du *Warral*, du *Thaibanne*, du Ceraſte &c. il me reſte fort peu de choſe à dire ſur l'Hiſtoire naturelle des Animaux de l'*Egypte*. J'obſerverai cependant, que les ſables & les diſtricts montagneux qui ſont des deux côtés du *Nil*, produiſent un auſſi grand nombre de Lezards & de Serpens que le déſert de (b) *Sin*. Le Ceraſte y eſt le ſerpent le plus commun. Mr. *Gabrieli*, Apoticaire de *Veniſe*, qui avoit demeuré long-tems au *Grand Caire*, me montra deux de ces viperes, qu'il avoit gardé cinq ans dans une bouteille bien bouchée, ſans aucune nourriture: il y avoit ſeulement au fond de la bouteille un peu de ſable fin, dans lequel elles ſe louvoient. Lorsque je les vis, elles venoient de changer de peau, & paroiſſoient auſſi vigoureuſes & auſſi vives que ſi elles avoient été priſes tout nouvellement.

Pluſieurs Animaux communs à la Barbarie & à l'Egypte.

Le Ceraſte vit long-tems ſans prendre aucune nourriture.

Parmi les lezards, celui qu'on appelle *Warral* eſt d'un na-

Le Warral aime

(a) Les Anciens appelloient la Cicogne *Crotaliſtria*, à cauſe de ce bruit; & l'on croit que le *Crotalum*, ou la Creſſelle, a été faite à ſon imitation. OVIDE, *Metam.* 4.

——— *Crepitante ciconia roſtro.*

C'eſt-à-dire: La Cicogne faiſant du bruit avec ſon bec. SOLIN, *Polyh.* Cap. 53. *Sonus quo crepitant (ciconiæ) oris potiùs, quàm vocis eſt.* C'eſt-à-dire: Le bruit que font les Cicognes, procede plutôt de leur bec, que d'aucun ſon qu'elles rendent. PHILOSTRATE, *Epiſt. ad Epiſt.* Καὶ τὲς πελαργὲς, ἐπειδὰν παρίοντας ἡμᾶς ΚΡΟΤΩΣΙΝ. C'eſt-à-dire: Et les Cicognes, parce qu'à meſure que nous paſſions, elles nous accueilloient de leur murmure. ISIDORE, *Orig.* Lib. XII. pag. 1134. *Ciconiæ, quaſi Cicaniæ, à ſono, quo crepitant, dictæ ſunt, quem roſtro quatiente faciunt.* C'eſt-à-dire: Les Cicognes ont été ainſi appellées du bruit qu'elles font en claquant de leur bec.

(b) Voyez pag. 91. de ce Tome.

naturel fort docile, & paroît beaucoup aimer la Mufique : j'en ai vû qui dans leurs mouvemens gardoient exactement la mefure avec les *Dervis*, fur la tête & fur les bras desquels ils fe promenoient, pendant que ceux-ci faifoient des danfes rondes, tournant quand les *Dervis* tournoient, & s'arrêtant quand ils s'arrêtoient. Comme il y a beaucoup d'affinité entre le lezard & le ferpent, je crois que c'eft fur quelque chofe de femblable qu'eft fondé ce qui fe dit du dernier, fçavoir qu'il aime naturellement la Mufique. Le *Pfalmifte* y fait auffi allufion lorsqu'il dit : (*a*) *Comme l'Afpic fourd qui bouche fon oreille, lequel n'écoute point la voix des Enchanteurs, du Charmeur fort expert en charmes.*

{.sidenote} la Mufique.

On m'a affuré qu'il y avoit plus de quarante mille perfonnes au *Grand Caire*, & dans les villages des environs, qui ne mangeoient autre chofe que des lezards ou des ferpens. Cette façon finguliere de fe nourrir leur vaut entre autres le privilége & l'honneur infigne de marcher immédiatement auprès des Tapifferies brodées de foye noire, qu'on fabrique tous les ans au *Grand Caire* pour le *Kaaba* de la *Mecque*, & qu'on va prendre au château, pour les promener en proceffion avec grande pompe & cérémonie dans les ruës de la ville. Lorsque ces proceffions fe font, il y a toûjours un grand nombre de ces gens qui l'accompagnent en chantant & en danfant, & faifant par intervalles réglés toutes fortes de contorfions & de gefticulations fanatiques. Ces actes de devotion, quelque ridicules qu'ils nous paroiffent, ont toûjours été ufités & en grande eftime chez les peuples Orientaux. Ainfi (*b*) toutes les femmes d'*Ifraël* fortirent après *Marie* la Propheteffe, fœur d'*Aaron*, avec des tambours (*c*) en dançant : & (*d*) *David* ramenant l'arche de

{.sidenote} Ophiophages, ou Mangeurs de Serpens.

{.sidenote} Leurs Cérémonies à la Proceffion des Tapifferies du Kaaba.

(*a*) *Pfeaume* LVIII. 4. 5.
(*b*) Voyez *Exode* XV. 20.
(*c*) C'eft pour ne pas nous éloigner du but de l'Auteur que nous fuivons ici la Verfion *Angloife*, qui porte *with Timbrels and* DANCES, au lieu que la nôtre met *avec des Tambours & des* FLUTES. La même différence fe rencontre dans deux autres paffages que Mr. *Shaw* allegue, & qui en *Anglois* répondent parfaitement à fon intention, mais qui n'y quadrent pas de même en *François*, & que pour cette raifon nous nous contenterons d'indiquer ici : c'eft *Pfeaume* CXLIX. 3. & CL. 4.
(*d*) Voyez 2 *Samuel* VI. 14.

de la maison d'*Obed Edom*, sautoit de toute sa force devant l'Eternel.

Si l'on excepte le *Natron*, le Sel armoniac & les Coquillages fossiles dont nous avons déja eu occasion de parler, il reste peu de chose à dire sur les autres parties de l'Histoire naturelle de l'*Egypte*, si ce n'est ce qui peut avoir quelque rapport au *Nil*. Car comme il pleut fort rarement dans l'intérieur de ce païs, on est entierement redevable à ce fleuve de la production & de l'accroissement des diverses especes de bled, de légumes & d'autres vegétaux qui s'y trouvent. Ils ne viennent pas cependant tous également bien par-tout, & il y a de la différence à observer par rapport au terrein & à la culture. Les Vegétaux de toutes les especes doivent leur accroissement au *Nil*.

L'Orge, par exemple, & le Froment, dont l'une se recueille d'ordinaire vers le commencement d'Avril, & l'autre vers la fin, ne demandent presque aucune culture: seulement dans le mois d'Octobre, lorsque l'Inondation est passée, on les jette sur le limon, ou on les enfonce dans la terre en les foulant, ou en y faisant passer légerement la charue. C'est aussi-là le tems auquel on seme le Lin & l'Epeautre de l'Ecriture, ou le Ris; car c'est ainsi que je crois qu'on doit traduire le (*a*) terme de l'Original. Comme le Froment & le Ris croissent plus lentement que le Lin & l'Orge, il arrive communement au commencement de Mars, que ces premiers ne font que sortir de la terre, tandis que l'*Orge est en épis se meurissant, & le Lin en tuyau*. Les terres qui portent le Ris doivent être presque toûjours couvertes d'eau; c'est la raison pourquoi il vient admirablement bien dans les plaines de *Damiette* & de *Rozette*, qui sont basses, & par-là plus facilement inondées que les terres situées plus loin de l'embouchure du *Nil*. Orge & Froment.

Lin & Ris.

Comme le débordement de ce fleuve ne suffit pas à tous les vegétaux, & qu'il y en a qui demandent d'être outre cela souvent arrosés, les habitans d'*Egypte* se servent pour cet usage de l'eau qu'ils puisent en certains tems dans le *Nil* même, Machines pour puiser l'eau du *Nil*.
&

(*a*) Voyez *Exode* IX. 32. Le mot *Hébreu* est כסמת.

172   OBSERVATIONS GEOGRAPHIQUES

& qu'ils gardent dans de grandes citernes, faites exprès à cette intention. Il semble que la (*a*) Vis d'*Archimede* étoit la machine dont on se servoit anciennement pour cela; mais elle n'est plus connuë aujourd'hui. Les *Egyptiens* modernes font usage de toute sorte de seaux de cuir, ou d'une *Sakiah*, comme ils appellent la Rouë *Persanne*, qui est très-commode & généralement usitée. On trouve un grand nombre de ces machines tout le long du *Nil*, depuis le bord de la Mer jusqu'aux cataractes; mais à mesure qu'on remonte le fleuve, le terrein sur lequel elles se trouvent devient plus élevé, ce qui fait que la difficulté de puiser l'eau en est plus grande.

Manière d'arroser les Plantages.

Lors donc que les Légumes, le Cartame ou Safran sauvage, les Melons, les Cannes de sucre & autres plantes, que l'on a ordinairement la précaution de mettre dans des sillons ou espèces de petits canaux, demandent d'être arrosés, on tire une cheville qui est au bas de la citerne; alors l'eau sortant abondamment, le Jardinier la conduit comme il veut dans les petits canaux, étant toûjours attentif à l'arrêter & à la détourner lorsque l'occasion le demande, en lui opposant une petite digue de terre, & en ouvrant en même tems avec sa béche une nouvelle tranchée où elle peut entrer librement. L'Ecriture Sainte fait souvent allusion à cette manière d'arroser & de rafraîchir une terre qui l'est rarement par la pluye; & c'est en quoi consistoit une différence essentielle entre l'*Egypte* & le Païs de *Canaan*. Car *Moïse* dit au Peuple d'*Israël*: (*b*) *Le païs où tu vas entrer pour le posseder, n'est pas comme le païs d'Egypte, d'où vous êtes sortis, où tu semois ta semence, & où tu l'arrosois comme tu voulois, comme un jardin à herbes: mais le païs où vous allez passer pour le posseder, est*

(*a*.) DIODORE DE SICILE Lib. I, pag. 21. Τȣ̂ μὲν ποταμȣ̂ διὰ τὴν κατ' ἔτος ἀνάβασιν νεαρὰν ἰλὺν ἀεὶ καταχέοντος, τῶν δ' ἀνθρώπων ῥᾳδίως ἅπασαν ἀρδευόντων διά τινος μηχανῆς, ἣν ἐπενόησε μὲν Ἀρχιμήδης ὁ Συρακȣ́σιος, ὀνομάζεται δὲ ἀπὸ τȣ̂ σχήματος κοχλίας. C'est-à-dire : D'un côté le fleuve repand sans cesse un nouveau limon par sa crûë de tous les ans, & de l'autre, les hommes y suppléent aisément par le moyen de certaine machine qu'*Archimede* le *Syracusien* inventa, & qu'à cause de sa figure on appelle une cuilliere.

(*b*) *Deuteronome* XI. 10. 11.

eſt un païs de montagnes & de campagnes, & il eſt abruvé d'eaux ſelon qu'il pleut des cieux.

Il pleut rarement, comme je l'ai déja dit, dans la partie de l'*Egypte* qui eſt avant dans les terres; mais ſur la côte, depuis *Alexandrie* juſqu'à *Damiette* & *Tineh*, on a les pluyes de la première & de l'arriere-ſaiſon, tout comme dans la *Barbarie* & dans la *Terre Sainte*. Il faut donc que l'inondation ſi régulière du *Nil* vienne des torrens qui s'y déchargent dans les païs méridionaux. Tout le monde convient aujourd'hui que c'eſt dans l'*Ethiopie*, parce que l'on ſuppoſe que le *Nil* y prend ſa ſource, & que (*a*) le Soleil, en s'avançant vers le Tropique ſeptentrional y amene la ſaiſon des pluyes. Ce ſont les Miſſionaires *Portugais* qui nous ont appris les premiers ce que je viens de dire, & qui ont tout l'honneur de cette decouverte; quoiqu'on trouve auſſi pluſieurs (*b*) anciens Philoſophes *Grecs* & *Arabes* qui ont eu la même penſée.

Pluyes.

L'Inondation du Nil eſt cauſée par les pluyes qui tombent dans l'Ethiopie.

Quel-

(*a*) C'eſt au travail infatigable des *Portugais* que nous avons l'obligation de connoitre maintenant la véritable cauſe de l'Inondation auſſi conſiderable que régulière du *Nil*. Par leurs obſervations nous avons appris que l'*Abyſſinie*, où ce fleuve prend ſa ſource, & parcourt une vaſte étendue de païs, eſt remplie de montagnes, & naturellement beaucoup plus haute que l'*Egypte*; que pendant tout l'hyver de ce païs-là, c'eſt-à-dire depuis Juin juſqu'en Septembre, il ne ſe paſſe point de jour ſans pluye; que le *Nil* reçoit toutes les Rivieres, les Ruiſſeaux & Torrens qui tombent de ces montagnes, & que c'eſt-là la cauſe néceſſaire de ſon débordement, & de ce qu'il inonde toutes les plaines d'*Egypte*. L'Inondation commence régulierement environ le mois de Juillet, ou trois ſemaines après que les pluyes ont commencé en *Ethiopie*. Voyez l'*Hiſtoire d'Abyſſinie* par le Pere Lobo, & le Journal *Anglois* intitulé *Monthly Library*, pour le mois de Mars 1735.

(*b*) Diodore de Sicile Lib. I. pag. 27. Ἀγαθαρχίδης ὁ Κνίδιος φησὶ κατ' ἐνιαυτὸν ἐν τοῖς κατὰ τὴν Αἰθιοπίαν ὄρεσι γίνεσθαι συνεχεῖς ὄμβρους ἀπὸ θερινῶν τροπῶν μέχρι τῆς μετοπωρινῆς ἰσημερίας. C'eſt-à-dire: *Agatharchide le Cnidien dit, que tous les ans il tombe ſur les montagnes d'Ethiopie des pluyes continuelles depuis le ſolſtice d'Eté juſqu'à l'équinoxe de l'Automne*. Idem, ibid. pag. 26. Ἐπεὶ δὲ περὶ τὸ θέρος πληρεῖται, πιθανὸν εἶναι κατὰ τὰς ἀντικειμένους τόπους γεννᾶσθαι τὰς χειμῶνας, καὶ τὸ πλεονάζον τῶν κατ' ἐκείνους τὰς τόπους ὑδάτων εἰς τὴν καθ' ἡμᾶς οἰκουμένην φέρεσθαι. C'eſt-à-dire: *Comme ſa crûë ſe fait dans l'été, il eſt probable que dans les lieux oppoſés il ſe fait des orages de pluye, & que l'excedant des eaux qui tombent en ces lieux-là, ſe porte vers les endroits de la terre que nous habitons*. Idem, ibid. pag. 27. Οὐδὲν ἓν εἶναι παράδοξον εἰ καὶ κατὰ τὴν Αἰθιοπίαν, τὴν κειμένην ὑπὲρ Αἰγύπτου, συνεχεῖς ἐν τοῖς ὄρεσιν ὄμβροι καταῤῥάττοντες, ἐν τῷ θέρει πληρῶσι τὸν ποταμόν. C'eſt-à-dire:

Il

Limon charié par ce fleuve.

Quelque merveilleux qu'ait paru de tout tems cet accroissement du *Nil*, la grande quantité de limon qu'il a charié de tems en tems ne paroît pas moins surprenante. Il faut assurement, que le terroir ou le sol soit en *Ethiopie* d'une profondeur extraordinaire (supposé pourtant que le *Nil* n'y gagne pas en largeur) puisque ce fleuve a non seulement apporté en *Egypte* tant de milliers de couches annuelles, mais posé même dans la Mer, pour ainsi dire les fondemens d'une alluvion qui pourra former avec le tems un nouveau païs, jusques à vingt lieuës de la côte: c'est du moins jusqu'à cette distance que l'on trouve par la sonde que s'étend le limon du *Nil*, qui hausse chaque année.

Qualité de ce Limon.

La terre que ce fleuve charie, après l'avoir imbibée & detachée de son sol natal, est extrêmement légere, & paroît aussi fine qu'une poudre impalpable. (*a*) *Plutarque* dit, qu'elle est noire comme la prunelle de l'œil: & il la nomme dans un (*b*) autre endroit parmi plusieurs choses qui paroissent avoir cette couleur lorsqu'elles sont mouillées ou trempées dans l'eau.

Il n'est donc point surprenant, vû les pluyes continuelles qui tombent sur les montagnes du côté de l'*Ethiopie*, qui est située au dessus de l'*Egypte*, que ce soit dans l'été que se fasse la crûë du fleuve. Voyez aussi PLUTARQUE, *de Placit. Phil.* Lib. IV. Cap. I. EBN SINA dans la *Géographie* d'ABULFEDA, traduite par Mr. GAGNIER: *Incrementum* Nili *fit è pluviis quæ in illa regione (scil.* Abyssinia) *decidunt.* C'est-à-dire: La crûë du *Nil* provient des pluyes qui tombent dans l'*Abyssinie*. AL KHODAI, cité par KALKASENDA, *de Incremento Nili*, suivant la traduction de Mr. GAGNIER: *Incrementum* Nili *oritur ex imbribus copiosis; quod quidem dignoscitur ex accessu & recessu, seu ortu & occasu siderum, & pluviarum abundantia, nubiumque consistentia.* C'est-à-dire: La crûë du *Nil* provient des pluyes abondantes; ce que l'on connoit lorsque certaines étoiles montent sur l'horizon & ensuite disparoissent, ou bien se levent & se couchent, comme aussi par l'abondance des pluyes & par la consistence des nuées.

(*a*) PLUTARQUE, *de Isid. & Osir.* pag. 364. Τὴν Αἴγυπτον ἐν τοῖς μάλιϛα μελάγγειον ἦσαν, ὥσπερ τὸ μέλαν τῶ ὀφθαλμῶ, χημία καλῶσιν. C'est-à-dire: L'*Egypte*, dans la plupart des lieux, est d'une terre noire, comme le noir de l'œil, & à cause de cela s'appelle *Chemie*.

(*b*) *Idem, ibid.* Τὸν δὲ Ὄσιριν αὖ πάλιν μελάγχρων γεγονέναι μυθολογῶσιν, ὅτι πᾶν ὕδωρ, καὶ γῆν, καὶ ἱμάτια, καὶ νέφη μελαίνει μιγνύμενον. C'est-à-dire: Les Mythologistes disent encore, qu'*Osiris* étoit de couleur noire, parce que toute eau mêlée avec la terre, & les habits, & les nuages, les noircit.

l'eau. On a aussi donné les épithètes de *Melas* & de (*a*) *Sichor* à ce fleuve, à cause que ses eaux sont fort chargées de limon. Cependant les diverses especes de ce limon, que j'ai souvent eu occasion de voir & d'examiner, sont d'une couleur beaucoup plus claire que notre terreau ordinaire, & le fleuve même, lorsqu'il en est le plus chargé, ne paroit pas plus noir que d'autres rivieres qui en charient beaucoup. Quant au nom du *Nil*, que les habitans de l'*Egypte* prononcent tout comme il sonne en *François*, c'est sans doute une contraction du mot (*b*) *Nahal*, qui signifie *la Riviere*, comme l'on peut supposer que ce fleuve a été appellé par excellence.

Pour mesurer l'accroissement du *Nil*, on a bâti sur la pointe d'une Isle, située entre *Geeza* & le *Caire*, un grand quarré soutenu par des arches, sous lesquelles le courant passe librement. Au milieu de ce quarré est placé le (*c*) *Mikeas*, ou la Colomne sur laquelle on mesure: elle est divisée en coudées, comme on doit croire que l'étoient les (*d*) anciens Niloscopes. Mais la mesure ou la grandeur des coudées n'a pas été la même en tout tems. (*e*) *Herodote* nous apprend, que de son tems il n'y avoit point de différence entre la coudée d'*Egypte* & celle de *Samos*, qui étant probablement de la même grandeur que la (*f*) coudée *Grecque* ou *Attique*, fai-

Méthode pour mesurer l'accroissement du *Nil*.

Mikeas, ou Niloscope.

Les Coudées des Niloscopes n'ont pas toujours été

(*a*) En *Hébreu* שיחר de שחר il a été noir. Ainsi *Jeremie* II. 18. *Qu'ès-tu allé faire en Egypte pour y boire* (מי שיחור) *de l'eau de Scibor*, ou de l'eau noire & trouble. SCHINDLER dit dans son *Lexicon*: שיחור, *Sichor*, *fluvius Ægypti Nilus*, Græcis Μέλας, *niger, ob turbidas limo aquas*: Latinis *Melo*, & literis M & N permutatis, *Nilus*. C'est-à-dire: *Sichor* est le *Nil*, fleuve de l'*Egypte*, que les *Grecs* appellent *Melas*, ou *noir*, à cause de ses eaux troubles & chargées de limon. Les *Latins* le nomment *Melo*, & en transposant l'M & l'N, *Nilus*.

(*b*) En *Hébreu* נחל *Nahal*.

(*c*) En *Arabe* مكياس *Mikeas*.

(*d*) DIODORE Lib. I. pag. 53.

Κατεσκεύασται ΝΕΙΛΟΣΚΟΠΕΙΟΝ ὑπὸ τῶν βασιλέων ἐν τῇ Μέμφει. C'est-à-dire: L'Observatoire du *Nil*, ou le Nilomètre, fut dressé par les Rois dans la ville de *Memphis*. *Idem, ibid.* Ἐκ πολλῶν χρόνων τῆς παρατηρήσεως ταύτης παρὰ τοῖς Αἰγυπτίοις ἀκριβῶς ἀναγεγραμμένης. C'est-à-dire: Cette observation ayant été faite par les Egyptiens depuis plusieurs siécles avec exactitude. Voyez aussi STRABON, *Geogr.* Lib. XVII. pag. 562.

(*e*) HERODOTE, *Euterp.* §. 168. Ὁ δὲ Αἰγύπτιος πῆχυς τυγχάνει ἐὼν ἴσος τῷ Σαμίῳ. C'est-à-dire: La coudée Egyptienne est égale à celle de *Samos*.

(*f*) Idem, ibid. §. 149. Ἑξάπεδος (ἑξάπεδος) μὲν τῆς ὀργυιῆς μετρεομένης καὶ τε-τρά-

176 OBSERVATIONS GEOGRAPHIQUES

de la même grandeur.

faisoit (*a*) un peu plus d'un pied & demi d'*Angleterre*. Trois ou quatre siécles plus tard, lorsque la fameuse Statue du *Nil*, qu'on voit encore aujourd'hui à *Rome*, fut érigée, la coudée paroît avoir été de 20 pouces; car telle est, suivant la mesure la plus exacte qu'il a été possible d'en prendre, la hauteur des seize enfans qu'on y voit, & qui, suivant (*b*) *Philostrate*, représentoient autant de coudées. La coudée moderne est encore plus grande; mais il n'est pas facile d'en déterminer précisement la longueur, parce que nous n'avons point d'étalons, ou de régles certaines pour fixer les mesures des *Arabes*, comme on en a pour celles des autres nations.

Grande diversi-

(*c*) *Kalkasenda* ne fait la coudée de *Hasem*, ou la grande cou-

τρατήχεος, τῶν ποδῶν μὲν τετραπαλαίζων ἐόντων, τῦ δὲ πήχεος, ἐξαπαλαίζε. C'est-à-dire: En donnant à l'Orgye, ou à la Toise, la mesure de 6 pieds ou de 4 coudées, les pieds étant de 4 paumes, & la coudée en ayant six.

(*a*) Suivant Mr. le Professeur GREAVES, la différence du pied *Anglois* au pied *Grec* est comme de 1000 à 1007 $\frac{12}{108}$, & ainsi des coudées à proportion.

(*b*) PHILOSTRATE, *Icon*. de *Nilo*. Περὶ τὸν Νεῖλον οἱ πήχεις ἀθύρεσι παιδία ξύμμετρα τῷ ὀνόματι. καὶ ὁ Νεῖλος αὐτοῖς ὑπεργάννυται, τά τε ἄλλα, καὶ ὅτι κηρύττεσιν αὐτὸν, ὅσος Αἰγυπτίοις προεχύθη. C'est-à-dire: Autour du *Nil* les Coudées sont représentées par des Enfans de leur taille qui jouent, & le *Nil* les caresse, entre autres raisons parce qu'ils annoncent le bien qu'il a fait à l'*Egypte* en montant à cette hauteur.

(*c*) ED. BERNARD, de *Mensuris* pag. 217. *Septem autem genera cubitorum Arabicorum recenset* Calcosendius *Philologus*. 1. *Cubitus* Homaræus, 1⅔ *cubiti communis &* μετρίς ذراع البلد; *hoc mensus est olim* Homarus Ebn Cottabi *spatium inter* Basram *&* Cusam.

2. Hasemæus, *qui & Cubitus major nuncupatur, digitorum quatuor & viginti. Digitus verò occupat septem hordea lata, aut* 7 × 7—49 *pilos burdonis; illo verò cubito æstimatio versat in Jure* Mohammedico. *Idem testatur* Maruphidas. 3. Belalæus, Hasemæo *minor*. 4. *Cubitus niger*, Belalæo *cedet digitis* 2⅘, *ab Æthiope quodam*, Rasidi *Principi à latere, nomen & modum suum habet: mensura ædificiorum*, NILOMETRI, *merciumque pretiosarum*. 5. Josippæus, ⅔ *digiti minor* Cubito nigro. 6. Chorda, *sive* Asaba, *brevior* Cubito nigro 1⅔ *digiti*. 7. Maharanius Cubitus, 2¼ Cubiti nigri, *fossis mensurandis* Mamone *Principe imperatus*. C'est-à-dire: Le Philologue *Kalkasenda* rapporte sept diverses especes de Coudées *Arabes*. 1. La Coudée de *Homar*, faisant 1⅔ de la Coudée commune: c'est de cette Coudée que se servit autrefois *Homar Ebn Cottabi* pour mesurer la distance entre *Basra* & *Cufa*. 2. La Coudée de *Hasem*, qu'on nomme aussi la *Grande Coudée*, est de 24 doigts, chaque doigt compté de la largeur de 7 grains d'orge, ou de 7×7—49 poils de mulet. Cette Coudée est principa-

SUR LA SYRIE, L'EGYPTE &c. Chap. V.

coudée, que de vingt-&-quatre doigts; mais (*a*) l'Auteur *Arabe*, cité par *Golius*, veut qu'elle en ait trente-deux. Ces deux Auteurs diffèrent encore fur la grandeur de la (*b*) *Drah el Soudah*, ou *Coudée noire*. *Kalkafenda* dit, qu'elle n'a pas plus de vingt-&-un doigts de longueur, & l'Auteur cité par *Golius* dit vingt-&-fept; il eft vrai cependant, que ce dernier ne compte pour la largeur d'un doigt que (*c*) fix grains d'orge mis à côté l'un de l'autre, au lieu que le premier y met fept grains. Le Docteur *Bernard*, Profeffeur à *Oxford*, prétend que fuivant *Kalkafenda* (*d*) le *Nil* étoit ordinairement mefuré par la *Drah el Soudah*, ou la coudée de vingt-&-un doigts; mais cet (*e*) Auteur dit expreffement dans fa Differtation fur le Nilomètre, qu'on fe fervoit pour cela de la coudée de vingt-&-huit doigts. (*f*) *Thevenot*, faifant le détail de la crûë journaliere du *Nil*, ne compte la coudée qu'à vingt-quatre doigts: cependant Mr. *Gabrieli*, l'Apoticaire *Venitien* dont j'ai parlé ci-devant, m'a affuré, que la coudée dont il avoit vû qu'on fe fervoit toûjours pour mefurer le *Nil* (*g*) étoit de vingt-huit pouces; ce qui eft un peu

moins

té de fentimens fur les coudées des Nilomètres.

lement en ufage dans le Droit *Mahometan*, ainfi que l'affure *Marufidas*.
3. La Coudée de *Belal*, qui eft plus petite que celle de *Hafem*. 4. La *Coudée noire*, 2⅓ doigts plus petite que celle de *Belal*, a été ainfi nommée & mife en ufage par un *Ethiopien*, favori du Roi *Rafis*: on s'en fert pour les édifices, pour le NILOMETRE, & pour les marchandifes précieufes. 5. La Coudée de *Jofippe*, ou de *Jofeph*, plus petite que la *Coudée noire* de ⅔ d'un doigt. 6. La *Corde*, ou l'*Afaba*, plus courte d'un doigt & de ⅓ que la *Coudée noire*. 7. La Coudée de *Mabaran*, de 2 *Coudées noires* & ⅔, établie par le Prince *Mamon*, pour mefurer les canaux.
(*a*) Voyez le même pag. 218.
(*b*) En *Arabe* ذراع السود *Drah el Soudah*.
(*c*) Voyez ED. BERNARD, *ubi fuprà* pag. 220.

(*d*) Voyez la page précedente Note (*c*).
(*e*) KALKASENDA, *de Nilo & Nilometro*, dans les *Extraits* pag. 153. D.
(*f*) Dans fes *Voyages*.
(*g*) Voici un Journal de la crûë du *Nil*, où la même mefure eft employée. Le 29. Juin N. St. le *Nil* avoit 5 coudées de profondeur.

	pouces
Le 30 Juin, il crut de	3
1 Juillet	2
2	3
3	2
4	4
5	3
6	4
7	6
8	4
9	5
10	4
11	3
12	5
13	4

Tome II.   Z   Le

moins que celle dont le (*a*) Dr. *Bernard* nous dit avoir trouvé le modèle dans *Marufidas*. A en juger par la hauteur du *Mikeas*, & par la manière dont il est divisé, il semble que la coudée dont on se sert aujourd'hui est plus grande. „ Le *Mi-*
„ *keas* (m'écrivit une (*b*) personne fort curieuse du grand
„ *Caire*) est une Colomne de cinquante-huit pieds d'*Angle-*
„ *terre* de hauteur, divisée en trois Piques Géometriques,
„ que l'on nomme *Soltani Beladi e Fackesi*, faisant en tout
„ vingt-&-quatre Piques ou grandes coudées de *Constanti-*
„ *nople* ". Et dans une autre lettre: „ Seize de ces cou-
„ dées ne font pas plus que douze aunes ou verges d'*An-*
„ *gleterre* ". Je ne pus point obtenir d'être admis dans la chambre du *Mikeas*, pour voir moi-même la mesure dont on se sert; mais on m'a assuré que la coudée de *Constantinople*, ou la grande coudée, qui est la même que la coudée de *Hasem*, dont la longueur est de trente-deux doigts, est celle sur laquelle on se régle (*c*) aujourd'hui. Ainsi, jusqu'à ce que cette mesure puisse être plus exactement vérifiée,

nous

Le 14 Juillet il crut de 6 pouces.
15 ——————— 8
16 ——————— 8
17 ——————— 15
18 ——————— 25
19 ——————— 15
20 ——————— 10
21 ——————— 8
22 ——————— 6
23 ——————— 7
24 ——————— 8
25 ——————— 7
26 ——————— 8
27 ——————— 10
28 ——————— 15
29 ——————— 20
30 ——————— 30
31 ——————— 48

De sorte que jusqu'au 31 Juillet sa crüe montoit en tout à 15 coudées & 26 pouces.
Le 1 Août les eaux cesserent de monter.

(*a*) Ed. Bernard, *de Mensuris* pag. 219. *Potest ex modulo* Marufidæ *in* MS. *Arabico Bibliothecæ nostræ Cubitus* Hasemæus *uncias* Anglicanas 28. 9. C'est-à-dire: Suivant le modèle donné par *Marufidas* dans le Manuscrit *Arabe* qui se conserve dans notre Bibliothèque, la Coudée de *Hasem* est de 28 pouces & 9 lignes, mesure *Angloise*.

(*b*) Ce fut feu Mr. *Thomas Humes*, qui avoit été longues années Facteur au *Caire*, & qui avoit pris la mesure & des desseins exacts de presque toutes les Antiquités de l'*Egypte*.

(*c*) Mr. Maillet dit, que la coudée dont on se sert pour mesurer le *Nil* est égale à 2 pieds de *France*, c'est-à-dire, à-peu-près à 2 pieds 2 pouces d'*Angleterre*. Voici ses propres termes, *Descript. de l'Egypte* pag. 60. „ La mesure dont on se sert au
„ *Caire*, pour connoître l'élévation
„ de l'eau, contient 24 pouces, ou
„ 2 pieds de Roi. — Pour être ca-
„ pable de couvrir toutes les terres,

„ il

SUR LA SYRIE, L'EGYPTE &c. Chap. V.

nous pourrons supposer que c'est la grande coudée, ou la coudée de *Constantinople*, qui étant de deux pieds & deux-cens millièmes de pieds, suivant Mrs. les Professeurs *Greaves* & *Bernard*, ou, suivant la mesure que j'en ai prise, entre deux pieds sept dixièmes & huit dixièmes, peut être comptée, pour arrondir le nombre & éviter les fractions dans le calcul, à vingt-cinq pouces.

Dans le mois de Décembre, le canal du *Nil*, au dessus du *Mikeas*, avoit, de mesure moyenne, environ trois de ces coudées de profondeur, & autant que j'en pus juger à l'œil, un peu plus d'un demi mille de largeur. Mais en descendant le bras de *Damiette* dans le cours du même mois, nous touchâmes souvent terre au milieu de la riviere, quoique notre vaisseau ne tirât pas plus de trois pieds d'eau: peut-être même que dans les trois mois suivans l'eau fut encore plus basse. Au milieu du mois de Juin le *Nil* avoit considerablement crû, car le commencement & la fin de l'Inondation ou de son accroissement n'arrivent (*a*) pas regulierement tous les ans

Profondeur du Nil dans les mois d'hyver.

Profondeur de ce Fleuve au milieu de Juin.

„ il faut que l'accroissement du *Nil* „ monte jusqu'à 24 *Draas*, c'est-à-„ dire 48 pieds ". Mais comme de toutes les mesures orientales que j'ai vûës, il n'y en a aucune qui réponde exactement au pied de *France*, il se pourroit fort bien que la mesure dont il fait mention seroit la Coudée de *Constantinople* dont je parle.

(*a*) Suivant les observations faites par Mr. *Gabrieli* pendant 30 années consecutives, le *Nil* arriva à la hauteur de 16 coudées, ou à son plus haut accroissement.

En 1692 le 9 d'Août.
1693 — 7
1694 — 1 Septembre. P.
1695 — 13 d'Août.
1696 — 14
1697 — 11
1698 — 7
1699 — 15
1700 — 5 P.
1701 — 17

En 1702 le 15 d'Août.
1703 — 18
1704 — 2
1705 — 19 Septembre. P.
1706 — 9 d'Août.
1707 — 10
1708 — 4
1709 — 9
1710 — 28 Juillet.
1711 — 10 d'Août.
1712 — 6
1713 — 3 P.
1714 — 1
1715 — 26 Juillet.
1716 — 17 d'Août.
1717 — 15 P.
1718 — 22 P.
1719 — 5
1720 — 9
1721 — 15

NB. Les années marquées d'un P. sont celles où la Peste a fait des ravages en *Egypte*.

ans au même tems: de forte qu'il y avoit peu d'endroits dans le grand canal où il ne fallut pas une perche de huit coudées de long pour pousser la barque dans laquelle je passai d'un bord à l'autre. Depuis ce tems-là les eaux du fleuve monterent chaque jour de deux, trois, ou quatre doigts, jusqu'au milieu de Juillet, après quoi elles hausserent de dix, quelquefois de vingt ou de trente doigts, jusqu'au 15. d'Août 1721, qu'elles parvinrent à la hauteur de seize coudées: hauteur qui semble avoir été fixée comme la marque certaine d'une recolte abondante, & qui a servi pendant long-tems de régle au tribut annuel que les *Egyptiens* font obligés de payer; quoiqu'il ne faille pas douter, qu'au besoin les *Turcs* n'ayent l'adresse de (*a*) régler la mesure de la façon que leur intérêt le demande.

Herodote parle déja de seize coudées comme de la bonne hauteur, & cela a continué pendant cinq-cens ans après lui, sans qu'il paroisse qu'il y soit arrivé aucune alteration. C'est ce que nous apprenons non seulement par les (*b*) seize enfans qui sont sur la Statuë du *Nil* à *Rome*, mais aussi par une Médaille de *Trajan*, où l'on voit la figure du *Nil*, surmontée d'un petit enfant, montrant au doigt le nombre 16. (*c*) *Pline* dit la même chose: mais dans le quatrième Siécle l'Empereur

Sa crûë journaliere jusqu'à la hauteur de seize coudées.

Il n'excede jamais cette mesure.

(*a*) KALKASENDA fait une remarque qui paroît donner à entendre quelque chose de pareil. Voyez dans les *Extraits* pag. 154. E. On trouve aussi dans cet *Extrait*, que plusieurs anciens Nilomètres ont été changés ou renversés, apparemment à dessein d'introduire d'autant plus aisément une nouvelle mesure.

(*b*) Voyez page 176. de ce Tome Note (*b*). PLINE, de *Basalte*, Lib. XXXVI. Cap. 7. *Nunquam hic major repertus est, quàm in Templo Pacis ab Imperatore* Vespasiano Augusto *dicatus: argumento Nili XVI. liberis circà ludentibus, per quos totidem cubita summi incrementi augentis se amnis intelliguntur.* C'est-à-dire: On n'a jamais trouvé de plus grand morceau de ce marbre, que celui que l'Empereur *Vespasien* dédia à *Auguste* dans le Temple de la Paix, & qui représente le *Nil* avec 16 enfans qui jouent autour de lui, pour marquer le nombre des coudées auquel ce fleuve monte quand il parvient à son plus haut accroissement.

(*c*) PLINE, *Nat. Hist.* Lib. V. Cap. 9. *Incipit crescere* (Nilus) *Lunâ novâ, quæcumque post solstitium est, sensim modicèque, Cancrum sole transeunte, abundantissimè autem Leonem. Et residet in Virgine, iisdem, quibus accrevit, modis. In totum autem revocatur intrà ripas in Libra, ut tradit* Herodotus, *centesimo die. Cùm crescit, reges aut præfectos navigare eo, nefas judicatum est.*
Au-

SUR LA SYRIE, L'EGYPTE &c. Chap. V.

reur (*a*) *Julien* ne parle que de quinze coudées, comme de la juste hauteur de l'Inondation. Trois-cens ans après, lorsque l'*Egypte* fut subjuguée par les *Sarrazins*, cela n'alloit pas à plus de (*b*) seize ou dix-sept : & quoiqu'aujourd'hui le terrein se soit beaucoup élevé par la quantité de limon qui demeure sur les terres, & qu'il faille dix-neuf ou vingt coudées d'eau pour fertiliser tout le païs ; cependant, lorsque la riviere monte à seize coudées, les *Egyptiens* font de grandes rejouïssances, & s'écrient (*c*) *Wafaa Allah*, c'est-à-di-

Auctûs ejus per puteos mensuræ notis deprehenduntur. Justum incrementum est cubitorum XVI. Minores aquæ non omnia rigent: ampliores detinent, tardiùs recedendo. ** *In duodecim cubitis famem sentit: in tredecim etiamnum esurit: quatuordecim cubita bilaritatem afferunt: quindecim securitatem: sexdecim delicias. Maximum incrementum ad hoc ævi fuit cubitorum decem & octo,* Claudio Principe ; *minimumque* (quinque MS. V. Ch.) Pharsalico *bello, velut necem Magni prodigio quodam flumine advertente.* C'est-à-dire : Le *Nil* commence à croître dès la première Nouvelle Lune après le solstice, s'élevant peu-à-peu & modiquement pendant que le Soleil est dans l'Ecrevisse, mais subitement & abondamment lorsqu'il est dans le Lion. Quand il parcourt le signe de la Vierge, les eaux baissent de la même manière qu'elles ont haussé, & le fleuve acheve de rentrer dans ses bords quand le Soleil est dans la Balance, ou, comme *Herodote* l'assure, le centième jour après son accroissement. On a regardé comme une impieté, que les Rois ou les Gouverneurs y allassent en bateau pendant sa crûë ; & l'on connoît la mesure de son augmentation, par des marques faites à des puits creusés exprès pour cet effet. La juste hauteur de l'accroissement est de 16 coudées. Si les eaux ne parviennent point à cette hauteur, elles n'arrosent pas tout le païs ; & si elles montent plus haut, elles l'endommagent, en ce qu'elles se retirent plus tard. Quand le fleuve ne s'éleve qu'à 12 coudées, il présage une famine ; à 13 une grande cherté ; 14 coudées repandent la joye parmi les habitans ; 15 les mettent entierement en repos, & 16 leur pronostiquent l'abondance. La plus grande hauteur à laquelle le fleuve se soit jamais élevé jusqu'à présent, a été de 18 coudées, sous l'Empire de *Claude* ; & la moindre (un vieux Manuscrit porte *de 5 coudées*) s'est vûë du tems de la guerre de *Pharsale*, comme si ce fleuve avoit voulu présager par un pareil prodige la mort du grand *Pompée*.

(*a*) L'Empereur JULIEN, *Epist.* L. *Ecdicio Præf. Ægypti.* Πολὺς Φησὶν, ὁ Νεῖλος ἀρθεὶς μετέωρος τοῖς πήχεσιν, ἐπλήρωσε πᾶσαν τὴν Αἴγυπτον. Εἰ δὲ καὶ τὸν ἀριθμὸν ἀκοῦσαι ποθεῖς, εἰς τὴν εἰκάδα τοῦ σεπτεμβρίου τρὶς πέντε. C'est-à-dire : Il dit que le *Nil* regorgeant, & élevé au dessus des coudées, a inondé toute l'*Egypte* ; & si tu veux en sçavoir le nombre, c'étoit à 15, au 20 de Septembre.

(*b*) Voyez KALKASENDA, dàns les *Extraits* pag. 154.

(*c*) En *Arabe* وفا الله *Wafaa Allah.*

dire, que *Dieu leur a accordé tout ce qu'ils souhaitoient*. On fait aussi encore aujourd'hui la cérémonie de *couper le Nil*, qui consiste à abbattre une levée de terre qu'on avoit faite au commencement de l'accroissement, & de faire entrer ainsi la riviere dans le *Khalis*, qui est le nom d'un canal artificiel qui traverse la ville du *Caire*.

<small>Lacs creusés en plusieurs endroits pour diminuer la trop grande Inondation.</small>

Ce *Khalis*, qui, comme je l'ai déja observé, est l'ancien *Amnis Trajanus*, se décharge dans le *Berque el Hadge*, ou *Lac des Pelerins*, qui est à huit milles à l'Est. Le Lac (*a*) *Myris*, le *Mareotis*, & autres semblables, paroissent avoir été faits exprès par les anciens *Egyptiens*, pour recevoir l'eau lorsqu'il y en avoit trop, & comme pour saigner le *Nil* quand l'Inondation étoit trop grande; ce qui leur doit être souvent arrivé dans les premiers tems, lorsque le terrain n'avoit pas tant d'étendue, ni d'élévation, de sorte que le débordement doit toûjours avoir été plus que suffisant.

<small>Le *Nil* a toûjours porté la même</small>

Comme le changement des saisons & le cours naturel des choses peuvent être censés avoir été en tout tems les mêmes, il faut que le *Nil*, depuis le tems que tout rentra dans l'or-

---

(*a*) 'DIODORE Lib. I. pag. 32. Ῥέοντος γὰρ τοῦ Νείλου περὶ τὴν πόλιν (Μέμφιν) καὶ κατὰ τὰς ἀναβάσεις ἐπικλύζοντος, ἀπὸ μὲν τοῦ νότου προεβάλετο χῶμα παμμέγεθες, πρὸς μὲν τὴν πλήρωσιν τοῦ ποταμοῦ, προβλήματος, πρὸς δὲ τοὺς ἀπὸ τῆς γῆς πολεμίους, ἀκροπόλεως ἔχον τάξιν. ἐκ δὲ τῶν ἄλλων μερῶν πανταχόθεν ὤρυξε λίμνην μεγάλην καὶ βαθεῖαν, ἣ τὸ σφοδρὸν τοῦ ποταμοῦ δεχομένη, καὶ πάντα τὸν περὶ τὴν πόλιν τόπον πληροῦσα, ὅπε τὸ χῶμα κατεσκεύασο, θαυμασὴν ἐποίει τὴν ὀχυρότητα. C'est-à-dire : Pour défendre la ville de *Memphis* des inondations du *Nil*, il fit élever des chaussées, qui la bordoient entierement du côté du Midi, & qui servoient de digues contre le fleuve, & de rempart contre les ennemis. De plus, il fit creuser des fossés, ou plutôt des lacs, pour recevoir le fleuve, autour de toute la ville, qui s'élevoit au milieu des eaux, comme une citadelle inaccessible. Idem, ibid. Ἐπειδὰν γὰρ ὁ μὲν Νεῖλος οὐχ ὡρισμένας ἐποιεῖτο τὰς ἀναβάσεις, ἡ δὲ χώρα τὴν εὐκαρπίαν παρεσκεύαζεν ἀπὸ τῆς ἐκείνου συμμετρίας, εἰς ὑποδοχὴν τοῦ πλεονάζοντος ὕδατος ὤρυξε (Myris) τὴν λίμνην· τὴν μὲν γὰρ περίμετρον αὐτῆς φασὶν ὑπάρχειν σταδίων τρισχιλίων καὶ ἑξακοσίων, τὸ δὲ βάθος ἐν τοῖς πλείοσι μέρεσιν ὀργυιῶν πεντήκοντα. C'est-à-dire : Car les débordemens du fleuve n'étant avantageux qu'autant qu'ils gardent une certaine mesure, ce lac donna un écoulement aux eaux du *Nil*, lorsque leur abondance les faisoit séjourner dans les campagnes —— On dit que son circuit est de 3600 stades, & sa profondeur en plusieurs endroits de 50. brasses.

l'ordre après le Déluge, jusques au tems présent, ait constamment porté à la Mer la même quantité d'eau. Mais le terrain que ce fleuve inonde aujourd'hui, en étant non seulement entretenu & arrosé, mais même au pied de la lettre, comme le dit (*a*) *Herodote*, un pur don de la riviere, il ne se peut qu'il n'y soit arrivé de tems en tems des changemens & des alterations considerables. Ainsi l'on peut supposer que la *Basse Egypte*, où est maintenant le *Delta*, (*b*) n'étoit dans les commencemens du monde qu'un grand golfe de la Mer, & que la *Haute Egypte*

quantité d'eau à la Mer.

(*a*) HERODOTE, *Euterp.* §. 4. 5. Βασιλεῦσαι δὲ πρῶτον Αἰγύπτου ἀνθρώπων ἔλεγον Μεῖνα. ἐπὶ τούτου, πλὴν τοῦ Θηβαϊκοῦ νομοῦ, πᾶσαν Αἴγυπτον εἶναι ἕλος· καὶ αὐτῆς εἶναι οὐδὲν ὑπερέχον τῶν νῦν ἔνερθε λίμνης τῆς Μέριος ἐόντων· ἐς τὴν ἀνάπλους ἀπὸ θαλάσσης ἑπτὰ ἡμερέων ἐςὶ ἀνὰ τὸν ποταμόν. — Δῆλα γὰρ καὶ μὴ προακούσαντι, ἰδόντι δὲ, ὅς τις γε σύνεσιν ἔχει, ὅτι Αἴγυπτος, ἐς τὴν Ἕλληνες ναυτίλλονται, ἐςὶ Αἰγυπτίοισι ἐπίκτητός τε γῆ, καὶ δῶρον τοῦ ποταμοῦ. C'est-à-dire: Ils disoient que le premier des hommes qui régna en *Egypte* étoit *Mina*; que sous son régne toute l'*Egypte* n'étoit qu'un marais, à l'exception du district de *Thebes*, & qu'il n'y a rien de plus élevé que les endroits qui sont au dessus du lac de *Meris*, qui est à sept journées de la Mer, en y allant par le fleuve. — Il est clair, non pour ceux qui l'ont entendu dire, mais qui l'ont vû, pour peu de jugement qu'ils ayent, que l'*Egypte*, où les *Grecs* vont par mer, est une terre que les *Egyptiens* ont acquise, & un don du fleuve. Voyez aussi DIODORE DE SICILE Lib. III. *in principio.* Le même Auteur dit pag. 101. Φασὶ δὲ (Αἰθίοπες) καὶ τοὺς Αἰγυπτίους ἀποίκους ἑαυτῶν ὑπάρχειν, Ὀσίριδος ἡγεσαμένου τῆς ἀποικίας. καθόλου γὰρ τὴν νῦν οὖσαν Αἴγυπτον λέγουσιν ἐν χώρᾳ, ἀλλὰ θάλατταν γεγονέναι κατὰ τὴν ἐξ ἀρχῆς τοῦ κόσμου σύστασιν. ὕστερον μέντοι τοῦ Νείλου κατὰ τὰς ἀναβάσεις τὴν ἐκ τῆς Αἰθιοπίας ἰλὺν καταφέροντος, ἐκ τοῦ κατ' ὀλίγον προσχωσθῆναι. ὅτι δ' ἔςιν αὐτῶν ἡ χώρα πᾶσα ποταμόχωστος ἐναργεστάτην ἔχειν ἀπόδειξιν τὴν γενομένην κατὰ τὰς ἐκβολὰς τοῦ Νείλου. καθ' ἕκαστον γὰρ ἔτος ἀεὶ νέας ἰλύος ἀθροιζομένης πρὸς τὰ στόματα τοῦ ποταμοῦ, καθορᾶται τὸ μὲν πέλαγος ἐξωθούμενον τοῖς προσχώμασιν, ἡ δὲ χώρα τὴν αὔξησιν λαμβάνουσα. C'est-à-dire: Les *Ethiopiens* disent, que les *Egyptiens* font une de leurs colonies, qui fut menée en *Egypte* par *Osiris*. Ils prétendent même que ce païs n'étoit au commencement du monde qu'une Mer; mais que le *Nil* entraînant dans ses crûes beaucoup de limon d'*Ethiopie*, l'avoit enfin comblée, & en avoit fait une partie du continent. On voit aux embouchures du *Nil* une particularité qui semble prouver que toute l'*Egypte* est un ouvrage du fleuve. Après l'écoulement des eaux on peut remarquer, tous les ans, que la Mer a poussé contre le rivage de gros amas de limon, & que le terrein s'est augmenté. ARISTOTE, *Meteorol.* Lib. I. Cap. 14. Αἰγυπτίων ἡ χώρα πᾶσα γεγονυῖα φαίνεται, καὶ ὅσα τοῦ ποταμοῦ ἔργον. C'est-à-dire: Tout le terrein de l'*Egypte* semble avoir été fait, & n'être que l'ouvrage du fleuve.

(*b*) PLINE, *Hist. Nat.* Lib. II. Cap. 85. *Nascuntur enim terræ nec flumi-*

184 OBSERVATIONS GEOGRAPHIQUES

gypte étoit une vallée profonde bordée de montagnes de chaque côté.

De quelle manière probablement le terrein de l'*Egypte* s'eſt élevé.

Suppoſons que la Figure ci-jointe ſoit une ſection de cette vallée, avec un Niloſcope placé dans cette partie de la vallée où le *Nil* prit enſuite ſon cours. Pendant l'eſpace d'environ un ou deux ſiécles après le Déluge, ou juſqu'à ce que le limon amené par l'inondation ſe trouvât ſuffiſamment fixé & affermi, & en quantité convenable pour confiner la riviere, on peut ſuppoſer que le fond de cette vallée A, B, c'eſt-à-dire tout le païs d'*Egypte*, étoit entierement inondé ; ou bien qu'étant une eſpece de marais, on ne pouvoit ni l'habiter, ni le cultiver. Sur ce pied-là l'*Egypte* avoit alors grand beſoin de l'aſſiſtance (*a*) d'*Oſiris*, qui, en faiſant des levées de terre, & reſſerrant l'eau dans des canaux, deſſécha le païs, & le rendit propre à l'agriculture, dont il eſt cenſé avoir été le premier auteur. Dans la ſuite, les couches annuelles de limon, que le *Nil* laiſſoit, ayant élevé le terrein juſqu'à C, D, la riviere aura non ſeulement pû être retenue encore mieux dans ſon lit, mais auſſi la trop grande humidité, cauſée par l'inondation, en aura plus aiſément diſparu ; de ſorte que les ter-

---

minum tantùm invectu, ſicut Echinades *inſulæ ab* Acheloo *amne congeſtæ: majorque pars Ægypti à* Nilo, *in quam, à* Pharo *inſula, noctis & diei curſum fuiſſe* Homero *credimus; ſed & receſſu maris, ſicut eidem de* Circejis. C'eſt-à-dire : Il ſe forme des terres, non ſeulement par l'alluvion des fleuves, comme les Iſles *Echinades*, qui doivent leur exiſtence au fleuve *Achelous*, & la plus grande partie de l'*Egypte*, formée par le *Nil*, vû qu'au témoignage d'*Homere*, l'Iſle *Pharos* en a été éloignée d'un jour & d'une nuit de chemin ; mais auſſi par la retraite de la Mer, ainſi que le même Auteur nous l'apprend des Iſles *Circées*.

(*a*) Diodore Lib. I. pag. 12. Τὸν δ' ἐν Ὀσίριν παραγενόμενον ἐπὶ τὰς τῆς Αἰθιοπίας ὄρας, τὸν ποταμὸν ἐκ ἀμφοτέρων τῶν μερῶν χώμασιν ἀναλαβεῖν, ὥστε κατὰ τὴν πλήρωσιν αὐτῆν τὴν χώραν μὴ λιμνάζειν παρὰ τὸ συμφέρον, ἀλλὰ διά τινων κατεσκευασμένων θυρῶν εἰσαφίεσθαι τὸ ῥεῦμα πράως καθόσον ἂν ἡ χρεία. C'eſt-à-dire : *Oſiris* étant aux confins de l'*Ethiopie*, fit borner le *Nil* de part & d'autre de puiſſantes digues, afin que dans ſes crûës il ne ravageât plus les campagnes, & qu'il ne s'étendit, pour les arroſer au beſoin, qu'à proportion qu'on ouvriroit les écluſes qu'il avoit fait faire avec beaucoup d'art.

terres étant plus séches, en auront été plus propres pour être cultivées. C'est dans cet état qu'on peut supposer qu'étoit le païs, lorsque la ville de (a) *Thebes* fut bâtie. Les quartiers où furent ensuite *Memphis* & *Zoan*, n'étoient pas encore assez élevés pour y établir des colonies: mais quelques siécles après, lorsqu'on bâtit *Memphis* & les autres villes de la *Basse Egypte*, le terrein devoit probablement s'être élevé jusqu'à la hauteur E, F, & il faloit que les eaux du *Nil* montassent beaucoup plus haut qu'auparavant pour arroser tout le païs, ce qui du tems d'*Herodote*, comme j'ai dit, alloit à seize coudées. C'est de cette manière que je conçois qu'ont été posés les premiers fondemens de l'*Egypte*, sur lesquels le reste s'est ensuite accrû, l'inondation y apportant chaque année une nouvelle couche de limon, qui non seulement rehaussoit d'autant le terrein, mais l'étendoit même vers le bout de la vallée, en empiétant peu-à-peu sur la Mer, & fondant ainsi une alluvion qui, avec le tems, pourra former une nouvelle terre propre à être cultivée.

Ce que je viens de dire n'est pas une chimère destituée de fondement, puisque plusieurs circonstances prouvent ma supposition. Dans les autres païs, par exemple, le sol a communément dans les plaines la même profondeur par-tout, au lieu qu'en *Egypte* cette profondeur diminue à proportion qu'on s'éloigne

Raisons qui font voir que l'*Egypte* est un don du *Nil*, & qu'elle

---

(a) ARISTOTE, *Meteorol.* Lib. I. Cap. 14. Ἡ Αἴγυπτος ἀεὶ ξηρότερος ὁ τόπος φαίνεται γινόμενος, καὶ πᾶσα ἡ χώρα τῦ ποταμῦ πρόσχωσις ἐσα τῦ Νείλυ. Διὰ καὶ τὸ κατὰ μικρὸν ξηραινομένων τῶν ἑλῶν, τὲς πλησίον εἰσοικίζεσθαι, τὸ τῦ χρόνυ μῆκος ἀφῄρηται τὴν ἀρχήν. Φαίνεται δ' ἂν καὶ τὰ σώματά πάντα, πλὴν ἑνὸς τῦ Κανωβικῦ, χειροποίητα, καὶ ἃ τῦ ποταμῦ ὄντα· καὶ τὸ ἀρχαῖον ἡ Αἴγυπτος, Θῆβαι καλύμεναι· δηλοῖ δὲ καὶ Ὅμηρος, ὅτω πρόσφατος ὤν, ὡς εἰπεῖν, πρὸς τὰς τοιαύτας μεταβολὰς· ἐκείνω γὰρ τῷ τότε ποιεῖται μνείαν, ὡς ὅτω Μέμφιδος ὅσης, ἢ ὅλως ἢ ὃ τηλικαύτης. C'est-à-dire: Il paroît que l'*Egypte* devient toûjours un païs plus sec, & que tout son terrein a été formé par le *Nil*. Comme les marais desséchoient peu-à-peu, & que les habitans voisins s'y établissoient à mesure, la longueur du tems n'en peut être connue: mais il est visible que tous les canaux des embouchures, excepté seulement le *Canopique*, ont été faits à la main, & non naturellement par le fleuve. Aussi anciennement l'*Egypte* ne consistoit qu'en ce que l'on appelloit *Thebes*. On le voit dans *Homere*, quelque moderne qu'il soit pour ainsi dire, eu égard à ces changemens: car il fait mention de cet endroit, comme s'il n'y avoit point encore de *Memphis*, ni en tout, ni en partie.

s'eft infenfiblement accrûë.

gne de la riviere; car près des bords du *Nil* le fol a quelquefois trente pieds & davantage de profondeur, tandis qu'à l'extrêmité de l'inondation il n'en a pas fept pouces. La coûtume que l'on a de faire des (a) levées de terre pour garantir les villes contre les débordemens des eaux, eft une autre preuve de ce que j'avance. Car fuppofé, comme l'on peut le faire affez raifonnablement, que toutes les villes d'*Egypte* étoient originairement bâties fur des (b) hauteurs artificielles, faites exprès pour cela; lorfque le terrein des environs s'élevoit de façon qu'il étoit prefque de niveau avec celui des villes, les habitans étoient obligés, ou de faire des levées pour garantir leurs maifons, ou de rehauffer tout le terrein de la ville même. Il paroît qu'à *Memphis* on a pris

plus

(a) HERODOTE, *Euterp*. §. 137. Τὸ μὲν γὰρ πρῶτον, ἐχώςηεαν ὑπὸ τῶν τὰς διώρυχας ὀρυξάντων, ἐπὶ Σεσώςριος βασιλέος· δεύτερα δὲ, ἐπὶ τῦ Αἰθίοπος καὶ κάρτα ὑψηλαὶ ἐγένοντο. C'eſt-à-dire: Ce fut fous le régne de *Sefoſtris* que ces digues furent faites; & la feconde fois elles furent fort élevées fous le régne de l'*Eſthiopien*. DIODORE Lib. I. pag. 36. Ὁ δ' ἐν Σεσώςρις χώματα πολλὰ καὶ μεγάλα κατασκευάσας, τὰς πόλεις εἰς ταύτας μετώκισεν· ὅσαι μὴ Φυσικῶς τὸ ἔδαφος ἐτύγχανον ἐπηρμένον ἔχεσαι· ὅπως κατὰ τὰς πληρώσεις τῶ ποταμῶ καταφυγὰς ἔχωσιν ἱκανύνες οἵ τε ἄνθρωποι καὶ τὰ κτήνη. C'eſt-à-dire: *Sefoſtris* ayant fait faire beaucoup de grandes chauffées, y fit bâtir & peupler plufieurs villes, dont le terrein n'étoit pas naturellement de cette hauteur: par-là, dans la crûë des eaux, les hommes & les beſtiaux ont des retraites affurées. *Idem*, ibid. pag. 41. Ἀντὶ γὰρ τῶ θανάτῶ τὰς καταδικαςθέντας ἠνάγκαζε λειτεργεῖν ταῖς πόλεσι δεδεμένες· διὰ καὶ τέτων πολλὰ μὲν χώματα κατεσκεύαζεν, ἐκ ὀλίγας δὲ διώρυχας ὤρυττεν εὐκαίρες. C'eſt-à-dire: Au lieu de faire exécuter ceux qui étoient condamnés à mort, il voulut que, demeurant enchaînés, ils ſerviſſent aux villes; & ce fut par leur moyen qu'il éleva plufieurs digues, & qu'il fit creufer beaucoup de foffés néceffaires.

(b) DIODORE, *ibid*. pag. 23. Τῆς μὲν χώρας ἔσης πεδιάδος, τῶν δὲ πόλεων καὶ τῶν κωμῶν, ἔτι δὲ τῶν ἀγροικιῶν κειμένων ἐπὶ χειροποιήτων χωμάτων, ἡ πρόσοψις ὁμοία γίνεται ταῖς Κυκλάσι νήσοις. C'eſt-à-dire: Le terrein étant plat, mais les villes, les bourgs, & même les hameaux, étant fitués fur des chauffées faites à la main, il femble au premier coup d'œil que c'eſt les Ifles *Cyclades* qu'on voit. STRABON, *Geogr*. Lib. XVII. Cap. 3. Ἐν δὲ ταῖς ἀναβάσεσι τῦ Νείλε, καλύπτεται πᾶσα καὶ πελαγίζει, πλὴν τῶν οἰκήσεων. Αὗται δ' ἐπὶ λόφων αὐτοφυῶν, ἢ χωμάτων ἵδρυνται, πόλεις δὲ ἀξιόλογοι καὶ κῶμαι, νησίζεσι κατὰ τὴν πόρρωθεν ὄψιν. C'eſt-à-dire: Dans les crûës du *Nil* toute l'*Egypte* eſt couverte d'eau, & reſſemble à une Mer, excepté les habitations, qui étant bâties, ou fur des collines naturelles, ou fur des chauffées, tant villes que villages reſſemblent de loin à des Iſles.

plus d'une fois le premier de ces deux partis; & c'est sans doute pour avoir negligé cette précaution nécessaire, que cette fameuse ville a été tellement détruite, qu'il n'en reste plus de vestiges, & qu'aujourd'hui on ne sçauroit s'assurer de l'endroit où elle étoit bâtie. La situation du Temple dans la ville de *Bubastis* est une autre circonstance qui favorise mon hypothèse: car lorsqu'il s'agissoit de rebâtir cette ville, après qu'on en eût rehaussé le terrein, pour la mettre à couvert de l'inondation, on ne toucha point au (*a*) Temple, à cause de sa (*b*) beauté; de sorte qu'il étoit situé beaucoup plus bas que les nouveaux bâtimens, & qu'on le voyoit de tous les quartiers de la ville comme dans une vallée. De même *Heliopolis*, que (*c*) Strabon dit avoir été bâtie sur une éminence, fait maintenant partie de la plaine d'*Egypte*, & le terrein où étoit anciennement la ville, est couvert tous les ans de six ou huit pieds d'eau. Il n'y a pas non plus aujourd'hui de (*d*) descente, comme autrefois, de *Babylone* à la riviere, mais à l'heure qu'il est, l'espace entre deux est tout de niveau. Le terrein est aussi tellement rehaussé dans le lieu où le Sphinx est placé, quoique ce soit à l'extrêmité de l'inondation, que supposé que le sable ne l'eût pas déja fait, le limon du *Nil* couvriroit presque entierement la statuë. De même aussi nous apprenons, pour ce qui regarde la retraite de la Mer,

ou,

(*a*) HERODOTE, *Euterp.* §. 138. Ἐὸν δ' ἐν μέσῃ τῇ πόλει (Bubastis) τὸ ἱερὸν, κατορᾶται πάντοθεν περιιόντι. ἅτε γὰρ τῆς πόλεως μὲν ἐκκεχωσμένης ὐψοῦ, τῷ δ' ἱερῷ οὐ κεκινημένῳ ὡς ἀρχῆθεν ἐποιήθη, ἐσοπτόν ἐστι. C'est-à-dire: Le Temple étant au milieu de la ville de *Bubastis*, il est vû de tous les environs, la ville étant bâtie sur une chaussée fort élevée, & le Temple n'ayant point été remué du lieu où il fut bâti dès le commencement.

(*b*) Idem, ibidem: Ἡδονὴ δ' ἰδέσθαι οὐδὲν τέτου μᾶλλον. C'est-à-dire: On ne peut rien voir de plus beau.

(*c*) STRABON, *Geogr.* Lib. XVII. pag. 553. Ἐνταῦθα (*in regione* Heliopolitana) δ' ἐστὶν ἡ τοῦ ἡλίου πόλις, ἐπὶ χώματος ἀξιολόγου κειμένη, τὸ ἱερὸν ἔχουσα τοῦ ἡλίου. C'est-à-dire: Là est la Ville d'*Heliopolis*, située sur une chaussée assez considerable, & ayant le Temple du Soleil.

(*d*) *Idem*, ibid. pag. 555. Πᾶχυς δ' ἐστὶν ἀπὸ τοῦ στρατοπέδου (Babylonis) καὶ μέχρι Νείλου καθήκουσα, δι' ἧς ἀπὸ τοῦ ποταμοῦ τροχοὶ καὶ κοχλίαι τὸ ὕδωρ ἀνάγουσιν. C'est-à-dire: La *Rachis* s'étend depuis le camp de *Babylone* jusques au *Nil*, & d'elle, comme du fleuve, on tire l'eau par des roués & par des cuilliers.

188 OBSERVATIONS GÉOGRAPHIQUES

ou, suivant l'ancienne Mythologie des *Egyptiens*, la retraite de *Typhon*, que (*a*) *Damiette*, qui est aujourd'hui à dix milles du rivage, étoit du tems de St. *Louis*, sçavoir en 1243, un port de Mer. La ville de *Fooah*, qui se trouvoit, il y a trois-cens ans, à l'embouchure de la branche *Canopique* du *Nil*, en est présentement à plus de sept milles; & devant *Rosette* la Mer, depuis quarante ans, s'est retirée d'une demi lieuë. Le terrain s'étant donc toûjours si considerablement accrû, il n'y a pas à douter que plusieurs des plus anciennes villes, telles que *Damiette*, *Tineh* &c. (car pour le grand *Caire* & quelques autres, elles sont beaucoup plus modernes, & bâties sur un terrain plus élevé) auroient éprouvé le même sort que *Memphis*, si l'on n'avoit eu soin de les garantir en grande partie par des (*b*) chaussées faites dans leurs environs, pendant que le débordement du fleuve leur est devenu moins redoutable, en ce que les eaux ont pris leur cours vers la Mer par plusieurs canaux, disposés de façon que cela n'empêche aucun des cantons du païs de profiter de l'inondation.

Quantité de Limon que le Nil depose chaque année.

Il n'est pas facile cependant de déterminer exactement la quantité de limon que le *Nil* depose tous les ans. Un (*c*) Auteur moderne prétend, que cela va du moins à la dixième partie du volume de l'eau; mais je pense que c'est trop, & que le fleuve n'en pourroit pas soutenir & charier une si grande quantité. A en juger par le sédiment qui se précipite au fond des cruches d'eau lorsqu'on en frotte les côtés avec des amandes ameres, il semble que c'est à peine la trentième partie, ou environ une pinte de limon humide, contre trente-deux pintes d'eau. Mais ayant mis de l'eau du *Nil* dans un tube de trente-deux pouces, je trouvai que le limon qui s'étoit amas-

---

(*a*) Voyez la *Description de l'Egypte*, par Mr. MAILLET, pag. 96.

(*b*) Ce fut en perçant plusieurs de ces sortes de Chaussées, que le Sultan *Melladine* noya l'Armée des *Chrétiens* qui étoit alors campée près du *Caire*.

(*c*) MAILLET, *Description de l'E-gypte*, pag. 103. ,, La vitesse de cet accroissement est aisée à comprendre, ,, lorsqu'on se représente, que les eaux ,, du *Nil* sont si troubles & si bour-,, beuses dans le tems de l'augmenta-,, tion de ce fleuve, que les boües & ,, les sables font au moins la dixième ,, partie de son volume.

amaſſé ſur le fond, après être ſéché, n'en faiſoit à peine qu'une cent vingtième partie. Et puiſque dans la plupart des endroits que le *Nil* inonde, l'eau paroît dormante, ou du moins n'a pas de mouvement remarquable, y étant ordinairement admiſe par des écluſes, & retenue de tous côtés par des digues, il eſt probable qu'elle aura laiſſé par-tout ſur la ſurface de la terre une couche de limon proportionnée à ſa profondeur. Mais comme je ſuis perſuadé qu'on ne ſçauroit trop ſoigneuſement examiner, ni trop ſouvent réiterer des épreuves & des experiences de cette nature, avant que d'y fonder aucune concluſion; ce n'eſt que par manière de ſimple conjecture que j'avance, qu'à compter les années du monde ſuivant (*a*) l'Ere vulgaire, il faut que le ſol de l'*Egypte* ſe ſoit élevé depuis le Déluge, à raiſon d'un peu plus d'un pied par ſiécle.

C'eſt environ un pied en cent ans.

Ce que je dis devient encore plus probable, lorſqu'on compare l'état préſent de l'*Egypte* avec ce qu'elle étoit il y a deux ou trois mille ans. (*b*) *Herodote* nous dit, que ſous le régne de *Myris*, ſi le *Nil* s'élevoit à la hauteur de huit coudées *Grecques*, toutes les terres d'*Egypte* étoient ſuffiſamment arroſées, mais que de ſon tems, il faloit quinze ou ſeize coudées d'eau pour couvrir toutes les terres. En ſuppoſant donc que ce n'étoit que quinze, l'élevation du terrein aura dû être de ſept coudées *Grecques*, ou de cent vingt-ſix pouces dans l'eſpace de neuf-cens ans. Mais à préſent il faut que, pour inonder tout le païs, la riviere monte juſqu'à la hauteur de vingt

(*a*) Sçavoir ſuivant le Texte Hébreu.

(*b*) HERODOTE, *Euterpe* §. 13. Ελεγον δὲ καὶ τόδε μοι μέγα τεκμήριον περὶ τῆς χώρης ταύτης οἱ ἱρέες, ὡς ἐπὶ Μοίριος βασιλῆος, ὅκως ἔλθοι ὁ ποταμὸς ἐπὶ ὀκτὼ πήχεας τὸ ἐλάχιςον, ἄρδεσκε Αἴγυπτον τὴν ἔνερθε Μέμφιος. καὶ Μοίρι ἄκω ἦν ἔτεα ἐννακόσια τετελευτηκότι, ὅτε τῶν ἱρέων ταῦτα ἐγὼ ἤκουον· νῦν δὲ εἰ μὴ ἐπ' ἑκκαίδεκα ἢ πεντεκαίδεκα πήχεας ἀναβῇ τὸ λάχιςον ὁ ποταμός, οὐκ ὑπερβαίνει ἐς τὴν χώρην. C'eſt-à-dire : Les Sacrificateurs, pour me donner une idée juſte de ce païs, me dirent, que ſous le régne de *Moeris*, lorſque le fleuve montoit du moins de 8 coudées, il arroſoit la partie de l'*Egypte* qui eſt au deſſus de *Memphis*; & il n'y avoit pas encore 900 ans que *Moeris* étoit mort lorſque j'ouïs dire cela aux Prêtres Or à préſent, ſi le fleuve ne monte pas juſqu'à 16 ou 17 coudées pour le moins, il n'inonde pas le païs.

vingt coudées de *Conſtantinople*, & en effet elle s'éleve ordinairement de vingt-quatre coudées. Ainſi depuis le tems d'*Herodote*, l'*Egypte* aura gagné deux-cens trente pouces de nouveau ſol en profondeur; & en retrogradant, ſuivant la même proportion, depuis le régne de *Myris* juſqu'au Déluge, on trouvera que l'élevation du terrein, depuis cette époque juſqu'à l'an 1721 de notre Ere, doit être en tout de cinq-cens pouces perpendiculaires; ou que l'*Egypte*, ſuivant la computation que j'ai dit, a gagné, dans l'eſpace de (*a*) quatre mille ſoixante-douze ans, quarante-un pieds & huit pouces de profondeur à ſa ſurface: de ſorte qu'avec le tems le païs s'élevera à une telle hauteur, que le *Nil* ne pourra plus ſe déborder, & que l'*Egypte*, faute de l'Inondation annuelle, du païs le plus fertile, deviendra une des plus ſteriles régions de tout l'Univers.

Voilà tout ce que j'ai obſervé de plus digne de l'attention du Public, par rapport au *Nil* & aux effets qu'il produit ſur l'*Egypte* : ſujet ſur lequel il reſte encore quantité d'experiences & de recherches à faire. Ainſi je laiſſe l'examen ultérieur de cette matière aux Curieux qui auront plus de loiſir & d'occaſion pour cela que je n'en ai eu: c'eſt d'eux qu'on eſt en droit d'attendre des Mémoires exacts ſur les différentes périodes des Inondations, ſur la hauteur du *Mikeas*, ſur la longueur de la coudée qui ſert à le diviſer, ſur la juſte profondeur du ſol, & ſur la quantité de limon que le fleuve y a depoſé ſucceſſivement.

<small>Le récit qu'*Herodote* fait de l'Egypte eſt conforme à ce qu'en dit l'Ecriture Sainte.</small>
Mais quelques difficultés & quelques doutes qu'il reſte encore à éclaircir ſur ce ſujet, ce que je viens de dire donne lieu de faire une remarque auſſi juſte qu'importante: c'eſt que ſi *Herodote* avoit düement fait attention à l'accroiſſement annuel du ſol en *Egypte*, & s'il étoit remonté ſeulement mille ans au deſſus de *Myris*, il auroit vû que la longue (*b*) ſucceſſion des Dynaſties dont l'Hiſtoire des *Egyptiens* parle, eſt
une

(*a*) C'eſt-à-dire en calculant ſur les *Tables Chronologiques* de Mr. BEDFORD.

(*b*) HERODOTE, *Euterpe* §. 145. Διονύσῳ (Oſiridi) δὲ πεντακισχίλια καὶ μί-

SUR LA SYRIE, L'EGYPTE &c. *Chap. V.*

une chimère infoutenable. Il convient que l'*Egypte* s'est formée graduellement par le limon du *Nil*; donc il devoit y avoir eu un tems, même pas fort éloigné de l'époque mentionnée, auquel elle n'étoit qu'un défert aride, femblable à ceux qui l'environnent, ou un marais tout couvert d'eau, dans lequel il ne pouvoit y avoir aucun endroit habitable, & par conféquent point de Prince. *Herodote* lui-même dit, que (*a*) l'*Egypte* étoit anciennement un bras de Mer, que peu de tems après que ce païs fut dans cet état, il apprit par des *Egyptiens*, que (*b*) *Menes* étoit le premier Roi qui eût régné dans le monde; que de fon tems toute l'*Egypte*, excepté le territoire de *Thebes*, étoit un grand marécage, & qu'il ne paroiffoit rien de la terre qu'on trouve maintenant au deffous du Lac *Myris*. Or fi ce *Menes* ou (*c*) *Ofiris* étoit le même que (*d*) *Mizraim* fils de *Cham*, qui le premier alla

μύρια λογίζονται-εἶναι ἐς Ἄμασιν βασιλέα. καὶ ταῦτα Αἰγύπτιοι ἀτρεκέως φασὶ ἐπίςασθαι, ἀιεί τε λογιζόμενοι, καὶ ἀιεὶ ἀπογραφόμενοι τὰ ἔτεα. C'eft-à-dire: Ils comptent que depuis *Bacchus* ou *Ofiris*, jufqu'au régne d'*Amafis*, il s'eft écoulé 15000 années: ce qu'ils prétendent bien fçavoir, parce qu'ils comptent toûjours, & qu'ils écrivent toûjours le nombre des années. Idem, ibid. §. 43. Ὣς δὲ ἀυτοὶ λέγυσι, ἐτεά ἐςι ἑπτακισχίλια καὶ μύρια ἐς Ἄμασιν βασιλεύσαντα, ἐπεί τε ἐκ τῶν ὀκτὼ θεῶν οἱ δυώδεκα θεοὶ ἐγένοντο, τῶν Ἡρακλέα ἕνα νομίζυσι. C'eft-à-dire: A ce qu'ils difent il s'eft écoulé 17000 ans jufqu'au régne d'*Amafis*, & ils mettent *Hercule* au nombre des Dieux qui ont régné en *Egypte*. DIODORE DE SICILE Lib. I. pag. 13 & 15. nous dit la même chofe, & il ajoute *ibid.* pag. 51. que les *Egyptiens* fe vantoient d'avoir des Obfervations Aftronomiques ἐξ ἐτῶν ἀπείρων, ou d'un nombre incroyable d'années. Voici fes termes: Εἶναι δὲ ἔτη φασὶν ἀπὸ Ὀσίριδος ἕως τῆς Ἀλεξάνδρε βασιλείας πλείω τῶν μυρίων ὡς δ' ἔνιοι γράφυσι, βραχὺ λείποντα τῶν δισμυρίων καὶ τρισχιλίων. C'eft-à-dire: Ils prétendent que depuis *Ofiris* jufqu'à *Alexandre* il s'eft écoulé plus de 10000 ans, & felon quelques-uns un peu moins de 23000. Idem, ibid. pag. 28. Θεῶν ἔσχατον βασιλεῦσθαι φασὶν τὸν Ἰσίδος Ὧρον· ὑπ' ἀνθρώπων δὲ τὴν χώραν βεβασιλεῦσθαι ἀπὸ μυριάδος ἔτη βραχὺ λείποντα τῶν πεντακισχιλίων, μέχρι τῆς ἑκατοςῆς καὶ ὀγδοηκοςῆς ὀλυμπιάδος. C'eft-à-dire: Ils foutiennent que le dernier des Dieux qui ait régné étoit *Orus*, fils d'*Ifis*, & que le païs a eu des Hommes pour Rois un peu moins de 15000 ans, jufqu'à la cent quatre-vingtième Olympiade.

(*a*) Voyez HERODOTE, *Euterp.* §. 11.

(*b*) Voyez page 183 de ce Tome Note (*a*).

(*c*) Voyez la *Connexion* de SHUCKFORD Tome I. p. 205. de l'Edition *Angloife*.

(*d*) Voyez *Genefe* X. 6.

la habiter en *Egypte*, & si toutes les circonstances qui ont précedé s'accordent si parfaitement avec le récit que *Moïse* nous fait du Déluge & de la dispersion des hommes: il faut avouer qu'*Hérodote* confirme par-là la vérité & la certitude de la Chronologie de l'Ecriture, & qu'il détruit en même tems tout-à-fait les Annales ridicules & l'antiquité fabuleuse dont les *Egyptiens* faisoient sonner si haut l'autenticité.

F I N.

EXTRAITS

EXTRAITS

DE PLUSIEURS

AUTEURS ANCIENS,

ET AUTRES

PIECES

Qui servent de preuves & d'éclaircissemens à cet

OUVRAGE.

Tome II.

2

TABLE
DU
CONTENU DE CE RECUEIL.

N°.
- I. Excerpta ex Herodoti Halicarnaff. Hiftor. Libro IV. *Lugd. Bat.* 1715.
- II. ————— Scylacis Caryandenfis Periplo. *Oxon.* 1698.
- III. ————— Strabonis Rerum Geographic. Libris II. & XVII. *Amftelod.* 1707.
- IV. ————— Cl. Ptolemæi Geographiæ Libris IV. & VIII. *Amftelod.* 1619.
- V. ————— Pomponio Mela de Situ Orbis. *Ifcæ Dunmon.* 1711.
- VI. ————— C. Plinii Secundi Hift. Naturalis Libro V. *Parif.* 1685.
- VII. ————— J. Solini Polyhiftore. *Traj. ad Rhen.* 1689.
- VIII. ————— Antonini Augufti Itinerario. *Lugd. Bat.* 1735.
- IX. ————— Æthici Cofmographia. *Lugd. Bat.* 1696.
- X. ————— J. Honorii Oratoris Excerptis. *Ibid.*
- XI. ————— Sexti Rufi Breviario Hift. Romanæ. *Hanov.* 1611.
- XII. ————— Pauli Orofii adverfus Paganos Hiftoria. *Colon.* 1582.
- XIII. ————— Martiani Minei Felicis Capellæ de Nuptiis Philofophiæ Libro VI. *Bafil.* 1577.
- XIV. ————— Ifidori Hifpalenfis Originum Libro XIV. *Ibid.*
- XV. ————— Collatione Carthaginenfi, Notitia Epifcoporum Africæ fub Hunerico, Concilio Carthaginenfi fub Cypriano &c. five *Notitia omnium Epifcopatuum Ecclefiæ Africanæ*, quæ præfigitur S. Optati de Schifm. Donatiftarum Libris feptem. Opera & ftudio M. Lud. El. du Pin. *Antverp.* 1702.

TABLE DU CONTENU DE CE RECUEIL.

N°. XVI. Excerpta ex Notitia utraque Dignitatum, cum Orientis, tum Occidentis, ultra Arcadii Honoriique tempora. *Lugd.* 1608.
XVII. ————— Ravennate Anonymo. *Amstelod.* 1696.
XVIII. ————— Tabula Peutingeriana, ex edit. G. Hornii. *Amstelod.* 1654.
XIX. *Catalogue de quelques Plantes de* Barbarie, *d'*Egypte *& d'*Arabie.
XX. ————— *plusieurs sortes de Corail & autres choses de cette espece.*
XXI. ————— *quelques Fossiles d'Afrique assez rares.*
XXII. ————— *Poissons qu'on trouve sur les côtes d'*Alger *& de* Tunis.
XXIII. ————— *Coquillages.*
XXIV. *Vocabulaire de la Langue des* Kabyles *ou du* Showiah.
XXV. *Ancienne Inscription concernant la Pluye de la Manne.*
XXVI. *Stations des Pelerins* Turcs *en allant à la* Mecque.
XXVII. *Mesure de la grande Pyramide de* Memphis, *par le Pére* Siccard (1).
XXVIII. *Remarques sur le Natron, par le même* (2).
XXIX. *Maniere de faire le Sel Armoniac* (3).
XXX. *Table meteorologique concernant la disposition de l'air à* Alexandrie (4).
XXXI. *Extrait de* Kalkasenda, *concernant le Nil & le Nilometre, suivant la traduction qu'en a fait Mr.* J. Gagnier.
XXXII. *Catalogue de quelques Medailles recueillies par l'Auteur en* Afrique.

(1) Ces dimensions prises par le P. *Siccard*, m'ont été communiquées par Mr. le Dr. *Mead*, & serviront à éclaircir ce qui en est dit dans le dernier Chapitre de cet Ouvrage.
(2) Voyez *Mémoires des Missions* &c. Vol. VII. p. 64.
(3) Je tiens cette Recette de Mr. *Lisle*, Membre du Collége de la *Magdelaine* à *Oxford*.
(4) J'ai copié ce petit Journal sur les Tablettes de Mr. *Greaves*, qui se gardent dans le Cabinet de *Savil*, & servent à prouver ce qui regarde le tems qu'il fait.

EXTRAITS
SERVANT DE PREUVES.

I.

EXTRAITS D'HERODOTE.

LA *Lybie* est habitée par plusieurs Nations différentes. —— Les *Adyrmachides* tiennent le païs qui est du côté de l'*Egypte*, jusques au port de *Pleunus*. Ceux-ci confinent vers l'Occident aux *Gigames*, qui occupent toute cette région jusques à l'Isle *Aphrodisias*. C'est vers le milieu de la côte de cette Province qu'on trouve l'Isle de *Platée*, dont les premiers habitans furent les *Cyrenéens*. Dans la terre ferme est le port *Menelaüs*, & la ville d'*Aziris*, qui étoit autrefois habitée par les mêmes *Cyrenéens*. De-là commence le *Silphium*, qui va depuis l'Isle de *Platée* jusques à l'embouchure de la *Syrte*. —— Les *Gigames* ont pour voisins à l'Occident les *Asbystes*, dont le païs, situé au dessus de *Cyrène*, ne s'étend pas jusqu'à la Mer: car c'est les *Cyrenéens* qui tiennent toute la côte maritime. —— A l'Ouest de ceux-ci on rencontre les *Auschises*. Leur païs, qui est au dessus de *Barca*, s'étend jusqu'à la Mer près d'*Euesperides*. —— En continuant toûjours vers le Couchant, suivent les *Nasamons*, peuple nombreux. —— Après les *Nasamons* viennent les *Psylles*. —— Mais tout leur païs, qui est en deçà de la *Syrte*, manque d'eau. —— Les *Psyl-*

ΛΙΒΤΩΝ (p. 276.) [γὰρ δὴ] ἔθνεα πολλὰ καὶ παντοῖά ἐςι. * Παρήκουσι δὲ οἱ Ἀδυρμαχίδαι ἀπ' Αἰγύπτυ μέχρι λιμένος, τῷ ὄνομα Πλυῦνός ἐςι. Τύτων δὲ ἔχονται Γιγάμαι, νεμόμενοι τὴν πρὸς ἑσπέρην χώρην, μέχρι Ἀφροδισιάδος νήσυ. Ἐν δὲ τῷ μεταξὺ τύτυ χώρῳ ἥ τε Πλατέα νῆσος ἐπίκεεται, τὴν ἔκτισαν Κυρηναῖοι· καὶ ἐν τῇ ἠπείρῳ Μενελάϊος λιμήν ἐςι, καὶ Ἄζιρις, τὴν οἱ Κυρηναῖοι οἴκεον. καὶ τὸ Σίλφιον ἄρχεται ἀπὸ τύτυ. παρήκει δὲ ἀπὸ Πλατέης νήσυ, μέχρι τῦ ςόματος τῆς Σύρτιος τὸ Σίλφιον. * Γιγαμέων δὲ ἔχονται τὸ πρὸς ἑσπέρην Ἀσβύςαι ὑτοὶ ὑπὲρ Κυρήνης οἰκέυσι. ἐπὶ θάλασσαν δὲ ὑ κατήκυσι Ἀσβύςαι. τὸ γὰρ παρὰ θάλασσαν Κυρηναῖοι νέμονται. * * Ἀσβυςέων δὲ ἔχονται τὸ πρὸς ἑσπέρης Αὐσχίσαι ὑτοὶ ὑπὲρ Βάρκης οἰκέυσι, κατήκοντες ἐπὶ θάλασσαν κατ' Εὐεσπερίδας. * (p. 277.) Αὐσχισέων δὲ τυτέων τὸ πρὸς ἑσπέρης ἔχονται Νασάμωνες, ἔθνος ἐὸν πολλόν. * * Νασάμωσι δὲ προσόμυροί εἰσι Ψύλλοι. * * ἡ δὲ χώρη σφι πᾶσα ἐντὸς ἐοῦσα τῆς Σύρτιος, ἢν ἄνυδρος. * * ἐξαπολο-

Extraits
D'Héro-
dote.

πολομένων δὲ τουτέων, ἔχουσι τὴν χώρην οἱ Νασάμωνες. * * (οἱ δὲ Γαρά-
μαντες) κατύπερθε οἰκέουσι Νασαμώ-
νων. τὸ δὲ παρὰ τὴν θάλασσαν ἔχονται τὸ πρὸς ἑσπέρης Μάκαι. * *
(p. 278.) Διὰ δὲ αὐτῶν Κίνυψ ποταμὸς ῥέων ἐκ λόφε καλευμένε Χαρί-
των, ἐς θάλασσαν ἐκδιδοῖ. * ἀπὸ θαλάσσης δὲ ἐς αὐτὸν ςάδιοι διηκόσιοί εἰσι.
Μακέων δὲ τουτέων ἐχόμενοι Γινδάνές
εἰσι. * * Ἀκτὴν δὲ προέχουσαν ἐς τὸν
πόντον τουτέων τῶν Γινδάνων νέμονται
Λωτοφάγοι οἳ τὸν καρπὸν μοῦνον τοῦ
λωτοῦ τρώγοντες ζώουσι. ὁ δὲ τοῦ λωτοῦ καρπός ἐςι μέγεθος ὅσον τὸ τῆς σχίνου· γλυ-
κύτητα δὲ, τοῦ φοίνικος τῷ καρπῷ προσ-
είκελος. ποιεῦνται δὲ ἐκ τοῦ καρποῦ του-
του οἱ Λωτοφάγοι καὶ οἶνον. Λωτοφάγων δὲ τὸ παρὰ θάλασσαν ἔχονται Μάχλυες, τῷ λωτῷ μὲν καὶ οὗτοι χρεώμε-
νοι, ἀτὰρ ἧσσόν γε τῶν προτέρων λεχθέντων. κατήκουσι δὲ ἐπὶ ποταμὸν μέγαν
τῷ οὔνομα Τρίτων ἐςί. ἐκδιδοῖ δὲ οὗτος ἐς
λίμνην μεγάλην Τριτωνίδα. ἐν δὲ αὐτῇ
νῆσος ἔνι τῇ οὔνομα Φλὰ. * * (p. 279.)
Τουτέων δὲ ἔχονται οἱ Μαχλύων Αὐ-
σέης. οὗτοι δὲ καὶ οἱ Μάχλυες πέριξ τὴν
Τριτωνίδα λίμνην οἰκέουσι· τὸ μέσον δὲ
σφι ὁρίζει ὁ Τρίτων. * * οὗτοι μὲν οἱ παρα-
θαλάσσιοι τῶν Νομάδων Λιβύων εἰρέα-
ται. Ὑπὲρ δὲ τουτέων ἐς μεσόγαιαν ἡ θη-
ριώδης ἐςὶ Λιβύη· * * (καὶ) Ἀμμώνιοι.
(pag. 280.) * * (καὶ) Αὔγιλα· * * (καὶ)
Γαράμαντες· * * (καὶ) Ἀτλάντες· * *
(καὶ) ὄρος τῷ οὔνομα ἐςὶ Ἄτλας. ἔςι
δὲ ςεινόν καὶ κυκλοτερὲς πάντη. ὑψη-
λὸν δὲ οὕτω τι λέγεται ὡς τὰς κορυφὰς
αὐτοῦ οὐκ οἷά τε εἶναι ἰδέσθαι· οὐδέκοτε
γὰρ αὐτὰς ἀπολείπει νέφεα οὔτε θέρεος
οὔτε χειμῶνος. τοῦτο τὸν κίονα τοῦ οὐρανοῦ
λέγουσι οἱ ἐπιχώριοι εἶναι· ἐπὶ τούτου τοῦ
ὄρεος οἱ ἄνθρωποι οὗτοι ἐπώνυμοι ἐγένοντο. * * (p. 281.) διήκει δ' ὧν ἡ ὀφρύη
μέχρι Ἡρακληίων ςηλέων, καὶ τὸ ἔξω
τουτέων. * * ὑπὲρ δὲ τῆς ὀφρύης ταύτης, τὸ πρὸς νότον καὶ μεσόγαιαν τῆς
Λιβύης,

A les ayant été détruits, les *Nasamons* occuperent leurs terres. ——— Au dessus des *Nasamons* habitent les Gara-mantes. Mais au Couchant vers les côtes ils ont pour voisins les *Maces*. ——— Leur païs est arrosé par le fleuve *Ci-nyps*, qui descend d'une colline qu'on appelle *des Graces*, & se jette dans la Mer. ——— Il y a deux-cens stades de cette colline à la Mer. Les voisins

B des *Maces* sont les Gindanes. ——— La terre qui s'avance dans la Mer, & qui fait partie du païs des *Gindanes*, est ha-bitée par les Lotophages, qui se nouris-sent uniquement du fruit du *Lotus*. Ce fruit est à-peu-près de la grandeur des bayes du lentisque, & d'un goût agréable qui approche de celui des dattes. Les *Lotophages* en tirent aussi une espece de vin. La côte voisine des

C *Lotophages* est occupée par les Mach-lyes, qui mangent aussi du *Lotus*, mais pas si communement que les précedens. Leur païs s'étend jusqu'au grand fleuve *Triton*, qui se jette dans un Lac fort considerable du même nom, au milieu duquel est une Isle appellée *Phla*. ——— Les *Machlyes*, aussi bien que les Auses leurs voisins, occupent les bords du Lac *Triton*, les uns d'un

D côté du fleuve de ce nom, & les au-tres de l'autre. ——— Ceux-ci sont aussi appellés les Peuples maritimes des *Libyens Nomades*. Au dessus, du côté de la terre ferme, se trouvent la *Libye*, qui est remplie de bêtes fero-ces, ——— & les Ammoniens, ——— & Augila, ——— & les *Garaman-tes*, ——— & les Atlantes, ——— & le mont *Atlas*, qui est étroit & fort

E escarpé, &, à ce qu'on dit, si élevé, qu'on n'en sçauroit voir le sommet; parce qu'il est toûjours couvert de nuages, en été comme en hyver. Les habitans des environs disent, que c'est une des colomnes du Ciel. C'est du nom de cette montagne que les na-turels du païs, qu'on appelle *Atlantes*, ont pris le leur. ——— Elle s'étend jusqu'aux *Colomnes d'Hercule*, & même plus loin. ——— Au-delà de cette montagne vers le Midi, & du côté de l'intérieur de la *Libye*, on trouve

un

un vaste desert, où il n'y a ni bois, ni bêtes feroces. De plus, cette contrée n'est arrosée par aucun fleuve, & la pluye ne l'humecte jamais; elle est destituée de puits, & en un mot aride & sans eau. ────── Ainsi les *Libyens* qui habitent le païs entre l'*Egypte* & le Lac *Triton* vivent de leur bétail, & se nourissent de la chair des animaux & de lait. ────── Mais les *Libyens* qui demeurent à l'Occident du Lac *Triton* ne sont plus dans le goût des troupeaux. ────── Au Couchant du fleuve *Triton*, ces *Auses* confinent avec une espece de *Libyens* qui font métier de labourer la terre, & qui habitent des maisons: on leur a donné le nom de *Maxyes*. ────── Les *Libyens Maxyes* ont pour voisins les *Zaueches*, ────── & ceux-ci les *Zygantes*. Le païs de ces derniers abonde en miel sauvage, mais on dit que les habitans font encore une plus grande quantité de miel artificiel. ────── Les *Carthaginois* assurent, que tout près de-là est une Isle nommée *Cyranis*, longue de deux-cens stades, mais peu large; qu'on y peut passer du continent, & qu'elle est très-fertile en huiles & en vins.

Λιβύης, ἔρημος, καὶ ἄνυδρος, καὶ ἄθηρος, καὶ ἀνόμβρος, καὶ ἄξυλός ἐςι ἡ χώρη. *** Οὗτοι μὲν μέχρι τῆς Τριτωνίδος λίμνης ἀπ' Αἰγύπτε Νομάδες εἰσὶ κρεοφάγοι τε καὶ γαλακτοπόται Λίβυες. * Τὸ δὲ πρὸς ἑσπέρης τῆς Τριτωνίδος λίμνης οὐκέτι Νομάδες εἰσὶ Λίβυες. ** (p. 282.) Τὸ δὲ πρὸς ἑσπέρης τȣ͂ Τρίτωνος ποταμȣ͂, Αὐσέων ἔχονται ἀροτῆρες ἤδη Λίβυες, καὶ οἰκίας νομίζοντες ἐκτῆσθαι, τοῖσι ὄνομα κέεται Μάξυες. * (p. 283.) Μαξύων δὲ Λιβύων Ζαύηκες ἔχονται. * τȣ́των δὲ Ζύγαντες ἔχονται, ἐν τοῖσι μέλι μὲν πολλὸν μέλισσαι κατεργάζονται, πολλῷ δ' ἔτι πλέον λέγεται δημιȣργȣ̀ς ἄνδρας ποιέειν. * Κατὰ τȣ́τȣς δὲ λέγȣσι Καρχηδόνιοι κέεσθαι νῆσον τῇ ὄνομα εἶναι Κύρανιν· μῆκος μὲν διηκοσίων ςαδίων, πλάτος δὲ ςεινὴν, διαβατὸν ἐκ τῆς ἠπείρȣ· ἐλαιέων τε μεςὴν καὶ ἀμπέλων. ***

Extraits D'HERODOTE.

II.

EXTRAITS DE SCYLAX.

AU-delà des *Hesperides* est une grande Baye qu'on appelle *Syrte*, ────── dont les bords sont habités par les *Nasamons*, qui sont un peuple *Libyen*. ────── La côte qui est hors de cette *Syrte*, est occupée jusqu'à l'embouchure d'une autre *Syrte*, par les *Libyens Lotophages*, qui n'ont pour toute nourriture que du *Lotus*, dont ils préparent aussi leur boisson. ────── Ensuite on trouve l'Isle de *Brachion*. Après les *Lotophages* vient *Catarichias*: cette Isle a trois-cens stades de longueur & un peu moins de largeur, & n'est

ΑΠΟ δὲ Ἑσπερίδων κόλπος ἐςὶ μέγας, ᾧ ὄνομα Σύρτις. (pag. 46.) Περιοικȣ͂σι αὐτὴν Λιβύων ἔθνος· Νασαμῶνες. ** Τὰ δὲ ἔξω τῆς Σύρτιδος παροικȣ͂σι Λίβυες Λωτοφάγοι ἔθνος, μέχρι τȣ͂ ςόματος τῆς ἑτέρας Σύρτιδος. Οὗτοι λωτῷ χρῶνται, σίτῳ καὶ ποτῷ. ** Κατὰ δὲ ταῦτα ἐςὶ νῆσος ᾗ ὄνομα Βραχείων. Μετὰ Λωτοφάγȣς Καταριχίας [a]. ἐςὶ δὲ ἡ νῆσος αὕτη ςαδίων τ'. πλά-

Extraits de SCYLAX.

(a) Il faut lire κατὰ Ταριχίας, ou κατὰ Ταριχίας. Voyez *Bochart. Geograph. Sacr.* p. 494.

EXTRAITS SERVANT

Extraits de Scylax.

πλάτος δὲ μικρᾷ ἐλάττων. Ἀπέχει δὲ ἀπὸ τῆς ἠπείρε, ὡσεὶ ςάδια γ'. ἐν δὲ τῇ νήσῳ γίνεται λωτός, ὃν ἐσθίεσιν, καὶ ἕτερος, ἐξ ὃ οἶνον ποιέσιν. Ὁ δὲ τῶ λωτῶ καρπός ἐςι τῷ μεγέθει, ὅσον μιμαίκυλον. Ποιῦσι δὲ καὶ ἔλαιον πολὺ ἐκ κοτίνων. Φέρει δὲ καρπὸν ἡ νῆσος πολὺν, πυρὲς, καὶ κριθᾶς. Ἐςι δὲ ἡ νῆσος εὔγειος. Πλᾶς ἀπὸ Ταραχείων (a) εἰς τὴν νῆσον ἡμέρας μιᾶς (b). Μετὰ δὲ τὴν νῆσον ἐςὶ Ἐπιχος πόλις. Ἀπὸ δὲ τῆς νήσε εἰς Ἐπιχον πλῶς ἡμέρας ἡμίσεια. Ἀπὸ δὲ Ἐσχίδων πλῶς ἡμέρας· καὶ νῆσος ἔπεςιν ἐπ' αὐτῇ ἐρήμη. Μετὰ δὲ αὐτὴν Ἀνακινίτης (e) νῆσος καὶ πόλις, καὶ κατὰ ταύτην Θάψος. Παράπλυς ἀπὸ ταύτης εἰς Θάψον ἡμέρας καὶ ἡμίσεως. (d) Ἀπὸ δὲ Θάψε τῆς μικρᾶς καὶ Δρεπίτης (e) ἐςὶ κόλπος μέγας εἴσω, ἐν ᾧ ἡ Σύρτις ἐςὶ ἡ μικρά, Καρκινῖτις (f) καλυμένη, πολὺ τῆς ἄλλης Σύρτιδος χαλεπωτέρα καὶ δυσπλοωτέρα· ἧς τὸ περίμετρον ςάδια β'. Ἐν ταύτῃ τῇ Σύρτιδι ἐνέςηκεν ἡ νῆσος Τρίτωνος (b) καλυμένη, καὶ ποταμὸς Τρίτων. Καὶ αὐτόθεν ἐςὶν Ἀθηνᾶς Τριτωνίδος ἱερόν. Στόμα δὲ ἔχων ἡ λίμνη μικρὸν, καὶ ἐν τῷ ςόματι νῆσος ἔπεςιν, (i) καὶ ὁ τῆς ἀνάπλωτος ᾖ, ἐνίοτε ἡ λίμνη οὐκ ἔχων εἴσπλυν συνυφαίνεσα. Ἡ δὲ λίμνη αὕτη ἐςὶ μεγάλη, τὸ περίμετρον ἔχυσα ὡς ςαδίων χιλίων. Περιέπυσι δὲ αὐτὴν Λίβυες πάντες ἔθνος, καὶ πόλις τὸ ὑπέκεινα (k) πρὸς ὑ.ιβ

A n'eſt éloignée du continent que d'environ trois ſtades. C'eſt-là que croît le *Lotus*, dont il y a une eſpece qu'ils mangent, & une autre dont ils font du vin. Le fruit du *Lotus* eſt à-peu-près de la grandeur de celui de l'arbouſier. Il y auſſi des oliviers ſauvages, dont on tire beaucoup d'huile. Au reſte cette Iſle produit abondamment du bled, comme du froment & de B l'orge; & le terroir y eſt en général fort fertile. Elle eſt éloignée d'une journée des *Taricbéens*. Au-delà de cette Iſle on trouve la ville d'*Epicbus*, qui n'en eſt qu'à une demi journée. Mais il faut un jour entier pour faire le trajet à la ville d'*Eſcbides*, & de ce côté-là l'Iſle eſt deſerte. Plus loin on rencontre l'Iſle de *Cercinna*, avec une ville du même nom. C'eſt dans ces C environs qu'eſt ſituée *Tbapſus*, qui n'en eſt éloignée que d'une journée & demi. Paſſé la petite *Tbapſus*, vers l'intérieur des terres, eſt la grande Baye de *Triton*, qui renferme la petite *Syrte*, ſurnommée de *Cercinna*, beaucoup plus orageuſe & plus dangereuſe à paſſer que l'autre *Syrte*, & ayant deux mille ſtades de circuit. Dans cette *Syrte* eſt une Iſle appellée *Triton*, & D l'embouchure d'un fleuve du même nom. On y trouve auſſi un Temple de *Minerve Tritonienne*. L'embouchure de ce Lac eſt aſſez étroite, & laiſſe voir une Iſle quand la Mer eſt baſſe; mais lorſqu'elle eſt haute, les vaiſſeaux n'en ſçauroient plus approcher. D'ailleurs ce Lac eſt fort conſiderable, ayant près de mille ſtades dans ſa circonférence. Ses bords ſont habités tout autour par les Peuples de *Libye*, dont la ville eſt ſituée ſur la côte occi-

(a) *Voſſius* lit Ταριχείαν.
(b) *Scylax* compte cinq-cens ſtades pour la navigation d'une journée, ou d'un jour & d'une nuit, Voyez-le pag. 30.
(c) Je crois que c'eſt la même qui eſt appellée par *Strabon* Κιρκινῖτις. Voyez *Voſſius*.
(d) *Gronovius* lit : Ἀπὸ δὲ Θάψε Λίπτις μικρὰ ἡ Ἀδρύμης ἐςὶ. Κόλπος ἴσα Κιρκινίτης, ἐν ᾧ ἡ Σύρτις ἐςὶ ἡ μικρά καλυμένη, πολὺ &c.
(e) *Voſſius* veut qu'on liſe Τριτωνίτης.
(f) Κιρκινῖτις, nom tiré de celui de l'Iſle de *Cercinna*. Voyez *Voſſius*.
(g) *Hoeſcbelius* lit ςάδια ί.
(h) *Melius* & *Saumaiſe* liſent Τρίτωνις.
(i) Voici comment *Saumaiſe* a corrigé cet endroit : Καὶ ἐν τῷ ςόματι νῆσος ἔπεςιν ὅταν ἔμπωτις ᾖ. ὅταν δὲ πλημμυρὶς ἐκ ἐπὶ τὸν διέπλων ταυσὶ ὑποφαίνεσκε.
(k) *Voſſius* lit : Ἐπίκινα.

occidentale. Tous ces Peuples font appellés *Libyens*, & malgré leur tein jaunâtre ils font naturellement fort beaux. Le païs qu'ils habitent est excellent & fertile; de-là vient qu'ils nourrissent beaucoup de nombreux troupeaux: quant à leurs personnes, ils ont fort bon air & font très-riches. Après cette *Syrte* vient la ville de *Neapolis*, qui est à trois journées d'*Hadrymete*. Au-delà de *Neapolis* on trouve le promontoire & la ville d'*Hermée*. Celle-ci n'est éloignée de *Neapolis* que d'une journée & demi. En traversant l'isthme, depuis *Neapolis* jusques à l'autre Mer qui baigne la ville de *Carthage*, il y a cent quatre-vingt stades. C'est une presqu'Isle, qui ne tient au continent que par une langue de terre. Il ne faut qu'un jour & demi, pour passer du fleuve qui est en cet endroit à *Carthage*, dont le territoire est situé au fond de la Baye. Passé l'isthme on trouve *Carthage*, & la ville de *Phialon* avec un port. Il n'y a qu'une demi-journée d'*Hermée* à *Carthage*. Auprès du Cap *Hermée* sont situées les Isles *Pontia* & *Cosyre*. On compte un jour pour faire le trajet d'*Hermée* à cette derniere. Un peu au-delà du Cap *Hermée*, vers l'Orient, il y a encore trois petites Isles, occupées par les *Carthaginois*. La ville de *Melite* avec un port, la ville de *Gaulus* & *Lampas*; la derniere est ornée de deux

A ἡλίε δυσμὰς· οὗτοι γὰρ ἅπαντες Λίβυες λέγονται, ξανθοὶ, ἅπασοι [a], καὶ κάλλιϛοι. Καὶ ἡ χώρα αὕτη ἀρίϛη, καὶ παμφορωτάτη, καὶ βοσκήματα παρ' αὐτοῖς ἐϛὶ καὶ μέγιϛα καὶ πλεῖϛα, καὶ αὐτοὶ πλεσιώτατοι, καὶ κάλλιϛοι. Μετὰ δὲ τὴν Σύρτιν ταύτην Νεάπολις ἐϛί. Παράπλες δὲ ἀπὸ Αδρίμητος [b] ἐπὶ Νεάν πόλιν ἡμερῶν γ' [c]. Μετὰ δὲ Νεὰν πόλιν Ἑρμαία B ἄκρα καὶ πόλις. Παράπλες ἀπὸ Νέας πόλεως εἰς Ἑρμαίαν ἡμέρας καὶ ἡμίσεως. Ἀπὸ δὲ Νέας [d] ἐϛὶν εἰς ἰσθμὸν ϛάδια ρπ', πεζῇ, πρὸς τὴν ἑτέραν θάλασσαν τὴν πρὸς Καρχηδόνα. Ἔϛι δὲ ἀκτὴ, δι' ἧς ἰσθμός ἐϛι. Παράπλες ἀπὸ τῦ ποταμῦ ἐντεῦθεν εἰς Καρχηδόνα, ἡμίσυ ἡμέρας. Ἡ δὲ Καρχηδονίων χώρα ἐϛὶν ἐν κόλπῳ. Μετὰ δὲ τὸν ἰσθμὸν Καρχηδῶν ἐϛι, πόλις Φιάλων, καὶ λιμήν. Παράπλες ἀπὸ Ἑρμαίας ἥμισυ ἡ-C μέρας εἰς Καρχηδόνα. Ἔπεισι δὲ νησία ἐν τῇ Ἑρμαίᾳ ἄκρᾳ, Ποντία νῆσος, καὶ Κόσυρος. Πλῦς δὲ ἀπὸ Ἑρμαίας ἐπὶ Κόσυρον ἡμέρας. Ἀπὸ Ἑρμαίας ἄκρας πρὸς ἥλιον ἀνίσχοντα μικρὸν, ἀπὸ Ἑρμαίας εἰσὶ νῆσοι τρεῖς μικραὶ κατὰ τῦτο, ὑπὸ Καρχηδονίων οἰκέμεναι· Μελίτη πόλις καὶ λιμήν, Γαῦλος πόλις, Λαμπὰς. αὕτη πύργες ἔχει δύο ἢ τρεῖς. Ἀπὸ δὲ Κοτύρε ἐπὶ Λιλύβαιον ἀκρωτήριον Σικελίας, πλῦς ἡμέρας μιᾶς. Μετὰ Καρχηδόνα Ἰτύκη πόλις καὶ λιμήν. D Παράπλες δὲ ἀπὸ Καρχηδόνος εἰς Ἰτύκην μιᾶς ἡμέρας. Ἀπὸ Ἰτύκης εἰς Ἵππε ἄκραν [e], Ἵππε πόλις, καὶ λίμνη ἐπ' αὐτῇ ἐϛι, καὶ νῆσοι ἐν τῇ λίμνῃ, καὶ περὶ τὴν λίμνην πόλεις ἐν ταῖς νήσοις αἵδε [f]. Ψέ-

Extraits de SCY-LAX.

ou trois tours. Depuis *Cosyre* jusqu'au promontoire de *Lilybée* en Sicile, il n'y a qu'un jour de navigation. Après *Carthage* on trouve la ville d'*Utique*, qui a un port, & il n'y a qu'une journée de distance entre ces deux endroits en allant par mer. D'*Utique* au promontoire d'*Hippone* . . . . . La ville d'*Hippone*, près de laquelle est un Lac qui renferme plusieurs Isles, dont les villes situées sur les bords du Lac sont les suivantes . . . . . Le grand

(a) Selon *Vossius* il faut lire : Ἄπλαϛοι, qui signifie véritablement beaux, nullement fardés.
(b) Lisez, selon *Vossius*, Ἀδρύμητος, car *Hadrymete* s'appelloit en Grec Ἀδρύμης. Voyez *Stephanus* in voce.
(c) *Vossius* lit : Ἡμερῶν τριῶν.
(d) Il vaudroit mieux lire : Νέας πόλεως, comme *Vossius* lit par-tout.
(e) Ici l'on a omis de marquer les stades, ou le tems qu'il falloit pour faire le trajet par mer.
(f) On ne peut douter qu'il ne manque quelque chose en cet endroit, parce qu'on n'y

Extraits de Scy-LAX.

Ψέγκς πόλις, καὶ ἀπαντίον αὐτῆς νῆσοι Ναξικαὶ πολλαὶ, Πιθηκοῦσαι καὶ λιμήν. Κατ' ἐναντίον αὐτῶν καὶ νῆσος, καὶ πόλις ἐν τῇ νήσῳ Εὔβοια, Θάψα καὶ πόλις καὶ λιμήν, Καύκακις ᵃ πόλις καὶ λιμήν, Σίδα πόλις, Ιολῆ ᵇ ἄκρα πόλις καὶ λιμήν, Εϐδομος πόλις καὶ λιμήν, Ακίον νῆσος, πόλις καὶ λιμὴν ἔπεςι, Ψαμαθὸς νῆσος, πόλις, καὶ λιμὴν, καὶ κόλπος. Ἐν δὲ τῷ κόλπῳ Βαρτὰς νῆσος καὶ λιμήν, Χάλκα πόλις ἐν τῷ ποταμῷ, Ἀρύλων πόλις, Μῆς πόλις καὶ λιμήν, Σίγον πόλις ἐν τῷ ποταμῷ, καὶ πρὸ τῦ ποταμῦ νῆσος Ακρα, πόλις Με--ᶜ-λιμήν, Ακρος ἡ πόλις, καὶ ὁ κόλπος ἐν αὐτῇ, ἔρημος νῆσος Δρίναυπα ὄνομα, Ἡράκλεια ςήλη, ἐν Λιβύῃ ἄκρα, Ἀπανιλύη πόλις ἐν ποταμῷ καὶ ἀντίον αὐτῆς τὰ Γάδειρα νῆσος. Ἀπὸ Καρχηδόνος ταύτης ἐςὶν ἐφ' Ἡρακλέως ςήλας τῦ μαλίςου πλῦ παράπλυς ἡμερῶν ἑπτὰ καὶ νυκτῶν ἑπτά. Γάδειρα εἰσὶν νῆσοι αὗται πρὸς τῇ Εὐρώπῃ. Τότων ἡ ἑτέρα πόλιν ἔχει, καὶ Ἡράκλειαι ςῆλαι κατὰ ταύτας· ἡ μὲν ἐν τῇ Λιβύῃ ταπεινή· ἡ δὲ ἐν τῇ Εὐρώπῃ ὑψηλή. Αὗται δὲ εἰσιν ἄκραι καταντικρὺ ἀλλήλων· διέχωσι δὲ αὗται ἀπ' ἀλλήλων πλῦν ἡμέρας. Παράπλυς Λιβύης ἀπ' Αἰγύπτυ τῦ Κανώβυ ςόματος, μέχρι Ἡρακλείων ςηλῶν, κατὰ τὺς κόλπυς κύκλῳ περιπλέοντι ἡ- μερῶν οέ, δ'. Ὅσα γέγραπται πολίσματα ἢ ἐμπόρια ἐν τῇ Λιβύῃ ἀπὸ τῆς Σύρτιδος

A grand *Collops* est une ville, vis-à-vis de laquelle on voit plusieurs Isles qu'on nomme *Naxiques*, & *Pithécuses*, où il y a un port. Vis-à-vis celles-ci est une autre Isle, dans laquelle on trouve la cité d'*Eubée*, la ville & le port de *Thapsa*, la ville & le port de *Canuccis*, la ville de *Sida*, le promontoire, la ville & le port d'*Iol*, la ville & le port d'*Hebdomus*. On y B trouve aussi l'Isle d'*Acium*, qui a une ville avec un port, & l'Isle de *Psamathus*, où il y a de même une ville avec un port & une Baye. Dans cette Baye se voit l'Isle de *Bartas* avec un port, la ville de *Chalca* située sur une riviere, la ville d'*Arylon*, la ville & le port de *Mes*, la ville de *Sigum*, bâtie sur un fleuve, à l'embouchure duquel se trouve l'Isle d'*Acra*, la ville de *Me....* C avec un port, la ville d'*Acrus*, qui a une Baye : de plus une Isle déserte appellée *Drinaupa*, la Colomne d'*Hercule*, le promontoire de *Libye*, & la ville d'*Apanilye*, située sur une riviere. Vis-à-vis de celle-ci sont les Isles de *Gades*. Si la navigation est heureuse, on peut arriver de *Carthage* à ces Colomnes d'*Hercule* dans sept jours & autant de nuits. Ces Isles de *Gades* appar- D tiennent à l'*Europe*, & il y en a une dans laquelle est une ville. Dans ces Isles il se voit aussi une Colomne d'*Hercule*, avec cette différence néanmoins, que celle de *Libye* est basse & peu élevée, au lieu que celle d'*Europe* est fort haute. Ces montagnes sont vis-à-vis l'une de l'autre, & distantes d'une journée par mer. On compte qu'il faut soixante & quinze jours & un quart, ——— pour côtoyer la *Libye* depuis l'embouchure du fleuve *Canobe*, qui est en *Egypte*, jusqu'aux Colomnes d'*Hercule*. Toutes les places & villes marchandes mentionnées de *Libye*, depuis la *Syrte* qui est près des *Hesperides*,

n'y trouve point les noms des villes situées dans les Isles dont il est parlé. De plus il faut certainement lire Κόλλοψ μέγας, au lieu de ψέγας : & je ne doute point que Κόλλοψ μικρὸς n'ait été pareillement omis. C'est la remarque de *Vossius*.

(a) Il faut mettre avec *Vossius* Κατακκὶς.

(b) Les Romains appelloient cette ville *Julie Césarée*, & ce fut l'Empereur *Auguste* qui lui donna ce nom : par conséquent *Scylax*, qui écrivit plusieurs siécles auparavant, ne peut s'en être servi ; il est certain au contraire, qu'il a dit Ἰολ ἄκρα. Voyez *Vossius*.

(c) Peut-être faudroit-il lire Πόλις Μεγάλη καὶ λιμήν. Les Ecrivains Latins l'ont appellée *Portus magnus*, à cause de son port spacieux. Voyez *Vossius*.

rides, jusques aux Colomnes d'*Hercule* dans la *Libye*, apartiennent aux *Carthaginois*.

Ἀτιδος τῆς παρ Εσπερίδας μέχρι Ηρακλείων ςηλῶν ἐν Λιβύη πάντα ἐςὶ Καρχηδονίων. ** (p. 51, 52.)

III.

EXTRAITS DE STRABON.

Après l'*Asie* suit la *Libye*, qui confine à l'*Egypte* & à l'*Ethiopie*. La côte qui est vis-à-vis de notre continent, s'étend presque en ligne droite depuis *Alexandrie* jusques aux *Colomnes*, excepté seulement les *Syrtes*, & qu'on y trouve, comme ailleurs, de petites Bayes & des promontoires. L'*Afrique* ressemble pour la figure à une panthère : elle est remplie de lieux habités, qui sont environnés d'un grand désert aride. Les *Egyptiens* appellent ces habitations *Anases*. ———— Les Peuples de *Libye* nous sont la plupart inconnus, parce qu'on y a rarement envoyé des Armées, & que ce païs est peu fréquenté par les Voyageurs. D'ailleurs, le petit nombre de Naturels du païs qui viennent chez nous, en racontent des choses incroyables, & qui en effet ne sont pas tout-à-fait telles qu'ils disent. Ils appellent *Ethiopiens* les Peuples les plus méridionaux : après ceux-ci viennent en deçà les *Garamantes*, les *Pharousiens*, & les *Négres* ; & plus bas encore on trouve les *Gétules*. Les *Marmarides*, leurs voisins, demeurent près de la Mer,

Μετὰ δὲ τὴν Ασίαν (p. 192. C.) ἐςὶν ἡ Λιβύη, συνεχὴς ἦσα τῇ τε Αἰγύπτῳ, καὶ τῇ Αἰθιοπίᾳ, τὸν μὲν καθ᾽ ἡμᾶς ἠϊόνα ἐπ᾽ εὐθείας ἔχωσα, σχεδόν τι μέχρι ςηλῶν ἀπὸ Ἀλεξανδρείας ἀρξαμένην, πλὴν τῶν Σύρτεων, καὶ εἰ τε τὶς ἄλλη κόλπων ἐπιςροφὴ μετρία, καὶ ᵃ τῶν ταύτῃ ποιέντων ἀκρωτηρίων ἐξοχή. Ἔςι δ᾽ ἐοικῦια παρδάλει ᵇ. καταςικτος γὰρ ἐςὶ ταῖς οἰκήσεσι περιεχομέναις ἐρήμῳ καὶ ἀνύδρῳ γῇ· καλῦσι δὲ τὰς τοιαύτας οἰκήσεις Ἀνάςεις οἱ Αἰγύπτιοι. ** Νέμεται δ᾽ ἔθνη τὴν Λιβύην τὰ πλεῖςα ἄγνωςα· (p. 193. B.) ἃ πολλοῖς γὰρ ἐφοδεύεσθαι συμβαίνει ςρατοπέδοις ὑπ᾽ ἀλλοφύλοις ἀνδράσιν· οἱ δ᾽ ἐπιχώριοι, καὶ ὀλίγοι παρ ἡμᾶς ἀφικνῦνται (οἱ) πόρρωθεν, καὶ ὐ τις ἀ, ὐδὲ πάντα λέγεσιν· ὅμως δ᾽ ἐν τὰ λεγόμενα τοιαῦτά ἐςι. Τὰς μὲν μεσημβρινωτάτες, Αἰθίοπας προσαγορεύεσι· τὰς δ᾽ ὑπὸ τέτοις τὰς πλείςες Γαράμαντας καὶ Μαυρεσίες ᶜ, καὶ Νιγρίτας· τὰς δ᾽ ἔτι ὑπὸ τέτοις Γαιτύλες· τὰς δὲ τῆς θαλάττης ἐγγὺς ἢ καὶ ἁπτομένες αὐτῆς, πρὸς Αἰγύπτῳ μὲν Μαρμαρύδας, μέχρι τῆς

ou, si l'on veut, occupent les côtes & tout le païs, depuis l'*Egypte* jusqu'à *Cyrene*.

(a) Je crois qu'il faut lire καὶ τῶν ταύτῃ ποιέντων [ποιέντων] &c. ou bien καὶ τῶν τέτων ποιέντων ἀκρωτηρίων. Voyez *Casaubon*.

(b) *Casaubon* préfère de lire Παρδαλίῃ, mot que *Dionysius* a employé v. 181. où il dit :

Παρδαλίῃ δὲ μὲν ἄνδρες ἐπικλείεσιν ὁμοίην,
Ἡ γὰρ δίψερή τι, καὶ αὐχμήεσσα τίτυκται,
Τὰ καὶ τῇ κυανέῃς καταςικτος φολίδεσσιν.

(c) *Casaubon* veut qu'on lise Φαρυσίες.

Extraits de STRABON.

τῆς Κυρηναίας ὑπὲρ δὲ ταύτης καὶ τῶν Σύρτεων, Φύλλης καὶ Νασαμῶνας, καὶ τῶν Γαιτούλων τινὰς· εἶτα Σίντας, καὶ Βυζακίας, μέχρι τῆς Καρχηδονίας· πολλὴ δ᾽ ἐςὶν ἡ Καρχηδονία· συνάπτεσι δ᾽ οἱ Νομάδες αὐτῇ τούτων δὲ τὰς γνωριμωτάτες, τοὺς μὲν Μασσαλιεῖς [a], τοὺς δὲ Μασαισυλίες προσαγορεύεσιν· ὕςατοι δ᾽ εἰσὶ Μαυρούσιοι. Πᾶσα δ᾽ ἡ ἀπὸ Καρχηδόνος μέχρι ςηλῶν, ἐςὶν εὐδαίμων· θηριοτρόφος δὲ, ὥσπερ καὶ ἡ μεσόγαια πᾶσα. **

Οἰκεῖσι δ᾽ ἐνταῦθα (p. 1181. C.) Μαυρεσίοι [b] μὲν ὑπὸ τῶν Ἑλλήνων λεγόμενοι, Λιβυκὸν ἔθνος μέγα, καὶ εὔδαιμον, Μαῦροι δ᾽ ὑπὸ τῶν Ῥωμαίων καὶ τῶν ἐπιχωρίων, ἀντίπορθμον τῇ Ἰβηρίᾳ. (Τὰς δὲ Μαυρεσίας ἔνιοι (p. 1185. A.) φασὶν Ἰνδὸς εἶναι, τὰς συγκατελθόντας Ἡρακλεῖ δεῦρο.) Κατὰ τοῦτο δὲ καὶ ὁ κατὰ τὰς ςήλας τὰς Ἡρακλείες πορθμός ἐςι· ἔξω δὴ προελθόντι τῶ κατὰ τὰς ςήλας πορθμῶ, τὴν Λιβύην ἐν ἀριςερᾷ ἔχοντι, ὄρος ἐςὶν, ὅπερ οἱ μὲν Ἕλληνες Ἄτλαντα καλῶσιν, οἱ Βάρβαροι δὲ Δύριν. Ἐντεῦθεν δὲ πρὸ τῆς ἔκκειταί τις ὑςατος πρὸς δύσιν τῆς Μαυρεσίας, αἱ Κώτεις λεγόμεναι. ** Τὸ δ᾽ ὄρος (p. 1182. A.) διὰ μέσης ἐκτεινόμενον τῆς Μαυρεσίας τὸ ἀπὸ τῶν Κώτεων μέχρι Σύρτεων, οἰκεῖται, καὶ αὐτὸ καὶ ἄλλα παράλληλα αὐτῷ κατ᾽ ἀρχὰς μὲν ὑπὸ τῶν Μαυρεσίων, ἐν βάθει δὲ τῆς χώρας ὑπὸ τῶ μεγίςω τῶν Λιβυκῶν ἐθνῶν, οἳ Γαιτύλοι [c] λέγονται. ** Ὑπὲρ

A rene. Au dessus de ceux-ci sont les Syrtes, les *Psylles*, les *Nasamons* & une partie des *Gétules*; ensuite il y a les *Sintes* & les *Byzaciens*, jusques au territoire de *Carthage*, qui est fort étendu, & auquel confinent les *Numides*, dont les plus célèbres sont les *Masyléens* (ou *Masyles*) & d'autres qu'on appelle *Masaisyliens*; les derniers enfin sont les *Maurousiens*. Tout le païs situé B entre *Carthage* & les *Colomnes* est fort beau & fertile, mais on y trouve des bêtes feroces, comme dans toute l'*Afrique* intérieure.

C'est donc-là (sçavoir dans la partie la plus occidentale de l'*Afrique*) que demeurent ceux à qui les *Grecs* donnent le nom de *Maurousiens*: c'est un Peuple de *Libye* nombreux & riche, que les *Romains* & les habitans du païs C appellent *Maures*, & qui n'est separé de l'*Espagne*, située vis-à-vis, que par un détroit. (Il y a des gens qui disent que les *Maures* sont des *Indiens*, qui furent conduits dans ce païs par *Hercule*.) Tout près de-là, c'est-à-dire auprès des Colomnes d'*Hercule*, se trouve le détroit. En avançant au-delà du détroit de ces Colomnes, & laissant l'*Afrique* à gauche, on rencontre D une montagne que les *Grecs* appellent *Atlas*, & les Barbares *Dyris*. De-là s'étend une pointe de terre qui fait la partie la plus occidentale de la *Mauritanie*, & porte le nom de *Cotes*. ———

La chaîne de montagnes qui depuis *Cotes* traverse la *Mauritanie* jusqu'aux *Syrtes*, aussi-bien que les autres montagnes parallèles qui l'accompagnent, sont habitées, d'un côté par les *Maurousiens*, mais dans le cœur du païs, par un peuple puissant de *Libye* qu'on appelle les *Gétules*. ——— Au-delà de la

---

(a) Selon *Casaubon* il faut lire Τὰς μὲν Μασσυλεῖς, les *Masyléens* ou *Masyles*, comme *Dionysius* v. 187.

Ἔνθα Μασσαισυλίοι τε καὶ ἀγχίγυοι Μασσυλῆες.

(b) *Casaubon* remarque, que *Tite Live* Liv. XXIV. ch. 49. ne fait pas difficulté de les nommer quelquefois *Maurusii*; mais que *Dion*, au contraire, appelle souvent leur païs Μαυριτανία et non Μαυρεσία.

(c) Ὑπέκεινται δὲ ταῖς Μαυριτανίαις ἡ Γαιτυλία· τῇ δὲ Ἀφρικῇ καὶ τῇ Πεντπόλει ἡ ἄγροικός τε καὶ διάμμος γῆ. *Agathem*. Geogr. Lib. II. c. 5. C'est-à-dire: La *Gétulie* est située au dessus de la *Mauritanie*; & au-delà de l'*Afrique* & de la *Pentapole* il n'y a plus qu'une région aride & déserte.

DE PREUVES.

la *Mauritanie* est le païs des *Ethiopiens*, qu'on nomme aussi *Hesperiens* (c'est-à-dire *Occidentaux*) : ce canton est en partie assez dépeuplé. ——— On dit que la longueur du détroit des *Colomnes* est de cent vingt stades, & sa moindre largeur, près de l'*Elephant*, de soixante. Rangeant ensuite la côte, on rencontre beaucoup de villes & de fleuves, jusques à la riviere de *Molochath*, qui separe le païs des *Marousiens* de celui des *Massaisyliens*. Le Cap qui est tout auprès de ce fleuve est appellé le *Grand Promontoire*, & un autre endroit aride & stérile *Metagonium* : la chaîne de montagnes qui commence à *Cotes* s'étend presque jusques-là. Il y a cinq-mille stades de *Cotes* à la frontiere des *Massaisyliens*. *Metagonium* est vis-à-vis de la nouvelle *Carthage*, bâtie sur la côte opposée, & c'est à tort que *Timosthene* a dit, qu'il étoit situé vers la *Massaisylie*. Le trajet de la nouvelle *Carthage* à *Metagonium* n'est que de trois-mille stades, au lieu qu'il y en a plus de six-mille du même endroit dans la *Massaisylie*. Au reste, quoique les *Maures* habitent un païs si fertile, la plupart se plaisent jusqu'à ce jour à mener une vie errante, sans fixer leur domicile nulle part. —— Ce peuple, de même que les *Massaisyliens*, & une grande partie des habitans de *Libye*, suivent le même culte, & se ressemblent beaucoup dans tout le reste : ils ont de petits chevaux d'une vîtesse extraordinaire, mais si doux, qu'ils n'ont besoin que d'une baguette pour les gouverner. ——— Les *Phaurousiens* rendent de tems en tems, mais rarement, visite aux *Maures* : ils viennent d'ordinaire par des déserts, portant avec eux des outres remplis d'eau, attachés sous le ventre des chevaux ; quelquefois ils prennent aussi leur route par des endroits marécageux & par le Lac *Cirta*. ——— Après la *Mauritanie* on rencontre le païs des *Massaisyliens*, qui commence au fleuve *Molochath* & se termine à un pro-

A ** Ὑπὲρ ταύτης δ' ἐςὶν ἐπὶ τῇ ἔξω θαλάσσῃ ἡ τῶν ἐσπερίων καλεμένων Αἰθιόπων χώρα, κακῶς οἰκεμένη τοπλέον. ** Τοῦ δὲ κατὰ τὰς ςήλας (p. 1183. c.) πορθμᾶ, τὸ μὲν μῆκος λέγεται ςαδίων ἑκατὸν εἴκοσι, τὸ δ' ἐλάχιςον πλάτος κατὰ τὴν Ἐλέφαντα ἑξήκοντα. Εἰσπλεύσαντι δ' ἑξῆς πόλεις τε καὶ ποταμοὶ πλείες μέχρι Μολοχὰθ ποταμᾶ, ὃς ὁρίζει τὴν Μαυρεσίων καὶ τὴν Μασσαισυ-
B λίων γῆν. Καλεῖται δὲ καὶ ἄκρα μεγάλη πλησίον τῇ ποταμᾶ, καὶ Μεταγώνιον τόπος ἄνυδρος καὶ λυπρός, σχεδὸν δὲ τι τὸ ὄρος τὸ ἀπὸ τῶν Κωτίων μέχρι δεῦρο παρατείνει μῆκος δὲ τὸ ἀπὸ τῶν Κωτίων ἐπὶ τὰ ὅρια τῶν Μασσαισυλίων, ςάδιοι πεντακισχίλιοι. ἔςι δὲ τὸ Μεταγώνιον κατὰ νέαν πα Καρχηδόνα ἐν τῇ περαίᾳ. Τιμοσθένης δ' ἐκ εὖ κατὰ Μασσαλίαν φησίν ἐςιν ἐκ Καρχηδόνος νέας δίαρμα,
C εἰς Μεταγώνιον, ςάδιοι τρισχίλιοι παράπλες δ' εἰς Μασσαλίαν ὑπὲρ ἑξακισχιλίων. Οὕτω δ' εὐδαίμονα χώραν οἰκῶντες τὴν πλείςην οἱ Μαυρέσιοι, διατελᾶσιν ὅμως, καὶ μέχρι δεῦρο τοῦ χρόνε νομαδικῶς ζῶντες οἱ πολλοί. ** Οὗτοι καὶ οἱ ἐφεξῆς Μασσαίσυλοι (p. 1184. B.) καὶ κοινῶς Λίβυες κατὰ τὸ πλέον ὁμοιόσκευοί εἰσι καὶ τἆλλα ἐμφερεῖς, μικροῖς ἵπποις χρώμενοι, ὀξέσι δὲ καὶ
D εὐπειθέσιν, ὡς ἀπὸ ῥαβδίᾳ οἰακίζεσθαι. ** Μίσγονται δὲ καὶ τοῖς Μαυρεσίοις (ibid. c.) οἱ Φαυρέσιοι διὰ τῆς ἐρήμε σπανίως ὑπὸ ταῖς κοιλίαις τῶν ἵππων ὑπαρτῶντες τοὺς ἀσκὲς τοῦ ὕδατος· ἔςι δ' ὅτε καὶ εἰς Κίρταν ἀφικνῶνται διά τινων τόπων, ἑλωδῶν καὶ λιμνωδῶν. ** Μετὰ δὲ τὴν τῶν Μαυρεσίων γῆν ἡ τῶν (p. 1185. D.) Μασσαισυλίων ἐςὶν, ἀπὸ τοῦ Μολοχὰθ ποταμᾶ τὴν
E ἀρχὴν λαμβάνεσα, τελευτῶσα δὲ ἐπὶ τὴν ἄκραν ἣ καλεῖται * ὅριον τῆς τε Μασ-

Extraits de STRABON.

(a) *Casaubon* pense qu'il ne faut pas douter que ce promontoire ne soit le même que les autres Geographes appellent *Tritum* ; & qu'ainsi il faut lire ἣ καλεῖται Τρῖτον, ὅριον τῆς τε &c.

Extraits de Strabon.

Μασσαισύλων καὶ τῆς Μασσυλιέων [a] Μεταγωνίε ςάδιοι δ' εἰσὶν ἀπὸ τοῦ Μεταγωνίε μέχρι τοῦ Τρίτε ἑξακισχίλιοι, οἱ δ' ἐλάττες φασίν. Ἔχει δ' ἡ παραλία πόλεις τε πλείες καὶ ποταμὲς καὶ χώραν εὐφυῆ· τῶν δ' ἐν ὀνόματι ἀρκεῖ μνησθῆναι. Ἔςι δὲ πόλις Σίγα ἐν χιλίοις ςαδίοις ἀπὸ τῶν λεχθέντων ὅρων, καὶ βασίλειον Σύφακος, κατέσκαςαι δὲ νῦν· τὴν δὲ χώραν μετὰ Σύφακα κατέσχε Μασσανάσσης, εἶτα Μικίψας, εἶτα καὶ οἱ ἐκείνου διαδεξάμενοι καθ' ἡμᾶς δὲ Ἰόβας ὁ πατὴρ τῦ νεωςὶ τελευτήσαντος Ἰόβα· κατέσκαςαι δὲ καὶ Ζάμα τὸ τότε βασίλειον ὑπὸ Ῥωμαίων· Μετὰ δὲ τὴν Σίγα Θεῶν λιμὴν ἐν ἑξακοσίοις ςαδίοις· εἶτ' ἄλλοι ἄσημοι τόποι. τὰ μὲν ὖν ἐν βάθει τῆς χώρας ὀρεινὰ, καὶ ἔρημα, ἔσθ' ὅτε παρέσπαρται, ἃ κατέχεσιν οἱ Γαιτέλοι μέχρι καὶ Σύρτεων· τὰ δ' ἐκεῖ πρὸς θαλάττῃ καὶ πεδία εὐδαίμονά ἐςι καὶ πόλεις πολλαὶ καὶ ποταμοὶ, καὶ λίμναι. ** Ἦν δ' (p. 1188. A.) ἐν τῇ παραλίᾳ ταύτῃ πόλις Ἰὼλ ὄνομα, ἣν ἐπικτίσας Ἰόβας ὁ τῦ Πτολεμαίϐ πατὴρ, μετωνόμασε Καισάρειαν, ἔχεσαν καὶ λιμένα, καὶ πρὸ τοῦ λιμένος νησίον. Μεταξὺ δὲ τῆς Καισαρείας καὶ τοῦ Τρίτε μέγας ἐςὶ καὶ λιμήν, ὃν Σάρδαν καλῦσι· τῦτο δ' ἐςὶν ὅριον τῆς ὑπὸ τῷ Ἰόβᾳ, καὶ τῆς ὑπὸ τοῖς Ῥωμαίοις· πολυτρόπως γὰρ οἱ μερισμοὶ γεγένηνται τῆς χώρας, ἅτε τῶν νεμομένων αὐτὴν πλειόνων γενομένων, καὶ τῶν Ῥωμαίων ἄλλοτ' ἄλλως τέτων, τοῖς μὲν φίλοις χρωμένων, τοῖς δὲ καὶ πολεμίοις· ὥςε καὶ ἀφαιρεῖσθαι καὶ χαρίζεσθαι συνέβαινεν ἄλλοις ἄλλα καὶ ὖ τὸν αὐτὸν τρόπον. Ἦν δ' ἡ μὲν πρὸς τῇ Μαυρεσίᾳ, προσοδικωτέρα τε καὶ

[A] promontoire qu'on appelle les Confins des *Massaisyliens* & des *Massailibyens*. De *Metagonium* à *Tritum* on met six-mille stades; il y a cependant des gens qui comptent quelque chose de moins. Le long de la côte on trouve plusieurs villes & fleuves, & en général la situation du païs est fort avantageuse; mais nous nous contenterons de faire mention de ce qu'il y a [B] de plus remarquable. Il y a mille stades des susdites frontieres à la ville de *Siga*, autrefois residence de *Syphax*, mais à présent ruinée. *Syphax* eut *Massinissa* pour successeur dans le gouvernement de ce païs: après celui-ci régna *Micipsa*, à qui succederent plusieurs autres, jusques à *Juba*, qui gouverne aujourd'hui, & qui est pere d'un autre *Juba*, mort en dernier lieu. La [C] ville de *Zama*, où celui-ci faisoit sa residence, a été aussi détruite par les *Romains*. A six-cens stades au-delà de *Siga* on trouve le *Port des Dieux*, & plusieurs autres endroits peu connus. Dans le cœur du païs on ne trouve que montagnes & que déserts, entre lesquels s'étendent par-ci par-là les terres possedées par les *Gétules*, même jusqu'aux *Syrtes*: mais du côté de [D] la Mer on voit des campagnes fertiles, beaucoup de villes, des rivieres & des lacs. ——— Il y eut autrefois sur cette côte une ville appellée *Iol*, laquelle a été rebâtie par *Juba*, pere de *Ptolomée*, qui en changea le nom en celui de *Césarée*: elle a un port, dont l'entrée est couverte par une Isle. Entré *Césarée* & *Tritum*, se trouve le grand port qu'on appelle *Sarda* (ou plutôt *Salda*). C'est-là que le domaine de *Juba* confine aux terres des *Romains*: car tout ce païs-là a été souvent diversement partagé, étant gouverné par plusieurs Princes, qui furent tantôt amis & tantôt ennemis des *Romains*; d'où il est arrivé que ceux-ci donnerent souvent des terres aux uns, pendant qu'ils en enlevoient à d'autres. Les cantons les plus voisins de la *Mauritanie* étoient d'un meilleur

---

(a) Il est très-apparent qu'au lieu de Μασσυλιέων il faut lire Μασυλίων (ou Μασσυλιαίων comme on trouve souvent ci-après) conformément à ce qu'en dit *Polybe* Liv. III. où il fait mention des *Massaisyliens* & des *Massailiens*. Voyez *Pinedo in Steph.* p. 446.

leur revenu & de plus de ressource, mais ceux qui confinoient au territoire de *Carthage* & au païs de *Massyléens* (ou *Massyles*) étoient plus florissans & plus cultivés, quoiqu'ils eussent beaucoup souffert, d'abord par la guerre de *Carthage*, & ensuite par celle de *Jugurtha*. ———— Après *Tritum* vient le païs des *Massyléens* & le territoire de *Carthage*. *Cirta*, résidence de *Massinissa* & de ses successeurs, est située fort avant dans les terres. Cette ville a été très-bien fortifiée & abondamment pourvûë de toutes choses, principalement par *Micipsa*, qui y fit même venir une colonie de *Grecs*, & la rendit si puissante, qu'elle put mettre sur pied dix-mille chevaux & vingt-mille fantassins. Outre *Cirta*, il y a encore dans le même païs les deux *Hippones*, dont l'une est dans le voisinage d'*Utique*, mais l'autre en est assez éloignée, & se trouve plus près de *Tritum*: elles sont toutes deux villes Royales. *Utique* est, après *Carthage*, la plus grande & la plus considérable ville du païs, & depuis la destruction de celle-ci, elle en a été la capitale & la place d'armes des *Romains* dans toutes leurs expéditions d'*Afrique*. Elle est bâtie sur la même Baye où étoit *Carthage*, nommément près de l'un des deux promontoires qui en forment l'entrée: celui de ces promontoires qui est auprès d'*Utique*, est appellé le Promontoire d'*Apollon*, & l'autre le Promontoire de *Hermas*. Les deux villes sont situées de manière qu'elles se peuvent voir. Près d'*Utique* coule la rivière de *Bagrada*. Il y a deux-mille cinq-cens stades de *Tritum* à *Carthage*; mais on n'est pas bien d'accord sur cette distance, non plus que de celle qu'il y a de *Carthage* aux *Syrtes*. *Carthage* est bâtie dans une espèce de presqu'Isle, qui a trois-cens soixante stades de tour, & est fermée d'une muraille dans toute sa circonférence: la partie de cette enceinte qui ferme l'entrée de la presqu'Isle du côté du continent, s'étend d'une mer à l'autre & a soixante stades de longueur; c'est-là que les *Carthaginois* tenoient leurs Elephans, dans un terrain fort spacieux. Il y avoit au milieu de la ville un château, appellé *Byrsa* (c'est-à-dire *Peau*) sur une hauteur assez élevée, tout autour de laquel-

Extraits de STRA-BON.

A καὶ δυναμικωτέρα· ἡ δὲ πρὸς τῇ Καρχηδονίᾳ καὶ τῇ Μασσυλιαίων ἀνθρωποτέρα τε καὶ κατεσκευασμένη βέλτιον, καίπερ κεκακωμένη διὰ τὰ Καρχηδόνια τοπρῶτον, ἔπειτα διὰ τὸν πρὸς Ἰυγύρθαν πόλεμον. * * Μετὰ δ' ἐν Τριτὸν ἡ (ibid. D.) Μασσυλιαίων ἐςὶ καὶ ἡ Καρχηδονίων παραπλησία χώρα. Κίρτα τέ ἐςιν ἐν μεσογαίᾳ, τὸ Μασσανάσσε καὶ τῶν ἐξῆς διαδόχων βασίλειον, πόλις εὐερκεςάτη,
B κατεσκευασμένη καλῶς τοῖς πᾶσι, καὶ μάλιςα ὑπὸ Μικίψα, ὅς τις καὶ Ἕλληνας συνῴκησεν ἐκεῖ· καὶ τοσαύτην ἐποίησεν, ὥς' ἐκπέμπειν μυρίας ἱππέας, διπλασίας δὲ πεζοὺς· Ἥτε δὴ Κίρτα πόλις ἐνταῦθα, καὶ οἱ δύο Ἱππῶνες, ὁ μὲν πλησίον Ἰτύκης (p. 1189.) ὁ δὲ ἀποτέρω πρὸς τῇ Τριτῷ μᾶλλον, ἄμφω βασίλεια,
ἡ δὲ Ἰτύκη δευτέρα μετὰ Καρχηδόνα τῷ μεγέθει, καὶ τῷ ἀξιώματι καταλυθείσης
C δὲ τῆς Καρχηδόνος, ἐκείνη ἦν ὡς ἂν μητρόπολις τοῖς Ῥωμαίοις, καὶ ὁρμητήριον πρὸς τὰς ἐν Λιβύῃ πράξεις. Ἵδρυται δ' ἐν τῷ αὐτῷ κόλπῳ τῷ Καρχηδονιακῷ, πρὸς θατέρῳ τῶν ἀκρωτηρίων τῶν ποιούντων τὸν κόλπον· ὧν τὸ μὲν πρὸς τῇ Ἰτύκῃ καλεῖσιν Ἀπολλώνιον, θάτερον δ' Ἑρμαίαν, καὶ εἰσὶν ἐν ἐπόψει ἀλλήλαις αἱ πόλεις. Ῥεῖ δὲ τῆς Ἰτύκης πλησίον ὁ Βαγάδρας ποταμός. Εἰσὶ δ' ἀπὸ Τριτῆ
D Καρχηδόνος ςάδιοι δισχίλιοι πεντακόσιοι. Οὐδὲ τοῦθ' ὁμολογεῖται τὸ διάςημα. Ὅτε τὸ μέχρι Σύρτεων. Καὶ Καρχηδὼν δὲ ἐπὶ Χερρονήσῳ τινὸς ἵδρυται, ἐπιγραφούσης κύκλον τριακοσίων ἑξήκοντα ςαδίοις ἔχοντα τεῖχος, οὗ τὸ ἑξήκοντα ςαδίων μῆκος αὐτὸς ὁ αὐχὴν ἐπέχει· καθήκων ἀπὸ θαλάττης ἐπὶ θάλατταν, ὅπε τοῖς Καρχηδονίοις ἦσαν αἱ τῶν ἐλεφάντων ςάσεις, καὶ τόπος εὐρυχωρής. Κατὰ
E μέσην δὲ τὴν πόλιν ἡ ἀκρόπολις, ἣν ἐκάλεν Βύρσαν, ὀφρὺς ἱκανῶς ὀρθία, κύκλῳ

Extraits de STRABON.

κύκλῳ περιοικεμένη· κατὰ δὲ τὴν κορυφὴν ἔχεσα Ἀσκληπιον, ὅπερ κατὰ τὴν ἅλωσιν ἡ γυνὴ τοῦ Ἀσδρύβα συνέπρησεν αὐτῇ. Ὑπόκεινται δὲ τῇ ἀκροπόλει οἵ τε λιμένες καὶ ὁ Κώθων, νησίον περιφερὲς Εὐρίπῳ περιεχόμενον, ἔχοντι νεωσοίκες ἑκατέρωθεν κύκλῳ. Κτίσμα δ᾽ ἐςὶ Διδῶς, ἀγαγάσης ἐκ Τύρε λαὸν. * * Κατὰ μέσον δὲ τὸ ςόμα (p. 1190. D.) τοῦ Καρχηδονίε κόλπε, νῆσος ἐςὶ Κόρσυρα· ἀντίπορθμος δ᾽ ἐςὶν ἡ Σικελία τοῖς τόποις τέτοις ἡ κατὰ Λιλύβαιον, ὅσον ἐν διας́ήματι χιλίων καὶ πεντακοσίων ςαδίων, τοσέτον γάρ φησι τὸ ἐκ Λιλυβαίε μέχρι Καρχηδόνος· ἐ πολὺ δὲ τῆς Κορσύρας διέχεσιν, ἐδὲ τῆς Σικελίας ἄλλαι τέ νῆσοι καὶ Αἰγίμερος· Διάπλες δ᾽ ἐςὶν ἐκ Καρχηδόνος ἑξήκοντα ςαδίων εἰς τὴν προσεχῆ περαίαν ὅθεν εἰς Νέφεριν ἀνάβασις ςαδίων ἑκατὸν εἴκοσι, πόλιν δ᾽ ἐρυμνὴν ἐπὶ πέτρας ᾠκισμένην. Ἐν αὐτῷ δὲ τῷ κόλπῳ ἐν ᾧ περ καὶ ἡ Καρχηδών, Τύνις ἐςὶ πόλις, καὶ θερμὰ, καὶ λατομίαι τινὲς, καὶ ἐπ᾽ αὐτὴν πόλις ὁμώνυμος· εἶθ᾽ ἡ Ἑρμαία ἄκρα τραχεῖα· εἶτα Νεάπολις· εἶτ᾽ ἄκρα Ταφῖτις, καὶ ἐπ᾽ αὐτῇ λόφος Ἀσπὶς καλέμενος ἀπὸ τῆς ὁμοιότητος· ὄνπερ συνῴκισεν ὁ τῆς Σικελίας τύραννος Ἀγαθοκλῆς· καθ᾽ ὃν καιρὸν ἐπέπλευσε τοῖς Καρχηδονίοις· συγκατεσπάσθησαν δὲ τῇ Καρχηδονίᾳ ὑπὸ Ῥωμαίων αἱ πόλεις αὗται. Ἀπὸ δὲ τῆς Ταφίδος ἐν τετρακοσίοις ςαδίοις νῆσος ἐςὶ Κόσσυρα, κατὰ Σελινέντα τῆς Σικελίας ποταμὸν, καὶ πόλιν ἔχεσαν ὁμώνυμον, ἑκατὸν καὶ πεντήκοντα ςαδίων ἔσα τὴν περίμετρον, διέχεσα τῆς Σικελίας περὶ ἑξακοσίες ςαδίας. Ἔςι δὲ καὶ Μελίτη νῆσος ἐν πεντακοσίοις ςαδίοις ἀπὸ τῆς Κοσσύρας· εἶτα Ἀδρύμη πόλις, ἐν ᾗ καὶ νεώρια ἦν. Εἶθ᾽ αἱ Ταριχεῖαι λεγόμεναι, νησία πολλὰ καὶ πυκνά· εἶτα Θάψος πόλις (καὶ ἡ πλησίον λίμνη, p. 1188. c.) καὶ μετὰ ταύτην νῆσος πελα-

A laquelle il y avoit des maisons, & sur le sommet un Temple d'*Esculape*, où la femme d'*Asdrubal* mit le feu & se brûla elle-même quand la ville fut prise. Au pied de ce château sont les ports, & une petite Isle ronde nommée *Cothon*, environnée par les eaux de l'*Euripe*, tout autour de laquelle on voit les vaisseaux rangés en cercle. Cette ville a été bâtie par *Didon*, & B ses premiers habitans furent une colonie de *Tyriens*. ——— Au milieu de l'entrée de la Baye de *Carthage* est l'Isle de *Corsoura*. Vis-à-vis de cet endroit, à près de mille cinq-cens stades de-là, est le promontoire de *Lilybée* en *Sicile*: car il y a tout autant du *Lilybée* à *Carthage*. Outre plusieurs autres Isles, on trouve à quelque distance de *Corsoura* & de *Sicile* l'Isle d'*E*-C *gimurus*. De *Carthage* au premier continent opposé il y a soixante stades, & cent vingt de-là à *Nepheris*, ville forte par son assiette, étant bâtie sur un rocher élevé. On trouve encore dans la Baye de *Carthage* la cité de *Tunis*, de même que des Bains chauds & quelques Carrieres d'où l'on tire des pierres: plus loin est le promontoire d'*Hermas*, qui est fort escarpé, & tout auD près une ville du même nom. Ensuite vient *Neapolis*, & à quelque distance de-là le promontoire de *Taphitis*, où il y a une colline appellée *Aspis*, à cause qu'elle ressemble à un bouclier, qui a été formée en cet endroit par *Agathocle*, Tiran de *Sicile*, lorsqu'il vint attaquer les *Carthaginois* avec une flote. Toutes ces villes ont été enveloppées par les *Romains* dans la ruine E de *Carthage*. A quatre-cens stades de *Taphitis* est l'Isle de *Cossoura*, située vis-à-vis du *Selinonte*, fleuve de *Sicile*: elle a cent cinquante stades de tour, avec une ville du même nom, & est éloignée de *Sicile* d'environ six-cens stades. Il y a aussi cinq-cens stades de *Cossoura* à l'Isle de *Melite*. On trouve de plus la ville d'*Adrumete*, où il y avoit aussi une flote. Plus loin il y a plusieurs Isles voisines l'une de l'autre, qui sont toutes comprises sous le nom général de *Tarichies*. Ensuite est la ville de *Thapsus* (& auprès de celle-ci un lac) au-delà de laquelle

quelle on rencontre dans la Mer l'Isle de *Lopaduse*. En avançant toûjours, on vient au promontoire de *Hammon*, d'où l'on peut commodement obferver le thon; enfuite à *Thèna*, ville fituée environ où la petite *Syrte* commence. Nous ne difons rien d'un grand nombre de petits endroits, parce qu'ils n'ont rien de remarquable. Au commencement de la *Syrte* il y a une Ifle de figure oblongue, mais d'une grandeur raifonnable, appellée *Cercinna*, avec une ville du même nom. Tout auprès eft *Cercinnitis*, autre Ifle plus petite. C'eft de-là que s'étend la petite *Syrte*, que l'on nomme aufli la *Syrte* des *Lotophages*. Cette Baye a environ mille fix-cens ftades de tour, & fix-cens de largeur à fon embouchure. Auprès des deux promontoires qui font de part & d'autre de cette entrée, on trouve des Ifles à quelque diftance du continent, fçavoir *Cercinna*, dont nous venons de parler, & *Meninx*, qui eft de la même grandeur. On croit que celle-ci eft le païs des *Lotophages* dont *Homere* a fait mention: il y a même des chofes qui femblent le prouver, comme un autel d'*Ulyffe*, & le fruit dont il eft queftion. On y trouve du moins beaucoup d'arbres de *Lotus*, qui portent un fruit d'un goût excellent; au refte il y a plufieurs villes dans cette Ifle, dont l'une s'appelle aufli *Meninx*. Tout le long de la *Syrte* on rencontre un grand nombre de petites villes, & dans le fond de la Baye une grande ville marchande, auprès de laquelle paffe un fleuve, qui fe decharge dans la *Syrte*. Les violentes agitations de la Mer fe font fentir jufques en cet endroit, & c'eft alors que les habitans des environs fortent en toute diligence pour la pêche. ——— Plus loin on trouve un promontoire élevé & couvert d'arbres, appellé *Céphale*, où commence la grande *Syrte*. Ce promontoire eft éloigné un peu plus de cinq-mille ftades de *Carthage*. Au deffus de la côte, à compter depuis *Carthage* jufques à *Céphale* & le païs des *Maffaifyliens*, eft fitué celui des *Libo-Phéniciens*, qui s'étend jufqu'aux montagnes de *Gétulie*, & s'appelle aujourd'hui l'*Afrique*. Au-delà de la *Gétu-*

Extraits de STRABON.

Α τελαγία Λοπάδυσα. εἶτα ἄκρα Ἀμμωνος (βαλίθωνες πρὸς θυννοσκοπίαν) εἶτα Θαίνα πόλις περὶ τὴν ἀρχὴν κειμένη τῆς μικρᾶς Σύρτεως· πολλαὶ δ' εἰσὶ καὶ ἄλλαι μεταξὺ πολίχναι ἐκ ἄξιαι μνήμης· παράκειται δὲ τῇ ἀρχῇ τῆς Σύρτεως νῆσος παραμήκης, ἡ Κέρκιννα, εὐμεγέθης, ἔχεσα ὁμώνυμον πόλιν, καὶ ἄλλη ἐλάττων Κερκιννῖτις. Συνεχῆς δ' ἐςὶν ἡ μικρὰ Σύρτις, ἣν καὶ Λωτοφαγῖτιν Σύρτιν λέγεσιν. Ἔςι δ' ὁ μὲν κύκλος τῇ κόλπε τότε, ςαδίων χιλίων ἑξακοσίων· τὸ δὲ πλάτος τῇ ςόματος ἑξακοσίων· καθ' ἑκατέραν τὴν ἄκραν ποιῶσαν τὸ ςόμα, προσεχεῖς εἰσὶ νῆσοι τῇ ἠπείρῳ, ἥτε λεχθεῖσα Κέρκιννα, καὶ ἡ Μῆνιγξ, πάρισοι τοῖς μεγέθεσι. Τὴν δὲ Μῆνιγγα νομίζεσιν εἶναι τὴν τῶν Λωτοφάγων γῆν, τὴν ὑφ' Ὁμήρε λεγομένην, καὶ δείκνυταί τινα σύμβολα, καὶ βωμὸς Ὀδυσσέως, καὶ αὐτὸς ὁ καρπός. Πολὺ γάρ ἐςι τὸ δένδρον ἐν αὐτῇ τὸ καλέμενον λωτόν, ἔχον ἥδιςον καρπόν· πλείες δ' εἰσὶν ἐν αὐτῇ πολίχναι, μία δ' ὁμώνυμος τῇ νήσῳ· καὶ ἐν αὐτῇ δὲ τῇ Σύρτει πολίχναι τινές εἰσι. Κατὰ δὲ τὸν μυχὸν ἐςι παμμέγεθες ἐμπορεῖον, ποταμὸν ἔχον ἐμβάλλοντα εἰς τὸν κόλπον. διατείνει δὲ μέχρι δεῦρο τὰ τῶν ἀμπώτεων πάθη καὶ τῶν πλημμυρίδων, καθ' ὃν καιρὸν ἐπὶ τὴν θήραν τῶν ἰχθύων ἐπιπηδῶσιν οἱ πρόσχωροι κατὰ σπεδὴν θέοντες. * * * εἶτ' (p. 1192. A.) ἄκρα ὑψηλὴ καὶ ὑλώδης, ἀρχὴ τῆς μεγάλης Σύρτεως, καλῦσι δὲ Κεφαλάς· εἰς ταύτην δὲ τὴν ἄκραν ἐκ Καρχηδόνος, ςάδιοι εἰσὶ μικρῷ πλείες τῶν πεντακισχιλίων. Ὑπέρκειται δὲ τῆς ἀπὸ Καρχηδόνος παραλίας μέχρι Κεφαλῶν, καὶ μέχρι τῆς Μασσαισυλίων καὶ τῶν Λιβοφοινίκων γῆς, μέχρι τῆς τῶν Γαιτύλων ὀρεινῆς, ἤδη Λιβυκῆς ὄσης. Ἡ δ' ὑπὲρ τῶν

Extraits de STRABON.

Γαιτύλων ἐςὶν ἡ τῶν Γαραμάντων γῆ παράλληλος ἐκείνοις, ὅθεν οἱ Καρχηδόνιοι κομίζονται λίθοι· τοὺς δὲ Γαράμαντας ἀπὸ τῶν Αἰθιόπων, καὶ τῶν παρωκεανιτῶν ἀφεςάναι φασὶν ἡμερῶν ἐννέα, ἢ καὶ δέκα ὁδόν· τῇ δὲ Ἄμμωνος καὶ πεντεκαίδεκα. Μεταξὺ δὲ τῆς Γαιτύλων καὶ τῆς ἡμετέρας παραλίας, πολλὰ μὲν πεδία, πολλὰ δὲ ὄρη καὶ λίμναι μεγάλαι καὶ ποταμοὶ, ὧν τινὲς καὶ καταδύοντες ὑπὸ γῆς ἀφανεῖς γίνονται· λιτοὶ δὲ σφόδρα τοῖς βίοις εἰσὶ καὶ τῷ κόσμῳ· πολυγύναικες δὲ καὶ πολύπαιδες, τἆλλα δὲ ἐμφερεῖς τοῖς Νομάσι τῶν Ἀράβων, καὶ ἵπποι δὲ καὶ βόες μακροχειλότεροι τῶν παρ᾽ ἄλλοις· ἱπποφόρβια δ᾽ ἐςὶν ἐσπυδασμένα διαφερόντως τοῖς βασιλεῦσιν, ὥςε καὶ ἀριθμὸν ἐξετάζεσθαι πώλων κατ᾽ ἔτος εἰς μυριάδας δέκα.

A lie eſt le païs des *Garamantes*, parallèle à celle-là, d'où l'on apporte des Emeraudes. On dit qu'il y a neuf journées des *Garamantes* aux *Ethiopiens* & aux autres Nations qui habitent le long de l'Ocean, & quinze juſqu'à *Ammon*. La *Gétulie* eſt ſeparée de notre côte par de vaſtes plaines, de hautes montagnes, de grands Lacs & des fleuves, dont il y en B a quelques-uns qui ſe perdent dans les ſables. Ces peuples menent une vie fort frugale & éloignée de tout faſte: la polygamie eſt en vogue chez eux, & ils ont d'ordinaire beaucoup d'enfans; au reſte ils reſſemblent aſſez aux *Arabes Nomades*. La corne des pieds de leurs chevaux & de leurs bœufs eſt plus longue que celle des animaux de cette eſpece dans d'autres païs. Leurs Rois s'appliquent particulierement à avoir de beaux haras, & après une exacte recherche, on compte qu'il y vient tous les ans une centaine de mille de poulains.

IV.

EXTRAITS DE PTOLOMÉE.

Extraits de PTOLOMÉE.
Liv. IV.

Ἔκθεσις τῆς ὅλης Λιβύης κατὰ τὰς ὑποκειμένας Ἐπαρχίας ἢ Σατραπείας.
   Μαυριτανίαν Τιγγιτανήν.
* Μαυριτανίαν Καισαρηνσίαν.
* Νεμηδίαν.
* Ἀφρικήν.
   Κυρηναϊκήν.
   Μαρμαρικήν.
* Τὴν ἰδίως Λιβύην.
   Αἴγυπτον.
* Τὴν ὑπὸ τὰς εἰρημένας ἐπαρχίας ἐντὸς Λιβύην.
   Τὴν ὑπὸ τὴν Αἴγυπτον Αἰθιοπίαν.
   Τὴν ὑπὸ ταύτας ἐντὸς Αἰθιοπίαν.

Deſcription de toute l'*Afrique* ſelon ſes Provinces ou Satrapies.
   La *Mauritanie Tingitane*.
——— La *Mauritanie Céſarienne*.
——— La *Numidie*.
——— L'*Afrique*.
   La *Cyrenaïque*.
   La *Marmorique*.
——— Celle qui s'appelle proprement la *Libye*.
D L'*Egypte*.
——— La *Libye intérieure*, compriſe ſous les ſuſdites Provinces.
L'*Ethiopie*, qui eſt ſous l'*Egypte*.
L'*Ethiopie intérieure*, compriſe ſous les ſuſdites Provinces.

• • • • • • • • • • • •

SITUA-

DE PREUVES.

SITUATION DE LA MAURITANIE CESARIENNE.

Extrait de Ptolomée.

La *Mauritanie* furnommée *Céfarien-* ne, eft bornée à l'Occident par le fusdit côté de la *Mauritanie Tingitane*. Elle a au Nord la Mer de *Sardaigne*, le long de laquelle elle s'étend, depuis les embouchures du fleuve *Malva*, jufqu'à celles de l'*Ampſaga*. En voici la defcription.	A	Η Μαυριτανία ἡ Καισαρηνσία περιορίζεται ἀπὸ μὲν δύσεως, [τῇ εἰρημένῃ ᵃ] πλευρᾷ Τίγγιτανῆς Μαυριτανίας. Ἀπὸ δὲ ἄρκτων, τῷ Σαρδώῳ πελάγει, κατὰ τὴν ἀπὸ Μαλϐα ποτ. ἐκϐολὴν, μέχρι Ἀμψάγα ποταμῦ ἐκϐολῶν παράλιον. ᵇ Ἧς ἡ περιγραφὴ ἔχει ἔτως.	Chap. II.

Près des embouchures du fleuve Malva.	11 : 10 : 34 : 10	Μετὰ τὰς τῶν Μαλϐα ποταμῦ ἐκϐολὰς ᶜ ια ϛ. λδ ϛ
Le grand promontoire.	11 : 30 : 35 : —	B Μέγα ἀκρωτήριον ια κ. λε.
Le port Gypfaria.	11 : 50 : 34 : 45	Γυψάρα ᵈ λιμὴν ια λγ. λδ λδ
La ville de Siga, colonie.	12 : — : 34 : 40	Σίγα πόλις, Κολωνία ιϐ λδ γο
Les embouchures du fleuve Siga.	12 : 15 : 34 : 40	Σίγα ποτ. ἐκϐολαὶ ιϐ δ. λδ ᵉγ
Les embouchures du fleuve Affara.	12 : 30 : 34 : 30	Ἀσσάρα ποτ. ἐκϐολαὶ ιϐ κ. λδ κ
Portus magnus, ou le grand port.	12 : 45 : 34 : 30	Πόρτος μάγνος ιϐ κδ. λδ κ
Les embouchures du fleuve Chilemath.	13 : — : 34 : —	Χυλημάθ ποτ. ἐκϐολαὶ ιγ λδ
La colonie de Quiza.	13 : 20 : 34 : —	C Βϐιζα ᶠ Κολώνια ιγ γ. λδ
Le port des Dieux.	13 : 30 : 33 : 45	Θεῶν λιμὴν ιγ κ. λγ ᵍκ
La colonie d'Arfenaria.	13 : 50 : 33 : 50	Ἀρσεναρία Κολώνια ιγ κγ. λγ κγ
Les embouchures du fleuve Cartennus.	14 : 15 : 33 : 40	Καρτένς ποτ. ἐκϐολαὶ ʰιγ δ. λγ γο
Cartennes.	14 : 50 : 33 : 40	Καρτένναι ιδ ⁱκγ. λγ γο
Carepule.	14 : 30 : 33 : 40	Καρήϐυλα ᵏιδ δ. λγ ˡγ
Carcome.	15 : 10 : 33 : 30	Καρκώμη ιδ ϛ. λγ ᵐκ
		Lagnu- Λά-

(a) C'eſt-à-dire ſuivant le Méridien des embouchures du fleuve *Malva*, dont la poſition eſt 11 : 10 : 34 : 10, juſqu'à ſa fin, qui eſt à 11 : 40 : 26 : 15. Voyez *Chap. I*.
(b) Dans les Manufcrits il y a παράλιαν.
(c) Voyez la Note (a) & le Chap. I. qui y eſt cité.
(d) Dans le Manufcrit *Palatin*, & preſque dans toutes les Editions on trouve Γυψαρία, *Gypfaria*.
(e) Dans les Manufcrits & dans quelques Editions il y a γο, & dans l'Edition de *Servetus*, 30.
(f) Dans le Manufcrit *Palatin* on lit Κυίζα, & dans les Editions *Latines*, *Quiza*.
(g) Les Manufcrits & toutes les Editions portent κ. δ.
(h) Dans les Manufcrits & dans les Editions ιδ. & au lieu de Καρτίνναι, qui ſuit, on y trouve Καρτίννα.
(i) Dans les Manufcrits κ.
(k) Dans les Manufcrits & dans les Editions ιδ : κ : λγ : γο.
(l) Ibid. ιι.
(m) Ibid. κ.

20 EXTRAITS SERVANT

Extraits de Pro- LOMÉE.	Λάγνυτον	ᵃιδ	ᵇς. λγ	ᶜγ A	Lagnutum.	15:30:33:20
	Ἀπόλλωνος ἄκρον	ιε	ᵈς. λγ	ᵉς	Le promontoire d'Apollon.	15:30:33:40
	Κάςρα Γερμανῶν	ιε	ᶠς. λγ	8ς	Castra Germanorum, ou le Camp des Germains.	15:50:33:10
	Κανακκὶς	ις	ς. λγ	ʰς	Canuccis.	16:10:33:10
	Χινάλαφ ἱ ποτ. ἐκβολαὶ	ις	ᵏγ. λγ	ις	Les embouchures du fleuve Chinalaph.	16:40:33:20
	Ἰὼλ Καισάρεια	ιζ	λγ	γ	Iol Céfarée.	17:—:33:20
	Τίπασα	ιζ	ᵐς. λγ	ⁿγ	Tipafe.	17:30:33:30
	Οὐία	ιζ	ᵒγ. λγ	ᵖς B	Via.	17:40:33:—
	Ἰκόσιον	ιη	λγ		Icosium.	18:—:33:—
	Σαύε ποτ. ἐκβολαὶ	ιη	ς. λγ	ᵠ	Les embouchures du fleuve Savus.	18:10:33:20
	Ῥυςόνιον	ʳιη	ς. λγ		Ruftonium.	18:30:32:45
	Ῥυςίκιβαρ	ιη	ˢδ: λ6	δ	Ruficibar.	18:45:32:50
	Μοδάγγα	ιθ	ᵗς. λ6 ᵛγιε		Modunga.	19:10:32:25
	Σέρβητος ποτ. ἐκβολαὶ	ιθ	ˣς. λ6	ς	Les embouchures du fleuve Serbetes.	19:30:32:50
	Κισσὴ	ιθ	ʸδ. λ6	ᶻς	Cifle.	19:45:32:50
	Ἀδδύμη	κ	λ6	ᵃᵃς C	Addume.	20:—:32:50
	Ῥυςυκκόραι	κ	δ. λ6	ᵃᵃδ	Rufuccores.	20:15:32:45
	Ἰόμνιον	ᵇᵇκ.ς	λ6	δ	Iomnium.	20:30:32:45

Ρυ-   Rufu-

(a) Dans les Manufcrits & dans les Editions, ιι.
(b) Ibid. ιξ.
(c) Dans les Manufcrits γο, & dans les Editions de *Munfterus* & de *Servetus* 30.
(d) Dans les Manufcrits & dans les Editions ιξ.
(e) Ibid. γο.
(f) Ibid. ιξγ, excepté l'Edition de *Scotus*; qui porte 30. & qui, au lieu de ς dans la même colonne à l'article de *Canuccis* qui fuit immédiatement, dit aussi 30.
(g) Dans les Manufcrits ιξις, dans l'Edition de *Rome* 25, & dans celles de *Munfterus* & de *Servetus* 35.
(h) Dans l'Edition de *Servetus* 30.
(i) Dans le Manufcrit *Palatin* Χιναλδφ.
(k) Dans les Manufcrits & dans les Editions γο.
(l) Ibid. γ.
(m) Ibid. ιξ.
(n) Ibid. ιξ. mais dans l'Edition de *Mercator* il n'y a rien du tout.
(o) Dans les Manufcrits & dans les Editions γο.
(p) Ce chifre ne fe trouve point dans les Manufcrits ni dans les Editions.
(q) Dans les Manufcrits & dans les Editions γ. dans celle de *Scotus* 32:45.
(r) Dans les Manufcrits & dans les Editions ιι: ιξ: λς: ιξδ.
(s) Ibid. ιξδ:λς :ιξγ.
(t) Dans les Manufcrits ιξ.
(v) Dans l'Edition de *Servetus* 55.
(x) Dans les Manufcrits ιξ :λς:ιξγ.
(y) Ibid. ιξγ.
(z) Ibid. ιξγ.
(aa) Ibid. ιξδ.
(bb) C'eft une faute dans l'Edition de *Bert.* car dans les autres, & dans les Manufcrits il y a κ:ιξ :λς:ιξδ. & dans l'Edition de *Paris* κ:ς.

DE PREUVES.

Rufubefer.	20:15:32:40	A Ρεσεβησὴρ	ᵃκδ	λε	ᵇγ	Extraits
Rufazus.	21:—:32:40	Ρεσαζες	κα	λε	ᶜγ	de Pto-
Vabar.	21:10:32:30	Οὔαβαρ	κα	ᵈϛ λε	ᵉγ	lomée.
La colonie de Saldes.	22:—:32:30	Σάλδαι Κολώνια	κϛ	λε	ᶠϛ
Les embouchures du fleuve Nafava.	22:10:32:30	Νασαύα ποτ. ἐκβολαί			
Chobat.	22:40:32:20	Χωβὰτ	κϛ	ϛϛ λε	ʰϛ
Les embouchures du fleuve Sifar.	23:—:32:15	Σίσαρος ποτ. ἐκβολαί	κγ	λε	δ
Iarfath.	23:20:32: 5	Ιαρσὰθ	κγ γ. λε	ιϛ
Le promontoire d'Audum.	23:20:32:20	B Αὔδον ἄκρον	κγ ᵏγ. λε	ˡγ
Et dans le GOLFE DE NUMIDIE.		Καὶ ἐν ΝΟΤΜΗΔΙΚΩ ΚΟΛΠΩ.			
Les embouchures du fleuve Audus.	23:50:32:—	Αὔδε ποτ. ἐκβολαί	κγ ᵐϛ. λε	
Igilgili.	24:—:32:—	Ιγιλγίλει	κδ	ⁿλε	
Les embouchures du fleuve Gulus.	24:20:31:50	Γέλε ποτ. ἐκβολαί	κδ ᵒγ. λα	ᵖϛ
Afifarath.	25:10:31:45	Ασισάραθ ᵠ	ᵗκε	λα	δ
Les embouchures du fleuve Ampfaga.	26:15:31:45	C Αμψάγα ποτ. ἐκβολαί	ᵗκϛ	λα	δ
Les fources du même.	26:—:26:—	Αἱ πηγαὶ τῦ ποτ.	ᵗκϛ	κϛ	
Vers l'Orient l'Afrique est terminée par le fleuve Ampfaga, jufques à l'endroit dont la pofition eft		Ἀπὸ δὲ ἀνατολῶν τῆ τῆς Ἀφρικῆς ˅ κατὰ τὸν Ἀμψάγα ποταμόν μέχρι πέρατος,			ἡ θέ-

(a) Dans l'Edition de *Paris* κ:ς. dans celle de *Munfterus* 20:45. & ce κς eft une faute dans celle de *Bert*.
(b) Dans les Manufcrits & dans les Editions γο.
(c) Ibid. γο.
(d) Dans les Manufcrits & dans les Editions de *Scotus* & de *Servetus* 30. dans l'Edition de *Munfterus* 20.
(e) Dans les Manufcrits & dans les Editions ℔.
(f) Ibid. ℔.
(g) Dans les Manufcrits γ, & dans l'Edition de *Servetus* 30.
(h) Dans les Manufcrits & dans les Editions ℔.
(i) Ibid. γο.
(k) Dans l'Edition de *Servetus* 40.
(l) Ce chifre ne fe trouve pas dans les Manufcrits, & dans l'Edition de *Servetus* il y a 15.
(m) Dans les Manufcrits & dans les Editions ℔γ.
(n) Ibid. λα:℔δ, & dans l'Edition de *Scotus* 32:0.
(o) Dans l'Edition de *Servetus* 40.
(p) Dans les Manufcrits & dans les Editions ℔γ.
(q) Dans le Manufcrit *Palatin* Ἀσσέραθ.
(r) Dans les Manufcrits & dans les Editions κι:ϛ:λα:℔δ.
(s) Ibid. ιϛ:δ:λα:℔δ.
(t) Dans les Manufcrits κϛ:—:℔γ, dans quelques Editions 26:—:30, & dans celle de *Servetus* 26:50:31:35.
(v) Dans le Manufcrit *Palatin* τῆ Ἀρεικῆ.

Extraits de PTO-LOMÉE.

ὅ θέσις ἐπέχει μοίρας κζ ᵃκγ. κϛ				A est de		27:50:26:—	
Ἀπὸ δὲ μεσημβρίας τοῖς παραχειμένοις Λιβυκοῖς ἔθνεσι κατὰ τὴν ἐπιζευγνύσσαν ὑπὲρ τὴν Γαιτυλίαν τὰ νότια πέρατα γραμμήν.				Du côté du Midi elle est bornée par les peuples de *Libye*, auprès de la ligne qui, au dessus de la *Gétulie*, joint les frontieres méridionales.			
Ὄρη δέ ἐςιν ἐν τῇ ἐπαρχίᾳ κατωνομασμένα τό τε,				Voici quelles font les principales montagnes de cette Province.			
Δέρδον ὄρος, ὅ τὸ μὲν ἀνατολικὸν ἐπέχει μοίρας	ιε	κθ	ℒ	Le mont **Durdus**, dont la partie orientale est à.	15:—:29:30		
Τὸ δὲ δυτικὸν	ι	κθ	ℒ B	Et sa partie occidentale à.	10:—:29:30		
Καὶ τὸ Ζάλακον ὄρος	ιϛ	λα	ᵇγ	Le mont **Zalacus**.	16:—:31:40		
Καὶ τὰ Γάραφα ὄρη	ιϛ	κη	γο	Les monts **Garaphes**.	16:—:28:40		
Καὶ τὸ Μαλεθούβαλον ᶜ ὄρος, ὅ τὰ πέρατα ἐπέχει μοίρας	ᵈιγ	ᵉκϛ	γο	Le mont **Malethubalus**, qui commence à	13:—:26:40		
Καὶ ἔτι μοίρας	ιζ	ℒ. ᶠκϛ	γ	Et finit à	17:30:26:20		
Καὶ τὸ Κεννάβα ὄρος	ειϛ	ᵍϛ. κϛ	ℒ	Le mont **Cinnaba**.	16:10:26:30		
Καὶ τὸ Ἡρων ʰ ὄρος	ⁱκϛ	λα		Le mont **Herun**.	20:30:31:—		
Καὶ τὸ Φρύραισον ὄρος, ὅ τὰ ἄκρα ἐπέχει μοίρας	ιη	κϛ. κη	ⁱϛ	C Le mont **Phruræsus**, qui commence à	18:30:28:40		
Καὶ ἔτι	κα	κϛ	ᵐϛ	Et finit à	21:—:26:30		
Καὶ ὁ Γάρας ὄρος	ⁿκϐ	κϛ		Le mont **Garas**.	23:—:28:—		
Καὶ τὸ Οὐάλυα ὄρος	ᵒκγ	κη		Le mont **Valva**.	22:—:26:—		
Καὶ τῇ Βύζαρα τὰ δυτικά, ὧν θέσις	κε	κε	ᵖϛ	La partie occidentale du mont **Buzara**, qui commence à	25:—:25:30		
q Καὶ ἔτι	κη	κζ		Et finit à	28:—:27:—		
Κατέχουσι δὲ τῆς ἐπαρχίας τὰ μέρη τὰ μὲν πρὸς δυσμὰς ΕΡΠΙΔΙΤΑΝΟΙ ὑπὸ				La partie occidentale de la Province est habitée par les HERPIDITANES,			

(a) Le chifre de cette colomne ne se trouve point dans les Manuscrits, & dans les Editions de *Scotus* & de *Rome* il y a 26 : 30.
(b) Dans les Manuscrits & dans les Editions γο.
(c) L'Edition de *Bâle* porte Μαλιθύβαλοι, celle de *Munsterus*, *Madetbubadus*, & celle de *Mercator*, *Mardetbubadus*.
(d) Dans les Manuscrits κγ.
(e) Dans l'Edition de *Rome* 29.
(f) Ibid. 29.
(g) Dans les Manuscrits ιϛ:—:κϛ:—, & dans l'Edition de *Servetus* 19:30:26:0.
(h) Dans les Editions de *Servetus* & de *Munsterus* il y a *Byren*.
(i) C'est à tort que l'Edition de *Bert.* met ici κϛ, car dans les Manuscrits & dans les autres Editions on trouve κ : ℒ.
(k) Dans les Manuscrits & dans les Editions ℒ.
(l) Ibid. γο.
(m) Ibid. ℒ.
(n) Ibid. κγ : κη.
(o) Ibid. κϛ : κϛ.
(p) Ibid. ℒ.
(q) Ces mots avec les chifres qui suivent manquent dans l'Edition de *Bert.*

NES, qui demeurent au pied des montagnes qu'on appelle *Chalcorychiennes*; & au deſſous de ceux-ci les TELADUSIENS & les SORES: enſuite les MASAISYLIENS, dont le païs tire plus vers le Midi que celui des SORES; & au deſſous des MASAISYLIENS ſont les DRYITES. Au-delà du mont *Durdus* on trouve les ELULIENS, les TOLOTES & les NACMUSIENS, qui s'étendent juſques aux montagnes *Garaphes*.

A l'Orient des TELADUSIENS, juſques aux embouchures du fleuve *Chinalaph*, habitent les MACHUSIENS, au deſſous deſquels eſt le mont *Zalacus*. Au-delà de cette montagne on trouve les MAZICES, & enſuite les BANTURARES. Les NACUENSIENS, les MYCENES & les MACCURES demeurent le long des monts *Garaphes*, & les NABASES de l'autre côté du mont *Cinnaba*.

Les MACHUREBES habitent la côte qui eſt au Levant du mont *Zalacus*; après ceux-ci les TULINSIENS, enſuite les BANIURES, plus loin encore les MACHURES, & enfin les SALAMPSIENS & les MALCHUBIENS.

Les TULINSIENS ont pour voiſins à l'Orient les MUCONES & les CHITUES, dont le païs s'étend juſqu'au fleuve *Ampſaga*. Au deſſous des derniers habitent les CEDAMUSIENS, & plus loin encore les DUCES, près des ſources de l'*Ampſaga*.

Voici les Villes ſituées dans l'intérieur du païs.

Vasbaria.	12:30:34:—	Οὐασβαρία
Celama.	12:10:33:30	Κελαμὰ
Urbara.	12:50:33:30	Οὐρβάρα
Lanigara.	12:—:33:—	Λανιγάρα
Le bourg Villa.	12:40:32:—	Οὔλλα κώμη
	Atoa.	Ἄλταα

A ὑπὸ τὰ καλέμενα Χαλκωρύχια· ὑφ' ἃς ΤΕΛΑΔΟΤΣΙΟΙ, εἶτα ΣΩΡΑΙΟΙ; ὧν μεσημβρινώτεροι ΜΑΣΑΙΣΙΛΙΟΙ, (*Pal.* ΜΑΣΑΙΣΤΛΟΙ) ὑφ' ἃς ΔΡΤΙΤΑΙ· εἶτα μετὰ τὸ Δύρδον ὄρος ΗΛΟΤΛΙΟΙ καὶ ΤΩΛΩΤΑΙ καὶ ΝΑΚΜΟΤΣΙΟΙ μέχρι τῶν Γαραφῶν ὀρέων.

Τῶν δὲ ΤΕΛΑΔΟΤΣΙΩΝ εἰσιν ἀνατολικώτεροι μέχρι τῶν ἐκβολῶν τῦ Χιναλαφ ποταμῦ ΜΑΧΟΤΣΙΟΙ, ὑφ' ἃς τὸ Ζάλακον ὄρος· καὶ μετὰ τῦτο ΜΑΖΙΚΕΣ. εἶτα ΒΑΝΤΟΤΡΑΡΟΙ καὶ ὑπὸ τὰ Γάραφα ὄρη ΝΑΚΟΤΗΝΣΙΟΙ καὶ ΜΥΚΙΝΟΙ καὶ ΜΑΚΚΟΤΡΑΙ, καὶ ὑπὸ μὲν τὸ Κίνναβα ὄρος C ΝΑΒΑΣΟΙ.

Ἀνατολικώτεροι δὲ τῦ Ζαλάκυ ὄρυς ἐπὶ θαλάσσῃ ΜΑΧΟΤΡΗΒΟΙ, ὑφ' ἃς ΤΟΤΛΙΝΣΙΟΙ, εἶτα ΒΑΝΙΟΤΡΟΙ, ὑφ' ἃς ΜΑΧΟΤΡΕΣ, εἶτα ΣΑΛΑΜΨΙΟΙ καὶ ΜΑΛΧΟΤΒΙΟΙ.

D Πάλιν δὲ ἀνατολικώτεροι μὲν τῶν ΤΟΤΛΙΝΣΙΩΝ, ΜΟΤΚΩΝΟΙ καὶ ΧΙΤΟΤΑΙ, μέχρι τῦ Ἀμψάγα ποταμῦ· ὑπὸ δὲ τύτες ΚΟΙΔΑΜΟΤΣΙΟΙ, εἶτα ΔΟΤΚΑΙ, παρὰ τὰς πηγὰς τῦ Ἀμψάγα ποταμῦ.

Πόλεις δὲ εἰσιν ἐν τῇ ἐπαρχίᾳ μεσόγειοι αἵδε,

ιϛ	ʹϛ	λδ
ᵇιϛ		λγ ϛ
ᶜιϛ	ϛ	λγ ϛ
ιϛ		λγ
ιϛ	ᵈγ	λϛ ᵉϛ

Extraits de Ptolomée.

(a) Dans les Manuſcrits & dans les Editions *Κ*.
(b) Ibid. ιϛ: ϛ: λγ: *Κ*.
(c) Ibid. ιϛ: *Κ*γ: λγ: *Κ*.
(d) Ibid. γο.
(e) Ce dernier chifre ne ſe trouve, ni dans les Manuſcrits ni dans les Editions.

Extraits de Pto- loméé.	Ἄλταω [a]	ιϚ	bϚ. λα	ϚA	Atoa.		12:30:31:10
	Μνιάρα	ιϚ	ϚΟ. λ	dϚ	Mniara.		12:50:33:10
	Τιμίκη	ιγ	⦁γ. λγ	Ϛ	Timice.		13:50:33:10
	Ἀϛακιλικὶς [f]	ιγ	γ. λγ	Ϛ	Astacilis.		13:20:33:10
	Ἀρίνα	ιγ	ϚϚ. λ	hϚ	Arina.		13:10:30:50
	Ῥιτία [i]	ιδ	λ	kϚ	Ritia.		14:—:30:50
	Οὐικτωρία	ιδ	Ϛ. mλγ		Victoria.		14:30:32:20
	Γιτλύι [n]	ιδ	οϚ. λϚ	οϚ	Gitlui.		14:30:32:30
	Βυνοβώρα	ιδ	οϚ. λα	οϚ	Bunobora.		14:30:31:30
	Οὐάγαι	ιε	δ. Ρλα	Ϛ	Vagæ.		15:15:30:45
	Μαναιάναν [q]	ιε	ιϚ. κη	ιϚ B	Maniana.		15:50:28:50
	Ἀπφαρ	ιδ	⦁γ. λγ	tγ	Apfar.		14:20:33:20
	Ὀπτιδόνεον κολώνια				La colonie Oppido-		
	▽	ιϚ	λϚ	xγ	neum.		16:—:32:40
	Βύρκα	yιϚ	Ϛ. λδ		Burca.		16:10:33:—
	Τάρρου	ιϚ	δ. λ		Tarrum.		16:15:30:—
	Γάρρα	zιϚ	Ϛ. λϚ	aaϚ	Garra.		16:10:32:50
	Βαχάμβαροι [bb]	ccιϚ	λϚ	γ	Zucchabbari.		16:50:32:40
	Ἰραθ	ιζ	λϚ		Irath.		17:—:32:—
	Τένισσα	ιζ	dd Ϛ. λα	Ϛ	Tenissa.		17:50:31:10
	Λάμιδα	eeιη	Ϛ. λϚ	γ	Lamida.		18:10:32:20
	Οὐά-						Vasa-

(a) Dans les Manuscrits & dans les Editions on lit (*Atoa*) Ατόα.
(b) Ibid. ℒ.
(c) Dans les Manuscrits ιϚ:ℒγ:λγ:Ϛ. & dans les Editions 12:50:33:0.
(d) Ce chifre manque dans l'Édition de *Servetus*.
(e) Quelques Editions portent 30. & d'autres 50.
(f) On lit dans plusieurs Editions *Astacilis*.
(g) Dans l'Edition de *Servetus* 30.
(h) Dans les Manuscrits & dans les Editions ℒγ.
(i) Dans le Manuscrit *Palatin* & autres (*Aripa*) Ἀρίπα.
(k) Dans les Manuscrits & dans les Editions ℒγ.
(l) Dans les Manuscrits ιδ:ℒ:λιγ. & dans les Editions 14:30:32:20.
(m) Les chifres des deux dernieres colomnes dans l'Edition de *Servetus* sont 32:20.
(n) *Giglua* dans quelques Editions.
(o) Au lieu des chifres de la seconde & de la derniere colomne de cet article & du suivant, on trouve dans les Manuscrits & dans les Editions ℒ.
(p) Ibid. pour les deux dernieres colomnes λ:ℒδ.
(q) Les Editions portent Μανιαίτα.
(r) Les Manuscrits & les Editions ont pour chifre de la seconde & de la quatrième colomne ℒγ.
(s) Dans l'Edition de *Servetus* 40.
(t) Dans les Manuscrits γδ.
(v) Quelques Editions portent *la colonie d'Oppidum novum*.
(x) Dans les Manuscrits & les Editions γϚ.
(y) Dans les Manuscrits ιϚ:ℒγ:λ:ℒδ, dans quelques Editions 16:50:30:50, celle de *Scotus* porte 15, & celle de *Rome* 45. au lieu de ℒδ.
(z) On lit 15. dans l'Edition de *Servetus*.
(aa) Dans les Manuscrits & les Editions ℒγ.
(bb) Dans le Manuscrit *Palatin* & quelques autres Ζαχάββαρι.
(cc) Dans les Manuscrits & dans les Editions ιϚ:ℒγ:λϚ:γ.
(dd) Ibid. ℒγ.
(ee) Dans les Manuscrits ιη:ℒ:λα:ℒ. dans l'Edition de *Servetus* 18:30:31:20.

DE PREUVES.

Vasana.	18:20:31:40 A	Οὐάσανα	ιη	γ.	λα	ªγ	Extraits
Casmara.	18:10:30:50	Κασμάρη	ιη	ϛ.	λ	ᵇϛ	de Pto-
Binsitta.	18:30:30:40	Βινσίττα	ιη	ϛ.	λ	ᵈγ	LOMÉE.
Tigava.	18:50:30:10	Τιγαῦα ᵉ	ιη	fϛ.	λ	ϛ	
Nigilgia.	18:15:30:15	Νιγίλγια	ιη	δ.	λ	δ	
Thistizima.	18:10:29:10	Θισίζιμα	ιη	gϛ.	κθ	gϛ	
Chozala.	18:40:32:30	Χόζαλα ʰ	ιζ	γ.	λϛ	ϛ	
La colonie Aquæ calidæ.	18:—:32:10	Ὕδατα θερμὰ ᵏ	ιη		ⁱλϛ	ϛ	
Phloryia.	19:20:31:40	Φλωρύια	ιθ	γ.	λα	ᵐϛ	
Oppidium.	19:10:31:10	Ὀππίδιον	ⁿιθ		λα	γ	
Laudia.	19:50:29:50 B	Λαυδία ᵒ	ιθ	pσ.	κθ	qϛ	
Tucca.	20:—:31:30	Τȣκκα	κ		λα	ʳϛ	
Badel.	20:—:31:45	Βάδελ ˢ	κ		ᵗλα		
Gasmara.	18:—:32:40	Γάσμαρα	ιη		λϛ	ᵛγ	
La colonie de Bida.	18:30:32:10	Βίδα κολώνια	ιη	ˣϛ.	λϛ	ϛ	
Symitha.	20:20:32:15	Σύμιθα	κ	γ.	λϛ	δ	
Thibinis.	21:—:31:10	Θιβινὶς	κα		λα	ʸϛ	
Izatha.	21:—:30:20	Ζαθα	ᶻκα		ᵃᵃλγ		
Auximis.	21:—:29:30	Αὐξιμὶς	κα		κθ	ᵇᵇϛ	
	Et				Καὶ		

(a) Dans les Manuscrits & dans les Editions ϳο.
(b) Ibid. ℒγ.
(c) Ibid. ℒ.
(d) Ibid. γο.
(e) Dans les Editions *Pigava*.
(f) Dans les Manuscrits & dans les Editions ℒγ.
(g) L'Edition de *Scotus* porte 30. au lieu de ϛ dans l a seconde & quatrième colomne.
(h) Dans le Manuscrit *Palatin* on lit Χο.ζαλα, & dans quelques Editions *Cbizala*.
(i) Dans les Manuscrits & dans les Editions ιη:ϳο:λϛ:ℒ, excepté celle de *Scotus*, où le premier chifre est 17.
(k) Le Manuscrit *Palatin* & autres ajoutent Κολώνια.
(l) Dans l'Edition de *Servetus*. 31.
(m) Dans les Manuscrits & les Editions γο.
(n) Ibid. ιθ:ϛ:λα:ϛ.
(o) Dans l'Edition de *Munsterus*, *Labdia*.
(p) Ce σ est peut-être une faute, & je crois qu'il y faut substituer ϛ, comme il y a dans l'Edition de *Bert.*, quoique dans toutes les autres & dans les Manuscrits il y ait ℒγ.
(q) Dans les Manuscrits & dans les Editions ℒγ.
(r) Ibid. ℒ.
(s) Dans le Manuscrit *Palatin* Βάδλα.
(t) Dans les Manuscrits & dans quelques Editions λα:ℒδ. & dans l'Edition de *Servetus* 30:45.
(v) Ibid. γο.
(x) Ibid. ℒ.
(y) Ce dernier chifre n'est point dans les Manuscrits, ni dans l'Edition de *Servetus*.
(z) Dans les Manuscrits & dans les Editions κα.
(aa) C'est à tort que dans l'Edition de *Bert.* on joint les deux chifres λγ, parce que dans les Manuscrits & dans les autres Editions ils sont separés de cette manière λ:γ.
(bb) Ibid. ℒ.

Tome II.

EXTRAITS SERVANT

Extraits de Ptolomée.

Καὶ παρὰ τὰς τοιφοιμβίȣ * ποταμȣ̃ A			Et près des sources du fleuve *Phœmius*, qui se décharge dans le *Savus*,			
πηγὰς ὃς συμβάλλει τῷ Σαύῳ ποταμῷ,						
Σȣβȣργια	κα	κη	γ	Suburgia.	21 : — : 28 : 20	
Καὶ πάλιν ἀπ' ἄλλης ἀρχῆς πόλεις αἵδε,				Commençant ensuite d'un autre côté, on trouve les villes suivantes :		
Θȣδάκα	b,θ	ϛ.	λϛ	ϛ	Thudaca. -	20 : 50 : 31 : 20
Τιγὶς	ιθ	ℒ.	λϛ	ℒ	Tigis.	19 : 30 : 32 : 30
Τȣράφιλον	κα	γ.	λα	eδ	Turaphilum.	21 : 20 : 31 : 15
Σȣδαύα	κϛ	γ.	λϛ		Sudava.	22 : 20 : 32 : —
Τȣσιάγαθ	κϛ	γ.	λα	dϛ	Tusiagath.	22 : 20 : 31 : 30
Οὐσσάρα	κϛ		λ	eγ B	Ussara.	22 : — : 30 : 40
Οὐζαγάδα f	κϛ	ϛϛ.	λ	ϛ	Vazagada.	22 : 30 : 30 : 10
Αὔζινα h	κϛ	ϛ.	κθ	iγ	Auzia.	22 : 10 : 29 : 40
Τȣβȣσȣπτος	kκϛ	δ.	λα .	γ	Tubusuptus.	23 : 45 : 31 : 20
Ροβόνδα	κγ	γ.	λα	γ	Rhobonda.	23 : 20 : 31 : 20
Αὖσον	κγ		lλγ		Ausum.	23 : — : 30 : 40
Ζάρατθα	mκγ	ϛ.	λ	ϛ	Zarattha.	23 : 30 : 30 : 30
Ναβάβȣρον	κγ		λ		Nababurum.	23 : — : 30 : —
Οὐίτακα	κγ	nδ.	κθ	oϛ	Vitaca.	23 : 45 : 29 : 30
Θȣβȣνα	κγ	pϛ.	κη	qϛ	Thubuna.	23 : 50 : 28 : 30
Θαμαρίτα	κγ	ϛ.	κζ	δ C	Thamarita.	23 : 10 : 27 : 15
Αὔγαλα	κδ	tγ.	λα	γ	Augala.	24 : 50 : 31 : 20
Σȣ́πτȣ	κδ	sϛ.	λ	tδ	Suptu.	24 : 20 : 30 : 45
Ἴππα	κδ	vϛ.	λ	xϛ	Ippa.	24 : 10 : 30 : 10
Οὐαμίκελα y	zκϛ		λ		Vamiceda.	25 : 10 : 30 : —

Σίτι-   La

(a) Quelques Editions portent *Phæmii*, & il est probable qu'au lieu de Τειφοιμβίȣ il faut lire τȣ̃ Φοιμβίȣ.
(b) Dans les Manuscrits κ : ℒ γ : λα : γ, dans les Editions de *Munsterus*, de *Mercator* &c. 22 : 50 : 32 : 20, & dans celle de *Servetus* 20 : 50 : 31 : 20.
(c) Dans les Manuscrits ℒϛ.
(d) Dans les Manuscrits & dans les Editions ℒ.
(e) Ibid. γο.
(f) Dans l'Edition de *Bâle* Οὐατάγαδα, & dans le Manuscrit *Palatin* Οὐαζάγατα.
(g) Dans les Manuscrits & dans les Editions ℒ.
(h) Dans le Manuscrit *Palatin* Αὔζια, & dans d'autres Αὔσχια, ou *Auxina*.
(i) Dans les Manuscrits & dans les Editions γο.
(k) Ibid. κγ : ℒϛ excepté dans l'Edition de *Scotus*, qui, à la place du γ. de la derniere colomne, marque 40.
(l) Dans les Manuscrits & dans quelques Editions λ : γο.
(m) Dans les Manuscrits & dans les Editions κγ : ℒ : λ : ℒ.
(n) Ibid. ℒϛ.
(o) Ibid. ℒ.
(p) Ibid. ℒγ.
(q) Ibid. ℒ.
(r) Ibid. ℒγ.
(s) Ibid. γ.
(t) Ibid. ℒϛ.
(v) Dans les Manuscrits ℒϛ, & dans les Editions 50.
(x) Dans les Manuscrits & dans l'Edition de *Servetus* 30, mais dans les autres 20.
(y) Dans le Manuscrit *Palatin* Οὐαμίκαιδα, & dans les Editions *Vamiceda*.
(z) Dans les Manuscrits & dans les Editions κϛ : ϛ.

DE PREUVES.

La colonie de Sitiphe.	26:10:29:20	Α Σίτιφα κολώνια	ᵃκ ϛ. κθ ᵇϛ
Tumarra.	26:30:29:—	Τυμάῤῥα	κϛ ϛ. κθ
Germiana.	26:45:28:30	Γερμιάνα	κϛ ᵈ. κη ᵉϛ
Pæpia.	24:50:28:15	Παιπία	κδ ᶠϛ. κη δ
Vefcether.	24:10:27:30	Ουεσκεθὴρ	κδ 8ϛ. κζ ʰϛ
Ægæa.	26:—:28:10	Αἰγαῖα	ⁱκϛ ᵏκη ϛ
Taruda.	25:45:26:30	Τάρυδα	κε ˡδ. κϛ ᵐϛ

Extraits de Ptolomée.

Près de *Julie Céfarée* est une Ifle avec une ville de même nom, dont voici la pofition. 17:30:33:40

Νῆσος δὲ παράκειται τῇ Ἰυλίᾳ ⁿ Καισαρείᾳ ὁμώνυμον αὐτῇ πόλιν ἔχυσα ᵒ, ἧς θέσις. ιζ ᵖκ. λγ γο

SITUATION DE L'AFRIQUE.

L'*Afrique* eft bornée à l'Occident par la *Mauritanie Céfarienne*, fuivant le cours du fleuve *Ampfaga*, dont les degrez font, comme il eft déja dit. 26:15:31:45

Β Τῆς Ἀφρικῆς ἡ μὲν δυσμικὴ πλευρὰ περιορίζεται τῇ Μαυριτανίᾳ τῇ Καισαρηνσίᾳ κατὰ τὴν ἐκτεθειμένην γραμμὴν διὰ τῦ Ἀμψάγα ποταμῦ. κϛ δ. λα κβ

Vers le Nord elle eft bornée par la Mer d'*Afrique*, qui s'étend depuis le fleuve *Ampfaga*, jufqu'au golfe intérieur de la grande *Syrte*.

C Ἡ δὲ ἀπ' ἄρκτων τῇ Ἀφρικῇ πελάγει τῷ ἀπὸ Ἀμψάγα ποταμῦ μέχρι τῦ μυχῦ τῆς μεγάλης Σύρτεως.

Dont voici les fituations,

Ἧς ἡ περιγραφὴ ἔχει ὕτως,

Au-delà des embouchures du fleuve *Ampfaga*.

Μετὰ τὰς τῦ Ἀμψάγα ποτ. ἐκβολὰς

Le *fond du* golfe de Numidie 27:—:31:45

Νυμιδικῦ κόλπυ ὁ μυχὸς κζ λα κβ

Le Κόλ-

(a) Ibid. κϛ, & c'eft à tort que dans l'Edition de *Bert*. on a feparé le κ du ϛ.
(b) Dans les Manufcrits & dans les Editions γ.
(c) Ibid. il y a ℔ dans cette colomne.
(d) Dans les Manufcrits on trouve ce vuide rempli par ℔ ϛ.
(e) Les Manufcrits & les Editions portent ℔.
(f) Ibid. ℔ γ.
(g) L'Edition de *Servetus* dit 30.
(h) Dans les Manufcrits & dans les Editions ℔.
(i) Les Manufcrits & quelques Editions portent κζ:ϛ:κζ:ϛ, & d'autres Editions 26:—:&c.
(k) Dans l'Edition de *Servetus* il y a 27.
(l) Il y a ℔ ϛ dans les Manufcrits & dans les Editions.
(m) Ibid. ℔.
(n) Il vaut mieux lire Ἰᾳλ Καισαρεία.
(o) Voici comme on trouve ce paffage dans le Manufcrit *Palatin*: Καισαρεία τῇ ἐπισίμῳ πόλει, ἥτις καὶ αὐτὶ καλεῖται Ἰυλία Καισάρεια τῆσος, ἐν ᾗ πόλις ὁμώνυμος.
(p) Les Manufcrits portent ϛ.

28　　　EXTRAITS SERVANT

Extraits de Ptolomée.

Κόλλοψ μέγας ἢ Κάλλu	κζ γ. ªλα	ς	A	Le grand Collops, ou Cullu.	27:20:31:10
Τρητὸν ἄκρον	κζ ᵇγ. λϛ ᶜδ			Le promontoire de Tritum.	27:45:32:45
Ρυσίκαδα	κζ ᵉδ. λϛ ᵈς			Ruficade.	27:40:32:10
Θυζικὰθ	κη ς. λϛ ᵉγ			Thuzicath.	28:10:32:30
Ολκαχίτης κόλπος	κη γο. λϛ			La baye d'Olcachites.	28:40:32:—
Τακατύη	κθ . λϛ ᶠς			Tacatue.	29:—:32:30
Κόλλοψ μικρός	κθ γ. λϛ ᵍγιϛ			Le petit Collops.	29:20:32:25
Σιὰρ λιμήν	κθ γο. λϛ γο			Le port de Siur.	29:40:32:40
Ιππυ ἄκρα	λ . λϛ ʰδ	B		Le promontoire Hippus.	30:—:32:45
Στόβορρον ἄκρον	λ ς. λϛ ⁱγ			Le promontoire Stoborrum.	30:10:32:20
Αφροδίσιον κολώνια	λ ᵏ. λϛ ˡς			La colonie d'Aphrodifium.	30:20:32:30
Ιππων Βασιλικός	λγ ᵐ. λϛ δ			Hippone dite la royale.	30:—:32:15
Ρυβρικάτυ ποτ. ἐκβολαὶ	ᵒλδ ᵖ. λϛ δ			Les embouchures du fleuve Rubricatus.	30:45:32:15
Θάβρακα κολώνια ᵠ	ᵠλδ δ. λϛ γ			La colonie de Thabraca.	31:15:32:20
Απόλλωνος ἱερόν	λα ˢγ. λϛ ᵗδ			Le Temple d'Apollon.	31:40:32:50
Ποσειδῶνος βωμοί	λϛ	λϛ ᵛδ	C	Les Autels de Neptune.	32:—:32:50
Ιππων διάρρυτος	λϛ ˣς. λϛ ʸς			Hippone dite sans eau.	32:30:32:45
Θίνισσα	λγ	ᶻλγ ς		Thiniffa.	33:—:32:30
		Ἀπόλ-			Le

(a) Dans l'Edition de *Servetus* 32.
(b) Les Manufcrits & les Editions portent ϰϚ.
(c) Ibid. 30. Dans l'Edition de *Munſterus*, Ruſicade eſt placé avant le promontoire de *Tritum*.
(d) L'Edition de *Servetus* dit 30.
(e) Dans les Manufcrits & dans les Editions ϰ.
(f) Ibid. ϰ.
(g) Il y a 35. dans l'Edition de *Servetus*.
(h) Les Editions & les Manufcrits ont ϰϚ.
(i) L'Edition de *Servetus* porte 40.
(k) Ce vuide eſt rempli dans les Editions & dans les Manufcrits par un γ.
(l) Ibid. ϰ.
(m) C'eſt une faute dans l'Edition de *Bert*. que ce chifre, vû qu'il y a 30. dans les autres.
(n) La place vuile eſt occupée dans les Manufcrits par ϰ, & les Editions y mettent 20.
(o) On s'eſt trompé de mettre ϰϚ dans l'Edition de *Bert*. toutes les autres ayant 30.
(p) Les Manufcrits & les Editions mettent dans cette colomne ϰϚ.
(q) Plus bas cette Colonie eſt appellée Θάϛρακος.
(r) Les Manufcrits & les Editions portent λα.
(s) Ibid. γ.
(t) Ibid. ϰγ.
(v) Ibid. ϰγ.
(x) Ibid. ϰ.
(y) Ibid. ϰϚ.
(z) Ibid. dans les deux dernieres colomnes λϚϰ.

DE PREUVES.

Le promontoire d'A-pollon.	33:10:33:15	Ἀπόλλωνος ἄκρον	λγ	ᵃϛ.	ᵇλϛ	δ
Ityce.	33:40:32:45	Ἰτύκη	ᶜλϛ		λϛ	ϛ
Le camp de Cornelius.	33:40:32:30	Κορνηλίᾳ παρεμβολὴ	λγ	γο.	λϛ	ϝ
Les embouchures du fleu-ve Bagrada.	34:—:32:40	Βαγράδα ποτ. ἐκβο-λαὶ	λδ		λϛ	ᵈγο
La grande ville de Car-thage.	34:50:32:40	Καρχηδὼν μέγα ἄςυ	λδ	ϰγ.	λϛ	ᵉγο
Les embouchures du fleu-ve Catada.	34:50:32:10	Κατάδα ποτ. ἐκβο-λαὶ	λδ	ϰγ.	λϛ	ᶠϛ
Mazula.	35:—:32:40 B	Μαζϐλα	λε		λϛ	γο
Carpis.	35:—:33:—	Καρπὶς	ᵍλε		λγ	
Nisua.	35:—:33:10	Νίσϐα	λε		λγ	ʰϝ
Clypea.	35:—:33:20	*Κλυπέα	ⁱλϛ		λγ	γ
Le promontoire de Mer-cure.	35:—:33:35	Ἑρμαῖα ἄκρα	λε		λγ	ᵏιϛ
Aspis.	35:20:33:20	Ἀσπὶς	λε	ϰϳ.	λγ	γ
Curobis.	35:30:33:10	Κυροβὶς ˡ	λε	ᵐϝ.	λγ	ϛ
La colonie de Neapolis.	35:45:33:—	Νεάπολις κολώνια	λε	ⁿδ.	λγ	ᵒγ
Siagul.	36:—:32:50	Σιαγϐλ	λϛ		λϛ	ᵖϰγ
Aphrodisium.	36:15:32:40 C	Ἀφροδίσιον	λϛ	δ.	λϛ	γο
*La colonie d'*Adru-mette.	36:40:32:40	Ἀδράμυττος κολώνια	λϛ	γο.	λϛ	γο
Ruspina.	36:50:32:50	Ῥυσπίνα	λϛ	ᵖϛ.	λϛ	ᵠγ
La petite Leptis.	37:10:32:10	Λέπτις μικρὰ	λζ	ϛ.	λϛ	ʳϛ
Thapsus.	37:30:32:30	Θάψος	λζ	ᵗϛ.	λϛ	ᵗγ
Achola.	37:45:32:20	Ἀχολα	λζ	ᵛδ.	λϛ	ˣγ

Extraits de Pto-LOMÉE.

Rus-

(a) Dans les Manuscrits *L*, & dans les Editions 20.
(b) Dans les Manuscrits aussi-bien que dans les Editions λγ.
(c) Ibid. λγ:γο:λϛ:*L*.
(d) L'Edition de *Servetus* porte 20.
(e) Ibid. 20.
(f) Ibid. 30.
(g) Ibid. 33:—:33:—.
(h) Dans les Manuscrits & dans les Editions ϛ.
(i) L'Edition de *Bert.* porte mal λϛ, y ayant λι dans les Manuscrits, de même que dans les autres Editions.
(k) Ibid. γ.
(l) Le Manuscrit *Palatin* la nomme Κύραβις.
(m) Il y a *L* dans les Manuscrits & dans les Editions.
(n) Ibid. *L s*.
(o) Ce chifre de la derniere colomne ne se trouve point dans les Manuscrits & dans les autres Editions.
(p) Les Manuscrits & les Editions portent *L* γ.
(q) Ibid. *L* γ.
(r) Dans l'Edition de *Servetus* 35.
(s) L'Edition de *Rome* porte 20, mais dans les Manuscrits & dans les autres Editions on trouve *L*.
(t) Dans les Manuscrits & dans les Editions *L*.
(v) Il y a 30. dans l'Edition de *Rome*, & *L s*. dans les autres & dans les Manuscrits.
(x) Les Editions de *Rome* & de *Scotus* portent 30. au lieu de *L s* qu'il y a dans les Manuscrits & dans les autres Editions.

EXTRAITS SERVANT

Extraits de Ptolomée.

Ῥύσπαι	λη	λϛ	γ	A Ruspes.	38:—:32:20
				Le promontoire de Bra-	
Βραχώδης ἄκρα	λη ͵ϛ.	λϛ	γ	chodes.	38:10:32:20
Οὐσίλλα	λη ϛ.	λϛ	ϛ	Usilla.	38:10:32:10
Ταφρῦρα	λη b ϛ.	λϛ		Taphrura.	38:30:32:—

SITUATION DE LA PETITE SYRTE.

Θέαιναι c	λη d ϛ.	λα	ͽγ	Thenes.	38:30:31:20
Μακόδαμα	λη f ϛ.	λα	δ	Macodama.	38:30:31:15
Τρίτωνος ποτ. ἐκβο-				Les embouchures du fleu-	
λαί	λη γο. ͵λϛ		h	ve Triton.	38:40:32:—
Κάπη i	λη k ϛ.	λ	l ͽ	Tacape.	38:50:30:30

* * * * * * *

Ἡ δὲ ἀνατολικὴ πλευρὰ ὁρίζεται με- B Mais du côté de l'Orient (l'*Afri-*
τὰ τὸν μυχὸν τῆς Σύρτεως τῇ ἐντεῦ-   *que*) se termine au-delà du fond de la
θεν πρὸς μεσημβρίαν γραμμῇ παρὰ τὴν   Syrte, en tirant de-là une ligne vers
Κυρηναϊκὴν μέχρι τέρατος,   le Midi, passant près de la *Cyrenaïque*
                                      jusqu'à la fin.

Οὗ θέσις	μζ	κε

Dont voici la situa-
tion.   47 —: 25: —

Ἡ δὲ μεσημβρινὴ τῇ ἐπιζευγνύσῃ τὰ   Et au Midi elle est bornée à une au-
ἐκτεθειμένα δύο πέρατα γραμμῇ παρὰ   tre ligne, dont les extremités tou-
τὴν Γαιτυλίαν καὶ τὴν ἔρημον Λιβύην. chent la *Gétulie* & les déserts de *Libye.*
Ὄρη δέ ἐςιν ἐν τῇ ἐπαρχίᾳ κατωνο- C Les principales montagnes de cette
μασμένα,   Province sont

Τό τε Βυζάρα ὄρος   *Buzara*, dont la partie
τὸ ἀνατολικὸν μέ-   orientale est située à
ρος, οὗ θέσις   κη   κζ   28: —: 27: —
Καὶ τὸ Αὔδον ὄρος   κη ϛ. κθ ϛ   Et le mont *Audus* à   28:30:29:30
Καὶ ὁ Θάμβης τὸ ὄ-   De plus le mont *Tham-*
ρος, ἀφ' οὗ ῥεῖ ὁ   *bes*, où le fleuve *Rubri-*
Ῥυβρικᾶτος ποτα-   *catus* prend sa source,
μός, οὗ τὰ πέρατα   & qui s'étend depuis   28:30:27:30
ἐπέχει μοίρας   κθ ϛ. κζ ϛ   Jus-
Καὶ

(a) Dans l'Edition de *Servetus* 30.
(b) On trouve ϛ dans les Manuscrits & dans les Editions.
(c) On le trouve souvent écrit *Thenæ.*
(d) Dans les Manuscrits & dans les Editions ϛ.
(e) Les Editions de *Rome* & de *Scotus* marquent 40. mais dans celle de *Servetus* ce chiffre manque entierement.
(f) Les Editions & les Manuscrits ont ϛ.
(g) Il y a 30. dans l'Edition de *Servetus.*
(h) Dans les Manuscrits & dans quelques Editions ce vuide est rempli par ϛδ, & dans les Editions de *Rome* & de *Scotus* par 30.
(i) Le Manuscrit *Palatin* la nomme Ταχάπη, & quelques Editions *Tacapa* ou *Tacape.*
(k) Les Manuscrits & les Editions marquent ϛ γ.
(l) Ibid. ϛ.

DE PREUVES.

Jusques à	32 : — : 27 : 30	A Καὶ	λς	ᵃκζ	℔
Et la montagne qu'on nomme *Cirna*.	33 : — : 30 : —	Καὶ τὸ καλύμενον Κίρνα ὄρος,	λγ		℔
Au-delà de cette montagne se joignent deux lacs voisins l'un de l'autre.		Ἀφ' ὅ αἱ λίμναι συνίςανται συνάπτεσαι ἀλλήλαις,			
Sçavoir le lac *Hipponitis*.	32 : 40 : 32 : 30	Ἥ τε Ἱππωνῖτις	λϛ	γο.	ᵇλϛ γ
Et le lac *Sisara*.	33 : — : 31 : —	Καὶ ἡ Σισάρα	λγ		λα
Le mont *Mampsarus*, où le fleuve *Bagradas* prend sa source, & qui commence à	33 : — : 27 : 30	Καὶ τὸ Μάμψαρον ὄρος, ἀφ' ὅ ὁ Βαγράδας ποταμὸς ῥεῖ, ὅ τὰ πέρατα ἐπέχει μοίρας	λγ	ᵉκζ	ᵈς
Et se termine à	36 : 30 : 26 : 15	Καὶ	λς	ᵉς.	κς ℔
Comme aussi la montagne dite de *Jupiter*.	37 : 30 : 31 : 15	Καὶ τὸ καλύμενον Διὸς ὄρος,	λζ	℔.	λϛ ᵈ
Et enfin le mont *Vasaletus*, commençant à	37 : — : 28 : —	Καὶ τὸ Οὐασάλετον ὄρος, ὅ τὰ πέρατα ἐπέχει μοίρας.	λζ		κη
Et finissant à	39 : 30 : 26 : 30	Καὶ	λθ	ʰς.	κς ⁱς
Duquel découle le fleuve *Triton*, & où se trouvent plusieurs lacs, comme		C Ἀφ' ὅ ῥεῖ ὁ Τρίτων ποταμὸς, καὶ ἐν αὐτῷ λίμναι,			
Le lac *Triton*.	38 : 40 : 29 : 40	Ἥ τε Τριτωνῖτις	λη	γο.	κθ γο
Le lac *Pallas*.	38 : 30 : 29 : 15	Καὶ ἡ Παλλὰς λίμνη	λη	ᵏς.	κθ δ
Et le lac qu'on appelle de *Libye*.	38 : 30 : 28 : 15	Καὶ ἡ καλυμένη Λιβύη λίμνη	λη	ⁱς.	κη δ

* * * * * * * * *

La partie occidentale de l'*Afrique* jusqu'à la mer, est habitée par les CYRTESIENS & les NABATHRES. A l'Orient de ceux-ci sont les IONTIENS, le long de la *Numidie* & de la nouvelle Province jusqu'à *Thabraca*. Ensuite viennent les METHENES, & les Peuples qui demeurent près de CARTHAGE : & au dessous de ces derniers, les LIBO-PHENICIENS. Après

Κατέχουσι δὲ τὰ μὲν δυσμικὰ τῆς Ἀφρικῆς, μέχρι θαλάσσης, ΚΥΡΤΗΣΙΟΙ ᵐ καὶ ΝΑΒΑΘΡΑΙ. Μεθ' οὓς πρὸς ἀνατολὰς ΙΟΝΤΙΟΙ, κατὰ τὴν Νουμιδίαν, τὴν καὶ νέαν ἐπαρχίαν, μέχρι Θάβρακος. Εἶτα ΜΕΘΗΝΟΙ, καὶ οἱ κατὰ τὴν ΚΑΡΧΗΔΟΝΙΑΝ. Τῷ' οἷς οἱ ΛΙΒΥΚΟΙ ΦΟΙΝΙΚΕΣ· εἶτα μέχρι τῆς μικρᾶς Σύρτεως ΜΑΧΥΝΟΙ, καὶ ὑπ' αὐτοὺς ΚΙΝΗΘΙΟΙ· καὶ ἀνατολικώ-

Extrait de Ptolomée.

(a) On trouve κα. dans les Manuscrits & dans quelques Editions.
(b) Dans les Manuscrits & dans les Editions λϛ. ℔.
(c) Les Editions de *Rome* & de *Scotus* portent 29.
(d) Dans les Manuscrits & dans les Editions on trouve ℔.
(e) Ibid. ℔.
(f) L'Edition de *Rome* & celle de *Scotus* marquent 24.
(g) Pag. 32. ligne 20. ci-après, on le trouve écrit Ουασάλιτον.
(h) Les Manuscrits & les Editions ont ℔.
(i) Ibid. ℔.
(k) Ibid. ℔.
(l) Ibid. ℔.
(m) Peut-être faudroit-il lire ΚΙΡΤΗΣΙΟΙ.

Extraits de Ptolomée.

λικώτεροι. μέχρι τᾶ Κίνυφος ποταμᾶ A
ΝΙΓΙΝΤΙΜΟΙ· καὶ περὶ αὐτὸν τὸν ποταμὸν, οἱ ΛΩΤΟΦΑΓΟΙ.

A Après cela on trouve les MACHYNES, jusqu'à la *petite Syrte*, & au-delà de ceux-ci, les CINETHIENS. Un peu plus vers l'Orient il y a les NIGINTIMES, jusques au fleuve *Cyniphus*, & sur les bords de ce fleuve même les LOTOPHAGES.

* * * * * * * *

Πάλιν δὲ τῶν μὲν ΚΙΡΤΗΣΙΩΝ καὶ τῆς Νεμηδίας μεσημβρινώτεροι, ὑπὸ τὸ Αὔδον ὄρος, ΜΙΣΟΤΛΑΜΟΙ· ὑφ' B ἃς ΝΑΣΑΒΟΤΤΕΣ· εἶτα ΝΙΣΙΒΕΣ· τῶν δὲ ΜΙΣΟΤΛΑΜΩΝ, ΜΙΑΙΔΙΟΙ· ὑφ' ἃς ΜΟΤΣΟΤΝΟΙ· εἶτα, ὑπὸ τὸν Θάμβην τὸ ὄρος, ΣΑΒΟΤΒΟΤΡΕΣ· ὑφ' ἃς ΑΛΙΑΡΔΙΟΙ, καὶ ΣΙΤΤΑΦΙΟΝ πεδίον.

Τῶν δὲ ΛΙΒΟΦΟΙΝΙΚΩΝ ἀπὸ μεσημβρίας ἐςὶν ἡ ΒΑΖΑΚΙΤΙΣ χώρα· τῷ' ἣν οἱ ΟΖΟΤΤΟΙ· εἶτα ΚΕΡΟ- C ΦΑΙΟΙ, καὶ ΜΑΜΨΑΡΟΙ· ὑπὸ δὲ τὸ ὁμώνυμον ὄρος, οἱ ΜΟΤΟΤΤΟΤΡΙΟΙ· ὑπὸ δὲ τὲς ΜΑΧΤΝΟΤΣ εἰσὶν οἱ ΜΑΧΡΤΕΣ· εἶτα οἱ ΓΗΦΕΙΣ μεθ' ἃς ΜΙΜΑΚΕΣ· καὶ ὑπὸ τὸ Οὐασάλαιτον ὄρος, ΟΤΖΑΡΑΙ καὶ ἡ ἀρχὴ τῆς ΕΡΗΜΟΤ ΛΙΒΤΗΣ.

B Au midi des CIRTESIENS & de la *Numidie*, habitent, au pied du mont *Audus*, les MISULAMES; au-delà de ceux-ci les NASABUTES; ensuite les NISIBES. Au midi des MISULAMES sont les MIEDIENS; plus loin les MUSUNES; puis les SABUBURES, au pied du mont *Thambes*; après lesquels on trouve les HALIARDIENS & le champ de SITTAPHE.

C Vers le Sud des LIBO-PHENICIENS est le païs de *Bazacitis*; au-delà duquel habitent les OZUTES; puis les CEROPHEES & les MAMPSARES. Au pied de la montagne de ce nom sont les MOTUTURIENS; au-delà des MACHYNES on trouve les MACHRYES; ensuite les GEPHES; après ceux-ci les MIMACES; & enfin au pied du mont *Vasalætus* les UZARES, & le commencement du DESERT DE LIBYE.

* * * * * * * *

Πόλεις δέ εἰσιν ἐν τῇ ἐπαρχίᾳ μεσό- D γειοι μεταξὺ μὲν Ἀμψάγα ποταμᾶ καὶ Θάββρακος πόλεως,

D Voici quelles sont les villes situées dans la Province mediterranée, entre le fleuve *Ampsaga* & la ville de *Thabraca*; sçavoir dans le district

DES CIRTESIENS.

Κίρτα Ιελία.	ᵃκγ	ϛ. λα	ᵇγ	Cirta Julia.	26:50:31:20
Μύραιον	κϛ	γο. λγ	ᶜ	Muræum.	26:40:33:—
Οὐάγα.	κη	ᵈλγ γο		Vaga.	28:—:31:40
		Λάρης			Lares.

(a) Dans les Manuscrits & dans les Editions κϛ : ℒ γ.
(b) C'est 40. dans l'Edition de *Rome*.
(c) L'Edition de *Servetus* porte 30:20.
(d) Les Manuscrits & les Editions disent λϛ.

DE PREUVES.

Lares.	27:30:33:40 A	Λάρης	κζ	ᵃϛ. ᵇλγ	ᵉ	**Extraits**
Ætare.	27:40:29:40	Αἰτάρη	κζ	γο. κθ	γο	de Pto-
Azama.	27:—:27:20	Ἀζάμα	ᵈκζ	ᵉκζ	γ	**loMéE.**

DE LA NOUVELLE NUMIDIE.

La colonie de Cuicua.	28:30:31:15	Κέλκυα κολώνια	κη	ᶠϛ. λα	δ
La colonie de Thunu- dromum.	28:20:36:30	Θανύδρομον κολώνια	κη	γ. ᵍλϛ	ʰ
Aspuca.	29:30:32:20	Ἀσπύκα	ⁱκθ	ᶦϛ. λϛ	ᵏγ
Simisthu.	29:10:31:20	Σιμίσθα	κθ	ⁱϛ. λα	γ
La colonie de Thubur- nica.	30:—:31:40 B	Θββύρνικα κολώνια	λ	ᵐλα	γο
Tucca.	29:30:31:20	Τύκκα	κθ	ⁿ. λα	γ
La colonie de Thigiba.	29:30:30:45	Θιγίβα κολώνια	°κθ	λα	γ
Thubursicca.	29:20:30:30	Θββρσίκκα	ᵖκθ	λ	δ
Ucibi.	30:—:29:45	Οὔκιβι	ᵠκη	ϛ. λ	ϛ
Gausaphna.	29:15:31:—	Γαύσαφνα	κθ	δ. λα	
Lambesa.	29:—:30:—	Λαμπαίσα ʳ	κθ	λ	

DE LA TROISIEME LEGION IMPERIALE.

Thubutis.	29:30:28:20 C	Θέββτις	κθ	ˢϛ. κη	γ
Bullaria.	30:40:31:30	Βαλλαρία	λ	ᵗγο. ᵛκη	γ
Sicca Veneria.	30:30:30:50	Σίκκα Οὐενηρία	ᵛλ	ϛ. λ	ϛ
Assu-						Ασσκ-

(a) Ibid. ℒ.
(b) L'Edition de *Servetus* a 30.
(c) Ce vuide est rempli par γο dans les Manuscrits & dans les Editions.
(d) Les Manuscrits mettent ξκ : ℒ.
(e) Tous les Manuscrits disent κζ:ℒγ, & c'est une faute dans l'Edition de *Bert.* que ce κξ, car le ξ n'a absolument aucun rapport à l'*Asse*; dans l'Edition de *Rome* on trouve 37:50, mais c'est apparemment aussi une faute, au lieu de 27:50, comme il y a dans les Manuscrits.
(f) Dans les Manuscrits & dans les Editions ℒ.
(g) L'Edition de *Servetus* dit 30.
(h) Les Manuscrits & les Editions portent ℒ.
(i) Ibid. ℒ.
(k) Ce chiffre ne se trouve point dans les Manuscrits & dans quelques Editions.
(l) Dans les Manuscrits & dans quelques Editions cette place est vuide.
(m) Il y a 32. dans l'Edition de *Servetus.*
(n) Les Manuscrits & les Editions mettent ici ℒ.
(o) Ibid. κθ:ℒ:λ:ℒδ.
(p) Ibid. κθ:ℒ:λ:ℒ.
(q) Ibid. λ:κθ:ℒδ.
(r) Le Manuscrit *Palatin* la nomme Λαμβαίσκι, & quelques Editions *Lambisa* ou *Lambese.*
(s) Dans les Manuscrits & dans les Editions ℒ.
(t) Ibid. λα:ℒ.
(v) Ibid. λ:ℒ:λ:ℒγ.

Extraits de Pto-LOMÉE.	Ασσυρος	ᵃλς	γ.	λ	ςA	Assurus.	30:50:30:30
	Ναράγγαρα	ᵇλς	ᵉλς			Naraggara.	30:—:30:10
	Θεύεςη	ᵈλς		κθ	δ	Theveste.	30:30:29:45
	Θύνυσδα	λα	γο.	λϛ		Thunusda.	31:40:32:—
	Μάδυρος	λϛ		λα	ᵉς	Madurus.	32:—:31:30
	Αμμαίδαρα	λϛ	ς.ᶠ)ς		ᵍ	Ammædara.	32:10:36:30
	Θανοντάδα ʰ	λϛ	κθ	ⁱδ		Thanontada.	32:—:29:45
	Ζαγακύποδα ᵏ	λα	ς.ˡλζ		δ	Zagacupoda.	31:10:29:15
	Γέδνη	ᵐλα	γο.	κη	δ	Gedne.	31:40:28:15
	Μεταξὺ δὲ Θάβρακος πόλεως καὶ Βα-γράδα ποταμβ̃,				B	Entre la ville de *Thabraca* & le fleuve *Bagrada* :	
	Καννώπισσαι	λϛ	δ.	λϛ	ⁿς	Cannopisses.	32:15:32:30
	Μελδείτα	ᵒλϛ	γ.	λϛ	ς	Meldeita.	32:40:31:30
	Οὔζαν	λγ	ᵖε.	λϛ	ρς	Uzan.	33:15:32:10
	Θίσικα	λγ	qγ.	λϛ	ʳ	Thifica.	33:15:32:—
	Κίπικα	λδ		λα	ˢδ	Cipipa.	34:—:31:45
	Θευδάλη	λγ	γ.	λα	ᵗγ	Theudale.	33:20:31:40
	Αβίττα	ᵛλγ	ς.	λα	γ	Avitta.	33:30:30:15
	Τόβρος	λδ		ˣλα	δ C	Tobros.	34:—:30:30
	Είλικα	λδ	γς.	ᶻλϛ	γ	Ilica.	34:10:30:20
	Τύκκα	λδ		ᵃᵃλ	γ	Tucca.	34:—:29:50
	Δαβία	λγ		κθ	ᵇᵇς	Dabia.	33:—:29:45
	Βευ-					Ben-	

(a) Dans les Manuscrits & dans les Editions λ:ℒγ:λ:ℒ. & c'est à tort qu'on a mis λς dans la première colomne d'*Assurus*, de *Naraggara* & de *Theveste*.
(b) Les Manuscrits & les Editions portent λ:—:λ:ς.
(c) C'est une faute de joindre ici ces deux chifres λς qui doivent être separez λ:ς.
(d) Dans les Manuscrits & dans les Editions λ.ℒ.:κθ:ℒʃ.
(e) Ibid. ℒ.
(f) L'Edition de *Servetus* porte 30:30.
(g) Dans les Manuscrits & dans les Editions il y a ℒ.
(h) Quelques Editions la nomment *Thanutada*.
(i) Les Manuscrits & les Editions disent ℒʃ.
(k) Elle est nommée Ταζακύπαδα dans le Manuscrit *Palatin* & dans quelques autres.
(l) Il vaut mieux mettre κθ, comme il y a dans les Manuscrits & dans les Editions.
(m) Quelques Editions portent 31:20:22:45. mais celle de *Servetus* dit 31:40:28:45.
(n) Dans les Manuscrits & dans les Editions ℒ.
(o) Ibid. λς:γ::λα:ℒ.
(p) L'Edition de *Rome* a 30:20, mais les Manuscrits & les autres Editions mettent λο:γ.
(q) Les Manuscrits & les Editions disent ε.
(r) L'Edition de *Scotus* met ici 45.
(s) Dans les Manuscrits & dans les Editions il y a ℒʃ.
(t) Ibid. γο, excepté l'Edition de *Rome*, qui met 32:40.
(v) Les Manuscrits & les Editions mettent γγ:ℒ:λ:ό.
(x) Dans les Manuscrits & dans les Editions λ:ℒ.
(y) L'Edition de *Servetus* dit 30.
(z) Dans les Manuscrits & dans les Editions il y a simplement ι.
(aa) Ibid. κθ:ℒγ.
(bb) Ibid. ℒʃ.

DE PREUVES.

Bendena.	34:30:29:20	A Βένδηνα	λδ	ιϛ.	κθ	ᵇϛ	Extraits
Vazua.	33:20:29:10	Οὐάζυα	λγ	γ.	κθ	ᶜγ	de Pto-
Nenfa.	34:10:29:45	Νήνσα	λδ	ᵈγ.	ᵉκθ	ᶠϛ	LOMÉE.
Bains chauds.	33:40:28:15	Ὕδατα θερμὰ	λγ	γο.	κη	δ	
Zigira.	33:10:28:50	Ζίγειρα	λγ	ϛ.	κη	ᵍδ	
Thafia.	33:—:27:10	Θασία	λγ		κζ	ʰϛ	
Thrunuba.	33:20:27:30	Θρένυββα ⁱ	λγ	ᵏγ.	κζ	ˡδ	
Muffe.	33:40:27:30	Μέσση ᵐ	λγ	γο.	ⁿκη	ϛ	
Themiffua.	34:40:28:40	Θεμισσύα	λδ	γο.	κη	γο	
Zamamifon.	34:20:28:—	Ζαμαμιζὼν	λδ		κη		
Timica.	34:50:27:40	B Τιμίκα	ᵒκδ	ϛ.	κζ	γ	
Tucubis.	35:30:28:10	Τακύβις ᵖ	λε	ϛϛ.	ᵠκη	ϛ	
Entre les fleuves *Bagrada* & *Triton*,		Μεταξὺ δὲ Βαγράδα ποταμῦ καὶ τῦ					
& nommement au deffous de *Carthage* :		Τρίτωνος ποταμῦ, ὑπὸ μὲν Καρχηδόνα,					
La vieille Maxule.	34:10:32:10	Μαξούλα παλαιὰ	λδ	ʳδ.	λβ	ϛϛ	
Vol.	34:45:32:10	Οὐὸλ	λδ	ᵗδ.	λβ	ϛϛ	
Themifa.	35:—:32:—	Θέμισα	λε		γλβ		
La colonie de Quina.	35:30:31:30	Κυίνα κολωνία	ᵛλδ	δ.	λδ	ϛ	
Uthina.	34:15:31:20	Οὔθινα	λδ	δ. ˣˣλδ		ϛ	
Abdeira.	34:10:30:50	Ἀβδειρα ᵇᵇ	ˡλδ	ᶜᶜϛ.	λ	ᵈᵈϛ	
		Με-					Με-

(a) Dans les Manufcrits & dans les Editions il y a μ.
(b) Ibid. γ.
(c) Ibid. ϛ.
(d) Ibid. ϛ.
(e) L'Edition de *Servetus* porte 28.
(f) Les Manufcrits & les Editions ont μ δ.
(g) Ibid. μ γ.
(h) Dans les Manufcrits μ δ, de même que dans quelques Editions, mais dans d'autres 40.
(i) Le Manufcrit *Palatin* & quelques Editions la nomment Θρύνυβα, *Tbunuba*.
(k) Les Editions de *Rome* & de *Scotus* mettent 40.
(l) Dans les Manufcrits & dans les Editions μ.
(m) Elle eft nommée *Mufle* dans l'Edition de *Munfterus* &c.
(n) Les Manufcrits & les Editions portent κζ : μ.
(o) Ibid. λδ : μ γ : κζ : γϛ. mais les chifres de l'Edition de *Bert.* font fautifs.
(p) Dans le Manufcrit *Palatin* & dans quelques Editions ce nom eft écrit *Tufcubis*.
(q) Les Manufcrits & les Editions mettent μ.
(r) L'Edition de *Scotus* porte 27.
(s) Dans les Manufcrits & dans les Editions ϛ.
(t) L'Edition de *Servetus* met 30.
(v) Les Manufcrits & les Editions s'accordent à mettre μ δ.
(x) On trouve 30. dans l'Edition de *Servetus*.
(y) Tous les Manufcrits ont λα : ϛ.
(z) Dans les Manufcrits λε : μ : λα : μ. & de même dans les Editions, à l'exception de celle de *Rome*, qui met 35:30:31:20.
(aa) Dans les Manufcrits & dans les Editions λα.
(bb) L'Edition de *Bâle* & d'autres mettent *Abdeira* ou *Abdera*.
(cc) L'Edition de *Servetus* porte 30.
(dd) Dans les Manufcrits & dans les Editions on trouve μ γ.

30 EXTRAITS SERVANT

Extraits de Pto- lomée.							
	Μεδικκάρα	λε	ⲁϛ.ᵇλγ	ⲉϛ A	Mediccara.	35:10:31:10
	Θυββυρβω	λε	λ	ϛ	Thuburbo.	35:—:30:10
	Τυκμα	λε κ.	λ	ϛ	Tucma.	35:30:30:10
	Βυλλαμίνσα	λδ γ.	λ		Bullaminſa.	34:20:32:—
	Κέρβικα	λϛ	λ		Cerbica.	36:—:30:—
	Νυρυυ ᵈ	λδ γ.	κθ	ⲉϛ	Nurum.	34:20:29:30
	Τίκενα	λδ ᶠγ.	κθ		Ticena.	34:40:29:—
	Σασυρα	λϛ	κθ	ᵍγ	Safura.	36:—:29:40
	Κίλμα	λε ʰ.	κθ	ϛ	Cilma.	35:30:29:10
	Οὐεπίλλιον	λϛ δ.	κθ		Vepillium.	36:15:29:—
	Θάββα	λε γ.	κη	ⁱγ B	Thabba.	35:20:28:20
	Τιχάσα	λϛ	κη	ᵏγ	Tichafa.	36:—:28:40
	Νεγέτα ˡ	λϛ	κζ	ᵐγ	Negeta.	36:—:27:50
	Βυνθων	ⁿλε	κζ	γ	Bunthum.	36:15:29:20
	Ὑπὸ δὲ Ἀδρυμιττον ᵒ πόλιν.				Au deſſous de la ville d'*Adrumitte*:
	Αλμαινα	λε δ.	λ	γο	Almène.	35:15:30:40
	Οὐτίκνα	λε γο.	λϐ	ᵖδ	Uticna.	35:40:32:15
	Χράβασα ᑫ	ᵣλϛ	λϐ	ˢγ.	Chrabaſa.	36:—:32:20
	Τέρζω	λε γο.	λα	ᵗϛ	Turzo	35:40:31:50
	Οὐλιζιβιῤῥα	λϛ	λα	γ C	Ulizibirra.	36:—:31:20
	Ὀρβιτα	λϛ γ. ᵛλϐ		ˣγ	Orbita.	36:20:32:20
	Οὔζιτα	λϛ ᵞϛ. λϐ		ᶻγ	Uzita.	36:10:32:20
	Γίσιρα.	λϛ ᵃᵃγ. λα		ᵇᵇδ	Gifira.	36:20:31:45
	Ζυρ-				Zur-

(a) Il y a 30. dans l'Edition de *Servetus*.
(b) Les Manuſcrits & les Editions s'accordent à mettre λκ, & l'Edition de *Sco-tus* marque ainſi la ſituation de cet endroit 35:30:30:45.
(c) Ce dernier chifre manque dans l'Edition de *Servetus*.
(d) Quelques Editions l'appellent *Nuroli*.
(e) Dans les Manuſcrits & les Editions κ.
(f) Ibid. γο.
(g) Ibid. γο.
(h) Ibid. κ.
(i) Il y a 40. dans les Editions de *Scotus* & de *Rome*.
(k) Les Manuſcrits & les Editions portent γο.
(l) Le Manuſcrit *Palatin* dit Νιγιτα.
(m) On trouve κγ. dans les Manuſcrits & dans les Editions.
(n) Ibid. λϛ:ιε:κθ:γ. mais dans l'Edition de *Servetus*, au lieu de κθ. il y a 23.
(o) Nommée ci-deſſus Ἀδρύμηττος.
(p) Dans les Manuſcrits κ, ainſi que dans quelques Editions; dans l'Edition de *Rome* 45.
(q) On le trouve auſſi écrit *Cheubaſa*.
(r) Dans l'Edition de *Rome* 35.
(s) Ibid. & dans l'Edition de *Scotus* 40.
(t) Dans les Manuſcrits & dans les Editions κγ.
(v) Dans quelques Editions 31, & dans d'autres 32.
(x) Ce chifre manque dans quelques Editions : celle de *Rome* y met 30.
(y) Dans les Manuſcrits & dans quelques Editions κγ, & dans l'Edition de *Rome* 45.
(z) Cette place eſt vuide dans l'Edition de *Rome*.
(ιa) L'Edition de *Scotus* porte 40.
(bb) Il y a κδ dans les Manuſcrits & dans les Editions.

DE PREUVES. 37

Zurmentum.	37:—:31:10	A Ζύρμεντον	λζ	λα	α̅ϛ̅	Extraits
Zalapa.	36:45:31:45	Ζαλάπα	λϛ ᵇδ.	λα	ᶜδ	de Pto-
Auguſtum.	36:20:30:40	Αὔγουϛον	ᵈλγ γ.	λ	ᵉγ	LOMÉE.
Leæ.	36:20:30:10	Λεαί	ᶠλγ	λ	ϛ̅	
Avidus.	36:40:30:—	Ἄϐιδος	ʰλγ΄. γ.	λ		
Ubata.	36:45:29:20	Οὔϐατα	λϛ ⁱδ.	κθ	ᵏγ	
Tiſurus.	36:50:28:40	Τίσυρος	ˡλϛ ϛ.	κη	γ	
Thysdrus.	37:50:32:10	Θύσδρος	λϛ ᵐϽ.	λϐ	α̅ϛ̅	
Uzecia.	37:15:32:10	Οὐζηκία	λζ °δ.	λϐ	ϛ	
Setienſis.	37:45:31:30	Σετίηνσις	ᵠλζ δ.	λα	ϛ	
Laſice.	37:10:31:20	B Λασικὴ	λζ ϛ.	λα	ʳγ	
Buzacina.	37:50:30:45	Βυζακίνα	λζ ˢϛ.	λα	δ	
Targarum.	37:10:30:10	Τάργαρον	λζ ᵗϛ.	λ	ϛ	
Cararus.	37:—:30:20	Κάραρος	λζ	λ	γ	
Capſa.	37:30:29:45	Κάψα ᵛ	λζ ˣ.	κθ	δ	
Putea.	37:15:29:10	Πύτεα	λζ ʸδ.	κθ.	ϛ	
Caraga.	38:10:29:40	Κάραγα	ᶻκη ϛ.	λα	γ	
Muruis.	38:10:31:10	Μυρυίς	λη ϛ. ᵃᵃλα		ϛ	
Zu-						Συ-

(a) Les Manuſcrits ont ℔, de même que quelques Editions, mais celles de *Scotus* & de *Rome* diſent 50.
(b) On trouve ℔ſ dans les Manuſcrits, ainſi que dans les Editions.
(c) Ibid. ℔ſ.
(d) Ibid. λϛ. excepté l'Edition de *Scotus*, qui porte 37.
(e) Dans les Manuſcrits & dans les Editions γε.
(f) Ibid. λϛ:γ.
(g) Les Editions mettent 30.
(h) Il y a 35 dans les Editions de *Rome* & de *Scotus*, mais les Manuſcrits & toutes les autres Editions ont λϛ:γο:λ.
(i) L'Edition de *Rome* porte 55. toutes les autres & les Manuſcrits mettent ℔ſ.
(k) Il y a 15. dans l'Edition de *Rome*.
(l) Dans les Manuſcrits & dans les Editions λϛ:℔γ:κη:γο.
(m) Ibid. ℔γ. mais dans l'Edition de *Rome* 15.
(n) Ce chiffre ne ſe trouve point dans les Manuſcrits, non plus que dans quelques Editions.
(o) Dans les Manuſcrits ℔δ, dans l'Edition de *Rome* 45, & dans les autres tantôt 55, tantôt 56.
(p) Les Manuſcrits marquent λα, de même que pluſieurs Editions, pendant que d'autres mettent 32.
(q) Les Manuſcrits & les Editions portent λζ:℔δ:λα:℔.
(r) Dans les Manuſcrits ϛ.
(s) Dans les Manuſcrits & dans les Editions ℔γ:λ:℔ſ.
(t) Les Manuſcrits portent δ:λ:℔ſ. & les Editions 37:15:30:30.
(v) Le Manuſcrit *Palatin* dit Κίμψα.
(x) Dans les Manuſcrits & dans les Editions λζ:℔:κθ:℔ſ, & c'eſt une faute dans l'Edition de *Rome*, qui met 39. à la place de κθ.
(y) Il y a ℔ſ dans les Manuſcrits, & dans l'Edition de *Scotus*, mais toutes les autres portent 50.
(z) Ce premier chiffre κη eſt une faute dans l'Edition de *Bert.* puiſque les Manuſcrits & les autres Editions diſent λη:ϛ:κθ:γο.
(aa) Dans les Manuſcrits & dans les Editions λ:℔ſ, mais dans l'Edition de *Rome* 31:20.

e 3

Extraits de Ptolomée.

Ζύγαρ.	λη	a.	λ	b, A	Zugar.	38:—:30:10

Νῆσοι δὲ τῇ Ἀφρικῇ παράκεινται πλησίον τῆς γῆς, αἵδε, — Les Isles situées sur les côtes de l'*Afrique* sont les suivantes,

Τὁρας		κη	λγ	Hydras.	28:—:33:—
Καλάθη		λα	λγ γο	Calathe.	31:—:33:40
Δρακόντιος		λγ δ.	λδ δ	Dracontia.	33:15:34:15
Αἰγίμορος		cλδ	λγ ς	Ægimurus.	34:—:33:10
Λαρυνησία d		λζ	λγ eς	Larunesia.	37:—:33:10
Ἀνέμυσα		λθ	λγ γ	Anemusa.	39:—:33:20
Λοπαδᾶσα		fκη δ.	λγ ς	Lopadusa.	28:15:33:20
Λίθυσα		Bκθ	ς. λγ γ B	Æthusa.	29:10:33:20
Κέρκινα νῆσος καὶ πόλις		λθ	λϚ δ	Circina, avec la ville de ce nom.	39:—:32:15
Λωτοφαγίτις, ἐν ἧ πόλεις δύο,				Lotophagitis, où il y a deux villes, sçavoir	
Γέρρα		λθ δ.	λα δ	Gerra.	39:15:31:15
Μῆνιγξ		λθ b5.	λα γ	Meninx.	39:10:31:20

Ὁ δὲ διὰ μέσου [αὐτῦ] παράλληλος λόγον ἔχει πρὸς τὸν μεσημβρινόν, ἐν τᾶ ιγ. πρὸς τὰ ιε. — La moyenne Parallèle (des deux *Mauritanies* & de l'*Afrique*) se rapporte au Méridien comme 13 à 15.

Des principales villes de la *Mauritanie Césaréenne*.

Ἡ μὲν Κόρτινα i τὴν μεγίστην ἡμέραν ἔχει, ὡρῶν ιδ. γ k καὶ διέσχηκεν Ἀλεξανδρείας πρὸς δύσεις ὥραις γ Ϛιε. l — Le plus long jour à *Cortina* est de 14 heures & ⅓, & elle est située à 3 heures d'*Alexandrie* vers le Couchant.

Ἡ δὲ Ἰὼλ Καισάρεια — ὡρ. ιδ. δ. καὶ διες. Ἀλεξ. — ὡρ. γ Ϛιε. m — A *Iol Césarée* le plus grand jour est de 14 heures & ¼, & elle est à 2 heures ½ ⅓ ¼ vers le Couchant d'*Alexandrie*.

(a) L'Edition de *Rome* porte 38:15.
(b) Il y a 30. dans l'Edition de *Servetus*.
(c) Ibid. 31:15:33:15.
(d) Le Manuscrit *Palatin* ajoute νῆσοι δύο, c'est-à-dire deux *Isles*.
(e) Dans l'Edition de *Servetus*, 30.
(f) La même porte 39:—:33:20.
(g) Ibid. 39:30.
(h) Ibid. 30.
(i) Plus haut ce nom est écrit Καρτιναι.
(k) Dans les Manuscrits ιδ:δ.
(l) Dans un Manuscrit ὡρ. τρισί.
(m) Ibid. ὡρ. δυσὶ, ἡμίσυ, τρίτῳ καὶ πεντεκαιδεκάτῳ.

DE PREUVES.

A *Saldes* ———— 14 heures & ½, & elle A Αἱ δὲ Σάλδαι — ὡρ. ιγ. ϛ. καὶ διές. Extraits
eſt à 2 heures ½ / ½ ———— d'*Alexandrie*.   Ἀλεξ. — ὡρ. βξιϛ. de Pto-
A *Oppidum novum* ———— 14 heures   Ἡ δὲ Ὀππιδῶν ᵃ — ὡρ. ιδ. καὶ ιβ. lomée.
& près de 1/12, & elle eſt preſque à 3 heu-   καὶ διές. Ἀλεξ. — ὡρ. δυσὶ ᵇγ καὶ ιϛ.
res —¹— d'*Alexandrie*.
A *Zuchabbari* ———— 14 heures & ½,   Ἡ δὲ Ζυχάββαρι — ὡρ. ιδ. ε. καὶ
& elle eſt à 2 heures ½¾ / ¼ ———— d'*Ale-*   διές. Ἀλεξ. — ὡρ. β. βγ καὶ ιϛ. ᶜ
xandrie.

* * * * * * *

Des principales villes de l'*Afrique*.

* * * * * * *

A *Utique* ———— 14 heures & ½, & B Ἡ μὲν Ἰτύκη ᵈ — ὡρ. ιδ. ε. καὶ
elle eſt à 1 heure ½¼ / ¼ ———— d'*Alexandrie*.   διές. Ἀλεξ. — ὡρ. — αξδ. ᵉ
A *Carthage* ———— 14 heures & ½, &   Ἡ δὲ Χαρχηδῶν — ὡρ. ιδ. ε. καὶ
elle eſt à 1 heure ½ ———— d'*Alexandrie*.   διές. Ἀλεξ. — ὡρ. αξδ. ᶠ
A *Adrumète* ———— 14 heures & ½, &   Ἡ δὲ Ἀδρύμητος ᵍ — ὡρ. ιδ. ε. καὶ
elle eſt à 1 heure 1/12 ———— d'*Alexandrie*.   διές. Ἀλεξ. — ὡρ. αξιβ.
A *Cirta Julia* ———— 14 heures & 1/12, &   Ἡ δὲ Κίρτα Ἰυλία — ὡρ. ιδ. ιβ. καὶ
elle eſt à 2 heures ½ ———— d'*Alexandrie*.   διές. Ἀλεξ. — ὡρ. δυσὶ καὶ δ.
A *Sicaveneria* ———— un peu plus que   Ἡ δὲ Σικαυενερία ʰ — ὡρ. ιδ. ιβ. ⁱ
14 heures, & elle eſt à 2 heures ————   καὶ διές. Ἀλεξ. — ὡρ. β.
d'*Alexandrie*. C
A *Thysdrus* ———— 14 heures & ½, &   Ἡ δὲ Θύσδρος — ὡρ. ιδ. ϛ. ᵏ καὶ
elle eſt à 1 heure ½ ———— d'*Alexandrie*.   διές. Ἀλεξ. — ὡρ. αξιϛ. ˡ

* * * * * * *

☞ *Les Grecs*, en marquant les *Scrupules* ou les *ſubdiviſions des degrés*, avoient coûtume de ſe ſervir des parties de l'*Aſſe*, en comptant toûjours de cinq à cinq; & l'on ne trouve point qu'ils ayent employé d'autres chifres pour cet effet que les marques affectées au ſusdit uſage. Il paroit par-là que tous les chifres moyens (c'eſt-à-dire qui ne tombent point dans la progreſſion de cinq à cinq, comme 2. 3. 16. 46. & autres ſemblables) que l'on rencontre dans les Editions Latines de leurs Ouvrages, ont été ſuppoſés.

Voici

(a) Ci-deſſus elle eſt nommée Ὀππιδῖνοι, ou pour mieux dire Ὀππιδῶν πόλις.
(b) Dans un Manuſcrit il y a ὡρ. δυσὶ διμοίρῳ πυτεκαιδεκάτῳ.
(c) Ibid. ὡρ. δυσὶ ἡμίσυ πυτεκαιδεκάτῳ.
(d) On l'a vû écrit ci-devant Ἰτύκη.
(e) Dans un Manuſcrit ὡρ. μιᾷ ἡμίσυ καὶ τετάρτῃ.
(f) Ibid. ὡρ. μιᾷ καὶ διμοίρῳ.
(g) Il y a un Manuſcrit qui porte Ἀδρύμηττος, & ci-deſſus ce nom a été écrit Ἀδρύμηττος & Ἀδρύμητος.
(h) Plus haut ce nom ſe trouve ainſi Σίκκα Οὐενερία.
(i) Au lieu de ιϛ, il y a un Manuſcrit qui porte καί τι.
(k) Ibid. ε.
(l) Ibid. ὡρ. μιᾷ καὶ ἡμίσυ.

Extraits de Ptolomée.

Voici les marques dont ils faisoient usage, & leur signification par rapport à l'*Asse*.

	A				
ιϛ.	Une Once, ou 1/12.	5.	λιϛ.	Sept Onces, ou 7/12.	35.
ϛ.	Deux Onces, ou 1/6.	10.	γο.	Huit Onces, ou 2/3.	40.
δ.	Trois Onces, ou 1/4.	15.	κδ.	Neuf Onces, ou 3/4.	45.
γ.	Quatre Onces, ou 1/3.	20.	κγ.	Dix Onces, ou 5/6.	50.
γιϛ.	Cinq Onces, ou 5/12.	25.	κγιϛ.	Onze Onces, ou 11/12.	55.
κ.	Six Onces, ou 1/2.	30.	α.	Douze Onces ou un *Asse*.	60.

V.

EXTRAITS DE POMP. MELA.

DESCRIPTION ABREGÉE DE L'AFRIQUE Chap. IV.

Extraits de Pomp. Mela.

AFRICA *ab orientis parte Nilo terminata, Pelago à cæteris, brevior est quidem quàm Europa; quia nec usquàm Asiæ, & non totis hujus litoribus obtenditur : longior tamen ipsa quàm latior, & quà ad fluvium attingit, latissima. Utque inde procedit, ita media præcipuè in juga exurgens, pergit incurva ad occasum,* (a) *fastigatique se molliter : & ideò ex spatio paulatim adductior, ubi finitur, ibi maximè-angusta est. Quantùm incolitur, eximiè fertilis : verùm (quòd pleraque ejus inculta, & aut arenis sterilibus obducta, aut ob sitim cœli terrarumque deserta sunt, aut infestantur multo, ac malefico genere animalium) vasta est magis quàm frequens. Mare, quo cingitur à septentrione,* Libycum; *à meridie,* Æthiopicum; *ab occidente,* Atlanticum.

L'AFRIQUE est bornée à l'Orient par le *Nil*, & de tous les autres côtés par la Mer. Elle n'est pas si longue que l'*Europe*, vû qu'elle ne s'étend point vis-à-vis une partie des côtes de l'*Asie*, & que les siennes ne sont pas même face à toute l'étendue de celles de l'*Europe*; elle a cependant plus de longueur que de largeur, & du côté du *Nil* elle est plus large qu'en aucun autre endroit. De-là elle s'étend à travers les montagnes, & continue vers le Couchant, en se courbant un peu, & formant ensuite une petite pointe; & allant ainsi en se retrécissant peu-à-peu, elle n'est nulle part plus étroite qu'à l'endroit où elle se termine. Elle est très-fertile par-tout où elle est habitée; mais elle n'est pas à beaucoup près si peuplée que son étendue paroît le promettre, la plus grande partie n'en étant point cultivée, parce qu'elle est couverte de sables stériles, ou parce qu'il n'y tombe ni rosée ni pluye, & que la terre aride & brûlée n'est arrosée par aucune riviere, ou enfin parce que ces cantons sont infestés d'une prodigieuse multitude d'animaux malfaisans. La Mer qui la borne au Nord s'appelle la *Mer de Libye*, celle qui est au Midi, la *Mer d'Ethiopie*, & au Couchant elle a *la Mer Atlantique*.

(a) Quelques Exemplaires portent *fastigiat*.

tique. Sur les côtes de la Mer de *Li-bye*, on trouve tout près du *Nil* une Province qu'ils appellent *Cyrénaïque*; ensuite vient la Province d'*Afrique*, qui a donné son nom à tout ce vaste continent. Le reste de cette côte est habité par les *Numides* & les *Maures*; le païs de ces derniers s'étend jusques aux bords de la Mer *Atlantique*. Plus loin on trouve les *Nigrites* & les *Pharusiens*, jusques aux confins des *Ethiopiens*. Ceux-ci occupent tout le reste de ce côté-là, de même que toutes les Provinces méridionales jusques aux frontieres de l'*Asie*. Au dessus des païs baignez par la Mer de *Libye* demeurent les *Libo-Egyptiens*, les *Ethiopiens blancs*, & les *Gétules*, nation fort nombreuse & divisée en plusieurs peuples différens. En avançant de-là dans les terres, on rencontre une vaste région tout-à-fait déserte & absolument inhabitée. La partie orientale, à ce qu'on nous dit, est habitée par les *Garamantes*; après lesquels viennent les *Augiles* & les *Trogodytes*, & enfin les *Atlantes*, qui tiennent les Provinces les plus occidentales. Le cœur du païs (s'il est permis de le croire) est occupé par des peuples plus qu'à demi sauvages, qui méritent à peine qu'on les mette au rang des hommes, & qu'on nomme les *Egipanes*, les *Blemyes*, les *Gamphasantes* & les *Satyres*, qui n'ayant ni feu ni lieu, ne font qu'errer d'un endroit à l'autre, sans s'arrêter nulle part; de sorte qu'on peut dire qu'ils occupent le païs plutôt qu'ils ne l'habitent. Voilà en abregé quel est notre globe, &

A *ticum dicimus. In ea parte quæ Libyco adjacet, proxima Nilo provincia est, quam* Cyrenas *vocant: deinde, cui totius Regionis vocabulo cognomen inditum est,* Africa. *Cætera* Numidæ *&* Mauri *tenent: sed* Mauri *& in* Atlanticum *pelagus expositi. Ultrà* Nigritæ *sunt, &* Pharusii, *usque ad* Æthiopas. *Hi &*
B *reliqua hujus, & totum latus quod meridiem spectat, usque in* Asiæ *confinia possident. At super ea quæ* Libyco *mari abluuntur,* Libyes Ægypti *sunt, &* Leuco-Æthiopes: *& natio frequens multiplexque* Gætuli. *Deinde latè vacat Regio, perpetuo tractu inhabitabilis. Tum primos ab oriente* Garamantas, *post* Augilas *&* Trogodytas, *& ultimos ad occasum* Atlantas *audimus.*
C *Intrà (si credere libet) vix jam homines, magisque semiferi* Ægypanes, *&* Blemyes, *&* Gamphasantes, *&* Satyri, *sine tectis ac sedibus passim vagi, habent potiùs terras, quàm habitant. Hæc summa nostri Orbis, hæ maximæ partes: hæ formæ gentesque partium.*

Nunc exactiùs oras situsque dicturo, indè est commodissimum inci-
D *pere, undè terras nostrum pelagus ingreditur; & ab iis potissimùm, quæ influenti dextra sunt: deinde stringere litora ordine quo jacent, peragratisque omnibus quæ mare attingunt, legere etiam illa quæ cingit Oceanus; donec cursus incepti operis intrà extràque circumvectus Orbem, illuc unde cœperit redeat.*

Extraits de Pomp. Mela.

quelles en sont les principales parties, comme aussi leurs figures & les peuples qui s'y trouvent.

Pour entrer à présent dans un plus grand détail sur les différentes situations & confins, le parti le plus commode sera, de commencer par l'endroit où notre Mer entre dans les terres, & nommément par celles qui se trouvent à droite, parcourant ainsi les côtes l'une après l'autre, suivant leur ordre naturel; & après avoir examiné tous les païs situés le long de cette Mer, de visiter aussi les Provinces baignées par l'Ocean, & de continuer ainsi cette méthode, en tournant toûjours, jusqu'à ce que nous ayons regagné l'endroit par où nous aurons commencé.

Tome II. f DESCRIP-

EXTRAITS SERVANT

Extraits de Pomp. Mela.

DESCRIPTION PARTICULIÈRE DE L'AFRIQUE.

LA MAURITANIE. *Chap. V.*

Dictam est Atlanticum esse Oceanum, qui terras ab occidente contingeret. Hinc in nostrum Mare pergentibus, læva Hispania, Mauritania dextra est; primæ partes, illa Europæ, hæc Africæ. Ejus oræ finis, Mulucha: caput atque exordium est promontorium, quod Græci Ampelusian, Afri aliter, sed idem significante vocabulo, appellant. In eo est Specus Herculi sacer: & ultra Specum Tinge oppidum pervetus, ab Antæo (ut ferunt) conditum. Extat rei signum, parma elephantino tergori exsecta, ingens, & ob magnitudinem nulli nunc usuro habilis: quam locorum accolæ ab illo gestatam pro vero habent, traduntque, & inde eximiè colunt. Deindè est mons præaltus, ei quem ex adverso Hispania attollit objectus: hunc Abylam, illum Calpen vocant, columnas Herculis utrumque. Addit fama nominis fabulam, Herculem ipsum junctos olim perpetuo jugo diremisse colles, atque ita exclusum antea mole montium Oceanum, ad quæ nunc inundat admissum. Hinc jam mare latiùs funditur, summotasque vastiùs terras magno impetu inflectit. Cæterùm Regio ignobilis, & vix quicquam illustre sortita, parvis oppidis habitatur, parva flumina emittit, solo quàm viris melior, & segnitie gentis obscura.

A Nous avons dit que la Mer qui borne les terres à l'Occident s'appelle l'Ocean *Atlantique*. Entrant de cette Mer dans la *Méditerranée*, on a l'*Espagne* à gauche, & la *Mauritanie* à droite, dont celle-là est la première Province de l'*Europe*, & celle-ci de l'*Afrique*. La côte de cette dernière se termine à *Mulucha*, & elle commence à

B un promontoire que les *Grecs* appellent *Ampelusia*, mais auquel les *Africains* donnent un autre nom, qui a, au reste, la même signification. C'est là que se trouve une Grotte consacrée à *Hercule*, & au-delà de cette Grotte le bourg *Tinge*, d'une très-ancienne origine, & qui (à ce qu'on dit) a été bâti par *Antée*. En ligne de cette histoire, on y conserve un bouclier rond, fait de peau d'Elephant,

C d'une prodigieuse grandeur, & qui, à cause de cela, ne peut servir à personne. Les gens du païs croyent fermement; & assurent, que leur fondateur avoit coûtume de porter ce bouclier, & l'ont pour cette raison en grande vénération. Ensuite vient une très-haute montagne, placée vis-à-vis d'une autre qui s'élève de même fort haut en *Espagne*. Celle-ci est appel-

D lée *Abyla*, & la première *Calpe*, connues l'une & l'autre sous le nom de Colomnes d'*Hercule*. Ce fameux nom a donné lieu à la fable suivante, sçavoir que c'est *Hercule* qui a separé ces montagnes, en enlevant toutes celles qui se trouvoient autrefois entre deux, & qui formoient une chaîne de l'une à l'autre; & qu'en ôtant cette énorme digue, qui retenoit les eaux de l'Ocean, il leur a donné lieu d'inonder les terres, & de former ce vaste bassin qui sepàre l'*Europe* de l'*Afrique*. Depuis cet endroit la Mer va toûjours en s'élargissant, & en prenant de plus en plus sur les côtes. Au reste ce païs est fort peu connu, & n'a presque rien de remarquable: on n'y trouve que de petits bourgs, les rivieres qui l'arrosent sont peu considerables, le terroir vaut mieux que les gens qui l'occupent, &, en un mot, la paresse de ses habitans l'empêche d'avoir quelque reputation.

Parmi

Parmi ce que nous y trouvons digne d'être remarqué, est une chaîne de hautes montagnes contiguës, qui paroissent arrangées exprès, au nombre de *sept*, & qu'on appelle *Freres* à cause de leur ressemblance. Il y a de plus le fleuve *Tamuda*, & les petites villes de *Rusadir* & de *Siga*, comme aussi un *Port* surnommé *le grand*, parce qu'en effet il est fort spacieux; & enfin la riviere *Mulucha*, dont nous avons déja parlé, qui sepère à présent ce peuple de ses voisins, & qui servit autrefois de limite aux domaines de *Boccbus* & de *Jugurtba*.

Ex his tamen quæ commemorare non piget, montes sunt alti, qui continenter & quasi de industria in ordinem expositi, ob numerum, Septem, *ob similitudinem* Fratres *nuncupantur:* Tamuda *fluvius,* & Rusadir, & Siga, *parvæ urbes;* & Portus, *cui* Magno *est cognomen ob spatium.* Mulucha *ille quem diximus amnis est, nunc gentium, olim regnorum quoque terminus,* Bocchi Jugurthæque.

Extraits de Pomp. Mela.

LA NUMIDIE. *Chap. VI.*

Ensuite vient la *Numidie*, située le long des bords du fleuve *Ampsaga*: elle est à la vérité plus petite que la *Mauritanie*, mais elle est mieux cultivée & plus riche. Ses villes les plus considerables sont *Cirta*, bâtie fort avant dans la terre ferme, & occupée à présent par une colonie des *Sittianes*; les Rois y faisoient autrefois leur demeure; & elle étoit très-opulente sous le régne de *Syphax*: *Iol*, située sur le bord de la Mer, & ci-devant peu connue, mais fameuse à présent par la résidence que *Juba* y a faite, & par le surnom de *Césarée* qu'elle porte. En deçà de cette ville (car elle se trouve presque au milieu de la côte) sont les bourgs de *Cartenna* & d'*Arsinnaria*, le fort de *Quiza*, le golfe *Laturus*, & le fleuve *Sardabale*: & au-delà un *Monument* servant de sépulture à toute la famille Royale; de plus, les villes d'*Icosium* & de *Ruthisia*, separées par les fleuves *Aveus* & *Nabar* qui coulent entre elles, & enfin plusieurs autres choses, que nous pouvons sans inconvenient passer sous silence. On assure qu'à une assez grande distance du rivage, vers l'intérieur du païs, il y a des campagnes stériles, où l'on trouve (s'il est permis de le croire) des arrêtes de poissons, des coquillages, des morceaux d'écailles d'huitres, des pierres polies, telles qu'on en tire communément de la Mer, des ancres qui tiennent aux rochers, & autres mar-

Ab eo Numidia, *ad ripas exposita fluminis* Ampsagæ, *spatio quidem quàm* Mauritania *angustior est, verùm & culta magis, & ditior. Urbium, quas habet, maxima sunt,* Cirta, *procul à mari, nunc* Sittianorum *colonia; quondàm regum domus, & cùm* Syphacis *foret, opulentissima:* Iol *ad mare, aliquando ignobilis; nunc, quia* Jubæ *regia fuit, & quòd* Cæsarea *vocitatur, illustris, Citrà hanc (nam in medio fermè litore sita est)* Cartenna *&* Arsinnaria *sunt oppida, &* Quiza *castellum, &* Laturus *sinus, &* Sardabale *fluvius: ultrà,* Monumentum *commune regiæ gentis, deinde* Icosium *&* Ruthisia *urbes, & fluentes inter eas* Aveus *&* Nabar, *aliaque, quæ taceri nullum rerum famæve dispendium est. Interiùs, & longè satis à litore (si fidem res capit) mirum ad modum, spinæ piscium, muricum ostreorumque fragmenta, saxa attrita (uti solent) fluctibus, & non differentia marinis, infixæ cautibus ancoræ, & alia ejusmodi signa atque vestigia, effusi olim usque*

L'AFRIQUE proprement dite. Chap. VII.

Regio quæ sequitur à promontorio Metagonio *ad aras* Philænorum, *propriè nomen* Africæ *usurpat. In ea sunt oppida,* Hippo Regius, *&* Rusicade, *&* Tabraca. *Dein tria promontoria,* Candidum, Apollinis, Mercurii, *vastè projecta in altum, duos grandes Sinus efficiunt.* Hipponensem *vocant proximum ab* Hippone Diarrhyto, *quod litori ejus appositum est. In altero sunt castra* Lælia, *castra* Cornelia, *flumen* Bagrada, Utica *&* Carthago, *ambæ inclytæ, ambæ à Phœnicibus conditæ: illa fato* Catonis *insignis, hæc suo; nunc populi Romani colonia, olim imperii ejus pertinax æmula; jam quidem iterùm opulenta, etiam nunc tamen priorum excidio rerum, quàm ope præsentium clarior.* Hadrumetum, Leptis, Clupea, Acholla, Taphrura, Neapolis, *hinc ad* Syrtim *adjacent, ut inter ignobilia celeberrimæ.* Syrti *sinus est centum ferè millia passuum, quâ mare accipit, patens; trecenta, quâ cingit: verùm importuosus atque atrox, & ob vadorum frequentium brevia, magisque etiam ob alternos motus pelagi affluentis & refluentis infestus. Super hunc ingens palus amnem* Tritona *recipit, ipsa* Tritonis: *unde &* Minervæ *cognomen inditum est, ut incolæ arbitrantur, ibi genitæ: faciuntque ei fabulæ aliquam fidem, quòd quem natalem ejus putant, ludicris virginum in-*

Le Païs qui s'étend au-delà du cap *Metagonium* jusqu'aux Autels des *Philènes*, est proprement appellé l'*Afrique*. C'est-là qu'on trouve les villes d'*Hippone Royale, Rusiccade* & *Tabraca*. Trois grands promontoires, sçavoir le Cap *blanc*, ceux d'*Apollon* & de *Mercure*, qui avancent beaucoup dans la Mer, forment deux grandes bayes, dont celle qui est la plus près d'*Hippone* surnommée *Diarrhyte*, en porte le nom, cette ville étant située sur ses bords. Dans l'autre baye sont les Camps de *Lélius* & de *Cornélius*, le fleuve *Bagrada*, & les deux célèbres villes d'*Utique* & de *Carthage*, bâties par les *Phéniciens*: la première est connue par la mort de *Caton*, & la seconde par le sort qu'elle eut elle-même. Elle fut autrefois une puissante Rivale du Peuple Romain, dont elle est à présent une colonie. Quoiqu'elle se soit assez bien remise de sa ruine, elle est cependant encore aujourd'hui plus connue par l'histoire de ses malheurs, que par la figure qu'elle fait actuellement. Les endroits les plus remarquables, d'entre ceux qui ne le font pas beaucoup, sont *Hadrumète, Leptis, Clupea, Acholla, Taphrura* & *Neapolis*, tous situés le long de la *Syrte*. La *Syrte* est une baye qui a près de cent mille pas de largeur à son ouverture, & trois-cens mille de tour. Il n'y a cependant aucun port, & la navigation y est très-dangereuse, tant à cause des bas fonds qui s'y trouvent en grand nombre, que principalement à cause de la marée. Au-delà de cette baye on rencontre le lac *Triton*, qui est fort grand, & qui reçoit les eaux d'un fleuve du même nom: on l'appelle aussi le lac de *Minerve* ou de *Pallas*, parce que les habitans du païs s'imaginent que c'est-là qu'elle a pris naissance; & pour donner un air de vérité à cette fable, on y célèbre encore tous les ans son prétendu anniversaire par des

Jeux

Jeux & des Combats de jeunes filles. A *inter se decertantium celebrant. Ultrà* **Extraits**
Plus loin sont le bourg d'*Oea*, & le *est* Oea *oppidum, & Cynips fluvius* **de Pomp.**
fleuve *Cynips*, qui traverse des campa- *per uberrima arva decidens : tum* **Mela.**
gnes très-fertiles. Ensuite on trouve Leptis *altera, &* Syrtis, *nomine*
une ville nommée *Leptis*, différente *atque ingenio par priori ; cæterùm al-*
de la première, & une seconde *Syrte*, *tero ferè spatio, quâ debicit, quâque*
en tout semblable à la précédente, *flexum agit, amplior. Ejus promon-*
excepté par rapport à la grandeur, *torium est* Borion : *ab eoque incipiens*
ayant presque le double de largeur à *ora, quam* Lotophagi *tenuisse dicun-*
son ouverture & dans son étendue. *tur, usque ad* Phycunta *(& id pro-*
Le promontoire qui la termine s'ap- B *montorium est) importuoso litore per-*
pelle *Borion*, & c'est-là que commen- *tinet. Aræ ipsæ nomen ex* Philænis
ce la côte que l'on dit qu'habitoient *fratribus traxére, qui contrà* Cyre-
les *Lotophages*, laquelle s'étend jusqu'à naicos *missi* Carthagine, *ad dirimen-*
Phycunta (qui est aussi un promontoi- *dum conditione bellum, diu jam de fi-*
re) & l'on n'y trouve aucun port. *nibus, & cum magnis amborum cla-*
Les Autels mêmes ont pris leur nom *dibus gestum ; postquam in eo, quod*
de deux freres, nommés *Philénes*, *convenerat, non manebatur, ut ubi le-*
qui furent envoyés de *Carthage* pour *gati concurrerent, certo tempore utrin-*
terminer par une négociation avec *que dimissi, ibi termini statuerentur ;*
les peuples de la *Cyrénaïque*, la guer- C *pacti de integro, ut quicquid citrà*
re qu'il y avoit déja eu depuis long- *esset, popularibus cederent (mirum &*
tems au sujet des limites, & dans la- *memoriâ dignissimum facinus !) hic se*
quelle on avoit beaucoup perdu des *vivos obrui pertulerunt.*
deux côtés. Etant donc convenu que
les limites seroient établis précisement à l'endroit où les députés de part
& d'autre, partis chacun de son endroit à un tems préscrit, se rencon-
treroient, les *Cyréniens* refuserent ensuite de s'en tenir à cette condition, & voulurent que tout ce que les *Philénes* avoient gagné sur eux
par la diligence qu'ils avoient faite, leur fût rendu : mais ces deux freres, par une fermeté admirable & digne de mémoire, aimerent mieux
souffrir qu'on les y enterrât tout vifs.

LA CYRENAIQUE. *Chap. VIII.*

Ensuite, près de *Catabathmos* est la D *Indè ad* Catabathmon Cyrenaica
Cyrénaïque : dans ce païs est l'Ora- *provincia est ; in eaque sunt,* Am-
cle de *Jupiter Ammon*, qui est en monis *oraculum, fidei inclytæ : &*
très grande reputation ; il y a aussi Fons, *quem Solis appellant : & ru-*
une Fontaine surnommée du *Soleil*, *pes quædam Austro sacra. Hæc cùm*
& un Rocher consacré au Vent du *hominum manu attingitur, ille immo-*
Midi. Si quelqu'un touche ce der- *dicus exsurgit, arenasque quasi maria*
nier de sa main, il s'élève un vent fu- *agens sic sævit, ut fluctibus. Fons*
rieux qui agite les sables comme des *mediâ nocte fervet ; mox & paulatim*
flots, tellement que le rocher ressemble *tepescens, sit luce frigidus ; tunc, ut*
à la Mer en courroux. Quant à la Fon- E *Sol surgit, ita subindè frigidior, per*
taine, elle a la proprieté de bouillir *meri-*
régulierement à minuit, & la chaleur
diminuant ensuite peu-à-peu, ses eaux se trouvent froides au matin ; après
le lever du Soleil le froid continue à augmenter par degrés, jusqu'à
midi.

Extraits de Pomp. Mela.

meridiem maximè riget: sumit deindè teporis iterùm; & primâ nocte calidus, atque ut illa procedit, ita calidior, rursùs cùm est media, perfervet. In litore promontoria sunt Ze-phyrion & Naustathmos, portus Paraetonius, urbes Hesperia, Apollonia, Ptolemais, Arsinoë, atque (undè terris nomen est) ipsa Cyrène. Catabathmos vallis devexa in Ægyptum, finit Africam. Ore sic habitantur, ad nostrum maximè ritum moratis cultoribus, nisi quòd quidam linguis differunt, & cultu Deûm, quos patrios servant, ac patrio more venerantur.

A midi précis, qu'elles sont comme glacées; passé ce tems-là, les eaux commencent à redevenir tièdes,& se trouvent toutes chaudes à l'entrée de la nuit, & cette chaleur s'accroît à mesure que la nuit avance, jusqu'à ce qu'à minuit la Fontaine soit tout bouillante. Les promontoires de cette côte sont *Zephyrion* & *Naustathmos*: il y a aussi un port appellé *Parétonius*. Les villes B de cette Province sont *Hesperia, Apollonia, Ptolemaïs, Arsinoé,* & *Cyrène*, qui a donné son nom à tout le païs. *Catabathmos* est une vallée qui descend vers l'*Egypte*, & borne l'*Afrique*. Les mœurs des habitans de la côte ne différent pas beaucoup des nôtres, mais il y en a parmi eux qui parlent un langage différent. Ils ne s'accordent pas non plus avec nous par rapport au culte des Dieux, puisqu'ils demeurent attachés à leurs anciennes Divinités, qu'ils honorent à la manière de leurs ancêtres.

L'AFRIQUE INTERIEURE. *Chap.* IX.

Proximis nullae quidem urbes stant, C tamen domicilia sunt, quae Mapalia *appellantur. Victus asper, & munditiis carens. Primores sagis velantur; vulgus bestiarum pecudùmque pellibus. Humi quies epulaeque capiuntur. Vasa ligno fiunt, aut cortice. Potus est lac, succusque baccarum. Cibus est caro, plurimùm feriua (quia id solum opimum est) quoad potest parcitur.* D *Interiores etiam incultiùs, sequuntur vagi pecora: utque à pabulo ducta sunt, ita se ac tuguria sua promovent: atque ubi dies deficit, ibi noctem agunt. Quanquam in familias passim & sine lege dispersi, nihil in commune consultant: tamen quia singulis aliquot simul conjuges, & plures ob id liberi agnatique sunt, nus-* E *quàm*

Il n'y a aucune ville dans ce Païs, mais les hommes y habitent des demeures qu'ils appellent *Mapalia*. Leur nourriture est grossiere & mal-propre. Les principaux d'entre eux s'habillent de sayes, & le commun peuple de peaux de bêtes. Ils couchent & mangent à terre, & leur vaisselle n'est que de bois, ou d'écorce d'arbre. Leur boisson ordinaire est du lait, & le suc qu'ils expriment de certaines bayes. Ils vivent de viandes, & la chasse pourvoit communément aux besoins de leur table; car ils épargnent autant qu'ils peuvent leurs troupeaux, qui font toute leur richesse. A mesure qu'on avance dans cette Province, les habitans sont moins civilisés, & menent une vie errante, passant avec leurs troupeaux d'un endroit à l'autre, & établissant leurs cabanes par-tout où ils trouvent du fourage: lorsque la nuit les surprend, ils s'arrêtent où ils sont. Quoique dispersés sans ordre par-ci par-là par familles entieres, ils n'ayent rien de commun entre eux; cependant comme chacun a plusieurs femmes à la fois, & par conséquent beaucoup d'enfans & de parens avec lui; ils n'y sont

font nulle part en petit nombre. *A quàm pauci. Ex his qui ultrà deser-* Extrait
Entre les Peuples qu'on dit habiter *ta esse memorantur, Atlantes Solem* de Pomp.
au-delà du désert, sont les *Atlan-* *execrantur, & dùm oritur, & dùm* Mela.
tes, qui maudissent le Soleil chaque *occidit, ut ipsis agrisque pestiferum.*
fois qu'il se leve ou qu'il se couche, *Nomina singuli non habent: non ve-*
parce que ses brûlans rayons les dé- *scuntur animalibus: neque illis in*
solent, aussi-bien que leurs champs. *quiete qualia cæteris mortalibus vise-*
Ceux-ci ne sont pas distingués par des *re datur. Trogodytæ* a, *nullarum*
noms particuliers à chacun : ils ne *opum domini, strident magis quàm*
mangent point la chair des animaux; *loquuntur, specus subeunt, alunturBque serpentibus. Apud Garamantes*
& ils ne sont point de songes com-
me les autres hommes. Les *Troglo-* *etiam armenta sunt, eaque obliquà*
dytes, qui ne possedent absolument *cervice pascuntur; nam pronis directis*
rien, parlent un jargon qui ressemble *in humum cornua officiunt. Nulli*
plutôt à des sifflemens qu'à un vérita- *certa uxor est. Ex his qui tam con-*
ble langage; ils se tiennent dans les *fuso parentum coitu passim incertique*
cavernes,& ne mangent que des ser- *nascuntur, quos pro suis colunt, for-*
pens. Les *Garamantes* ont aussi des *mæ similitudine agnoscunt. Augilæ*
troupeaux de gros bétail; mais il y a *Manes tantùm Deos putant; per eos*
cela de particulier, que ces bêtes sont *dejerant; eos ut oracula consulunt:*
obligées de paître l'herbe par dessus la C*precatique quæ volunt, ubi tumulis*
tête, ne pouvant y atteindre en se bais- *incubuere, pro responsis ferunt somnia.*
sant comme les autres pour la brouter, *Fœminis eorum solenne est, nocte quà*
à cause de leurs cornes qui les en em- *nubunt, omnium stupro patere, qui*
pêchent, étant tournées directement *cum munere advenerint: & tum cum*
en-bas. Toutes les femmes y sont en *plurimis concubuisse, maximum de-*
commun; & pour juger à quel pere, *cus; in reliquum pudicitia insignis est.*
parmi un si grand nombre, apartien- *Nudi sunt* Gamphasantes, *armo-*
nent les enfans qui naissent de ce com- *rumque omnium ignari : nec vitare*
merce confus, on s'en rapporte à la *sciunt tela, nec jacere: ideoque obvios*
ressemblance. Les *Augiles* ne recon- D*fugiunt, neque aliorum, quàm qui-*
noissent d'autres Divinités que les *bus idem ingenii est, aut congressus,*
ames des morts. Ils ne jurent que par *aut colloquia patiuntur. Blemyis ca-*
elles, & ils les consultent comme des *pita absunt; vultus in pectore est:*
oracles: pour cet effet, après avoir *Satyris, præter effigiem, nihil hu-*
expliqué leur demande ; ils se cou- *mani. Ægipanum quæ celebratur,*
chent sur quelque tombeau, & reçoi- *ea forma est. Hæc de Africa.*
vent la réponse en songe. C'est un
usage reçu parmi eux, que leurs femmes, la nuit de leurs nôces, se prosti-
tuent à tout venant, pourvû qu'il leur fasse un présent ; & plus elles en ont
eu de galands cette nuit-là, plus elles en ont d'honneur : mais au reste
elles sont fort sages & pudiques. Les *Gamphasantes* sont nuds, & ne connoissent l'usage d'aucunes armes, ne sçachant ni lancer un javelot, ni en
parer le coup: c'est pourquoi ils fuyent tous ceux qu'ils rencontrent, &
ne s'entretiennent ni ne vivent avec personne qui ne soit de leur nation
& imbû des mêmes principes. Les *Blemyens* n'ont pas de tête, leur visage
étant placé sur la poitrine. Les *Satyres* n'ont rien de l'homme que la figure. Les *Egipanes* sont faits comme on le dit communement. En voilà
assez sur l'*Afrique*.

(a.) D'autres Exemplaires portent *Troglodytæ*.

EX-

VI.

EXTRAITS DE PLINE.

DESCRIPTION DE L'AFRIQUE. *Liv. V.*

AFRICAM Græci Libyam appellavére, quâ mare antè eam Libycum *incipiens* Ægyptio *finitur. Nec alia pars terrarum pauciores recipit finus, longè ab Occidente litorum obliquo fpatio. Populorum ejus, oppidorum nomina, vel maximè funt ineffabilia, præterquam ipforum linguis, & aliàs caftella fermè inhabitant.*

LEs *Grecs* ont donné le nom d'*Afrique* à cette partie de la *Libye* qui eft baignée par la Mer de *Libye* jufqu'à la Mer d'*Egypte*. Il n'y a pas de païs au monde dont les côtes foient plus unies, & où il y ait moins de bayes dans toute leur longueur, qui eft fort grande, & qui s'étend de biais vers l'Occident. Les noms des Peuples qui l'habitent & ceux de leurs villes, ne fçauroient la plupart être prononcés que dans la langue du païs: au refte leurs habitations font prefque inacceffibles.

LA MAURITANIE. *Chap. I.*

Principio terrarum Mauritaniæ *appellantur, ufque ad* C. Cæfarem Germanici *filium regna, fævitid ejus in duas divifæ provincias. Promontorium Occani extimum* Ampelufia *nominatur à* Græcis: *Oppida fuére*, Liffa, *&* Cotta *ultrà columnas* Herculis: *nunc eft* Tingi, *quondàm ab* Antæo *conditum: pofteà à* Claudio Cæfare, *cùm coloniam faceret, appellatum* Traducta Julia. *Abeft à* Belone, *oppido* Bæticæ, *proximo trajectu* xxx. M. *paff. Ab eo* xxv. M. *paff. in ora* Oceani, *colonia* Augufti Julia Conftantia Zilis, *regum ditioni exempta, & jura* Bæticam *petere juffa: & ab ea* xxxii. M. *paffuum colonia à* Claudio Cæfare *facta* Lixos, *vel fabulofiffimè antiquis narrata. Ibi regia* Antæi, *certamenque cum* Hercule:

Le premier païs qu'on trouve s'appelle *les Mauritanies*. C'étoient des Royaumes jufques au tems de *C. Céfar*, fils de *Germanicus*, qui eut la cruauté de les reduire en deux Provinces. Le promontoire le plus avancé dans l'Ocean, eft appellé *Ampelufia* par les *Grecs*. Il y eut autrefois les villes de *Liffa*, & *Cotta* au-delà des Colomnes d'*Hercule*: à préfent on y trouve *Tingi*, qui a été bâtie par *Antée*, & enfuite appellée *Traducta Julia* par *Claude Céfar*, lorfqu'il l'érigea en colonie. Elle eft à 30000. pas de *Belone*, la plus proche ville de la *Bétique* au-delà de la Mer. A 25000. pas de-là on trouve fur le bord de l'Ocean une colonie d'*Augufte*, appellée *Julia Conftantia Zilis*, qui ne fut pas fujette à la domination des Rois, mais obligée d'aller prendre fes ordres dans la *Bétique*. A 32000. pas de celle-ci eft *Lixos*, dont les Anciens ont raconté beaucoup de fables, & qui fut érigée en colonie par *Claude Céfar*. C'eft-là qu'on dit qu'*Antée* faifoit fa refidence & qu'il lutta avec *Hercule*;

& là étoient aussi les Jardins des *Hesperides*. On y voit un bras de Mer qui communique avec l'Ocean par un canal tortueux, où l'on dit présentement que le dragon faisoit la garde. Dans ce bras de Mer est une isle, qui, quoiqu'un peu plus basse que le terrein des environs, n'est cependant point inondée quand la marée monte. Il y a là un autel d'*Hercule*, & quelques oliviers sauvages qu'on y trouve, sont tout ce qui reste de cet admirable verger qui donnoit des fruits d'or. On ne sera certainement pas fort étonné des merveilleux mensonges que la *Grece* a publiés sur toutes ces choses & sur la riviere *Lixus*, si l'on fait attention que quelques-uns d'entre nous en ont, il n'y a pas long-tems, debité des histoires presque aussi monstrueuses; par exemple, que la ville de ce nom étoit très-puissante, & plus considerable que la grande *Carthage*, qu'elle étoit située vis-à-vis de celle-ci, & à une immense distance de *Tingi*, & plusieurs autres fables pareilles que *Cornelius Nepos* a saisies avec avidité. A 40000. pas de *Lixus*, vers l'intérieur des terres, on trouve *Babba*, autre colonie d'*Auguste*, appellée *Julia Campestris*, & à 75000. pas une troisième colonie du même, autrefois nommée *Banasa*, mais à présent *Valentia*. A 35000. pas de cette derniere est le bourg *Volubile*, à une égale distance des deux Mers. Sur la côte, à 50000. pas de *Lixus*, on rencontre le fleuve *Subur*, qui passe auprès de la colonie de *Banasa*: il est fort grand & navigable. A tout autant de mille pas de ce fleuve on trouve le bourg *Sala*, situé sur un fleuve du même nom. Ce bourg est déja sur les confins des déserts, & infesté par des troupes d'éléphans, mais plus encore par la nation des *Autololes*, qui habite le païs qui est entre ce bourg & la plus fabuleuse montagne de l'*Afrique*, je veux dire le mont *Atlas*.

On a publié que cette montagne s'élevoit jusqu'au ciel du milieu des sables, qu'elle étoit fort roide & d'un aspect hideux; que de-là elle s'étendoit jusques au bord de l'Ocean qui en a pris le nom; qu'elle étoit couverte d'une épaisse forêt, & arrosée par plusieurs fontaines; que

A *& Hesperidum horti. Affunditur æstuarium è mari flexuoso meatu, in quo draconis custodiæ instar fuisse nunc interpretantur. Amplectitur intrà se insulam, quam solam è vicino tractu, aliquantò excelsiore, non tamen æstus maris inundat. Extat in ea & ara Herculis, nec præter oleastros aliud ex narrato illo aurifero nemore. Minùs profectò mirentur portentosa Græciæ mendacia, de iis & amne Lixo prodita, qui cogitent nostros nuper paulò minùs monstrifica quædam de iisdem tradidisse. Prævalidam hanc urbem, majoremque Carthagine magnâ: præterea ex adverso ejus sitam, & propè immenso tractu ab Tingi: quæque alia Cornelius Nepos avidissimè credidit. Ab Lixo* XL. M. *in mediterraneo altera* C *Augusti colonia est* Babba, Julia Campestris *appellata: & tertia* Banasa, LXXV. M. Valentia *cognominata. Ab ea* XXXV. M. pass. Volubile *oppidum, tantundem à mari utroque distans. At in ora à Lixo* L. M. *amnis* Subur, *præter* Banasam *coloniam defluens, magnificus & navigabilis. Ab eo totidem M. pass. oppidum* D *Sala, ejusdem nominis fluvio impositum, jam solitudinibus vicinum, elephantorumque gregibus infestum, multò tamen magis Autololum gente, per quam iter est ad montem Africæ vel fabulosissimum Atlantem.*

E mediis hunc arenis in cœlum attolli prodiderunt, asperum, squallentem, quà vergat ad litora Oceani, cui cognomen imposuit: eundem opacum, E *nemorosumque, & scatebris fontium riguum,*

Extraits de Pline.

Extraits de Pline.

riguum, quà spectat Africam, fru-
ctibus omnium generum spontè ita sub-
nascentibus, ut nunquam satietas vo-
luptatibus desit. Incolarum neminem
interdiù cerni : silere omnia, haud alio
quàm solitudinum horrore : subire ta-
citam religionem animos propiùs acce-
dentium, præterque horrorem elati super nubila, atque in viciniam lunaris
circuli. Eundem noctibus micare crebris
ignibus, Ægipanum, Satyrorumque
lasciviâ impleri, tibiarum ac fistulæ
cantu, tympanorumque & cymbalorum sonitu strepere. Hæc celebrati
autores prodidére, præter Herculi &
Perseo laborata ibi. Spatii m ad eum
immensum, incertumque.

Fuére & Hannonis Carthagi-
niensium ducis commentarii, Puni-
cis rebus florentissimis explorare ambitum Africæ jussi : quem secuti plerique è Græcis nostrisque, & alia
quidem fabulosâ, & urbes multas ab
eo conditas prodidére, quarum nec me-
moria ulla, nec vestigium extat.

Scipione Æmiliano res in Africa
gerente, Polybius Annalium condi-
tor, ab eo acceptâ classe, scrutandi
illius orbis gratiâ circumvectus, prodidit, à monte eo ad occasum versûs,
saltus plenos feris, quas generat Africa, ad flumen Anatin CCCCLXXXV.
M. pass. Ab eo Lixum CCV. M. passuum : à Gaditano freto CXII. M.
pass. abesse. Inde sinum qui vocetur
Saguti. Oppidum in promontorio Mulelacha. Flumina, Subur, & Sa-
lam. Portum Rutubis, à Lixo CCXIII.
M. pass. Inde promontorium Solis:
por-

A du côté de l'*Afrique* elle produisoit
naturellement, & sans culture, une si
grande abondance de toute sorte de
fruits, qu'on y trouvoit en tout tems
de quoi contenter son envie ; que durant le jour on n'y voyoit paroître
aucun habitant, & qu'il y régnoit un
profond silence, qui tenoit de l'horreur des déserts ; qu'en approchant
de plus près, on se sentoit saisi d'un
B respect religieux, & même d'une sainte frayeur lorsqu'on consideroit son
élevation au dessus des nues & jusques près de l'orbite de la Lune ; qu'on
y voyoit pendant la nuit beaucoup de
feux ; que c'étoit le rendez-vous amou-
reux des *Egipanes* & des *Satyres*, qui
le faisoient retentir du son de leurs
flutes & de leurs tambours. Voilà
ce que de célèbres Auteurs en ont
C écrit, sans compter ce qu'ils racontent au même sujet des exploits d'*Hercule* & de *Persée* ; en ajoutant qu'il y
a une distance immense & incertaine
pour y arriver.

Hannon, Général des *Carthaginois*,
ayant eu ordre, dans le tems le plus
florissant de cette République, de
faire le tour de l'*Afrique* & d'examiner ce qu'il y avoit de remarquable,
D a laissé des Commentaires de tout
ce qu'il avoit vû ou appris : c'est-là
que la plupart des Auteurs *Grecs*, &
même de nos Ecrivains, ont puisé
quantité de fables, de même que ce
qu'ils nous disent d'un grand nombre de villes que *Hannon* y bâtit, dont
cependant on n'a jamais entendu parler, & dont il ne reste pas les moindres traces.

Du tems que *Scipion Emilien* gou-
vernoit l'*Afrique*, *Polybe*, le même qui a fait les Annales, ayant obte-
nu de lui quelques vaisseaux, en fit le tour, à dessein de voir & d'examiner ce païs. C'est lui qui nous a laissé par écrit, qu'à l'Occident de
la dite montagne, jusqu'au fleuve *Anatis*, dans l'espace de 485000. pas,
il y avoit des forêts remplies de bêtes sauvages, telles que l'*Afrique* en
produit ; que de-là à *Lixus* il y avoit 205000. pas, & 112000. pas jusqu'au détroit de *Gades* ; qu'on trouvoit ensuite une baye appellée *Saguti*, & une ville au promontoire *Mulelacha*, de même que les fleuves
Subur & *Sala* ; qu'à 213000. pas de *Lixus* étoit le port *Rutubis*, & au-delà
le

le promontoire du *Soleil*, le port *Rifar-dir*, la nation des *Gétules Autololes*, le fleuve *Cofenus*, les nations des *Scelatites* & des *Mafates*, le fleuve *Mafatat*, & le fleuve *Darat*, qui produifoit des crocodiles ; qu'enfuite on trouvoit une baye de 616000. pas, formée par un promontoire du mont *Barce*, qui avançoit vers l'Occident, lequel promontoire s'appelloit *Surrentium* ; que plus loin il y avoit le fleuve *Palfus*, au-delà duquel habitoient les *Ethiopiens Perorfes*, & derriere eux les *Pharufiens*, lefquels confinoient du côté de la terre ferme aux *Gétules Dares*; que la côte étoit occupée par les *Ethiopiens Daratites*, où l'on trouvoit aufli le fleuve *Bambotus*, qui étoit rempli de crocodiles & d'hippopotames; qu'au-delà il n'y avoit plus que des montagnes, jufqu'à celle que nous appellerons *Theôn-ochema*. De-là il compte dix jours & dix nuits de navigation jufqu'au promontoire *Hefperien*; & c'eft au milieu de cet intervalle qu'il place le mont *Atlas*, que tous les autres Ecrivains difent être fitué à l'extrêmité de la *Mauritanie*.

C'eft fous *Claude* que les *Romains* ont porté pour la première fois leurs armes dans la *Mauritanie*, à l'occafion que l'Affranchi *Edemon* avoit entrepris de venger la mort du Roi *Ptolomée*, que C. *Céfar* avoit fait tuer; & l'on fçait qu'en pourfuivant les Barbares on s'avança jufques au mont *Atlas*. ———

Les naturels du païs racontent cependant, qu'il y a 150000 pas de *Sala*, fituée fur la côte, jufqu'à l'embouchure du fleuve *Afana*, où il y a un très-bon port; qu'à une petite diftance de-là on trouve une riviere qu'ils appellent *Fut*, & que de cette riviere jufqu'au *Dyris* (qui eft le nom qu'ils donnent en leur langue au mont *Atlas*) il y a encore 200000. pas, & que, pour y arriver, on a encore le fleuve *Vior* à paffer. On prétend qu'il fe trouve dans les environs des marques, qui font connoître que ce païs étoit autrefois habité, comme des reftes de vignobles & des vergers de palmiers.

Suetonius Paulinus, qui a été Conful de nos jours, eft de tous les Généraux *Romains* le premier qui fe foit avancé à quelques milles au-delà de

A *portum* Rifardir: Gætulos Autololes: *flumen* Cofenum: *gentes*, Scelatitos & Mafatos. *Flumen* Mafatat: *flumen* Darat, *in quo crocodilos gigni. Deinde finum* DCXVI. M. *paff. includi montis* Barce *promontorio excurrente in occafum, quod appellat* Surrentium. *Pofteà flumen* Palfum, *ultrà quod* Æthiopas Perorfos, *quorum à tergo* Pharufios.

B *Iis jungi mediterraneos* Gætulos Daras. *At in ora* Æthiopas Daratitas, *flumen* Bambotum, *crocodilis & hippopotamis refertum. Ab eo montes perpetuos, ufque ad eum, quem* Theôn ochema *dicemus. Indè ad promontorium* Hefperium *navigatione dierum ac noctium* X., *in medio eo fpatio* Atlantem *locavit, à cæteris omnibus in extremis* Mauritaniæ *proditum.*

C Romana *arma primùm,* Claudio *principe, in* Mauritania *bellavére,* Ptolemæum *regem, à* C. Cæfare *interemptum, ulcifcente liberto* Ædemone, *refugientibufque barbaris, ventum conftat ad montem* Atlantem. * * *

Indigenæ tamen tradunt in ora ab Sala *centum quinquaginta mill. paffuum: flumen* Afanam *marino hau-*

D *ftu, fed portu fpectabile: mox amnem quem vocant* Fut: *ab eo ad* Dyrin *(hoc enim* Atlanti *nomen effe eorum lingua convenit) ducenta mill. paffuum, interveniente flumine, cui nomen eft* Vior. *Ibi fama, exftare circà veftigia habitati quondam foli, vinearum palmetorumque reliquias.*

Suetonius Paulinus, *(quem Confulem vidimus) primus* Romanorum *ducum transgreffus quoque* Atlantem *ali-*

Extraits de PLINE.

Extraits de Pline.

aliquot millium spatio, prodidit de ex-celsitate quidem ejus, quæ cæteri: imas radices densis altisque repletas sylvis incognito genere arborum, proceritatem spectabilem esse enodi nitore, frondes cupressis similes, præterque gravitatem odoris, tenui eas obduci lanugine: quibus additâ arte, posse, quales è bombyce, vestes confici. Verticem altis etiam æstate operiri nivibus. Decumis se eò pervenisse castris, & ultrà ad fluvium, qui Ger vocaretur, per solitudines nigri pulveris, eminentibus interdum velut exustis cautibus, loca inhabitabilia fervore, quanquàm hyberno tempore, expertum. Qui proximos inhabitent saltus, refertos elephantorum, ferarumque, & serpentium omni genere, Canarios appellari. Quippè victum ejus animalis promiscuum bis esse, & dividua ferarum viscera. Junctam Æthiopum gentem, quos Pererssos vocant, satis constat. Juba, Ptolemæi pater, qui priùs utrique Mauritaniæ imperavit, studiorum claritate memorabilior etiam, quàm regno, similia prodidit de Atlante: præterque gigni ibi herbam Euphorbiam, nomine ab inventore medico suo appellatam. Cujus lacteum succum miris laudibus celebrat in claritate visûs, contràque serpentes, & venena omnia, privatim dicato volumine..

A l'*Atlas*, & la relation qu'il en a faite s'accorde assez avec ce que d'autres disent touchant la hauteur de cette montagne; il rapporte qu'on trouve au pied de l'*Atlas* de vastes & épaisses forêts, dont les arbres sont d'une espece inconnue, considerablement hautes, & les troncs tout unis & sans nœuds; que leurs branches res-B semblent aux cyprès, qu'elles jettent une odeur forte & sont couvertes d'une espece de cotton fort tendre, dont on pourroit, avec un peu d'industrie, faire des étoffes qui ressembleroient à celles de soye: Que le sommet de la montagne est couvert de beaucoup de neige, même en été: Qu'il s'y étoit avancé avec la dixième partie de son armée, & même jusqu'à un fleuve au-delà, appellé C *Ger*; qu'il avoit traversé des déserts absolument inhabitables à cause de l'ardeur du soleil, même en hyver, & que le païs étoit rempli de rochers élevés, couverts d'une poussiere noire, qui les faisoit paroître comme brûlés: Que la nation qui habitoit les forêts voisines, remplies d'éléphans, d'animaux sauvages & de toute sorte de serpens, s'appelloit les *Canariens*; D parce qu'ils mangeoient des chiens, dont leur nom tiroit son origine, & qu'ils dechiroient & mangeoient les entrailles des bêtes. Au reste l'on sçait qu'ils sont voisins des *Ethiopiens* surnommés *Perorses*. *Juba*, Pere de *Ptolomée*, qui régna autrefois sur les deux *Mauritanies*, & qui s'est rendu plus célèbre par son sçavoir que par sa politique, a écrit à-peu-près les mêmes choses de l'*Atlas*. Celui-ci parle encore d'une plante qui y croit, & qu'il appelle Euphorbia, du nom du Médecin qui s'en est servi le premier. Il a fait un Traité exprès, où il exalte beaucoup les admirables proprietés de son suc, qui paroît comme du lait, & la vertu qu'il a de rendre la vûë claire, de même que contre la morsure des serpens, & contre toute sorte de poisons.

* * * * * * *

LA PROVINCE DE TINGI. Chap. II.

Extraits de Pline.

La longueur de ce païs eft de 170000. pas. Elle étoit autrefois la Province la plus confiderable des Maures, d'où eft venu le nom de Maurufiens qu'on donne communement aux peuples qui l'habitent. Les guerres qu'ils ont eu à foutenir les ont reduits à un petit nombre de familles. Ils avoient pour voifins les Maffaifyliens, qui ont été pareillement exterminés. Leur païs eft à préfent occupé par les Gétules, les Baniures & par la nation nombreufe des Autololes, dont les Vefuniens faifoient autrefois partie; mais s'en étant feparés, ils fe font retirés vers les Ethiopiens, & font un peuple particulier. Quant au païs même, il eft rempli de montagnes vers l'Orient, où l'on trouve des éléphans, auffi-bien que fur le mont Abila, & fur les montagnes qu'on appelle les Sept freres, à caufe de leur égale hauteur. Celles-ci font fituées vers le détroit, proche du mont Abila, & c'eft au-delà que commencent les côtes de la Mer intérieure. On y trouve le fleuve Tamuda, qui eft navigable, & où il y eut autrefois une ville de ce nom; les fleuves Laud & Malvana pareillement navigables, & la ville Rufadir, qui a un port.

La ville de Siga, fituée vis-à-vis Mallaga en Efpagne, étoit ci-devant la refidence de Syphax, & fait préfentement partie de la feconde Mauritanie. Ce païs a porté long-tems le nom de fes anciens Rois; de-là vient que la plus éloignée des deux Mauritanies a été appellée Bogudiane, & que celle qui eft à préfent furnommée Cefarienne, l'étoit auparavant de Bocchus. Plus loin on trouve le grand Port, ainfi appellé à caufe de fa capacité, & qui eft habité par des citoyens Romains; & enfin la riviere Mulucha, qui fert de limite à la Mauritanie de Bocchus & aux Maffaifyliens. Quiza Xenitana eft une ville habitée par des étrangers, & Arfennaria, qui l'eft par les Latins, eft à 3000. pas de la Mer. Cartenna eft une colonie d'Augufte, où il plaça la feconde Légion, ainfi que Gunugi

A Tingitaniæ provinciæ longitudo CLXX. M. paffuum eft. Gentes in ea quondam præcipuâ, Maurorum, undè nomen, quos plerique Maurufios dixerunt. Attenuata bellis, ad paucas recidit familias. Proxima illi Maffæfylorum fuerat, fed fimili modo extincta eft. Getulæ nunc tenent gentes, Baniuræ, multòque validiffimi Autololes: & horum pars B quondàm Vefuni, qui avulfi his, propriam fecére gentem, verfi ad Æthiopas. Ipfa provincia, ab Oriente montuofa, fert elephantos. In Abila quoque monte, & quos Septem fratres à fimili altitudine appellant: ii freto imminent juncti Abilæ. Ab his ora interni maris. Flumen Tamuda navigabile, quondàm & oppidum. Flumen Laud, & ipfum na-C vigiorum capax. Rufadir oppidum & portus, Malvana fluvius navigabilis.

Siga oppidum, ex adverfo Malachæ in Hifpania fitæ, Syphacis regia, alterius jam Mauritaniæ. Namque diù regum nomina obtinuére, ut Bogudiana appellaretur extima: itemque Bocchi, quæ nunc Cæfarienfis. Ab ea Portus Magnus à fpatio appellatus, civium Romanorum oppidum. Amnis Mulucha, Bocchi Maffæfylorumque finis. Quiza Xenitana peregrinorum oppidum, Arfennaria Latinorum, tribus millibus paffuum à mari. Cartenna colonia Augufti, legio fecunda. Item colonia ejufdem, de-

g 3 *nugi*

Extraits de Pline.

deductâ cohorte prætoriâ, Gunu-gi. *Promontorium* Apollinis: *oppidumque ibi celeberrimum* Cæfarea, *anteà vocitatum* Iol, Jubæ *regia, à Divo* Claudio *coloniæ jure donata: ejufdem juffu deductis veteranis,* Oppidum novum: *& Latio data,* Tipafa. *Itemque à* Vefpafiano *Imperatore eodem munere donatum* Icofion. *Colonia* Augufti Rufconiæ. Rufucurium *civitate honoratum à* Claudio. Rufazus *colonia* Augufti. Salde *colonia ejufdem. Item* Igilgili. *Oppidum* Tucca *impofitum mari, & flumini* Ampfagæ. *Intùs colonia* Augufta, *quæ item* Succabar: *item* Tubufuptus. *Civitates*; Timici, Tigavæ. *Flumina* ; Sardabal, Aveus, Nabar : *gens* Macurebi : *flumen* Ufar: *gens* Nabades. *Flumen* Ampfaga *abeft à* Cæfarea *trecentis viginti & duobus millibus paffuum. Utriufque* Mauritaniæ *longitudo decies triginta novem mill. Latitudo quadringentorum fexaginta feptem mill. paffuum.*

A nugi, où il envoya une Cohorte prétorienne. La célèbre ville de *Céfarée*, qui s'appelloit ci-devant *Iol*, & qui étoit la réfidence de *Juba*, eft fituée au promontoire d'*Apollon*, & a reçu le droit de colonie de l'Empereur *Claude.* C'eft par les ordres du même Prince qu'on envoya une colonie de Vétérans à *Oppidum novum,* & une autre de *Latins* à *Tipafa*. L'Empereur *Vef-*
B *pafien* accorda la même grace à *Icofium*. *Rufconiæ* eft encore une colonie d'*Augufte*. *Rufucurium* a été gratifié du droit de cité par *Claude*. *Rufazus*, *Salde* & *Igilgili* font toutes colonies d'*Augufte*. La ville de *Tucca* eft bâtie fur le bord de la Mer, à l'embouchure du fleuve *Ampfaga*. Vers l'intérieur du païs font la colonie *Augufta,* autrement appellée *Succabar*,
C de même que *Tubufuptus,* comme auffi les villes *Timici* & *Tigavæ*, les fleuves *Sardabal*, *Aveus* & *Nabar*, la nation des *Macurebes*, le fleuve *Ufar* & le peuple des *Nabades.* Il y a 322000. pas du fleuve *Ampfaga* à *Céfarée*. Les deux *Mauritanies* enfemble ont 390000. pas de longueur, & 467000. de largeur.

LA NUMIDIE. *Chap. III.*

Ab Ampfaga Numidia *eft.*, Ma-
D finiffæ *clara nomine,* Metagonitis *terra à* Græcis *appellata:* Numidæ *verò* Nomades *à permutandis pabulis, mapalia fua, hoc eft, domus, plauftris circumferentes.* Oppida : Cullu, Ruficade, *& ab ea quadraginta octo M. paffuum in mediterraneo colonia* Cirta, Sittianorum *cognomine: & alia intùs* Sicca : *liberumque oppidum* Bulla regia. *At*
E *in ora* Tacatua, Hippo regius, *flumen* Armua. *Oppidum* Tabraca *civium* Romanorum. Tufca *fluvius,* Numidiæ *finis : nec præter mar-*

Au fleuve *Ampfaga* commence la *Numidie*, fameufe par le nom de *Maffiniffa*, que les *Grecs* ont appellée le païs de *Metagonitis*. Les *Numidiens* ont été furnommés *Nomades*, de ce qu'ils tranfportent leurs habitations fur des chariots, & qu'ils changent fouvent de demeure pour aller dans des lieux où ils trouvent du fourage pour leur bétail. Les villes font *Cullu, Ruficade,* & à 48000. pas de celle-ci, vers l'intérieur des terres, la colonie de *Cirta*, furnommé des *Sittianes*. *Sicca* eft une autre ville, fituée auffi dans le cœur du païs, & *Bulla regia* une ville libre. Sur la côte on trouve *Tacatua, Hippone Royale* & le fleuve *Armua*. La ville de *Tabraca* eft habitée par des citoyens *Romains*. La riviere *Tufca* borne la *Numidie*, qui ne produit rien de re-*mar-*

marquable, si ce n'est du marbre & des animaux feroces.

A *marmoris* Numidici, *ferarumque proventum aliud insigne.*

Extraits de PLI-NE.

L'AFRIQUE. *Chap. IV.*

La *Zeugitanie* commence à la riviere *Tusca*, & c'est ce qu'on appelle proprement l'*Afrique*. Trois promontoires, sçavoir le cap *Blanc*, celui d'*Apollon* vis-à-vis la *Sardaigne*, & de *Mercure* vis-à-vis la *Sicile*, avancent beaucoup dans la Mer, & forment deux golfes ; l'un appellé d'*Hippone*, près de la ville détruite de ce nom, que les *Grecs* ont surnommée *Diarrhyte*, à cause des eaux qui l'arrosent. A quelque distance de-là, & un peu plus loin du rivage, est la ville libre de *Theudalis*. Ensuite vient le promontoire d'*Apollon*, & la ville d'*Utique*, située dans l'autre golfe ; elle est habitée par des citoyens *Romains*, & célèbre par la mort de *Caton*. Là sont aussi le fleuve *Bagrada*, un endroit nommé le *Camp de Cornelius*, la colonie de *Carthage*, bâtie sur les ruines de la grande ville de ce nom, & la colonie *Maxulla*. Les villes de *Carpi*, *Misua*, & *Clupea* ville libre au promontoire de *Mercure* ; de plus *Curubis*, ville libre, & *Neapolis*. Dans ces environs l'*Afrique* prend un autre nom ; car on appelle *Libo-Phéniciens* les peuples qui habitent le païs de *Byzacium*. C'est ainsi qu'on nomme un district qui a 250000. pas de circuit, & qui est extrêmement fertile, vû que la terre rend au laboureur le centuple des bleds qu'il lui a confiés. On y trouve *Leptis*, *Adrumète*, *Ruspina*, *Thapsus*, toutes villes libres ; de même que *Thenæ*, *Macomades* & *Tacape*. La longueur de la *Numidie* & de l'*Afrique*, depuis le fleuve *Ampsaga* jusqu'à *Sabrata*, située près de la petite *Syrte*, est 580000. pas, sur

A Tusca, Zeugitana *regio, & quæ propriè vocetur* Africa, *est. Tria promontoria:* Candidum: *mox* Apollinis, *adversum* Sardiniæ: Mercurii, *adversum* Siciliæ, *in altum procurrentia, duos efficiunt sinus:* Hipponensem, *proximum ab* oppido, *quod* Hipponem dirutum *vocant,* Diarrhytum *à Græcis dictum, propter aquarum irrigua. Cui finitimum* Theudalis *immune oppidum, longiùs à littore. Dein promontorium* Apollinis, *& in altero sinu* Utica *civium Romanorum,* Catonis *morte nobilis: flumen* Bagrada. *Locus,* Castra Cornelia: *colonia* Carthago, *magnæ in vestigiis* Carthaginis: *colonia* Maxulla. *Oppida:* Carpi, Misua, *& liberum* Clupea *in promontorio* Mercurii. *Item libera* Curubis, Neapolis. *Mox Africæ ipsius alia distinctio.* Libyphœnices *vocantur, qui* Byzacium *incolunt. Ita appellatur regio* CCL. M. pass. *per circuitum, fertilitatis eximiæ, cum centesima fruge agricolis fœnus reddente terrâ. Hic oppida libera,* Leptis, Adrumetum, Ruspina, Thapsus. *Inde* Thenæ, Macomades, Tacape. Sabrata *contingens* Syrtim *minorem, ad quam* Numidiæ *&* Africæ *ab* Ampsaga *longitudo* CCCCLXXX. M. passuum: Latitudo, quà cognitum est, cc. M. Ea pars, quam Africam appellavimus, dividitur in duas provincias, veterem & novam, discretas fossâ, inter Africanum sequentem & reges, Thenas usque perductâ.

200000. de largeur, pour autant qu'on peut le sçavoir. Le païs que nous avons appelé l'*Afrique*, est divisé en deux Provinces, sçavoir l'ancienne & la nouvelle, séparées par un fossé, qui fut fait du tems du second *Africain*, pour séparer le domaine des *Romains* d'avec celui des Rois du païs,

Extraits de Pline.

ductâ, quod oppidum à Carthagine abest CCXVI. mill. passuum.

Tertius sinus dividitur in geminos, duarum Syrtium vadoso ac reciproco mari diros. Ad proximam, quæ minor est, à Carthagine CCC. M. pass. Polybius tradit : ipsam centum M. passuum aditu, CCC. M. ambitu. Et terrâ autem, syderum observatione, ad eam per deserta arenis, perque serpentes iter est. Excipiunt saltus repleti ferarum multitudine : & introrsùs elephantorum solitudine, mox deserta vasta, ultràque Garamantes, ab Augylis dierum XII. itinere distantes. Super illos fuére gens Psylli, super quos lacus Lycomedis, desertis circumdatus. Augylæ ipsi medio ferè spatio locantur ab Æthiopia, quæ ad Occidentem vergit, & à regione quæ duas Syrtes interjacet, pari utrinque intervallo. Sed litore inter duas Syrtes, COL. M. passuum. Ibi civitas Oeensis, Cynips fluvius ac regio. Oppida: Neapolis, Gaphara, Abrotonum, Leptis altera, quæ cognominatur Magna. Indè Syrtis major, circuitu DCXXV. aditu autem CCCXII. M. passuum. Indè accolit gens Cisipadum. In intimo sinu fuit ora Lotophagôn, quos quidam Alachroas dixére, ad Philænorum aras : ex arena sunt eæ. Ab his non procul à continente palus vasta amnem Tritonem nomenque ab eo accipit, Pallantias appellata Callimacho, & citrà minorem Syrtim esse dicta : à multis verò inter duas Syrtes. Promontorium, quod majorem includit, Borion

païs, & continué jusqu'à Thenæ, ville située à 216000. pas de Carthage.

La troisième baye se divise en deux Syrtes, remplies de bas fonds & très-dangereuses par le flux & reflux continuel des eaux de la Mer. Polybe assure que la première, qui est la plus petite, est à 300000. pas de Carthage; qu'elle a 100000. pas à son entrée, & 300000. de tour. On ne sçauroit voyager dans les terres voisines qu'en observant le cours des astres, & l'on ne trouve en chemin que des déserts sablonneux remplis de serpens. Au-delà de ces déserts sont des forêts pleines de bêtes sauvages; & plus loin encore, on rencontre de vastes solitudes, qui ne sont peuplées que par des élephans: ensuite viennent encore de grands déserts, au-delà desquels habitent les Garamantes, d'où il y a 12. journées jusqu'au païs des Augyles. C'est au dessus des premiers qu'étoient autrefois les Psylles, & au-delà de leur païs se trouve le Lac de Lycomede, au milieu des déserts. Quant aux Augyles, on compte qu'ils sont à-peu-près au milieu entre l'Ethiopie occidentale & le païs situé entre les deux Syrtes, à une égale distance de l'une & de l'autre. La côte entre les deux Syrtes a 250000. pas d'étendue. On y trouve la ville d'Oea & le païs de Cynips avec le fleuve de ce nom. Les autres villes plus petites sont Neapolis, Gaphara, Abrotonum & Leptis surnommée la grande. La seconde Syrte, qui surpasse la première en grandeur, a 625000. pas de circonférence, & 312000. à son embouchure. La nation des Cisipades demeure-là tout auprès. Le fond de cette baye étoit autrefois occupé par les Lotophages, que quelques-uns ont dit être les mêmes que les Alachroes, qui sont près des Autels des Philènes : ces Autels sont de gros monceaux de sable. Ensuite on trouve, à une petite distance dans la terre ferme, le grand Lac Triton, qui reçoit les eaux d'un fleuve dont il a pris le nom : c'est le même que Callimaque a appellé le Lac de Pallas, & qu'il a placé en deçà de la petite Syrte, tandis que plusieurs autres l'ont mis entre les deux Syrtes. Le promontoire qui forme la plus grande

des

des deux s'appelle *Borion*: & la *Cy-rénaïque* se trouve au-delà.

Depuis le fleuve *Ampsaga* jusques en cet endroit, on compte 26. peuples différens dans l'*Afrique*, qui tous obéissent aux *Romains*. On y trouve 6. colonies, sans parler d'*Uthine* & de *Tuburbo*, dont il est déja fait mention. Les citoyens *Romains* y occupent 15. villes, dont voici celles qui sont situées au milieu du païs, *Azurita*, *Abutuca*, *Aborium*, *Canopis*, *Chilmana*, *Simittua*, *Thunu*, *Tuburnis*, *Tynidrumum*, *Tibigum*, la grande & la petite *Uzita*, & *Vaga*. Il n'y a qu'une seule ville de citoyens *Latins*, nommée *Usalita*, & une autre appellée le Camp de *Cornelius*, paye tribut. De plus on y trouve 30. villes libres: de ce nombre sont *Acolis*, *Acharis*, *Avidus*, *Abzirita*, *Canopissæ*, *Melzita*, *Matera*, *Salaphis*, *Tusdrita*, *Tiphis*, *Tunisa*, *Theude*, *Tagestum*, *Tigis*, *Ulusubrita*, un autre *Vagæ*, *Vicus*, & *Zama*, toutes situées en terre ferme. Le reste des villes sont si peuplées, que non seulement elles méritent d'être appellées de ce nom, mais qu'on peut même avec justice regarder les habitans de la plupart comme autant de différens peuples: tels sont les *Natabudiens*, les *Capsitaniens*, les *Misulaniens*, les *Sabarbares*, les *Massyles*, les *Nisiviens*, les *Vamacuriens*, les *Ethines*, les *Mussines*, les *Marchubiens*, & toute la *Gétulie*, située le long du *Niger* qui separe l'*Afrique* de l'*Ethiopie*.

A *rion appellatur*. *Ultrà* Cyrenaica provincia.

Ad hunc finem Africa. à fluvio Ampsaga *populos* XXVI. *habet, qui* Romano *parent imperio. In his co-*
B *lonias* VI. *præter jam suprà dictas*, Uthina:n, Tuburbin. *Oppida civium* Roman. XV. *ex quibus in mediterraneo dicenda* Azuritanum, Abutucense, Aboriense, Canopicum, Chilmanense, Simittuense, Thunusidense, Tuburnicense, Tynidrumense, Tibigense, Ucitana *duo*, *majus*, & *minus*: Vagense. *Oppidum* Latinum *unum* Usalitanum. *Oppidum stipendiarium unum*, Castris Corneliis. *Oppida libera triginta, ex quibus dicenda intus* Acolitanum, Acharitanum, Avinense, Abziritanum, Canopitanum, Melzitanum, Materense,
C Salaphitanum, Tusdritanum, Tiphicense, Tunicense, Theudense, Tagestense, Tigense, Ulusubritanum, Vagense *aliud*, Vicense, Zamense. *Ex reliquo numero non civitates tantùm, sed pleræque etiam nationes jure dici possunt, ut* Natabudes, Capsitani, Misulani, Sabarbares, Massyli, Nisives, Va-
D macures, Ethini, Mussini, Marchubii, & *tota* Gætulia *ad flumen* Nigrin, *qui* Africam ab Æthiopia *dirimit*.

Extraits de PLINE.

* * * * * * *

ISLES situées près de l'AFRIQUE & vis-à-vis de ses Côtes. *Chap.* VII.

On ne trouve pas beaucoup d'isles dans ces Mers. La plus considerable est *Meninx*, qui a 25000. pas de longueur sur 22000. de largeur, & qu'*Eratosthene* appelle *Lotophagitis*. Elle renferme deux villes, dont l'une, qui se nomme aussi *Meninx*, est sur la côte qui regarde l'*Afrique*, & *Thoar*, située

E *Insulas non ita multas complectuntur hæc maria. Clarissima est* Meninx, *longitudine* XXV. M. *passuum, latitudine* XXII. *ab* Eratosthene Lotophagitis *appellata. Oppida habet duo,* Meningem *ab* Africæ *latere:* & *altero,* Thoar: *ipsa à dextro* Syrtis minoris *promontorio*

Tome II. b

Extraits de Pline.

torio passibus CC. *sita. Ab ea centum M. pass. contrà lævum, Cercina, cum urbe ejusdem nominis libera, longa* XXV. *M. pass., lata dimidium ejus, ubi plurimùm : at in extremo non plus quinque M. passuum. Huic perparva,* Carthaginem *versùs,* Cercinitis *ponte jungitur. Ab his quinquaginta M. ferè passuum* Lopadusa, *longa* VI. *M. pass. Mox* Gaulos *&* Galata, *cujus terra scorpionem, dirum animal Africæ, necat. Dicuntur & in* Clupea *emori, cujus ex adverso* Cosyra *cum oppido. At contrà* Carthaginis *sitium duæ* Ægimori *aræ, scopuli veriùs, quàm insulæ, inter* Siciliam *maximè &* Sardiniam. *Autores sunt, & has quondam habitatas subsediisse.*

tuée de l'autre côté. Elle est à 200. pas du promontoire qui est à la droite de la petite *Syrte*. A 100000. pas de-là vers le promontoire qui est à gauche, il y a une *Cercinna*, avec une ville libre du même nom. Cette isle a 25000. pas de longueur, & la moitié de largeur dans l'endroit où elle en a le plus ; mais vers son extrêmité cela ne va pas à plus de 5000. pas. Tout près de celle-ci il y en a encore une fort petite du côté de *Carthage*, appellée *Cercimitis*, avec laquelle elle a communication par un pont. *Lopaduse*, longue de 6000. pas, est environ à 50000. pas de-là. Ensuite on trouve *Gaulos* & *Galata* : la terre de cette derniere a la proprieté de faire mourir les Scorpions, insectes vénimeux fort communs en *Afrique*. On dit qu'ils ne peuvent pas vivre non plus à *Clupea*, vis-à-vis laquelle est l'isle de *Cosyre* avec une petite ville. Devant la baye de *Carthage* sont les deux Autels d'*Egimorus* : c'est plutôt des rochers que des isles, situés entre la *Sicile* & la *Sardaigne*. Il y a des Auteurs qui assurent qu'ils ont été autrefois habités.

VII.

EXTRAITS DE SOLIN.

LA LIBYE, LES JARDINS DES HESPERIDES, LE MONT ATLAS. Chap. XXIV.

Extraits de Solin.

DE Hispania *est excursus in* Lybiam ; *nam* Belone *progressos, quod* Bæticæ *oppidum est, ultrà interjacens fretum trium & triginta millium passuum* Tingi *excipit,* Mauritaniæ *nunc colonia, sed cujus primus author* Antæus *fuit. Porrò quod in illo ambitu Ægyptium finitur pelagus, &* Libycum *incipit, placuit ut* Africam Libyam *diceremus. Quidam tamen* Libyam *à* Libya

DE l'*Espagne* on passe dans la *Libye* ; car en partant de *Belon*, petite ville de la *Bétique*, on franchit le détroit & l'on arrive à 33000. pas de-là à *Tingi*, qui est à présent une colonie de la *Mauritanie*, & dont *Antée* a été le premier fondateur. Comme la Mer d'*Egypte* finit dans ces environs, & que celle de *Libye* y commence, on a jugé à propos de donner à l'*Afrique* le nom de *Libye*. Il y en a cependant d'autres

tres qui ont mieux aimé deriver le nom de *Libye*, d'une fille d'*Epaphus* du même nom, & celui d'*Afrique*, d'*Afer*, fils d'*Hercule Libyen*. La colonie *Lix* se trouve aussi dans la même contrée que la residence d'*Antée*, qui devenant plus fort à la lutte quand il étoit jetté par terre, parce qu'il étoit fils de la Terre, y fut vaincu par *Hercule*. Quant aux Jardins des *Hesperides*, & au dragon qui en gardoit les avenues, voici ce qu'on en peut dire sans donner dans les fables qui s'en débitent. On y voit un bras de la Mer qui entre dans les terres par un canal si tortueux & si plein de courbures, que la tête en tourne à ceux qui le regardent de loin, tellement qu'ils s'imaginent de voir ramper un énorme serpent. Comme ce canal entoure l'endroit à qui on a donné le nom de Jardin, on s'est figuré que c'étoit-là le monstre à qui la garde en étoit confiée, & voilà ce qui a donné lieu à en raconter tant de mensonges. Mais l'isle même, dont les bords s'avançant dans les petites bayes du rivage opposé, se recourbent ensuite tour-à-tour, & vont ainsi en serpentant dans toute son étendue; cette isle, dis-je ne renferme plus rien qui fasse foi de ce qu'elle étoit anciennement, si ce n'est quelques arbres semblables aux oliviers sauvages, & un autel dédié à *Hercule*. Mais sans parler de ces arbres merveilleux qui portoient des fruits d'or, ce qu'il y a de plus remarquable, c'est que le terrein, quoique fort bas & creusé en bassin, n'est point inondé quand la marée monte, vû que celle-ci ne passe jamais la barriere naturelle que lui présentent les bords de l'isle, qui par leur élévation retiennent facilement les eaux :

A *bya Epaphi filia, Africam autem ab Afro, Libyis Herculis filio, potiùs dictam receperunt. Lix quoque colonia in eodem tractu constituta est, ubi Antæi regia; qui implicandis explicandisque nexibus humi meliùs sciens, velut genitus matre terrâ, ibidem ab Hercule victus est. Nam* B *de hortis Hesperidum, & pervigili dracone, ne famæ licentiâ vulneretur fides, ratio hæc est. Flexuoso meatu æstuarium è mari fertur adeò sinuosis lateribus tortuosum, ut visentibus procul lapsus angueos fractâ vertigine mentiatur: idque, quod hortos appellavére, circundat: undè pomorum custodem interpretantes, struxerunt iter ad mendacium fabulandi. Sed hæc insula insinuata sinibus alvei recurrentis, & in quibusdam æquoris spi-* C *ris sita, præter arbores oleastri similes, & aram sacram Herculi, aliud nihil præfert quo propaget vetustatis memoriam. Verùm ultrà frutices aureos & metalla frondentia, illud magis mirum, quòd solum, inferiore licet librâ depressius, nunquam tamen accessu freti superlabitur, sed obstaculo naturalis repaguli in ipsis marginibus hæret unda, & intimis orarum* D *supercilii sponte fluctus ingrui resistuntur : spectandum nimirùm ingenium loci, planicies manet sicca, quamvis prona superveniant æquora. Sala oppidum imminet Salæ flumini. Ab hoc per Autololum gentem iter est in Atlanticas solitudines. Atlas mons è media arenarum consurgit vastitate, & eductus in viciniam lunaris circuli, ultrà nubila caput condit : quà ad* E *Oceanum extenditur, cui à se nomen dedit,*

Extraits de So- LIN.

tout ce qui en fait le prix, consiste dans la nature de l'endroit même, & en ce que la plaine demeure à sec, quoique la Mer s'éleve au dessus de son niveau. La petite ville de *Sala* est bâtie sur le fleuve du même nom. Pour passer de-là dans les déserts *Atlantiques*, on traverse le païs des *Autoloies*. Le mont *Atlas* est au milieu d'une vaste plaine de sables, & s'élevant jusques dans le voisinage de l'orbite de la Lune, il cache son sommet dans les nues. Du côté de l'Ocean à qui il a donné son nom, il en découle

Extraits de So-
LIN.

dedit, manat fontibus, nemoribus in-A horrescit, rupibus asperatur, squalet jejunio, humo nudâ nec herbidâ: quâ Africæ contraversus est, felix nascentibus sponte frugibus, arboribus proceris opacissimus, quarum odor gravis, comæ cupressi similes vestiuntur lanugine, sericis velleribus nihil viliore. In eo latere & herba Euphorbia copiosa, cujus succus ad oculariam proficit claritatem, nec me-B diocriter percellit vim venenorum. Vertex semper nivalis. Saltus ejus quadrupedi, ac serpentes feræ, & cum his Elephanti occupaverunt. Silet per diem universus, nec sine horrore secretus est; lucet nocturnis ignibus: choris Ægipanum undiquè personatur: audiuntur & cantus tibiarum, & tinnitus cymbalorum per oram maritimam. A Lixo abest quin-C que & ducentis millibus passuum: Lix à Gaditano freto centum duodecim millibus. Habitatus antè, ut indicat loci facies quondàm cultu exercita, in qua usque adhuc vitis & palmæ extat vestigium: apex Perseo & Herculi pervius, cæteris inaccessus: ita fidem ararum inscriptio palàm facit. Quâ spectat occasum, inter ipsum & flumen Anatim per quadringenta no-D naginta sex millia passuum infames bestiis sylvæ obsident. Amnes circa eum non tacendi: qui, licet separentur intervallis amplioribus, transierunt tamen in quoddam Atlantici nominis * ministerium. Asana marino haustu, Bambothum crocodilis & hippopotamis refertum. Ultrà adhuc amnis,

A des fontaines, étant au reste couvert d'épaisses forêts qui inspirent de l'horreur, rempli de précipices formés par des quartiers de roche, ne produisant aucune nourriture, pas même de l'herbe, & n'offrant à la vûë qu'un fond pêlé & entierement dégarni. Mais du côté qui regarde l'intérieur de l'Afrique, il y croit naturellement toute sorte de fruits, & des arbres fort hauts qui y entretiennent un perpetuel ombrage, & repandent une odeur forte: leurs branches, qui ressemblent aux cyprès, sont couvertes d'une espece de laine tendre qui ne cede en rien à la soye. C'est du même côté que croit en abondance la plante *Euphorbia*, dont le suc est excellent pour éclaircir la vûë, & d'une grande vertu contre la violence des venins. Son sommet est toûjours couvert de neige. Ses forêts sont remplies de bêtes feroces, de serpens & d'élephans. L'horreur & un profond silence y régnent pendant le jour, & durant la nuit on y voit briller des feux: tout résonne des chœurs des *Egipanes*, & l'on entend jusques aux bords de la Mer le son des flutes & le concert des cymbales. Il est à 205000. pas de *Lixus*, & il y en a 112000. de cette colonie au détroit de *Gades*. Il y a des indices qui font connoitre, que cette partie de la montagne a été autrefois cultivée, vû qu'on y trouve encore des vignes & des palmiers. *Persée* & *Hercule* sont les seuls qui l'ayent monté jusqu'au sommet, où aucun autre mortel n'est jamais parvenu, ainsi que le témoignent les inscriptions qu'on lit sur des autels. Vers l'Occident il y a, entre cette montagne & le fleuve *Anas*, par l'espace de 496000. pas, de vastes forêts toutes remplies de bêtes féroces. Nous dirons aussi un mot des rivieres des environs, qui, quoiqu'elles en soient plus ou moins éloignées, n'ont pas laissé d'être comprises sous la dénomination générale du mont *Atlas*. L'*Asana* se jette dans la mer, & le *Bambothus* est rempli de crocodiles & d'hippopotames. Plus loin il y a enco-

---

(a) D'autres Exemplaires portent *montis*.

encore une autre riviere, dont les eaux, qui paroissent noires, se perdent au milieu des sables d'un désert aride, d'où le soleil, en y dardant sans cesse ses rayons brûlans & presque enflammés, éloigne pour toûjours toute fraîcheur.

Voilà ce qu'il y avoit à dire sur le Mont *Atlas*, que les *Maures* appellent *Adderis*, & dont les Ecrits de *Hannon*, *Carthaginois*, & nos Annales ont fait mention. *Juba*, fils de *Ptolomée*, qui a régné dans les deux *Mauritanies*, en a aussi fait la description: & enfin *Suetonius Paulinus* a perfectionné ce que nous en sçavons, ayant été le premier & pour ainsi dire l'unique qui ait porté les Aigles Romaines dans les Païs situés au-delà de l'*Atlas*.

A *amnis, qui atro colore exit per intimas & exustas solitudines, quæ torrente perpetuo, & Sole nimio plus quàm ignito, nunquam ab æstu vindicantur.*

Hæc de Atlante, *quem* Mauri Adderim *nominant, &* Hannonis Punici *libri, & nostri annales prodiderunt:* Juba *etiam,* Ptolomæi *filius, qui utriusque* Mauritaniæ *regno potitus est:* Suetonius *quoque* Paulinus *summam huic cognitioni imposuit manum, qui ultrà* Atlantem *primus, & penè solus* Romana *signa circumtulit.*

Extraits de Solin.

LA MAURITANIE. —— Chap. XXV.

Entre les Provinces que renferme la *Mauritanie*, la *Tingitane* est remarquable par sept montagnes qu'on y trouve, & qui sont d'une ressemblance si parfaite, qu'on leur a donné le nom de *Freres*. Ces montagnes, qui sont fertiles en éléphans, ne sont pas fort éloignées du détroit, & situées dans cette partie de la dite Province qui s'étend vers le Tropique & vers la Mer mediterranée. —— Dans la *Mauritanie Césarienne* est la colonie de *Césarée*, fondée par l'Empereur *Claude*. C'est-là que *Bocchus* faisoit anciennement sa résidence, & le Peuple Romain eut la générosité d'en faire ensuite présent à *Juba*. On y trouve aussi la ville de *Siga*, ci-devant la résidence de *Siphax*. Il ne faut pas passer sous silence *Icosium*, dont voici l'origine. *Hercule* passant dans ces endroits, vingt hommes de sa suite l'abandonnerent, & choisirent ce lieu, où ils commencerent à bâtir une ville; & afin qu'aucun d'eux ne s'arrogeât en particulier la gloire de lui donner son nom, on l'appella de celui qu'elle porte encore à présent, & qui fait allusion au nombre de ses fondateurs.

C *E Provinciis* Mauritanis Tingitana, *quâ solstitiali plagæ obvia est, quâque porrigitur ad internum mare, exurgit montibus septem: qui à similitudine* Fratres *appellati, freto imminent. Hi montes elephantis frequentissimi.* * * * * *Cæsariensi colonia* Cæsaria *inest, à Divo* Claudio *deducta,* Bocchi *priùs regia, postmodùm* Jubæ, *indulgentiâ populi Romani, dono data. Inest & oppidum* Siga, *quod habitatum* Siphaci *fuit. Nec ab* Icosio *taciti recedamus.* Hercule *enim illa transeunte, viginti qui à comitatu ejus desciverant, locum deligunt, jaciunt mœnia: ac ne quis imposito à se nomine privatim gloriaretur, de condentium numero urbi nomen datum.*

Extraits de Solin.

LA NUMIDIE. —— Chap. XXVI.

Quòd eſt à flumine Ampſaga, Numidiæ datur. Hujus incolæ, quamdiu errárunt pabulationibus vagabundis, Nomades dicti ſunt. Urbes in ea quamplurimæ, nobileſque, ſed Cirta eminet, dein Chulli, purpurario fuco Tyriis velleribus comparatæ. Omnis hæc regio finibus in Zeugitanum limitem definit. Quâ parte ſylveſtris eſt, feras educat : quâ jugis ardua eſt, equos alit. Eximio etiam marmore prædicatur. Numidici urſi formâ cæteris præſtant, rabie duntaxat & villis profundioribus, nam genitura par eſt, quoquo loco genitis. * * *

A Ce qui eſt en deçà du fleuve Ampſaga apartient à la Numidie. Tant que les habitans ont été errans, & alloient de pâturage en pâturage, on les a appellés Nomades. Cette Province renferme beaucoup de villes conſiderables, entre leſquelles Cirta tient le premier rang; enſuite Chulli, dont les teintures en pourpre égalent en beauté celles des Tyriens. Tout ce païs
B eſt borné par la Zeugitanie. Ses forêts nourriſſent des animaux ſauvages; mais il y a de beaux haras dans les cantons cultivés. Il eſt auſſi fort connu par le beau marbre qu'on en tire. Les ours que la Numidie produit ſont mieux faits que les autres; ils ſont auſſi plus furieux & leur poil eſt plus long : quant à la manière dont ils viennent au monde, elle eſt la même dans tous les païs. ——

L'AFRIQUE & la CYRENAIQUE. Chap. XXVII.

Omnis Africa à Zeugitano pede incipit, promontorio Apollinis Sardiniæ contraverſa : promontorio Mercurii procedens in frontem Sicanam. Proindè extenta in duas prominentias, quarum altera promontorium Candidum dicitur : alteram, quæ eſt in Cyrenaica regione, Phucuntem vocant. Ea per ſinum Creticum oppoſita Cretæ inſulæ, contrà Tenaron Laconicæ excurrit. Arenis Catabathmi Ægypto inſinuata, cui proximi Cyrenenſes, extenditur inter duas Syrtes, quas inacceſſas vadoſum ac reciprocum mare efficit : cujus ſali defectus, vel incrementa, haud promptum eſt deprehendere, ita incertis motibus nunc in brevia creſcit dorſuoſa, nunc inundatur æſtibus inquie-

C L'Afrique commence à l'endroit où finit la Zeugitanie, & le promontoire d'Apollon eſt vis-à-vis la Sardaigne. Elle continue juſqu'au promontoire de Mercure vis-à-vis la Sicile. Puis elle a encore dans ſon étendue deux autres promontoires, dont l'un eſt le Cap Blanc, & l'autre dans la Cyrénaïque, appellé Phucuntis. Cette derniere eſt vis-à-vis l'iſle de Crete,
D nommement à l'endroit du golfe de ce nom, & s'avance à la hauteur de Tenarus dans la Laconie. Le déſert ſablonneux de Catabathmos s'étend juſques dans l'Egypte, d'où les Cyréniens ne ſont pas fort éloignés. Au reſte elle ſe trouve entre les deux Syrtes, dont les côtes ſont inacceſſibles du côté de la mer, à cauſe de leurs bas fonds & du flux & reflux continuel & alternatif des eaux, dont il n'eſt pas facile de rendre raiſon, parce que leurs mouvemens irréguliers decouvrent tantôt des bancs qui s'élevent en dos d'âne au deſſus de la ſurface de la Mer, & que peu de tems après celle-ci revient les couvrir avec beau-

beaucoup d'agitation. *Varron* nous dit, qu'il régne dans ce païs-là des vents forts, dont le souffle a la vertu, fuivant fa direction, ou d'attirer fubitement les eaux, ou de les repouffer. Toute cette région eft feparée de l'*Etbiopie* & des frontieres de l'*Afie* par le fleuve *Niger*, d'où fort le *Nil*, & de l'*Efpagne*, par le détroit. Elle eft aride & deftituée de fontaines du côté du Midi, mais par-tout ailleurs, & principalement vers le Nord, elle a de l'eau en abondance. Dans les champs *Byzaceniens*, qui ont plus de 200000. pas d'étendue, le terrein eft fi fertile, qu'on recueille le centuple de ce qu'on y a femé. Ce que nous allons dire des villes & autres endroits de ce païs, fera voir qu'il s'y eft établi de tems en tems un grand nombre d'étrangers. Le promontoire *Borion*, expofé au Septentrion, a été ainfi appellé par les *Grecs* lorfqu'ils y aborderent. *Hippone*, à qui l'on a donné depuis le titre de *Royale*, & une autre *Hippone*, furnommée *Diarrbyte* à caufe d'un détroit voifin, font deux villes fort célèbres, bâties par des Cavaliers *Grecs*. La ville de *Clypea* doit fon origine aux *Siciliens*, & fut d'abord appellée *Afpida*. Les mêmes ont auffi fondé *Veneria*, & y ont établi le culte de *Venus Erycine*. Le nom de *Tripolis* vient des *Acbaïens*, qui défignent par-là en leur langue les trois villes *Oea*, *Sabrata* & la grande *Leptis*. Les freres *Pbilènes* ont reçu ce nom *Grec* du défir qu'ils témoignerent d'acquerir de la gloire. *Adrymete* & *Cartbage* ont été fondées par les habitans de *Tyr*. Je rapporterai ici ce que des Auteurs dignes de foi nous ont laiffé par écrit au fujet de *Cartbage*. Cette ville, à ce que dit *Caton* dans fon harangue faite en plein Sénat, a été bâtie, du tems que *Japon* régnoit dans la *Libye*, par une femme nommée *Eliffa*, *Pbénicienne* d'origine, qui l'appella *Cartbada*, nom *Pbénicien*, qui fignifie *Ville neuve*. Quelque tems après, le langage ayant changé fuivant l'accent *Punique*, on appella la fondatrice *Elifa*, & la ville même *Cartbage*,

A *quietis: & auctor eft* Varro, *perflabilem ibi terram ventis penetrantibus fubitam vim fpiritus citiffimè aut removere maria, aut reforbere.* Omnis *bæc plaga ab* Æthiopia *& terminis* Afiæ Nigri *flumine, qui* Nilum *parit, ab* Hifpania *freto fcinditur, latere, quo ad meridiem vergit, fontium inops & infamis fiti: altrinfe-*
B *cùs quà feptentrionem patitur, aquarum larga: in agro* Byzaceno, *qui patet paffuum ducenta vel ampliùs millia, glebis ita præpinguibus, ut jacta ibi femina cum incremento centefimæ frugis renafcantur. Externos ibi plurimos conventaffe, argumentum de urbibus & locis dabimus.* Borion *promontorium, quod* Aquilone *cæditur,* Græci *advenæ fic vocaverunt.* Hipponem, Regium *poftea dictum,*
C *item* Hipponem *alterum, de interfluente freto* Diarrhyton *nuncupatum, nobiliffima oppida, equites* Græci *condiderunt.* Clypeam *civitatem* Siculi *extruunt, &* Afpida *primùm nominant.* Veneriam *etiam, in quam* Veneris Erycinæ *religiones tranftulerunt.* Achæi Tripolin *linguâ fuâ fignant de trium urbium numero,* Oeæ, Sabratæ, Leptis Magnæ.
D Philænis *fratribus à laudis cupidine* Graium *vocamen datum.* Adrymeto *atque* Carthagini *auctor eft à* Tyro *populus: fed quæ fuper* Carthagine *veraces libri prodiderunt, boc loco reddam. Urbem iftam, ut* Cato *in oratione Senatoria autumat, cùm rex* Japon *rerum in* Libya *potiretur,* Eliffa *mulier exftruxit domo* Phœnix, *&* Carthadam *dixit,*
E *quod* Phœnicum *ore exprimit* Civitatem novam. *Mox fermone verfo in verbum* Punicum, *& bæc* Elifa, *& illa* Carthago *dicta eft: quæ poft*

Extraite de So- LIN.

qui

Extraits de So-LIN.

post annos septingentos triginta septem exciditur, quàm fuerat constituta. Deindè à C. Graccho colonis Italicis data, & Junonia dicta, aliquantisper ignobilis, humili & languido statu: demùm in claritatem secundæ Carthaginis, interjectis centum & duobus annis, M. Antonio, P. Dolabella Consulibus enituit, alterum post urbem Romam terrarum decus. * * *

Inter Syrtes, (p. 38. A.) *quamvis terrâ pergentibus, iter sideribus destinatur: nec aliter cursus patescit: nam putris soli faciem aura mutat, & minimo licet vento, tantam diversitatem flatus efficit, subindè perversis sitibus locorum, ut nulla indicia agnitioni relinquantur: cùm modò quæ fuerant tumulis ardua, in valles resident : modò quæ vallibus pressa, cœtu pulveris aggerantur. Ita etiam continens naturam maris sui patitur: nec interest ubi potiùs sint procellæ, cùm ad exitium viantium elementis congruentibus in terris flabra sæviant, in mari terræ. Utræque Syrtes ducentis quinquaginta millibus passuum separantur. Aliquantò clementior, quæ minor est. Cn. deniquè Servilio, C. Sempronio Coss. inter hæc vadosa classem* Romanam *impunè accepimus perfretasse. In hoc sinu* Meninx *insula post Mynturnenses paludes* C. Mario *fuit latebra. Suprà* Garamantas Psylli *fuerunt, contrà noxium virus muniti incredibili corporis firmitate. Soli morsibus anguium non interibant, & quamvis dente letali appetiti, incorruptâ durabant sanitate. Recens etiam editos serpentibus offerebant: si essent partus adulteri, matrum crimina plectebantur interitu par-*

A qui fut detruité 737. ans après sa fondation. C. *Gracchus* y établit dans la suite des colonies *Italiques*, & l'appella *Junonia*; elle demeura malgré cela dans un état assez triste & languissant, & ne fit pas beaucoup parler d'elle. Mais 102. ans après, elle se réleva enfin entierement sous le Consulat de *M. Antoine* & de *P. Dolabella*, & reparut comme une nouvel-
B le *Carthage*, étant, après la Ville de *Rome*, la plus belle ville de l'univers. ———

Dans le païs qui est entre les *Syrtes* on est obligé de régler sa route sur le cours des astres, quoique le voyage se fasse par terre, n'y ayant pas moyen de trouver le chemin sans cela; parce que l'air y change souvent la face de la terre, & le moin-
C dre vent y cause un si grand bouleversement, qu'il dérange entierement la situation des lieux, de sorte qu'on ne peut plus s'y reconnoître: car les endroits où il y avoit auparavant des collines, deviennent vallées, pendant que la poussiere remplit les vallons & les transforme en montagnes. Ainsi la terre ferme tient aussi de la nature de la Mer voisine;
D & je ne sçais où il est plus dangereux d'essuyer un orage, puisque les élemens conspirent également de part & d'autre à la perte des Voyageurs, sçavoir par terre les vents, & par mer les sables. Il y a 250000. pas d'une *Syrte* à l'autre. La plus petite des deux n'est pas tout-à-fait si dangereuse que la grande. Nous sçavons que la flotte *Romaine* y a passé sans accident
E sous le Consulat de *Cn. Servilius* & de *C. Sempronius*. L'isle *Meninx*, située dans cette baye, a servi d'azile à *C. Marius*, après qu'il se fût sauvé des marais de *Mynturne*. Au dessus

des *Garamantes* étoient autrefois les *Psylles*, dont le tempérament étoit d'une force incroyable pour resister à toute sorte de venin. Ils étoient les seuls de tous les mortels à qui la morsure des serpens ne fût point fatale; car quoiqu'ils en fussent mordus, ils continuoient de jouir d'une santé inalterable. Ils avoient coûtume d'exposer à ces animaux leurs enfans

fans dès qu'ils venoient de naitre, & lorfque les meres avoient fait faux bond à la fidélité conjugale, elles ne manquoient pas d'en être punies par la mort de l'enfant; fi au contraire c'étoit des enfans légitimes, ils n'avoient rien à craindre de la morfure des ferpens. C'eft ainfi qu'ils jugeoient par l'effet du venin de la chafteté de leurs femmes & de l'origine de leurs enfans. Toute cette nation a été exterminée par les *Nafamons*, & il n'en refte plus que les conjectures qu'on fait à l'occafion de fon nom. Chez les *Nafamons* on trouve une pierre dite *Nafamonite*, qui eft rouge comme du fang, & mêlée de petites veines noires. Nous apprenons, & il eft certain, que c'eft dans le fond de la grande *Syrte*, aux environs des Autels des *Philènes*, qu'habitoient les *Lotophages*. A quelque diftance des Autels des *Philènes* eft un lac qui reçoit les eaux du fleuve *Triton*, & dans lequel on a prétendu que la *Déeffe des Arts* s'étoit mirée. On trouve auffi fur la grande *Syrte* une ville appellée *Cyrène*, fondée lors de la XLVme. Olympiade, du tems qu'*Ancus Martius* régnoit à *Rome*, & dans la 586me. année après le fac de *Troye*, par un *Lacedémonien* nommé *Battus*. C'eft la patrie du Poëte *Callimaque*. De cette ville il y a 1400. pas au Temple de *Jupiter Ammon*. Près de ce Temple eft une Fontaine confacrée au Soleil, dont les eaux ont la vertu d'unir fermement la terre la plus légere, & d'en faire un beau gazon. Auffi ne voit-on pas fans étonnement dans cette contrée un beau bois, dont la verdure eft d'autant plus charmante, que tous

A parvulorum: fi pudici, probos ortus à morte paterni fanguinis privilegium tuebatur. Sic originis fidem probabant venenis judicantibus. Sed hæc gens interivit à Nafamonibus *capta: neque quicquam aliud præter opinionem de veftigio nominis fui* Pfylli *reliquerunt.* Nafamonitem *lapidem* Nafamones *dant, fanguineum univerfum, nigris venulis adumbratum.*

B In intimo receffu Syrtis majoris, *circà* Philænorum *aras* Lotophagos *fuiffe difcimus, nec incertum eft. A* Philænorum *aris non procul palus eft, quam* Triton *amnis influit, ubi fpeculatam fe* Artium Deam *crediderunt.* Major Syrtis *oftentat oppidum,* Cyrenas *vocant, quod* Battus Lacedæmonius, *Olympiade quintâ & quadragefimâ, rege* Martio *res* C Romanas *tenente, anno poft* Troiam *captam quingentefimo octogefimo fexto condidit: quæ domus* Callimacho *poëtæ fuit patria. Inter hoc oppidum & templum* Hammonis *millia paffuum quadringenta funt. Templo* Fons *proximat* Soli *facer, qui humoris nexibus humum favillaticam ftringit, & in cæfpitem folidat. In qua gleba non fine miraculo lucus vi-* D *ret, undiquè fecùs agris arentibus. Illic & lapis legitur,* Hammonis *vocant cornu: nam ita tortuofus eft & inflexus, ut effigiem reddat cornûs arietini. Fulgore aureo eft. Prædivina fomnia repræfentare dicitur fubjectus capiti incubantium. Et arbor eft* Melopos *nomine, ex qua profluit lentus humor, quem à loco* Hammoniacum *nominamus. Apud* Cyre-
E nen-

Extraits de Solin.

+ 400 mille

les environs n'offrent que des déferts arides. C'eft encore-là qu'on trouve la pierre appellée Corne d'*Ammon*, parce que fa figure tortueufe & courbée repréfente affez au naturel une Corne de bélier. Cette pierre reluit comme de l'or, & l'on affure qu'en la mettant fous la tête en dormant, elle procure de beaux & de divins fonges. Il y a auffi un arbre appellé *Melops*, d'où découle fort lentement une liqueur, à laquelle nous donnons le nom d'*Ammoniac*, à caufe de l'endroit où elle fe trouve. Une autre plante qui croit chez les *Cyréniens* eft celle qu'on

nenses præterea Sirpe gignitur, odoratis radicibus, virgulto herbido magis quàm arbusto: cujus è culmo exudat stato tempore pingue roscidum, idque pascentium hircorum inhæret barbulis: ubi cùm arefactum inolevit guttis stiriacis, legitur ad usum mensarum, vel medelis. Dictum est primùm Lac Sirpicum, quoniam manat in modum lacteum: deindè usu derivante Laser nominatum. Quæ germina initio barbaricæ impressionis vastatis agris, posteà ob intolerandam vectigalis nimietatem, fermè penitùs ipsi accolæ eruerunt, Cyrenis ab lævâ Africa est, ab dextra Ægyptus, à fronte sævum & importuosum mare, à tergo Barbarorum variæ nationes, & solitudo inculta &c. * * *

A qu'on appelle *Sirpe*: ses racines sont odoriferantes, & sa verdure réssemble plutôt à la fane des plantes qu'à un arbuste. De son chalumeau exhale à certains tems une liqueur grasse, qui y paroît comme de la rosée, & qui s'attache à la barbe des boucs qui y paissent, d'où on la recueille, après qu'elle est séchée, en forme de gouttes congélées, pour l'usage des bonnes
B tables & de la Médecine. Cette drogue fut d'abord appellée *Lac Sirpicum*, parce qu'elle distile comme du lait; d'où ensuite l'usage a derivé le nom de *Laser* qu'elle porte. Les plantes de ce genre ont été presque entierement détruites, par les ravages qu'on fit dans ce païs-là au commencement de la guerre contre les Barbares, & ensuite par les habitans mêmes, à cause des droits exorbitans

qu'on en exigeoit. Les *Cyréniens* ont l'*Afrique* à gauche & l'*Egypte* à droite; leur côte est baignée par une mer orageuse, & qui n'offre aucun port, mais derriere eux habitent plusieurs peuples barbares, & l'on y trouve de vastes déserts. ———

LA NATION DES AMANTES. *Chap.* XXVIII.

Inter Nasamonas, *& Troglo-*
C dytas gens Amantum est, qui salibus domos exstruunt: quos in modum cautium è montibus excitatos, ad usum ædium cæmentitiis nectunt struicibus. Tanta ibi hujusce venæ copia est, ut tecta faciant è salinis. Hi sunt Amantes, qui commercium cum Troglodytis habent Carbunculi gemmæ. Citra Amantes propiores Nasamonibus Asbystæ Lasere vivunt,
* hoc aguntur, hoc illis edule est. * * *
Ex parte (CAP. XXIX.) qua Cercina est, accepimus Gauloën Insulam, in qua serpens neque nascitur, neque

Entre les *Nasamons* & les *Troglodytes* habite la Nation des *Amantes*, dont les maisons sont faites de sel. Ils le tirent des montagnes en guise de quartiers de roche, & en font des bâtimens comme ceux qui sont faits de moilons. Ces mines ou carrieres y sont même si abondantes, que leurs édifices sont couverts de la même matière. C'est entre ces *Amantes* & les
D *Troglodytes* que se fait un grand commerce d'*Escarboucles*, espece de pierres précieuses. Au-delà des *Amantes* & plus près des *Nasamons*, on trouve les *Asbystes*. Ceux-ci vivent de *Laser*, qui les occupe principalement, parce qu'il leur sert de nourriture. ———

Nous avons appris que du côté de *Cercinna* est une autre isle nommée *Gauloë*, dans laquelle il n'y a point de serpens, & lorsqu'on y en apporte,

---

(a) D'autres Exemplaires portent: *Hoc aluntur, hoc illis dulce est.* ———

DE PREUVES.

porte, ils meurent incontinent. La terre de cette ifle portée en tout autre païs, chaffe les ferpens des endroits où on l'a repandue, & jettée fur les fcorpions, elle les tue fur le champ.

A que vivit invecta: proptereà jactus ex ea quocunque gentium pulvis, arcet angues: fcorpiones fuperjactus ilicò perimit. ***

Extraits de Solin.

VIII.

EXTRAITS DE L'ITINERAIRE.

Columnæ Herculis.

A Tingi Mauritaniæ, id eft, ubi Bacuetes, & Macenites Barbari morantur, per maritima loca Carthaginem ufque. M. P. xviii. XLVIIII.

A B Exploratione, quæ ad Mercurios dicitur, Tingi ufque. M. P. CLXXIIII.
Rufadder. M. P. CCCXVIII.
Cæfarea Mauretaniæ. M. P. CCCXCIII.
Saldis. M. P. CCXVIII.
Rufficcade. M. P. CCCXVIII.
Hippone Regio. M. P. [b] CCXV.
Carthagine. M. P. [c] CXIII.

Litora Manfionibus his.

Ad Mercurios. M. P. CLXXIIII.

B Solaconia. M. P. XVI.
Thamufida. M. P. XXXII.
Banafa. M. P. XXXII.
Frigidis. M. P. [d] XXIIII.
Lix Col. M. P. XVI.
Tabernis. M. P. XVI.
Zili. M. P. XIIII.
Ad Mercuri. M. P. VI.
[e] Tingi Colonia. M. P. XVIII.

C A Tingi litoribus navigatur ufque ad Portus Divinos.

Ad feptem Fratres. M. P. LX.
Ad Abilem. M. P. [f] XIIII.
Ad Aquilam minorem. M. P. [g] XIIII.
Ad Aquilam majorem. M. P. [h] XIIII.
Ad Promuntorium Barbari. M. P. XII.
Tænia longa. M. P. XXIII.
Cobucla. M. P. XXIII.
Parietina. M. P. XXIII.

Extraits de l'Itineraire.

Pro-

(a) Le Manufcrit du Vatican porte CXVII. Weffeling.
(b) L'Exemplaire de Blandini met CXV. Surita.
(c) Quelques Exemplaires difent CXCIII. Idem.
(d) L'Exemplaire de Blandini a XXXIIII. Idem.
(e) Surita & quelques autres ont mis le nom de Tingi (ainfi que ceux d'un grand nombre d'autres villes) dans l'Accufatif; mais à tort. On fçait que lors de la décadence de la langue Latine on employoit les noms des villes dans l'Ablatif, comme fi c'étoit des indéclinables. Confentius dit in Arte p. 2030. Interdùm efferuntur novo modo, & quafi monoptoto, ut Curibus, Trallibus, Turribus, Sulcis, Servitiis, Tigavis. Voyez la Note de Weffeling fur le mot Tingi.
(f) Les Exemplaires de Blandini & de Naples mettent XXIIII. mais celui de Longolius porte XXXIIII. Idem.
(g) Dans les Exemplaires de Blandini & de Longolius XXIIII. Idem.
(h) Dans les Exemplaires de Blandini XXIIII. Idem.
(i) Les Exemplaires de Blandini & de Naples mettent XV. Idem.

Extraits de L'Itinéraire.	Promuntorium.	M. P. xxv.	A	Rufubbicari.	M. P. xxiiii.
	Ad *sex insulas*.	M. P. xii.		Cisi Municip.	M. P. xii.
	Promuntoria *Cannarum*.	M. P. xxx.		Rufuccuro Col.	M. P. xii.
	Promuntorio *Rusadi*.	M. P. l.		Iomnio Munic.	M. P. xviii.
	Rusadder Col.	M. P. xv.		*Rufazis* Munic.	M. P. xxxviii.
	Ad *tres Insulas*.	M. P. lxv.		*Saldis* Colon.	M. P. ᵉ xxxv.
	Flumen *Malva*.	M. P. xii.		*Muslubio*.	M. P. xxvii.
				Coba Municip.	M. P. xxviii.
	Flumen *Malva* dirimit *Mauretanias* duas. Incipit *Caesariensis*.			*Igilgili* Colon.	M. P. ᶠxxxviii.
				Paccianis Matidiae.	M. P. ᵍ xxxv.
			B	*Chulli* Munic.	M. P. lx.
	Lemnis.	M. P. xxii.		*Rusiccade*.	M. P. l.
	Popleto flumen.	M. P. xxx.		*Paratianis*.	M. P. ʰ xxv.
	Ad *Fratres*.	M. P. vi.		*Culucitanis*.	M. P. ⁱ xviii.
	Artisiga.	M. P. xxv.		*Tacatua*.	M. P. ᵏ xxii.
	Portu *Caecili*.	M. P. xii.		*Sulluco*.	M. P. xxii.
	Siga Municip.	M. P. xv.		*Hippone Regio* Col.	M. P. xxxii.
	Portu *Sigensi*.	M. P. iii.		Ad *Dianam*.	M. P. xxxii.
	Camarata.	M. P. xii.		*Nalpotes*.	M. P. xl.
	Ad *Salsum* flumen.	M. P. ᵃ xii.		*Thabraca*.	M. P. ˡ xxiiii.
	Ad *Crispas*.	M. P. xxv.	C	*Hippone Zarito*.	M. P. lx.
	Gilva Colonia.	M. P. ᵇ v.		*Tuniza*.	M. P. xx.
	Castra Puerorum.	M. P. xxiii.		*Membrone*.	M. P. x.
	Portus Divinos.	M. P. xviii.		*Utica*.	M. P. vi.
	Portum Magnum.	M. P. xxxvi.		Ad *Gallum Gallinacium*.	M. P. xii.
	Quiza Municip.	M. P. xl.		*Carthagine*.	M. P. xv.
	Arsenaria.	M. P. xl.			
	Cartenna Col.	M. P. xviii.		A *Carthagine Cirta*.	M. P. ᵐ cccxxi.
	Lar Castellum.	M. P. ᶜxiiii.		*Sitisi*.	M. P. c.
	Cartili.	M. P. xv.		*Caesarea*.	M. P. cccꝯ. Sic.
	Gunugus.	M. P. xii.	D		
	Caesarea Colonia.	M. P. ᵈ xii.		A *Carthagine*.	
	Tipasa Colonia.	M. P. xvi.			
	Casae Calventi.	M. P. xv.		*Unuca*.	M. P. xxii.
	Icosium Colon.	M. P. xxxii.		*Sicilibra*.	M. P. vii.
	Rusguniae Colon.	M. P. xv.		*Vallis*.	M. P. xv.

Core-

(a) On lit dans d'autres Exemplaires *Ad Salum fl.* M. P. xv. *Surita*.
(b) Dans l'Exemplaire de *Longolius*. xi. *Idem*.
(c) Les autres Exemplaires varient en cet endroit; il y en a qui mettent xxiiii. d'autres xxiii. & quelques-uns même xx. *Idem*.
(d) Les autres Exemplaires portent xxii. *Idem*.
(e) Il y a xxv. dans l'Exemplaire de la Bibliothèque du Roi. *Idem*.
(f) Ibid. xxviii. *Idem*.
(g) Quelques Exemplaires disent xxiiii. *Idem*.
(h) Ibid. l. *Idem*.
(i) L'Exemplaire de la Bibliothèque du Roi porte xxv. *Idem*.
(k) Il y a d'autres Exemplaires qui mettent xviii. *Idem*.
(l) Ibid. xxx. *Idem*.
(m) Ibid. cccxxxii. *Wesseling*.

DE PREUVES.

Coreva.	M. P.	xx.	A Iter à *Thevefte* per *Lambefem Sitifi*.		Extraits
Mufti.	M. P.	xxviii.		M. P. ccxii. Sic.	de l'Iti-
Laribus Colonia.	M. P.	xxx.			néraire.
Altieuros.	M. P.	xvi.	Timphadi.	M. P.	xxii.
Admedera Colonia.	M. P.	xxxii.	Vegefela.	M. P.	xx.
Thevefte Colonia.	M. P.	xxv.	Mafcula.	M. P.	xviii.
Altaba.	M. P.	xviii.	Glaudi.	M. P.	xxii.
Fufti.	M. P.	xviii.	Tamugadi.	M. P.	xxii.
Mercimeri.	M. P.	xxiiii.	Lambefe.	M. P.	xiiii.
Macomadibus.	M. P.	xxiiii.	Diana.	M. P.	xxxiii.
Sigus.	M. P.	xxviii.	B Nova Petra.	M. P.	xiiii.
Cirta Colonia.	M. P.	xxv.	Gemellas.	M. P.	xxii.
Mileum.	M. P.	xxv.	Sitifi.	M. P.	xxv.
Idicra.	M. P.	xxv.			
Cuiculi.	M. P.	xxv.	Iter à *Turri Cæfaris Cirta*.	M. P.	
Sitifi.	M. P.	xxv.			xl. Sic.
Perdices.	M. P.	xxv.			
Cellas.	M. P.	a xxviii.	Sigus.	M. P.	xv.
Macri.	M. P.	xxv.	Cirta.	M. P.	xxv.
Zabi.	M. P.	b xxv.			
Aras.	M. P.	c xxx.	C Iter à *Tamugadi Lamasbam*.	M. P.	
Tatilti.	M. P.	xviii.			lxii. Sic.
Auza.	M. P.	xliiii.			
Rapidi.	M. P.	xvi.			
Tirinadi.	M. P.	xxv.	Tadutti.	M. P.	xxviii.
Caput Cilani.	M. P.	xxv.	Diana Veteranorum.	M. P.	xvi.
Sufafar.	M. P.	xvi.	Lamasba.	M. P.	xviii.
Aquis.	M. P.	xvi.			
Cæfarea.	M. P.	xxv.	Iter à *Lamasba Sitifi*.	M. P.	lxii. Sic.

Iter à *Sitifi Saldas*. M. P. lxxix. Sic. D

			Zarai.	M. P.	xxv.
Horrea.	M. P.	xviii.	Perdicibus.	M. P.	xii.
Lesbi.	M. P.	xviii.	Sitifi.	M. P.	xxv.
Tubufuptus.	M. P.	xxv.			
Saldas.	M. P.	xviii.	Iter à *Calama* e *Rufuccuro*.	M. P.	ccccxciiii. Sic.

Iter à *Lambefe Sitifi*. M. P. cii. Sic.

			Ad Rubras.	M. P.	xx.
Tadutti.	M. P.	xviii.	Ad Albulas.	M. P.	xxx.
Nova Sparfa.	M. P.	xxxii.	Ad Dracones.	M. P.	xiiii.
Gemellas.	M. P.	d xxvii.	Ad Regias.	M. P.	xxiiii.
Sitifi.	M. P.	xxv.	Tafaccora.	M. P.	xxv.
					Caftra

(a) Quelques Exemplaires portent xxv. & d'autres xviii. *Weffeling*.
(b) Il y a des Exemplaires qui difent xxx. *Idem*.
(c) Dans d'autres on trouve xviii. *Idem*.
(d) L'Exemplaire de la Bibliothèque du Roi met xxxviii. *Surita*.
(e) Ce nom eft écrit *Cala* dans d'autres Exemplaires.

Extraits de l'Itinéraire.	Castra Nova.	M. P.	XVIII.	A Iter à *Musti Cirta*. M. P. CXCIX. Sic.	
	Ballene Præsidio.	M. P.	XX.		
	Mina.	M. P.	XVI.	Sicca.	M. P. XXXII.
	Gadaum Castra.	M. P.	XXV.	Naraggara.	M. P. XXX.
	Vagal.	M. P.	XVIII.	Thagura.	M. P. XX.
	Castellum Tingitii.	M. P.	XVIII.	Tipasa.	M. P. ᵇXXXIV.
	Tigauda Municipio.	M. P.	XXII.	Gasaufula.	M. P. XXXV.
	Oppido novo Col.	M. P.	XXXII.	Sigus.	M. P. XXXIII.
	Tigava Castra.	M. P.	II.	Cirta.	M. P. XXV.
	Malliana.	M. P.	XVI.		
	Sufasar.	M. P.	XVIIII.	B Iter à *Cirta Hippone Regio*. M. P.	
	Velisci.	M. P.	XV.		XCIIII. Sic.
	Tanaramusa Castra.	M. P.	XVI.		
	Tamariceto Præsidio.	M. P.	XVI.	Aquis Tibilitanis.	M. P. LIIII.
	Rapida Castra.	M. P.	XVI.	Ad Villam Servilianam.	M. P. XV.
	Rusuccuro Colonia.	M. P.	XII.	Hippone Regio.	M. P. XXV.

Iter *Rusuccuro Saldis*. M. P. ᵃCVII. Sic.   Iter ab *Hippone Regio Carthagine*. M. P. ᶜCCXVIII. Sic.

Tigisi.	M. P.	XII.	C
Bidil Municipium.	M. P.	XXVII.	Onellaba. M. P. L.
Tubusuptus.	M. P.	XL.	Ad Aquas. M. P. XXV.
Saldis Colonia.	M. P.	XXVIII.	Simittu Colonia. M. P. V.
			Bulla Regia. M. P. VII.
			Novis Aquilianis. M. R. ᵈXXIIII.

Iter *Saldis Igilgili*. M. P. CLIX. Sic.

			Vico Augusti. M. P. XVI.
			Cluacaria. M. P. XXX.
Ad Olivam.	M. P.	XXX.	Tuburbo Minus. M. P. XV.
Ad Sava Municipio.	M. P.	XXV.	Cigisa. M. P. XXVIII.
Sitifi Colonia.	M. P.	XXIIII.	D Carthagine. M. P. XVIII.
Satafi.	M. P.	XVI.	
Ad Basilicam.	M. P.	XVI.	Item alio Itinere ab *Hippone Regio*
Ad Ficum.	M. P.	XV.	*Carthagine*. M. P. ᵉCCXXVIII. Sic.
Igilgili.	M. P.	XXXIII.	

			Tagaste. M. P. LIII.
Iter à *Lambese Cirta*.	M. P.	LXXXIV. Sic.	Naraggara. M. P. XXV.
			Sicca Veneria. M. P. XXXII.
			Musti. M. P. XXXIIII.
Tamugadi.	M. P.	XIIII.	Membressa. M. P. XXXV.
Ad Rotam.	M. P.	XXX.	Sicilibba. M. P. XVII.
Ad Lacum Regium.	M. P.	XX.	Unuca. M. P. XIII.
Cirta Colonia.	M. P.	XX.	Pertusa. M. P. VII.

Car-

(a) Le Manuscrit du *Vatican* porte XCVII. *Wesseling*.
(b) L'Exemplaire de la Bibliothèque du Roi dit XXIV. *Surita*.
(c) Le Manuscrit du *Vatican* met CCXXVIII. *Wesseling*.
(d) Quelques Exemplaires ont XXXIII. *Surita*.
(e) Il y a dans l'Exemplaire de *Naples* CCXXVI. *Idem*.

DE PREUVES. 71

Carthagine.	M. P.	xiiii.

A *Madaſſuma.* M. P. xxxii. Extraits
Septimunicia. M. P. xxv. de l'Iti-
Iter à *Thenis Theveſte.* M. P. clxxv. Tabalta. M. P. xx. néraire.
Sic. Cellis Picentinis. M. P. xxx.
Tacapis. M. P. xxx.

Oviſee.	M. P.	xxv.
Amudarſa.	M. P.	xxv.
Autenti.	M. P.	xxv.
Sufetula.	M. P.	xxx.
Vegeſela.	M. P.	xxx.
Menegeſem.	M. P.	xx.
Theveſte.	M. P.	xx.

B Iter à *Carthagine* in *Byzantio Sufetula* uſque. M. P. ª clxxii. Sic.

Unuca.	M. P.	xxii.
Vallis.	M. P.	xxii.
Coreva.	M. P.	xx.
Muſti.	M. P.	xxvi.
Aſſuras.	M. P.	xx.
Tucca Terebinthina.	M. P.	ᵇ xii.
Sufibus.	M. P.	xxv.
Sufetula.	M. P.	xxv.

Iter ab *Aquis Regiis Sufibus.* M. P. xliii. Sic.

Marazanis.	M. P.	xv.
Sufibus.	M. P.	xxviii.

Iter ab *Aſſuris Thenas.* M. P. cxcii.

C

Tucca Terebinthina.	M. P.	xv.
Sufibus.	M. P.	xxv.
Sufetula.	M. P.	xxv.
Nara.	M. P.	xv.
Madaſſuma.	M. P.	xxv.
Septimunicia.	M. P.	xxv.
Tubalta.	M. P.	xx.
Macomadibus.	M. P.	xv.
Thenis.	M. P.	xvii.

Iter à *Tuburbo* per *Vallos Tacapas.*
M. P. cccviii. Sic.

Vallis.	M. P.	xviii.
Coreva.	M. P.	xx.
Muſti.	M. P.	xxvi.
Aſſuras.	M. P.	xxx.
Tucca Terebinthina.	M. P.	xii.
Sufibus.	M. P.	xxv.
Sufetulam.	M. P.	xxv.
Nara.	M. P.	xv.

Iter à *Carthagine* per *Adrumetum
Sufetula* uſque. M. P. cxc. Sic.

Vina.	M. P.	xxxiii.
Pusput.	M. P.	x.
Horrea Cœlia.	M. P.	xxxii.
Adrumetum.	M. P.	x.
Vico Auguſti.	M. P.	xxv.
Aquis Regiis.	M. P.	xxv.
Maſclianis.	M. P.	xviii.
Sufetula.	M. P.	xxxvi.

D Iter à *Tuſdro Theveſte.* M. P. cxcv. Sic.

Vico Auguſti.	M. P.	xxxi.
Aquis Regiis.	M. P.	ᶜ xxxv.
Maſclianis.	M. P.	xviii.
Sufetula.	M. P.	xxxvi.
Cilio.	M. P.	xxv.
Meneggere.	M. P.	xxv.
E *Theveſte.*	M. P.	xxv.

Item

(a) Quelques Exemplaires portent clxii. *Surita.*
(b) On trouve xxii. dans d'autres Exemplaires. *Weſſeling.*
(c) On compte ici pour la même diſtance 10000. pas de plus que dans le voyage qui précède immédiatement. *Idem.*

72 EXTRAITS SERVANT

Extraits de l'Itinéraire.

Item alio Itinere à *Thevefte Tuf-* A Inde *Alexandria.* M. P. DCCCCII. *drum.* M. P. CLXXXV. Sic.

A *Carthagine.*

Meneggere.	M. P.	XXV.
Cilio.	M. P.	XXV.
Sufetula.	M. P.	XXV.
Mafclianis.	M. P.	XXXVI.
Aquis Regiis.	M. P.	XVIII.
Germaniciana.	M. P.	XXIIII.
Eliæ.	M. P.	XVI.
Tufdro.	M. P.	XVIII.

Maxula Civitate.	M. P.	XVIII.
Vina Civitate.	M. P.	XXVIII.
Putput Vicus.	M. P.	X.
Horrea Cælia Vicus.	M. P.	d XXX.
Adrumetum Colonia.	M. P.	XVIII.
Leptiminus Civitate.	M. P.	XVIII.
B Tufdro Colonia.	M. P.	XXXIII.
Ufula Civitas.	M. P.	XXXII.
Thenis Colonia.	M. P.	XXVIII.
Macomadibus Municipium.	M. P.	XXVIII.
Cellas Vicus.	M. P.	XXVI.
Tacapas Colonia.	M. P.	XXX.
Agma five Fulgurita Villa.	M. P.	XXX.
Gitti Municipium.	M. P.	XXV.
C Ponte Zita Municipium.	M. P.	XXXV.
Villa Magna, Villa privata.	M. P.	XXX.
Fifida Vicus.	M. P.	XXXI.
Cafas Villa Aniciorum.	M. P.	XXVI.
Sabrata Colonia.	M. P.	XXX.

A *Sufibus Adrumetum.* M. P. CVIII. Sic.

Marazanis.	M. P.	a XXVIII.
Aquis Regiis.	M. P.	XX.
Vico Augufti.	M. P.	XXXV.
Adrumetum.	M. P.	XXV.

A *Sufetula Clypea.* M. P. b CCXVI. Sic.

Mafclianis.	M. P.	XXXVI.
Aquis Regiis.	M. P.	XVII.
Vico Augufti.	M. P.	XXXV.
Adrumetum.	M. P.	XXV.
Horrea.	M. P.	XVIII.
Putput.	M. P.	c XXX.
Curubi.	M. P.	XXVI.
Vel Neapoli.	M. P.	XII.
Clypeis.	M. P.	XX.

A *Carthagine Clypeis.* M. P. LXXXV. Sic.

Maxula Prates.	M. P.	X.
Cafula.	M. P.	XX.
Curubi.	M. P.	XXV.
Clypeis.	M. P.	XXX.

Iter à *Carthagine Thenis.* M. P. CCXVII.
Inde *Lepti Magna.* M. P. CCCCXXII.

D A *Telepte Tacapas.* M. P. CXLII. Sic.

Gemellas.	M. P.	XXII.
Gremellas.	M. P.	XXV.
Capfe.	M. P.	XXIIII.
Thafarte.	M. P.	XXXV.
Aquas Tacapitanas.	M. P.	XVIII.
Tacapas.	M. P.	XVII.

* * * * * *

Itinerarium maritimum.

* * * * * *

A maritima Infula trajectus in *Afri-*

(a) L'Exemplaire de *Naples* porte: *Maratanis*, M. P. XVIII. *Surita.*
(b) Il y a CCCXVI. dans les Exemplaires de *Naples* & de *Longolius. Idem.*
(c) Ci-deffus on a compté 32000. pas du village de *Putput* à *Horrea Cælia. Idem.*
(d) Voyez la Note précédente.

DE PREUVES.

Africam, id est Stadia [a] DCCC.
Si *Ægimurum* Insulam volueris Provinciæ suprascriptæ. Stadia DCCCC.
Si *Missuam* Civitatem Provinciæ. Stadia M.
A *Missua Carpos*. Stadia CCC.
A *Carpis Caribagine*. Stadia CL.
Si autem non *Cartbagine*, sed superiùs ad *Libyam* versùs volueris adplicare, debes venire de *Sicilia* ab Insula maritima in Promuntorium *Mercuri*. Stadia DCC.
Si *Clypea*. Stadia DCC.
Si *Curubi*. Stadia DCCCC.
Si *Neapolim*. Stadia MC.
Si *Adrumeto*. Stadia [b] MDXL.
Iter à *Portu Augusti* Urbis trajectus in *Africam Carthaginem*. Stadia VCCL.

A *Lilybæo* de *Sicilia* in *Caribaginem*. Stadia M. D.
A *Caralis Sardiniæ* trajectus in *Portum Augusti*. Stadia III.
A *Caralis* trajectus in *Africam Carthaginem*. Stadia M. D.
A *Caralis Galatam* usque Insulam. Stadia DCCCXC.
A *Galata Tabracam* in *Africam*. Stadia CCC.

* * * * *

Ante Promontorium *Apollinis Ægimurus* Insula à *Carthagine*. Stadia CCXXX.

* * * * *

Insula *Cercina*. Hæc à *Tacapis* distat Stadia DCXXII.
Insula *Girba*, à *Gitti* de *Tripoli* Stadia XC.

Extraits de L'ITINERAIRE.

IX.

EXTRAITS D'ETHICUS.

(Pag. 47.) Oceanus meridianus habet,	On trouve dans l'Ocean meridional:	Oceanus meridianus habet maria,	Les Mers de l'Ocean méridional sont:
Maria II,	2. Mers.	*Mare* Carpathium & Tyrrhenum.	Celle de *Scarpanto* & de *Toscane*.
Insulas XVII,	17. Isles.		
Montes VI,	6. Montagnes.		
Provincias XII,	12. Provinces.	Oceani meridiani insulæ sunt,	Les Isles de l'Ocean méridional sont:
Oppida LXIV.	64. Villes.		
Flumina II,	2. Fleuves.		
Gentes *Mazices* multas.	Et beaucoup de Peuples basanés.	*Sicilia*,	La Sicile.
		Pontia,	Ponzo.
		Carpathos,	Scarpanto.
		Pan-	Pan-

Extraits D'ETHICUS.

(a) L'Exemplaire du Roi & tous les autres portent DCCC. *Surita*.
(b) Voici comme on trouve cet article dans l'Exemplaire du Roi, CIƆ. L, & dans celui de *Naples* il est ainsi exprimé Ī. D. LX. *Idem*.

Tome II. k

Extraits D'Ethicus.	Pantatoria [a],	Pantatoria.	
	Sardinia,	La Sardaigne.	
	Cofrosa,	Cofrosa.	
	Inara,	Inara.	
	Syrtis major,	La grande Syrte.	
	Loci Capri,	Loci Capri.	
	Corsica,	La Corse.	
	Galata,	Galata.	
	Capraria,	Caprarée.	
	Fortunatæ,	Les Fortunées.	
	Egilio,	Egilio.	
	Syrtis minor,	La petite Syrte.	
	Catabathmon,	Catabathmos.	
	Girbe.	Gerbe.	
	Oceani meridiani montes sunt,	Les Montagnes de l'Ocean méridional sont :	
	Pyramides,	Les Pyramides.	
	Peronicæ [b],	Les Peronices.	
	Panteus, vel Panceus,	Le Panteus ou Panceus.	
	Perratus [c],	Le Perratus.	
	Atlas,	L'Atlas.	
	Corvessa, vel Corvena.	Le Corvessa ou Corvena.	
	Oceanus meridianus habet provincias,	Les Provinces de l'Ocean méridional sont :	
	Ægyptum,	L'Egypte.	
	Æthiopiam,	L'Ethiopie.	
	Africam,	L'Afrique.	
	Getuliam,	La Gétulie.	
	Leugi [d],	Leugi.	
	Numidiam,	La Numidie.	
	Libyam,	La Libye.	

A	Pentapolim,	La Pentapole.	
	Tripolim,	Tripoli.	
	Mauritaniam-Cæsaream,	La Mauritanie Césarienne.	
	Mauritaniam-Sitifensem,	La Mauritanie de Sitife.	
	Byzacium [e],	Byzacium.	
	Oceanus meridianus habet oppida,	Les Villes de l'Ocean méridional sont :	
B			
	Arabiam,	Arabia.	
	Nitiobres,	Nitiobres.	
	Fossam Trajani.	Fossa Trajani.	
	Thebeas,	Thebea.	
	Thebais,	Thebaïs.	
	Beronicen,	Beronice.	
	Ammon.	Ammon.	
	Tholomaidis,	Ptolemaïs.	
C	Cyrenæ,	Cyrène.	
	Fileno,	Filenus.	
	Naretæ,	Nareta.	
	Oea,	Oea.	
	Sabratam,	Sabrata.	
	Leptis magnam,	La grande Leptis.	
	Thacapas,	Tacape.	
	Disdum [f],	Disdum.	
	Thenis,	Thenæ.	
	Tapsos,	Tapsus.	
D	Leptis minorem,	La petite Leptis.	
	Hadrumetum,	Adrumète.	
	Neapolin,	Neapolis.	
	Clypeis,	Clypea.	
	Carthaginem,	Carthage.	
	Uticam,	Utique.	
	Hippone Zarito,	Hippone Diarrhyte.	
	Thabracam,	Tabraca.	
	Hip-	Ippo-	

(a) Il vaut mieux lire *Pantilaria*, comme il y a dans les Extraits ou Annotations de J. Honorius.

(b) *Honorius* la nomme *Beronice*.

(c) Le même écrit *Feratus*.

(d) *Honorius* met *Zeugis*.

(e) Il semble qu'on doive ajouter ici ce nom, ou bien *Byzantium*, comme il est écrit ci-après, pour avoir le nombre de 12 Provinces dont il est parlé plus haut. Voici le dénombrement qu'en fait *Honorius*: L'Egypte, l'Ethiopie, les Ethiopiens, l'Afrique, la Gétulie, Byzacium, Zeugis, Nimizia, la Libye, la Pentapole, Tripoli, la Mauritanie.

(f) *Honorius* met *Thusdrum*.

				Extrait d'Ethicus.
Ippone regio,	Hippone Royale. A	*Capsa*,	Capsa.	
Rusiccade,	Rusiccade.	*Admedera*,	Admedera.	
Calli a,	Calli.	*Thesuestis* e,	Thesuestis.	
Saldis,	Saldes.	*Madauros*,	Madaurus.	
Quinque gentiani,	Quinque gentiani.	*Tuburficunu*, vel *Tuburficumi*,	Tuburficunu ou Tuburficumi.	
Rusuccura b,	Rusuccuru.	*Midorum*,	Midorum.	
Tipasa,	Tipasa.	*Calaman*,	Calama.	
Cæsarea,	Césarée.	*Constantinam*,	Constantine.	
Chartennas,	Cartennes.	*Mileu*,	Mileu.	
Portus magnus,	Portus magnus ou le grand Port. B	*Tamugade*,	Tamugade.	
		Lambesæ,	Lambesa.	
Experides,	Experides.	*Sitifi*,	Sitifi.	
Ballos,	Ballus.	*Magri* f,	Magri.	
Laribus,	Lares.	[*Tavi*, vel] *Zabi*,	Tavi ou Zabi.	
Siccens c,	Siccens.	*Tabusutia* g,	Tabusutia.	
Obla,	Obla.	*Bioa* h,	Bioa.	
Sufulis,	Sufulis.			
Assuris,	Assuris.	Oceanus meridianus habet flumina duo, C	Les Fleuves de l'Océan méridional sont :	
Zama regia,	Zama Royale.			
Susibus,	Susis.			
Suffetula,	Suffetula.			
Cilio,	Cilium.	*Nilum* & *Bagradam*.	Le Nil, & le Bagrada.	
Theleptis d,	Theleptis.			

Le premier de ces deux fleuves, c'est-à-dire le *Nil*, qu'on appelle aussi *Geon*, a des sources que l'on ne connoît point ; car on ne commence à le voir qu'en *Ethiopie*. Il forme un grand lac circulaire, qui a 154. milles de circonférence. Sortant de ce D lac, il se rend aux anciennes cataractes; & ses eaux parcourent l'étendue de 474. miles.

Comme le *Bagrada* est fort grand & considerable, & l'unique fleuve qui arrose la Province d'*Afrique*, nous ignorons pourquoi les Anciens n'en ont point fait mention en parlant des fleuves.

Horum Nilus, qui & Geon appellatur, de secretioribus promit: sed in exordio in Æthiopia videtur, & facit lacum magnum, qui currit in circulo, instagnans millia CLIV, & exiens de eo lacu, pervenit ad cataractas veteriores : conficit millia CCCCLXXIV.

Fluvius Bagrada, cùm Provinciæ Africæ magnus nobilisque & unicus sit, cur à majoribus i inter fluvios non nominatus sit ignoramus.

Ocea-

L'O-

(a) Le même écrit *Culli*.
(b) Ibid. *Rusuccuru*.
(c) Ibid. *Sicca*.
(d) *Honorius* écrit *Teleptis*, *Cartennas* & plusieurs autres noms sans *b*.
(e) C'est *Thevesta*.
(f) Dans *Honorius* on lit *Macri*.
(g) Ibid. *Tubusubtu*.
(h) Ibid. *Bida*.
(i) *Grenovius* dit, qu'il a vû un Manuscrit qui porte *metitoribus*.

k 2

Extraits d'Ethicus.

Oceanus meridianus habet innume-rabiles Gentes, quæ nec colligi numero, nec existimari aut comprehendi præ interjacentibus eremiis possunt.

L'Ocean méridional renferme un nombre infini de Peuples, dont on ne fçauroit faire le dénombrement, non pas même par estime & par conjecture, à cause des déserts qui nous en separent.

* * * * *

Africæ (p. 52.) principium est à finibus Ægypti urbisque Alexandriæ, ubi Partheno *civitas sita est, super hoc mare magnum, quod omnes plagas terrasque medias interluit. Undè per loca, quæ* Catabathmon *vocant, jam procul à castris Alexandri Magni, & super lacum Galearum, deinde juxtà superiores fines Auasitarum missa in transversum per Æthiopiæ deserta meridianum contingit oceanum. Terminus Africæ est qui & Europæ: id est, fauces Gaditani freti. Ultimus autem finis ejus est mons* Atlas, *& insulæ, quas Fortunatas vocant.*

L'*Afrique* commence aux confins de l'*Egypte* & du territoire d'*Alexandrie*, à l'endroit où est la ville *Parthenium*: vis-à-vis est la grande Mer, qui baigne toutes les terres & contrées situées des deux côtés. De cet endroit elle s'étend par celui qu'on appelle *Catabathmos*, fort loin au-delà du Camp d'*Alexandre le Grand*, & du lac nommé *Galearum*; avançant ensuite le long des frontieres supérieures des *Auasites*, elle passe à travers les déserts d'*Ethiopie* jusques à l'Ocean méridional. L'*Afrique* reconnoît les mêmes bornes que l'*Europe*, c'est-à-dire qu'elle se termine à l'ouverture du détroit de *Gades*. Ses bornes les plus reculées sont le mont *Atlas* & les isles surnommées *Fortunées*.

* * * * *

Libya (p. 63.) Cyrenaica *post Ægyptum in parte* Africæ *prima est. Hæc incipit à civitate* Parthenio *&* Catabathmo: *indè secundo mari usque ad aras* Philenorum *extenditur, & usque ad oceanum meridianum: quæ habet gentes* Libyorum, Æthiopum *&* Garamantum, *ubi est ab oriente Ægyptus, à septentrione mare Libycum, ab occasu Syrtes majores &* Troglodytæ, *quæ habent è contra insulam* Calypso, *à meridie Æthiopicum oceanum.*

Tripolis provincia, quæ est & Subventana, *vel regio* Arzugum, *ubi* Leptis Magna *civitas est, qua Arzuges per Africæ limitem generaliter;* cette Province a à son Orient les Autels des *Philènes* situés entre

La *Libye Cyrénaïque* est après l'*Egypte* la premiere Province de l'*Afrique*. Elle commence à la ville *Parthenium*, & aux sables du *Catabathmos*; de-là elle s'étend le long de la Mer jusqu'aux Autels des *Philènes*, & jusques à l'Ocean meridional. Les Peuples qui l'habitent sont les *Libyens*, les *Ethiopiens* & les *Garamantes*. Elle a l'*Egypte* à l'Orient, la Mer de *Libye* au Septentrion, les grandes *Syrtes* & la nation des *Troglodytes*, vis-à-vis desquels est l'isle de *Calypso*, à l'Occident, & enfin la Mer d'*Ethiopie* au Midi.

La Province de *Tripoli* qui s'appelle aussi *Subventana*, ou le païs des *Arzugues*, où se trouve la grande *Leptis*, d'où les habitans de l'*Afrique* en général sont appellés *Arzugues*

les

les grandes *Syrtes* & les *Troglodytes* ; au Septentrion la Mer de *Sicile*, ou plutôt le Golfe *Adriatique* & les petites *Syrtes* ; à l'Occident *Byzantium* jusques au lac des *Salines* ; & au Midi des peuples barbares, comme les *Gétules*, les *Nataures*, & les *Garamantes*, qui occupent tout le païs jusques à la Mer d'*Ethiopie*.

Zeugis n'étoit autrefois pas le nom d'un endroit particulier, mais celui de toute une Province, & les personnes éclairées s'en servent encore aujourd'hui dans le dernier sens. Le païs de *Byzantium* est celui où se trouve la ville d'*Adrumète*, qui en est la capitale, & l'on appelle *Zeugis*, celui où est la ville de *Carthage*.

On appelle *Numidie* le païs où sont situées les villes d'*Hippone Royale* & de *Rusiccade*: elle a à l'Orient les petites *Syrtes* & le lac des *Salines*; au Nord cette partie de la Méditerranée qui regarde la *Sicile* & la *Sardaigne*; à l'Occident la *Mauritanie* de *Sitife*; & au Midi le mont *Suggar*, au-delà duquel on ne trouve plus que des *Ethiopiens*, jusques à la Mer d'*Ethiopie*.

Les *Mauritanies de Sitife* & *Césarienne* ont à l'Orient la *Numidie*, au Nord la *Méditerranée*, au Couchant le fleuve *Malva*, & au Midi le mont *Astrix*, qui separe les bonnes terres d'avec les sables du désert, que l'on trouve au-delà jusques à l'Ocean, dans lequel les *Ethiopiens Gangines* menent une vie errante.

La *Mauritanie Tingitane* est la derniere Province de toute l'*Afrique* : elle a le fleuve *Malva* à l'Orient; la Mediterranée jusques au détroit de *Gades*, qui est entre les deux promontoires d'*Abila* & de *Calpe*, au Septentrion ; le mont *Atlas* & l'Ocean Atlantique à l'Occident ; le mont *Hesperien* au Sud-Ouest ; & au Midi les nations des *Auloles*, qu'on appelle aujourd'hui *Galaudes*, jusques à l'Ocean Occidental.

A *raliter vocantur, babet ab oriente aras Philenorum inter Syrtes Majores & Troglodytas: à septentrione mare Siculum, vel potiùs Adriaticum, & Syrtes Minores; ab occasu Byzantium, usque ad lacum Salinarum ; à meridie barbaros, Getulos, Nataures & Garamantes usque ad oceanum Æthiopicum pertingentes.*

B *Zeuges priùs non unius loci cognomentum, sed totius provinciæ fuit, velut in hodiernum ita à prudentibus accipitur. Byzantium est, ubi ejus metropolis civitas* Hadrumetus *sita est* : Zeugis *est, ubi* Carthago *civitas constituta est.*

Numidia *vocitatur, ubi* Hippos Regius *&* Rusiccade *civitates sunt: habet ab oriente* Syrtes Minores *&* C *lacum* Salinarum *, à septentrione mare nostrum, quod spectat ad Siciliam & Sardiniam: ab occasu habet* Mauritaniam Sitifensem *: à meridie montem* Suggarem*, & post eos Æthiopum gentes pervagantes usque ad oceanum Æthiopicum.*

Sitifensis & Cæsariensis Mauritaniæ sunt, quæ habent ab oriente Numidiam*, à septentrione mare no-* D *strum, ab occasu flumen* Malvam*, à meridie montem* Astrixim*, qui dividit inter vivam terram & arenas eremi jacentes usque ad oceanum, in quibus oberrant* Gangines Æthiopes.

Tingi *Mauritania Africæ ultima est totius: hæc habet ab oriente flumen* Malvam*, à septentrione mare nostrum usque ad fretum Gaditanum, quod inter* Abylenæ & Cal- E pis *duobus promuntoriis coarctatur: ab occidente habet* Atlantem *montem & oceanum* Atlanticum*, sub africo* Hesperium *montem, à meridie gentes* Aulolum*, quas nunc* Galaudas *vocant, usque ad oceanum* Hesperium *contingentes.*

Extraits D'ETHICUS.

X.

EXTRAITS DE J. HONORIUS.

Sources, Cours & Embouchures des Fleuves de l'Ocean méridional.

Nilus ····
Nilotis ····
Fluvius (p. 20.) Vagrada nascitur in Tuburficu Numidorum, pergens per Zeugi, inlustrans Regionem, egerit in mari Tirreno disparsis crinibus Uticæ oppida diffunditur.

Fluvius Cartennas nascitur in campo Mauro, inde inlustrans litori maritimo Cesarienfi mari invergit.

Fluvius Malda nascitur sub Insulas Fortunatas, circuiens extremam partem Mauritaniæ, interdiens inter Barbares & Vacuates vergit in mari quod appellatur Columne Erculis.

Fluvius Hesperides nascitur Lix oppidu in campo in circini rutunditate volbitur. influit in oceani ripas meridiani.

Le Nil ——
Le Nilotis ——
Le fleuve *Vagrada* prend fa source à *Tuburficu* dans la *Numidie* ; il traverse le païs de *Zeugi*, & après avoir arrosé cette Province il se jette da s la Mer *Tirrenienne* près des villes d'*Utique*, en formant plusieurs bras.

Le fleuve *Cartenna* sort du païs des *Maures*, d'où il continue son cours jusques à la côte de *Césarée*, & là il débouche dans la Mer.

Le fleuve *Malda* prend son origine à la hauteur des isles *Fortunées*, & ayant fait le tour de la partie la plus éloignée de la *Mauritanie*, & séparé les *Barbares* des *Vacuates*, il entre dans la Mer à l'endroit qu'on appelle les *Colomnes d'Hercule*.

Le fleuve *Hesperide* a sa source près de la ville de *Lix*, & fait presque le tour circulairement dans la campagne ; il se jette dans la Mer sur la côte méridionale.

Peuples que renferme l'Ocean méridional.

Hierasicaminas *gens*,	La nation des *Hierasicaminès*.
Nabatæ *gens*,	La nation des *Nabates*.
Naffammones *gens*,	La nation des *Naffamons*.
Garamantes,	Les *Garamantes*.
Theriodes,	Les *Theriodes*.
Curbiffenfes,	Les *Curbiffenfiens*.
Beitani,	Les *Beitaniens*.
Begguenfes,	Les *Begguenfiens*.
Feratefes,	Les *Feratefiens*.

Les *Barzufulitaniens.*	A	*Barzufulitani,*
Les *Fluminenſiens.*		*Fluminenſes,*
Les *Quinquegentianiens.*		*Quinquegentiani,*
Les *Boſtréens.*		*Boſtræi,*
Les *Marmarides.*		*Marmarides,*
Les *Bures.*		*Bures,*
Les *Mazices.*		*Mazices,*
Les *Muſubéens.*		*Muſubei,*
Les *Artennites.*		*Artennites,*
Les *Barbares.*		*Barbares,*
Les *Salamaggenites.*	B	*Salamaggenites,*
Les *Bacuates.*		*Bacuates,*
Les *Maſſyliens.*		*Maſſylii,*
La nation des *Abennes.*		*Abenna gens.*

XI.

EXTRAITS DE S. RUFUS.

POUR défendre les *Siciliens*, les Romains firent paſſer des Troupes en *Afrique*. Ce païs s'eſt revolté juſqu'à trois fois: mais *Publius Scipion* ayant à la fin détruit *Carthage*, l'*Afrique* fût reduite en Province, & eſt maintenant gouvernée par des Proconſuls. Les Rois qui régnoient dans la *Numidie* étoient amis des *Romains*: mais ceux-ci declarerent la guerre à *Jugurtha*, parce qu'il avoit fait mourir *Adherbal* & *Hiempſal*, fils du Roi *Micipſa*. Le Conſul *Metellus* lui ayant porté de rudes coups, & *Marius* l'ayant enfin fait priſonnier, la *Numidie* paſſa entre les mains du Peuple *Romain*. Les *Mauritanies* ont été gouvernées autrefois par le Roi *Bocchus*: mais dans le tems qu'on eut reduit toute l'*Afrique*, le Roi *Juba* y régnoit, lequel ayant été vaincu par *Jules Céſar* à l'occaſion d'une guerre civile, ſe donna la mort lui-même. C'eſt ainſi que les *Mauritanies* ont commencé d'être à nous; & depuis ce tems-là toute l'*Afrique* fut partagée en ſix Provinces. Celle où ſe trouve *Carthage* étoit gouvernée par un Proconſul;

C IN Africam *pro defenſione Siculorum Romana tranſmiſſa ſunt* ſigna. Ter Africa *rebellavit:* ad extremum, *deletâ per* Publium Scipionem Carthagine, *Provincia facta eſt: nunc ſub* Proconſulibus *agit.* Numidia *ab amicis regibus tenebatur: ſed* Jugurthæ, *ob necatos* Adherbalem *&* Hiempſalem, Micipſæ *regis filios, bellum indictum* D eſt: *& eo per* Metellum Conſulem *attrito, per* Marium capto, *in populi* Romani *poteſtatem* Numidia *pervenit.* Mauritaniæ *à* Boccho *rege obtentæ ſunt. Sed ſubactâ omni* Africâ, Mauros Juba *Rex tenebat; qui in cauſſâ belli civilis, à* Julio Cæſare *victus, mortem ſibi propriâ manu conſcivit. Ita* Mauritaniæ *noſtræ eſſe cœperunt: ac per omnem* E Africam *ſex Provinciæ factæ ſunt, ipſa ubi* Carthago *eſt* Proconſularis; Nu-

Extraits de S. Rufus.
Numidia, *Consularis*; Byzacium, *Consularis*; Tripolis, & Mauritaniæ duæ, *hoc est*, Sitifensis & Cæsariensis, *sunt Præsidiales.* **

A *sul*; la *Numidie* par une personne Consulaire; *Byzacium* de même; mais *Tripoli* & les deux *Mauritanies*, c'est-à-dire celle de *Sitife* & la *Césarienne*, par des Présidens.

XII.

EXTRAITS DE PAUL OROSIUS.

Extraits de PAUL OROSIUS.

TRIPOLITANA *provincia, quæ & Subventana, vel regio Arzugum dicitur, ubi* Leptis magna *civitas est, quamvis* Arzuges *per longum* Africæ *limitem generaliter vocentur, habet ab oriente aras* Philenorum *inter* Syrtes Majores & Troglodytas, *à septentrione mare* Siculum, *vel potiùs* Adriaticum, & Syrtes Minores, *ab occasu* Byzacium *usque ad lacum* Salinarum, *à meridie barbaros* Getulos, Nothabres & Garamantas, *usque ad oceanum* Æthiopicum *pertingentes.* BYZACIUM, ZEUGIS, & NUMIDIA. Zeugis *autem priùs non unius conventûs, sed totius provinciæ generale fuisse nomen invenimus.* Byzacium *ergo, ubi* Adrumetus *civitas,* Zeugis *ubi* Carthago magna, Numidia *ubi* Hippo Regius & Rusiccada *civitates sunt: habent ab oriente* Syrtes Minores & *lacum* Salinarum, *à septentrione mare nostrum, quod spectat ad* Siciliam & Sardiniam *insulas, ab occasu* Mauritaniam Sitifensem, *à meridie montes* Uzarræ: & *post eos* Æthiopum *gentes: pervagantes usque ad oceanum* Æthiopicum.

Sitifensis & Cæsariensis Maurita-

LA Province de *Tripoli*, qu'on appelle aussi *Subventana* ou le païs des *Arzuges*, est celle où se trouve la grande *Leptis*, quoique d'ailleurs on donne généralement le nom d'*Arzugues* à tous les peuples qui habitent l'*Afrique*. Elle a au Levant les Autels des *Philènes*, situés entre les grandes *Syrtes* & les *Troglodytes*; au Septentrion la Mer de *Sicile*, ou plutôt le Golfe *Adriatique* & les petites *Syrtes*; à l'Occident le païs de *Byzacium*, jusques au lac des *Salines*; & au Midi les nations barbares des *Gétules*, des *Nothabrei* & des *Garamantes*, qui s'étendent jusques à la Mer d'*Ethiopie*. BYZACIUM, ZEUGIS & la NUMIDIE sont trois autres Provinces. Nous apprenons que *Zeugis* étoit ci-devant, non pas le nom d'un district particulier, mais de toute la Province en général. On appelle donc *Byzacium* celle où il y a la Ville d'*Adrumète*; *Zeugis*, où est la grande *Carthage*; & la *Numidie* le païs qui renferme les villes d'*Hippone Royale* & de *Rusiccade*: elles ont les petites *Syrtes* & le lac des *Salines* à l'Orient, la Mediterranée, & nommement cette partie qui regarde la *Sicile* & la *Sardaigne*, au Nord, la *Mauritanie de Sitife* à l'Occident, & les montagnes *Uzarres* au Midi; au-delà desquelles il n'y a plus que des nations d'*Ethiopiens*, jusques à la Mer d'*Ethiopie*.

La *Mauritanie de Sitife* & la *Césarienne* ont la *Numidie* à l'Orient, la Mediterditerranée au Septentrion, le fleuve *Malva* à l'Occident, & au Midi le Mont *Aftrix*, où finiffent les bonnes terres, n'y ayant au-delà, jufques à l'Ocean, que des fables, habités par les *Ethiopiens Gangines*, qui y menent une vie vagabonde. La *Mauritanie Tingitane* eft la Province la plus reculée de l'*Afrique*. Elle a à l'Orient le fleuve *Malva*; au Septentrion la Mediterranée, jufques au détroit de *Gades*, où la Mer fe trouve refferrée entre les deux promontoires oppofés d'*Abenne* & de *Calpe*; à l'Occident elle a le mont *Atlas* & la Mer *Atlantique*; au Sud-Oueft le mont *Hefperien*; & au Midi les nations des *Auloles*, qu'on appelle aujourd'hui *Galaules*, qui s'étendent jufques à l'Ocean Occidental.

A ritania *habet ab oriente* Numidiam, *à feptentrione mare noftrum, ab occafu flumen* Malvam, *à meridie montem* Aftrixim, *qui dividit inter vivam terram & arenas jacentes ufque ad oceanum: in quibus & oberrant* Gangines Æthiopes. Tingitana Mauritania *ultima eft* Africæ. *Hæc habet ab oriente flumen* Malvam, *à feptentrione mare noftrum ufque ad fretum* Gaditanum, *quod inter* Abennen *&* Calpen, *duo contraria fibi promontoria, coarctatur: ab occidente* Atlantem *montem, & oceanum* Atlanticum, *fub africo* Hefperium *montem, à meridie gentes* Aulolum, *quas nunc* Galaules *vocant, ufque ad oceanum* Hefperium *contingentes.* * * *

Extraits de PAUL OROSIUS.

XIII.

EXTRAITS DE MARTIANUS CAPELLA.

―― LA Ville de *Velone* dans la *Bétique* eft à trente-trois miles de la ville de *Tingi*, qui eft une colonie de la *Mauritanie Céfarienne*: on prétend que c'eft *Antée* qui en a jetté les premiers fondemens.

C *** VELONENSIS (p. 142.) Bethicæ civitas triginta tribus millibus à* Tingi *oppido difparatur, quæ colonia eft* Mauritaniæ Cæfarienfis. *Hujus auctor oppidi* Antæus *dicitur.*

Extraits de MARTIANUS.

DE L'AFRIQUE.

L'*Afrique*, qui eft auffi appellée *Libye*, a pris ce nom d'*Afer*, fils d'*Hercule Libyen*. On trouve fur fes confins la colonie *Eliffos*, célèbre pour avoir été la réfidence d'*Antée*, par fa lutte avec *Hercule*, & par les Jardins des *Hefperides*: on y voit un bras de mer fort tortueux, dont, fuivant un bruit généralement répandu, les Anciens ont fait un dragon gardien. Il n'y a pas fort loin de-là au mont *Atlas*, qui s'éleve du milieu des fables. Les naturels du païs l'appellent *Adiris*.

Africa *verò ac* Libya *dicta, ab* Afro Libe Herculis *filio. In confinio eft* Eliffos *colonia, in qua Regia* Antæi, *luctamenque cum* Hercule *celebratur, &* Hefperidum *horti, illic æftuarium flexuofum, quem draconem vigilem rumor vetuftatis allufit. Nec longè mons* Atlas, *de gremio cacumen proferens arenarum. Hunc*

Tome II.

Extraits de Martianus.

Hunc incolæ Adirim *vocant*; ***** A*ris*. ──── *Nec plurimùm distant septem montes, qui paritate cacuminis* Fratres *sunt appellati, sed elephantorum pleni sunt, ac ultrà provinciam* Tingitanam, *cujus longitudo centum septuaginta millium est. Item* Siga *oppidum est, è regione* Malacam *urbem* Hispaniæ *contemplatur. In littore quoque* Carcenna, *majusque oppidum* Cæsarea. *Item* Icosium *æquè colonia.* Rusconiæ *&* Ruscurius, Saldæ *etiam, cæteræque civitates, atque* Igilgili, *&* Rusarus. *Flumen verò* Ampsaga *abest à* Cæsarea *trecentis viginti duobus millibus.*

On trouve à quelque distance sept montagnes, qui, à cause de leur égale hauteur, sont appellées *Freres*, mais elles sont pleines d'éléphans, & au-delà de la *Tingitane*, qui a 170. miles dans sa longueur. Il y a aussi la Ville de *Siga*, vis-à-vis *Mallaga* ville de l'*Espagne*. *Carcenna* & la grande ville de *Césarée* sont pareillement sur le bord de la Mer: de plus *Icosium*, qui est aussi une colonie, ainsi que *Rusconiæ* & *Rusturius*; de même *Saldæ*, & plusieurs autres villes, comme *Igilgili* & *Rusarus*. Il y a 322. miles de *Césarée* au fleuve *Ampsaga*.

DES DEUX MAURITANIES.

Utriusque Mauritaniæ *longitudo decies quadraginta trium millium, latitudo quadringentorum sexaginta septem. Ab* Ampsaga Numidia *est nomine celebrata.* Numidæ Nomades *dicti, cujus in mediterraneis colonia* Cirta, *& interiùs* Sicca, *atque* Bulla Regia. *In ora verò littoris* Hippo Regius *ac* Tabrachia. *Interiùs* Zeugitana *regio, quæ propriè vocatur* Africa: *habet hæc tria promontoria,* Apollinis *adversùm* Sardiniam, Mercurii *respectans* Siciliam, *quæ in altum procurrentia, duos efficiunt sinus ab* Hippone Diarrhyto. *Deinde promontorium* Apollinis, *& in alio sinu* Utica, Catonis *morte memoranda. Flumen* Bagrada, *ac propinqua* Carthago, *inclyta pridèm armis, nunc felicitate reverenda. Demùm* Maxula, Carpi, Messua, Clypeaque *in promontorio* Mercurii. *Item* Curubis, Neapolis.

Les deux *Mauritanies* ont 430. miles de longueur, sur 467. de largeur. La fameuse *Numidie* commence à l'*Ampsaga*. Ses habitans ont été appellés *Nomades*. La colonie de *Cirta* est au milieu de ce païs; & plus avant dans les terres on trouve *Sicca* & *Bulla Regia*. *Hippone Royale* & *Tabrachia* sont situées sur la côte. Vers l'intérieur du païs est la Province de *Zeugis*, qu'on appelle proprement l'*Afrique*. Celle-ci a trois promontoires; celui d'*Apollon* vis-à-vis la *Sardaigne*, & celui de *Mercure*, qui regarde la *Sicile*, s'avancent dans la Mer, & forment deux bayes en deçà d'*Hippone Diarrhyte*. Ensuite on trouve le promontoire d'*Apollon*, & dans une autre baye la ville d'*Utique*, remarquable par la mort de *Caton*. Il y a aussi le fleuve *Bagrada*, duquel il n'y a pas loin à *Carthage*, autrefois fort célèbre par sa puissance, & par ses exploits militaires, & à présent respectable par son bonheur. Enfin on trouve *Maxule*, *Carpi*, *Messua*, & *Clypea* située au promontoire de *Mercure*: comme aussi *Curubis* & *Neapolis*.

DE LA SECONDE BAYE DE L'AFRIQUE.

Voici une autre diſtinction de la Libye: on appelle *Phéniciens* ceux qui habitent le *Byzantin*, contrée qui a 250000. pas de circuit, où la moiſſon va au centuple de ce qu'on y a ſemé. On y trouve les villes *Puppup, Adrumète, Leptis, Ruſpæ, Tapſus, Thenæ, Macomades* & *Tacape. Sabrata* eſt ſituée ſur la petite *Syrte*: de la riviere *Ampſaga* juſques en cet endroit on compte que la *Numidie* & l'*Afrique* ont 580. miles de longueur & 200. de largeur.

Mox alia diſtinctio Libyæ: Phœnices *vocantur*, qui Byzantinum *incolunt, quæ regio ducentis quinquaginta millibus paſſuum circuitur, cujus ſatio centeſimo meſſis incremento fœneratur. Hic oppida* Puppup, Adrumetus, Leptis, Ruſpæ, Tapſus, Thenæ, Macomades, Tacape. Sabrata *contingens* Syrtim minorem, *ad quam* Numidiæ & Africæ *ab* Ampſaga *longitudo ſunt millia quingenta octoginta : latitudo ducenta.*

DE LA TROISIEME BAYE.

La troiſième Baye ſe partage en deux autres, qu'on appelle *Syrtes*, qui ſont remplies de bas fonds, & où il y a un flux & reflux continuel des eaux de la Mer. La petite *Syrte* eſt à 300. miles de *Carthage*, & pour arriver à la grande, on a des déſerts à paſſer, où il y a toute ſorte de ſerpens & de bêtes feroces. Enſuite on trouve les *Garamantes*, au-delà deſquels habitoient autrefois les *Pſylles*. La ville d'*Ocea* & la grande *Leptis* ſont ſituées à côté. De-là on arrive à la grande *Syrte*, qui a 625. miles de tour. Plus loin eſt la *Cyrénaïque*, qu'on appelle auſſi *Pentapole*, fameuſe par l'oracle de *Jupiter Ammon*, qui eſt à 400000. pas de la ville de *Cyrène*. Il y a dans ce païs cinq grandes villes, ſçavoir *Berenice, Arſinoé, Ptolemaïs, Apollonia* & *Cyrène. Berenice* eſt ſituée au cap qui termine la *Syrte*: c'eſt-là qu'on trouve les Jardins des *Heſperides* & le fleuve *Lethon*. La forêt ſacrée eſt à 375. miles de *Leptis*, d'où il y en a 43. à *Arſinoé*, & de-là 22. à *Ptolemaïs* : mais il y a encore loin aux ſables de *Catabathmos* & aux *Marmarides*. Sur les bords de la *Syrte* habitent les *Naſamons*. Enſuite on trouve *Maretonium* dans le païs de *Mareotis*, & plus loin un endroit de l'Egypte

Tertius ſinus dividitur in geminos duarum Syrtium receſſus, vadoſo ac reciproco mari, ſed minor Syrtis à Carthagine abeſt trecentis millibus, ad majorem verò per deſerta pergitur, quæ ſerpentibus diverſis, ac feris habitantur. Poſt hæc Garamantes, ſuper hos fuêre Pſillii. In deflexu civitas Ocenſis, & Leptis magna. Indè Syrtis major, circuitus ſexcentorum viginti quinque millium. Tunc Cyrenaica regio, eadem eſt Pentapolitana, Ammonis oraculo memorata, quod à Cyrenis abeſt CCCC. millibus paſſuum. Urbes maximæ ibi quinque, Berenice, Arſinoë, Ptolemaida, Apollonia, ipſaque Cyrene. Berenice autem in extremo Syrtis cornu, ubi Heſperidum horti, fluvius Lethon : Lucus ſacer abeſt à Lepti trecentis ſeptuaginta quinque millibus. Ab ea Arſinoë quadraginta tribus, & deinceps Ptolomais viginti duabus, proculque Catabathmon & Marmarides. Et in ora Syrtis Naſamones. Deindè Mareotis Maretonium. Indè Apis, Ægy-

Extraits de MARTIANUS.

Extraits de Martianus.

Ægypti *locus*, *à quo* Parethonium *in sexaginta duobus millibus. Indè* Alexandria *ducenta millia. Totius autem* Africæ *à mari* Atlantico *longitudo, cum inferiore* Ægypto, *tricies quadringenta millia. Ab oceano ad* Carthaginem *magnum, undecies millies. Ab ea ad* Canopum, Nili *proximum ostium, sexdecies millies octuaginta octo millia.*

Ægypte nommé *Apis*, d'où il y a 62. miles à *Parethonium*, & 200. de ce dernier endroit à *Alexandrie*. La longueur de toute l'*Afrique* depuis la Mer *Atlantique*, en y comprenant la baſſe *Egypte*, eſt de 30400. miles. On en compte 11000. de l'Ocean à la grande *Carthage*, & de-là 16088. juſqu'à *Canope*, où eſt la plus prochaine embouchure du *Nil*.

XIV.

EXTRAITS D'ISIDORE DE SEVILLE

Extraits d'Iſidore de Seville.

LIBYA *dicta*, (*p.* 340.) *quòd indè* Libs *flat, hoc eſt*, Africus. *Alii aiunt* Epaphum Jovis *filium, qui* Memphim *in* Ægypto *condidit, ex* Caſſiota *uxore procreaſſe filiam* Libyam, *quæ poſtea in* Africa *regnum poſſedit. Cujus ex nomine terra* Libya *eſt appellata.* Africam *autem nominatam quidam inde exiſtimant, quaſi* apricam, *quòd ſit aperta cœlo vel ſoli, & ſine borrore frigoris. Alii dicunt* Africam *appellari ab uno ex poſteris* Abrahæ *de* Cethura, *qui vocatus eſt* Afer, *de quo ſuprà meminimus. Incipit autem à finibus* Ægypti, *pergens juxta meridiem per* Æthiopiam *uſque ad* Athlantem *montem. A ſeptentrionali verò parte, mediterraneo mari conjuncta clauditur, & in* Gaditano *freto finitur, habens provincias* Libyam Cyrenenſem, Pentapolim, Tripolim, Bizantium, Carthaginem, Numidiam, Mauritaniam Sitifenſem, Mauritaniam Cæſarienſem, Mauritaniam Tingitanam, *& circà Solis ardorem* Æthiopiam. § Libya Cyrenenſis *in parte* Africæ *prima eſt, à* Cyrene *urbe metropoli, quæ eſt in ejus*

LA *Libye* a été ainſi appellée du vent *Libs*, ou de Sud-Oueſt, qui en vient. D'autres diſent qu'*Epaphus*, fils de *Jupiter*, qui a bâti *Memphis* en Egypte, eut de ſa femme *Caſſiota*, une fille nommée *Libya*, qui régna enſuite en *Afrique*; & que c'eſt d'elle que la *Libye* a pris ſon nom. Quant à celui d'*Afrique*, il y en a qui croyent que ce païs a été ainſi appellé à cauſe qu'il eſt expoſé aux rayons du Soleil, qui en éloigne les frimats. D'autres prétendent, qu'elle a reçu ce nom d'un certain *Afer*, l'un des deſcendans d'*Abraham* par *Ketura*, dont nous avons parlé plus haut. L'*Afrique* commence aux confins de l'*Egypte*, & s'étend vers le Midi par l'*Ethiopie* juſques au mont *Atlas*. Elle eſt bornée au Septentrion par la Mer mediterranée, & ſe termine au détroit de *Gades*. Ses Provinces ſont la *Libye Cyrénienne*, la *Pentapole*, *Tripoli*, *Byzantium*, *Carthage*, la *Numidie*, la *Mauritanie de Sitife*, la *Mauritanie Céſarienne*, la *Mauritanie Tingitane*, & l'*Ethiopie*, où les ardeurs du Soleil ſont les plus fortes. §. La *Libye Cyrénienne* eſt la première Province de l'*Afrique*, ainſi appellée de *Cyrène* ſa ville capitale, & qui eſt ſituée

située à l'une de ses extrémités. Ce païs a l'*Egypte* à l'Orient, les grandes *Syrtes* & les *Troglodytes* à l'Occident, la Mer de *Libye* au Septentrion, & au Midi l'*Ethiopie*, avec plusieurs nations barbares & des déserts inaccessibles, qui produisent, outre d'autres serpens, des basilics. §. *Pentapolis* est un nom Grec qui a été donné à cette région à cause de ses cinq villes, qui sont *Berenice*, *Ceutria*, *Apollonia* & *Ptolemaïs*. *Berenice* & *Ptolemaïs* ont été ainsi appellées du nom des Rois qui y ont régné. Au reste la *Pentapole* se trouve jointe à la *Libye Cyrénienne*, & reconnoît les mêmes limites. §. La Province de *Tripoli* a pareillement reçu son nom des *Grecs*, pour désigner les trois grandes villes qu'elle renferme, sçavoir *Occa*, *Tabraca* & la grande *Leptis*. Ce païs a les grandes *Syrtes* & les *Troglodytes* à l'Orient, la Mer Adriatique au Septentrion, le païs de *Byzantium* à l'Occident, & au Midi les *Gétules* & les *Garamantes*, qui s'étendent jusques à l'Ocean *Ethiopique*. §. Le païs de *Byzantium* renferme deux villes célèbres, l'une appellée *Adrumète* & l'autre *Byzantium*, qui a donné son nom à toute la Province. Ce païs, qui est situé après *Tripoli*, a plus de 200. miles d'étendue; il est rempli d'oliviers, & le terrein en est si excellent & si fertile, que tout ce que l'on y seme rend presque au centuple. §. On appelle *Zeugis* le païs où est la grande *Carthage*. C'est-là l'*Afrique* proprement dite, qui est située entre *Byzantium* & la *Numidie*, ayant la Mer de *Sicile* au Nord, & s'étendant au Midi jusques au païs des *Gétules*. Jusques-là le terroir est assez fertile par-tout; mais plus loin on ne trouve plus que des bêtes féroces & des serpens avec un grand nombre d'ânes sauvages qui courent les déserts. §. La *Gétulie* est le païs qui est au milieu des terres de l'*Afrique*. §. La *Numidie* a pris son nom de la vie errante de ses habitans, qui n'avoient aucune demeure fixe: car *Numidie* en leur langue, veut dire un séjour

A *ejus finibus nuncupata. Hinc ab oriente* Ægyptus *est: ab occasu* Sirtes majores *&* Troglodytæ: *à septentrione mare* Libycum: *à meridie* Æthiopia, *& barbarorum variæ nationes, & solitudines inaccessibiles, quæ etiam basiliscos serpentes creant.* § Pentapolis *Græcâ linguâ à quinque urbibus nuncupata, id est*, Berenice, Ceutria, Apollonia, Pto-
B lemais, *ex quibus* Ptolemais *&* Berenice *à regibus nominatæ sunt. Est autem* Pentapolis Libyæ Cyrenensi *adjuncta, & ejus finibus deputata.* § Tripolitanam *quoque provinciam Græci linguâ suâ designant de numero trium magnarum urbium:* Occa, Tabracæ, Leptis magnæ: *hæc habet ab oriente* Sirtes majores *&* Troglodytas, *à septentrione*
C *mare* Adriaticum: *ab occasu* Bizantium: *à meridie* Getulos *&* Garamantes *usque ad Oceanum* Æthiopicum *pertendentes.* § Bizanzena *regio ex duabus nobilissimis urbibus nomen sortita est, ex quibus una* Adrumetus *vocatur, altera* Bizantium. *Hæc sub* Tripoli *est, patens passuum ducenta vel ampliùs millia, fœcunda oleis, & glebis ita præpin-*
D *guis, ut jacto ibi semine, incremento penè centesimo fruges renascantur.* § Zeugis *ubi* Carthago magna. *Ipsa est & vera* Africa, *inter* Bizantium *&* Numidiam *sita, à septentrione mari Siculo juncta, & à meridie usque ad* Getulorum *regionem porrecta: cujus proxima quæque frugifera sunt: ulteriora autem bestiis & serpentibus plena, atque onagris ma-*
E *gnis in deserto vagantibus.* § Getulia *autem* Africæ *pars mediterranea est.* § Numidia *ab incolis passim vagantibus sic vocata, quòd nullam certam haberent sedem. Nam linguâ eorum incertæ sedes & vagæ,* Nu-

Extraits D'ISIDORE DE SEVILLE.

Extraits d'Isidore de Séville.

Numidiæ *dicuntur. Incipit autem à flumine* Amisiga, *& Zeugitanum limitem definit: habens ab ortu Sirtes minores: à septentrione mare quod intendit* Sardiniam: *ab occasu* Mauritaniam Sitifensem: *à meridie Æthiopum gentes; regio campis præpinguis. Ubi autem sylvestris est, feras educat, ubi jugis ardua, equos & onagros procreat: eximio etiam marmore prædicatur, quod* Numidicum *dicitur. Habet urbes præcipuas* Hipponem Regium, *&* Suficadam. § Mauritania *vocata à colore populorum*. Græci *enim nigrum* μαῦρον *vocant. Sicut enim* Gallia *à candore populi, ita* Mauritania *à nigredine nomen sortita est. Cujus prima provincia* Mauritania Sitifensis *est, quæ* Sitifi *habet oppidum: à quo & vocabulum traxisse regio perhibetur*. § Mauritania *verò* Cæsariensis *coloniæ* Cæsariæ *civitas fuit, & nomen provinciæ ex ea datum. Utræque igitur sibi conjunctæ ab oriente* Numidiam *habent: à septentrione mare magnum: ab occasu flumen* Malvam: *à meridie montem* Astrixim, *qui discernit inter fœcundam terram & arenas jacentes usque ad Oceanum*. § Mauritania Tingitana *à* Tingi, *metropolitana hujus provinciæ civitate, vocata. Hæc ultima* Africæ *exurgit à montibus* VII, *habens ab oriente flumen* Malvam: *à septentrione fretum* Gaditanum: *ab occiduo Oceanum* Athlanticum: *à meridie* Gaulalum *gentes, usque ad Oceanum* Hesperium *pererrantes; regio gignens feras, simias, dracones, & strutbiones. Olim etiam & elephantis plena fuit, quos sola nunc* India *parturit*. * * * * *

A passager & incertain. Elle commence au fleuve *Amisiga*, & s'étend jusqu'à la *Zeugitanie*, ayant à l'Orient les petites *Syrtes*, au Nord la Mer qui regarde la *Sardaigne*, au Couchant la *Mauritanie de Sitife*, & au Midi les peuples *Ethiopiens*. Ce païs abonde en campagnes très-fertiles. Il nour-B rit dans ses forêts des bêtes fauves, & les cantons montagneux produisent des chevaux & des ânes sauvages. On y trouve aussi du marbre, qui est fort beau & fort estimé, qu'on appelle Marbre de *Numidie*. Ses principales villes sont *Hippone Royale* & *Suficade*. §. La *Mauritanie* a été ainsi appellée du teint des nations qui l'habitent, le mot Grec (μαῦρος) *mauros* signifiant noir: car comme les *Gaules* ont reçu ce nom du teint blanc de C leurs peuples, de même la *Mauritanie* a pris le sien de la peau noire de ses habitans. La première de ses Provinces est la *Mauritanie de Sitife*; on y trouve la ville de *Sitifi*, qui, à ce qu'on prétend, a donné son nom à tout le païs. §. La colonie de *Césarée* a été la ville principale de la *Mauritanie Césarienne*, & c'est d'elle que la Province a pris son nom. Les deux D *Mauritanies* prises ensemble, ont la *Numidie* à l'Orient, la grande Mer au Septentrion, le fleuve *Malva* à l'Occident, & au Midi le mont *Astrix*, qui separe les terres fertiles d'avec les sables qui sont au-delà jusques à l'Ocean. §. La *Mauritanie Tingitane* a été ainsi appellée de la ville de *Tingi*, qui en est la capitale. C'est la derniere Province de l'*Afrique*, qui renferme sept mon-E tagnes, ayant à l'Orient le fleuve *Malva*, au Nord le détroit de *Gades*, à l'Occident l'Ocean *Atlantique*, & au Midi les nations des *Gaulales*, qui occupent tout le païs, jusques à l'Ocean *Hesperien*. Cette région produit des animaux sauvages, des singes, des dragons & des autruches. Autrefois elle abondoit aussi en éléphans, animaux qu'on ne trouve plus à présent que dans les *Indes*.

XV. LISTE

XV.
LISTE
DES ÉVÊCHÉS DE L'ÉGLISE D'AFRIQUE.

PROVINCIÆ PROCONSULARIS.

A Bbiritanorum majorum.
Abbiritanorum minorum.
Abiddenfis.
Abitinenfis.
Aborenfis.
Abfafallenfis.
Abzeritenfis.
Advocatenfis.
Agenfis.
Altiburitanus.
Aptugnitanus.
Araditanus.
Affuritanus.
Aufanenfis.
Bencennenfis.
Bonuftenfis.
Bofetenfis.
Bullenfis.
Bullenfium Regiorum.
Bulnenfis.
Buritanus.
Cæciritanus.
Caniopitanorum.
Carpitanus.
Cefalenfis.
Cellenfis.
Ceffitanus.
Cilibienfis.
Clypienfis.
Cubdenfis.
Culufitanus.
Curubitanus.
Drufilianenfis.

Egugenfis.
Elefantarienfis.
Furnitanus.
Gifipenfis majoris.
Giutrambacarienfis.
Gunelenfis.
Hiltenfis.
Hipponienfis Diarrhytorum.
Hortenfis.
Labdenfis.
A Lacu dulce.
Larenfis.
Libertinenfis.
Mattianenfis.
Maxulitanus.
Meglapolitanus.
Melzitanus.
Memblofitanus.
Membreffitanus.
Migirpenfis.
Miffuenfis.
Multitanus.
Muftitanus.
Muzuenfis.
Naraggaritanus.
Neapolitanus.
Numnulitanus.
Ofitanus.
Parienfis.
Pertufenfis.
Pienfis.
Pifitenfis.
Puppianenfis.
Puppitanus.

A Rucumenfis.
Saienfis.
Sicilitanus.
Seminenfis.
A Senemfalis.
A Siccenni.
Siccenfis.
Sicilibenfis.
Silemfilenfis.
Simidiccenfis.
B Simittenfis.
Sinnuaritenfis.
Succubenfis.
Taborenfis.
Tabracenfis.
Tabucenfis.
Tacapitanus.
Tacianæ - Montenfis.
Taduenfis.
C Tagaratenfis.
Tagorenfis.
Tauracinenfis.
Telenfis.
Tennonenfis.
Theodalenfis.
Tiburicenfis.
Tiburnicenfis.
Tiginmenfis.
Tijucenfis.
D Timidenfis.
Tinnifenfis.
Tifilitanus.
Titulitanus.
Tizzicenfis.

Trifipenfis.
Tuburbitanorum majorum.
Tuburbitanorum minorum.
Tuburficuburenfis.
Tucaborenfis.
Tuggenfis.
Tulanenfis.
Tuneienfis.
Turenfis.
Turudenfis.
Turufitanus.
Vallitanus.
Ucrenfis.
Uculenfis.
Villæ - Magnenfis.
Viltenfis.
Vinenfis.
Vificenfis.
Volitanus.
Urcitanus.
Urugitanus.
Uticenfis.
Utinenfis.
Utinifenfis.
Utmenfis.
Uvazenfis.
Uzalenfis.
Utzipparitanorum.
Uzitenfis.
Zarnenfis.
Zemtenfis.
Zicenfis.
Zarenfis.

Lifte des Évêchés d'Afrique.

PRO-

PROVINCIA NUMIDIÆ.

Amburenſis.
Ammederenſis.
Aquænovenſis.
Aquenſis.
Arenſis.
Arſicaritanus.
Auguritanus.
Auruſulianenſis.
Auſucurrenſis.
Auzagenſis.
Azurenſis.
Babrenſis.
Bagaitanus.
Bamaccorenſis.
Bazaritanus.
Bazienus.
Belalitenſis.
Bofetanus.
Bucconienſis.
Burugiatenſis.
Cælianenſis.
Cæſarienſis.
Calamenſis.
Capſenſis.
Caſarum Medianenſium.
Caſenſis Calanenſis.
Caſenſium Nigrenſium.
Caſtellanus.
Caſtello - Titulitanus.
Cataquenſis.
Centenarienſis.
Centurienſis.
Centurionenſis.
Ceramunenſis.
Conſtantinienſis.
Cuiculitanus.

Cullitanus.
Dianenſis.
Fatenſis.
Feſſeitanus.
Formenſis.
Foſſalenſis.
Garbenſis.
Gaudiabenſis.
Gaurianenſis.
Gazaufalenſis.
Gemellenſis.
Germanienſis.
Gibbenſis.
Gilbenſis.
De Giru - Tarazi.
Guirenſis.
Hipponenſium-Regiorum.
Hoſpitenſis.
Idaſſenſis.
Idicrenſis.
Jucundianenſis.
Izirianenſis.
Lamaſuenſis.
Lambeſitanus.
Lambienſis.
Lambiritenſis.
Lamiggigenſis.
Lamfuenſis.
Lamſortenſis.
Legenſis.
Liberalienſis.
Lugurenſis.
Madaurenſis.
Madenſis.
Magarmelitanus.
Marcellianenſis.
Magomazienſis.
Maſculitanus.
Matharenſis.

A *Maximianenſis.*
Mazacenſis.
Metenſis.
Meſarfeltenſis.
Midlenſis.
Milevitanus.
Montenus.
Moxoritanus.
Mulienſis.
Municipenſis.
B *Muſtitanus.*
Mutugennenſis.
Naratcatenſis.
Nicibenſis.
Nobabarbarenſis.
Nobacæſareenſis.
Nobagermanienſis.
Nobaſparſenſis.
Novapetrenſis.
Novaſinenſis.
C *Octavenſis.*
Putienſis.
Pudentianenſis.
Regianenſis.
Reſpectenſis.
Reſſianenſis.
Rotarienſis.
Ruſiccadienſis.
Ruſticianenſis.
Seleucianenſis.
D *Siguitenſis.*
Silenſis.
Sillitanus.
Sinitenſis.
Siſtronianenſis.
Suavenſis.
Suſicazienſis.
Tabudenſis.
Tacaratenſis.
Tagaſtenſis.

Tagorenſis.
Tamogadenſis.
Tegulatenſis.
Teveſtinus.
Tharaſenſis.
Tibilitanus.
Tigillavenſis.
Tigiſitanus.
Tignicenſis.
Tiniſtenſis.
Tapaſenſis.
Tiſeditenſis.
Tubinienſis.
Tuburnicenſis.
Tuburſicenſis.
Tuccenſis.
A Turre Rotunda.
De Turres Ammeniarum.
Turris - Concordienſis.
Vadenſis.
Vadeſitanus.
Vageatenſis.
Vagenſis.
Vagrotenſis.
Vaianenſis.
Veleſitanus.
Veſelitanus.
Veſceritanus.
Vicenſis.
Villaregenſis.
Ullitanus.
Zabenſis.
Zamenſis.
Zaraitenſis.
Zattarenſis.
Zertenſis.
Zummenſis.

PROVINCIA BYZACENA.

Abaradirenſis.
Abidenſis.
Acolitaneus.
Adrumetinus.

Afuſenienſis.
Aggaritanus.
Aggeritanus.
Amudarſenſis.

E *Ancuſenſis.*
Aquæ - Albenſis.
Aquenſium Regiorum.

Aquiabenſis.
Arſuritanus.
Autenſenſis.
Auzagerenſis.
Baban-

DE PREUVES.

Liste des Evêchés D'AFRIQUE.

Babannenſis.	Gaguaritanus.	A Mozotcoritanus.	Taprurenſis.
Bennefenſis.	Gatianenſis.	Muzucenſis.	Tapſenſis.
Bizacienſis.	Gerniſitanus.	Narenſis.	Taraſenſis.
Bulelianenſis.	Gummitanus.	Nationenſis.	Tasfaltenſis.
Cabarſuſſenſis.	Gurgaitenſis.	Nebbitanus.	Teleptenſis.
Capſenſis.	Hermianenſis.	Octabenſis.	Temonianenſis.
Carcabianenſis.	Hierpinianenſis.	Octabienſis.	Tenitanus.
Carianenſis.	Hirenenſis.	Oppennenſis.	Tetcitanus.
Cebaradefenſis.	Horreæ Cœlienſis.	Pederodianenſis.	Tbeuzitanus.
Cellenſis.	Jubaltianenſis.	A Piſſanis.	Tbuſdritanus.
Cenculianenſis.	Juncenſis.	B Præcauſenſis.	Ticenſis.
Cillitanus.	Limmicenſis.	Præſidienſis.	Tigienſis.
Cincaritenſis.	Leptiminenſis.	Putizienſis.	Tigualenſis.
Creperulenſis.	Macomadienſis.	Quæſtorianenſis.	Troſimianenſis.
Cufrutenſis.	Macrianenſis majoris.	Ruſinianenſis.	Tubulbacenſis.
Cukulitanus.		Rusfenſis.	Tuccenſis.
Cuſtrenſis.	Mandaſumitanus.	Ruſpitenſis.	Turenſis.
Dicenſis.	Maraguienſis.	Scebatianenſis.	Turreblandenſis.
Decorianenſis.	Marazanenſis.	Seberianenſis.	Turre - Tamalluimenſis.
Dionyſianenſis.	Maſcelianenſis.	Segermitenſis.	
Durenſis.	Maſſimanenſis.	C Septimunicienſis.	Tuzuritanus.
Egnatienſis.	Mactaritanus.	Sublectinus.	Vadentinianenſis.
Elienſis.	Mataritanus.	Sufetanus.	Vararitanus.
Febianenſis.	Materianenſis.	Sufetulenſis.	Vaſſinaſſenſis.
Feraditanæ majoris.	Medefeſſitanus.	Sulianis.	Vegeſelitanus.
	Admedianis Zabuniorum.	Tagamutenſis.	A Vico-Asteri.
Feraditanæ minoris.		Tagaraienſis.	Victorianenſis.
	Mibiarcenſis.	Tagarbalenſis.	Vitenſis.
Filacenſis.	Midicenſis.	Talaptulenſis.	Unuricopolitanus.
Foratianenſis.	Miditenſis.	Tamazenus.	Uſilenſis.
Forontonianenſis.	Miricianenſis.	Tambaienſis.	Uzabirenſis.
Frontenianenſis.			

MAURITANIA CÆSARIENSIS ET TINGITANA.

Adqueſirenſis.	Bitenſis.	D Caſtellominoritanus.	Flumenzeritanus.
Adſinnadenſis.	Bladienſis.	Caſtello-Ripenſis.	Frontenſis.
Alamiliarenſis.	Boncarenſis.	Caſtranobenſis.	Girumontenſis.
Albulenſis.	Bulturienſis.	Caſtraſeberianenſis.	Gorenſis.
Altabenſis.	Cæſarienſis.	Catabitanus.	Gratianopolitanus.
Amaurenſis.	Caltadrienſis.	Catrenſis.	Gunugitanus.
Ambienſis.	Caprenſis.	Catulenſis.	Gypſarienſis.
Aquenſis.	Caput - Cillenſis.	Ciſſitanus.	Icoſitanus.
Arſinnaritanus.	Cartennitanus.	Columpnatenſis.	Idenſis.
Bacanarienſis.	Caſtellanus.	Corniculanenſis.	Jommitenſis.
Balianenſis.	Caſtelli - Jabaritanus.	Elefantarienſis.	Itenſis.
Baparenſis.		E Fallabenſis.	Juncenſis.
Bartimiſtenſis.	Caſtelli-Mediani.	Fidolomenſis.	Lapidenſis.
Benepotenſis.	Caſtelli -Tatroportenſis.	Flenucletenſis.	Larenſis.
Bidenſis.		Florianenſis.	Majucenſis.

Tome II.   m   Ma-

EXTRAITS SERVANT

Liste des Evêchés d'Afrique.

Malianensis.	Nurconensis.	A Sfasferiensis.	Tisiltensis.
Mammillensis.	Obbensis.	Siccesitanus.	Tigabitanus.
Manazenensium Regiorum.	Oboritanus.	Siguitanus.	Tigamibenensis.
Masuccabensis.	Oppidonebensis.	Sitensis.	Tigisitanus.
Maturbensis.	Opinensis.	Subbaritanus.	Timicitanus.
Maurensis.	Pamariensis.	Sucardensis.	Timidanensis.
Maurianensis.	Quidiensis.	Sufaritanus.	Tingariensis.
Maxitensis.	Regiensis.	Sufasoritanus.	Tipasitanus.
Mediensis.	Reperitanus.	Sugabbaritonus.	Tubunensis.
Minnensis.	Rusaditanus.	Summulensis.	Tuscamiensis.
Murustagensis.	Rusguniensis.	B Tabazagensis.	Vagalitanus.
Musertitanus.	Rusubiccariensis.	Taboreniensis.	Vagensis.
Nabalensis.	Rusubiritanus.	Tabuniensis.	Vanarionensis.
Nasbicensis.	Rusuccurritanus.	Tadamatensis.	Vannidensis.
Nobensis.	Rusucensis.	Talensis.	Ubabensis.
Nobicensis.	Satafensis.	Tamicensis.	Villanobensis.
Novensis.	Sereddelitanus.	Tanudaiensis.	Vissalsensis.
Numidiensis.	Serrensis.	Tasaccurensis.	Voncarianensis.
	Sestensis.	Ternamusensis.	Usinadensis.

MAURITANIA SITIFENSIS.

Acusidensis.	Gegitanus.	C Molicunzensis.	Sociensis.
Aquæalbensis.	Ab Horrea Aninicensi.	Moptensis.	Surisensis.
Assabensis.		Nobalicianensis.	Tamagrisensis.
Asvaremixtensis.	Igilgitanus.	Olivensis.	Tamallensis.
Castellanus.	Jusitensis.	Oriensis.	Tamascaninensis.
Cedamusensis.	Lemeiefensis.	Parteniensis.	Tubiensis.
Celensis.	Lemfoctensis.	Perdicensis.	A Tubusubtu.
Coviensis.	Lesvitanus.	Privatensis.	Tuccensis.
Equizetensis.	Macrensis.	Salditanus.	Vamallensis.
Mimentianensis.	Macrianensis.	D Satafensis.	Zabensis.
Ficensis.	Maronanensis.	Serteitanus.	Zallatensis.
Flumencispensis.	A Medianis Zabuniorum.	Sitifensis.	

PROVINCIA TRIPOLITANA.

Girbitanus.	Ocensis.	Sabratensis.	Tacapitanus.
Leptimagnensis.			

INCERTÆ PROVINCIÆ.

Abensensis.	Bartanensis.	E Canianensis.	A Cemeriniano.
Abissensis.	Bazarididacensis.	Casensium Bastalensium.	Cenensis.
Anguiensis.	Beliniensis.		Cerbalitanus.
Aptucensis.	Betagbaritanus.	A Casis Favensibus.	A Cibaliana.
Arenensis.	Botrianensis.		Cresimensis.
Ausugrabensis.	Buslacenus.	Cediensis.	Druensis.
Banzarensis.	Camicetensis.	Celerinensis.	Dusensis.

Dusi-

DE PREUVES.

Duſtanus.	Milidienſis.	'A Salaniæ Giutſitenſis.	Turugabenſis.	
Edſtianenſis.	Mizigitanus.		Tunuſudenſis.	
Enerenſis.	Mugienſis.	Sarnudartenſis.	Turenſis.	
Erumminenſis.	Munacianenſis.	Sebargenſis.	A Turre Alba.	
Fiſſanenſis.	Murrenſis.	Selendetenſis.	Vartanenſis.	
Girbitanus.	Naſaitenſis.	Simingitenſis.	Vatarbenſis.	
Gittenſis.	Nigizubitanus.	Sinnipſenſis.	Venſanenſis.	
Guzabetenſis.	Nigrenſium-Majorum.	Sitipenſis.	Verronenſis.	
Honoriopolitanus.		Stabatenſis.	Vindenſis.	
Lamzellenſis.	Pauzerenſis.	Sululitanus.	Viſenſis.	
Laritenſis.	Pittanenſis.	B Tibaritanus.	Utimarenſis.	
Lucimagnenſis.	Priſtanenſis.	Tibuzabetenſis.	Utimmenſis.	
Lupercianenſis.	Rabautenſis.	Tiſanianenſis.	Zertenſis.	
Merferebitanus.		Tugutianenſis.		

Liſte des Evêchés d'Afrique.

TABLE DES EVÊCHÉS

Qu'on trouve ſous d'autres noms dans la Liſte précedente.

A Baritanas, vide Abbiritanorum majorum. Pr. Proc.
Abderitauus, v. Abzeritenſis. Ibid.
Aſurenſis, v. Azurenſis. Numid.
Amporenſis, v. Amburenſis. Ibid.
Amudarſenſis, v. Samudartenſis. Incert. Provinc.
Aquis, v. Vaſſinaſſenſis. Byzac.
Auſuagenſis, v. Auzagenſis. Numid.
Autumnitanus, v. Aptugnitanus. Pr. Proc.

B Badienſis, v. Bladienſis. M. Cæſ.
Baianenſis, v. Vaianenſis. Numid.
Bazitenſis, v. Bazienus. Ibid.
Beleſafenſis, v. Beſalitenſis. Ibid.
Beneventenſis, v. Bencennenſis. Pr. Proc.
Berceritanus, v. Veſceritanus. Numid.
Biltenſis, v. Viltenſis. Pr. Proc.
Boanenſis, v. Babannenſis. Byzac.
Bocconienſis, v. Buccionienſis. Numid.
Boſetanus, v. Bofetanus. Ibid.
Bullamenſis, v. Bulelianenſis. Byzac.
Burcenſis, v. Burugiatenſis. Numid.
Buſitanus, v. Boſetenſis. Pr. Proc.
Canapii, v. Caniopitanorum. Ibid.
A Caſis Silvanæ, v. Sulianis. Byzac.
Caſtrenſis, v. Cuſtrenſis. Ibid.

C Caſtro-Galbenſis, v. Gilbenſis. Numid.
Cicſitanus, v. Ceſſitanus. Pr. Proc.
Circenſis, v. Conſtantintenſis. Numid.
Circinitanus, v. Cincaritenſis. Byzac.
Cirtenſis, v. Conſtantinienſis. Numid.
Ciumtuturbonenſis, v. Tuburbitanorum majorum. Pr. Proc.
Culcitanenſis, v. Cululitanus. Ibid.
Cunculianenſis, v. Cenculianenſis. Byzac.

D
Elibienſis, v. Cikibienſis. Pr. Proc.
Eudalenſis, v. Theodalenſis. Ibid.
Feradimaienſis, v. Feraditanæ majoris. Byzac.
Fuſſalenſis, v. Foſſalenſis. Numid.
Gauvaritanus, v. Gaguaritanus. Byzac.
Gazabianenſis, v. Gaudiabenſis. Numid.

E Girenſis, v. Guirenſis. Ibid.
De Giru-Marcelli, v. Marcellianenſis. Ibid.
Giutſenſis, v. Salariæ Giutſenſis. Incert. Prov.
Helienſis, v. Elienſis. Byzac.
Hizirzadenſis, v. Izirianenſis. Numid.
Horrenſis, v. Orienſis. M. Sitif.

Jera-

Liste des Evêchés d'Afrique.

Jerafitenfis, v. *Jufitenfis*. M. Sitif.
Irenfis, v. *Hirenenfis*. Byzac.
Irpianenfis, v. *Hierpinianenfis*. Ibid.
Lemellenfis, v. *Lemeiefenfis*. M. Sitif.
Legifvolumini, v. *Legenfis*. Numid.
Manaccenferitanus, v. *Manazenenfium regiorum*. M. Cæf.
Marrenfis, v. *Murrenfis*. Incert. Prov.
Milianenfis, v. *Malianenfis*. M. Cæf.
Mozotenfis, v. *Moptenfis*. M. Sitif.
Municipii Togiæ, v. *Tuggenfis*. Prov. Proc.
Mutecitanus, v. *Mufertitanus*. M. Cæf.
Panatorienfis, v. *Vanarionenfis*. Ibid.
Pappianenfis, v. *Puppianenfis*. Pr. Proc.
Parienfis, v. *Pienfis*. Ibid.
Peradamienfis, v. *Feraditanæ minoris*. Byzac.
Poco-Feltis, v. *Viltenfis*. Prov. Proc.
Rebianenfis, v. *Febianenfis*. Byzac.
A Robunda, v. *A Turre rotundâ*. Numid.
Rubicarienfis, v. *Rufubiccarienfis*. M. Cæf.
Sacubafenfis, v. *Succubenfis*. Pr. Proc.
Safuritanus, v. *Arfuritanus*. Byzac.
Sedelenfis, v. *Selendetenfis*. Incert. Prov.
Segermitanus, v. *Gernifitanus*. Byzac.
Septenfis, v. *Seftenfis*. M. Cæf.
Sertenfis, v. *Serrenfis*. Ibid.
Simmihenfis, v. *Seminenfis*. Pr. Proc.
Sinitenfis, v. *A Siccenni*. Ibid.
Sinnarenfis, v. *Sinnuaritenfis*. Ibid.
Suenfis, v. *Saïenfis*. Ibid.
Suggitanus, v. *Siguitenfis*. Numid.
Tabadcarenfis, v. *Tabazagenfis*. M. Cæf.
Tabaicenfis, v. *Tabazagenfis*. Ibid.
Tablenfis, v. *Talenfis*. Ibid.
Tamadenfis, v. *Tanudaïenfis*. Ibid.

Tamazenfis, v. *Tamicenfis*. Ibid.
Tamazucenfis, v. *Tamicenfis*. Ibid.
Taraquenfis, v. *Maraguienfis*. Byzac.
Ticualtenfis, v. *Tigualenfis*. Ibid.
Tididitanus, v. *Tifeditenfis*. Numid.
Tinnifenfis, v. *Utinifenfis*. Pr. Proc.
Tizienfis, v. *Tigienfis*. Byzac.
Tonnonenfis, v. *Tennonenfis*. Pr. Proc.
Tulliensis Municipii, v. *Municipenfis*. Numid.
Tunonenfis, v. *Tennonenfis*. Pr. Proc.
Turditanus, v. *Thufdritanus*. Byzac.
Turenfis, v. *Decorianenfis*. Ibid.
Turufenfis, v. *Turudenfis*. Pr. Proc.
Tuzudrumes, v. *Thufdritanus*. Byzac.
Tyficenfis, v. *Tijucenfis*. Pr. Proc.
Vabarenfis, v. *Baparenfis*. M. Cæf.
Vadenfis, v. *Vagenfis*. Numid.
Vagradenfis, v. *Vageatenfis*. Ibid.
Valentinianenfis, v. *Vadentinianenfis*. Byzac.
Vardimiffenfis, v. *Bertimiffenfis*. M. Cæf.
Vazaritanus, v. *Bazaritanus*. Numid.
Uci-Majoris, v. *Urcitanus*. Pr. Proc.
Uci-Minoris, v. *Uzitenfis*. Ibid.
Verenfis, v. *Ucrenfis*. Ibid.
Vici-Augufti, v. *Noba Cæfarienfis*. Numid.
Vici-Cæfaris, v. *Noba Cæfarienfis*. Ibid.
Vico-Pacenfis, v. *Vicenfis*. Numid.
Unuzibirenfis, v. *Uzabirenfis*. Byzac.
Voncarienfis, v. *Boncarenfis*. M. Cæf.
Uracitanus, v. *Urugitanus*. Pr. Proc.
Urcitanus, v. *Urugitanus*. Ibid.
Utimmirenfis, v. *Utmenfis*. Ibid.
Utinunenfis, vel *Utunnenfis*, v. *Utinamenfis*. Incert. Prov.
Zellenfis, v. *Telenfis*. Pr. Proc.
Ziggenfit, v. *Zicenfis*. Ibid.

XVI.

EXTRAIT DE LA LISTE DE TOUTES LES DIGNITE'S CIVILES ET MILITAIRES DANS LA PARTIE OCCIDENTALE DE L'EMPIRE.

LE Préfet du Prétoire en *Italie*. A &c. &c.	PRæfectus Prætorio Italiæ. *&c. &c.*	Dignités de l'Empire en Occident.
Le Proconful d'*Afrique*, dont les six Lieutenans font,	Proconful Africæ, *cujus Vicarii fex.*	
Celui d'*Afrique*.	Africæ.	
&c. &c.	*&c. &c.*	
Douze Généraux commandans :	Duces *duodecim.*	
Dans le district de la *Mauritanie Céfarienne*,	Limitis Mauritaniæ Cæfarienfis.	
Dans le district de *Tripoli*.	Limitis Tripolitani.	
&c. &c.	*&c. &c.*	
Vingt-deux Perfonnes Confulaires : B	Confulares *viginti duo*.	
Deux en *Afrique*.	Per Africam *duo*.	
A *Byzantium*, autrement dit *Byzatium*.	Byzantii, *aliàs* Byzatii.	
Dans la *Numidie*.	Numidiæ.	
&c. &c.	*&c. &c.*	
Trente-un Préfets ou Préfidens.	Præfides *triginta unus.*	
Deux en *Afrique*.	Per Africam *duo.*	
Dans la *Mauritanie de Sitife*.	Mauritaniæ Sitifenfis.	
A *Tripoli*.	Tripolitanæ.	
&c. &c.	*&c. &c.*	

* * * * * *

*Sous les ordres de l'Illuftre Préfet du Prétoire d'*Italie *font les Départemens fuivans:*	C Sub difpofitione Viri Illuftris Præfecti Prætorio Italiæ Diæcefes infra fcriptæ.
L'ITALIE. L'ILLYRIE. L'AFRIQUE.	ITALIA. ILLYRICUM. AFRICA.
Sçavoir en *Italie* dix-fept Provinces.	Provinciæ Italiæ *decem & feptem*.
* * * * *	* * * * *
Dans l'*Illyrie* fix Provinces.	Illyrici *fex*.
* * * * *	* * * * *
Et dans l'*Afrique* les fept fuivantes.: Byza-	Africæ *feptem*. By₂-

(a) Il n'y avoit en effet que fix Provinces, en y comprenant même la *Mauritanie Céfarienne*, gouvernée par un Général en chef, & qui pour cette raifon n'avoit pas été marquée fur la Lifte; non plus que l'*Afrique*, gouvernée par un Proconful, & qu'on avoit omife, parce qu'elle n'étoit pas du nombre de celles dont on donnoit le gouvernement à une Perfonne Confulaire ou à un fimple Préfident. Mais ce nombre eft ici augmenté, parce qu'on y ajoute deux Officiers, dont l'un étoit chargé du foin

Dignités de l'Empire en Occident.	Byzacium. Numidia. Mauritania Sitifensis. Mauritania Cæsariensis. Tripolis. *Præfectus Annonæ Africæ.* *Præfectus Fundorum Patrimonialium.*	A	*Byzacium.* La *Numidie.* La *Mauritanie de Sitife.* La *Mauritanie Césarienne.* *Tripoli.* L'Intendant des Vivres en *Afrique.* L'Intendant des Fonds patrimoniaux.
	* * * * * * *		* * * *
	Sub dispositione Viri Spectabilis Vicarii Africæ. *Consulares.* BYZACII. NUMIDIÆ. *Præsides.* Tripolitanæ. Mauritaniæ Sitifensis. Mauritaniæ Cæsariensis.	B	Sous les ordres du *respectable Vicaire ou Lieutenant en* Afrique. Provinces Consulaires : BYZACIUM & la NUMIDIE. Provinces Présidiales : *Tripoli.* La *Mauritanie de Sitife.* La *Mauritanie Césarienne.*

XVII.

EXTRAITS DE L'ANONYME DE RAVENNE.

L'AFRIQUE.

Extraits de l'Anonyme de RAVENNE.

I. *Ad partem meridianam, juxta Oceanum, est patria spatiosissima Æthiopum, quæ dicitur Auxumitana, & Candacissis, & Troglodytarum.* * * * * *

II. *Ad partem Oceani meridiani Æthiopici, usque ad mare nostrum magnum, Ægypti est patria, id est, spatiosissima Ægyptus inferior & superior, quæ nominatur Adnocura & Mareotin.* * * * *

III. *Item*

CI. Dans la partie méridionale, près de l'Ocean, est le vaste païs des *Ethiopiens,* qu'on appelle aussi l'*Auxumitane,* ou *Candacissis,* ou le païs des *Troglodytes.* ———

II. Près d'une partie de l'Ocean méridional *Ethiopique,* jusques à la Mer mediterranée, se trouve l'*Egypte,* c'est-à-dire la haute & la basse *Egypte,* qui sont d'une grande étendue, & que l'on nomme *Adnocura & Maréotis.* ———

III. On des Vivres en *Afrique,* & l'autre de veiller aux Fonds patrimoniaux. ——— Ces Officiers n'avoient cependant aucune autorité par rapport au gouvernement des Provinces; mais comme l'exercice de leur charge s'étendoit fort loin, on les mettoit au rang des Présidens, & ils étoient par-là regardés comme faisant partie du Département d'*Afrique.* En ôtant donc ces deux Officiers ou Intendans, il restoit six Provinces en *Afrique :* deux Consulaires, qui étoient *Byzatium* & la *Numidie ;* trois Présidiales, quoiqu'il ne s'en trouve que deux dans la Table de la Liste, sçavoir les deux *Mauritanies,* c'est-à-dire celle de *Sitife,* la *Césarienne* & *Tripoli ;* auxquelles il faut ajouter l'*Afrique,* gouvernée par un Proconsul, & l'on aura le nombre des sept Provinces en question. *Voyez le Commentaire de Pancirole sur cette Liste pag. 116.*

DE PREUVES.

Extraits de l'Anonyme de Ravenne.

III. On place aussi sur le bord de l'Ocean le païs qu'on appelle l'*Ethiopie des Garamantes*, autrement l'*Abyssinie*, qui confine avec la susdite partie de l'*Ethiopie* surnommée des *Troglodytes*. C'est dans le païs des *Garamantes*, à une petite distance de l'Ocean, que coule le fleuve *Ger*, qui est fort large. On trouve dans le même païs des montagnes qu'on appelle *Nauvavon*. Il y a aussi des lacs, dont l'un s'appelle *Lycumede* & l'autre *Augita*. Selon le rapport des Ecrivains, ces *Ethiopiens* se tiennent dans les antres des rochers & des montagnes, pour se mettre à l'abri des grandes & insupportables chaleurs. En deçà des *Garamantes* est un païs aride, désert & montagneux, dont les habitans s'appellent les *Marmarydes*, les *Nassamons*, les *Letophages* & les *Blegmies*. On ne trouve pas qu'il y ait jamais eu de villes dans ce païs-là.

IV. C'est sur la Mer mediterranée qu'on place ordinairement la *Mauritanie* qu'on appelle *Cyrénaïque*. Nous apprenons que dans ce païs il y a eu beaucoup de villes, dont nous marquerons quelques-unes ; sçavoir *Cyrène*, située sur le bord de la Mer mediterranée, de même qu'*Agabis*, ville d'Egypte ; de plus les villes *Balacris*, *Canopolis*, *Callis*, *Ptolemaïs*, *Theuchira*, la ville d'*Adrien*, *Bernicis*, *Corniclanum*, *Anabucis*, & les Autels des *Philènes*. Ce païs est traversé par plusieurs fleuves, & entre autres par le *Leon* & le *Torres*.

V. L'*Ethiopie* surnommée *Biblobatis*, qui confine avec la susdite *Ethiopie* des *Garamantes*, est pareillement située sur le bord de l'Ocean. On y trouve un lac appelé *Tagges* ; & comme il y fait fort chaud, les *Maures* se retirent dans des cavernes soûterreines. Les Auteurs attestent, qu'il y a dans ce païs un très-grand & vaste désert, qui s'étend depuis les bords de l'Ocean jusques dans l'intérieur des terres. Il y a aussi des montagnes appellées *Tulliatodes*, & à peu de distance de l'Ocean on voit couler le large fleuve *Ger*, comme nous avons dit

III. Item juxta limbum Oceani ponitur patria, quæ dicitur Æthiopia Garamantium, quæ & Abyssie dicitur, quæ confinalis existit prædictæ Æthiopiæ Troglodytorum. In qua Garamantium patria, non longè ab Oceano, fluvius Ger dilatissimè currit. In qua patria Garamantium sunt montes, qui Nauvavon appellantur. In qua patria sunt lacus, unus qui dicitur Lycumede, alius Augita. Qui Æthiopes rupes montium habitare describuntur, propter immensa ac validissima caumata. Ad frontem autem ejusdem Garamantium patria est arida, deserta, montana, quæ dicitur Marmarydes, Nassamones, Letophagi, atque Blegmies. In qua patria nunquam civitates fuisse legimus.

IV. Item juxta mare magnum ponitur patria, quæ dicitur Mauritania, quæ dicitur Cyrenensis. In qua patria plurimas fuisse civitates legimus, ex quibus aliquantas designare volumus, id est, civitas Cyrenes, quæ confinalis est litoris maris magni, cum Agabis civitate Ægypti. Item sunt civitates, id est Balacris, Cænopolis, Callis, Ptolomaïda, Theuchira, Adriani, Bernicide, Corniclano, Anabucis, Aræ Philænorum. Per quam patriam transeunt plurima flumina, inter cetera quæ dicuntur Leon & Torres.

V. Item juxta Oceanum ponitur patria, quæ dicitur Æthiopia Biblobatis, quæ confinatur cum superiùs dicta Æthiopia Garamantis. In qua Biblobatis patria est lacus, qui dicitur Tagges. Quæ patria, dum multùm existit caumosa, ipsi Mauri cavernas terræ habitant. In qua patria litus Oceani, atque in superioribus, maximus atque spatiosus desertus esse describitur. In qua patria sunt montes, qui dicuntur Tulliatodi. In qua patria, non longè ab Oceano, per longum suprà scriptum, fluvius Ger dilatissimè currit. Ad frontem autem, juxta Bibloba-

Extraits de l'Anonyme de Ravenne.

blobatis *patriæ*, *per medio multa spatia, id est, deserta, quæ suprà nominavimus, juxta mare magnum ponitur patria nimis spatiosissima, quæ dicitur* Africana. *Cujus patriæ multæ sunt, ut descriptores philosophi dicunt, ex quibus ego legi* Provinum *atque* Melitianum, *genere* Afros; *sed &* Castorium, *Romanorum philosophum. Sed ego civitates inferius dictas supradictæ* Africanæ *patriæ, secundùm* Castorium *designavi. In qua* Africana *patria plurimas fuisse civitates legimus, ex quibus aliquantas designare volumus; id est civitas* Tragulis, *quæ confinalis est litoris maris magni, cum suprà scriptis civitatibus* Arophilonorum Cyronensium. *Item* Zacassania, Palma, Isyri, Sacamadis, Prætorium, Musol, Disio, Nadalus, Cisternas, Thubactis, Nivergi, Scemadana, Leptismagna, Pontos, Sabrata, Cipsaria, Zita, Githi, Tacapas, Ad Oleastrum, Macumades, Thenas, Taparura, Usyla, Sublecte, Leptis minus, Ruspinus, Adrymeton, Horea, Neapolis, Clypeis, Sinuama, Carpas, Maxula, Thynus, Carthago *civitas magna*, Gallo-Gallinacio, Antiqua Colonia, Ad pertusa, Cesinsa, Tyraria, Utica. *Item ad aliam partem desuper sunt civitates, id est* Marthæ, Afas, Lucernæ, Agarmi, Auceritim, Ad putea, Lamie, Afas, Verim, Tingimie, Putea, Agafel, Nepte. *Item ad aliam partem sunt civitates, id est* Capsalco, Bamethi, Abtan, Tiburbomaius, Olencana, Bithina, Vivæ, Bindavicus, Agerthel, Calbenedi, Arbelone, Thirusdron, Gruza, Elie, Terentum, Aquas Regis. *Item ad aliam partem sunt civitates, id est* Cabibus, Authus, Themizec, Manzat, Murine, Senana, Cytofori, Thamamulem, Mandatemule, Selesua, Tarsete, Vero-

dit ci-dessus. En deçà de *Biblobatis*, après plusieurs grands intervales où déserts, dont il est déja fait mention, on trouve le long de la Mer mediterranée un païs d'une fort grande étendue qui s'appelle l'*Afrique*. Celle-ci est partagée en plusieurs Provinces, selon le rapport des Philosophes qui en ont écrit, & dont j'ai lû *Provin* & *Melitien*, tous deux *Africains* d'origine, & *Castorius*, Philosophe *Romain*. J'ai copié sur ce dernier les noms des villes de l'*Afrique* qu'on trouvera ci-après : Car, comme nous apprenons qu'il y a eu dans ce païs un grand nombre de villes, nous avons jugé à propos de les désigner ici en partie. Nous commençons par la ville de *Tragulis*, située sur le bord de la Mer mediterranée, tout comme les villes des *Arophiloniens* dans la *Cyrénaïque*, dont il est parlé plus haut. Ensuite sont *Zacassania, Palma, Isyris, Sacamade, Prætorium, Musol, Disium, Nadalus, Cisternæ, Thubactis, Nivergi, Scemadana*, la grande *Leptis, Pontos, Sabrata, Cipsaria, Zita, Githi, Tacape, Ad Oleastrum, Macumades, Thenæ, Taparura, Usyla, Sublecte*, la petite *Leptis, Ruspinus, Adrymète, Horea, Neapolis, Clypea, Sinuama, Carpæ, Maxula, Thynus*, la grande ville de *Carthage, Gallus Gallinaceus*, l'ancienne Colonie, *Ad Pertusa, Cesinsa, Tyraria*, & *Utique*. Il y a outre cela encore ailleurs d'autres villes, qui sont *Marthæ, Afas, Lucernæ, Agarmi, Auceritis, Ad Putea, Lamie, Afas, Verim, Tingimie, Putea, Agafel* & *Nepte*. Dans un autre canton on compte les villes suivantes, *Capsalco, Bamethum, Abtan*, le grand *Tiburbo, Olencana, Bithina, Vivæ*, le bourg *Binda, Agerthel, Calbenedi, Arbelone, Thirusdron, Gruza, Elie, Terentum*, & *Aquæ Regis*. D'un autre côté on trouve les Villes *Cabes, Authus, Themizec, Manzat, Murine, Senana, Cytoforum, Thamamulem, Mandatemule, Selesua, Tarsete, Verosuos, Ad Duodecimum*, & *Leones*. Encore ailleurs sont situées les villes *Thalacte, Mo-*

Monianum, Majores, Bathmetis, Coreba, Aitigilis, Ballis, Utbumæ, Unuca, Sciciliba, Tyris, Chifiduo & *Membrifca.* Entre plufieurs autres fleuves qui arrofent la Province d'*Afrique*, on compte le *Cepfite*, le *Torrens* & le *Panazeron*.

VI. Sur le bord de la mer Mediterranée, joignant l'*Afrique*, on trouve le païs appellé la *Numidie de Byzancium*. Les mêmes Sçavans qui ont fait la defcription de l'*Afrique*, & dont les noms ont été cités ci-deffus, ont auffi fait celle de la *Numidie* : mais comme ils ne s'accordent point dans le dénombrement des villes, nous avons fuivi, dans la lifte que nous allons en donner, le fentiment du fufdit Philofophe *Romain, Caftorius.* Nous trouvons qu'il y a eu dans la *Numidie* beaucoup de villes, dont voici les noms : *Membrone*, bâtie fur le bord de la Mer mediterranée, ainfi que la ville d'*Utique* en *Afrique*, dont il eft fait mention ci-deffus. Enfuite *Tumiffa, Hippone Zarefton, Tabraca, Tunifa, Armonaca, Ufuffa, Hippone Royale, Sulucu, Zaca* & *Ruffìcade.* Il y a de plus dans la *Numidie* les villes fuivantes : *Semitum, Bulla Regia, Silma, Sigueffe, Sicabe, Thacora, Gegite, Narragara, Molæ, Tipafa, Tibili, Jabianon, Cirta, Quartelli, Paluna, Villa Cervina, Lapifede, Novale, Berrice, Chulcul, Cornon, Baccaræ,* la colonie *Millebo, Solbeania, Budaxicara, Thenebeftre, Centenariæ, Gaufaparæ, Pifcinæ, Fufcinæ, Falavi Marci, Thugurficus, Altuburus, Mucca, Sufulus, Præfidis, Midiæ, Piffinæ, Meffafilta, Duoflumina, Sinnachi, Lambrefe, Lambridin, Tamafgua* & *Orgentarium.* Ailleurs on trouve encore les villes *Labafudin, Labiana, Vicus Aurelii, Germani* & *Thebefte.* Et d'un autre côté font fituées les villes *Thuraria*, le petit *Thoburbi, Chulcar, Elefantaria, Zicella, Aovia, Miftis, Theblata, Vicus Augufti, Tatia, Drufiliana, Piconis, No-*
Lambridin, Tamafgua, Orgentarium. *id eft* Labafudin, Labiana, Vico Aureli, Germani, Thebefte. *Item ad aliam partem funt civitates, id eft* Thuraria, Thoburbiminus, Chulcar, Elefantaria, Zicella, Aovia, Miftin, Theblata, Vico Augufti, Tatia, Drufiliana, Piconi, NovisAquis,

A rofuos, Ad duodecimum, Leones. *Item ad aliam partem funt civitates, id eft* Thalacte, Monianum, Majores, Bathmetim, Corebam, Aitigilem, Ballis, Uthumas, Unuca, Sciciliba, Tyris, Chifiduo, Membrifca. *Tranfeunt autem per ipfam Africanam provinciam inter cetera flumina quæ dicuntur, id eft* Cepfite, Torrens, & Panazeron.

VI. *Item juxta mare magnum, proxima ejufdem Africanæ regionis, rejacet patria, quæ dicitur* Numidia Byzancium. *Quam* Numidiam *iidem philofophi, qui fuprà nominati funt quidem prædictam Africanam regionem defignaffe, ipfi & eandem* Numidiam *defcripferunt. Sed dum non concordant in civitatibus inferiùs defignatis, ideo nos fecundùm* Caftorium, Romanorum *philofophum, fuprafcriptas civitates ejufdem* Numidiæ *nominavimus. In qua* Numidia *plurimas fuiffe civitates legimus, id eft civitas* Membronem, *quæ confinatur juxta mare magnum cum jam prænominata* Utica *civitate Africanæ regionis. Item civitas* Tumiffa, Hippone Zarefton, Tabraca, Tuniza, Armonaca, Ufuffa, Hippon regium, Sulucu, Zaca, Rufficade. *Nam defuper funt in* Numidia *civitates, id eft* Semitum, Bulla regia, Silma, Sigueffe, Sicabe, Thacora, Gegite, Narragara, Molas, Tipafa, Tibili, Jabianon, Cirta, Quartelli, Palunam, Villam-Cervinam, Lapifede, Novale, Berrice, Chulcul, Cornon, Baccaras, Milebo Colonia, Solbeania, Budaxicara, Thenebeftre, Centenarias, Gaufaparas, Pifcinas, Fufcinas, Falavi Marci, Thugurficus, Altuburus, Mucea, Sufulus, Præfidin, Midias, Piffinas, Meffafilta, Duoflumina, Sinnachi, Lambrefe,

Extraits de l'Anonyme de Ravenne.

Tome II.
n
Dro-

Extraits de l'Anonyme de Ravenne.

Droxiliana, Siguiſſe, Armaſdum, Cirta, Gaſibala, Medranis, Bagradas, Tepte Colonia, Gemellas, Pago Gemellin, Dabuas. *Per quam Numidiam tranſeunt plurima flumina, inter cetera quæ dicuntur* Armoniacus, Bagrada, Ubus, Maſaga, Abiga, Publitus, Sadinta, Ameſa, Adima, Limeletendum.

VII. *Item ſuper ipſam* Numidiam, *in montaniis & planiciis locis eſt patria, quæ dicitur* Mauritania *quæ?* Rubea, *quæ &* Sitifenſis *appellatur. Cujus fines à montibus, uſque ad mare magnum pertingunt; nam ad Oceanum nullo modo. Quam patriam ſecundùm* Caſtorium *nominavimus. In qua patria plurimas fuiſſe civitates legimus, ex quibus aliquantas deſignare volumus, id eſt civitas* Tuca, *quæ juxta mare magnum dividit, inter ſuperiùs dictam provinciam* Numidiam, *& ipſam* Mauritaniam Sitifenſium. *Item civitas* Chullu, Pacianis, Igilgili, Choba mune, Horea, Muſlubion. *Item ad aliam partem ſunt civitates, id eſt* Amabu mune, Gaddo, Leba, Balicin, Vicum, Mobziacia.

VIII. *Iterùm ad litus maris magni, eſt patria quæ dicitur* Mauritania Cæſarienſis, *quam ſecundùm* Caſtorium *&* Lolianum *philoſophos deſignavimus. In qua* Cæſarienſe Mauritaniâ *plurimas civitates fuiſſe legimus, ex quibus aliquantas deſignare volumus, id eſt civitas* Saldis, *quæ juxta mare magnum confinatur, cum* Muſlubio *civitate ſupraſcriptæ* Mauritaniæ Sitifenſis. *Item juxta civitas* Qtās, Ruſeius mune, Lomnion, Ruſicuron, Ruſguniæ, Icoſion, Tipaſa, Cæſarea, Gunugus, Larcaſtellum, Cartenna, Arſenaria, Portum magnum, Portum divinum, Albulas. *Item ſuper aliam partem ſunt civitates, id eſt* Signa mune, Rubras, Sita Colonia; *Item ad aliam partem, ſuprà jam dictam civitatem* Saldas, *eſt civitas quæ dicitur* Tubuſubros, Bidda monicip. Tigiſim, Repetiniana, Caſtellum, Helepantaria, Aquiſca-

A Novæ Aquæ, Droxiliana, Siguiſſe, Armaſdum, Cirta, Gaſibala, Medranis, Bagradæ, la Colonie *Tepte*, Gemellæ, le village Gemellis & Dabuæ. Pluſieurs fleuves traverſent la *Numidie*, entre leſquels nous nommerons l'*Armoniac*, le *Bagrada*, l'*Ubus*, le *Maſaga*, l'*Abiga*, le *Publitus*, le *Sadinta*, l'*Amaſa*, l'*Adima* & le *Limeletendum*.

VII. Au-delà de la *Numidie* eſt un
B païs rempli de montagnes & de plaines qu'on appelle la *Mauritanie*, comme qui diroit *la Rouſſâtre* avec le ſurnom de *Sitife*, qui s'étend depuis les montagnes juſques à la Mer mediterranée; car pour l'Ocean, il n'en approche point. C'eſt encore de *Caſtorius* que nous tirons ce que nous en diſons. Nous marquerons ici quelques-unes des villes que nous apprenons qu'il y a eu dans ce païs-là, en commen-
C çant par la ville de *Tuça*, ſituée ſur le bord de la Mer mediterranée, entre la ſuſdite Province de *Numidie* & la *Mauritanie de Sitife* même. Il y a de plus *Chullu*, *Pacianis*, *Igilgili*, *Choba* ville municipale, *Horea*, *Muſlubion*. Et ailleurs on trouve encore les villes *Amabu* municipale, *Gaddus*, *Leba*, *Balicis*, *Vicus* & *Mobziacia*.

VIII. On trouve de même ſur le bord de la Mer mediterranée le païs appellé
D la *Mauritanie Céſarienne*, dont nous faiſons la deſcription ſuivant celle qu'en ont donnée les Philoſophes *Caſtorius* & *Lolianus*. Voici les noms de quelques-unes des villes que l'on nous apprend avoir été bâties dans la *Mauritanie Céſarienne*; ſçavoir *Saldæ*, ſituée ſur la côte de la Mer mediterranée, auſſi-bien que *Muſlubion*, ville de la *Mauritanie de Sitife*, dont il eſt parlé plus haut. Tout près de
E là eſt *Qtās*, enſuite *Ruſeius* ville municipale, *Lomnion*, *Ruſicuron*, *Ruſguniæ*, *Icoſion*, *Tipaſa*, *Cæſarea*, *Gunugus*, le château *Lar*, *Cartenna*, *Arſenaria*, *Portus magnus*, *Portus divinus* & *Albulæ*. Ailleurs on trouve les villes *Signa* municipale, *Rubris* & la colonie *Sita*: & ailleurs encore, au deſſus de la ſuſdite ville de *Saldæ*, eſt ſituée la ville appellée *Tubuſubros*; & plus loin la ville municipale *Bidda*, *Tigiſis*, *Repetiniana*, *Caſtellum*, *Helepantaria* & *Aquiſca-*

calidæ. Enfin d'un autre côté se trouvent *Galaxia*, *Aucunasta*, *Lamarasium*, *Sufasa*, *Tababac*, *Bambinide*, *Lecmelli*, *Balasadais*, *Bacca*, *Tubonis*. Entre plusieurs autres fleuves qui traversent la *Mauritanie Césarienne* se trouvent les suivans; sçavoir l'*Usar*, l'*Agilaam*, le *Mina*, le *Sira*, le *Tasagora*, l'*Isaris*, le *Nigreusis*, le *Ligar* & le *Malba*.

IX. Le païs qu'on appelle la *Mauritanie des Peroses* ou des *Salines*, qui est limitrophe de l'*Ethiopie Biblobatis*, dont nous avons fait la description ci-dessus, est situé sur le bord de l'Ocean. On assure que la *Mauritanie des Peroses* renferme un très-vaste désert: il y a de plus des montagnes appellées *Lytricus*, & au-delà de ce païs, fort avant dans l'Ocean on trouve les *Trois Isles*. C'est en deçà du même païs, en laissant quelque intervalle au milieu, qu'on place la *Mauritanie Tingitane* sur le bord de la Mer mediterranée. Dans la susdite *Mauritanie* surnommée des *Peroses*, située sur l'Ocean & près de la *Mauritanie Tingitane*, dont la derniere est baignée par la Mer mediterranée, on trouve un païs montagneux & rude ou fort aride, appellé la *Gétulie*, dont S. Grégoire fait mention dans une de ses Homelies. Nous lisons dans les Auteurs, que non obstant que ce païs, situé loin de l'Ocean, & tirant plus du côté de la Mer mediterranée, manque d'eau, & que les rivieres n'y coulent pas toûjours, il y a eu cependant quelques villes, comme *Thursurum*, *Tices*, *Speculum*, *Turres* & *Ceruæ*. Mais revenons à la *Mauritanie Tingitane* sur la côte de la Mer mediterranée, où nous trouvons qu'il y a eu plusieurs villes, dont nous indiquerons quelques-unes. De ce nombre sont *Tingis*, *Cadum Castra*, *Castra nova*, *Tasacora*, *Dracones*, *Tepidæ*, *Fovea rotunda*, *Ripa nigra*, *Stavulum Regis*, *Ataba*, *Taxafora*, *Fulga*, *Figit*, *Gent*, *Subselluit* & *Nasfusa*. D'un autre côté on trouve près de la ville de *Tingis*, mentionnée ci-dessus, les villes *Turbice* & *Septemvena*. Entre les fleuves qui traversent ce païs, nous remarquerons seulement le *Turbulenta*,

A calidis. *Item ad aliam partem sunt civitates; id est* Galaxian, Aucuna, sta, Lamarasium, Sufasa, Tababac, Bambinide, Lecmelli, Balasadais, Baccis, Tubonis. *Per quam Cæsariensem Mauritaniam plurima transeunt flumina, inter cetera, quæ dicuntur, id est* Usar, Agilaam, Mina, Sira, Tasagora, Isaris, Nigreusis, Ligar *&* Malba.

IX. *Item juxta Oceanum ponitur patria, quæ dicitur* Mauritania Perosis, *vel* Salinarum, *quæ confinalis existit suprascriptæ Æthiopiæ Biblobatis. In qua* Perosium Mauritania *maximum desertum esse adscribitur. In qua patria sunt montes, qui dicuntur* Lytricus; *cujus patriæ post terga, procul intrà Oceanum*, Tres Insulæ *inveniuntur. Cujus patriæ ad frontem per medium essent espatia litus maris magni, ponitur patria, quæ dicitur* Mauritania Tingitana. *Iterùm in montanis & asperis, seu aridissimis locis, in suprascripta* Mauritania, *quæ dicitur* Perosis, *quæ ponitur juxta Oceanum &* Mauritaniam Tingitanam, *quæ ponitur juxta mare magnum, est patria magna, quæ dicitur* Getulia, *de qua in sua homelia refert* S. Gregorius. *In qua* Getulia, *pro aquæ inopia, dum longè ab Oceano, & ad mare magnum amplius, & flumina ibidem, quæ sistunt minimè, aliquantas fuisse civitates legimus, id est* Thursurum, Tices, Speculum, Turres, Ceruas. *Item litus maris magni juxta* Mauritaniam Tingitanam. *In qua plurimas fuisse civitates legimus, ex quibus aliquantas designare volumus, id est civitas* Tingis, Cadum Castra, Castra nova, Tasacora, Dracones, Tepidas, Fovea rotunda, Ripas Nigras, Stavulum Regis, Ataba, Taxafora, Fulga, Figit, Gent, Subselluit, Nassusa. *Item ad aliam partem, juxta civitatem, quam diximus* Tingin, *sunt civitates; id est* Turbice, Septemvenam. *Per quam patriam inter cetera transeunt flumina, quæ dicitur* Turbulenta, *quam*

Extraits de l'Anonyme de RAVENNE.

Extraits de l'Anonyme de Ravenne.

quam alii Davinam appellant. A ta, que d'autres nomment *Davina*.

X. *Item juxta Oceanum, propè suprascriptam* Mauritaniam Perosis, *est patria quæ dicitur* Egel. *In qua patria, juxta Oceanum sunt montes, ut mons* Ethna, *qui ardere scribuntur. In qua patria, juxta Oceanum sunt montes excelsi, qui appellantur* Praxe. *Cujus patriæ ad frontem, multis miliaribus spatiis, id est litus maris magni, ponitur patria quæ dicitur* Mauritania Tingitana.

X. Le païs nommé *Egel* est situé sur le bord de l'Ocean, près de la susdite *Mauritanie des Peroses*. Les Ecrivains attestent, qu'on y trouve, pas loin de l'Ocean, plusieurs Volcans, dont l'un s'appelle *Ethna* : il y a aussi près de la Mer d'autres montagnes fort hautes appellées *Praxe*. Ce n'est qu'à plusieurs miles en deça de ce païs, & nommement sur le bord de la Mer mediterranée, qu'on rencontre la *Mauritanie Tingitane*.

XI. *Item litus maris magni ponitur prædicta* Mauritania Gaditana, *quæ litus maris magni confinalis existit prælatæ* Mauritaniæ Tingitanæ. *Quæ* Gaditana *patria supradicta & barbaro modo* Abrida *dicitur, ubi gens* Vandalorum *à* Belisario *devicta in Africa fugit, & nunquam comparuit. Quam patriam ego secundùm multotiès dictum* Castorium *designavi. In qua* Mauritania Gaditana *plurimas fuisse civitates legimus, ex quibus aliquantas designare volumus, id est civitas* Pareatina, *quæ litus maris magni ponitur, prope prædictum fluvium* Malba, *longè à portu* Sigense. *Item civitas* Tingi Colonia, Zili, Tabernis, Lix Colonia, Frigidis, Banasa, Gigantes, Oppido Novo, Tremulas, Septem Fratres, Tamusida, Sala, Gentiano, Explorazio, Boballica, Bobiscianis, Aquis Daticis, Bada, Tocolosion, Bobabili, Bonivricis, Gudda, Bati, Argenti, Barsuvli, Sidilium, Egelin, Lampica, Fons Asper, Nabia, Maura, Getuli, Selitha, Getulisosi, Getulidare, Turris Buconis, Paurisi, Perora. *Quæ superiùs dicta* Mauritania Gaditana, *quæ & barbaro modo* Abrida *dicitur, conjungitur cum freto, qui dicitur* Septegaditano, *qui dividit* Mauritaniam *ab* Hispania, *id est* Africanam *provinciam ab* Europa. *Per quam* Gaditanam *provinciam plurima transeunt flumina, inter cetera quæ dicuntur, id est* Subulcus, Ubus, Salensis. * * * *

XI. Sur le bord de la même Mer est aussi située la *Mauritanie Gaditane*, dont les côtes sont contigues à celles de la *Mauritanie Tingitane*, dont il est parlé plus haut. Ce païs est appellé *Abrida* par les Barbares, & c'est-là que *Belisaire* défit les *Vandales*, tellement qu'ils se sauverent dans l'*Afrique* & ne reparurent plus. La description que j'en fais est copiée d'après *Castorius*, que j'ai déja cité plusieurs fois. Suivant le témoignage des Auteurs, il y a eu dans la *Mauritanie Gaditane* un grand nombre de villes, dont nous allons nommer quelques-unes, en commençant par *Pareatina*, bâtie sur le bord de la Mer mediterranée à l'embouchure du susdit fleuve *Malba* : elle est à une grande distance du port de *Siga*. Ensuite sont la colonie *Tingi*, *Zilis*, *Tabernæ*, la colonie *Lix*, *Frigidæ*, *Banasa*, *Gigantes*, *Oppidum novum*, *Tremulæ*, *Septem Fratres*, *Tamusida*, *Sala*, *Gentianum*, *Explorazio*, *Boballica*, *Bobiscianæ*, *Aquæ Daticæ*, *Bada*, *Tocolosion*, *Bobabilis*, *Bonivricæ*, *Gudda*, *Batis*, *Argenti*, *Barsuvli*, *Sidilium*, *Egelin*, *Lampica*, *Fons Asper*, *Nabia*, *Maura*, *Getuli*, *Selitha*, *Getulisosi*, *Getulidare*, *Turris Buconis*, *Paurisi* & *Perora*. Cette *Mauritanie Gaditane*, qui en langue barbare s'appelle aussi *Abrida*, joint le détroit qu'on nomme *Septegaditanum*, lequel separe la *Mauritanie* de l'*Espagne*, c'est-à-dire l'*Afrique* de l'*Europe*. Au reste ce païs *Gaditain* est arrosé par plusieurs fleuves, dont nous nommerons seulement le *Subulcus*, l'*Ubus* & le *Salensis*.

TABULA

XIX.

SPECIMEN PHYTOGRAPHIÆ AFRICANÆ:

OU

CATALOGUE DE PLUSIEURS PLANTES RARES DE BARBARIE, D'EGYPTE ET D'ARABIE.

1 *Absinthium arborescens*, Lob. Ic. A 753. J. B. III. 173.

2 *Absinthium Santonicum Judaicum*, C. B. P. 139. Les *Arabes* l'appellent *Sbeah*. Il croit en abondance dans l'*Arabie* & dans les déserts de *Numidie*.

3 *Acacia vera*, J. B. I. 429. Comme c'est presque l'unique Arbre de l'*Arabie Pétrée* dont on peut faire des planches, il est probable que c'est le même qui est appelé *Sbittim* dans l'Ecriture Sainte.

4 *Acanthus sativus vel mollis Virgilii*, C. B. P. 283.

5 *Acetosa Ægyptia, roseo seminis involucro, folio lacero Lippi*.

6 *Acetosa rotundifolia, hortensis, major*, Boerh. Ind. Alt. II. 86.

7 *Acetosa Ocymi folio, Neapolitana*, C. B. P. 114. I. R. H. 503.

8 *Acetosa minor, lobis multifidis*, Bocc. Mus.

9 *Adonis sylvestris, flore phœniceo, ejusque foliis longioribus*, C. B. P. 178.

10 *Adiantum, sive Capillus Veneris*, J. B. III. 751.

11 *Adiantum nigrum officinarum*, J. B. III. 742.

12 *Agrimonia minor, flore albo*, H. Cath. Boerh. Ind. Alt. 179.

13 *Alchimilla Linariæ folio, calice florum albo*, I. R. H. 509.

14 *Alchimilla Linariæ folio, floribus & vasculis in foliorum alis sessilibus*. C'est à ces marques qu'on la distingue de l'espece précédente, dont les fleurs viennent aux sommités des petites branches, & ont des pédicules plus longs.

15 *Alchimilla minima montana*, Col. Ecphr. 1. 146. *Percepier Anglorum* Lob.

16 *Alaternus Hispanica, Celastrus dicta*, Boerh. Ind. Alt. II. 213.

17 *Albenna Arabum*. Cet Arbrisseau porte de petites fleurs blanches à quatre petales, & qui viennent par bouquets. Ces fleurs ont chacune huit étamines, rangées deux-à-deux dans les intervalles des petales, & sortant d'un calice qui forme quatre fourchons : ses feuilles ressemblent au Myrthe & viennent près l'une de l'autre : son fruit est sec : sa graine, qui est enfermée dans une capsule à quatre logettes, rarement à trois, est angulaire comme celle de l'Oseille.

Ligustrum Ægyptiacum latifolium, C. A. B. P. 476. Cyprus Græcorum, Alcanna vel Henne Arabum, nunc Græcis Schenna, Rauwolf. & Lug. Append. Cyprus Plinij, sive Alcanna Bell. Ep. 4. ad Cluf.

18 Alkekengi fructu parvo, verticillato, I. R. H. 151.

19 Alkekengi frutescens, foliis rotundis, arctè sibi invicem incumbentibus, floribus albis, calicibus apertioribus.

20 Allium angustifolium umbellatum, flore albo. I. R. H. 385.

21 Alsine aquatica, Portulacæ folio hirsuto.

22 Alsine maritima, Centum grana Cæsalpino dicta, Pluk. Alm. 20. Herniaria Alsines folio, I. R. H. 507.

23 Alsine maritima, supina, foliis Chamæsyces; I. R. H. App. 665. Francá maritima, quadrifolia, annua, supina, Chamæsyces folio & facie, flore ex albo purpurascente, Michel. Nov. Gen. 23. Sa fleur consiste en cinq petales, qui s'unissent vers le petit calice; mais elles se separent de nouveau à leur base, pour embrasser étroitement un fruit oblong, pentagone, & où l'on ne trouve qu'une seule chambrette qui renferme un bon nombre de graines. Le calice est long, cannelé & se partage en cinq fourchons. Les fleurs viennent immédiatement auprès des nœuds des petites branches.

24 Alsine Spergulæ facie, media, C. B. P. 251. I. R. H. 244. Spergula marina nostras, J. B. III. 777.

25 Althæa humilis, repens, foliis Malvæ vulgaris, flore rubro.

26 Alysson foliis lanceolatis, confertis, argenteis, flosculis albis.

27 Alysson incanum, Serpilli folio, fructu nudo, I. R. H. 217.

28 Alysson maritimum, I. R. H. 217.

29 Amaranthus spicatus, Siculus, radice perenni, Bocc. Rar. 16.

30 Ammi majus, C. B. P. 159. I. R. H. 304.

31 Ammi perenne, Mor. Umb. I. R. H. 305.

32 Anagallis cærulea, foliis longis, angustis, ternis vel quaternis, ex adverso nascentibus, C. B. P. 252.

33 Anagallis flore phœniceo, C. B. P. 252.

34 Anagyris fœtida, C. B. P. 391. I. R. H. 647.

35 Anonis annua erectior, latifolia, glutinosa, Lusitanica, I. R. H. 409.

36 Anonis non spinosa, flore luteo, variegato, C. B. P. 389. I. R. H. 409.

37 Anonis purpurea, perennis, foliis latioribus, rotundioribus, profundè serratis, H. Ox. II. 170. I. R. H. 408.

38 Anonis Sicula, alopecuroides, I. R. H. 408. Anonis purpurea, oblongo, rotundo, prægrandi, integro, serrato folio lucido, spicâ alopecuroide, H. Cath. Anonis latifolia humilis, non spinosa, alopecuroides, flore rubello, Sicula, Bocc. App. ad Mus.

39 Anonis viscosa, spinis carens, lutea, latifolia, Bot. Monsp. Anonis non spinosa, capreolis donata, C. B. P. 389.

40 Antirrhinum latifolium, flore rubro, rictu luteo, Boerh. Ind. Alt. 238.

41 Aphaca, Lob. Ic. 70.

42 Apium procumbens, crassiore folio.

43 Apocynum erectum, incanum, latifolium, Malabaricum, floribus ex albo suave-purpurascentibus, Par. Bat. 28. Boerh. Ind. Alt. 313. Cette Plante croît abondamment dans les vallées voisines du mont Sinaï.

44 Apocynum frutescens, folio subrotundo, minore, siliquis strictissimis.

45 Arbor Judæ, Dod. Pempt. 786.

46 Arbutus, Comarus Theophrasti, J. B. I. 83.

47 Aristolochia rotunda, J. B. III. 559. C'est le Borustum des Arabes.

48 Aristolochia clematitis recta, C. B. P. 307.

49 Aristolochia Cretica, scandens, altissima, Pistolochiæ foliis, Cor. 8. Aristolochia clematitis serpens, C. B. P. 307.

50 Arum humile, Arisarum dictum, latifolium, pistillo brevi, hirsuto, incur-

Tome II. App. pag. 16

5. *Acetosa Ægyptia, roseo seminis involucro, folio lacero lippi.*

58. *Asteriscus annuus trianthophorus.*

72. *Atriplex maritima, pumila, Arabica, foliis pillosis, subrotundis.*

176. *Conyza tomentosa, Polii foliis crenatis.*

146. *Chondrilla minima, repens, Asplenii foliis pilosis.*

curvo, H. L. *Arifarum latifolium ma-jus*, C. B. P. 196.

51 *Afparagus five Corruda, fpinis biuncialibus, binis.*

52 *Afplenium five Ceterach*, J. B. III. 749.

53 *After conyzoides, foliis anguftis, crenatis.*

54 *After maritimus, flavus, folio in fummo obtufo*, H. L. Flor. I. 23. Boerh. Ind. Alt. 95. n. 15.

55 *After pratenfis, autumnalis, Conyzæ folio*, I. R. H. 482. *Helenium pratenfe autumnale, Conyzæ foliis, caulem amplectentibus*, Comm. Ac. R. Sc. Ann. 1726. p. 303. n. 11.

56 *Afterifcus perennis, foliis longis, anguftis.*

57 *Afterifcus annuus, foliis ad florem rigidis*, I. R. H. 497. *After Atticus Maffilioticus*, Tab. Ic. 861.

58 *Afterifcus annuus trianthophorus.* Les Arabes l'appellent *Craffas.* Ses feuillent reffemblent à la Camomille. Son calice eft compofé de plufieurs écailles minces, d'un blanc tirant fur le verd. Ses petites fleurs font cavées, & plus fendues vers les bords que vers le milieu. Cette Plante à une odeur agréable.

59 *Afterifcus maritimus, perennis, patulus*, I. R. H. 498. *After fupinus, lignofus, Siculus, Conyzæ odore*, Bocc. Muf. P. II. 161.

60 *Aftragaloides Lufitanica*, I. R. H. 399. *Aftragalus Bæticus*, Cluf. H. CCXXXIII. Les Arabes l'appellent *Foole el-Haloufe*, ou *Fève de Sanglier.*

61 *Aftragalus Africanus luteus odoratus*, Bot. Monfp. *Aftragalus perennis foliis hirfutis, caule recto aphyllo, flore ochroleuco, odoratiffimo*, H. Ox. II. 203. C'eft le *Caroube el-Maizab*, ou la Gouffe des Chèvres des Arabes.

62 *Aftragalus annuus, anguftifolius, flofculis fubcæruleis, cauliculis adhærentibus*, I. R. H. 416. *Aftragalus filiquis & foliis hirfutis, floribus parvis*, H. Ox. II. 119.

63 *Aftragalus Bæticus, five Securidica Sicula, filiquis foliaceis*, Bocc. Rar. p. 7. Tab. 4. *Aftragalus triangularis*, Munt. Phyt. Tab. 10.

64 *Aftragalus luteus, annuus, Monspeliacus, procumbens*, H. Ox. II. 108. *Securidaca lutea minor, corniculis recurvis*, C. B. P. 349.

65 *Aftragalus Monfpeffulanus*, J. B. II. 338. I. R. H. 416.

66 *Aftragalus pumilus, filiquâ Epiglottidis formâ*, I. R. H. 416.

67 *Aftragalus fupinus, filiquis villofis, glomeratis*, I. R. H. 416.

68 *Aftragalus tenuifolius, flore fulphureo, filiquis tenuibus recurvis.*

69 *Atractylis multiflora cærulea*, Comm. Ac. R. Sc. An. 1718. p. 171. n. 8. *Carthamus aculeatus Carlinæ folio, flore multiplici, veluti umbellato*, Cor. 33.

70 *Atriplex angufte, oblongo, folio*, C. B. P. 119. H. Ox. II. Tab. 32. Sect. 5.

71 *Atriplex maritima, Hifpanica, frutefcens & procumbens*, I. R. H. 505. Hort. Elth. 46. Fig. 46.

72 *Atriplex maritima pumila, Arabica, foliis villofis, fubrotundis.* Ses feuilles ont la figure de la corne du pied d'un cheval.

73 *Atriplex olida, maritima, pumila, procumbens.*

74 *Azedarach*, Dod. Pempt. 848. I. R. H. 616. C'eft l'*Eleah* des Arabes.

75 *Balfamita Chryfanthemi fegetum folio, difco amplo.*

76 *Balfamita foliis Agerati*, Comm. Ac. R. Sc. Ann. 1719. p. 280. n. 2. *Bellis fpinofa, foliis Agerati*, C. B. P. 260. *Bellis fpinofa*, Pr. Alp. Ex. 337.

77 *Blattaria flore albo*, J. B. III. 174.

78 *Blattaria magno flore*, C. B. P. 241.

79 *Bryonia afpera five alba, baccis rubris*, C. B. P. 297.

80 *Bugloffum anguftifolium*, Lob. Ic. 76.

81 *Bugloffum Creticum majus, flore*

Catalogue de Plantes.

cæruleo purpurascente, H. R. Par. I. R. H. 134.

82 *Buglossum Lusitanicum, Echii folio, undulato*, I. R. H. 134.

83 *Buglossum luteum, annuum, minimum*, I. R. H. 134. *Anchusa lutea minor*, J. B. III. 583.

84 *Buglossum radice rubrâ, sive Anchusa vulgatior, floribus cæruleis*, I. R. H. 134. *Anchusa puniceis floribus*, C. B. P. 255.

85 *Buglossum sylvestre majus nigrum*, C. B. P. 256. *Borrago sylvestris annua di Candia*, Zan. H. 48.

86 *Bulbocastanum minus*, C. B. P. 162.

87 *Bulbocastanum tenuiter inciso folio Lusitanicum*, Vir. Lus. I. R. H. 307.

88 *Bulbocodium crocifolium, flore parvo, violaceo*, I. R. H. Cor. 50. *Sisyrynchium Theophrasti*, Col. Ec. I. 328.

89 *Bupleurum perfoliatum, rotundifolium, annuum*, I. R. H. 310. *Perfoliata vulgatissima, sive arvensis*, C. B. P. 277.

90 *Bupleurum arborescens, Salicis folio*, I. R. H. 310. *Seseli Æthiopicum fruticosum, folio Periclymeni* J. B. III. p. 2. 179.

91 *Bursa Pastoris hirsuta, Erucæ flore, stilo prominente*. Ses feuilles sont oblongues, ferrées & roulées autour de la tige. Ses gousses sont hérissées, quelquefois placées vis-à-vis l'une de l'autre, & rangées en guise d'épi sur des pédicules fort courts, semblables pour la figure à la *Bursa Pastoris*, mais plus grandes & plus échancrées: la cloison du milieu monte comme la graine du *Geranium*.

92 *Cakile maritima, angustiore folio*, Cor. 49.

93 *Cakile maritima, ampliore folio*, Cor. 49. *Eruca maritima, latifolia, Italica, siliquâ bastæ cuspidi simili*, C. B. P. 99.

94 *Calamintha Cretica, angusto, oblongo folio*, I. R. H. 194.

95 *Calcitrapa flore sulphureo, pro-*

A *cumbens, caule non alato. Jacea Cichorii folio, flore luteo, capite spinoso*, Bocc. Rar. 15. *Jacea orientalis spinosa, folio Erysimi, flore luteo*, Boerh. Ind. Alt. 141. Les épines qui viennent aux sommités des jeunes têtes, sont plus longues que les autres, & d'un brun châtein.

96 *Calcitrapa laciniata, multiflora, minimo flore, albicante*, Comm. Ac. R.
B Sc. Ann. 1718. n. 165. *Carduus orientalis, Calcitrapæ folio, flore minimo*, Cor. 31. *Jacea minor &c*. Pluk. Alm. 192. Tab. 39. f. 4.

97 *Calcitrapa lutea, alato caule, capite eriophoro*, Comm. Ac. R. Sc. Ann. 1718. p. 166. n. 24.

98 *Calcitrapa vulgaris, lutea, alato caule*, Comm. Ac. R. Sc. Ann. 1718. p. 166. n. 21. *Carduus stellatus lu-*
C *teus, foliis Cyani*, C. B. P. 387. I. R. H. 440.

99 *Calcitrapoides Rapi folio, alato caule, flore purpureo coronato*, Comm. Ac. R. Sc. Ann. 1718. p. 168. n. 1.

100 *Calcitrapoides Sonchi folio, capite magno turbinato*, Comm. Ac. R. Sc. Ann. 1718. p. 168. n. 10. *Carduus stellatus, latifolius, caulescens* C. B. P. 387.

D 101 *Calcitrapoides Sphærocephalos, Erucæ folio*, Comm. Ac. R. Sc. Ann. 1718. p. 168. n. 8. *Jacea Tingitana, centauroides &c*. Pluk. Alm. 191. Tab. 38. f. 5.

102 *Calcitrapoides tenuifolia, capitulis minoribus, squamis tricuspidibus*, Comm. Ac. R. Sc. Ann. 1718. n. 17. *Carduus Jaceæ folio, capitulis minoribus, cum squamis tricuspidibus*, I. R. H. 442.

E 103. *Calthoides foliis oblongis, cæsiis, crassis*. Son calice est simple, sans écailles, & partagé à son extrémité en cinq larges bandes, & quelquefois davantage. Ses graines sont molasses & de figure ovale. Les branches rampent sur la terre.

104 *Campanula rotundifolia, hirsuta, saxatilis, folio molli*, Bocc. App. ad Mus.

105 *Campanula hirsuta, Ocymi fo-lio, caulem ambiente, flore pendulo*, Bocc. Rar. 83. I. R. H. 112.

106 *Campanula arvensis, erecta, major, Euphrasiæ luteæ, seu Trissaginis Apulæ foliis*, H. Cath.

107 *Campanula maxima, foliis latissimis, flore cæruleo*, C. B. P. 94. I. R. H. 108. *Trachelium majus Belgarum*, Clus. Hist. CLXXII.

108 *Campanula radice esculentâ, flore cæruleo*, H. L. Bat. I. R. H. 111.

109 *Cannacorus latifolius, vulgaris*, I. R. H. 367.

110 *Capparis non spinosa, fructu majore*, C. B. P. 480. I. R. H. 261.

111 *Capparis spinosa, fructu minore, folio rotundo*, C. B. P. 480. I. R. H. 261.

112 *Capparis Arabica, fructu ovi magnitudine, semine piperis instar acri*, Bellon. Obs. l. 2. cap. 60. La nôtre s'élève de trois coudées. Ses feuilles sont d'un verd grisâtre, épaisses, pleines de suc, arrondies & d'un pouce de grandeur. Le fruit que j'ai vû étoit aussi d'un pouce, oblong, de la façon des Concombres: les *Arabes* l'appellent *Felfel Jibbel*, c'est-à-dire *Poivre de montagne*. On trouve cette Plante en abondance en allant au mont *Sinaï*.

113 *Carlina flore purpureo-rubente, patulo*, I. R. H. 500. Comm. Ac. Sc. An. 1718. p. 173. n. 4.

114 *Carlina acaulos, flore speciofo, purpureo, non radiato, radice gummiferâ, succo albo & rubro*. Sa racine est appellée *Addad*. Voyez la Descript. de l'Afr. par Leon, Liv. IX. chap. penultième.

115 *Caryophyllus barbatus, sylvestris*, C. B. P. 209.

116 *Cassia Fistula Alexandrina*, C. B. P. 403.

117 *Cassia Poetica Monspeliensium*, Lob. Ic. 433. I. R. H. App. 664. Cor. 53.

118 *Catanance quorundam*, Lugd. 1190. *Catanance cærulea, semiflosculorum ordine simplici*, Comm. Ac. R. Sc. Ann. 1721. p. 215. n. 1.

119 *Catanance flore luteo, latiore folio*, I. R. H. 478. *Stæbe Plantaginis folio*, Pr. Alp. Exot. 286.

120 *Caucalis arvensis echinata, latifolia*, C. B. P. 152. I. R. H. 323.

121 *Caucalis Dauci sylvestris folio, echinato fructu*, Bot. Monsp. App. I. R. H. 323.

122 *Caucalis folio Cerefolii*, Riv. Fl. Pent. Irreg. *Chærophyllum sylvestre, seminibus brevibus hirsutis*, I. R. H. 314.

123 *Caucalis Myrrhidis folio, flore & fructu parvo*.

124 *Caucalis pumila maritima*, C. B. P. 153. I. R. H. 323.

125 *Cedrus folio Cupressi, major, fructu flavescente*, C. B. P. 487.

126 *Celtis fructu nigricante*, I. R. H. 612.

127 *Centaurium luteum, perfoliatum*, C. B. P. 278.

128 *Centaurium minus*, C. B. P. 278.

129 *Centaurium majus laciniatum, Africanum*, H. R. Par. App. I. R. H. 444. *Rhaponticoides lutea, altissima, laciniata, capite magno*, Comm. Ac. R. Sc. Ann. 1718. p. 180. n. 30.

130 *Centaurium majus incanum, humile, capite Pini*, I. R. H. 449. *Rhaponticum humile, capite magno Strobili*, Comm. Ac. R. Sc. Ann. 1718. p. 176. n. 3.

131 *Centaurium purpureum, minimum*, Mor. H. Blœs. & H. Ox. II. 566.

132 *Cerinthe quorundam major, versicolore flore*, J. B. III. 602. Clus. H. CLXVIII. I. R. H. 80.

133 *Chamædryfolia tomentosa, Mascatensis*, Pluk. Alm. p. 97. Tab. 275. f. 6. J'en ai vû dans la *Numidie* sans fleurs. Ses feuilles s'attachoient aux doigts comme les têtes de Bardane. Son calice étoit de six piéces. Ses graines sont oblongues, pointillées, angulaires, & couvertes d'une légere bourre.

Catalogue de PLANTES.

134 *Chamælea tricoccos*, C. B. P. 461. Boerh. Ind. Alt. I. 255.

135 *Chamæleon Alpinus, Sonchi spinoso, lucido folio, radice nigrâ, alato caule*, Bocc. Rar. 2. 148. T. 28. & 105. *Carduus Cirsioides nitido glauco folio, capitulo singulari*, Comm. Ac. R. Sc. Ann. 1718. n. 9.

136 *Chamæmelum leucanthemum Hispanicum, magno flore*, C. B. Prod. 70.

137 *Chamæmelum montanum, incanum, Absinthioides, Italicum*, Barr. Obs. IIII. Ic. 457. Comm. Ac. R. Sc. Ann. 1720. p. 318. n. 14. *Leucanthemum Plinii*, Anguill. 181. La nôtre en diffère, en ce que son calice est velu & tirant sur le roux, mais celui de l'*Italique* est noirâtre.

138 *Chamæmelum speciosô flore, radice longâ, fervidâ*. On l'appelle communément *Pyrethrum* : c'est aussi le nom qu'on lui donnoit anciennement. Chez les *Arabes* il porte celui de *Guntufs*. Ses racines sont portées en grande quantité à *Constantinople* & au grand *Caire*, où on les confit, pour s'en servir contre les douleurs de la poitrine & des dents. Ses fleurs sont d'une grande circonférence, & ses petales rouges par dessous : le cœur en est large & jaune, & s'éleve en voute quand les graines meurissent. La fleur est soutenue d'un calice composé d'écailles roides.

139 *Chamæmelum Lusitanicum latifolium, sive Coronopi folio*, Breyn. Cent. I. 149. f. 74. Comm. Ac. R. Sc. Ann. 1720. p. 318. n. 9. *Bellis pumila crenata, Agerati æmula; crenis bicornibus, asperiusculis*, Pluk. Alm. 65. Tab. 17. f. 4.

140 *Chamænerion Siculum glabrum majus & nitidum, Amygdali folio*, I. R. H. 303. C'est le *Difflab* des *Arabes*.

141 *Chamæpitys moschata, foliis serratis, an prima Dioscoridis*, C. B. P. 240. I. R. H. 208.

142 *Chamæpitys moschata, foliis serratis, flore luteo*, I. R. H. 208. Les *Arabes* l'appellent *Sandé-gourab*.

143 *Chamæriphes, seu Palma humilis, spinosa, folio flabelliformi*, J. B. III. 37. On l'appelle *Doom* en *Arabe*. J'en ai vû de sept ou huit pieds de hauteur, qu'on avoit ébranchés chaque année.

144 *Chenopodium annuum humi fusum, folio breviori & capillaceo*, I. R. H. 506. *Camphoratæ congener*, C. B. P. 486.

145 *Chenopodium Sedi folio minimo, semine splendente, annuum*, Boerh. Ind. Alt. II. 91.

146 *Chondrilla minima, repens, Asplenii foliolis pilosis*.

147 *Chrysanthemum foliis Matricariæ*, C. B. P. 134. I. R. H. 491.

148 *Chrysanthemum folio minus secto, glauco*, J. B. III. I. R. H. 492.

149 *Chrysosplenii foliis Planta aquatica, flore flavo, pentapetalo*. Elle est velue & entortillée comme la *Cuscuta*. Les fleurs ont de longs pédicules, & leurs petales ne sont point bordés. Le fruit a la figure d'une mitre épiscopale. Le calice est tout d'une piéce & serre étroitement le fruit.

150 *Cicuta major*, C. B. P. 160. I. R. H. 306.

151 *Cinara acaulos, Tunetana, Tasga dicta, magno flore, suaviter olente, angustis Cinerariæ foliis, non spinosis*, Till. H. Pis. p. 41. F. 1. Tab. 20. Sa racine est de fort bon goût, & les Habitans la mangent.

152 *Cinara sylvestris, non spinosa, flore cæruleo, foliis tenuius laciniatis*.

153 *Cistus Ladanifera*, Monsp. C. B. P. 467. I. R. H. 260. *Cistus Ladanifera, sive Ledon Monspessulanum, augusto folio, nigricans*, J. B. II. 10.

154 *Cistus latifolius, magno flore*, Barr. Icon. 1315. Obs. 547.

155 *Clematitis, sive Flammula repens*, C. B. P. 300. I. R. H. 293.

156 *Clematitis peregrina, foliis Pyri incifis*, C. B. P. 300.

157 *Clinopodium Lufitanicum, fpicatum & verticillatum*, I. H. R. 193. *Prunella Lufitanica capite reticulato, folio Pedicularis Tournefortii*, H. Ox. III. 363. Toute la Plante a une odeur de bitume, & fa fleur reſſemble plutôt à la *Moldavica* qu'au *Clinopodium* : car j'ai cru remarquer que ſon caſque ſe fourchoit en quatre pointes, & ſa barbe en deux.

158 *Clymenum Hifpanicum, flore vario, filiquâ planâ*, I. R. H. 396. *Lathyrus vicioides, vexillo rubro, labialibus petalis roſtrum ambientibus cœruleis, filiquâ planâ*, H. Ox. II. 56.

159 *Clymenum, quod Vicia maxima, Galegæ foliis majoribus, tetraphylla vel pentaphylla, binatim, floribus e viridi flaveſcentibus*, H. Cath.

160 *Cnicus cœruleus afperior*, C. B. P. 378. I. R. H. 450.

161 *Cnicus exiguus capite cancellato, femine tomentoſo*, I. R. H. 451. *Crocodiloides exigua, purpuraſcente comâ*, Comm. Ac. R. Sc. Ann. 1718. p. 162. n. 2.

162 *Cnicus cœruleus, humilis, montis Lupi*, H. L. B. I. R. H. 451. *Carduncellus montis Lupi*, Lob. Ic. 20. J. B. III. 92. Sa racine eſt douce & mangeable ; les *Arabes* l'appellent *Gernaſhdee*.

163 *Colocynthis pumila, Arabica, fructu Nucis Juglandis magnitudine, cortice lævi*.

164 *Colocynthis pumila, echinata, Arabica, ſtriis duodecim luteis & viridibus variegata*.

165 *Convolvulus Althææ folio*, Cluſ. H. XLIX. *Convolvulus peregrinus pulcher, folio Betonicæ*, J. B. II. 159. I. R. H. 85.

166 *Convolvulus argenteus elegantiſſimus, foliis tenuiter inciſis*, I. R. H. 85.

167 *Convolvulus Africanus, vul-*

168 *Convolvulus Græcus, Sagittæ foliis, flore albo*, Cor. 1.

169 *Convolvulus maritimus, noſtras, rotundifolius*, H. Ox. II. 11. *Soldanella*, Dod. Pempt. 395.

170 *Corchorus ſive Melochia*, J. B. II. 982. I. R. H. 259.

171 *Coris cœrulea maritima*, C. B. P. C'eſt la *Hanzœrab* des *Arabes*, qui l'employent copieuſement en décoction contre le mal Venerien.

172 *Coris cœrulea maritima, foliis brevioribus, magis confertis*.

173 *Coronilla caule Geniſtæ fungoſo*, I. R. H. 650.

174 *Coronilla maritima, glauco folio*, I. R. H. 650.

175 *Conyza caulibus rubentibus, tenuioribus, flore luteo, nudo*, Bot. Monſp. I. R. H. 455.

176 *Conyza tomentoſa, Polii foliis crenatis*. Cette Plante a trois pouces de hauteur ; elle a une odeur agréable, & ſes fleurs viennent chacune ſeparement.

177 *Cotyledon paluſtris, Sedi folio, floribus rubris, longioribus*. Ses fleurs, qui ſont oblongues, reſſemblent à la *petite Centaurée*, & ſont rangées en bouquets à-peu-près comme celles du Fenouil.

178 *Cotyledon paluſtris, Sedi folio, floribus luteis, brevioribus*.

179 *Crambe fpinoſiſſima Arabica, foliis longis, anguſtis, floribus in foliorum alis*.

180 *Crepis Chondrillæ folio*, Comm. Ac. R. Sc. Ann. 1721. p. 195.

181 *Crepis folio leviter dentato*, Comm. Ac. R. Sc. Ann. 1721. p. 195. n. 1. *Sonchus lævis, anguſtifolius*, C. B. P. 124. I. R. H. 475. Boerh. Ind. Alt. 85. C'eſt la même que les Anciens ont appellée *Terra Crepola* ou *Trinciatella*.

182 *Cyanus humilis, albus, Hieracii folio*, I. R. H. 446.

183 *Cya-*

183 *Cyanus humilis, Hieracii folio, flore purpureo*, I. R. H. 446.

184 *Cynoglossum Creticum, argenteo, angusto folio*, C. B. P. 257. I. R. H. 140.

185 *Cynoglossum argenteum, flore roseo*, H. Cath. *Cynoglossum Narbonense*, H. Eyst.

186 *Cynoglossum Hispanicum, angustifolium, flore obsoleto*. On en voit quelquefois aussi qui a des fleurs blanches.

187 *Cynoglossum Myosotidis foliis incanis, flore parvo, ruberrimo*. Les feuilles & les fleurs varient dans la même espece, étant tantôt plus grandes & tantôt plus petites.

188 *Cypressus fructu quadrivalvi, foliis Equiseti instar articulatis*. Cette Plante semble tenir le milieu entre l'Arbre & l'Arbrisseau; car je n'en ai vû aucune dont la hauteur excedât quinze pieds. Ses feuilles sont d'un beau verd, & couvertes d'un grand nombre de petites écailles, telles qu'on en voit dans les autres especes; mais fort remplies de jointures qui s'emboetent les unes dans les autres, à-peu-près comme les nœuds de la Prêle.

189 *Cyperus humilis, spinis brevibus, rotundis, conglomeratis*, Buxbaum Cent. I. p. 34. Tab. 55. f. 1.

190 *Cytisus argenteus, linifolius, Insularum Stæchadum*, I. R. H. 647.

191 *Cytisus foliis subrotundis, glabris, floribus amplis glomeratis, pendulis*.

192 *Cytisus hirsutus*, J. B. I. 327. J. R. H. 647.

193 *Cytisus humilis, argenteus, angustifolius*, I. R. H. 648.

194 *Cytisus foliis oblongis, sessilibus, glabris, siliquis compressis, incanis*. Il n'y a ordinairement aux sommités que des feuilles separées, & les sommités mêmes sont pointues.

195 *Cytisus minoribus foliis, ramulis tenellis, villosis*, C. B. P. 390. I. R. H. 647.

196 *Cytisus spinosus*, H. L. B. I. R. H. 648.

197 *Daucus Hispanicus, umbellâ maximâ*, El. Bot. I. R. H. 308.

198 *Daucus maritimus lucidus*, I. R. H. 307. *Gingidium folio Chærophylli*, C. B. P. 151.

199 *Dens Leonis foliis radiatis*, Bot. Monsp. 295.

200 *Dens Leonis ramosus, maximus, foliis pilosis, sinuatis, pedalibus. Hieracium Platyneuron, Bursæ Pastoris cæsurâ, piloso folio*, H. Cath. Raji. H. III. 145.

201 *Digitalis Verbasci folio, purpurea, minor, perennis, Hispanica*, Barr. Ic. 1183. Obs. 187.

202 *Doronicum Plantaginis folio*, C. B. P. 184. Il y en a dont les feuilles sont velues, & d'autres où elles sont lisses.

203 *Dorycnium Monspeliensium*, Lob. Ic. 51. I. R. H. 391.

204 *Dracunculus polyphyllus*, C. B. P. 195. *Dracontium*, Dod. Pempt. 329.

205 *Drypis Theophrasti*, Anguill. *Spina umbella foliis viduâ*, C. B. P. 388.

206 *Echinopus Orientalis, Acanthi aculeati folio, capite magno spinoso cæruleo*, Cor. 34. Comm. Ac. R. Sc. Ann. 1718. p. 151. n. 4.

207 *Echium Creticum latifolium rubrum*, C. B. P. 154.

208 *Echium Scorpioides, spicis longis, plerumque recurvis, floribus parvis, purpureis*.

209 *Echium Tingitanum, altissimum, flore variegato*, H. Ox. III. 140. Pluk. Alm. 133.

210 *Elichrysum seu Stœchas Citrina angustifolia*, C. B. P. 264. I. R. H. 452.

211 *Elichrysum Gnaphaloides, floribus in strictiorem umbellam congestis*.

212 *Elichrysum sylvestre latifolium, flo-*

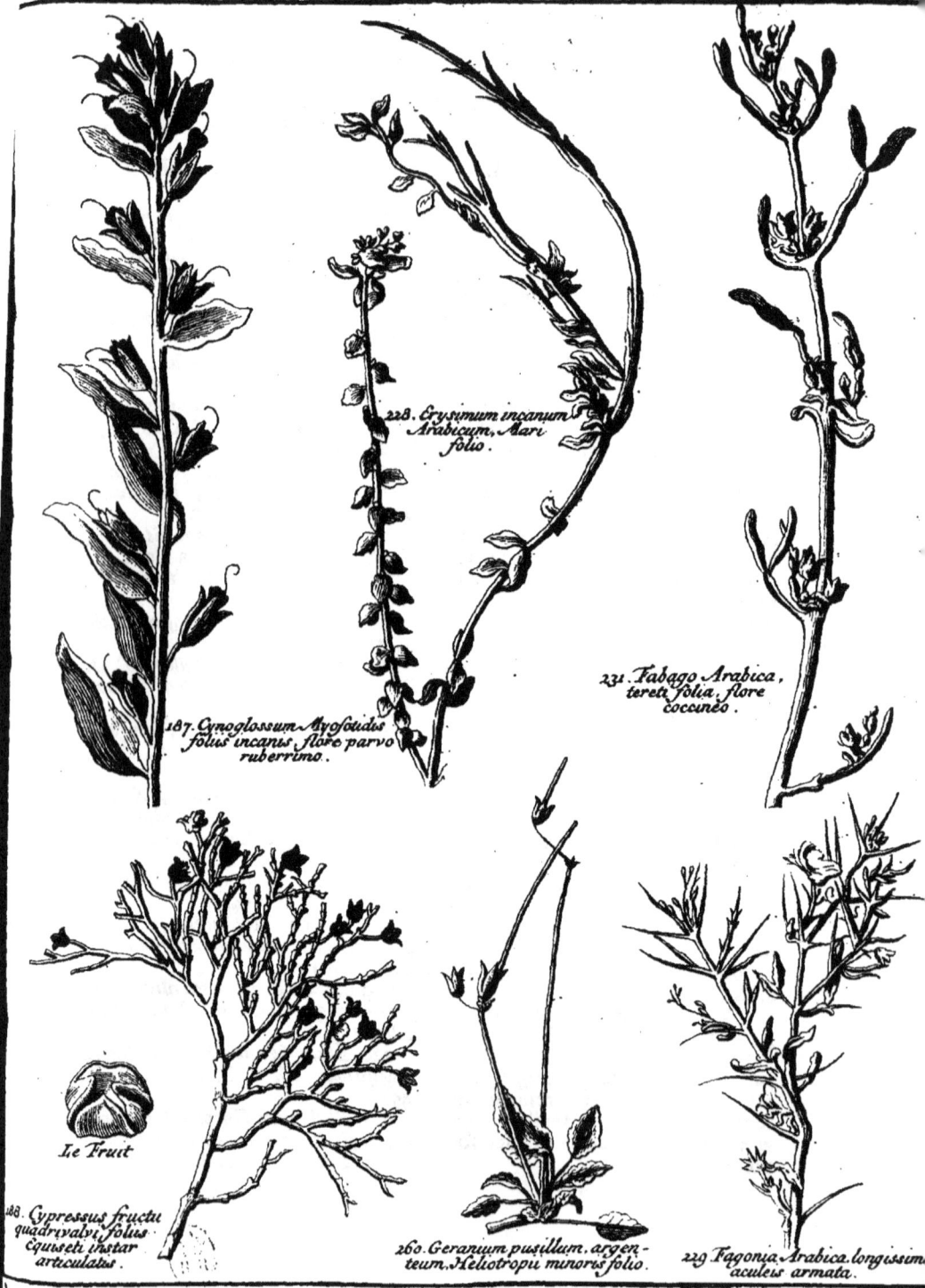

flore magno, singulari, I. R. H. 452. Comm. Ac. R. Sc. Ann. 1719. p. 291. n. 6.

213 *Elichrysum sylvestre latifolium, flore parvo, singulari*, I. R. H. 452.

214 *Ephedra maritima, major*, I. R. H. 663.

215 *Equisetum arvense, longioribus setis*, C. B. P. 16. I. R. H. 533.

216 *Erica humilis, cortice cinereo, Arbuti flore*, C. B. P. 486. I. R. H. 602.

217 *Erica foliis Corios multiflora*, J. B. I. 356. I. R. H. 602. *Erica Juniperifolia, densè fruticans, Narbonensis*, Lob. Obs. 620.

218 *Eruca flore albo, foliis sessilibus, Bursæ Pastoris*.

219 *Eruca major, sativa, annua, flore albo, striato*, J. B. II. 859.

220 *Eruca pumila, floribus albis, foliis laciniatis*.

221 *Eruca Romana seu Gentilis, siliquâ angustâ, folio lato*, J. B. II. 860 *Eruca sylvestris, flore albo*, Barr. Ic. 132.

222 *Eryngium amethystinum, Lusitanicum, folio longiori*, I. R. H. 327. *Eryngium minus, montanum, flore cæruleo, pulchro, Vir. Lusit.*

223 *Eryngium foliis angustis, digitatis Hellebori.*

224 *Eryngium Lusitanicum, latifolium, vulgari simile*, I. R. H. 327.

225 *Eryngium montanum, pumilum*, C. B. P. 386. I. R. H. 327.

226 *Eryngium planum, minus*, C. B. P. 386. I. R. H. 327.

227 *Eryngium planum, medium, foliis oblongis.* Cette espece est distinguée de l'*Eryngium latifolium planum* C. B. P. 386. en ce que les feuilles près de la tige sont plus longues, plus serrées, & plus épineuses : & elle differe de l'*Eryngium planum, minus*, C. B. P. en ce que ses feuilles sont plus grandes, point retirées vers leurs pedicules ; elle fait moins de petites branches, & est garnie d'épines.

228 *Erysimum incanum Arabicum, Mari folio.*

229 *Fagonia Arabica, longissimis aculeis armata.* Ses feuilles sont per larges, pleines de suc & sillonées comme celles du Romarin.

230 *Fagonia Cretica spinosa*, I. R. H. 265.

231 *Fabago Arabica, teretifolia, flore coccineo. Fagonioides Memphitica, virens obscuriùs, folio crassiori, bidigitato, tereti, fructu cylindraceo*, Lipp. MS. apud Phyt. Sherard. Ox.

232 *Fœniculum Lusitanicum minimum acre*, I. R. H. 312.

233 *Fœnum Græcum sylvestre*, C. B. P. 348. *Fœnum Græcum sylvestre Dalechampii*, Lugd. 481. J. B. II. 365.

234 *Fœnum Græcum sylvestre alterum, polyceration*, C. B. P. 348. I. R. H. 409.

235 *Ferrum equinum minus, siliquâ in summitate singulari.*

236 *Ferula folio Fœniculi, semine latiore & rotundiore*, J. B. III. 2. 13.

237 *Ferula Galbanifera*, Lob. Ic. 779. I. R. H. 321.

238 *Filago supina, capitulis rotundis, tomento. obtusis*, Barr. Obs. 999. *Leontopodium verius Dioscoridis, Hispanicum ejusdem*, Icon. 296.

239 *Filicula Euphrasiæ foliis conjugatis.*

240 *Filicula ramosa, Lusitanica, pinnulis ad Ceterach accedentibus*, I. R. H. 542. H. R. Monsp. 79. Ic. & Descript. *Filicula Smyrnica, pinnulis rotundis, minimis*, Pet. Gaz. T. 75. f. 4.

241 *Filix Lonchitidis facie, foliis angustis, pellucidis, auriculatis.*

242 *Filix marina, Anglica*, Park. Th. 1045.

243 *Filix mas, non ramosa, pinnulis latis, auriculatis, spinosis*, Ger. Emac. 1130. Pluk. Alm. 152. Tab. 179. f. 6.

244 *Filix ramosa, major, pinnulis obtusis, non dentatis*, C. B. P. 357. I. R. H. 536.

245 *Fra-*

Catalogue de Plantes.

245 *Fraxinus excelsior*, C. B. P. 416. I. R. H. 576.

246 *Fritillaria præcox*, purpurea, variegata, I. R. H. 377.

247 *Fumaria major, scandens, foliorum pediculis, flore majore pallidiore*, H. Ox. II. 261.

248 *Fungus Mauritanicus, verrucosus, ruber*, Pet. Gaz. Tab. 39. f. 8. *Cynomorion purpureum officinarum*, Michelii Nov. Gen. p. 17. Tab. 12. Dans mes Observations je l'ai appellé *Orobanche Mauritanica*. La substance de toute la Plante est rouge & spongieuse; son gland ou sa tête, qui porte des fleurs, est rempli d'une liqueur rouge: les fleurs sont autant d'étamines tout près l'une de l'autre, embrassant étroitement de petites graines dures & rondelettes.

249 *Galeopsis Hispanica, frutescens, Teucrii folio*, I. R. H. 186. On s'en sert dans les environs d'*Alger* pour faire des hayes: ses graines, parvenues à leur maturité, sont enveloppées d'une poulpe noire & molle, à la manière des bayes.

250 *Galeopsis annua, Hispanica, rotundiore folio*, I. R. H. *Marrubium nigrum, Hispanicum, vel Ocymastrum Valentinum Clussii*, Park. Tb. 45. La lèvre inférieure de la fleur est entiere.

251 *Galeopsis palustris Betonicæ folio, flore variegato*, I. R. H. 185.

252 *Gallium luteum*, C. B. P. 335. I. R. H. 115.

253 *Genista juncea*, J. B. I. 395. I. R. H. 643.

254 *Genista-Spartium Lusitanicum, siliquâ falcatâ*, I. R. H. 646.

255 *Genista - Spartium procumbens, Germanico simile, foliis angustioribus*.

256 *Geranium batrachoides, folio Aconiti*, C. B. P. 317. I. R. H. 266.

257 *Geranium Chium, vernum, Caryophyllatæ folio*, Cor. 20.

258 *Geranium Cicutæ folio, moscatum*, C. B. P. 319. I. R. H. 268.

259 *Geranium Cicutæ folio, acu lon-*

gissimâ, C. B. P. 319. Prodr. 138. I. R. H. 268.

260 *Geranium pusillum, argenteum, Heliotropii minoris folio*. Les feuilles, les calices & le bec sont argentés; les premières joliment rayées, & les pedicules dégarnis.

261 *Geranium Robertianum*, C. B. P. 319. I. R. H. 268.

262 *Geranium supinum, rotundo Batrachioidis crasso, tomentoso folio, radice rufescente, longiùs radicatâ*, I. R. H. 269. Bocc. Mus. P. II. Tab. 128. p. 160.

263 *Gingidium umbellâ oblongâ*, C. B. P. 151. *Visnaga*, J. B. III. 2. 31.

264 *Gladiolus floribus uno versu dispositis, major*, C. B. P. 41. *Gladiolus sive Xiphion*, J. B. II. 701.

265 *Glaucium flore luteo*, I. R. H. 254.

266 *Glaucium flore violaceo*, I. R. H. 254.

267 *Globularia fruticosa, Myrti folio, rigido, nunc tridentato, nunc plano*. Les *Arabes* l'appellent *Tesselgab*.

268 *Gnaphalium maritimum*, C. B. P. 263. I. R. H. 461.

269 *Gnaphalium umbellatum, minimum*, J. B. III. 26. 162. Comm. Ac. R. Sc. Ann. 1719. p. 314. n. 1.

270 *Gnaphaloides Lusitanica*, I. R. H. 439.

271 *Gramen alopecuroides maximum*, J. B. *Spica divisa Sherardi*, Scheuchz. Agrost. 247.

272 *Gramen anthoxanthum, spicatum*, J. B. II. 466. I. R. H. 518.

273 *Gramen arvense, paniculâ crispâ*, C. B. Tb. 32.

274 *Gramen avenaceum, montanum, spicâ simplici, aristis recurvis*, Raji Hist. 1290.

275 *Gramen avenaceum, pratense, paniculâ squamosâ & villosâ*, H. Ox. III. 213. Sect. 8. T. 7. n. 18.

276 *Festuca avenacea sterilis, paniculis confertis, erectioribus, aristis brevioribus*, Raji Synop. 261.

277 *Festuca altera capitulis duris*, C. B. P. 10. Tb. 151.

278 Gra-

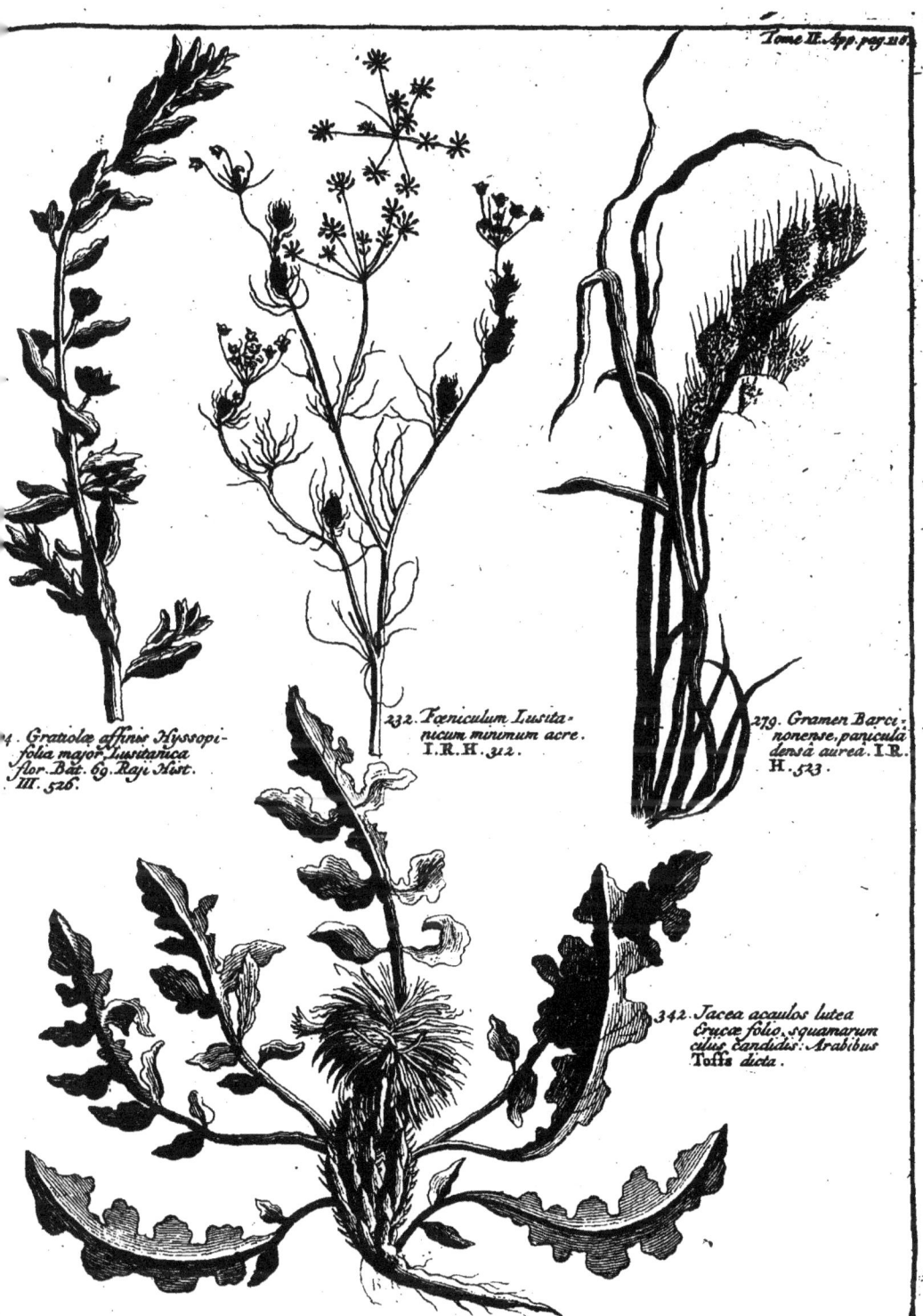

278 *Gramen avenaceum, strigosius, utriculis lanugine albicantibus.* Il diffère du *Gramen avenac. utric. lanugine flavesc. J. R. H.* 525. en ce que les petites pochettes qui renferment la graine sont moins separées l'une de l'autre & moins larges, que ses barbes sont plus minces, velues vers le bas & blanches près de la graine. De plus il n'y a qu'une seule loge dans chaque pochette ou étui, qui renferme un grain unique, couvert d'un tendre cotton, sans autre envelope, & dont le sommet se termine en une simple barbe : au lieu que les pochettes de l'autre contiennent chacune deux graines, couvertes d'un calice ou d'une envelope, dont la barbe sort à côté ou sur le dos du calice.

279 *Gramen Barcinonense, paniculâ densâ, aureâ, I. R. H.* 523.

280 *Gramen Bromoides, festuceâ tenuique paniculâ minus, Barr. Ic.* 76. 2.

281 *Gramen Cyperoides, angustifolium, spicâ spadiceo-viridi, majus, C. B. P.* 6. *Prodr.* 13. *J. B. II.* 495.

282 *Gramen Cyperoides, aquaticum, majus, paniculâ Cyperi longi, ex crassioribus glumis compactâ, & brevibus petiolis donatâ, Læl. Triumf. in Obs. J. Bapt. Fratris.*

283 *Gramen dactylum, Siculum, multiplici paniculâ, spicis ab eodem exortu geminis, Raji Hist. II.* 271. *Pluk. Alm.* 175. *Tab.* 92. *f.* 1. *I. R. H.* 521.

284 *Gramen dactylon, radice repente, sive officinarum, I. R. H.* 520.

285 *Gramen dactylon, spicâ geminâ, triunciali, glabrâ & aristatâ, Michel. Cat. H. Pis. Gramen bicorne, sive Distachyopheron, Bocc. Rar.* 20.

286 *Gramen humile, capitulis glomeratis, pungentibus.* Cette Plante n'est pas plus haute que la paume; ses tiges sont menues, accompagnées de quelques feuilles lisses par-ci par-là, & à leur sommité vient une pelote ronde, formée par plusieurs épis fort courts, & par quatre ou cinq couples de logettes, surmontées de barbes très-courtes & roides.

287 *Gramen Loliaceum radice repente, sive Gramen officinarum, I. R. H.* 516.

288 *Gramen minus, paniculâ rigidâ, densiore & ampliore, I. R. H.* 522.

289 *Gramen montanum, paniculâ miliaceâ, sparsâ, C. B. Prod.* 17.

290 *Gramen nemorosum, spicis parvis, asperis, C. B. P.* 7.

291 *Gramen paniculâ spicatâ, villosum, locustis villosis, Scheuchz. Agrost.* 248.

292 *Gramen paniceum, spicâ simplici asperâ, C. B. P.* 8. *Panicum sylvestre dictum, & Dens caninus,* 1. *J. B. II.* 443.

293 *Gramen paniculatum, locustis maximis, phœniceis, tremulis, I. R. H.* 523.

294 *Gramen paniculatum, minus, locustis magnis, tremulis, I. R. H.* 523.

295 *Gramen pratense, capillare, paniculatum, locustis parvis flavescentibus.* Vers la racine ses feuilles sont minces & deliées, mais touffues; celles qui viennent au chalumeau sont un peu plus larges : ses pochettes sont belles, & composées de capsules tronquées & de trois ou quatre couples de sachets, à bords argentés.

296 *Gramen pratense, paniculatum, medium, I. R. H.* 521.

297 *Gramen serotinum arvense, paniculâ contractiore, pyramidali, Raji Synopf. II.* 259.

298 *Gramen Sparteum, spicatum, foliis mucronatis, brevioribus, C. B. P.* 5. *Tb.* 68. C'est le *Difs des Arabes.*

299 *Gramen spicâ hirsutâ, ad gramen du Gros accedens, J. B. II.* 438.

300 *Gramen spicatum, folio aspero, C. B. Tb.* 45.

301 *Gramen spicatum, spicâ subrotundâ, echinatâ, I. R. H.* 519.

302 *Gramen tremulum maximum, C. B. Tb.* 24.

303 *Gra-*

Catalogue de PLANTES.

303 *Gramen Typhoides, molle*, C. B. A & fourchus en plusieurs pointes, Scheuchz. *Agrost.* 246.

304 *Gratiolæ affinis Hyssopifolia major, Lusitanica*, Flor. Bat. 69. Raji Hist. III. 526.

305 *Hedypnois Cretica, minor, annua*, Cor. 36.

306 *Hedysarum annuum, siliquâ asperâ, undulatâ, intortâ*, I. R. H. 401.

307 *Hedysarum clypeatum, flore suaviter rubente*, Eyst. I. R. H. 401. Les B Arabes l'appellent *Sellab*, & il sert dans toute l'*Afrique* à engraisser les Bestiaux.

308 *Hedysarum procumbens, annuum, angustioribus foliis. Onobrychis major, humi projecta, longulo, cordato foliolo, floribus rubris clypeatis, articulatis, siliquis sparsis*, H. Cath. Raji Hist. III. 457.

309 *Helianthemum Creticum, an-* C *nuum, lato Plantaginis folio*, Cor. 18.

310 *Helianthemum flore maculoso*, Col. 2. 77. I. R. H. 250. *Cistus flore pallido, punicante maculâ insignito*, C. B. P. 465.

311 *Helianthemum folio Thymi glabro*, I. R. H. 249.

312 *Helianthemum frutescens, folio Majoranæ incano*, I. R. H. 249. *Cistus incanus, Majoranæ folio, Hispanicus*, D Barr. Ic. 313.

313 *Helianthemum Halimi minoris folio*, Barr. Obs. 527. Ic. 287.

314 *Helianthemum luteum, Thymi durioris folio*, Barr. Obs. 521. Ic. 441.

315 *Helianthemum Orientale, frutescens, folio Oleæ, flore luteo*, Sher. Boerh. Ind. Alt. 276.

316 *Helianthemum Salicis folio*, I. R. H. 249.

317 *Helianthemum supinum, Polygoni folio, hispido & glutinoso.*

318 *Helianthemum vulgare, flore luteo*, J. B. II. 15. I. R. H. 248.

319 *Heliotropii facie Planta, lanuginosa, ferruginea, pediculis singularibus.* Ses feuilles sont comme celles de l'*Heliotropium minus*, épaisses & velues; ses calices sont beaux & fourchus en plusieurs pointes, & ses graines rangées quatre à quatre, sans enveloppe, de figure ovale & d'un beau noir. Quant à la fleur, je ne l'ai point vûë.

320 *Heliotropium majus Dioscoridis*, I. R. H. 139.

321 *Heliotropium majus autumnale, Jasmini odore*, I. R. H. 139.

322 *Heliotropium, quod Myosotis scorpioides, latifolia, hirsuta Merret*, Pit. Raji. Syn. III. Ed. 3. p. 229.

323 *Hemionitis vulgaris*, C. B. P. 353.

324 *Herniaria fruticosa, viticulis lignosis*, C. B. P. 382. I. R. H. 507.

325 *Herniaria glabra*, J. B. III. 378.

326 *Hesperis hirsuta, lutea, Bellidis folio dentato.* Elle ressemble à la *Barbarea muralis* J. B. mais les pédicules des feuilles qui tiennent à la tige sont plus longs; ses fleurs sont jaunes & en petit nombre.

327 *Hesperis incana, aspera, foliis strictissimis.*

328 *Hesperis maritima, latifolia, siliquâ tricuspide*, I. R. H. 223.

329 *Hesperis maritima, perfoliata, Bellidis folio, glabro.* Ce n'est pas la même que l'*Hesperis marit. perfoliat. parva, flore cæruleo* Pluk. Alm. 183. mais elle en diffère en ce que ses feuilles sont plus courtes, lisses, remplies de suc, & moins dentelées; sa fleur est grande & ressemble à celle de l'*Hesperis maritima supina exigua* J. R. H. 223. de laquelle on distingue la Plante dont il s'agit, parce que les feuilles de E celle-ci embrassent la tige, & qu'elles sont plus obtuses & lisses.

330 *Hieracium angustifolium, parcè dentatum, floribus in extremitatibus caulium singularibus.*

331 *Hieracium calyce barbato*, Col. II. 28. *Hieracium barbatum, medio nigrum minus*, H. L. Bat.

332 *Hieracium magnum Dalechampii*, Lugd. 569. I. R. H. 470. *Hedypnois*

dypnois Monspeſſulana, ſive Deni Leonis Monspeſſulanus, J. B. II. 1036.

333 *Hieracium ſpecioſum, ſquamoſo calyce, Lycopi folio craſſo, ſubtùs incano.*

334 *Hieracium villoſum, Sonchus lanatus Dalechampii dictum, Raji Hiſt.* 231. *I. R. H.* 470.

335 *Horminum ſylveſtre, Lavandulæ flore, C. B. P.* 237.

336 *Horminum Verbenæ laciniis anguſtifolium, Triumf. Obſ. Ic. & Deſcr.* 66.

337 *Hyacinthus obſoletior Hiſpanicus ſerotinus, Cluſ. H.* 177.

338 *Hyoſcyamus albus vulgaris, Cluſ. H.* LXXXIV.

339 *Hypecoon Orientale, Fumariæ folio, Cor.* 17.

340 *Hypecoon tenuiore folio, I. R. H.* 230.

341 *Hypericum ſive Andrôſæmum magnum Canarienſe, ramoſum, copioſis floribus, fruticoſum, Pluk. Alm.* 189. *Tab.* 302. *f.* 1.

342 *Jacea acaulos lutea, Erucæ folio, ſquamarum ciliis candidis.* Sa racine eſt douce & bonne à manger: les *Arabes* l'appellent *Toffs.*

343 *Jacea annua, foliis laciniatis, ſerratis, purpuraſcente flore, I. R. H.* 444. *Rhaponticoides &c. Comm. Ac. R. Sc. Ann.* 1718. *p.* 179. *n.* 21.

344 *Jacea foliis Cichoraceis villoſis, altiſſima, flore purpureo, I. R. H.* 444. *Rhaponticoides &c. Comm. Ac. R. Sc. Ann.* 1718. *p.* 179. *n.* 20.

345 *Jacobæa Hiſpanica, minùs laciniata, petalis breviſſimis, I. R. H.* 486. *Comm. Ac. R. Sc. Ann.* 1720. *p.* 298. *n.* 21.

346 *Jacea purpurea, Atractylidis facie.* Les écailles de cette Plante n'ont qu'une ſeule pointe, & leurs pellicules manquent vers les bords.

347 *Jacobæa Adonidis foliis, floribus in umbellas diſpoſitis.* Elle differe de la *Jacobæa multifida umbellata annua Bocc. Rar. p.* 94. en ce que ſa dentelure eſt plus fine & plus droite, & en ce que ſes petites fleurs, qui viennent en pelotes aux ſommets, ſont plus belles.

348 *Jaſminoides aculeatum, Salicis folio, flore parvo, ex albo purpuraſcente, Michel. N. Gen. p.* 225. *Tab.* 105. *f.* 1.

349 *Jaſminoides aculeatum Polygoni folio, floribus parvis albidis.* Cette Plante parvient preſque à la grandeur d'un Arbuſte, ayant de longs ſarmens minces, & qui ſe penchent vers la terre. Elle eſt garnie de petites épines; l'écorce de ſes branches eſt griſâtre & couverte d'un coton fort tendre & léger.

350 *Jaſminum luteum, vulgo dictum bacciferum, C. B. P.* 398.

351 *Ilex aculeata, cocciglandifera, C. B. P.* 425. *I. R. H.* 583.

352 *Juniperus major, baccâ cæruleâ, C. B. P.* 489. *I. R. H.* 589.

353 *Kali ſpinoſum, foliis craſſioribus & brevioribus, I. R. H.* 247. *Pluk. Alm.* 202.

354 *Kali membranaceum, foliis anguſtis conjugatis.* Il reſſemble au *Kali foliis anguſtioribus ſpinoſis J. R. H.* 247. mais ſes feuilles viennent toûjours vis-à-vis l'une de l'autre, & ſes graines ne ſont point couvertes de membranes.

355 *Ketmia Ægyptiaca, Vitis folio, parvo flore, I. R. H.* 100. *Bamia J. B. II.* 959.

356 *Ketmia veſicaria Africana, flore amplo, purpureo.* Elle differe de la *Ketmia veſic. Afric.* de *Tournefort*, en ce que les échancrures de ſes feuilles ſont plus grandes, & les feuilles mêmes plus dentelées; les inciſions du calice ſont auſſi plus longues, mais moins larges, & la fleur eſt plus grande & toute rouge.

357 *Ketmia paluſtris, flore purpureo, I. R. H.* 100.

358 *Lachryma Jobi latiore folio, I. R. H.* 532.

359 *Lathyrus ſativus, flore & fructu minore.* Les *Arabes* l'appellent *Kerſailab.* Il reſſemble au *Lathyrus* nommé

mé ἀιφίλαστος Morizoni, mais il croît à la hauteur de cinq ou six pieds.

360 *Lavandula multifido folio*, Cluf. Hift. 345. J. B. III. 281.

361 *Leucoium maritimum, sinuato folio*, C. B. P. 201. I. R. H. 221.

362 *Leucoium sylvestre, latifolium, flosculo albido, parvo*, Raji Hift. I. 786.

363 *Limonium caulibus alatis, Asplenii foliis, minùs asperis, calycibus acutioribus, flavescentibus*. C'est l'*El-kbaddab* des Arabes.

364 *Limonium caulibus alatis, foliis minùs sinuosis, calycibus ex viridi cæruleis*.

365 *Limonium peregrinum Asplenii foliis*, C. B. P. 192. I. R. H. 342. *Limonium pulchrum Rauwolfii*, Park. Th. 1235. Il y a cette différence entre notre espece & celle de Rauwolf, que la première a l'air tout noir & plus hérissé, au lieu que la couleur de l'autre tire sur le rouge, & que ses calices sont d'un bleu pâle.

366 *Limonium minus, obtuso folio, viminibus foliatis*, Barr. Ic. 806. Obs. 690. *Limonium minus*, J. B. III. App. 877.

367 *Limonium foliis Halimi*, Braff. I. R. H. 342.

368 *Limonium maritimum minimum*, C. B. Prod. 99. Bocc. Rar. p. 25, 26. f. 3.

369 *Limonium galliferum, foliis cylindraceis*. Sa fleur est belle & d'un beau rouge. Ses feuilles sont d'un gris blanc, comme si elles étoient poudrées de sucre. Les noix galles sont de figure ovale & viennent à la tige, étant percées non d'un seul trou, mais de plusieurs.

370 *Linaria Bellidis folia*, C. B. P. 312. Prod. 106. I. R. H. 179.

371 *Linaria foliis subrotundis, floribus e foliorum alis nascentibus*. Ses branches suivent ordinairement une même direction.

372 *Linaria Myrsinites, flore luteo, rictu purpureo*. C'est la *Linaria Myr-*

sinites tripbylla, flore candidè sulphureo, rictu croceo, bracbiata, H. Catb. Les feuilles de la nôtre viennent communement deux-à-deux, rangées vis-à-vis l'une de l'autre. Sa fleur est jaune, mais rouge en dedans.

373 *Linaria saxatilis, Serpilli folio*, I. R. H. 169.

374 *Linaria segetum Nummulariæ folio, aurito & villoso, flore luteo*, I. R. H. 169.

375 *Linaria Sicula multicaulis, folio Mollugins*, Bocc. Rar. 38.

376 *Linaria Siculæ accedens, Mollugins folio breviori*.

377 *Linaria tripbylla, exigua, calcari prælongo*.

378 *Linaria Valentina*, Cluf. H. 35. I. R. H. 169. Park. Par. *Linaria tripbylla minor lutea*, C. B. P. 212.

379 *Linum foliis asperis, umbellatum, luteum*, Bot. Monsp. C. B. P. 214. I. R. H. 340.

380 *Linum maritimum, luteum*, C. B. P. 214. I. R. H. 340.

381 *Linum maximum Africanum, flore cæruleo*, Volk. Fl. Nov. *Linum sativum, latifolium, Africanum, fructu majore*, I. R. H. 339.

382 *Lotus argentea Cretica*, Pluk. Alm. 226. T. 34. f. 1.

383 *Lotus corniculata, siliquis singularibus, vel binis, tenuis*, J. B. II. 356.

384 *Lotus Græca, maritima, folio glauco & velut argenteo*, Cor. 27.

385 *Lotus humilis, siliquâ falcatâ, e foliorum alis singulari*.

386 *Lotus sive Melilotus, pentaphyllos, minor, glabra*, C. B. P. 332. I. R. H. 402.

387 *Lotus pentaphyllos, siliquâ cornutâ*, C. B. P. 332. *Trifolium sive Lotus Hierazune, edulis, siliquosa*, J. B. II. 365.

388 *Lotus rubra, siliquâ angulosâ*, C. B. P. 332. Boerh. Ind. Alt. II. 37. *Lotus siliquosa, flore fusco, tetragonoobos*, J. B. II. 388.

389 *Lotus siliquis Ornithopodii*, C. B. P. 332. I. R. H. 403.

390 *Lotus villosa, altissima, flore* A *glomerato*, I. R. H. 403.

391 *Lunaria fruticosa, perennis, incana, Leucoii folio*, Cor. 15. Je l'ai trouvée dans l'*Arabie*.

392 *Lupinus angustifolius, cæruleus, elatior*, Raji Hist. 908. I. R. H. 392.

393 *Lupinus lanuginosus, latifolius, humilis, flore cæruleo purpurascente, stoloniferus*, H. Cath. Toute la Plante est de couleur tannée.

394 *Luteola herba, Salicis folio*, C. B. P. 100. I. R. H. 423.

395 *Lychnis foliis glabris, calyce duriore*, Bocc. Rar. p. 27. I. R. H. 337.

396 *Lychnis Lusitanica Bellidis folio, flore carneo*, I. R. H. 338.

397 *Lychnis Lusitanica palustris, folliculo striato*, I. R. H. 338.

398 *Lychnis Orientalis Beupleuri folio*, Cor. 24.

399 *Lychnis segetum, rubra, foliis Perfoliatæ*, C. B. P. 204. I. R. H. 335.

400 *Lychnis supina, pumila, Bellidis foliis crassis, flore bifido, purpureo, calyce striato, turgido*, Raji Hist. III. 481.

401 *Lychnis sylvestris angustifolia, cauliculis turgidis, striatis*, C. B. P. 205.

402 *Lychnis sylvestris, quæ Behen album vulgo*, C. B. P. Il croit à la hauteur de six ou sept pieds.

403 *Lychnis sylvestris, flosculo rubro, vix conspicuo*, Grisl. Vir. Lusit. *Viscago Lusitanica, flore rubello, vix conspicuo*, H. Elth. p. 433. f. 406.

404 *Lycopus palustris glaber*, I. R. H. 191.

405 *Lysimachia lutea humilis, Polygalæ folio*.

406 *Marrubium album, villosum*, C. B. P. 230. Prodr. 110.

407 *Marrubium Hispanicum, supinum, calyce stellato & aculeato*, I. R. H. 192. *Alyssum Galeni*, Clus. Hisp. 387.

408 *Medica magno fructu, aculeis sursum & deorsum tendentibus*, I. R. H. 411.

409 *Medica Marina*, Lob. Ic. 38. Ces deux especes de *Medica* sont les plus belles entre un grand nombre d'autres qui viennent naturellement dans l'*Afrique*.

410 *Melongena Aristolochiæ foliis, fructu longo, violaceo*. Ses fleurs sont rouges, disposées en étoile, & plus petites que celles des autres especes qu'on cultive en Afrique.

411 *Mesembrianthemum perfoliatum, foliis exiguis, monacanthis*. Cette Plante ressemble pour la figure au *Mesembrianthemum perfoliatum foliis minoribus diacanthis* qu'on voit dans le *Jardin d'Elthon*, mais son verd est plus pâle, & ses feuilles un peu plus courtes, plus touffues, droites, & non recourbées comme celles de l'autre. Au reste ses feuilles sont triangulaires, & leur sommité se termine en pointe ou en espece d'épine. Quant à la fleur, je ne l'ai jamais pû voir.

412 *Musa fructu cucumerino, longiori*, Plum. 24. Mauz, *Musa Alp. Ægypt.* 78, 79, 80.

413 *Muscari obsoletiori flore*, Clus. Hist. 178. I. R. H. 348.

414 *Muscus ceranoides Palmensis, comis digitatis, Orchili (Argol) dictus*, Musc. Pet. 436. Gazoph. Nat. II. Tab. 7. f. 12. *Fucus capillaris tinctorius*, J. B. III. 796.

415 *Muscus terrestris Lusitanicus*, Clus. Hist. CCXLIX.

416 *Myrrhis annua, alba, hirsuta, nodosa, Pastinacæ sylvestris folio candicante*, Hort. Cath. Raji Hist. III. 254.

417 *Myrrhis annua Lusitanica, semine villoso, Pastinacæ sativæ folio*, I. R. H. 315. *Panax Siculum &c.* Bocc. Rar. 1.

418 *Myrtus latifolia Bætica* 1. *vel foliis laurinis*, C. B. P. 460. I. R. H. 640. On le trouve abondamment dans les broussailles, avec d'autres sortes encore, dont les feuilles sont moins larges.

419 *Nastur-*

419 *Nasturtium Alpinum*, *Bellidis* folio majus, C. B. P. 105. Prodr. 46. Ce n'est pas une espece de *Nasturtium*, car il apartient à la classe des Légumes proprement dites.

420 *Nerium floribus rubescentibus*, C. B. P. 464. *Oleander*, *Laurus rosea*, Lob. Ic. 364. Les *Arabes* l'appellent *Difflah*.

421 *Nigella angustifolia, flore majore, simplici cæruleo*, C. B. P. 145. I. R. H. 258.

422 *Nigella flore minore simplici, candido*, C. B. P. 145. I. R. H. 258.

423 *Nissolia vulgaris*, I. R. H. 656.

424 *Ochrus folio vel integro, vel diviso, capreolos emittente*, I. R. H. 396. Cor. 27.

425 *Oenanthe Apii folio*, C. B. P. 162. I. R. H. 312. Ses petites feuilles viennent au pied des bouquets; elles sont en grand nombre, & plus larges que dans les autres especes.

426 *Oenanthe aquatica, tenuifolia, major, bulbulis radicum longissimis*, Cat. Pl. Agr. Flor. Hort. Pis. Tillii.

427 *Oenoplia spinosa*, C. B. P. 477. *Nabca foliis Rhamni vel Jujubæ*, J. B. I. l. 6. c. 39.

428 *Onobrychis Apula, perennis, erecta, foliis Viciæ, floribus albicantibus, lineis rubris distinctis, in spica densa congestis, fructu aculeato*, Michel. Cat. H. Pis.

429 *Onobrychis seu Caput Gallinaceum minus, fructu maximo, insigniter echinato*, Triumf. ap. ad Frat. 65. I. R. H. 390.

430 *Onobrychis fructu echinato, minor*, C. B. P. 350. I. R. H. 390.

431 *Onobrychis Orientalis, argentea, fructu echinato minimo*, Cor. 26.

432 *Orchis angustifolia, anthropomorphos, spicâ laxiori, flavescente*.

433 *Orchis anthropomorphos, foliis latis, obtusis, capitulis globosis, purpurascentibus*.

434 *Orchis barbata, odore hirci, breviore latioreque folio*, C. B. P. 82. I. R. H. 433.

435 *Orchis flore nudi hominis effigiem repræsentans; fæmina*, C. B. P. 82. I. R. H. 433.

436 *Orchis foliis maculatis, spicâ densâ, rubrâ*.

437 *Orchis fucum referens, colore rubiginoso*, C. B. P. 83.

438 *Orchis fucum referens, labello gibboso*.

439 *Orchis militaris, pratensis, humilior*, I. R. H. 432.

440 *Orchis montana Italica, linguâ oblongâ, altera*, C. B. P. 84. I. R. H. 434.

441 *Orchis montana Italica, linguâ trifidâ*, Burser. Camp. Elys. Tab. 2. p. 204. F.

442 *Orchis myodes, lutea, Lusitanica*, Breyn. Cent. 101. Tab. 45.

443 *Orchis odore hirci, minor*, C. B. P. 82. I. R. H. 433.

444 *Orchis odorata, spicâ rubrâ, floribus parvulis, musciformibus*.

445 *Orchis palmata, Sambuci odore, floribus purpureis*, C. B. P. 86. I. R. H. 435.

446 *Origanum vulgare spontaneum*, J. B. III. 236. *Origanum sylvestre*, *Cunila bubula*, C. B. P. 223. C'est le *Zatter* des *Arabes*.

447 *Ornithogalum cæruleum Lusitanicum latifolium*, I. R. H. 351.

448 *Ornithogalum umbellatum, maximum*, C. B. P. 69. I. R. H. 378.

449 *Ornithogalum umbellatum medium, angustifolium*, C. B. P. 70. I. R. H. 378.

450 *Ornithopodio affinis, hirsuta, Scorpioides*, C. B. P. 350.

451 *Ornithopodium Portulacæ folio*, I. R. H. 400.

452 *Orobanche flore specioso, fimbriato, ruberrimo*. Les feuilles qui viennent aux tiges sont étroites, & les petites feuilles qui se trouvent sous la fleur, se terminent en filets ou en pointes longues & minces.

453 *Orobanche flore minore*, J. B. II. 781. I. R. H. 176.

454 *Orobanche major*, *Caryophyllum*

sum olens, C. B. P. 87. I. R. H. 175.
455 *Orobanche ramosa, floribus purpurascentibus*, C. B. P. 88. I. R. H. 176.
456 *Orobus foliis angustissimis, radice tuberosa*.
457 *Orobus latifolius, parvo flore, purpureo*, C. B. P. 351. I. R. H. 393.
458 *Oryza omnium Authorum*.
459 *Oxyacantha Arabica, fructu magno eduli*. On la prendroit pour l'Oxyacantha ordinaire, mais son fruit parvient presque à la grandeur d'une Cerife ou d'une Azerole. Cette Plante croit copieufement sur la montagne de Ste. *Catherine*, vis-à-vis le mont *Sinaï*.
460 *Palma dactylifera*, Les *Arabes* appellent cet Arbre *Nabbal*, fon fruit *Tummar*, & fes petites branches *Jeridd*. On compte plus de trente diverses fortes de dattes, ou de *Tummars*, dans les diſtricts de *Zebe* & de *Jereed*: l'efpece qu'ils nomment *Trunſhab*, eſt une des plus grandes & des plus molaſſes; mais celles qu'on eſtime les plus douces & les plus propres à être conſervées s'appellent *Deglutnore*.
461 *Palma minor*, C. B. P. 506. *Palma humilis Hispanica, spinosa & non spinosa*, J. B. I. 369. *Chamæriphes*, Dod. Pempt. *Palma folio plicatili, f. flabelliformi, humilis*, Raji Hist. II. 1369. Cette Plante monte quelquefois à la hauteur de ſix ou de huit pieds. On l'ébranche tous les ans, comme le grand Palmier.
462 *Papaver erraticum, capitulo oblongo, hispido*, I. R. H. 238. *Argemone capitulo breviore, hispido*, J. B. III. 396.
463 *Paronychia Narbonensis, erecta*, I. R. H. 508.
464 *Pedicularis Cretica maritima, amplioribus foliis & floribus*. Cor. 9.
465 *Pedicularis Cretica spicata, maxima, lutea*, Cor. 9.
466 *Pedicularis lutea, viscosa, serrata, pratensis*, I. R. H. 172.

467 *Pedicularis purpurea, annua, minima, verna*, I. R. H. 172. *Euphrasia purpurea minor*, C. B. Prod. 111.
468 *Pedicularis Teucrii folio, pediculo insidente, flore parvo ruberrimo*.
469 *Pelecinus vulgaris*, I. R. H. 417.
470 *Persicaria latifolia major & minior, foliis & caule maculatis, spica crassiori*, Cat. Pl. Agr. Flor. Michel. Cat. H. Pif.
471 *Phalangium, parvo flore, ramosum*, C. B. P. 29. I. R. H. 368.
472 *Phalangium pulchrius, non ramosum*, J. B. II. 635.
473 *Phillyrea angustifolia, minus serrata*, Comm. Ac. R. Sc. Ann. 1722. p. 198. n. 7. *Phillyrea angustifolia spinosa*, I. R. H. 596.
474 *Phillyrea folio Ligustri*, C. B. P. 476. Comm. Ac. R. Sc. Ann. 1722. p. 198. n. 8.
475 *Phillyrea Hispanica, Nerii folio*, I. R. H. 596. Comm. Ac. R. Sc. Ann. 1722. p. 198. n. 6.
476 *Pinus sylvestris vulgaris, Genevensis*, J. B. I. P. 2. p. 253.
477 *Pimpinella Sanguisorba minor, semine majore & crassiore*, Bot. Monsp.
478 *Periploca foliis angustis, confertis, floribus ex viridi flavescentibus*. Ses feuilles font petites & roides, les unes obtufes, d'autres plus pointues, & elles viennent en grand nombre aux nœuds. Les fleurs tiennent à des pédicules courts, & font compofées de petales qui ont peu de largeur.
479 *Phlomis lutea, villosa, perfoliata, verticillis crebrioribus*. Les feuilles qui tirent fur le gris-blanc, font molles, prefque triangulaires, & tiennent la tige étroitement embraſſée, laquelle paſſe pour ainfi dire à travers.
480 *Phlomis-Narbonensis, folio Hormini, flore purpurascente*, I. R. H. 178.
481 *Pisum sylvestre*, Cluſ. Hiſt. CCXXIX.

Catalogue des Plantes.

482 *Pim-*

482 *Pimpinella Oenanthes foliis*, *multùm brachiata, plerumque nuda*. Cette Plante à une odeur forte. J'en ai trouvé copieusement sur les bords du fleuve *Salfum*, entre les montagnes appellées *Al Bee-ban*. Ses tiges font minces, dures, blanches, tortues en divers endroits & portant de petits bouquets blanc.

483 *Plantago angustifolia minima Massiliensis, Lagopi capitulo*, I. R. H. 127.

484 *Plantago angustifolia paniculis Lagopi*, C. B. P. 189. I. R. H. 127.

485 *Plantago angustifolia, serrata, Hispanica*, C. B. P. 189. I. R. H. 127. *Barr. Obs.* 122. *Ic.* 749.

486 *Plumbago quorundam*, *Clus*. H. cxxiii. H. Ox. III. 599.

487 *Polium Valentinum, fruticosum, angustifolium, flore albo*, *Barr. Obs.* 331. *Ic.* 1048.

488 *Polygala vulgaris, major*, J. B. III. 387.

489 *Polygonum folio oblongo, crenato*. Ses feuilles ont un pouce de longueur & un tiers de pouce de largeur; elles se terminent en pointe aux deux bouts, & leurs bords sont légerement dentelés. Ses fleurs sont tout d'une piéce, fendues par lames, blanches & avec de petites rayes vertes comme l'*Ornithogalum*.

490 *Polygonum maritimum, latifolium*, C. B. P. 281. I. R. H. 510.

491 *Populus alba, majoribus foliis*, C. B. P. 429. Les *Arabes* l'appellent communement *Saftaff*, nom que *Rauwolf* & d'autres attribuent, je ne sçais pour quelle raison, au Saule, à moins que ce ne soit un nom générique & commun à tous les Arbres aquatiques.

492 *Populus nigra*, C. B. P. 429.

493 *Pseudodictamnus Hispanicus, foliis crispis & rugosis*, I. R. H. 188.

494 *Psyllium majus erectum*, C. B. P. 191. J. B. III. 513.

495 *Pulegium*, J. B. III. 2. 256.

496 *Pulmonaria vulgaris, maculoso folio*, *Clus.* H. clxix.

497 *Quercus vulgaris brevibus pediculis*, J. B. I. 2. 70. Cette espece conserve sa verdure en *Afrique* pendant toute l'année. Son gland est doux, & les *Africains* le rôtissent & le mangent. Au reste cet Arbre, qui n'excede pas la hauteur de vingt pieds, ressemble par son feuillage au *Quercus latifolia* dont *Gaspard Bauhin* a donné le dessein *ad Matth.* p. 179.

498 *Ranunculus arvensis echinatus*, C. B. P. 179.

499 *Ranunculus aquaticus, hederaceus, flore albo, parvo*, I. R. H. 286.

500 *Ranunculus aquaticus, folio rotundo & capillaceo*, C. B. P. 180. I. R. H. 291.

501 *Ranunculus Lusitanicus, folio subrotundo, parvo flore*, I. R. H. 286.

502 *Ranunculus vernus, rotundifolius, minor*, I. R. H. 286.

503 *Reseda Calcitrapæ folio, majore & rariùs diviso, perennis*.

504 *Reseda foliis Calcitrapæ, flore albo, Mor. P. R. Blæs.* I. R. H. 423.

505 *Reseda minor vulgaris*, I. R. H. 423.

506 *Rhagadiolus minùs brachiatus, folio ampliore vix dentato*.

507 *Rhamnus Hispanicus, Buxi folio minore*, I. R. H. 593.

508 *Rhamnus Siculus, pentaphyllos*, *Bocc. Rar.* 43. On le trouve en abondance près de *Warran* ou *Oran*. C'est un Arbrisseau hérissé d'épines, dont les feuilles sont la plupart fourchues en trois pointes à leur extrêmité : sa fleur ressemble à de l'herbe, étant au reste jaunâtre comme celle du *Ziziphe*, & composée de cinq pétales: son calice est entier & tout d'une piéce, & sa baye, qui se mange, est d'un beau rouge, & ne renferme qu'un seul noyau de figure ovale, qui res-

ressemble à la graine de *Momordica*. 509 *Rhus folio Ulmi*, C. B. P. 414.

510 *Ricinoides, ex quo paratur Tournesol Gallorum, folio oblongo & villoso*, Cor. 3. I. R. H. 45.

511 *Ricinus vulgaris*, C. B. P. 432. On l'appelle communement *Palma Christi*.

512 *Rosa sylvestris, rotundifolia, glabra, purpurea, calycibus eleganter foliatis*.

513 *Rosmarinus fruticosus, nobilis, tenuiore folio*, J. B. II. 25.

514 *Rubeola vulgaris, quadrifolia, lævis, floribus purpurascentibus*, I. R. H. 130.

515 *Rubeola vulgaris quadrifolia, lævis, floribus obsoletis*, Michel, Cat. H. Pis.

516 *Rubia tinctorum sativa*, C. B. P. 333. Les *Arabes* l'appellent *Fooab*.

517 *Ruscus latifolius, fructu folio innascence*, I. R. H. 79.

518 *Ruscus myrtifolius aculeatus*, I. R. H. 79.

519 *Ruta minor, trifoliata, incana, procumbens*.

520 *Ruta sylvestris, Fumariæ foliis. Ruta sylvestris minor*, C. B. P. 336.

521 *Salicornia geniculata, sempervirens*, Cor. 51. *Salicornia arborescens sine geniculis*, Buxbaum Cent. I. p. 6.

522 *Salix ramulis villosis, foliis laurinis, superne nigricantibus*.

523 *Samolus Valerandi*, J. B. III. 791.

524 *Santolina Africana Corymbifera, Coronopi folio angustiore*, I. R. H. 461. *Elychrysum Africanum, inodorum, glabrum*, Bot. Monsp. App. 308. Descrip.

525 *Santolina repens & canescens*, I. R. H. 460. Comm. Ac. R. Sc. Ann. 1719 p. 311. n. 4. *Abrotanum fœmina, repens, canescens*, C. B. P. 137.

526 *Satureia saxatilis, tenuifolia*,

A *compactis foliolis*, Bocc. Mus. 168. T. 119. *Satureia seu Thymbra frutescens, Passerinæ Tragi foliis angustioribus*, H. Catb. 197.

527 *Saxifraga rotundifolia, alba*, C. B. P. 309. I. R. H. 252.

528 *Scandix semine rostrato, vulgaris*, C. B. P. 152.

529 *Scabiosa Africana frutescens*, Par. Bat. Ic. & Descr. Boerh. Ind.

B Alt. 128. *Asterocephalus Afer, frutescens, maximus*, Comm. Ac. R. Sc. Ann. 1722. p. 180. n. 11. Dans les *Transactions Philosophiques* N°. 411. pag. 182. du mois d'Octobre 1729. je l'ai désignée sous le nom de *Scabiosa flore pallide purpureo, capitulo oblongo, foliis superioribus incisis, inferioribus integris, serratis*. Nous avons remarqué ci-devant dans

C nos Observations, que cette Plante a une grande vertu pour diminuer & faire cesser entierement les douleurs qui accompagnent la Fiévre tierce.

530 *Scabiosa capitulo globoso, minor*, C. B. P. 279.

531 *Scabiosa montana, fruticosa, reclinatis Achilleæ nascentis foliis*, H. Catb. I. R. H. 465. *Pterocephalus*

D *Achilleæ foliis*, Comm. Ac. R. Sc. Ann. 1722. p. 184. n. 3.

532 *Scabiosa prolifera, foliacea, semine membranaceo majore*, H. Ox. III. 50. n. 41. *Asterocephalus annuus, humilis, integrifolius*, Comm. Ac. R. Sc. Ann. 1722. p. 182. n. 23.

533 *Scabiosa stellata, folio laciniato, major*, G. B. P. 271. I. R. H. 465. *Asterocephalus annuus major*,

E *laciniatus, capite pulchro, globoso*, Comm. Ac. R. Sc. Ann. 1722. p. 182. n. 20.

534 *Scabiosa stellata minima*, C. B. P. 271. Prod. 125. Item *Scabiosa maritima, parva*, J. B. III. 25. p. 7.

535 *Scabiosa tenuifolia, flore cæruleo*, H. Eyst. O. 9. Tab. 10. f. 3. *Asterocephalus subincanus, Sophiæ foliis*, Comm. Ac. R. Sc. Ann. 1722. p. 179. n. 4.

536 *Scla-*

536 *Sclarea folio mucronato, flore cæruleo, punctato.* Sés feuilles, qui ont un pied de longueur, font découpées comme celles du *Dens Leonis*, & se terminent en longue pointe. Sa fleur est d'un bleu fort pâle, & par-tout tachetée de points rougeâtres.

537 *Sclarea rugoso, verrucoso & laciniato folio, I. R. H.* 150. *Itiner. Vol. II. p.* 255.

538 *Sclarea vulgaris lanuginosa, amplissimo folio, I. R. H.* 179. *Æthiopis Dod. Pempt.* 148.

539 *Scorpioides Bupleuri folio, corniculis asperis, magis in se contortis & convolutis, H. Ox. II.* 127. *I. R. H.* 402. Cette espece vient naturellement par-tout, de même que toutes les autres dont on a connoissance.

540 *Scorzonera laciniatis foliis, I. R. H.* 477. *Barr. Obs.* 1049. *Scorzoneroides vulgaris, Comm. Ac. R. Sc. Ann.* 1721. *p.* 209. *n.* 1. La variété que j'y ai observée, consiste en ce que les feuilles sont plus larges au milieu, que les découpures aux côtés sont plus courtes, celles des extrêmités étant étroites & fort longues.

541 *Scorzonera Orientalis, foliis Calcitrapæ, flore flavescente, Cor.* 36. *Scorzoneroides Resedæ foliis nonnihil similibus, Comm. Ac. R. Sc. Ann.* 1721. *p.* 209. *n.* 2.

542 *Scrophularia foliis Filicis modo laciniatis, vel Ruta Canina latifolia, C. B. P.* 236. *I. R. H.* 167.

543 *Scrophularia, Ruta Canina dicta vulgaris, C. B. P.* 236. *I. R. H.* 167.

544 *Scrophularia Hispanica Sambuci folio, glabro, I. R. H.* 166. Il y en a aussi dont les feuilles sont hérissées.

545 *Scrophularia Lusitanica frutescens, Verbenæ foliis, I. R. H.* 167.

546 *Scrophularia Melissæ folio, I. R. H.* 166.

547 *Scrophularia Orientalis, Chrysanthemi folio, flore minimo, variegato, Cor.* 9.

548 *Scrophularia saxatilis, lucida, Laserpitii Massiliensis foliis, Bocc. Mus.* 2. 166. *I. R. H.* 167.

549 *Sedum minus luteum, folio acuto, C. B. P.* 283. *I. R. H.* 263.

550 *Sedum vermiculare, pumilum, glabrum, floribus parvis, cæruleis.*

551 *Serpillum vulgare majus, C. B. P.* 220. *Serpillum erectum Rivin. Irreg. Mon.*

552 *Sena Orientalis, fruticosa, Sophera dicta, H. L. Bat.*

553 *Sideritis floribus luteis, Melissæ foliis, verticillis spinosis.* Elle ressemble à l'*Ocymastrum Valentinum* de *Clusius*, mais ses feuilles ne sont pas si obtuses, ses fleurs sont jaunes, & son épi est plus long.

554 *Sideritis purpurea, foliis longis, serratis.* Le casque de la fleur est fort grand, & les feuilles tiennent à de longs pédicules: son calice, comme dans l'espece précédente, est garni de pointes.

555 *Sideritis purpurea, angustifolia, non serrata.* Ses feuilles supérieures sont de la grandeur de celles du Rômarin. Ses petits sommets sont assez éloignés l'un de l'autre, & ont par-ci par-là des fleurs & des calices garnis de pointes.

556 *Sinapi album, siliquâ hirsutâ, semine albo & rufo, J. B. II.* 856.

557 *Sinapistrum trifoliatum, angustifolium, asperum, siliquâ latiori.* La gousse est d'un pouce & demi, raboteuse comme les feuilles & la tige. Ses graines sont velues. Les feuilles viennent trois à trois à la partie inférieure de la Plante, mais en haut on les voit chacune separement. Toute la Plante est visqueuse.

558 *Sinapistrum triphyllum, scabrum, floribus saturatè rubris.* Cette Plante est pareillement visqueuse, comme la précédente, mais ses feuilles

les font plus longues & plus larges, & reſſemblent pour la figure &
pour la grandeur à celles d'Hyſſo-
pe: ſes tiges ſont plus fortes, & ſes
fleurs, qui ſont en plus grand nombre, rangées aux ſommités par
bouquets, preſque comme celles du
Fenouil.

559 *Siſymbrium aquaticum*, Matth.
487. I. R. H. 226. Les *Arabes* l'appellent *Gernou-nuſb*.

560 *Siſyrinchium medium*, C. B. P.
41. *Siſyrinchium minus*, Cluſ. H. 216.

561 *Sium arvenſe, foliis inferioribus ſubrotundis, ſuperioribus plerumque
trifidis & laciniatis*.

562 *Smilax aſpera, fructu rubente*,
C. B. P. 296. I. R. H. 564.

563 *Sonchus anguſtifolius, maritimus*, C. B. P. 124. I. R. H. 475.
Pluk. Alm. 354. Tab. 62. f. 5.

564 *Sonchus aſper, laciniatus, Cre-
ticus*, C. B. P. 124. I. R. H. 474.
Item, *Hieracium majus, foliis Sonchi,
ſemine curvo*, C. B. P. 127.

565 *Sorbus Aucuparia*, J. B. I.
62. I. R. H. 634.

566 *Statice*, Lugd. 1190. I. R. H.
340.

567 *Stœchas Arabica vulgo dicta*,
J. B. III. 277.

568 *Stœchas folio ſerrato*, C. B. P.
216. Dod. Pempt. 275. Boerh. Ind.
Alt. 153.

569 *Suber latifolium, perpetuò virens*, C. B. P. 424. I. R. H. 584.

570 *Tamariſcus Madraſpatana, Cypreſſi facie*, Muſ. Pet. 681. *Tamariſcus Indiæ Orientalis Belgarum æmula, ramulis Cypreſſi: Autocorea Mala-
barica*, Pluk. Mantiſſ. 177. Phyt. Tab.
445. f. 4. Il croît en abondance
dans toute l'*Afrique*.

571 *Tamnus racemoſus, flore minore, luteo, palleſcente*, I. R. H. 103.

572 *Telephium Myoſotidis foliis amplioribus, conjugatis*. Les ſommités
de ſes petites branches ſe recourbent comme l'*Héliotropium*. Les
pétales des fleurs ſont petits, &

Tome II.

A les capſules féminales ſimples, à
trois loges, qui renferment pluſieurs graines.

573 *Terebinthus vulgaris*, C. B. P.
400. I. R. H. 579. C'eſt le *Bo-tum*
des *Arabes*.

574 *Teucrium*, C. B. P. 247. *Cha-
mædrys, frutescens, Teucrium vulgo*,
I. R. H. 204.

575 *Teucrium Delphinii folio, non*
B *ramoſum*. Sa fleur eſt blanche &
belle; il en vient deux à chaque nœud: il n'a qu'une ſeule tige quarrée; ſes feuilles ſont liſſes.

576 *Thapſia, ſive Turbith Gargani-
cum, ſemine latiſſimo*, J. B. III. 2.
50. I. R. H. 322. Les *Algeriens*
l'appellent *Boueffa*, & les Femmes
ont coûtume d'en manger la racine, pour augmenter leur embon-
C point.

577 *Thapſia foliis Coronopi diviſu-
ra, ſegmentis obtuſioribus, ſubtùs incanis*. C'eſt le *Touſailet* des *Arabes*.

578 *Thapſia foliis Coronopi diviſu-
ra, viridioribus & acutioribus*. Les
Arabes lui donnent le nom d'*Edreeſe*.

579 *Thapſia tenuiore folio Apula*,
I. R. H. 322. *Panax Aſclepium,
Millefolii folio &c*. H. Cath.

D 580 *Thalictrum ſpeciosiſſimum, glau-
cum, ſemine & caule ſtriato*, J. B. III.
486.

581 *Thlaſpi Vaccariæ folio, incano,
minus*, C. B. P. 106. Prod. 47.

582 *Thlaſpidium foliis anguſtis, argenteis, fructu parvo*.

583 *Thlaſpidium folio ſubrotundo,
dentato, fructu majori*.

584 *Thlaſpidium Raphani folio*, I.
E R. H. 214.

585 *Thymbra tenuiſſimis Ericæ foliis, verticillatim congeſtis*.

586 *Thymelæa foliis Lini*, C. B. P.
463. I. R. H. 594.

587 *Thymelæa tomentoſa, foliis Sedi minoris*, C. B. P. 463. I. R. H.
595. *Sanamunda fortè Mauritanica,
flore luteo*, Pet. Gaz. Tab. 38. f. 8.
Les *Arabes*, qui l'appellent *Main-*

q *ti-*

tenam, s'en servent pour faire des balais.

588 *Tinus Corni fœminæ foliis, subhirsutis*, Comm. Ac. R. Sc. Ann. 1722. p. 199. n. 1. *Tinus prior*, Clusii H. 49. I. R. H. 607.

589 *Tithymalus Characias, folio serrato*, C. B. P. 290. I. R. H. 87.

590 *Tithymalus, sive Esula exigua*, C. B. P. 291. I. R. H. 86.

591 *Tithymalus maritimus*, C. B. P. 291. I. R. H. 86.

592 *Tithymalus verrucosus*, J. B. III. 673.

593 *Trachelium azureum umbelliferum*, Pon. Bald. Ital. 44. I. R. H. 130.

594 *Tragacantha calyce vesicario, spinis recurvis*.

595 *Tragopogon gramineis foliis hirsutis*, C. B. P. 275.

596 *Tragopogon graminifolium, glabrum, flore dilute incarnato*, Comm. Ac. R. Sc. Ann. 1721. p. 203. n. 3.

597 *Tribulus terrestris, minor, incanus, Hispanicus*, Barr. Ic. 558. Obs. 562.

598 *Trichomanes, sive Polytrichon Officinarum*, C. B. P. 356.

599 *Trifolium Bitumen redolens*, C. B. P. 327. I. R. H. 404. *Trifolium Bitumen redolens, angustifolium*, Boerh. Ind. Alt. II. 32.

600 *Trifolium album tricoccum subterraneum, reticulatum*, H. Ox. II. 138. Sect. II. T. 14. f. 5.

601 *Trifolium Apulum annuum, rotundifolium, glabrum, foliis albâ maculâ notatis, flore purpurascente, calyce vesicario*, Michel. H. Pis.

602 *Trifolium humifusum, glabrum, foliis ciliaribus*, Vaill. B. Par. 195.

603 *Trifolium globosum, repens*, C. B. P. 329. Prod. 143. I. R. H. 405.

604 *Trifolium glomerulis tomentosis, per caulium longitudinem*, J. B. II. 379. *Trifolium capitulo squamoso lævi*, C. B. P. 329. Prod. 140. I. R. H. 405.

605 *Trifolium montanum, angusti-folium, spicatum*, C. B. P. 321. I. R. H. 405.

606 *Trifolium stellatum, purpureum, Monspessulanum*, J. B. II. 376.

607 *Turritis vulgari similis, sed fruticosior*.

608 *Valeriana aquatica, minor, flore minore*, Raji Hist. 389. I. R. H. 132.

609 *Valeriana foliis Calcitrapæ*, C. B. P. 164. I. R. H. 132.

610 *Valeriana rubra*, C. B. P. 165. I. R. H. 131.

611 *Valerianella arvensis, humilis, foliis serratis*, I. R. H. 132.

612 *Veronica aquatica, major, folio oblongo*, H. Ox. II. 323.

613 *Veronica Chia, Cymbalariæ folio verna, flore albo, umbilico virescente*, Cor. 7.

614 *Veronica flosculis cauliculis adhærentibus*, H. Ox. II. 322.

615 *Vicia angustifolia, purpuro-violacea, siliquâ latâ, glabrâ*, Bot. Monsp.

616 *Vicia flore luteo, pallido, siliquis crassis, hirsutis, propendentibus*, H. Ox. II. 62. Tab. 21. 5. App.

617 *Vicia latifolia, glabra, floribus pallidis, siliquâ latâ, glabrâ*. La quille & les ailes sont blanches, & le casque un peu jaunâtre; sa gousse est large & a un pouce de longueur.

618 *Vicia segetum, cum siliquis plurimis, hirsutis*, C. B. P. 345.

619 *Vicia sylvestris lutea, siliquâ hirsutâ, nondum descriptâ*, C. B. P. 345. I. R. H. 398.

620 *Viola fruticosa, longifolia, flore amplo, subcæruleo*. Elle diffère de la *Viola Hispanica fruticosa longifolia*, I. R. H. 421. en ce que ses feuilles sont plus larges & ses fleurs plus belles.

621 *Viola Martia, arborescens, purpurea*, C. B. P. 199. I. R. H. 420.

622 *Virga aurea minor, foliis glutinosis & graveolentibus*, I. R. H. 484. Comm.

Comm. Ac. R. Sc. Ann. 1720. *p.* 308. *n.* 18.

623 *Vitex foliis angustioribus, Cannabis modo dispositis*, C. B. P. 475. I. R. H. 603.

624 *Vulneraria flore & capitulis majoribus.* Il ne faut pas confondre cette Plante avec la *Vulneraria flore purpurascente*, I. R. H. 591.

625 *Vulneraria Hispanica, Ornithopodii siliquis. Coronopus ex Cod. Cæsareo,* Dod. Pempt. 109.

626 *Xantbium, sive Lappa minor*, J. B. III. 572.

627 *Xeranthemum flore simplici, purpureo, minore*, I. R. H. 449. *Comm. Ac. R. Sc. Ann.* 1718. *p.* 175. *n.* 4.

628 *Xiphion minus, flore luteo, inodoro*, I. R. H. 364. *Iris Mauritanica,* Cluf. Cur. Post. in fol. 24.

629 *Xylon, sive Gossipium berbaceum*, J. B. I. 343. I. R. H. 101.

630 *Zacintha, sive Cichoreum verrucarium*, Matth. 505. I. R. H. 476.

631 *Ziziphus*, Dod. Pempt. 807. I. R. H. 627. *Jujubæ majores, oblongæ*, C. B. P. 446. *Zizipha sativa*, J. B. I. 40. En *Afrique* on donne à son fruit le nom d'*Asafifa*, d'où est peut-être venu celui de *Zizipha* ou *Ziziphus*.

632 *Ziziphus sylvestris*, I. R. H. 627. *Zizipha sylvestris infæcunda*, H. Cath. Suivant ce que porte le *Specimen* du Jardin de *Sherard* qui se conserve à *Oxford*, c'est le *Seedra* des *Arabes*, que les Anciens appelloient *Lotus*. Il a l'air du Nerprun, & ses fleurs sont comme celles du Ziziphe; mais son fruit est plus doux, plus rond, plus petit, & de la grandeur des Prunelles sauvages. Le noyau qu'il renferme n'est pas plus grand que celui du Ziziphe. De plus, le fruit du *Seedra* vient par-ci par-là aux branches comme les Groseilles; au lieu que les Jujubes viennent à de petits rejettons d'un pied de long, que les branches poussent tous les ans vers leurs extrêmités. Le Ziziphe s'éleve jusqu'à vingt pieds, & davantage ; sa tige est assez grosse & pleine de crevasses; ses branches sont tortues & pleines de nœuds aux extrêmités, ses feuilles sont oblongues & assez grandes. Le *Seedra*, au contraire, ne monte ordinairement qu'à la hauteur de trois ou quatre coudées; sa racine pousse communement plusieurs petites tiges blanches & droites à la fois, dont les feuilles sont petites, arrondies & roides. Cet Arbrisseau croit naturellement par tout le Royaume de *Tunis*, mais principalement dans la contrée nommée *Jereed*, qui faisoit autrefois partie du païs des *Lotophages*. On peut voir ce que nous avons dit sur le *Lotus* dans le Chap. I. du Tome II. J'ai mangé de ce fruit bien mûr dans les mois de Décembre & de Janvier.

a 2   CATA-

XX.

CATALOGUE
DE CORAUX ET AUTRES PLANTES MARINES.

Catalogue de CORAUX &c.

1 *Alcyonium candidum, cretaceum, lamellatum Maris Numidici.* Ses petites lames irrégulierement difposées forment des creux ou des loges de diverfes figures.

2 *Corallium album.* Il eft tiré de la Mer de *Numidie*, & fa figure & conformation reffemble parfaitement à celle du Corail rouge; mais on le trouve plus rarement.

3 *Corallium rubrum*, I. R. H. 572. *Tab.* 339. Les Pêcheurs *François* établis près de *La Calle*, en font bonne recolte dans la Mer de *Numidie*.

4 *Efchara Rondeletii* 133. *J. B. III.* 809. *Retepora Efchara marina*, *Imp.* 630. Elle a été trouvée dans la Mer de *Numidie*.

5 *Fucus pennam referens*, I. R. H. 569. *Penna marina*, *J. B. III.* 802. *Imp.* 650. Comme plufieurs Sçavans attribuent à cette efpece une vie animale, j'ai été féduit par leur autorité à lui donner auffi place dans cet Ouvrage parmi les Poiffons. Les Pêcheurs d'*Alger* en prennent quelquefois dans leurs filets, où cette Plante marine jette de nuit une lueur femblable à celle des Vers luifans, tellement que l'on peut reconnoître les Poiffons qui s'en trouvent les plus proches.

6 *Fungus coralloides lamellatus Maris Rubri. Fungus lapideus*, Cluf. *Hift.* 124. *Rar. Muf. Beft.* T. 27. 26. *f.* 3. *J. B.* 813. *Ic.* 1, 2. Il reffemble prefque toûjours pour la figure aux Champignons de nos bois, dont il y en a de plats, de voutés, & de plufieurs autres façons; mais les lames ou les rayons, qui dans ceux-ci fe trouvent fous la tête, fe voyent conftamment à la furface fupérieure dans le Champignon de Mer, dont le deffous fe termine en piftille.

7 *Fungus coralloides, rofaceus*, de la M. R. La partie inférieure eft appuyée fur le piftille; mais la furface fupérieure eft pleine de petites cavités & rayée.

8 *Fungus coralloides, encephaloides, gyris in medio fulcatis, lamellatis, ferratis, Boerh. Ind. Alt.* p. 1. *Lapis fungites, cerebriformis, Raji H. App.* 1850. Il fe termine au piftille, qui eft plus large que dans les efpeces rayées ou qui font faites en rofe. Celui-ci eft de la Mer Rouge.

9 *Fungus Aftroites, ftellis contiguis, parvulis*, de la M. R. Les étoiles font à angles, & leur diametre ne paffe pas un dixième de pouce. Cette efpece de Champignon de mer croît prefque toûjours en globe ou bouton, au lieu que les autres qui fuivent, viennent aux rochers en diverfes

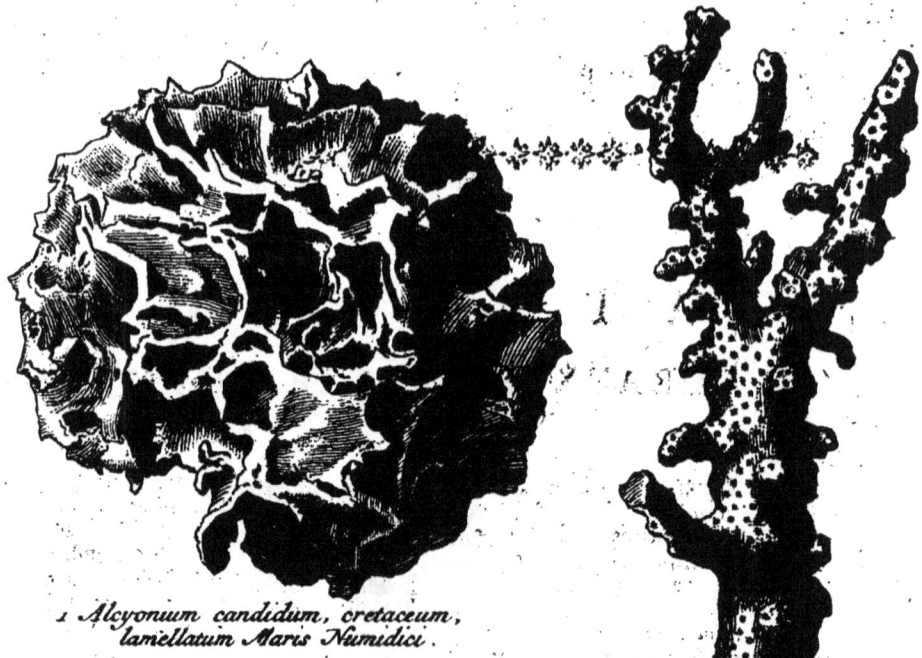

1. Alcyonium candidum, cretaceum, lamellatum Maris Numidici.

33. Madrepora Astroites &c.

30. Madrepora Abrotanoides, ramosior, tuberculis horizontaliter positis.

36. Porus Magnus &c. cum radicibus a.a.a.

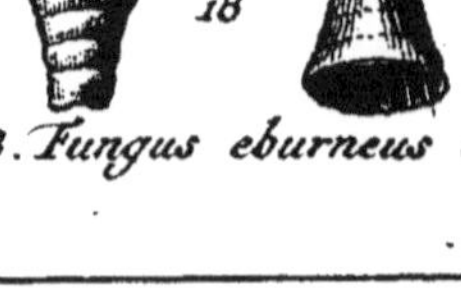

18. Fungus eburneus &c.

verses façons, & leur figure varie si fort, qu'on ne sçauroit les ranger sous de certaines classes, ainsi que nous l'avons dit ci-devant dans l'Ouvrage même.

10 *Fungus Astroites, stellis contiguis, majoribus*, de la M. R. Les étoiles ont près d'un quart de pouce, & elles sont tantôt rondes, tantôt ovales.

11 *Fungus Astroites, stellis contiguis, lamellatis, rotundis*, de la M. R. Dans cette espece les étoiles sont d'un demi pouce: leurs côtes sont plus profondes & plus larges.

12 *Fungus Astroites, stellis contiguis, profundis, angulatis*, de la M. R. Les étoiles de celui-ci sont pareillement d'un demi pouce, & profondément imprimées; il y en a qui ont cinq, & d'autres qui ont six pointes, mais leurs côtes sont petites.

13 *Fungus Astroites, tuberosus, stellis rarioribus*, de la M. R. Les étoiles sont petites, mais belles, & ressemblent à l'*Omphal. Lusit. lini folio, I. R. H.* 148.

14 *Fungus Astroites elegans, stellis rarioribus, papillatis, rotundis*, de la M. R. Les étoiles sont un peu plus grandes que celles du N°. 9. & sur leurs rayons âpres & rélevés en bosse, on voit quantité de petits points.

15 *Fungus Astroites, stellis rarioribus, acetabulis minùs profundis*, de la M. R. Les étoiles, qui ont un tiers de pouce de grandeur, sont partie rondes & partie ovales; d'ailleurs elles ne sont pas fort rélevées, & leurs rayons assez légérement marqués: les intervalles des étoiles sont aussi plus profondément creusés.

16 *Fungus Astroites, parùm ramosus, stellis rarioribus, papillatis*, de la M. R. Les étoiles de cette espece sont semblables à celle du N°. 14. mais plus légerement marquées.

17 *Fungus tubulatus & stellatus*, de la M. R. *Coralliis affinis Madrepora,* *J. B. III.* 807. *Madrepora Imp.* 720. Celui-ci est composé d'un grand nombre de petits cylindres ou tuyaux, rangés par bandes, dont les extrémités avancent la plupart & se terminent en étoiles: il y en a aussi dont les tubes sont ronds, ovales, ou plats. On peut rapporter à cette espece certain Fossile appellé en Angleterre, *Grew's piped waxen Vein.*

18 *Fungus eburneus, pyxidatus, compressus.* Il est tout lisse par le frottement des eaux de la Mer, quoiqu'il semble avoir été rayé autrefois, à-peu-près comme le Fossile appellé *Plectronites*, lequel doit aussi être rapporté à cette espece de Champignon de mer.

19 *Keratophyton arboreum, nigrum, Boerh. Ind. Alt.* p. 6. *Corallium nigrum, sive Antipathes, J. B. III.* 804. *Lob. Ic.* 251. Les branches de cette espece sont ordinairement entrelacées, entre lesquelles on trouve par-ci par-là une substance semblable à de la cire. Elle est tirée de la Mer de *Numidie*.

20 *Keratophyton cinereum, striatum, tuberculis minoribus*, de la M. de N. Cette espece est d'un pied de hauteur: ses branches, qui sont droites & en petit nombre, sont parsemées de petites tumeurs ou boutons qui ressemblent à la graine de Tabac.

21 *Keratophyton. cinereum, flabelliforme, nodosum, ramis frequentioribus, huc illuc distortis*, de la M. de N. Sa figure est la même que celle du *Lithophytum flabelliforme*, si ce n'est que ses branches ne sont pas entrelacées. Cette espece a un pied de haut, & davantage; elle est aussi cannelée & chargée de petites tumeurs, comme le N°. précedent, excepté qu'elles sont un peu plus grandes, plus aigues & en plus grand nombre.

22 *Keratophyton cinereum, fragile, ericæforme, ramis pinnatis*, de la M. de N.

Ses branches sont par-tout entou-rées de petites tumeurs, en guise des mailles d'une chaîne.

23 *Keratophyton rufescens, ramulis capillaceis, sparsis*, de la M. de N. Cette espece est de la hauteur d'une coudée, avec de petits boutons qui se perdent insensiblement dans la surface.

24 *Keratophyton rubrum, Algeriense, Virgulti facie*. Cette Plante est tout parsemée de petits boutons, disposés comme les sacs de la graine de Plantage, mais plus petits. Elle a trois coudées de hauteur, & ses branches sont moins serrées que celles du N°. 20. On l'a trouvée dans la Mer d'*Alger*. Sur la pierre à laquelle elle tenoit, on voyoit plusieurs graines brunâtres & pierreuses, de la grandeur d'une lentille, dont l'une, s'enflant dans la suite, comme si elle étoit devenue féconde, devint rouge comme du Corail.

25 *Madrepora* Ἀβροτανοειδὴς *candida, ramulis brevibus obtusis, uno versu dispositis*, de la M. R. *Planta saxea* Ἀβροτανοειδὴς *Clus. H. Exot. l. 6. cap. 7.* Il y en a aussi qui est d'un brun foncé; mais dans l'une & l'autre espece les petites tumeurs sont ouvertes.

☛ Cette espece, & les cinq suivantes, sont appellées *Abrotanoïdes*, parce que leurs branches ne ressemblent pas mal à la verdure de l'*Abrotanum* femelle, que quelques Auteurs prennent pour le *Chamæcyparissus* de *Pline*. Les branches de ces Plantes marines sont composées d'un grand nombre de petits tuyaux, qu'on prendroit pour autant de fort petites feuilles, rangés de la même façon que les feuilles des végétaux terrestres, mais plus touffus, puisque rarement on n'en trouve que quatre ensemble, étant la plupart disposés par pelotes ou bouquets de cinq, six, sept & quelquefois davantage: dans les plus grosses branches, dont la couleur tiroit un peu sur le blanc, ces especes de feuilles étoient presque usées, de façon qu'on n'y voyoit plus que des ouvertures ou de petits trous aux endroits où ces feuilles ou ces bouquets de tuyaux avoient été. *Voyez Clus. Exot. Lib. 6. cap. 7. pag. 123.*

26 *Madrepora* Ἀβροτανοειδὴς *repens, ramulis longioribus, uno versu dispositis*, de la M. R. Cette espece est d'un brun foncé; ses tuyaux sont plus petits & ouverts, mais un peu rudes.

27 *Madrepora* Ἀβροτανοειδὴς *nodoflor, tuberculis uno versu dispositis*, de la M. R. Celle-ci est de la même couleur que la précedente, mais moins branchue, & ses branches sont plus grosses.

28 *Madrepora* Ἀβροτανοειδὴς *ramoflor, tuberculis sursum spectantibus*, de la M. R. Elle est blanche, & ses branches, qui se terminent en pointe, sont plus droites.

29 *Madrepora* Ἀβροτανοειδὴς *ramoflar, tuberculis longioribus, clausis, sursum spectantibus*, de la M. R. Ses branches sont pointues, comme celles de l'espece précedente; leur couleur est verdâtre, & elles sont rangées comme en étoile ou soleil.

30 *Madrepora* Ἀβροτανοειδὴς *ramoflor, tuberculis horizontaliter dispositis*, de la M. R. Les petits tuyaux sont ouverts, & les branches plus au large que celles du N°. précedent.

31 *Madrepora Astroites flavescens, nodosa, minùs ramosa*, de la M. R. *Corallium stellatum, minùs rubrum*, J. B. III. 806. *Imp.* 718.

☛ Au lieu de tuyaux, cette espece & toutes les suivantes sont marquées par-tout de petites étoiles, mais plattes & qui ne sortent point de la surface: c'est ce qui leur a fait donner le nom d'*Astroïtes*, pour les distinguer des *Abrotanoïdes*.

32 *Madrepora Astroites humilis, ce-*

ratiformis, de la *M. R.* Les petites branches de cette espece sont rondes, & pointues aux extrémités.

33 *Madrepora Astroites major, ceratiformis, ramulis obtusis, planis, magis dispersis*, de la *M. R.*

34 *Madrepora Astroites major, ceratiformis, ramulis obtusis, planis, confertis*, de la *M. R.*

35 *Madrepora Astroites, Quercûs marinæ vulgaris facie, ramis connatis*, de la *M. R.*

36 *Madrepora maxima arborea*, *I.* R. *H.* 573. *Porus magnus*, *J. B. III.* 807. *Imp.* 624. Celle-ci a été trouvée dans la Mer de *Numidie*.

37 *Madrepora tubulis eleganter coagmentatis constans, ruberrimis*, Boerh. Ind. Alt. *p.* 6. *Tubularia purpurea*, *I.* R. *H.* 575. *Coralliis affinis; Alcyonium fistulosum rubrum*, *J. B. III.* 808. *H. Ox. III. Tab. & fig. ultimâ.* Elle est de la Mer Rouge, où j'en ai vû qui avoient un pied & demi de hauteur, & un pied de largeur.

XXI.

CATALOGUE

DE QUELQUES FOSSILES D'AFRIQUE ASSEZ RARES, TIRÉS DES ROCHERS ET DES CARRIERES.

1 *Aculeus cylindraceus, striatus, bullis parvulis obtusis insignitus. Radiolus cucumerino minori accedens, teretiformis Lhuidii Lithophylacii Brit.* 1030. Il a la figure d'une pointe de l'Échinite à boutons, surnommé *laticlavius*.

2 *Aculeus cylindraceus, striatus, bullis parvulis acutis notatus.*

3 *Aculeus lævis, quadratus.*

4 *Balanus cinereus, fossilis.*

5 *Belemnites Succini ad instar pellucidus.* Quelques-uns l'appellent Pierre de Lynx. *Lb. Lithoph.* 1707.

6 *Buccinites cancellatus, eburneus.* Cette espece & la suivante ressemblent aux maisons rayées des Limaçons. Voyez *Listeri Sect.* v. *cap.* 7. *de Conchyl.*

7 *Buccinites cancellatus, ruber, cum vermiculo adsito.*

8 *Corallium ramulosum, perfra-*ctum, *Lb. Lith.* 92. *Tab.* 3. *f.* 92. Le nôtre forme en croissant plusieurs petites cavités de toutes les façons, dont le plus grand nombre est plat ou comprimé. Cette espece est assez commune sur les rochers d'Oran.

9 *Corallium tenuius ramosum, album, elegantissimum.*

10 *Echinites bullis parvulis, raris, ordine irregulari positis.*

11 *Echinites discoides, lævis, gibbosior.*

12 *Echinites galeatus, spoliatus, seu ex toto siliceus, vulgaris, Lb. Lith.* 956. *Brontias, sive Ombria ovalis, Plot. H. Ox. T.* 2. *f.* 14. *& T.* 3. *f.* 1. Le nôtre est un peu plus inégal sur le dos.

13 *Echinorum laticlaviorum scuta varia.*

14 *Echinites pentaphylloides, lævis, gibbosus,*

gibbosus, ad oris aperturam sulcatus.

15. *Echinites pileatus, seu figurâ conoide vel quodammodo turbinatâ; sive Brontia prima* Lachmundi Lb. Lith. 962.

16. *Fungi pyxidati fossilis, qui vulgo* Plectronites *dicitur, varia specimina.*

17. *Fungus fossilis rugosus & striatus, gibbosior.*

18. *Fungus fossilis, rugosus, magis depressus, rugâ intermediâ, longiori.*

19. *Madreporæ* Imperati *fossilis, varia etiam specimina.*

20. *Myconites rotundus, compressus.* Ce Fossile n'est autre chose qu'une masse d'Oeufs de Poissons pétrifiés. Les *Numidiens* de *Thevesle* croyent que c'est une ancienne Monnoye qui s'est changée en pierre.

21. *Ostracites confragosus lividus, striis inæqualibus imbricatis, & margine sinuato donatus.*

22. *Palma fossilis.* Je suis redevable de cette Piéce à Mr. *le Maire*, qui l'avoit reçue, avec plusieurs autres Fossiles, comme des Echinites & des Coquillages, d'un endroit nommé *Ras Sem*, dans le district de *Barca*. On remarque dans sa tige le même ordre & arrangement des fibres qu'on voit dans le bois du Palmier même. On trouve quelquefois dans l'endroit mentionné des troncs d'Arbres tout entiers.

23. *Pectinites eburneus, sex aut septem striis elatioribus, lævibus, incisuris asperiusculis insignitus.* Il a presque trois pouces de circonférence, & ses oreilles sont égales: ses rayes & ses cannelures sont régulieres, & à intervalles égaux.

24. *Pectinites elegans, striis quinque aut sex elatioribus, majoribus, inter-mediis tribus minoribus, magis depressis.*

25. *Pectinites lævis, parvulus, striis crebris, ad basin tenuiter sulcatis.*

26. *Pectinites lævis, undecim aut duodecim striis compressis insignitus.* Cette espece apartient à la classe des Petoncles dont les oreilles sont égales de part & d'autre. Il est joliment rayé d'un grand nombre de côtes fort petites; il y a au milieu du dos une cavité où les rayes & les côtes s'évanouissent.

27. *Pectinites magnus, striis quindecim aut pluribus, bullatis, elatioribus, incisuris intermediis depressioribus, asperis.* C'est le même pour la grandeur & pour la figure, que le premier Petoncle dont *Lister* fait mention; si ce n'est que les oreilles du nôtre ne sont point égales.

28. *Pectinites parvulus, striis crebris, asperis eleganter notatus.*

29. *Pectunculites exiguus, confractus, tenuiter striatus.*

30. *Pectunculites polyleptogynglymus, speciosus, leviter fasciatus.* Il a plus de dix pouces dans sa circonférence: sa couleur ressemble à celle de la craye, & il est rempli en dedans de morceaux de plusieurs Coquillages Fossiles.

31. *Retepora fossilis, cinerea.*

32. *Terebratula vulgo, sive Conchites vertice perforato.* On trouve partout dans l'*Afrique*, dans l'*Asie*, dans l'*Arabie*, & jusques sur les degrés mêmes des Pyramides, plusieurs sortes de ce Coquillage, de même que diverses especes de Peignes & de Petoncles.

33. *Trochites nodosus, luteus, semiuncialis.*

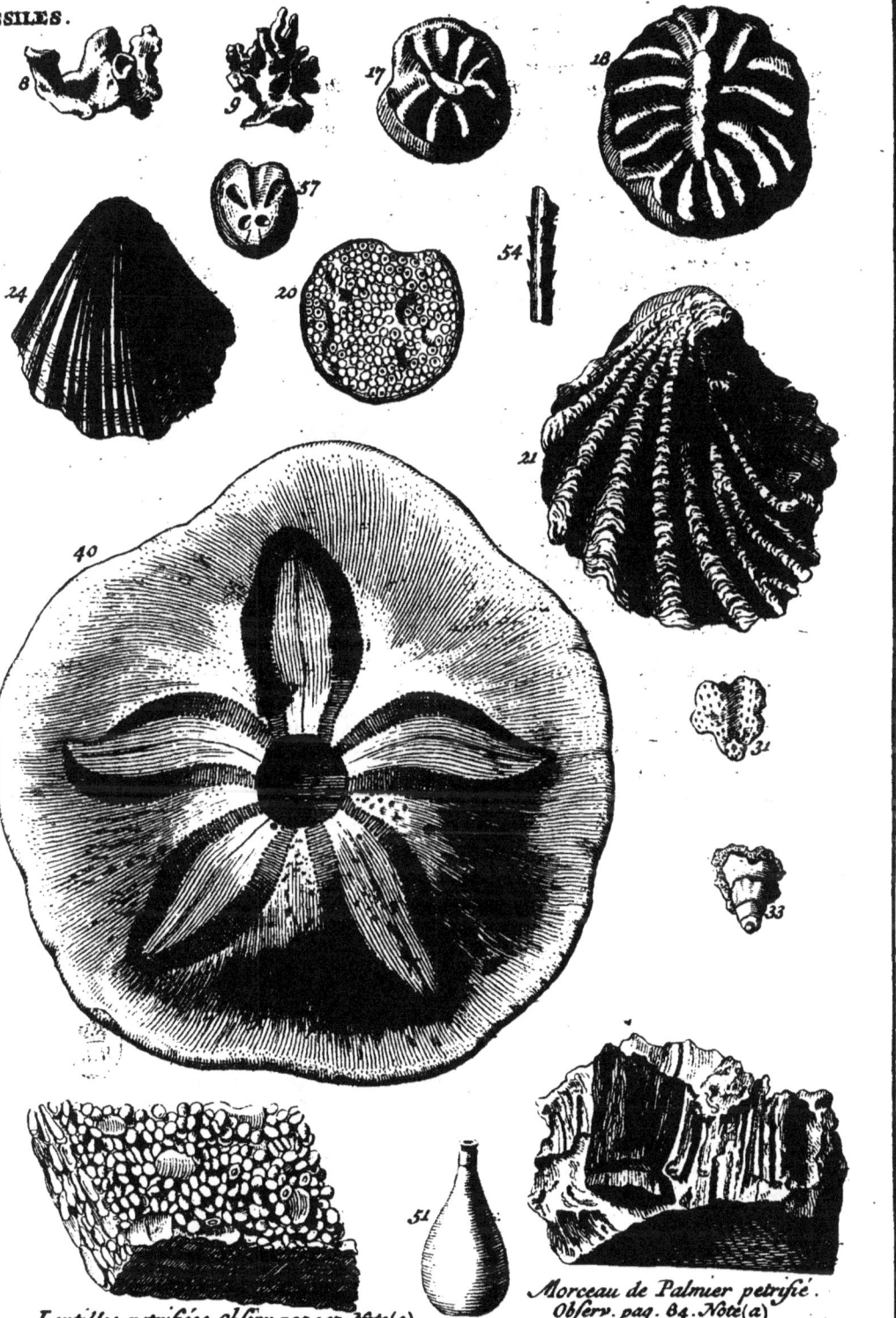

Lentilles petrifiées. Obferv. pag. 147. Note (c)

Morceau de Palmier petrifié. Obferv. pag. 84. Note (a)

DE PREUVES.

Les Fossiles suivans ont été trouvés parmi des Pierres, principalement celles des Pyramides, & dans les environs.

34. *Aculeus cylindraceus, bullatus.* Cette espece d'Aiguilles n'est pas rayée, comme sont presque toutes les autres qui ont des boutons: elle est quelquefois de la grosseur d'un tuyau de plume d'oye ou de cigne.

35. *Aculeus latus, compressus, lævis, subcæruleus.* Son épaisseur est d'un demi pouce.

36. *Astaci fossilis brachii articulus extimus & maximus.* J'ai vû l'animal tout entier renfermé dans une pierre, mais je n'en ai pû arracher que cette partie seulement.

37. *Chamæpholadis angustæ, intùs fasciatæ, nucleus.*

38. *Chamites, planus, cinereus, rotundulus, rostro acuto. Circinita minor, Lb. Lith.* 741.

39. *Echinites laticlavius compressus, semiuncialis, ordinibus bullarum binis, juxta positis.*

40. *Echinites pentaphylloides, striis æqualibus, umbone aperto.* Il a plus d'un pied de circonférence; son dos n'est pas fort vouté, & il y a une ouverture. Je l'ai trouvé dans le désert *Marab*, en allant au mont *Sinaï*.

41. *Ichthyodos, vulgo* Bufonites *dictus, gibbosus, luteus.*

42. *Ichthyodos, vulgo* Glossopetra *dictus, acutus, semipellucidus, margine utrinque lævi.*

43. *Lithoxylon ferruginei coloris.* On en trouve beaucoup de morceaux de différente grandeur dans l'Isthme entre le grand *Caire* & *Suez*.

44. *Madrepora astroites fossilis, Quercûs marinæ facie.*

45. *Madreporæ* Imperati, *Pori magni & Corallii cujusdam flavi coloris, fragmenta plurima fossilia.*

46. *Pholas cinereus, fossilis, uncialis, lævis.* Sa figure ressemble à celle du *Pholas involucro spoliatus Lb. Lithoph. Tab.* 10. *f.* 878. mais le nôtre est plus grand.

47. *Rhombi cylindracei, parvuli, nucleus.*

48. *Turbinites compressus, fasciatus, sesquiuncialis.* Il est blanchâtre, émaillé & luisant en dedans. Il ne diffère pas beaucoup pour la figure du Σαλπίγγι *Fab. Colum. Aquat &c. Observ. p.* LV.

Sur les Rochers, principalement de Laodicée, & de l'Echelle de Tyr.

49. *Aculei Echinorum fossiles,* communément appellées *Pierres de Juif.* On en trouve par-tout en grand nombre, & de diverses sortes.

50. *Aculeus lævis, turgidus, Lapidis Judaici formâ & magnitudine.*

51. *Aculeus lævis, Pyri vel Ficiformis.* Cette espece & la précedente sont de couleur de plomb.

52. *Aculeus lævis, cylindraceus, cinereus.* L'épaisseur de cette Aiguille égale une plume de corbeau.

53. *Aculeus torosus, minor, Lb. Lith.* 1047.

54. *Aculeus torosus, seu ramusculis insignitus, major.* Celle-ci diffère de la précedente, en ce qu'aux petites branches (ou pour mieux dire Aiguilles) près, elle est toute lisse & unie, au lieu que sur l'autre on voit des cannelures assez profondes.

55. *Acu-*

55 *Aculeus idem cum* 53*. *specie.* Il y en a dont les boutons sont plus rudes dans les unes que dans les autres.

56 *Echinites asperior, pentaphylloides, striis majoribus, æqualibus.*

57 *Echinites lævis, pentaphylloides, posticâ parte gibbosiori, anteriori sulcatâ.* Des cinq coutures ou rayes qui caractérisent cette espece, les trois premières sont longues & bien faites, celle du milieu étant creuse; les deux autres côtes sont arrondies & petites.

58 *Locustæ forficula vel serrula interior, Lb. Lith.* 1246. *Tab.* 14.

59 *Pectunculites lacunatus minor, Lb. Lith. n.* 684.

60 *Porus minimus, reticulatus, Lb. Lithoph. n.* 94. *Tab.* 3. Parmi les especes que nous en avons, il y en a de figure cylindrique, & d'autres qui sont plates, mais les uns aussi-bien que les autres sont voutés, & leurs bords joliment échancrés.

61 *Piscium fossilium varia genera, ad Isleblanos accedentia formâ, situ & materiâ.*

62 *Squilla fossilis,* On en peut voir la figure dans le Cabinet de *Beß.* La nôtre n'en différe qu'en ce qu'elle est plus petite.

☞ Outre les Fossiles dont on vient de voir la Liste, j'en ai envoyé ci-devant d'*Afrique* au célèbre Mr. *Woodward*, pour me les garder, plus de cent autres especes différentes, avec un bon nombre d'Echinites, de Coraux & autres choses de cette nature, comme aussi plusieurs Vases & petites Images. Mais cet Ami étant venu à mourir, pendant que j'étois encore en voyage, les Exécuteurs Testamentaires ont refusé de m'en tenir aucun compte, mais les ont vendus en partie, & retenu le reste, à mon préjudice, aussi-bien qu'à celui des Amateurs de l'Histoire naturelle.

XXII.

LISTE

DE QUELQUES POISSONS ASSEZ RARES QU'ON TROUVE SUR LA COTE D'ALGER ET DE TUNIS.

1 *Alphæstes, sive Cynædus,* Rondel. 170. *Raji Synops. Piscium* p. 137.

2 *Asellus mollis major*
3 *Asellus mollis minor* } *Raji Synops.* p. 55, 56.

4 *Aurita omnium Authorum, Raji Synops.* p. 131. Les *Maures* l'appellent *Jeraffa.*

5 *Buglossus, Linguacula, & Solea,* Rondel. p. 320. *Raji Synops.* p. 33.

6 *Canis Carcharias, sive Lamia,* Rondel. p. 18.

7 *Catulus minor vulgaris, Raji Synops.* p. 22.

8 *Cephalus,* Rondel. 260. *Mugil, Raji Syn.* p. 84.

9 *Cu-*

9 *Cuculus Aldrovandi*, *Raji Synopſ. p.* 89.

10 *Draco*, *ſive Araneus Plinii*, *Rondel.* 301. *Raji Synopſ. p.* 91.

11 *Faber*, *ſive Gallus marinus*, *Rondel.* 328. *Raji Synopſ. p.* 99. Quelques-uns le nomment *Poiſſon de S. Pierre.*

12 *Galeus Acanthias*, *ſive Spinax*, *Rondel.* 373. *Raji Synopſ. p.* 21.

13 *Galeus lævis*, *Rondel.* 375. *Raji Synopſ. p.* 22.

14 *Glaucus*, *Aldrov. p.* 302. *Amia*, *Salvian. fig. & p.* 121. *Leccia* (*Leechy vulgo*) *Romæ & Liburni*, *Raji Syn. p.* 93.

15 *Hirundo*, *Rondel.* 284. *Milvus Salvian. fig. & pag.* 187. *Raji Synopſ. p.* 89.

16 *Hirundo vera Veterum*, *Salvian. fig. & pag.* 185. *Mugil alatus*, *Rondel.* 267.

17 *Lupus*, *Rondel.* 268. *Raji Synopſ. p.* 83.

18 *Mairo*, *Maizab* en *Eſpagnol*, ou *Chévre des Maures.*

19 *Mormyrus*, *Rondel.* 153. *Raji Syn. p.* 134. Les *Eſpagnols* l'appellent communément *Maura.*

20 *Mullus barbatus*, *Rondel.* 290. *Raji Syn. p.* 90. C'eſt le même que les *Italiens* appellent *Triglia*, & les *François Rouget.* On lui donne auſſi en pluſieurs endroits le nom de *Saumonette.*

21 *Muræna*, *Rondel.* 403. *Muræna omnium Authorum*, *Raji Syn. p.* 34.

22 *Orthragoriſcus*, *ſive Luna Piſcis*, *Rondel.* 424. *Mola*, *Salvian. fig.* 154. *pag.* 155. *Raji Syn. p.* 51.

23 *Pagrus*, *Rondel.* 142. *Raji Synopſ. p.* 131.

24 *Paſtinaca capite obtuſo ſive bufo-nio. Aquila Romanis & Neapolitanis*; nec non ſecunda *Paſtinacæ ſpecies*, *Rondel.* 338. *Raji Syn. p.* 23.

25 *Pelamys vera*, *ſive Thynnus Ariſtotelis*, *Rondel.* 245. *Raji Syn. p.* 58.

26 *Perca marina*, *Rondel.* 182. *Raji Syn. p.* 140.

27 *Polypus orbicularis*, *exiguus*, *mari innatans*, *Urtica marina ſoluta*, *Fab. Col. Aquat. &c. p.* XX. XXII.

28 *Raia clavata*, *Rondel.* 353. *Raji Syn. p.* 26.

29 *Raia oxyrrhynchos*, *Squatinæ facie*, *unico ſpinarum ordine donata. Raia ſecunda oxyrrhynchos*, *ſive Bos antiquorum*, *Rondel.* 347.

30 *Salpa*, *Rondel.* 154. *Raji Syn. p.* 134.

31 *Sargus*, *Rondel.* 122. *Raji Syn. p.* 130.

32 *Scorpius minor*, *ſive Scorpæva*, *Rondel.* 142. *Raji Syn. p.* 142.

33 *Serpens marinus*, *caudâ compreſſâ*, *pinnis cinctâ*, *in ora nigris. Myrus Rond. Geſnero p.* 681.

34 *Squatina dorſo lævi*, *alis in extremitatibus clavatis.*

35 *Torpedo maculis pentagonicè poſitis*, *nigris.*

36 *Trachurus*, *Rondel.* 133. *Raji Syn. p.* 92.

37 *Turdus minor cæruleus.*

38 *Turdus minor fuſcus*, *maculatus*, *pinnis branchialibus aureis*, *aliis ex viridi cæruleſcentibus.*

39 *Turdus minor viridis*, *Raji Synopſ. p.* 137.

40 *Umbra*, *Rondel.* 132. *Raji Synopſ. p.* 95.

41 *Zygæna*, *Rondel.* 389. *Raji Synopſ. p.* 20.

Catalogue de Poiſſons.

XXIII.

LISTE
DE QUELQUES COQUILLAGES ASSEZ CURIEUX DE LA MEDITERRANE'E ET DE LA MER ROUGE.

Liste de Coquillages.

1 A*Uris marina major, latior, plurimis foraminibus conspicua*, Lift. Hift. Conchyl. Sect. 7. n. 2.

2 *Balanus purpurascens, capitis aperturâ valdè patenti.* On le trouve quelquefois attaché aux rochers, & quelquefois au Corail ou à des substances de la nature des Madrepores tout criblées de trous par les vers.

3 *Balanus purpurascens, ventricosior, capite minùs aperto.*

4 *Buccinum ampullaceum fuscum, claviculâ nodosâ.*

5 *Buccinum ampullaceum, rostratum, striatum, triplici ordine muricum exasperatum,* Lift. Hift. Conch. Sect. 13. n. 22. *Purpura altera muricata, Aquat. & Terr. Obs.* LXIV. Ic. LX. *sive Murex parvus rostratus,* Fab. Col. Desc.

6 *Buccinum ampullaceum, rostratum, (leviter) striatum, muricatum, ex duplici ordine in ima parte primi orbis,* Lift. H. Conch. Sect. 13. n. 20. Il y en a de blanches comme l'ivoire, & d'autres d'un brun foncé.

7 *Buccinum ampullaceum tenue, rostro leviter sinuoso, profundè & rariùs sulcato,* Lift. H. Conch. Sect. 13. n. 18.

8 *Buccinum bilingue striatum, labro propatulo.* La lèvre de la nôtre est unie, & sans doigt: au reste elle ressemble au N°. 20. de Lift. H. Conchyl. Sect. 12.

9 *Buccinum bilingue, rostro recurvo, labro producto, claviculâ muricatâ.* Elle tient le milieu entre les N°s 19. & 28. de Lift. H. Conch. Sect. 15. n. 1.

10 *Buccinum brevirostrum nodosum,* Lift. H. Conch. Sect. 15. n. 1. *Purpura violacea, Fab. Col.* Purpur *Ic. & Descript.* p. 1.

11 *Buccinum maximum, variegatum ac striatum, Fab. Col. Aquat. & Terrest. Obs.* LIII. *Ic. Descript.* LVI.

12 *Buccinum recurvirostrum, striatum, quinque aut sex muricum ordinibus asperum.*

13 *Buccinum rostratum, candidum, leviter striatum, sinuosum,* Lift. H. Conch. Sect. 14. n. 14.

14 *Buccinum rostratum, labro duplicato, quasi triangulari,* Lift. H. Conch. Sect. 14. n. 37.

15 *Buccinum rostratum læve, labro simplici, altè striatum ad intervalla,* Lift. H. Conch. Sect. 14. n. 27.

16 *Buccinum rostratum, triplici ordine muricum canaliculatorum horridum,* Lift. H. Conch. Sect. 14. n. 41. *Purpura, sive Murex pelagius, marmoreus, Fab. Col. Ic.* LX. *Descr.* LXII.

17 *Chamarum & Tellinarum, margine lævi & dentato, multa genera.*

18 *Cochlea variegata, densè & admodùm tenuiter striata, item quolibet orbe duæ insignes striæ parallelæ, bullatæ,* Lift. H. Conch. Sect. 4. n. 60.

19 *Concha*

19 *Concha margaritifera plerisque*: A & *ad figuram accedit* n. 169. *Lift. H. Conch. l.* 3. *Sect.* 5. Les *Indiens* l'appelloient anciennement *Berberi. Lift. H. Conch. l.* 3. *Sect.* 1. n. 56.

20 *Concha marina marmorea imbricata, Lift. H. Conch. l.* 3. n. 191.

21 *Concharum Veneris varietates quamplurimæ.*

22 *Musculus polyleptogynglymus, eleganter striatus, rostris à cardine remotis. Musculus Matthioli, Lift. H. Conch. l.* 3. *Sect.* 6. n. 208.

23 *Nautilus maximus densè striatus, auritus. Nautilus*, CALCEOL. *Nautili primum genus, Aristot. secundùm Bell. & Aldrov. Lift. Hist. Conch. Sect.* 4. n. 7.

24 *Nerita albidus, ad columellam dentatus, striis magnis & parvis alternatim dispositis donatus.*

25 *Ostrea rostro crasso, elato, in aciem compresso.*

26 *Patella major striata, rufescens, intùs eburnea, vertice acuto.* Elle est ovale, & a presque un pied de circonférence.

27 *Patellarum verticibus integris & perforatis varia genera.*

28 *Pecten parvus, inæqualiter auritus, tenuiter admodùm striatus.* On remarque dans les Peignes de cette espece une grande diversité de couleurs, & l'on en trouve partout dans la Mediterranée & dans la Mer Rouge.

29 *Pecten ruber, æqualiter auritus,* 13 *striarum, dorso compresso læviori.* Les rayes & les cannelures sont rangées à intervalles égaux.

30 *Pectunculus cinereus, asper, angustior, tenuiter & creberrimè striatus.*

31 *Pectunculus crassus, eburneus, altè striatus, orbicularis.* Il y en a aussi de rougeâtres.

32 *Pectunculus eburneus, dorso in aciem compresso, Lift. H. Conch. l.* 3. *Sect.* 5. n. 155.

33 *Pectunculus in medio leviter striatus, intùs lividi coloris. Striæ & fasciæ viridescunt; cæterùm albidus est,*

34 *Pectunculorum lævium, triquetrorum varia genera.*

35 *Pectunculus polyleptogynglymus crassus, profundè sulcatus, luteus.* Il approche de la figure du N°. 70. de *Lift. Hist. Conch. L.* 3. *part.* 1., mais le nôtre est plus grand du double.

36 *Pectunculus polyl. lævis, rufescens, fasciis albidis.*

37 *Pectunculus polyl. cancellatus, oblongus, margine ex una parte productiori.* Ce Pétoncle est bordé de mousse tout autour: au reste la figure ressemble à la *Chama nigra* de *Rondelet. Lift. H. Conch. L.* 3. n. 260.

38 *Pectunculus recurvirostris, medio lævis, ad marginem fasciis rugosis, quasi Corallinis, notatus.* Celui-ci ressemble assez aux Patelles recourbées.

39 *Pectunculus rufescens, striis magnis compressis, in dorso leviter sulcatis, in margine echinatis.*

40 *Pectunculorum striatorum, rostris rectis & recurvis, infinita genera.*

41 *Pinna magna, imbricata, sive muricata, Lift. H. Conch. l.* 3. n. 214. Ceux qui habitent les bords de la Mediterranée l'appellent communement *Nacre* ou *Nakker.* Sa barbe est douce & souple comme la Soye; & c'est peut-être de quoi étoit faite la toile fine des Anciens qu'ils nommoient *Byssus.*

42 *Solen rectus, ex purpura radiatus, Lift. H. Conch. l.* 3. n. 256.

43 *Sphondylus coccineus, striatus, rostro lato, ex una parte auriculato.*

44 *Sphondylus eburneus, lamellatus, rostro acuto, recurvo.* Ses petites lames sont la plupart disposées de façon qu'elles s'emboitent les unes avec les autres, ensorte qu'elles ressemblent assez pour la figure aux Balanes.

45 *Trochus claviculâ breviori, striis eleganter nodosis.*

46 *Idem, striis inferioribus nodosis, superioribus muricatis.*

134 EXTRAITS SERVANT

Liste de COQUILLAGES.

47 *Idem, muricatus, claviculâ magis exporrectâ.*

48 *Trochus pyramidalis, erectus, rufescens, lævis, orbibus latis, in imis partibus solùm nodosis.* Icon apud *Jonst. H. de Exang.* p. 36. Tab. 12. sub titulo *Trochi magni. Turbo maximus Persicus verior,* Fab. Col. Aq. & Terr. Obs. LXV. Tab. LX.

49 *Trochus pyramidalis, striatus, muricibus radiatim ad marginem dispositis,* List. H. Conch. Sect. 8. n. 9.

XXIV.

VOCABULAIRE
DE LA LANGUE
SHOWIAH.

Vocabulaire du SHOWIAH.

Noms &c.

A *Beloule*
  Afuse
Ageese
Agroumè
Akbam
Akfbeesb
Aksoume
Alfill
Allen
Amán
Amoukran
Anserne
Aowde
Teese
Arica
Arsh
Aseegass
Assa
Atbrair
Aufkee, ou
Ikfee
Azimoure
Azgrew
Azrimme

Un Fol.
La Main.
Du Fromage.
Du Pain.
Une Maison.
Un Garçon.
De la Chair.
De la Neige.
L'Oeil.
De l'Eau.
{ Un Maître, ou
{ Un Grand.
Le Nés.

Un Cheval.

Demain.
Une Ville.
Une Année.
Aujourd'hui.
Une Montagne.

Du Lait.

Des Olives.
Une Pierre.
Un Serpent.

Noms &c.

B *Daban*
Dakallee
Defouàl
Earden
Elkaa
Tamout
Eiar
Emee
Ergez
Ewdan
C *Fouse*
Jitta
Ikra
Illaalee
Ouglan
Oule
Ouly
Ouzail

Du Beurre.
Un peu.
Méchant.
Froment.
} La Terre.

La Nuit.
La Bouche.
Un Homme.
Un Peuple.
La Tête.
Le Corps.
Quelque chose.
Bon.
Les Dents.
Le Cœur.
Un Mouton.
Du Fer.

Les Noms des autres Métaux sont les mêmes qu'en *Arabe*.

D *Swaagy*
Taksbeesb
Taphoute
Kylab

Du Lait battu.
Une Fille.
} Le Soleil.

Noms

DE PREUVES.

Vocabulaire du SHOWIAH.

Noms &c.

Tasta	Un Arbre.	Thaw-went	Une Fontaine.
Tegmert } Alowdab }	Une Jument.	Thaulah Thegance	Une Fiévre. Des Dates.
Tigenoute	Le Ciel.	Themzee	De l'Orge.
Tizeer } Toule }	La Lune.	Thezaureene Thigata	Des Raisins. La Nuit.
Thamatouth	Une Femme.	Woodmis	Le Visage.
Thamempt	Du Miel.	Tegazer	Une Riviere.
Thamzeen	Petit.	Teibra	Une Etoile.
Thareet	Les Pieds.	Tibowne	Les Rayons.

Declinaison des Noms & Pronoms.

Athrair	Une Montagne.	Enou	Mien.
Ithourar	Les Montagnes.	Eanick	Tien.
Tegazar	Une Riviere.	Eaniss	Sien.
Tegazran	Les Rivieres.	Enouwan	Nôtre.
Ergez	Un Homme.	Ennessick	Vôtre.
Ergessen	Les Hommes.	Eanissen	Leur.
Neck	Je.	Ifouseou	Ma Main.
Ketche	Toi.	Ifouseak	Ta Main.
Netta	Lui.	Ifouseis	Sa Main.
Nikenee	Nous.	Ifousenouwan	Nos Mains.
Hounouwee	Vous.	Ifousenouak	Vos Mains.
Neutnee	Ils.	Ifousenissen	Leurs Mains.

Verbes & leurs Conjugaisons.

Aitch	Manger.	Owee	Oter.
Akel	Voir.	Teganoute } Attuss }	Dormir.
Akeime	S'asseoir.		
Atfoue	Boire.	Sewel	Parler.
Bidfillah	Se tenir debout.	Neck sewel	Je parle.
Einah	Monter.	Ketche sewel	Tu parles.
Erse	Descendre.	Neck seulgas	Je parlois.
Oushe	Donner.	Ketche seulgas	Tu parlois. &c.

Nombres & Phrases.

Ewan	Un.	Oushee eide	Donnez-moi cela.
Seen	Deux.	Oushedoura	Je le donne.
Les autres Nombres sont les mêmes qu'en *Arabe*.		*Iskee* ou *Isgee* est un autre terme pour dire, Donnez-moi; par exemple,	
Manee illa	Où est-ce ?	*Iskee ikra adetshôg, neck alouzagh*,	Don-

Vocabulaire du SHO-WIAH.

Donnez-moi à manger, car j'ái faim.
Iskee ikra wamani adeswaag, neck foudagab, Donnez-moi de l'eau à boire, car j'ai soif.
Neck urfedaag ikra, Je n'ai pas soif.
Kadesh assegassen themeurtaye akyth?

A Combien d'années avez-vous été ici?
Ergez illâlee oury tagadt ikra, Un homme de bien ne craint rien.
Ergez defoûal tagedt,
Un méchant est craintif.

XXV.

ANCIENNE INSCRIPTION
GRAVEE DANS LE ROC PRES DU DESERT.

DE SIN

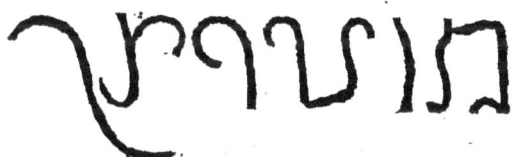

C'est-à-dire

מן Pluye de la Manne מטר

Ancienne Inscription.

Queste lettere trovai intagliate in una pietra grande nel deserto de Sin, dove Dio mandò la Manna alli figliuoli d'Israel; sotto lequali pareva anco intagliata la figura del Gomor, misura della Manna, che si doveva raccoglere, come appare nel Essodo al c. 16. e di sotto a detta figura vi sono molte altre lettere, mà per l'antichità quasi perse e guaste, ne si possono interamente cavare; mà vicino a detta pietra ve ne sono delle altre pur scritte in diversi lati, quali pietre si tro-

J'ai trouvé ces Caractères gravés sur une grande Pierre dans le Désert de *Sin*, où Dieu envoya la Manne aux Enfans d'Israël. Au bas de ces Caractères paroissoit aussi gravée la figure d'un Homer, mesure qui servoit à déterminer la quantité de Manne que chacun devoit recueillir, comme on peut voir *Exode XVI.* & au dessous de cette figure sont plusieurs autres lettres ou caractères, dont on ne peut prendre copie ni

en

en comprendre le sens, étant presque entierement effacés. Mais à
une petite distance de cette Pierre, il y en a plusieurs autres, remplies de caractères ou d'inscriptions
sur tous les côtés. On trouve ces
Pierres dans le désert de *Sin*, vers
l'Orient, à l'entrée même de la vallée que l'on doit passer pour aller
de-là à *Raphiddim*.

A *vano alla parte Orientale del deserto
de* Sin, *nella bocca propria della Valle,
per dove si passa da* Sin *per andar in*
Rafidim. Fra. Tomaso da Nova-
ra, *apud* Kirch. Œdip. Ægypt. Gymn.
Hierogl. Class. II. p. 220.

Ancienne Inscription.

XXVI.

DIFFERENTES STATIONS
DES HADJEES OU PELERINS QUI VONT A LA MECQUE.

Du Grand *Caire* à

B IRQUE *el Hadje*	Deraje (a)	
Dar el Sultan	80 B	Un Etang d'Eau.
Adjeroute	200	Point d'Eau.
Rasty-watter	200	Eau amere.
Teab-wabad	180	Point d'Eau.
Callah Nabbar	200	Point d'Eau.
Ally	220	Bonne Eau.
Callah Accaba	230	Point d'Eau.
Thare el Hamar	220	Bonne Eau.
Shirfah	200	Point d'Eau.
Maggyre el Shouïbe (b)	240	Point d'Eau.
Ain el Kafaab	230 C	Eau courante.
Callah Mowlah	220	Eau courante.
Sheck Murzooke	220	Bonne Eau.
Callah Azlem	180	Bonne Eau.
Astabel Anter	190	Mauvaise Eau.
Callah Watiah	230	Bonne Eau.
Akrab	200	Bonne Eau.
	250	Mauvaise Eau.

Stations des Pélerins Turcs.

Hun-

(a) Chaque *Deraje*, en Arabe درجة, est égale à quatre minutes d'une heure de chemin.
(b) *Shouïbe* est le même que *Jethro*, lequel on suppose avoir habité dans ce lieu.

		Deraje	
Stations des Pélerins Turcs.	Hunneck	180	A Point d'Eau.
	Howry	200	Mauvaise Eau.
	Nebat	200	Bonne Eau.
	Houdaarab	200	Mauvaise Eau.
	Cafabah Tembab	220	Eau courante.
	Sakeefah	200	Point d'Eau.
	Bedder Houneene (a)	80	Eau courante.
	Sebeely Ma-fonne	240	Point d'Eau.
	Raaky Me-Kat (b)	230	Bonne Eau.
	Kadeedah	220	Point d'Eau.
	Afphaan	200	B Eau courante.
	Wed el Fathmah	200	Eau courante.
	La Mecque	120	Le Puits de *Zimzem* (c)
	Arafat (d)	60	

En revenant de la *Mecque*, les Pélerins vont à *Medine* vifiter le Tombeau du Prophete, lequel eft à trois ftations de *Bedder Houneene*. Voici les noms & les diftances de ces ftations :

	Deraje	
Sakara Tedeedah	180	Bonne Eau.
Kubbourou Showledâhy	230	Point d'Eau.
Medeena Mownowârah	200	

XXVII.

MESURES DE LA GRANDE PYRAMIDE DE MEMPHIS.

CETTE Pyramide eft orientée aux 4 parties du Monde, Eft, Oueft, Nord, Sud. C L'entrée eft du côté du Nord. La porte n'eft pas tout-à-fait au milieu, le côté d'Oueft étant plus long

(a) Les Pélerins arrivent ici le premier foir de la Nouvelle Lune, & y pratiquent plufieurs Cérémonies religieufes, comme d'allumer un grand nombre de lampes, & de jetter en l'air des fufées &c.
(b) Dans ce lieu les Pélerins ôtent tous leurs habits, par vénération pour la fainte Cité de laquelle ils approchent : ils fe couvrent feulement la tête & les parties avec des ferviettes, & marchent ainfi les quatre jours fuivans.
(c) Les *Mahometans* difent, que c'eft ici le Puits que rencontra *Agar* dans le défert. *Voyez Gen. XXI.* 19.
(d) Ici chaque Pélerin offre un facrifice, en mémoire de celui qu'*Abraham* offrit de fon fils *Ifmaël* (& non *Ifaac*) felon leur Tradition. Ils fuppofent auffi qu'*Arafat* eft la terre de *Morijah* dont il eft parlé *Gen. XXII,* 1, 2.

long que celui de l'Est d'environ 30 pieds.

La porte est élevée de 45 pieds au dessus du terrein.

Hauteur perpendiculaire de la Pyramide, 500 pieds.

Longueur des côtés, 670 pieds.

1er Canal d'entrée, qui va en descendant, 3 pieds 6 pouces en quarré.

Longueur du dit Canal, 84 pieds.

Pente du dit, 35 degrés.

Le Canal est terminé par le sable, qu'il faut nettoyer pour entrer à gauche; en entrant est une espece de voute rompue, d'environ trois toises de diametre, pour donner communication au Canal montant.

2^d Canal, qui va en montant & tire au Sud, comme le premier Canal descendant, & autrefois ils s'embouchoient l'un à l'autre.

Longueur du dit Canal, 96 pieds.

Largeur & hauteur, 3 pieds 6 pouces en quarré.

Au bout du Canal montant est à droite un puits sec, creusé en partie dans le roc, d'environ 27 toises de profondeur, composé de 4 boyaux, un droit, un oblique, au bout duquel est un reposoir, & encore un droit & puis un oblique, qui aboutit à du sable.

Au bout du même Canal montant est une plateforme, sa longueur 12 pieds, largeur 3 pieds 4 pouces. Cette plateforme s'unit à un 3me Canal de niveau.

Longueur du dit Canal, 113 pieds.

Hauteur & largeur, 3.

Chambre d'en-bas, longueur, 18 pieds.

Sa largeur, 16.

Plateforme de la Chambre en dos d'âne, chaque côté 10 pieds.

Hauteur des murs jusqu'au dos d'âne, 11 pieds 3 pouces.

Il y a un trou de 10 à 12 pas de profondeur dans la dite Chambre A à gauche en entrant, les pierres qu'on a tiré du trou sont repandues dans la Chambre; à l'entrée de ce trou paroit une Niche.

4e Canal, qui est aussi montant, sa voute presqu'en dos d'âne; longueur, 136 pieds, largeur entre les murs, 6 pieds & demi. Largeur de la tranchée entre les Banquettes, 3 pieds & demi.

Les deux Banquettes, chacune B un pied & demi de large & de haut.

Mortaises dans les Banquettes, chacune un pied 8 pouces de long, 5 ou 6 pouces de large.

Leur profondeur d'environ un demi pied. Distance d'une mortaise à l'autre, 3 pieds & environ un tiers. Nombre de mortaises, 56: c'est-à-dire 28 sur chaque C Banquette.

Hauteur de la voute du 4e Canal, 22 pieds & demi, de neuf Pierres, chacune de deux pieds ¼ de haut, sommées d'un plancher de la largeur de la tranchée inférieure.

Des 9 pierres de la voute, 7 seulement sont sortantes, leur saillie est de 2 pouces ½.

Au bout du 4e Canal est un 5e Ca- D nal de niveau, qui aboutit à une grande Chambre mortuaire. Longueur, 21 pieds. — Largeur, 3 pieds 8 pouces.

Hauteur inégale: car vers le milieu il y a une espece d'Entresol avec des canelures, les deux tiers de ce 5e Canal sont revêtus de marbre granit.

Grande Chambre ou Salle mortuaire, toute incrustée de granit, E pavé, plancher & murailles. Longueur, 32 pieds. — Largeur, 16. Hauteur, idem, en 5 pierres égales. Plancher de 7 grandes pierres traversant la Salle par la largeur, & deux pierres aux deux bouts, lesquelles entrent à moitié dans le mur.

Au fond de la Salle & à droite,

Mesures de la grande Pyramide.

Mesures de la grande Pyramide.

à 4 pieds & 4 pouces du mur, est le Tombeau de granit sans couvercle, d'une seule pierre. Il résonne comme une cloche. Hauteur du Tombeau, 3 pieds & demi. Longueur, 7. Largeur, 3. Epaisseur, demi pied.

A droite du Tombeau, dans le coin, à terre, on voit un trou, long de trois pas & profond d'environ 2 toises, fait après coup.

Il y a deux trous à la muraille de la Salle proche de la porte, l'un à droite, l'autre à gauche, d'environ deux pieds en quarré: on ne connoît pas leur longueur; ils ont été faits en même tems que la Pyramide.

XXVIII.

REMARQUES SUR LE NATRON.

Remarques sur le Natron.

LE *Natron* ou *Nitre d'Egypte* a été connu des Anciens; il est produit dans deux Lacs, dont *Pline* parle avec éloge; il les place entre les Villes de *Naucrate* & de *Memphis*. *Strabon* pose ces deux Lacs nitreux dans la Préfecture *Nitriotique*, proche des Villes de *Hermopolis* & *Momemphis*, vers les canaux qui coulent dans la *Maréote*: toutes ces autorités se confirment par la situation présente des deux Lacs de *Natron*. L'un des deux Lacs nitreux, nommé le grand Lac, occupe un terrein de quatre ou cinq lieuës de long, sur une lieuë de large, dans le désert de *Scété* ou *Nitrie*; il n'est pas éloigné des monastères de *Saint Macaire*, de *Notre-Dame des Suriens & des Grecs*; & il n'est qu'à une grande journée à l'Ouest du Nil, à deux de *Memphis* vers le *Caire*, & autant de *Naucrate* vers *Alexandrie* & la Mer.

L'autre Lac, nommé en *Arabe Nebilé*, a trois lieuës de long sur une & demi de large; il s'étend au pied de la montagne à l'Ouest, & à douze ou quinze milles de l'ancienne *Hermopolis parva*, aujourd'hui *Damanchour*, capitale de la Province *Beheirè*, autrefois *Nitriotique*, assez près de la *Maréote*, & à une journée d'*Alexandrie*.

Dans ces deux Lacs le *Natron* est couvert d'un pied ou deux d'eau; il s'enfonce en terre jusqu'à quatre ou cinq pieds de profondeur; on le coupe avec de longues barres de fer, pointues par le bas. Ce qu'on a coupé est remplacé l'année suivante, ou quelques années après, par un nouveau sel *Nitre* qui sort du sein de la terre. Pour entretenir sa fécondité, les *Arabes* ont soin de remplir les places vuides de matières étrangères, telles qu'elles soient, sable, boue, ossemens, cadavres d'animaux, chameaux, chevaux, ânes & autres; toutes ces matières sont propres à se reduire, & se reduisent en effet en vrai *Nitre*, de sorte que les travailleurs revenant un ou deux ans après dans les mêmes quartiers qu'ils avoient épuisés, y trouvent nouvelle recolte à faire.

Pline se trompe quand il assure, dans le livre cité ci dessus, que le *Nil* agit dans les salines du *Natron*, comme

comme la Mer dans celles du sel, c'est-à-dire que la production du *Natron* dépend de l'eau douce qui inonde ces Lacs: point du tout; les deux Lacs sont inacceffibles, par leur situation haute & supérieure, aux inondations du fleuve. Il est sûr pourtant que la pluye, la rosée, la bruine & les brouillards sont les véritables peres du *Natron*, qu'ils en hâtent la formation dans le sein de la terre, qu'ils le multiplient & le rendent rouge; cette couleur est la meilleure de toutes; on en voit aussi du blanc, du jaune & du noir. * * *

Outre le *Nitron*, on recueille dans certains quartiers des deux Lacs du Sel ordinaire & fort blanc; on y trouve aussi du Sel gemme, qui vient en petits morceaux d'une figure pyramidale, c'est-à-dire quarrée par le bas, & finissant en pointe. Ce dernier Sel ne paroît qu'au Printems.

Remarques sur le NATRON.

XXIX.

MANIERE DONT ON FAIT LE SEL ARMONIAC EN EGYPTE.

LE *Sel Armoniac* se fait de fiente: celle de chameau est estimée la plus forte & la meilleure. Garçons & Filles courent les rues du *Grand Caire*, un panier à la main, pour ramasser cette fiente, laquelle ils vendent ensuite à ceux qui tiennent des *Bagnios*, ou s'ils la brûlent eux-mêmes, ils en vendent la suye dans les lieux où se fait le *Sel Armoniac*. Les villages des environs du *Grand Caire*, où on ne brûle gueres autre chose que de la fiente, fournissent aussi de cette suye; mais la meilleure se trouve dans les *Bagnios*, où il y en a un demi doigt d'épaisseur sur les murailles. On met cette suye dans des verres ronds, semblables à nos bouteilles ordinaires, seulement le col en est fort étroit & fort court. Ces bouteilles sont aussi minces que des oublies, mais on les enduit par dehors de trois couches de boue, & on en bouche l'entrée avec du coton mouillé. On les place ensuite sur un fourneau dans des cendres jusqu'au col, & on fait un gros feu par dessous durant deux jours & deux nuits. La vapeur qui s'éleve enfle le coton, & forme une croute, qui empêche les sels de s'évaporer, ces sels ainsi resserrés s'arrêtent au haut de la bouteille, & composent le *Sel Armoniac* tel que nous l'avons.

Façon du SEL ARMONIAC.

XXX.

JOURNAL

DU TEMS QU'IL FIT A ALEXANDRIE EN EGYPTE AUX MOIS DE JANVIER ET DE FEVRIER 1639.

Journal metéorologique.

JANVIER 1. **B**eau tems, un peu de vent au Sud.

2. Beau.

3. Beau, il plut un peu sur le soir.

4. Tems couvert, il plut l'après-midi & le soir.

5. Tems couvert & pluvieux, avec un vent de Nord-Ouest.

6. *Dimanche.* Beaucoup de pluye & de vent. N. O.

7. Pluye & vent N. O. tout le jour & toute la nuit.

8. Il plut le matin, fit beaucoup de vent tout le jour & toute la nuit, vers la fin de laquelle il plut encore: le vent étoit au N. O.

9. Il plut beaucoup & fit grand vent le matin & le soir, le vent au N. O.

10. Tout le jour grande pluye & grand vent. N. O. La pluye tomboit par grosses ondées, ensuite il y avoit un intervale de beau tems, & puis le tems se couvroit de nouveau, & il recommençoit à pleuvoir. Dans la nuit il plut beaucoup, & vers le matin il neigea.

11. *Vendredi.* Il plut le matin, l'après-midi il fit beau, sur le soir il plut encore. N. O.

12. *Samedi* matin il plut, l'après-midi il fit beau, sur le soir un peu de vent.

13. *Dimanche.* Beau, un peu de vent de N. N. O.

14. *Lundi.* Un peu de vent de S. E. beau.

15. Beau, un peu de vent de S. E. l'air étoit rempli de vapeurs, & quoiqu'il n'y eût point de nuages, cependant le soleil n'étoit pas brillant.

16. Beau, petit vent de S. E.

17. Beau, petit vent de S. E. Pendant ces quatre jours, sur-tout les deux derniers, quoiqu'il n'y eût point de nuages, il y avoit cependant une obscurité durant le jour & la nuit, qui faisoit que le soleil ne donnoit qu'une lueur foible & les étoiles peu de lumiere: cette obscurité procedoit en partie des pluyes qui étoient tombées auparavant, & en partie du débordement ordinaire du Nil.

18. *Vendredi.* Comme le jour précedent, grand vent d'Est-Sud-Est.

19. *Samedi.* Comme le jour précedent.

20. *Dimanche.* Vent de Nord, tems couvert, la nuit belle.

21. *Lundi.* Le vent étant au N. O. il fit beau.

22. *Mardi.* Beau, il plut un peu sur le soir, par un grand vent de N. O.

23. *Mercredi.* Beau le jour & la nuit, le vent de N. O. devint un peu plus fort.

24. *Jeudi*

24. *Jeudi*. Tems couvert, sur le soir il plut beaucoup; vent de N. O.

25. Tantôt clair, tantôt des nuages, le vent N. O. à 4 heures après-midi il commença à pleuvoir, sur le soir il plut beaucoup.

26. *Samedi*. Un gros vent de N. O. & souvent de la pluye.

27. *Dimanche*. Pendant le jour il y eut un grand vent de N. O. & de tems en tems de la pluye; sur le soir beau, peu de vent, mais l'air chargé de vapeurs, de sorte qu'on ne voyoit pas distinctement les étoiles.

28. Pendant le jour peu de nuages, mais beaucoup d'obscurité, de manière qu'on ne pouvoit voir le soleil; pendant la nuit le tems étoit de même fort chargé; sur le soir il plut un peu; le vent à l'Est.

29. L'air rempli de vapeurs, mais moins épaisses que celles du jour précédent. Un quart d'heure avant le coucher du soleil, cet Astre étant plongé dans les vapeurs, paroissoit sur l'horizon comme du fer rouge, ou comme j'ai vû quelquefois la Lune dans une éclipse. A quatre heures après-midi le vent de N. N. O. se leva & il fit beau toute la nuit.

30. Beau tems. N. N. O.

31. Beau jusqu'à dix heures du soir, ensuite le vent d'Est s'étant levé, l'air fut rempli de vapeurs.

Février 1. Tantôt beau, tantôt obscur, un grand vent de N. O. & de la pluye.

2. Comme le jour précédent. N. N. O. la nuit le vent devint plus fort.

3. *Dimanche*. Grand vent de N. N. O. beaucoup de pluye pendant le jour & pendant la nuit, grand froid.

4. *Lundi*. Beaucoup de vent N. N. O. durant le jour & la nuit, de tems en tems de la pluye & grand froid.

5. *Mardi*. Venteux & couvert.

6. *Mercredi*. Un peu de vent de Nord, la nuit fort obscure.

7. *Jeudi*. Obscur & noir, peu de vent.

8. Beau, peu de vent, sur le soir le vent tournant au Nord, il plut beaucoup.

9. *Samedi* matin pluvieux, bel après-midi, sur le soir le vent se mit à l'Est.

10. Beau le jour & la nuit, le vent au Nord.

11. Beau & puis pluye. Vent N. O.

12. Beau jour & nuit.
13.
14. Très-beau.   un peu de vent de Nord.
15.
16.

17. Je vis deux taches dans le Soleil.

18. J'allai au *Grand Caire*.

19. Fort beau.

20. Beau & obscur.

21. Obscur, sur le soir il plut beaucoup.

Journal météorologique.

Autre Journal de l'An 1638.

Hauteur méridienne du Soleil, prise par mon Quart de Cercle de Cuivre de 7. pieds, & quelquefois par des Sixièmes de 4. pieds, sans avoir égard ni à Refraction, ni à Parallaxe.

Décembre 3. Après avoir bien rectifié mes instrumens. Quart. 35 $\frac{208}{300}$

4. Vieux Stile, Mardi, très-bonne Observation. Quart. 35 $\frac{191}{300}$ Six. 35 $\frac{12}{100}$

5. Bonne

Journal météorologique.

5. Bonne Observation. } Quart. 35 $\frac{177}{300}$ / Six. 35 $\frac{47}{100}$

6. Bonne Observation. } Quart. 35 $\frac{163}{300}$ / Six. 35 $\frac{43}{100}$

7. Bonne Observation. } Quart. 35 $\frac{151}{300}$ / Six. 35 $\frac{41}{100}$

8. Les trois ou 4 jours précedens il y avoit eu du vent. Quart. 35 $\frac{142}{300}$

9. Nebuleux.

10. Nebuleux, à midi vent & pluye. Quart. 35 $\frac{124}{300}$

11. Vent, nuages & pluye : j'observai bien dans la separation d'un nuage.

12. Nuages & pluye.

13. Nebuleux.

14. Grand vent, & le matin beaucoup de pluye. Quart. 35 $\frac{136}{300}$

15. Nuages.

16. Dimanche, bonne Observation. Tems très-serein, & sans vent. Quart. 35 $\frac{8}{2}$

17. Nuages & vent.

18. *Mardi*, point de vent : bonne Observation. Quart. 35 $\frac{181}{300}$

19. Ni vent, ni nuages.

20. ⎫
21. ⎬ Pendant ces trois jours, nuages ou pluye.
22. ⎭

23. Bonne Observation, à trois heures.

La nuit il plut beaucoup, le vent étant vers le Ouest.

24. 25. 26. 27. 28. 29. Il plut excessivement le jour & la nuit, avec de grands vents Ouest-
B Nord-Ouest.

Les Observations précedentes furent faites sur le Quart de Cercle, en prenant l'ombre du haut de l'Aiguille, par l'autre vûë, ou le haut du bout. Les suivantes fu-
C rent faites en laissant tomber l'ombre du Cylindre sur une des faces, ainsi marqué ♊.

Decembre 31. V. St. vent au Nord : bonne Observation. Quart. 36 $\frac{166}{300}$

Janvier 2. V. St. Quart. 37 $\frac{71}{300}$

D 3. Quart. 37 $\frac{116}{300}$

4. Quart. 37 $\frac{166}{300}$

25. Avec le Quart de Cercle & l'Aiguille, le Cylindre étant cassé, bonne Observation ; vent Nord-Ouest. Quart. 42 $\frac{206}{300}$

Janvier 26. Nebu-
E leux. Quart. 43 $\frac{85}{300}$

27. *Dimanche*, bonne Observation, vent Nord-Ouest.

28. Obscur ; vent Est.

Quart. 35 $\frac{28}{300}$

XXXI.

EXTRAITS DE KALKASENDA CONCERNANT LE NIL ET LES NILOMETRES.

Venons préfentement à l'accroiſſement des eaux du *Nil*, & à leur diminution. On n'eſt pas d'accord ſur la hauteur à laquelle elles montent.

Al-Mas'ûdi écrit, que les *Arabes* croyent, que le *Nil* groſſit par les eaux de pluſieurs autres fleuves & ſources; & que c'eſt la raiſon pourquoi les autres fleuves & ſources diminuent quand il s'enfle, & qu'en échange les autres fleuves & ſources groſſiſſent quand ſes eaux baiſſent. Ce ſentiment eſt confirmé par ce que rapporte *Al-Kodha'i*, ſur la foi d'*Abdallah* fils d'*Omar*, & d'*Amrai*, fils d'*Al-Aſi*, qui ont dit que le *Nil* d'*Egypte* eſt le principal fleuve, & que tous les fleuves de l'Orient & de l'Occident ſe réglent ſur lui; de façon que lorſqu'il prend ſes accroiſſemens, ces fleuves lui envoyent leurs eaux : car c'eſt en ſa faveur que Dieu a fait ſourdre les rivieres de la terre, dont le cours s'étend juſques à l'endroit que Dieu a voulu & marqué, ou bien il a ordonné à chacun de ces fleuves de retourner vers ſa ſource. Il ajoute que, ſuivant l'opinion des *Indiens*, l'accroiſſement & la diminution des eaux de ce fleuve eſt cauſé par de groſſes pluyes qui tombent copieuſement ; ce que l'on peut connoître en obſervant le cours des aſtres, c'eſt-à-dire leur lever & leur coucher, par l'abondance des pluyes, & par la conſiſtence des nuées.

Les *Cophtes* prétendent, que le *Nil* prend ſes accroiſſemens de quelques

A JAM de Nili *incremento*, & *decremento. Et quidem quoad incrementi ejus menſuram variant ſententiæ.*

Tradit Al-Mas'ûdi, *ex Arabum ſententia* Nilum *augeri ex aliis fluminibus & fontibus; atque inde eſſe quod in incremento ejus cætera flumina & fontes imminuuntur; & quando ipſe decreſcit, alia flumina fontesque augentur. Hanc ſententiam confirmat id quod refert* Al-Kodha'i *ex authoritate* Abdallahi *filii* Omar, *& (*Amrai*) filii* Al-Aſi, *qui dixerunt* Nilum Ægypti *eſſe fluviorum principem, cui obſequuntur omnia flumina Orientis & Occidentis; adeo ut, quando extenditur, ſuppeditent ei flumina aquas ſuas; nam in gratiam ejus erumpere fecit Deus terram in* *C fontes; ac tandem curſus ejus, quouſque Deus voluit, pervenit, indicavitque Deus, ſeu juſſit unicuique illorum (fluminum), ut ad originem ſuam revertatur. Tum ait, ex* Indorum *opinione, incrementum & decrementum ejus oriri ex imbribus copioſis, quod quidem dignoſcitur ex acceſſu & receſſu, ſeu ortu & occaſu ſiderum, & pluviarum abundantia,* *D nubiumque conſiſtentia.*

Dicunt Copti, *incrementum* Nili *fieri ex fontibus ſcaturientibus in ripis*

Extraits de Kalkasenda.

Extraits de KAL-KASENDA.

pis ejus, quos vidit non nemo, qui profectus lustravit superiora ejus. Huic sententiæ favet id quod tradit Al-Kodha'i ex authoritate Vezid filii Abn-Hhabib, scilicet Moâviam filium Abn-Sofiân, cui Deus sit propitius, ita alloquutum fuisse Ca'abum, cognomento Al-Ahbâr: Obsecro te per Deum, an invenisti in libro Dei potentis & gloriosi hujus Nili fieri mentionem? Respondit ille: Utique, per Deum! nempe Deus potens & gloriosus revelat (per Angelum) ei quolibet anno duabus vicibus, ut egrediatur, dicendo: Deus jubet te ut fluas. Et fluit, prout præscripsit ei Deus. Tum postea revelat ei Deus (per Angelum) dicendo ei: O Nile, Deus jubet te ut descendas. Haud dubium autem quin omnia hæc verba mox allata ad hoc dictum referenda sint. Hoc est igitur fundamentum cæterorum omnium.

Semper autem incipiunt observare incrementum die quinto mensis Bœna, qui est unus e mensibus Coptorum. Et nocte duodecima ejusdem ponderatur lutum; atque tunc per hoc æstimant incrementum Nili, prout more consueto evenire facit Deus excelsus, ut de luto sicco, quod sustulit aqua Nili, pondus accipiatur sexdecim drachmarum accurate, tum illud folio, vel aliqua re simili involvant, ponantque in cista, vel arca, aut aliquo vase hujusmodi, tum oriente Sole illud ponderant. Et pro ratione augmenti ponderis, incrementum Nili æstimatur, cuilibet grano siliquæ attribuendo incrementum unius cubiti, supra pondus sexdecim drachmarum.

Die vigesimo sexto ejusdem (mensis Bœna) accipitur superficies fluminis, & ad illam mensuratur fundamen-

ques fontaines qui s'épanchent sur ses bords, & qu'elles ont été remarquées par quelqu'un qui avoit observé ses augmentations vers sa source. Ce qu'Al-Kodba'i raconte sur la foi de Vezid, fils d'Abn-Hbabib, favorise cette opinion. Il dit que Moâvia, fils d'Abn-Sofid, à qui Dieu fasse miséricorde, dit un jour à Ca'ab, surnommé Al-Abbbâr: Je te conjure au nom de Dieu, de me dire si tu as trouvé qu'il est fait mention de ce Nil dans le livre de Dieu puissant & glorieux? A quoi l'autre répondit: Je t'assure qu'oui, au nom de Dieu; car Dieu puissant & glorieux lui révèle chaque année deux fois par son Ange ce qu'il doit faire, lui disant, quand il veut qu'il sorte de ses bords: Dieu l'ordonne de couler; & alors il coule ainsi que Dieu le lui a prescrit. Ensuite Dieu se révèle à lui de nouveau par son Ange, qui lui dit: ô Nil, Dieu te commande de diminuer. Il n'y a pas de doute que tout ce qui vient d'être allégué ne se rapporte au fait dont il s'agit. C'est donc là le fondement & la base de tout le reste.

On commence toûjours à observer ses accroissemens le cinquième jour du mois Bouna, qui est l'un des mois des Cophtes: la douzième nuit suivante on pèse son limon, & c'est par-là qu'on juge de son accroissement; voici de quelle manière Dieu très-Haut le fait ordinairement connoître. On prend le poids de 16. drachmes juste, du limon sec que les eaux du Nil ont enlevé, on l'enveloppe d'une feuille ou de quelque chose semblable, que l'on met dans un coffre, dans une armoire, ou dans quelque vase pareil, & au lever du Soleil on le pèse. On juge de l'accroissement du Nil à proportion de l'augmentation du poids, en comptant pour chaque grain de gousse qu'il y a au-delà de 16. drachmes, une coudée d'eau.

Le 26. du même mois Bouna on observe la surface du fleuve, & l'on en mesure la profondeur par le Nilomètre, suivant lequel

quel on doit juger des accroissemens.

C'eſt ſur ce fondement qu'on en fait le 27 la publication. On compte 28 doigts pour chaque coudée, juſqu'à ce qu'on ait 12. coudées, dont chacune contient 24. doigts. Et quand l'accroiſſement va à 16. coudées, c'eſt le point de hauteur où ſont les eaux lorſque le Sultan fait percer le Canal *Al-Kahera*. Ce jour eſt ſi célebre, ſi ſolemnel & ſi remarquable, qu'il n'y en a point dans le monde qui puiſſe lui être comparé.

Ce même jour on expedie la nouvelle des accroiſſemens du *Nil* pour tous les autres endroits du Royaume, & les meſſagers ſe mettent en chemin pour l'y porter: alors les eaux du *Nil* ſont auſſi hautes qu'elles peuvent l'être.

Depuis le mois *Mesri*, qui eſt l'un des mois *Cophtes*.

Le premier jour du mois *Tot*, appellé *Nûrûz*, on perce par-tout les canaux & les embouchures; à quelle occaſion il s'eleve des conteſtations, où l'on en vient ſouvent aux mains.

Enſuite le *Nil* commence à baiſſer.

Le jour de la Fête de la Croix, qui tombe ſur le 17. dudit mois *Tot*, on perce la plus grande partie des autres embouchures.

Al-Kodha'i rapporte d'après *Ebn-Aſir* & autres Ecrivains *Cophtes* ſusmentionnés, que lorſque le 12. jour du mois *Mesri* l'eau eſt à la hauteur de 12. coudées, c'eſt une année d'eau; autrement l'eau baiſſe: mais ſi l'eau parvient à 16. coudées avant *Nûrûz*, ou le premier jour du mois *Tot*, qu'alors l'eau eſt montée à ſa parfaite élevation: alors le plus grand accroiſſement du *Nil* ſe fera pendant la premiere moitié du mois *Mesri*, & quelquefois dans la derniere moitié du même mois, ou bien plus tard. Et il ne croîtra plus après le 8. jour du mois *Baba*.

A *mentum* Nilometri *ſecundùm quod ſtatuendum eſt incrementum.*

Die vigeſimo ſeptimo proclamatur ſupra illud (*fundamentum*) *incrementum. Unicuique autem cubito attribuuntur viginti octo digiti, donec compleantur duodecim cubiti, quorum ſinguli continent viginti quatuor digitos. Et quando pervenit* (*incrementum*) *ad ſexdecim cubitos, quod eſt punctum altitudinis quo Sultan canalem Al-Kahera perrumpit. Eſtque dies ille adeò celebris, ſolemniſque & inſignis, ut cum eo nullus in toto orbe comparandus veniat.*

Eo ipſo die progreſſûs Nili *nuncia ad cæteras regni plagas deferenda perſcribuntur, & cum eis tabellarii iter arripiunt, tuncque progreſſus* Nili *ad ſummum apicem pervenit.*

C *A menſe* Meſri, *qui eſt unus è* Coptorum *menſibus.*

In Nûrûz, *qui eſt primus dies menſis* Tot, *frequens ubique canalium & oſtiorum fit ſectio. Quâ occaſione oriuntur contentiones, & nonnunquam inter ſe digladiantur.*

Deinde ſubſidere incipit Nilus.

In feſto Crucis, qui dies eſt decimus ſeptimus menſis Tot *ſupra dicti, fit ſectio majoris partis reliquorum oſtiorum.*

Refert Al-Kodha'i ex Ebn-Aſir, aliiſque è Coptis *ſupra memoratis, quod quando aqua, die duodecimo menſis* Meſri, *elevatur ad altitudinem duodecim cubitorum, is eſt annus aquæ; alioquin aqua decreſcit. Quando autem aqua pervenit ad ſexdecim cubitos, ante* Nûrûz, *(ſeu primum diem menſis* Tot) *tunc aqua ad completum finem pervenit; tum potior pars progreſſûs ejus* (Nili) *fiet in medietate priore menſis* Meſri, *& nonnunquam in medietate poſteriore ejuſdem menſis, vel etiam eo tardiùs. Et die octavo menſis* Baba *fiet terminus incrementi ejus.*

Extraite de KAL-KASEN-DA.

Extraits de KAL-KASEN-DA.

Vidi in libro, qui inscribitur Ta-rikh Al-Nil, i. e. Historia Nili, quod anno (Hegiræ) septingentesimo octavo tardiùs evenit summus ejus progressus usque ad diem decimum nonum mensis Baba, quo elevatus fuit ad sexdecim cubitos, & postea auctus fuit ad duos digitos intra duos dies, uno digito per diem, postquam homines petierunt aquam quatuor vicibus, cui simile nihil unquam auditum fuerat in prioribus sæculis.

Enim verò fuerat constans consuetudo, ut à momento quo cœpit proclamari incrementum ejus, die scilicet vigesimo septimo mensis Abib, usque ad finem mensis Bana, esset augmentum ejus leve circiter duorum digitorum usque ad ferè decimum diem; ut plurimùm enim increscebat hoc modo: Deinde incunte mense Mesri invalescebat incrementum ejus, augebaturque usque ad decem (digitos unoquoque die) & non ulteriùs; aliquando verò infra hujusmodi. Maximus porrò numerus digitorum, quo fiebat incrementum ejus, erat propè summum apicem progressûs, adeo ut sæpe esset septuaginta digitorum (unoquoque die).

Jam verò admiratione dignum est, quod eo ipso die, quo ad summum apicem progressus est, pariter assurgit ad septuaginta digitos: tum manè diei quo ad summum apicem pervenit, adhuc augetur duobus digitis vel circiter; atque ita complet incrementum suum. In fine mensis Baba, incrementum ejus est modicum; cessatque augeri propter inopiam quâ laborat mensis Baba, cùm eo mense parùm admodùm aquæ in Nilum influat.

Narrat Abdol-Rahhman, filius Abdollah filii Al-Hhacam, aliique, quod quando Moslemi Ægypto po-

J'ai lû dans le Livre intitulé *Tarikh Al-Nil*, c'est-à-dire Histoire du Nil, que l'année 708. de l'*Hégire*, son plus grand accroissement arriva plus tard, les eaux ayant tardé jusqu'au 19. jour du mois *Baba* à s'élever à la hauteur de 16. coudées ; après quoi elles crûrent encore deux doigts dans deux jours, un doigt par jour, après que les habitants eussent demandé de l'eau à quatre reprises, & l'on n'avoit jamais rien entendu de pareil dans les siécles précedens.

On étoit à la vérité accoûtumé de voir, que depuis le moment qu'on avoit commencé à publier ses accroissemens, sçavoir depuis le 27. du mois *Abib* jusqu'à la fin du mois *Bouna*, il s'accrut toûjours encore un petit peu, ou environ de deux doigts, presque jusqu'au 10. jour : ensuite, depuis le commencement du mois *Mesri*, les accroissemens devenoient plus considerables, & alloient jusqu'à 10. doigts par jour, mais point au-delà, quelquefois même ils n'étoient pas si forts. Au reste, à mesure que l'inondation approchoit de sa hauteur ordinaire, les accroissemens se faisoient plus rapidement, de sorte que les eaux étant presque montées à leur comble, elles croissoient souvent de 70. doigts par jour.

Ce qu'il y a d'admirable, c'est que le jour même que les eaux parviennent à leur plus grande hauteur, leur accroissement se trouve pareillement être de 70. doigts, & le matin même de ce jour elles montent encore de deux doigts ou environ, & remplissent ainsi la mesure parfaite de leur élevation. Sur la fin du mois *Baba*, les accroissemens sont fort modiques, à cause de la sécheresse ordinaire de ce mois, & puisque pendant son cours le *Nil* ne reçoit que fort peu d'eau.

Abdol-Rahhman, fils d'*Abdollah*, fils d'*Al-Hhacam*, raconte, ainsi que plusieurs autres, que lorsque les *Musulmans* se rendirent maîtres de l'*Egypte*, les habitans de ce Royaume vinrent
au-

au commencement du mois de *Bouna* chez *Amrû*, fils d'*Al-As*, & lui dirent: ô *Emir*, c'eſt-à-dire Empereur, notre tradition touchant le *Nil* porte, qu'il ne ſe repand qu'à certaine condition, que voici; quand le 12. jour de ce mois de *Bouna* approche, nous prenons une fille vierge du conſentement de ſon pere & de ſa mere, auxquels nous faiſons pour cela de riches préſens, & après avoir magnifiquement paré cette fille, nous la jettons dans le fleuve. *Amrû* ayant entendu ceci, il leur répondit: Nous n'avons point de pareille coûtume dans la loi *Muſulmane*. Ils différerent donc pendant les deux mois *Abib* & *Meſri* de l'exécuter; mais les eaux du *Nil* ne s'accrûrent point du tout.

Amrû voyant cela, en fit rapport à *Omar*, fils d'*Al-Khettab*, Empereur des Fidèles, & écrivit à la fin de ſa Lettre ces mots: Veux-tu que cela ſe faſſe ainſi?

Là-deſſus *Omar* addreſſa au *Nil* même une magnifique Lettre, conçue en ces termes:

Abdallah Omar, Empereur des Fidèles, au *Nil d'Egypte*. De plus, ſi tu refuſes de te repandre volontairement & de ton propre mouvement, ſçache qu'il y a un Dieu vainqueur qui peut te contraindre à le faire: en attendant nous prions Dieu inſtamment qu'il te faſſe couler. Adieu.

Il envoya cette Lettre à *Amrû*, qui la jetta dans le *Nil*: après quoi les habitans d'*Egypte* en demanderent avidement l'effet. Se levant donc le matin du jour de la Croix, ils virent que les eaux du *Nil* étoient déja montées de 16. coudées.

La Tradition veut, qu'il arriva quelque choſe d'approchant du tems de *Moïſe*, à qui ſoit paix. Dieu nommement avoit défendu au *Nil* de croître; c'eſt pourquoi les habitans étoient prêts à ſe revolter: mais ayant fait intervenir les prieres de *Moïſe*, il intercéda pour eux, afin que les eaux

potiti ſunt, incolæ ejus ad Amrû filium Al-As, ineunte menſe Bµna *venerunt, dixeruntque illi: O Emire, i. e. Imperator, circa hunc Nilum noſtrum eſt traditio, ut non fluat niſi certâ conditione, quæ ſic ſe habet, nempe quando appetit dies duodecimus hujus menſis* (Bµna,) *apprehendimus puellam virginem de conſenſu patris & matris, quibus pro illa amplam gratificationem exhibemus, tum hanc puellam precioſiſſimo apparatu adornatam in fluvium projicimus. Quibus auditis reſpondit* Amrû: *Non habemus talem conſuetudinem in religione* Eſlamiſmi. *Interea morati ſunt illi per duos menſes, videlicet* Abib *&* Meſri. *At* Nilus *nequaquam auctus fuit, vel parùm, vel multùm.*

Quod cùm vidiſſet Amrû, *ea de re certiorem fecit Imperatorem fidelium* Omar, *filium* Al-Khettab, *ſcripſitque in fine epiſtolæ: Anne inclinas, ut ita fiat?*

Reſcripſit Omar *ad Nilum ipſum Epiſtolam magnificentiâ plenam his verbis:*

Abdallah Omar, *Imperator fidelium,* Nilo Ægypti. *Porrò: Quod ſi ſpontè & proprio motu fluere nolis, ſcito eſſe Deum unum victorem, qui poteſt te cogere ut fluas. Interea nos Deum obnixè precamur ut te fluere faciat.* (Vale.)

Hanc Epiſtolam miſit ad Amrû, *qui illam in* Nilum *projecit. Quo facto, incolæ* Ægypti *avidè ſucceſſum hujus Epiſtolæ præſtolabantur. Et manè ſurgentes die Crucis, viderunt* Nilum *incrementum jam perveniſſe ad altitudinem ſexdecim cubitorum.*

Traditio eſt, ſimile quid accidiſſe temporibus Moſis, *cui pax. Scilicet Deus* Nilum *cohibuerat, ne increſceret; quare volebant rebellare: cum autem* Moſem *precibus interpellaſſent, ille pro eis rogavit, ut flueret* Nilus, *ſperans fore ut ad fidem converterentur: cumque manè ſurrexiſ-*

Extraits de KALKASENDA.

Extraits de Kal-kasen-da.

*recessent, ecce jam Deus fluere fece-*A
rat Nilum, adeo ut illâ nocte ad
sexdecim cubitos excrevisset.

Vidi in Historia Nili suprà lauda-
ta, quod temporibus Al-Mostan-
fer, unius è Khalifis Fatemitis in
Ægypto, subftitit Nilus, per duos
annos non assurgens. Assurrexit au-
tem anno tertio: permansit autem
usque ad annum quintum, non descen-
dens. Deinde descendit suo consueto B
tempore, & effluxit aqua de terra;
sed nemo inventus fuit qui illam se-
minaret, propter hominum paucitatem.
Postea, anno sexto assurrexit Nilus,
tum subftitit usque ad finem anni
septimi, adeo ut non relicta fuerit
transfusio ejus ab hominibus, neque
relictum fuerit ullum animal quadru-
pes incedens, præter asinos quibus tra-
hebatur currus Khâlifæ Al-Mostan- C
fer. Deindè subitò ad apicem evectus
fuit Nilus sexdecim cubitorum in una
nocte, postquàm anteà facilè transva-
dabatur à littore ad littus, & mini-
mâ altitudo suprà ordinariam super-
ficiem Nili fuerat in decremento,
unius cubiti & decem digitorum. At-
què hoc evenit inde ab anno Hegiræ
usque ad finem anni octingentesimi,
duabus tantùm vicibus: Quarum pri-
ma fuit anno centesimo sexagesimo
quinto Hegiræ, eo enim anno Nilus
pervenit ad altitudinem quatuordecim
cubitorum, & quatuordecim digito-
rum; secunda autem fuit anno qua-
dringentesimo octogesimo quinto, quo
Nilus pervenit ad altitudinem septem-
decim cubitorum, & quinque digitorum.

Tale quid simile accidit nostro tem-
pore, anno videlicet octingentesimo E
sexto, volo dicere punctum ad quod
pertigit superficies Nili in incremento
ejus, ex eo quod vidi delineatum ad
finem anni septingentesimi vigesimi
quinti, quod pertigit ad novem cubitos.

Audivi

A eaux du *Nil* coulassent, dans l'espérance que par ce moyen ils seroient convertis à la foi. S'étant donc levés le lendemain, ils reconnurent que Dieu avoit déja tellement fait croître le *Nil*, que ses eaux dans cette nuit-là s'étoient élevées de 16. coudées.

J'ai lû dans l'Histoire du *Nil* ci-dessus alleguée, que du tems d'*Al-Mostanser*, l'un des *Califes Fatemites* d'*Égypte*, le *Nil* demeura pendant deux années sans prendre aucun accroissement : que dans la troisième année il se déborda, & continua dans cet état, sans diminuer, jusques à la cinquième année. Après cela il baissa dans le tems ordinaire, & les eaux s'écoulerent de la terre; mais il n'y eut personne pour l'ensemencer, par-C ce que le nombre des habitans étoit fort diminué. La sixième année le *Nil* inonda encore le païs, mais il ne le fit plus jusques à la fin de la septième année; de sorte qu'il ne se trouva plus d'homme qui put aller d'un lieu à un autre, & qu'il ne resta aucun quadrupede qui put marcher, excepté les ânes qui servoient d'attelage à la voiture du *Calife Al-Mostanser*. Ensuite le *Nil* monta subitement dans une nuit à la hauteur de 16. coudées, après avoir été si bas qu'on le traversoit aisément à gué, y ayant des endroits où le *Nil* n'avoit eu de profondeur qu'une coudée & 10. doigts. Et cela n'arriva depuis l'année de l'*Hégire* jusques à la fin de l'an 800. que deux fois seulement : sçavoir la première, l'an 165 de l'*Hégire*, car cette année-là le *Nil* monta à la hauteur de 14. coudées & 14. doigts; & la seconde fois fut en 485. que le *Nil* parvint jusqu'à 17 coudées & 5. doigts.

Il est arrivé quelque chose de semblable de nos jours, sçavoir en 806; je veux parler du point d'élevation que la surface du *Nil* atteignit dans

ses accroissemens, selon le dessein que j'en ai vû, & qui avoit été fait vers la fin de l'an 725, où les eaux monterent de 9 coudées.

J'ai

DE PREUVES. 151

J'ai entendu raconter par quelqu'un, qu'en 765 la profondeur du *Nil* étoit de 12 coudées, & que dans les endroits où les eaux en eurent le moins sur la fin de l'accroissement, il y avoit 12 coudées & 2 doigts d'eau. La même chose étoit encore arrivée en 424; je veux parler du point auquel le fleuve étoit monté dans le tems que j'ai dit, & qui étoit de 18. coudées; si bien que tout le monde admira que le *Nil* eût atteint la hauteur de 19 coudées, du tems d'*Omar*, fils d'*Abdall-Azîz*, & que dans la septième nuit suivante il grossit tellement, que pendant quelques intervalles la hauteur de ses eaux excéda 20. coudées.

Il n'est pas moins étonnant qu'en 379 le *Nil* n'eut que 9. coudées de profondeur, sans qu'il en résultât cependant aucun dommage, mais il monta à 15 coudées & 5 doigts.

Dans plusieurs années où il y a eu moins de 2 coudées d'eau dans le *Nil*, il est parvenu dans son plus grand accroissement à la hauteur de 18. coudées.

Parlons maintenant des *Nilomètres*. *Ebrahim*, fils de *Wasif-Shah*, rapporte dans le Livre des choses admirables, que le premier qui fit un *Nilomètre* pour mesurer les eaux du *Nil*, fut *Khaslam*, septième Roi d'*Egypte* avant le Déluge: que ce Prince fit creuser un grand Vivier, sur lequel il mit deux figures d'aigles d'airain, l'un mâle & l'autre fémelle; qu'à certain jour de l'année il y faisoit assembler les Prêtres & les Sçavans, qui devoient marmoter certaines paroles pour exciter l'une des deux Aigles à siffler; que si le mâle siffloit, on le regardoit comme un heureux présage, & l'on en concluoit, que les accroissemens du *Nil* seroient considerables; mais que si la femelle siffloit, on en auguroit mal, puisqu'on le prenoit pour une marque qu'il n'y auroit point d'inondation, & qu'alors chacun

A *Audivi quemdam hominem dicentem, quod anno septingentesimo sexagesimo quinto superficies Nili elevata fuit ad duodecim cubitos; & minima altitudo ad quam pertigit decrementum in fine incrementi, fuisse duodecim cubitorum cum duobus digitis. Atque hoc idem evenerat anno quadringentesimo vigesimo quarto: volo dicere punctum ad quod pervenerat*
B *tempore suprà dicto, nempe ad octodecim cubitos; adeo ut mirarentur homines de Nilo, quod auctus fuerit ad novemdecim cubitos temporibus Omari filii Abdall-Azîz; tum nocte septimâ eò usque pervenerit, ut suprà viginti cubitos excesserit, in aliquot temporis intervallis.*

Mirabile etiam illud fuit, quod anno trecentesimo septuagesimo nono su-
C *perficies Nili ad novem cubitos tantùm processerit, nec tamen ullum inde secutum fuit damnum, sed ad quindecim cubitos pervenit, cum quinque digitis.*

Plurimis annis, in quibus superficies Nili fuit infrà duos cubitos, summus apex incrementi pervenit usque ad octodecim cubitos.

Jam de Nilometris. Refert Ebra-
D *him, filius Wasif-Shah, in libro rerum mirabilium, primum qui Nilo Nilometrum apposuit, fuisse Khaslamum, septimum Ægypti Regum antediluvianorum. Is Piscinam ingentem construxit, super quam duas figuras æneas aquilarum, unius masculæ, alterius fœminæ, imposuit; jussitque ei adsistere sacerdotes & doctos viros, qui die quodam anni*
E *peculiari, verba quædam immurmurantes, alterutram ambarum aquilarum ad sibilandum allicerent. Quod si mascula sibilaret, id pro bono omine faustoque nuncio augurabantur, fore ut Nili amplum incrementum fieret. Quod si verò fœmina sibilaret, malum omen interpretabantur de defectu incrementi. Quare pro hoc anno cibos necessarios & annonam providebant.*
Dicit

Extraité de KALKASCENDA.

Extraits de KAL-KASEN-DA.

Dicit Al-Mas'ûdî: *Audivi à cœtu incolarum urbis* Gizah, *qui dicebant* Josephum, *cui pax, quo tempore extruxit* Pyramides, *etiam* Nilometrum *suscepisse, ad dignoscendam* Nili *incrementi & decrementi mensuram.*

Dicit Al-Kodha'î, *idque in urbe* Memphis : *Fertur autem* Nilum *primò mensuratum fuisse in territorio dicto* Alwah, *donec extructum fuit* Nilometrum Memphis, *& Coptos hoc* Nilometro *usos fuisse quousque abolitum fuit.*

Dico ego : *Locus* Nilometri *in* Memphis *ad hoc usque tempus dignoscitur in vicinia* Pyramidum *à* Josepho *extructarum, quâ parte sita est urbecula nomine* Al-Badreshîn. *Aiunt illos ibi* Nilum *mensurasse lapidibus aggestis & plumbo ferruginatis.*

Dicit Al-Mas'ûdî, *quod* Dalûcah, *cognomento* Vetula, Ægypti *regina, post (submersum)* Pharaonem Nilometrum *parvum in cubitos distinctum posuit in urbe* Ansena. *Aliud etiam* Nilometrum *posuit in urbe* Ekmîm. Romani *posuerunt* Nilometrum *in castello* Ceræ.

Dicit Al-Kodha'î : *Ante expugnationem (*Ægypti *per* Moslemos*) erat* Nilometrum *in* Kaî-sareah Al-Acsah *in* Al-Fostât, *donec* Moslemi *unum ex ipsorum fabrica extruxerint inter arcem & mare.*

Cum itaque venisset Eslamismus, *&* Ægyptus *debellata esset, tunc temporis* Nilometrum *in* Memphi, *&* Nilus *mensurabatur in* Memphi, *& mensor in locum dictum* Al-Keta *ingrediebatur, ibique proclamabat.*

Postea extruxit Amrû, *filius* Al-As, Nilometrum *in* Aswân *(*Syene*); tum aliud in* Dandarah.

Deinde

A chacun avoit soin de faire les provisions nécessaires pour cette année-là.

Al-Mas'ûdi dit : J'ai entendu dire aux habitans de la ville de *Gizah*, que *Joseph*, à qui soit paix, dans le tems qu'il bâtit les *Pyramides*, construisit aussi un *Nilomètre*, pour connoître & mesurer les accroissemens & les diminutions du *Nil*.

Al-Kodha'i, qui demeuroit dans la ville de *Memphis*, rapporte, qu'on assuroit, qu'au commencement on avoit mesuré le *Nil* dans le territoire nommé *Alwah*, jusqu'à ce qu'on eût fait un *Nilomètre* à *Memphis*, & que les *Coptes* avoient continué à se servir de ce *Nilomètre* jusqu'à ce qu'on le détruisît.

Pour moi, je dis, qu'on voit encore jusqu'à ce jour à *Memphis* l'endroit où étoit ce *Nilomètre*, aux environs des *Pyramides* construites par *Joseph*, du côté de la petite ville appellée *Al-Badreshin*. On dit que c'étoit des monceaux de Pierres garnies de plomb, qui servoient à mesurer la hauteur du *Nil*.

Al-Mas'ûdi raconte, que *Dalûcah*, surnommée la Vieille, Reine d'*Egypte*, fit construire, après que *Pharaon* eût été noyé, un petit *Nilomètre*, partagé en coudées, dans la ville d'*Ansena*. Elle plaça aussi un autre *Nilomètre* dans la ville d'*Ekmîm*. Les *Romains* ont pareillement construit un *Nilomètre* dans le château de *Cera*.

Al-Kodha'i assure, qu'avant la conquête de l'*Egypte* par les *Musulmans*, il y avoit un *Nilomètre* à *Kaî-sareah Al-Acsah* dans *Al-Fostât*, jusqu'à ce que les *Musulmans* en construisirent un eux-mêmes entre le château & la mer.

Mais du tems de l'*Eslamisme*, & après que l'*Egypte* eût été subjuguée, il y eut un *Nilomètre* à *Memphis*, & c'étoit-là qu'on mesuroit ordinairement le *Nil*, & celui qui le mesuroit se rendoit à l'endroit nommé *Al-Keta*, où il en faisoit la publication.

Ensuite *Amrû*, fils d'*Al-As*, posa un *Nilomètre* à *Aswân*, & encore un autre à *Dandarah*.

DE PREUVES.

Du tems de *Mo'âviah* on fit encore un *Nilomètre* à *Anfena*.

Lorfqu'*Abdall-Azîz*, fils de *Marwân*, régnoit en *Egypte*, on conftruifit un petit *Nilomètre*, partagé en coudées, à *Hbolvân*, fitué dans le territoire d'*Al-Foftât*.

Sous le gouvernement d'*Afâmah*, fils de *Zaïd*, furnommé *Al-Banukhi*, on établit, l'an 97. de l'*Hégire*, un *Nilomètre* dans l'Ifle *Al-Sanâ'ah*, préfentement appellée *Al-Raudbah*, c'eft-àdire Jardin agréable, par ordre de *Solaïman*, fils d'*Abda'l-Malec*, l'un des *Califes* de la race d'*Omaïah*. Celuici eft le plus grand de tous, & partagé en coudées.

Enfin *Al-Mâmûn* fit un *Nilomètre* dans la partie inférieure de la dite Ifle en 207. du tems que *Tazid*, fils d'*Abda'l-Malec*, commandoit en *Egypte*. Et c'eft-là le même *Nilomètre* dont on fe fert encore de nos jours.

Les *Chrétiens* avoient autrefois la direction du *Nilomètre*; mais *Al-Motawakkel* la leur ôta, pour en charger *Abu'l-Radadum Abda'lla*, fils d'*Abda'l-Salâm Al-Mûdab*; homme d'une grande probité; & il fubfifte en entier jufqu'à ce jour dans fa maifon, ayant été reparé par *Ahhmed ben Thûlûn* en 259.

On compte 28. doigts pour chaque coudée, jufqu'à ce que l'eau foit parvenue à 12. coudées, enfuite les coudées font de 24. doigts.

Ainfi quand on dit que l'inondation eft montée jufqu'à 16. coudées, on compte 2. coudées de plus, chacune de 28. doigts, lefquelles étant diftribuées fur les 12. coudées de 24. doigts chacune, les égalifent, & font que par-là chaque coudée eft de 28. doigts.

Voici la raifon qu'en rend *Al-Kodhâ'i* d'après ce que dit *Al-Hhofaïn Mohhammed*, fils d'*Abdo'l-Man'am*, dans fa lettre. Après que les *Mufulmans* fe furent emparés de l'*Egypte*, ils repréfenterent à *Omar*, fils d'*Al-Khettab*, à qui Dieu faffe mifericorde, que les habi-

A *Deinde in diebus* Mo'âviah *exftruxit* Nilometrum *in* Anfena.

Cum autem Ægypto præeffet Abdall-Azîz *filius* Marwân, *exftruxit* Nilometrum *parvum cubitis notatum in* Hholvân, *in ditione* Al-Foftât *fito*.

Tum quando gubernavit Afâmah *filius* Zaid, *cognomento* Al-Banukhi, *exftruxit* Nilometrum *in infula* Al-

B Sanâ'ah, (*i. e. hortus amænus*) *juffu* Solaiman *filii* Abda'l-Malec, *unius è Khalifis filiis* Omaiah, *anno* Hegiræ *nonagefimo feptimo. Illudque eft cæterorum maximum in cubitos diftinctum*.

Denique exftruxit Al-Mâmûn Nilometrum *in inferiore parte terræ infulæ prædictæ, anno ducentefimo*

C *feptimo, gubernante* Ægyptum Yazîd *filio* Abda'l-Malec. *Atque illud eft* (Nilometrum) *quo utuntur ufque ad hoc tempus noftrum*.

Chriftiani *habebant regimen* Nilometri, *fed illos amovit* Al-Motawakkel, *& huic regimini præpofuit* Abu'l-Radadum Abda'llam *filium* Abda'l-Salâm Al-Mûdab, *virum probum. Perfeveratque* Nilometrum

D *in ædificio fuo integrum ufque in præfentem diem. Illudque infuper reparavit* Ahhmed ben Thûlûn *anno ducentefimo quinquagefimo nono*.

Quilibet cubitus continet viginti octo digitos, donec compleatur elevatio aquæ ad duodecim cubitos. Deinde cubitus fit viginti quatuor digitorum.

Quando igitur volunt fupponere hanc elevationem pertigiffe ad fexde-

E *cim cubitos, diftribuunt duos cubitos redundantes, qui continent viginti octo digitos, inter duodecim cubitos quorum unufquifque continet viginti quatuor digitos. Sicque fit quilibet cubitus viginti octo digitorum.*

Dicit Al-Kodhâ'i: *Ratio hujus eft, quemadmodum refert* Al-Hhofain Mohhammed *filius* Abdo'l-Man'am *in Epiftola fua, quod* Moflemi,

Extraits de KALKASENDA.

Tome II.   v

Extraits de KALKASENDA.

mi, *quando Ægypto potiti sunt, exposuerunt Omaro filio Al-Khettab, cui Deus sit propitius, id quod ægrè ferebant incolæ Ægypti de caritate annonæ quo tempore Nilus subsidebat in termino juxta Nilometrum illorum plus quàm decurtatio ejus. Quæ res cogebat illos colligere commeatum in angustioris annonæ tempus, quæ collectio adhuc cogebat augere pretium annonæ.*

Et scripsit Omar ad Amrû, *sciscitans ab eo rei veritatem.*

Respondit Amrû *his verbis: Equidem reperi, inquisitione factâ, ut Ægyptus irrigetur, quatenus incolæ ejus annonæ penuriâ non laborent, unum terminum esse debere, ut* Nilus *increscat ad quatuordecim cubitos, alterum autem terminum, quo universa* Ægyptus *irrigetur, quatenus præ necessario superabundet, adeo ut relinquatur apud ipsos alterius anni provisio, esse debere, ut* Nilus *increscat ad sexdecim cubitos. Inveni etiam duo esse extrema æqualiter timenda circa excessum & defectum elevationis aquæ, & inundationis; videlicet duodecim cubitos pro defectu, & octodecim pro excessu.*

Qua de re Omar, *cui Deus sit propitius, in consilium advocavit* Ali *filium Abû Tâleb, qui consilium dedit, ut ad illum scribens, juberet Nilometrum ab eo exstrui, & ut duos cubitos duodecim cubitis superadderet, & id quod post eos residuum esset, super fundamento relinqueret.*

Dicit Al-Kodhâ'i: *Ubi observa, quod nostro tempore facta est corruptio fluviorum, & imminutio status rerum, cujus argumentum est, quod* Nilometra *antiqua regionis* Al-Sa'id, *à primo ad ultimum, constanter habuerunt viginti quatuor digitos pro unoquoque cubito, sine ulla additione ad hunc numerum.*

Dicit Al-Mas'ûdî: *Quando* Nilus *compleverat altitudinem quindecim cubitorum, & ingrediebatur decimum sextum*

A habitans de l'*Egypte* se plaignoient de la cherté des vivres, lorsque, suivant leur *Nilomètre*, le *Nil* ne montoit pas à la hauteur marquée pour la diminution du prix; que cela les obligeoit à faire des provisions pour le tems d'une plus grande disette, & que les amas de vivres que chacun faisoit alors, étoient cause que le prix en augmentoit de plus en plus.

B Surquoi *Omar* écrivit à *Amrû*, pour sçavoir de lui ce qui en étoit.

Amrû lui répondit en ces termes: Après les recherches nécessaires j'ai trouvé, qu'afin que les habitans ne manquent pas de bled, il faut que l'*Egypte* soit inondée à un certain degré, c'est-à-dire que le *Nil* s'élève jusqu'à 14. coudées; & que, pour
C arroser toute l'*Egypte*, & y procurer une abondance de toutes les choses nécessaires, tellement que les habitans recueillent assez de bled pour deux ans, on peut fixer pour terme lorsque les accroissemëns du *Nil* vont à 16. coudées. J'ai aussi remarqué qu'il y a deux extrêmités également à craindre lorsque les eaux de l'inondation s'élèvent trop ou trop peu: le dernier cas existe quand il n'y a que
D 12 coudées d'eau, & le premier, lorsqu'elle monte à 18. coudées.

Omar, à qui Dieu fasse misericorde, ayant consulté là-dessus *Ali*, fils d'*Abû-Tâleb*, celui-ci lui conseilla, d'ordonner en réponse la construction d'un nouveau *Nilomètre*, & qu'on ajoutât toûjours 2. coudées aux 12, laissant pour le bas ce qu'il y avoit de surplus.

E *Al-Kodhâ'i* ajoute ces mots: Il faut remarquer qu'il s'est fait de nos jours une alteration dans les fleuves, & que l'état des choses est empiré, ainsi qu'on en voit la preuve dans les anciens *Nilomètres* du district d'*Al-Sa'id*, qui tous ont constamment marqué 24 doigts pour chaque coudée, sans jamais rien ajouter à ce nombre.

Al-Mas'ûdi marque, que quand le *Nil*

DE PREUVES.

Nil étoit parvenu à la hauteur de 15. coudées, & qu'il entamoit seulement la seixième, alors il n'y avoit qu'un certain nombre de gens qui en profitoient, & la terre n'étoit pas trop arrosée ; ce qui étoit suivi d'une diminution dans les tributs qui se payoient au Sultan. Mais quand les accroissemens alloient jusqu'à 16 coudées complettes, qu'alors les tributs se payoient sans rabais, vû que la recolte étoit abondante ; & en ce cas-là les eaux couvroient la quatrième partie du païs : mais d'un autre côté, cela étoit nuisible pour les bêtes de somme, qui alors manquoient de fourage.

Il ajoute : Enfin le plus haut point de l'inondation générale qui repandoit la fertilité dans tout le païs, c'étoit quand les eaux montoient à la hauteur de 17. coudées. Cela suffisoit à tous égards, & procuroit l'abondance généralement dans tout le Païs.

Mais quand le *Nil*, après être parvenu à 17. coudées, continue à monter jusqu'à 18, alors la quatrième partie de toute l'*Egypte* est inondée, & plusieurs terres en sont endommagées. Et c'est-là, dit-il, la hauteur à laquelle parviennent la plupart du tems les accroissemens.

A quoi j'ajoute, que c'est-là l'état dans lequel se trouverent les choses du tems qu'il écrivoit, & avant lui, & que tout se faisoit ordinairement

A *sextum cubitum, tunc emergebat bonum nonnullis hominibus, neque nimium rigabatur terra. Sed hinc fiebat imminutio tributorum Sultani. Quando autem perveniebat incrementum ad sexdecim cubitos, tunc complebatur tributum Sultani, & homines multo proventu abundabant; eoque inundabatur quarta pars regionis, sed hoc erat nocivum jumentis,* B *propter defectum pabuli.*

Tum ait : Summum denique incrementorum generalium, quod utilitatem regioni universæ afferebat, fuit illud, quod assurgebat ad septemdecim cubitos. Atque sufficientiam omnimodam, & satietatem universæ terræ ejus complebat.

Quando autem, postquam increvit Nilus ad decimum septimum cubi- C *tum, provehebitur ad decimum octavum, tunc inundatur quarta pars Ægypti, & nocumento est nonnullis prædiis. Atque, inquit, ita se habet incrementorum pars maxima.*

Ego dico : Talis erat rerum status in eo, quo scribebat, tempore, & ante illud, talisque currens modus, prout ille memoriæ prodidit, in annis plurimis usque ad annum septingentesi- D *mum præteritum. At verò hoc nostro tempore (videlicet anno 806.) solum terræ elevatum est ex eo quod eam invasit luto, quod aqua secum volvit singulis annis, adeò ut pontes exsuperaverit.* * * *

Extraits de KAL-KASEN-DA.

de la manière qu'il l'a laissé par écrit, dans la plupart des années jusques à l'an 700. Mais à l'heure qu'il est, sçavoir en 806, la surface de la terre se trouve rehaussée par le limon que les eaux y ont apporté d'une année à l'autre, tellement que le terrein en est devenu plus élevé que les ponts. ——

XXXII.

XXXII.

CATALOGUE
DE QUELQUES MEDAILLES RECUEIL-LIES PAR L'AUTEUR EN AFRIQUE, ET QUI SEMBLENT AVOIR ETE' FRAP-PE'ES DANS CE PAIS-LA.

Catalogue de Medailles.

I. Sur la première face on voit la tête de *Juba* ornée d'un diadème, & cette inscription sur le contour : REX JUBA; c'est-à-dire *Le Roi Juba* (*a*). Sur le Revers se trouve un Crocodile (*b*), au dessus du quel est écrit : ΚΛΕΟΠΑΤΡΑ, & dans l'Exergue on ajoute : ΒΑCΙΛΙC-CA, c'est-à-dire : *La Reine Cléopatre.*

II. La première face de cette Médaille représente la tête de l'Empereur *Justinien*, ceinte d'un diadème, avec cette Inscription D. N. IVSTINIANVS P. P. AVG. (*c*) Et voici la figure qui est gravée sur le Revers.

```
    A *
    N   X
    N I IIII
    O
   CAR.
```

III. Sur

(*a*) Le Roi *Juba* dont il s'agit sur cette Médaille, est le second de ce nom, qui épousa *Cléopatre* surnommée *Selene*, fille du Triumvir *M. Antoine* & de *Cléopatre* Reine d'*Egypte*. Il en eut un fils nommé *Ptolomée*, qui fut le dernier Roi de *Numidie*, & que l'Empereur *Caligula* fit mourir. Au reste ce *Juba* étoit fils de *Juba* premier du nom, petit-fils d'*Hiempsal*, arrière-petit-fils de *Gauda*, dont le pere étoit le fameux *Massinissa* : car, quoique cette suite se trouve interrompue dans la Généalogie *des Familles* publiée par *R. Reineccius Tab.* 43. *pag.* 329. tel est néanmoins l'ordre dans lequel les Rois de *Numidie* se sont succédé, témoin une ancienne Inscription que le R. P. *Ximenez* a trouvée dans le château de *Cartagene* en *Espagne*, & qu'il m'a communiquée. La voici :

```
     REGI  IVBAE  REGIS
      IVBAE  FILIO  REGIS
 IEMPSALIS  N. REGIS  GAVD..
      PRONEPOTIS  MASINISAE
        PRONEPOTIS  NEPOTI
    ii VIR  QVIINQ  PATRONO
            COLONI.
```

(*b*) Le Crocodile, qu'on sçait être un Animal qui vit dans le *Nil*, est ici le symbole de l'*Egypte*, d'où *Cléopatre* étoit originaire.

(*c*) Cette Médaille a été publiée & décrite par *Mezzabarba* dans son Traité des *Medailles des Empereurs Romains*, où l'on peut la voir *pag.* 564. Edit. de *Milan* 1683.

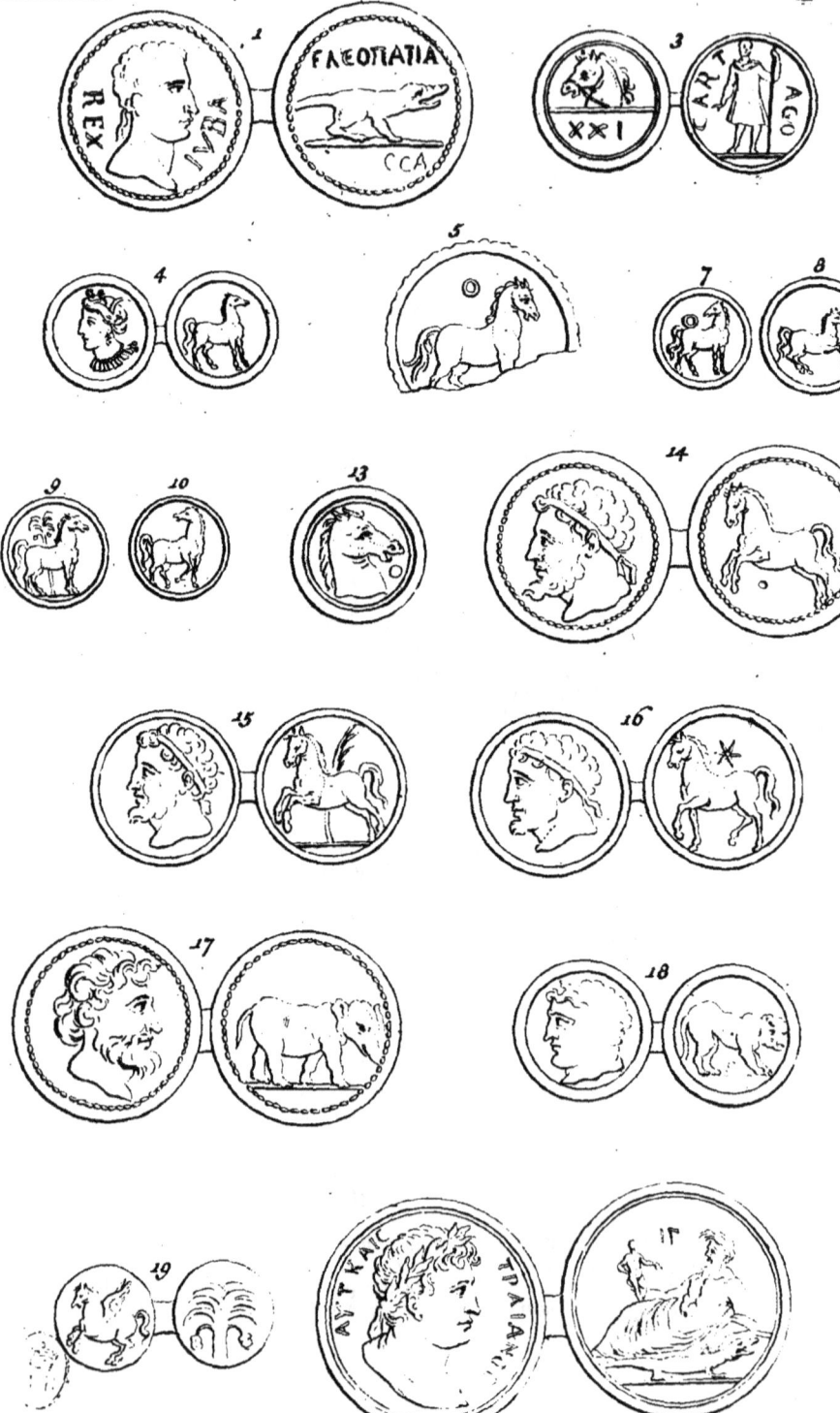

III. Sur la première face de cette Médaille on voit un Soldat (*a*) debout, tenant une haste ou pique de la main gauche; autour duquel est écrit: KARTAGO. Le Revers représente la tête d'un cheval courant; & dans l'Exergue on trouve le nombre XXI.

NB. *Les Médailles qui suivent n'ont aucune Inscription: en voici les Types.*

IV. On voit d'un côté la tête de Cerès, ornée d'épis (*b*), entremêlés de distance en distance de cornes de bœuf (*c*), & de pendans d'oreilles. Sur le Revers est un Cheval (*d*) debout qui leve la tête, & au bas on remarque trois points disposés en triangle.

V. Un Cheval sur pied, avec un anneau au dessus.

VI. Un Cheval debout qui tourne la tête.

VII. Un autre dans la même posture, & au dessus de lui un petit Croissant (*e*).

VIII. Un Cheval qui court.

IX. Un autre qui se tient debout, & derriere lui un Palmier (*f*).

X. Un

(*a*) Peut-être a-t-on voulu représenter par-là *Belisaire*, qui défit *Gilimer*, & reduisit *Carthage* sous l'obéissance de l'Empire *Romain*. Le chiffre XXI. qu'on voit sur cette Médaille, de même que le nombre XIIII. de la précédente, désignent les années de l'Empire de *Justinien* dans lesquelles elles ont été frappées, & qui reviennent aux années 547 & 540 de l'ére Chrétienne. On peut voir là-dessus l'Ouvrage de *Mezzabarba* que nous venons de citer dans la Note précédente.

(*b*) Les *Grecs* donnoient à *Cerès* entre autres épithètes celle de πολύσαχυς: ce qui fait dire à *Horace* dans son Poëme Séculaire:

- - - - - - - - *Spicea donat*
Cererem corona.

C'est-à-dire: *Il orne Cerès d'une couronne d'épis.* Comme elle étoit la Déesse des bleds, il n'y a pas lieu de s'étonner de la voir si souvent représentée sur les Médailles frappées en *Afrique*, dans la *Sicile*, en *Egypte*, & dans d'autres païs qui étoient autrefois célèbres par leurs riches moissons.

(*c*.) *Cerès* étant la même Divinité qu'*Isis*, elle est aussi quelquefois représentée avec des cornes de bœuf, selon le témoignage d'*Herodote*, qui dit *Eut.* §. 41. Τὸ γὰρ τῆς Ἰσιος ἄγαλμα ἐὸν γυναικήϊον, BOTKEPON ἐςι, κατάπερ Ἕλληνες τὴν Ἰὰν γράφουσι.

(*d*) La *Mauritanie*, la *Numidie* & le territoire de *Carthage* avoient pris pour armes un Cheval, comme étant un animal fort & belliqueux, & peut-être parce que les *Libyens* avoient été les premiers à le dompter. On sçait d'ailleurs, que de tout tems les *Numidiens* ont eu la reputation d'être les meilleurs Cavaliers, & de s'appliquer plus que toute autre Nation à bien dresser les chevaux. Quant aux trois points, peut-être ont-ils servi à indiquer la valeur de la Monnoye, comme l'anneau ou le cercle dans la Médaille suivante. Ou bien, si notre Médaille a été frappée dans quelque Colonie des *Carthaginois* en *Sicile*, anciennement appellée *Trinacria*, il se peut que par ces trois points on ait voulu faire allusion aux trois principaux Promontoires de cette Isle.

(*e*) La petite Lune ou le Croissant est ici le symbole d'*Isis*, qui, comme nous l'avons dit plus haut, est la même que *Cerès*, Déesse des moissons.

(*f*) L'*Afrique*, principalement dans les districts situés vers l'intérieur du païs, n'abonde pas moins en dattes que l'*Egypte*, l'*Idumée*, *Babylone* & autres Provinces fertiles en Palmiers; ensorte qu'elle a pû, avec autant de droit que celles-ci, prendre cet Arbre pour l'un de ses symboles.

X. Un Cheval qui regarde derriere lui, ayant le pied droit de devant levé.

XI. Un autre, de même.

XII. Une tête de Cheval (*a*).

XIII. Autre tête de Cheval, avec la marque d'une once.

XIV. La première face représente une Tête ceinte d'un diadème, avec une barbe pointue & qui avance par le bout.

Sur le Revers est un Cheval au galop.

XV. Celle-ci porte pareillement d'un côté, une Tête ceinte d'un diadème avec une barbe qui avance & qui se termine en pointe, comme sur la Médaille precédente: les cheveux sont frisés ou bouclés.

De l'autre, on voit un Cheval qui galope, & derriere lui un rameau de Palme (*b*).

XVI. Du côté de la tête le Type ne differe point de la Médaille qu'on vient de voir. Quant à la Tête même, il semble par les traits du visage que ce soit celle de *Juba* le Pere.

Sur le Revers est un Cheval qui marche au pas, au dessus duquel paroît une Etoile (*c*).

XVII. Il

(*a*) On peut expliquer ce Type de la tête de Cheval qui fut trouvée lorsqu'on jetta les fondemens de *Carthage*. *Justin L. XVIII. c. 5.* rapporte le fait en ces termes: *In primis fundamentis caput bubulum inventum est; quod auspicium quidem fructuosæ terræ, sed laboriosæ, perpetuéque servæ urbis fuit: propter quod in alium locum urbs translata. Ibi quoque equi caput repertum, bellicosum potentemque populum futurum significans, urbi auspicatam sedem dedit.* C'est-à-dire: Lorsqu'on creusa les premiers fondemens, on trouva une tête de bœuf: d'où l'on concluoit bien la fertilité du terroir; mais comme cela présageoit en même tems, que la ville qui y seroit bâtie auroit beaucoup de peine à s'élever, & qu'elle seroit toûjours sujette, on résolut de choisir une autre assiette. Dans cet endroit on trouva une tête de Cheval; ce qui signifiant que les habitans de la nouvelle ville deviendroient un peuple belliqueux & puissant, on le prit pour un heureux présage, & l'on y jetta les fondemens. *Virgile* dit aussi dans le *Liv. I.* de son *Enéide v.* 445. *& suivans.*

Lucus in urbe fuit media, lætissimus umbrâ;
Quo primùm jactati undis & turbine Pœni
Effodere loco signum, quod regia Juno
Monstrarat, caput acris equi: sic nam fore bello
Egregiam & facilem victu per secula gentem.

C'est-à-dire: Au milieu de la ville étoit un bois fort agréable par l'ombre qui y régnoit: c'est-là que les Carthaginois ayant été jettés par la mer & par la tempête, ils y trouverent en creusant une tête de Cheval, que la Déesse *Junon* leur avoit indiquée, comme un signe que ses habitans se rendroient à jamais célèbres par leurs exploits guerriers & par leur richesse.

(*b*) Ce rameau de palme peut désigner quelque victoire remportée sur les ennemis, ou bien le jeune *Juba*, supposé que la Médaille ait été frappée sous son Pere; car *Artemidore Oneir. L. I. c.* 79. dit, que les Enfans des Princes sont désignés par des rameaux de palme: d'où il semble que *Tristan* n'a pas mal conclu, que les trois rameaux de palme que l'on voit sur une Médaille de l'Empereur *Constance*, dénotent les trois fils de *Constantin*. Voyez *Spanheim de usu & præstantiâ Numism. Diss. VI.* p. 336.

(*c*) Peut-être a-t-on voulu indiquer par cette Etoile, l'influence du Soleil sur les fruits

XVII. Il y a d'un côté la tête de Jupiter Ammon (*a*);
Et un Eléphant (*b*) de l'autre.

XVIII. Sur la première face de celle-ci paroit la tête d'*Hercule* (*c*), couverte, comme à l'ordinaire, d'une peau de lion.

Le Type du Revers est un Lion qui marche (*d*).

XIX. On voit sur la première face un Palmier chargé de dattes;
Et sur le Revers, le Cheval Pegase (*e*).

XX. Un fruits de la terre, & la vertu qu'il avoit de contribuer à la vigueur, à la fécondité & au courage des Chevaux. Mais ne feroit-ce point ici par hazard l'Etoile vespertine, ou du soir, qu'on a voulu représenter? Cette conjecture est fondée sur ce que cette Etoile étant particulierement appropriée aux Bergers & aux Pasteurs, son apparition ne pouvoit qu'être fort agréable & reverée chez les *Numidiens*, qui étoient généralement tous adonnés à ce genre de vie. *Beger* dans son *Tréfor de Brandebourg Vol. I. p.* 518. explique l'Etoile qui se trouve sur une Médaille des *Battiadiens*, d'*Apollon* constitué Prêtre dans ce district; & *Spanheim Diff. VI. p.* 300. d'un Roi qui, guidé par une Etoile ou par le Soleil, retourne chez lui, après avoir remporté le prix à la course des chevaux.

(*a*) On sçait qu'il y avoit anciennement dans la *Libye* un Temple & un Oracle très-célèbre de *Jupiter Ammon*: & il y en a qui prétendent, que sous ce surnom d'*Ammon* les *Libyens* honoroient *Cham*, à qui eux & les *Egyptiens* doivent leur origine.

(*b*) Du tems que cette Médaille a été frappée, il y eut beaucoup d'Elephans dans la partie Septentrionale de l'*Afrique*, comme il paroit par deux endroits de *Pline L. V. c.* 1. rapportés ci-dessus dans les Extraits p. 49. E. & p. 52. C. Et le Poëte *Maxilius*, parlant de l'*Afrique*, s'exprime ainsi *L. IV.*

Et vastos Elephantas habet, sævosque Leones
In pœnas fæcunda suas parit horrida tellus.

C'est-à-dire: Elle nourrit de grands Elephans, & féconde pour sa propre peine, cette région produit dans ses horribles déserts des Lions feroces.

(*c*) C'est l'*Hercule Libyen*, dont le nom a toûjours été fort célèbre en *Afrique*, par sa lutte avec *Antée* (*Extraits p.* 48. D.) son Autel près de *Lixus* (*Ibid. p.* 49. A.) par une grotte au Promontoire *Ampelusia* (*Ibid. p.* 42. B.) & par les fameuses colomnes appellées de son nom (*Ibid.* C. D.)

(*d*) Le Lion qui est ici représenté, peut être regardé comme le symbole de l'*Afrique*, qui est appellée par un Poëte *Latin*

—— —— *Leonum*
Arida nutrix;

c'est-à-dire: Aride nourrice des Lions; ou bien on peut l'expliquer du Lion qui fut tué par *Hercule*.

(*e*) Quoique le Type du Revers soit un Pegase, qui est le symbole ordinaire des *Corinthiens*, cette Médaille est néanmoins du nombre de celles qui ont été frappées en *Afrique*: car les branches du Palmier qui se trouve sur la première face sont représentées penchant vers la terre, comme si elles plioient sous le poids des dattes; au lieu que des Palmiers plantés près de *Corinthe*, vû la température du climat, devoient nécessairement être steriles. Au reste on peut consulter le *Commentaire* de
Tristan

160 EXTRAITS SERVANT DE PREUVES.

Catalogue de Medailles.

XX. Un Cheval debout, & la tête levée.
XXI. Une tête de Cheval.

A Toutes ces Médailles font de bronze, excepté les N°s IV. & V. dont l'une eſt d'or & l'autre d'argent.

Triſtan Tome I. p. 98. & Spanheim Diſſert. V. p. 277. où l'on verra que le Pegaſe ne déſigne ici qu'un Cheval d'une grande viteſſe; Type que l'on ſçait convenir parfaitement à l'*Afrique*.

F I N.

CATA-

CATALOGUE DE LIVRES

Imprimés chez J. NEAULME, *Libraire à la Haye, ou dont il a acquis le droit de Copie, & nombre d'Exemplaires.*

APicii Cœlii de Opfoniis, & Condimentis, Libri decem, cum Annotationibus Martini Lifteri, & Notis felectioribus, variisque Lectionibus integris Humelbergii, Barthii, Reinefii. Ed. fecunda, longè auctior atque emendatior, 8. Amftelodami 1709.

Architecture Militaire, ou l'Art de Fortifier: Contenant deux Nouveaux Syftèmes, pour conftruire avec moins de dépenfe, des Places d'une défenfe plus avantageufe que celles qui font fortifiées fuivant le Syftème de Monfieur de Vauban, & leurs Attaques; la Conftruction des Chemins couverts, avec les Devis pour celle des Fortifications; l'Art de deffiner & de laver les Plans, demontré dans quarante planches en taille douce; par Mr. de ... Officier de diftinction fous le Régne de Louis XIV. avec un Traité de l'Art de la Guerre, 2 *vol. in* 4. *la Haye* 1741.

Amours de Catulle & de Tibulle, par Mr. de la Chapelle, de l'Académie Françoife; avec quelques autres Piéces du même Auteur: Nouvelle Edition, augmentée d'un Eloge de Mr. de la Chapelle, 5 *vol.* 12. *la Haye* 1742.

Architecture, comprenant les cinq Ordres de Vignole, avec les Commentaires, Figures, & Defcriptions de les plus beaux Bâtimens, & de ceux de Michel Ange; plufieurs nouveaux Deffeins & Préceptes, & tout ce qui regarde l'Art de bâtir; avec une ample Explication, par Ordre Alphabétique, de tous les Termes: par Mr. A. C. Daviller, & le Sr. le Blond; 3 *vol.* 4 *fig. Nouvelle Edition, la Haye* 1730. Tome II.

―――― Item, le Supplement du Sr. le Blond féparement, avec 25 *nouv. fig.* 4. 1738.

Anecdotes de la Cour de Philippe Augufte, 6 *vol.* 12. Les 3 derniers fe vendent féparement, *Amft.* 1733.

Avanturas de Telemaquo Hijo d'Ulyffes; a Continuacion de libro 4 della Odyffea d'Homero, por el Senor de Fenelon, Arzobispo de Cambray; 12. *la Haye* 1713. traducido del original Frances.

―――― Les mêmes en Italien, traduites du Manufcrit original de l'Auteur, *nouvelle Edition* 2 *vol. in* 8. Augmentée & corrigée d'une infinité de fautes, par B. D. Moretti, *Leyde* 1719.

―――― Nouvelles de Don Quixotte, compofées par le Licentié Alonfo Fernandez de Avellaneda; traduites de l'Efpagnol pour la première fois, *nouvelle Edition*, revûë & corrigée, 2 *vol.* 8. *Londres* 1707.

―――― de Telemaque fils d'Ulyffe, par Mr. de la Mothe-Fenelon, Archevêque de Cambrai; enrichies de figures en taille douce, par Picart, 4. *Amft. & Rotterdam* 1734.

―――― Le même Livre, *fol.*

Atlas Portatif, contenant 285 *Cartes*, en 2 *vol. folio.*

BIbliotheca Botanica, feu Catalogus Authorum & Librorum omnium qui tractant de Re Botanica, de paratis Vegetabilibus &c. à Johanne Francifco Seguierio. Acceffit Biblioth. Botanica Jo. Ant. Bumaldi, feu potius Ovidii Montalbani, Bononienfis, in tres part. divifa, 4. Hagæ Comitum 1740.

Boerhave (Hermanni) Elementa Chemiæ, in 3 Tomos divifa, 4. Lugd. Bat. 1732.

x *Boer-*

Boerhave (Hermanni) Opuscula omnia, 4. Hagæ Comitum 1738.
―― *Praxis Medica*, 5 vol. 12.
―― *Historia Plantarum*, 2 vol. 12.
―― *Methodus Medendi*, cum fig. 12.
―― *de Viribus Medicamentorum*, 12.
Bible (la Sainte) contenant le Vieux & le Nouveau Testament, de la Version de Mr. Martin, avec les Notes marginales, assez gros caractère, *in* 4. *Haye* 1743.
―― d'une Nouvelle Version Françoise, par Mr. le Cene, 2 *vol. fol. Amsterdam* 1741.
Bibliothèque de Campagne, ou Amusemens de l'Esprit & du Cœur, 12 *vol.* 12. *la Haye* 1738. à 1743.
Le Tome premier *contient*: Gustave Vasa, Histoire de Suede. La Boucle de Cheveux enlevée, Poëme. Inés de Cordoue, Nouvelle Espagnole. Histoire de la Rupture d'Abenamar & de Fatime. Le Comte d'Amboise, Nouvelle galante. L'Eloge du Vin de Bourgogne. La Champagne vengée, ou Eloge du Vin de Rheims, réponse à la Piéce précedente.
Le Tome II. *contient*: Catherine de France, Reine d'Angleterre, par Mr. Baudot de Juilly, *en* 4 *Parties*. Voyage de Campagne, *en* 2 *Parties*. Le Comte de Gabalis, ou Entretiens sur les Sciences secretes, par l'Abbé de Villars, *en* 4 *Entretiens*. Lettre sur le Comte de Gabalis. L'Aprentie Coquette, par Mr. de Marivaux. La Duchesse de Milan. La Rose, Ode à Thémire. La Volupté, Epître en vers. L'Amour regretté. L'Honneur des Songes retabli. Les dangers du Sommeil. Le Triomphe de la Beauté.
Le Tome III. *contient*: Histoire d'Iris, par Poisson. Mémoires du Comte de Comminge. Académie Galante, *en* 2 *Parties*, & la Conclusion. Histoire de Henry IV. Roi de Castille, surnommé l'Impuissant, *en* 3 *Livres*. La Chartreuse, Epître en Vers. Les Ombres, seconde Epître.
Le Tome IV. *contient*: La Comtesse de Mortanne, par Mad..., *en* 2 *Parties*. Traité de l'Amitié, par la Marquise de Lambert. La Nouvelle Astrée, *en* 4 *Livres*. La Comtesse de Tende, par la Marquise de la Fayette. Mémoires du Comte de Grammont, par Ant. d'Hamilton. Malice de l'Amour. Origine de la Fossette du Menton. Le véritable Amour. Le Mépris des Richesses.
Le Tome V. *contient*: Suite des Mémoires du Comte de Grammont. Le Temple de Gnide, par l'Auteur des Lettres Persannes. Le Calife & Zoroïne, Conte Oriental. La Princesse de Cleves, par Mad. de la Fayette, le Duc de la Rochefoucault & Segrais, *les* 3 *premières Parties*. Madrigaux, Stances, Contes, Chansons & Epigrammes de Mr. de la Sabliere.
Le Tome VI. *contient*: *La* 4 *Partie* de la Princesse de Cleves. Le Prince de Condé, Nouvelle historique, par Edine Boursault. Le Belier, Conte, par le Comte d'Hamilton. Fleur d'Epine Conte du même Auteur. Eleonor d'Ivrée, ou les Malheurs de l'Amour, par Mlle. Bernard, Auteur du Comte d'Amboise. Avanture extraordinaire, traduite de l'Espagnol. Epître aux Dieux Penates. L'Amour puni, & justifié. L'Amour toûjours vainqueur. L'Art de soûmettre les Cœurs. L'Amour secondé par le Caprice. Portrait de l'Amour. Le Courtisan desabusé du Monde.
Le Tome VII. *contient*: Les quatre Facardins, Conte, par Mr. d'Hamilton. Voyage de Messieurs Bachaumont & la Chapelle. Beralde, Prince de Savoye. Les Amours de Henri IV. Roi de France. Lettres de Henri IV. à la Duchesse de Beaufort, & à la Marquise de Verne. Le Triomphe de la Raison, Ode. La Vie paisible, & la Mort tranquille. La Sottise de l'Amour & de l'Indifférence, Balade.
Le Tome VIII. *contient*: Histoire de la Comtesse de Gondez, écrite par elle-même, 1 *Partie*. Histoire secrete de Bourgogne, par Mlle. de la Force, 1 *Partie*. Essai sur la Nécessité & les Moyens de plaire, par Mr. de Montcrif, de l'Académie Fran-

Françoife, *les 2. Parties*. Les Dons des Fées, ou le Pouvoir de l'Education, Conte. L'Iſle de la Liberté, Conte. Les Ayeux, ou le Mérite perſonnel. Alydor & Therſandre. Les Voyageurs, Conte. Eſſai ſur l'Amour propre, Poëme, par Mr. de la Drevetiere, Sieur de l'Iſle, *en 4 Chants*.

Le Tome IX. *contient*: Hiſtoire de Marguerite de Valois Reine de Navarre, 1 *Partie*. Hiſtoire de la Comteſſe de Gondez, 2 *Partie*. Hiſtoire ſecrete de Bourgogne, 2 *Partie*. Madame de Villequier, Hiſtoire tragique. L'Amour guidé par la Raiſon, Ode. L'Hymen dupé par l'Amour, Sarabande. L'Inſenſibilité punie, Ode. Tyrannie de l'Amour, Ode. Le Trepas inévitable. Le Bonheur de la Médiocrité.

Le Tome X. *contient*: Hiſtoire de la Reine de Navarre, 2, 3 & 4 *Parties*. L'Amour vaincu par la Raiſon, Poëme. Depit contre le Tems, Odé.

Le Tome XI. *contient*: les Egaremens du Cœur & de l'Eſprit, ou Mémoires de Mr. de Meilcourt, *en 3. Parties*. La Comteſſe de Vergi, Nouvelle hiſtorique, galante & tragique. Hiſtoire ſecrete de la Conjuration des Paſſi contre les Medicis. Origine de la Poëſie.

Le Tome XII. *contient*: Epicharis, ou Hiſtoire ſecrete de la Conjuration de Piſon contre Neron. La Princeſſe de Montpenſier. Anne de Bretagne, ou l'Amour ſans foibleſſe, par Mr. l'Abbé de Villars. La Conſtance à toute épreuve, ou les Avantures de la Comteſſe de Savoye. Jaqueline de Baviere, Comteſſe de Hainaut, Nouvelle hiſtorique. Le Bâtard de Navarre, Nouvelle hiſtorique. Hiſtoire du tems, ou relation du Royaume de Coqueterie. Avis aux Peres de famille, ſur la Gentilleſſe de leurs Enfans. La Morale de Pope. Le Pouvoir du Coup d'œil. La Retraite du Courtiſan, ſur 2. rimes. Les Douceurs de la Solitude, Ode. La Belle Gabrielle, Bouquet. La Solitude ennemie de l'Amour, Ode. Les Fureurs de l'Amour.

Burnet, Hiſtoire de ce qui s'eſt paſſé de plus mémorable en Angleterre pendant ſa vie: contenant depuis Jaques I. juſques au Commencement du Régne de la Reine Anne, en MDCCIV. 4 *vol*. 4. *la Haye* 1735.

—— Idem, les Tomes III. & IV. ſeparés: contenant depuis Guillaume III. juſques au Commencement du Régne de la Reine Anne, en MDCCIV. 2 *vol*. 4.

Bibliothèque Orientale, ou Dictionaire Hiſtorique, Géographique & Genéalogique de tous les Etats Orientaux, par d'Herbelot; *Nouvelle Edition*, augmentée, non ſeulement des Remarques Critiques de divers Sçavans, mais même d'Additions très-conſiderables de Mr. Viſdelou, Vicaire Apoſtolique à la Chine, & avec des Cartes Géographiques, 2 *vol*. *fol*. ſous preſſe.

—— ou Hiſtoire de la Littérature Françoiſe, où l'on montre l'Utilité des Livres publiés en François depuis l'origine de l'Imprimerie, & où l'on rapporte les Jugemens des Critiques ſur les principaux Ouvrages en chaque genre, écrits en la même Langue, par l'Abbé Goujet, Chanoine de St. Jaques de l'Hôpital, 6 *vol*. 12. *la Haye* 1740.

Batailles d'Alexandre, Darius & Porus, gravées magnifiquement d'après le Brun, par le fameux van Gunſt, *en 13 feuilles, grand format*.

Ciceronis (*Marci Tullii*) de *Officiis Libri tres*. Cato Major, ſeu de Seneétute. Lælius, ſeu de Amititia. Paradoxa. Scipionis Somnium; *ſine Notis*. 12. Amſtelodami 1699.

—— Idem, Amſtelodami 1691. *cum Notis* Grævii.

Caniſi Theſaurus Monumentorum Eccleſiaſticorum & Hiſtoricorum, ad ſæculorum ordinem digeſtus, variiſque Opuſculis auctus, 7 vol. fol. Amſtelodami 1725.

—— *Idem, Charta magna*.

Ciceronis *Opera omnia, cum delectu Com-*

Commentariorum Josephi Oliveti. 9 vol. 4. Parisiis 1741.

Catechisme (le) de Jean Calvin, expliqué en Cinquante-cinq Sermons, sur les 55 Sections du même Catechisme, par feu Mr. de la Treille: Ouvrage très-utile aux Familles. 4 vol. 8. sous presse.

Cours de Chymie, contenant la manière de faire les Operations qui sont en usage dans la Médecine, par une méthode aisée, avec des raisonnemens sur chaque Operation ; par Mr. Lemery, de l'Académie Royale des Sciences, XI. Edition, revûë, corrigée & augmentée par l'Auteur, 2 vol. 8. Leyde 1716.

Corps Universel Diplomatique, contenant les Traités d'Alliance, de Paix, de Treve, de Neutralité, &c. avec les Capitulations Impériales & Royales, les Droits & les Intérêts des Princes & Etats de l'Europe, par Mr. J. Dumont, avec le Supplement 26 vol. complet, fol. Amsterdam & la Haye 1726.

——— Idem, le Suppl. à part, 10 vol. fol.

Consolations contre les frayeurs de la Mort, par Drelincourt, 2 vol. 8. Amst.

Coligny, ou la Tragédie de la St. Barthelemy, 8. 1740.

Causes Célèbres & Intéressantes, avec les Jugemens qui les ont décidées ; recueillies par Mr. Gayot de Pittaval, en 18 vol. 8. la Haye 1737. jusques à 1742. Edition plus ample que celle de Paris.

Le Tome I. contient: Le faux Martin Guerre. Histoire de Renée Corbeau. Le Gueux de Vernon. Plaidoyer pour un Médecin qui prétendoit être exempt d'être Collecteur de la Taille. L'Enfant reclamé par deux Meres, ou la célèbre Cause de Saint-Geran. Marie-Marguerite d'Aubray, Marquise de Brinvillier, ou la célèbre Empoisonneuse. Un Mari & sa Femme accusés injustement d'un Vol énorme, dont l'Innocence n'éclata qu'après leur condamnation, & la mort du Mari.

Le Tome II. contient: Pierre Mege, Soldat de Marine, reconnu par le Parlement de Provence pour être le Sieur de Caille, Gentilhomme, & pour être Pierre Mege, par le Parlement de Paris. Urbain Grandier, condamné comme Magicien, & comme auteur de la Possession des Religieuses de Loudun.

Le Tome III. contient: Femme accusée d'avoir tué son Mari, qui se justifie en le représentant. Histoire de Beau-Sergent & de Magdelaine Jollivet. La Belle Epiciere, ou la Femme adultère condamnée. Histoire de le Brun, ou l'Innocent condamné sur des Indices, & sa mémoire justifiée. Testamens singuliers.

Le Tome IV. contient: Madame Tiquet, condamnée pour avoir entrepris de faire assassiner son Mari; & son Oraison funèbre. Legs d'un Testateur marié, fait à une Demoiselle, cassé & annullé, à cause de l'indignité présumée de la Légataire. Histoire des Juges de Mantes, ou Juges Prévaricateurs punis. Cause de Dieu, ou Société qu'un Homme contracta avec Dieu, exécutée. Outrage fait à la Pudeur d'une Dame par une autre Dame. Mémoire pour Dame Gomez, contre Monsieur de Kinglin, son Mari, ou le Mariage mal assorti. Mémoire pour le Sieur Louis de Rustaing de Saint-Jory, Défendeur & Demandeur, contre Demoiselle Jeanne Genevieve Aubert de Chatillon, Demanderesse & Défenderesse, ou le Mariage avorté. Fille reputée faussement Hermaphrodite. Différend entre un Baillif de Meudon & un Procureur du Roi.

Le Tome V. contient: Histoire de Charles François Harrouard, desavoüé par son Pere & sa Mere. Histoire de l'Abbé de Mauroy. Question d'Etat, ou Fille reclamée par deux Meres. Histoire de la Marquise de Gange. Mémoire pour le Sieur Guillaume de la Roquette, Chirurgien Juré de Paris, contre Marie Anne Autou. Critique & Contre-Critique de l'Oraison funèbre de Madame Tiquet. Contestateſtation entre deux Chirurgiens Jurés Oculiſtes de Paris. Procureur condamné aux depens en ſon propre nom, à cauſe de ſes mauvaiſes Procedures.

Le Tome VI. *contient* : Hiſtoire du Procès entre le Sieur Saurin, de l'Académie des Sciences, & le Sieur Rouſſeau, de l'Académie des Belles Lettres. Hiſtoire de Louis Gaufridy, Prêtre, brûlé comme Sorcier par Arrêt du Parlement de Provence. Religieuſe prétenduë Hermaphrodite, ſur le Bénéfice de laquelle on jetta un dévolu. Mariage attaqué, confirmé par Arrêt. Hiſtoire de Mademoiſelle de Choiſeuil.

Le Tome VII. *contient* : Mariage déclaré abuſif après 24. ans de cohabitation, & la mort de l'Epouſe. Concubine Donataire, dont on a confirmé la Donation. Mémoire pour le Sieur Pierre Fruferi, Bourgeois de Lyon, Accuſateur, contre les Sieurs Nadiour, Rocgece & Ribau, Accuſés, ou les Pipeurs confondus. Soufflet donné à une jolie Femme. Mémoire pour François Brochart Sieur de la Picbordiere, Officier dans le Regiment Royal d'Artillerie, Accuſé, contre Monſr. le Comte de Nogent, Accuſateur, ou Querelle entre un Seigneur & un Particulier. Femme adultère condamnée à la perte de ſa Liberté, & qui la recouvre après la mort de ſon Mari, par un ſecond Mariage. La fauſſe Teſtatrice. Enfant reclamé par deux Meres. Mémoire pour Dame Diodaty, Veuve du Sieur de la Roüe, Ecuyer, contre les Héritiers du Sieur Franconi, ou Legs fait ſous une condition contre les bonnes Mœurs.

Le Tome VIII. *contient* : Hiſtoire de Monſieur de Cinqmars grand-Ecuyer, & de Mr. de Thou. Epreuve qui tendoit à caſſer le Mariage abolie, comme contraire aux bonnes Mœurs, ou Congrès aboli. Chanoine qu'on refuſe d'admettre, à cauſe de la petiteſſe de ſa taille. Queſtion d'Etat, où la preuve teſtimoniale ne fut point admiſe. Jugemens célèbres que l'Hiſtoire nous préſente : on y a joint d'autres Jugemens rendus par des Cours Souveraines que l'on ignore.

Le Tome IX. *contient*: Procureur Fiſcal convaincu de Subornation de témoins, & de Prévarication, ou Hiſtoire de Frillet. Demande en Rehabilitation de Mariage. Hiſtoire d'un Bigame, dont les deux Femmes, après ſa mort, conteſtent l'une contre l'autre ſur la validité de leur Mariage, & l'Etat de leurs Enfans. Eccléſiaſtiques deréglés qui ont été punis.

Le Tome X. *contient*: Hiſtoire du Mariage que la Comteſſe de Boſſu a prétendu avoir contracté avec Henri de Lorraine Duc de Guiſe. Hiſtoire du Chevalier de Morſan, ou Mari accuſé de Bigamie, qui, pour s'en juſtifier, accuſe pluſieurs perſonnes de lui avoir enlevé ſa première Femme, favoriſé ſon déguiſement en homme, & articulé la mort de cette Femme traveſtie. La Liberalité imparfaite par Mr. le Normand, Evêque d'Evreux, à ſon Clergé. Fille qui veut changer ſon Etat de légitime contre celui de bâtarde. Pere deſavoüé par ſa Fille.

Le Tome XI. *contient* : Traité de la Diſſolution du Mariage pour cauſe d'Impuiſſance, avec quelques Piéces curieuſes ſur le même ſujet, ou Apologie du Congrès. Refutation de l'Apologie du Congrès. Demande en Caſſation de Mariage. Arrêts en faveur des Comédiens François.

Le Tome XII. *contient*: Hiſtoire du Connétable de Bourbon, jugé comme Rebelle au Roi & à l'Etat. Condamnation d'une Fille accuſée d'être Sorciere. Le Spectre, ou l'Illuſion reconnuë. Mariage fait à l'extrêmité, reprouvé. Reclamation contre des Vœux.

Le Tome XIII. *contient*: La Marquiſe de Saſſy, accuſée de Meurtre de ſon Ma-

Mari, & d'une Supposition de sa part. Histoire de Jean Maillard, ou Mari qui, après 40 ans d'absence, vient accuser sa Femme d'Adultère & de Bigamie. Don Carlos, fils de Philippe second Roi d'Espagne, condamné à mort par son Pere. Alexis Petrowitz, Czarrewitz & Héritier présomptif de Russie, condamné à mort par son Pere. Majorat de Rye.

Le Tome XIV. *contient*: Histoire de Monsieur de Montmorency, jugé comme Rebelle au Roi & à l'État. Histoire de Mademoiselle Ferrand.

Le Tome XV. *contient*: Liberté reclamée par un Negre, contre son Maître qui l'a mené en France. Le Code Noir, ou Edit du Roi, servant de Réglement pour le Gouvernement & l'Administration de la Justice & de la Police des Isles Françoises de l'Amerique, & pour la Discipline & le Commerce des Negres & Esclaves dans le dit Païs. Histoire du Mariage de Mademoiselle de Kerbabu, ou le Mariage declaré nul. Fille mineure appellée à la Religion, & qui y est admise malgré la resistance de son Pere & de la Mere.

Le Tome XVI. *contient*: Histoire des Demêlés d'Hortense Mancini, Duchesse de Mazarin, avec son Epoux, qui furent la source de leur Procès. Principes pour les Separations de corps & de biens dans les Mariages. Mémoire pour Marguerite Avarillon, Demanderesse en Separation d'habitation, contre François de Sorny, Ecuyer, Défendeur. Suite des Causes de cette Separation. Traité de la Dissolution du Mariage pour l'Impuissance, ou Froideur de l'homme ou de la femme, par Antoine Hotman, célèbre Jurisconsulte, & puis Avocat Général au Parlement de Paris lors de la Ligue.

Le Tome XVII. *contient*: Filiation vainement reclamée, malgré la preuve admise par le premier Juge, & autorisée provisionellement par le Parlement. Si une Coquette peut retenir avec justice les gains qu'elle a fait dans son Commerce galant? Raisons pour & contre. Le Mariage de la belle Tourneuse attaqué & confirmé. Comédienne célèbre qui se pourvoit contre son Mariage. Copie d'un Testament Militaire confirmée. Si après trente ans la Mort civile est préscrite, & l'Accusé qu'elle a préscrit est censé revivre civilement, & si les effets qu'elle a éteint peuvent renaître? Des Peines parmi les Romains.

Le Tome XVIII. & dernier *contient*: Histoire du Différend que Mr. Furetiere eut avec l'Académie Françoise. Avocats & Médecins de Lyon attaqués pour avoir pris le titre de Noble: l'on ramene au sujet des endroits curieux touchant leurs Professions, on a recueilli plusieurs traits, & decidé des questions importantes. Histoire d'un Parricide commis par deux Enfans, où leur Mere a participé, jugé au Parlement de Provence. Charles premier Roi d'Angleterre, condamné à mort par ses sujets.

Dialecti linguæ Græcæ in Scholæ Regiæ Westmonasteriensis usum recognitæ, operâ Mich. Maittaire: Præfationem & Appendicem ex Apollonii Discoli fragmento inedito addidit J. F. Reitzius, 8. Hagæ Comitum 1738.

Dionisii Cassii Historiæ Romanæ Libri qui supersunt, prioribus XXXIV. amissis, ex Guilelmi Xylandri interpretatione; pridem à Joanne Leunclavio, & nunc ab Hermanno Samuele Reymaro, recentiùs, locis innumeris emendati, cum notis Jo. Alberti Fabricii, Hagæ Comitis, fol. sub prælo.

Dictionarium universale Latino-Gallicum. 8. Hagæ Comitum 1731.

Dictionaire Historique, ou Mélange curieux de l'Histoire sacrée & profane &c. par Mr. Louis Moreri, Prêtre, Docteur en Théologie; 18. *& derniere Edition*, revûë, corrigée, & considerablement augmentée, 8 *vol. fol. Amsterdam, Leyden, la Haye, Utrecht*, 1740.

Dictionaire Géographique de Baudrand. 4. *Utrecht*, 1701.
Differtations curieufes fur différens Sujets, par Mr. Huet, Evêque d'Avranches, & recueillies par l'Abbé Tilladet, 2 *vol.* 12. 1720.
Dictionaire Géographique & Critique, par Mr. Bruzen de la Martiniere, Géographe de Sa Majefté Philippe V. Roi d'Efpagne, 10 *vol. fol. la Haye, Amfterd., Rotterd.* 1737.
———————— Hiftorique & Critique par Mr. P. Bayle, 4. Edition, revûë, corrigée & augmentée, avec la Vie de l'Auteur, par Mr. des Maizeaux, 4 *vol. fol. Amft. & Leyde* 1740.
———————— (Nouveau) Hiftorique & Critique, contenant des Articles qui ne fe trouvent point dans celui de Bayle, 4 *vol. fol. Haye, fous preffe.*
D. Quixotte de la Manche, en Efpagnol, *Nouvelle Edition* faite fur celle de Londres in 4. avec de jolies figures, gravées fur les beaux deffeins de Coypel, 4 *vol.* 8. *Haye* 1743.
Erafmi (*Defiderii*) *Colloquia, cum Notis felectis variorum, addito Indice novo*, 8. *Delphis & Lugd. Bat.* 1729.
Etrennes Chrétiennes, ou Prieres & Méditations traduites de l'Anglois, *dern. Edition*, à laquelle on a ajouté l'Idée abregée de la vraye Religion, & quelques Cantiques Sacrés, 8. *Utrecht.*
Egaremens du Cœur & de l'Efprit, ou Mémoires de Mr. de Meilcourt, par Mr. Crebillon le Fils, *en* 3 *Parties* 12. *la Haye* 1742.
Effai fur l'Hiftoire du Siécle de Louis XIV. par Mr. de Voltaire, qui fera fuivi de l'Hiftoire générale de ce Siécle, & contiendra auffi l'Hiftoire des Arts & des Sciences, celle des Hommes Illuftres, en un mot, celle de tout ce qui s'eft paffé de confiderable en Europe dans le XVII. Siécle, en plufieurs Volumes in douze, *fous preffe.*
Fortuita Sacra, quibus Commentarius de Cymbalis fubjicitur, 8. Amft. 1727.
Fabri (*Bafilii*) *Thefaurus Eruditionis Scholafticæ, accomodatus difciplinis omnium, & omnibus ufui, poft celeberrimorum Virorum Buchneri, Cellarii, Grævii, operas & adnotationes, & Andreæ Stubelii curas, iterum recenfitus, & emendatus à Jo. Matthia Gefnero*, 2 vol. fol. Hagæ Comitum 1735.
Fables d'Efope, avec des explications, par Baudouin, 12. *fig. la Haye.*
Grotius (*Hugo*) *de Veritate Religionis Chriftianæ, cum notis Clerici*, 8. Hagæ Comit. 1734.
Grammaire pour apprendre l'Anglois, par Pell, 8. *Utrecht* 1725.
———————— Françoife & Angloife, par Rogiffart, 8. *la Haye* 1738.
Horatius ex Editione & cum Notis Bentleii. 4. Amft. 1726.
———— *Idem*, charta magna.
Hofmanni Confultationum & Refponfionum Medicinalium Thefaurus, 3 vol. 8. Amft. 1724.
Huetius de Imbecillitate Mentis Humanæ, 12. Amft. 1738.
Hiftoria Ecclefiaftica duorum primorum à Chrifto nato Sæculorum, e veteribus Monumentis deprompta, à Joanne Clerico: *Editio prima, eaque unica, attamen Acceffionibus Correctionibusque ipfius Auctoris noviffimè illuftrata & emendata*, 4. Amftelodami 1716. & deinde, Hagæ-Comitum 1743.
Hiftoire du Ciel, confideré felon les Idées des Poëtes, des Philofophes & de Moïfe, par l'Auteur du Spectacle de la Nature, 3 *vol.* 12. *la Haye* 1740.
Supplement à l'Hiftoire du Ciel, *feparement* 12. *la Haye* 1741.
Hiftoire Romaine de Tite Live, traduite du François, par Mr. Guerin, Ancien Profeffeur d'Eloquence de l'Univerfité de Paris, 10 *vol.* 12. *la Haye* 1740.
———————— Critique de l'Etabliffement de la Monarchie Françoife dans les Gaules, par Mr. l'Abbé du Bos, 3 *vol.* 12. *Amft.* 1735.
———————— de la Sultane de Perfe, Contes Turcs, 12. *la Haye* 1736.
———————— du Vicomte de Turenne, par Mr. l'Abbé Raguenet: Ouvrage qui caractérife parfaitement bien fon Héros, 2 *vol.* 8. *avec des Médailles, la Haye* 1735.

Histoire Nouvelle d'Angleterre, en Anglois & en François, par demandes & réponses, tirée des plus fameux Historiens Anglois, *troisième Edition*, corrigée & augmentée, 12. *la Haye* 1738.

—— des Decouvertes & des Conquêtes des Portugais dans le Nouveau Monde, *avec des fig. en taille douce*, par le R. P. Lafitau, Jésuite, 2 *vol.* 4. *Paris* 1733.

—— Idem, 4 *vol.* 12.

Huet sur la Foiblesse de l'Esprit Humain, 12. *Amsterdam. Nouvelle Edition, sous presse*.

Histoire de France, depuis l'Etablissement de la Monarchie Françoise dans les Gaules, jusques à la mort de Louis XIV. par le P. G. Daniel, Jésuite. *Nouvelle Edition, revûë*, corrigée, & augmentée d'une Paraison des deux Historiens, le P. Daniel & Mezeray, en deux Dissertations, & d'une Table générale des Matières, *en* 17 *vol.* 12. *Amsterdam, la Haye & Utrecht* 1742.

—— & Avantures de Dona Rufine, fameuse Courtisanne Espagnole, 2 *vol.* 12. *la Haye* 1743.

—— des sept Sages de la Grece, par Mr. de Larrey, Conseiller de la Cour & des Ambassades du Roi de Prusse, *troisième Edition*, augmentée de Remarques Historiques & Critiques, par Mr. de la Barre de Beaumarchais, 4 *Tom.* 12. *la Haye* 1734.

—— des Amours d'Abelard & d'Heloïse, 12. *la Haye* 1711.

Journal Historique de la République des Lettres, par l'Auteur du Journal Littéraire, 9 *Parties en* 3 *vol.* 8. depuis Juillet 1732. jusques à la fin de 1733. *la Haye* 1732 & 1733.

—— du Régne de Henri IV. par Mr. Pierre de l'Etoille, Grand-Audiencier de la Chancellerie de Paris, avec des Remarques Historiques du même tems, 4 *vol.* 8. *la Haye* 1741.

Journées Amusantes, dédiées au Roi, par Mad. de Gomez; *troisième Edition*, revûë, corrigée & enrichie *de figures en taille douce*, 3 *vol.* 12. *Amsterdam* 1736.

Ketelii de Latinitate elegantiori comparanda Scriptores selecti, 4.

Lommii (Jodoci) Medici olim celeberrimi, Observationum Medicinalium Libri tres: Opusculum Aureum. 8. Amstælodami 1738.

Longinus de Sublimitate, *cum nova Versione ac Notis Pearæ*, 8. Hagæ Comitum 1743. sub prælo.

Lettres Pastorales de l'Evêque de Londres aux Fidèles de son Diocése, contre les Libertins & les Incrédules, avec un Préservatif contre l'Incrédulité, 4 *Parties* 8. *Haye* 1732.

Liturgie, ou Formulaire des Prieres publiques, à l'usage de l'Eglise Anglicane, 12. *Lond.* 1729.

Lettres (Nouvelles) Persannes, 2 *vol.* 12. *Haye* 1735.

Marmora Oxoniensia, seu Marmorum Arundelianorum, Seldenianorum, aliorumque delineatio, cum diversorum, maximè H. Prideaux Commentariis; Editio nova, à Mattario data, fol. Londini 1732 cum figuris.

Mémoires du Marquis Maffei, Lieutenant Général des Troupes de l'Electeur de Baviere & de l'Empereur: contenant la Description exacte de plusieurs des plus fameuses Expeditions Militaires de notre Siécle, traduits sur l'Original Italien, 2 *vol.* 8. *la Haye* 1740.

—— de l'Académie Royale de Chirurgie de Paris, avec grand nombre de figures, 4. *Paris* 1743.

—— d'Artillerie, où il est traité des Mortiers, Petards, Arquebuses à croc, Mousquets &c. & généralement de tout ce qui dépend de l'Artillerie, tant par Mer que par terre, de la manière de défendre les Places, & du Devoir des Officiers; par le Sr. Surirey de St. Remy, *derniere Edition*, augmentée de matière & de Planches, 2 *vol.* 4. *la Haye* 1741.

—— Politiques, Amusans & Satyriques, par Messire J. N. D. B. C. de L. Colonel du Regiment de Dragons de Casauski, & Brigadier des Armées de Sa M. Czarienne, 3 *vol.* 8. *à Veritopolie* 1735.

—— du grand Louis de Condé, servant

vant d'éclaircissemens & de preuves à l'Histoire de Mr. de Thou, contenant ce qui s'est passé de plus mémorable en Europe: Ouvrage enrichi de Piéces curieuses qui n'ont jamais paru, & de Notes Historiques, orné de Portraits, de Vignettes & de Plans de Batailles, & augmenté d'un Supplement qui contient la *Légende du Cardinal de Lorraine*, celle de *Dom Claude de Guise*, l'*Apologie* & le *Procès de Jean Chastel*, & autres Piéces, avec des Notes Historiques, Critiques & Politiques. 6 vol. *in* 4. Haye 1743.

Mille & une Faveurs, Contes de Cour, tirés de l'ancien Gaulois de la Reine de Navarre, & publiés par Mr. le Chevalier de Mouhy, 8 vol. 12. Amsterdam 1740.

Mémoires de feu Mr. Omer Talon; Avocat au Parlement de Paris, contenant des Piéces autentiques qui servent d'éclaircissemens & de preuves aux Mémoires de Retz, Joli, & Brienne. 8 vol. 12. la Haye 1732.

——— de Retz, Joli, & Brienne, 8 vol. 12. la Haye 1732.

——— pour servir à l'Histoire de la Grande-Bretagne sous les Régnes de Charles II, de Jaques II, de Guillaume III, de Marie II. & d'Anne I. avec une Introduction concernant les Régnes de Jaques I, Charles I. & Cromwel, par Burnet, 6 vol. 12. Haye 1735.

——— Item, la Continuation féparement: contenant le Régne de Guillaume III, de Marie II. & d'Anne I. 3 vol. 12. Haye 1735.

Méthode. Nouvelle pour aprendre à bien lire, & à bien orthographer, par Jean Palairet, 8. la Haye 1737.

Mémoires du Comte de Brienne, Premier Secretaire d'Etat, contenant les Evenemens les plus remarquables des Régnes des Louis XIII. & de Louis XIV. jusques à la Mort du Card. Mazarin, pour l'Instruction de ses Enfans, 3 vol. 8. Amst. 1719.

——— pour servir à l'Histoire Naturelle des Petrifications dans les 4. Parties du Monde, avec divers

Tome II.

Indices & quantité de figures, par Mr. Bourguet, 4. la Haye 1742.

Mémoires de la Cour de France pendant le Régne de Louis XIV; par Mad. de la Fayette, 12. Amst. 1731.

Novellas Exemplares de Miguel de Cervantes Saavedra, dirigidas à la Senora Contessa de Westmorland, adornadas y illustradas, 2 vol. 8. *en la Haya 1729 avec de jolies figures.*

Nouveau Recueil de Chansons choisies, avec les Airs nottés 7 vol. 12. la Haye 1735.

——— Item, *Tome 8 sous presse.*

——— Testament, gros caractère, 8. Haye 1735.

A New French Grammar, by Mr. Rogissart, 12. la Haye 1738.

Nouveau parfait Maréchal, ou de la Connoissance des Chevaux, plus ample & plus parfaite que celle de Mr. Solleysel, par Garsault, Grand-Ecuyer du Roi, avec grand nombre de figures, 2 vol. 4. la Haye 1741.

——— Théâtre François, contenant les meilleures Piéces qui se sont faites depuis vingt ans, en 12 vol. 12. la Haye 1737 à 1743.

Le Tome I. *contient*: Les Macchabées, Romulus, Oedipe, *Tragédies*. Danaë, ou Jupiter Crispin, l'Amour vengé, le Naufrage, l'Ecole des Amans, le Mariage fait & rompu, le Dedit. *Comédies.*

Le Tome II. *contient*: Medée, Marius, Mahomet II, *Tragédies*. La Métempsycose, le Roi de Cocagne, la Reconciliation Normande, les trois Freres Rivaux, *Comédies.*

Le Tome III. *contient*: Erigone, Habis, *Tragédies*. Le Glorieux, la Vérité Fabuliste, le Phénix, le Je ne sçais quoi, *Comédies.*

Le Tome IV. *contient*: Annibal, Cléarque Tyran d'Héraclée, *Tragédies*. Les Sermens Indiscrets, l'Ecole des Meres, le Mari curieux, la Critique, *Comédies.*

Le Tome V. *contient*: Gustave, Pelopée, *Tragédies*. Le Complaisant, le Paresseux, le François à Londres, le Temple du Goût, le denouëment imprevû, *Comédies.*

y   Le

Le Tome VI. *contient*: Jonathas, Abfalon, *Tragédies*. L'Ifle de la Raifon, l'Heureux Stratagême, le Rendez-vous, la Pupille, les Billets doux, les Enfans trouvés, *Comédies*.

Le Tome VII. *contient*: Ataxare, Marfidie, *Tragédies*. Les Préjugez à la Mode, les Vifionnaires, les Mécontens, le Déguifement, l'Impromptu de Campagne, *Comédies*.

Le Tome VIII. *contient*: Sabinus & Epinone, Marie Stuart Reine d'Angleterre, *Tragédies*. La Fauffe Antipathie, les Voyageurs, la Mere Confidente, la Veuve Coquette, *Comédies*.

Le Tome IX. *contient*: Semiramis, Abenfaïde, *Tragédies*. La Fauffe Agnès, la Surprife de la Haine, l'Apologie du Siécle, le Retour de Mars, *Comédies*.

Le Tome X. *contient*: Childeric Roi de France, *Tragédie*. Les Acteurs deplacés, l'Ecole des Amis, la Famille, Arlequin apprentif Philofophe, les Amours anonymes, *Comédies*.

Le Tome XI. *contient*: Thélamire, Edouard III. *Tragédies*. Le Confentement forcé, le Rajeuniffement inutile, *Comédies*.

Le Tome XII. *contient*: Ifaac, Jonathas & David, *Tragédies*, par le R. P. Brumoy. Le Couronnement du jeune David, *Paftorale*, par le même. La Boëte de Pandore & Plutus. *Comédies* par le même. Efope au Parnaffe, & l'Amant Auteur, *autres Comédies*.

Ovidii Opera omnia fine Notis, 3 vol. 24. Amftelodami.

Oeuvres du Comte d'Hamilton, 4 *vol.* 12. la Haye 1737.

——— de Mathématiques & de Phyfique de Mr. Mariotte, de l'Académie Royale des Sciences, comprenant tous les Traités de cet Auteur, tant ceux qui avoient déja parû feparement, que ceux qui n'avoient pas encore été publiés: imprimées fur les Exemplaires les plus exacts, revûës & corrigées de nouveau, 2 *vol.* 4. *la Haye figures* 1740.

——— du Seigneur de Brantôme, Nouvelle Edition, revûë & corrigée en une infinité d'endroits, augmentée du Traité des Duels, des Rodomontades Efpagnoles, de fon Teftament, de plufieurs Vies d'Hommes illuftres qui n'ont jamais paru, des Lettres d'André de Bourdeille au Roi Charles IX, de l'Hiftoire Géneaologique de la Maifon de Bourdeille, & accompagnée de Remarques Hiftoriques & Critiques, par le Duchat & autres, *avec de très-jolis Frontifpices & Vignettes, en* 15 *vol.* 12. *la Haye* 1741.

——— Item, les Tomes XVI. & XVII. *fous preffe*; contenant des augmentations nouvelles & confiderables, tirées des Manufcrits de l'Auteur, avec une ample Table des Matières, 12. *Haye* 1743.

Oeuvres de Pavillon, 8. *Amft.* 1720.

——— de Machiavel, avec l'Anti-Machiavel, *en* 7 *vol.* 12. *nouv. Edition complette, la Haye* 1743.

Odes de Mr. de la Motte, 3 *vol.* 12.

Palingenii (*Marcelli*) Zodiacus *Vitæ, id eft, de Hominis Vita, Studio, ac Moribus optime inftituendis, Libri XII.* 8. Roterodami 1722.

Paris, ou le Mentor à la Mode, par le Chevalier de Mouhy, 8. 3 *Parties* 1737.

Poëfies Spirituelles de Mallacal, 8.

Païfan Parvenu, par Mr. de Marivaux, *en* 5 *Parties petit* 12.

Pfeaumes, *en* 32. *Amfterdam, très-joli caractère*.

Quintiliani (*M. Fabii*) de *Inftitutione Oratoria, Libri duodecim, cum Notis & Animadverfionibus Virorum doctorum, fumma cura recogniti, & emendati per Petrum Burmannum*, 3 vol. 4. Lugd. Batavorum 1720.

Quatre Lettres fur la Difcipline Ecléfiaftique, par Mr. le Maître, 8. *Utr.* 1720.

Rymer (*Thomæ*) Fœdera, *Conventiones, Litteræ, & Acta Publica cujufcunque generis, inter Reges Angliæ, & alios quosvis Imperatores, Reges, Pontifices, &c. ab ineunte feculo duodecimo; videl. ab Anno* 1101. *in lucem miffa de mandato nuperæ Reginæ: Editio* 3. *ad originales Chartas in Turri Londinenfi denuo fumma fide collata,*

& emendata, studio Georgii Holmes, in novem Tomos divisa, Folio, Hagæ Comitum 1743. Cette Edition est d'autant plus estimable, qu'elle est accompagnée de Traductions Françoises de toutes les Piéces qui sont en Anglois, de bonnes Tables des Matières, de Piéces qui ne sont point dans l'Edition de Londres, & de l'Abregé Historique des susdits 20 vol. d'Actes, dont 17 ont été faits par Mr. Rapin, & les 3 autres par un aussi habile Homme.

Rumphii Herbarium Amboinense, exhibens Plantas quæ in Amboina & adjacentibus reperiuntur Insulis, accuratissimè descriptas, quod & insuper exhibet varia Insectorum, Animaliumque genera, figuris depicta; edidit in lucem, & in sermonem Latinum vertit Jo. Burmannus, Med. Doct. 6. vol. fol. Amst. Hagæ Comit., & Ultraj. 1741 & 1743.

Remarques Historiques & Critiques sur l'Histoire d'Angleterre de Rapin Thoyras, par Mr. N. Tyndal, Maître ès Arts; & sur le Recueil des Actes publics d'Angleterre de Thomas Rymer, par Rapin, avec les Notes de Mr. Etienne Wathley, 2 *vol.* 4. *la Haye* 1739.

Relation du Voyage d'Espagne par Mad. Daunoy, contenant les Mœurs &c. des habitans du Païs; & ce qui arriva à Philippe IV. à l'égard d'une Dame qu'il aimoit, & plusieurs autres particularités, 3 *vol.* 12. *la Haye* 1715.

Rollin Histoire Ancienne des Egyptiens, Carthaginois &c. *Nouv. Ed.* 13 *vol.* 12. *fig.*

—— *Item*, l'Edition de Paris, avec la Manière d'étudier, 8 *vol.* 4. *avec de belles Vignet. très-belle Edit.*

Recueil des Piéces du Regiment de la Calotte, 12. *Paris* 1726.

—— des Remedes faciles & domestiques, par Madame Fouquet, 2 *vol.* 12. *Utrecht* 1741.

—— d'Estampes d'après les plus beaux Tableaux & les plus beaux Desseins qui sont en France dans le Cabinet du Roi, dans celui de Mgr. le Duc d'Orleans, & dans d'autres Cabinets; divisé suivant les différentes Ecoles Romaines & Venitiennes, avec un Abregé de la Vie des Peintres, & une Description Historique de chaque Tableau, *en* 2 *vol. grand folio. Paris* 1742. fait aux dépens de feu Mr. Crosaz, avec des frais immenses.

SAllustii (Crispi) quæ extant, cum Notis integris Glareani, Riccii, Ciacconii &c. atque selectis Castillionæi Zanchii: accedunt Julius Exuperantius & Porcius Latro; ut & Fragmenta Historicorum, cum Notis integris A. Popmæ, Coleri, Ruperti, cura Sigisberti Havercampi, cum copiosissimis Indicibus, 2 vol. 4. Amst., Hagæ Com. 1742.

Sultanes de Guzurate, ou les Songes des Hommes éveillés, Contes Mogols, par Mr. Geuillete, 2 *vol.* 12. *Utrecht* 1736.

Spectacle de la Nature, ou Entretiens sur les Particularités de l'Histoire Naturelle, 4 *vol.* 12. *fig. la Haye* 1739.

Semaine Sainte, 8.

Saturnales (les) Françoises, par M***, 2 *vol.* 12. *Paris* 1736.

Superstitions Anciennes & Modernes, ou Préjugés vulgaires qui ont induit les Peuples à des Usages & à des Pratiques contraires à la Religion, avec des figures qui représentent ces Pratiques, 2 *vol. fol. Amst.* 1736.

Sermons de Caillard, 2 *vol.* 8. *Amst.*

TErentii Comœdiæ: adjectæ Phædri Fabulæ, ac Siri Mimi, Sententiæ, ex Editione Bentleii, Amst. 1727.

—— *Idem*, Charta magna.

Traité des Feux d'Artifice; où l'on voit la façon de préparer les Matières; la Conduite des Feux de Joye, & la Méthode de composer toutes sortes d'Artifices, par le Sr. Frezier, 12. *fig. la Haye* 1741.

Théologie du Cœur, ou Recueil de quelques Traités qui contiennent les Lumières les plus Divines des Ames simples & pures, *en* 2 *Parties* 12. 2 *Edition* corrigée & augmentée, *à Cologne* 1697.

Traité des Inſtrumens de Chirurgie, par Garengoet, 2 vol. 12. figures, Paris 1723.

Vaillant Nummi Antiqui Familiarum Romanarum, perpetuis Interpretationibus illuſtrati, 2 vol. fol. fig. Amſt. 1703.

―――― Numismata Ærea Imperatorum, in Coloniis cuſa, 2 vol. fol. Pariſ. 1697.

―――― Hiſtoria Ptolomeorum, Ægypti Regum, fol. cum fig. Amſt. 1701.

―――― Hiſtoria Regum Syriæ, fol. cum fig. Hagæ 1732.

―――― Numismata ſelectiora, 4 Pariſiis 1695.

Virgilius (Publius Maro) accurante Nic. Heinſio Dan. Filio, Amſt. 24. 1725.

Vie de Marianne, ou Avantures de Mad. la Comteſſe D***, par Mr. de Marivaux, 11 parties 8. la Haye 1741.

Vie de Philippe Duc d'Orleans, Petit-fils & Régent de France, ſous la Minorité de Louis XV. par M. D. M., avec fig. 2 vol. 12. Londres 1737.

Voyages de Siam des Peres Jéſuites, envoyés par le Roi aux Indes & à la Chine, avec leurs Obſervations Aſtronomiques, & leurs Remarques Phyſiques &c. par Tachard, 3 vol. 12. fig. Amſt. 1689.

―――― de Cyrus par Ramſay, 2 vol. 12. Amſt. 1720.

Voyages fait principalement en Aſie dans les XII., XIII., XIV. & XV. Siécles, par Benjamin de Tudele, Jean du Plan-Carpin, N. Aſcelin, Guillaume de Rubrequis, Marc Paul Venitien, Haiton, Jean de Mandeville, & Ambroiſe Contarini, accompagnés de l'Hiſtoire des Sarraſins & des Tartares, & precedés d'une Introduction, contenant les nouvelles Decouvertes des principaux Voyageurs, par Pierre Bergeron, 2 vol. 4. fig. la Haye 1735.

―――― du Docteur Shaw, contenant des Obſervations Hiſtoriques, Géographiques, Phyſiques, Philologiques & mêlées ſur les Royaumes d'Alger & de Tunis, ſur la Syrie, la Phénicie, la Terre Sainte, l'Egypte &c. avec l'Hiſt. Naturelle de ces Païs, des Remarques Critiques ſur quantité d'Auteurs Anciens & modernes qui y ſont cités, & des Cartes Géographiques, & des figures en grand nombre. Traduits de l'Anglois en 2 vol. 4. Haye 1743.

Vie de Mezeray, 8. Amſt. 1726.

Vocabulaire Anglois, Flamand, François & Latin, par G. Pell, 8. Utr. 1735.

Vie d'Olimpe, ou Avantures de la Marquiſe D***, 6 vol. 12. Utr. 1741.

F I N.

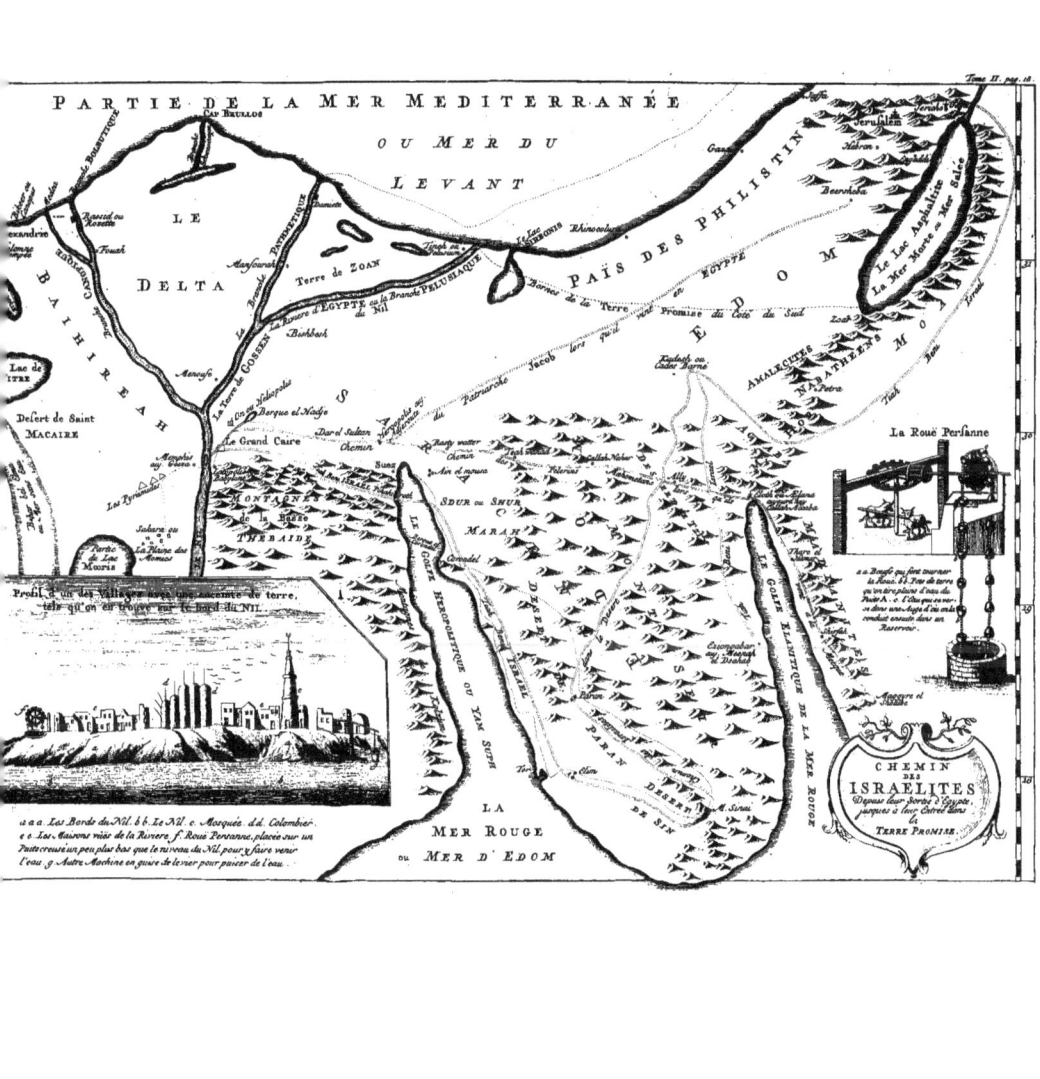

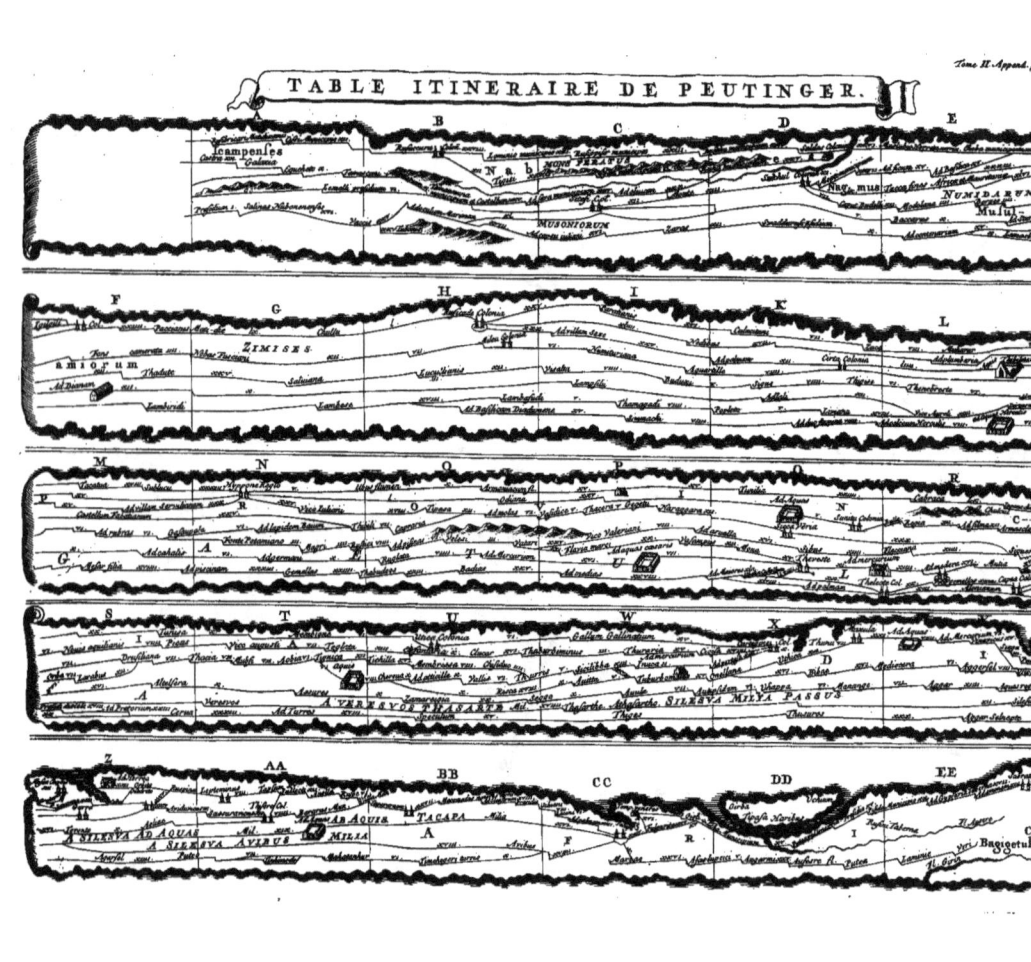

www.ingramcontent.com/pod-product-compliance
Lightning Source LLC
Chambersburg PA
CBHW070442170426
43201CB00010B/1184